D1691566

RUDOLF STEINER GESAMTAUSGABE

RUDOLF STEINER GESAMTAUSGABE

Abteilung B: Vorträge

III. Vorträge und Kurse zu einzelnen Lebensgebieten
Eurythmie

Herausgegeben von der
Rudolf Steiner Nachlassverwaltung

Band GA 277b

RUDOLF STEINER

Die Entstehung und Entwicklung der Eurythmie 1918–1920

Ansprachen, Notizbucheintragungen,
Auszüge aus Vorträgen,
Plakate und Eurythmieprogramme

RUDOLF STEINER VERLAG

Nach vom Vortragenden nicht durchgesehenen Nachschriften und Notizen
herausgegeben von der Rudolf Steiner Nachlassverwaltung

Die Herausgabe besorgten Martina Maria Sam und Stefan Hasler

Bibliografischer Nachweis früherer Veröffentlichungen siehe Seite 718

Band GA 277b

1. Auflage 2023

© 2023 Rudolf Steiner Nachlassverwaltung, Dornach
© 2023 Rudolf Steiner Verlag, Basel

Alle Rechte, auch die des auszugsweisen Nachdrucks, der fotomechanischen und elektronischen Wiedergabe, vorbehalten.
Satz: Klementz Publishing Services, Freiburg
Druck und Bindung: Beltz, Bad Langensalza

ISBN 978-3-7274-2777-0

www.steinerverlag.com

*Zu den Veröffentlichungen aus dem Vortragswerk
von Rudolf Steiner*

Rudolf Steiner hat seine Vorträge stets frei, also ohne Manuskript, gehalten. Viele seiner Vorüberlegungen hielt er lediglich in Stichworten, manchmal auch in kurzen Sätzen, Schemata oder Skizzen in seinen Notizbüchern fest, ohne dass er sie weiter schriftlich ausgearbeitet hatte. Nur in ganz wenigen Fällen liegen vorbereitete schriftliche Zusammenfassungen vor, die für Übersetzer bestimmt waren. Er hat jedoch der Veröffentlichung von Mitschriften seiner Vorträge zugestimmt, auch wenn er selbst nur einige wenige für den Druck vorbereiten konnte. Die in der Rudolf Steiner Gesamtausgabe veröffentlichten Vorträge basieren in der Regel auf Übertragungen stenografischer Aufzeichnungen, die während des Vortrags von Zuhörern oder hinzugezogenen Fachstenografen angefertigt wurden. Verschiedentlich – dies gilt vor allem für die Anfangsjahre seiner Vortragstätigkeit, etwa bis 1905 – dienen auch Notizen und Referate von Zuhörern als Textgrundlage. Für die Drucklegung werden die Übertragungen in Langschrift oder die Zuhörernotizen von den Herausgebenden einer eingehenden Prüfung unterzogen, insbesondere hinsichtlich Sinn, Satzbau und Genauigkeit der Wiedergabe von Zitaten, Eigennamen oder Fachbegriffen. Bei auftretenden Komplikationen, wie zum Beispiel nicht entschlüsselbaren Satz- und Wortgebilden oder Lücken im Text, werden, soweit vorhanden, die Originalstenogramme zur Abklärung hinzugezogen. Spezifisches zur Textgestalt und Textredaktion sowie zur Entstehungsgeschichte findet sich am Schluss des Bandes.

Die Herausgeber

INHALT

DORNACH, 25. AUGUST 1918 35
  Programm zur Aufführung Dornach, 25. August 1918 35
  Ansprache zur Eurythmie, Dornach, 25. August 1918 35
    Eurythmie als moderne Erneuerung der alten Tempel-Tanzkunst.
    Kunst, Wissenschaft, Religion sind aus einer Wurzel entsprungen.
    Eurythmie: Aus den spirituellen Gesetzen des Weltendaseins selbst
    entnommen. Was lokal begrenzt und unsichtbar im Kehlkopf beim
    Sprechen vorgeht, wird auf den ganzen Menschen übertragen. Die
    Untertönung im Sprechen wird durch das Tanzen in Gruppen zur
    Erscheinung gebracht. Verwandeln des ganzen Menschen in einen le-
    bendigen Kehlkopf.

DORNACH, 20. SEPTEMBER 1918 39
  Rudolf Steiner: Neue Angaben für die «Zwölf Stimmungen» 39
    Verteilung von Denken, Fühlen und Wollen auf dem Tierkreis; Far-
    ben und Tierkreis; Tierkreis und Laute.

ZÜRICH, 18. OKTOBER 1918 44
  Aus dem Vortrag Zürich, 17. Oktober 1918 44
    Über die geplante öffentliche Eurythmie-Aufführung in Zürich
  Aus der Ansprache Dornach, 3. November 1918 45
    Über die geplante öffentliche Eurythmie-Aufführung in Zürich
  Ankündigungstexte zur geplanten Aufführung Zürich,
  18. Oktober 1918 45

ZÜRICH, 24. FEBRUAR 1919 49
  Plakatentwürfe für die Aufführung Zürich, 24. Februar 1919 49
  Plakat für die Aufführung Zürich, 24. Februar 1919 50
  Ankündigungsentwurf für die Zeitungen, Zürich, 24. Februar 1919 51
    Eurythmie als neue Bewegungsform, die auf den inneren Kunstim-
    pulsen des menschlichen Körpers selbst beruht und eine dem moder-
    nen Kunstempfinden entsprechenden Fortbildung der Goethe'schen
    Anschauung offenbart.

Entwurf für das Programmheft I, Zürich, 24. Februar 1919 52
Entwurf für das Programmheft II, Zürich, 24. Februar 1919 54
    Eurythmie als auf der fortgebildeten Goethe'schen Kunstanschauung beruhenden Bewegungskunst. Künstlerische Ausgestaltung des menschlichen Denkens und Empfindens. Zusammenwirken mit Sprache und Musik. Keine Willkür, sondern Verwirklichung ursprünglicher Kunstveranlagung. Der bewegte Mensch als sichtbarer Kehlkopf und Sprachorganismus.
Einführung für das Programmheft, Zürich, 24. Februar 1919 56
    Goethe'sche Anschauung als Ausgangspunkt der Eurythmie: alle Kunst als Offenbarung verborgener Naturgesetze. Die Bewegungsintentionen der Sprachorgane werden in Bewegungen des Gesamtkörpers umgesetzt. In der Raumbewegung wird dargestellt, was im Gemüt in Ton und Sprache lebt. Mimisches, Pantomimisches, Symbolisches ist ausgeschlossen. Wovon die Tanzkunst ausgegangen ist, darauf soll die Eurythmie im Sinne einer modernen Kunstauffassung wieder zurückführen.
Programm zur Aufführung Zürich, 24. Februar 1919 57
Ansprache zur Eurythmie, Zürich, 24. Februar 1919 57
    Eurythmie steht am Anfang. Sie beruht auf der Goethe'schen Weltanschauung – der ganze Mensch als Metamorphose des Kehlkopfes. Die intuitiv erfassten Gestaltungsformen des Kehlkopfes werden Bewegungsformen des menschlichen Organismus. Seelenstimmungen erscheinen in der Gruppengestaltung. Hauptorgane der eurythmischen Bewegung sind die Arme. Nichts ist augenblicklicher, willkürlicher Ausdruck, alles folgt innerlichen Gesetzmäßigkeiten.

WINTERTHUR, 27. FEBRUAR 1919 62
Ansprache zur Eurythmie, Winterthur 27. Februar 1919 62
    Dieser am Anfang stehenden Bewegungskunst liegt die Goethe'sche Weltanschauung zugrunde, seine Metamorphosenlehre. Der ganze Mensch als Kehlkopf. Seelenstimmungen werden in Gruppenbewegungen und -stellungen ausgedrückt. Keine willkürlichen, subjektiven, mimischen, pantomimischen Gesten. Unterstützung durch Musik und Rezitation.

DORNACH, 13. UND 14. MÄRZ 1919 66
Ankündigungsentwurf und Zeitungsannonce für die
Aufführungen Dornach, 13. und 14. März 1919 66
Programm zur Aufführung Dornach, 13. und 14. März 1919 66

Ansprache zur Eurythmie, Dornach, 13. März 1919 67
Die Anfänglichkeit der Eurythmie. Zugrunde liegt die Fortsetzung der Goethe'schen Welt- und Kunstauffassung. Kunst als Offenbarung von Naturgesetzen. Goethes Metamorphosegedanke. Der ganze Mensch kann als Metamorphose des Kehlkopfes aufgefasst werden. Eurythmie. Keine Augenblicksgesten, sondern innere Gesetzmäßigkeiten. Goethe über das Wesen der Kunst.

Ansprache zur Eurythmie, Dornach, 14. März 1919 73
Eurythmie steht am Anfang. Anwendung des Goethe'schen Metamorphosegedankens auf den Organismus: Der ganze Mensch bringt die Bewegungsanlagen des Kehlkopfes in sichtbaren Bewegungen zum Ausdruck; Seelenstimmungen erscheinen in Stellungen und Bewegungen der Gruppen. Keine Willkürgesten, sondern innere Gesetzmäßigkeit.

Dornach, 23. und 24. März 1919

Ankündigungsentwurf für die Aufführungen Dornach, 23. und 24. März 1919 79

Programm zur Aufführung Dornach, 23. März 1919 80

Ansprache zur Eurythmie, Dornach, 23. März 1919 80
Versuch einer neuen Kunstform, beruhend auf der Goethe'schen Weltanschauung. Goethes Naturanschauung übertragen in künstlerisches Empfinden: Die Bewegungen des Kehlkopfes beim Sprechen, dargestellt durch den ganzen Menschen. Eine objektive Kunst: Laut, Lautfolge, Modulation werden dargestellt durch den Einzelnen, Empfindungsgehalt, Reime, Rhythmus durch die Gruppenbewegung.

Programm zur Aufführung Dornach, 24. März 1919 87

Eintrittskarte zur Aufführung Dornach, 24. März 1919 88

Ansprache zur Eurythmie, Dornach, 24. März 1919 88
Eurythmie als Anfang einer neuen Bewegungskunst, auf der Weiterentwicklung der Goethe'schen Weltanschauung beruhend. Die Anwendung des Goethe'schen Metamorphosegedankens: Der ganze Mensch als sichtbarer Kehlkopf. Künstlerisches Empfinden: Ein im Wesen der Dinge Liegendes wird unmittelbarer Anschauung aufgenommen. Was seelisch das Sprechen durchtönt, erscheint in den Gruppengestaltungen. In der Eurythmie wird der Mensch selbst zum Kunstwerk.

Dornach, 30. März 1919 94
Ankündigungsentwurf für die Aufführung Dornach, 30. März 1919   94
Programm zur Aufführung Dornach, 30. März 1919 95
Ansprache zur Eurythmie, Dornach, 30. März 1919 95
   Die Quellen der Eurythmie liegen in der Goethe'schen Weltanschauung. Die Anwendung von Goethes Metamorphosenlehre auf die Tätigkeit des menschlichen Organismus: Der ganze Mensch wird in der Eurythmie sichtbarer Kehlkopf. Der Gemütsinhalt der Dichtungen wird in Stellungen ausgedrückt. Die Kunst als Offenbarung gewisser Naturgesetze. Eurythmie vereinigt sich mit Musik und Dichtung zu einem Gesamtkunstwerk. Die Notwendigkeit einer neuen, die dichterische Form berücksichtigende Art von Rezitation für die Eurythmie. Über die Möglichkeiten der Eurythmie für die Darstellung des Übersinnlichen in Goethes «Faust».

Dornach, 5. April 1919 103
Programm zur Aufführung Dornach, 5. April 1919 103
Ansprache zur Eurythmie, Dornach, 5. April 1919 104
   Das Dargebotene als Keim eines Versuchs, keine Konkurrenz zu Pantomime oder Tanzkünsten. Eurythmie steht auf dem Boden der Goethe'schen Kunst- und Weltauffassung: Übertragung der unsichtbaren Kehlkopfbewegungen beim Sprechen auf den ganzen Menschen. Eurythmie als sichtbarlich gewordenes Sprechen. Das Empfindungselement der Sprache wird durch die Verhältnisse, Stellungen der Gruppen ausgedrückt. Die Eurythmie braucht als Begleitung eine ältere Form der Rezitation.

Stuttgart, 6. Mai 1919 109
Programm zur Aufführung Stuttgart, 6. Mai 1919 109
Ansprache zur Eurythmie, Stuttgart, 6. Mai 1919 109
   Was mit der Eurythmie gewollt ist: Ein Zusammenfluss von verschiedenen Einzelheiten des vollen menschlichen Wesens. Abgrenzung zum seelenlosen Turnen und der von Äußerlichkeiten beseelten Bühnentanzkunst. Die Übertragung der unsichtbaren Kehlkopfbewegungen beim Sprechen und Singen auf den ganzen Menschen: Was Laut und Wort enthalten, wird durch den Einzelnen ausgedrückt; was die Sprache mit Empfindung durchsetzt, durch Bewegungen und Stellungen der Gruppe. Für die Eurythmie muss eine neue Kunst des Rezitierens und Deklamierens gefunden werden.

STUTTGART, 25. MAI 1919 114
    Notizen zur Ansprache Stuttgart, 25. Mai 1919 114
    Programm zur Aufführung, Stuttgart, 25. Mai 1919 118
    Ansprache zur Eurythmie, Stuttgart, 25. Mai 1919 118
        In der Eurythmie soll Goethe'sche Kunstgesinnung leben. Das Geheimnis zwischen Sprechen oder Singen und Hören. Der einzelne Mensch wird Kehlkopf; in den Gruppenbewegungen wird die Seelenempfindung ausgedrückt. Die Gesetzmäßigkeit in den aufeinanderfolgenden Bewegungen. Die Aufgabe der Rezitation zur Eurythmie. Die Eurythmie als beseelte Bewegungskunst kann heilsam wirken im sozialen Leben.

STUTTGART, 22. JUNI 1919 123
    Programm zur Aufführung Stuttgart, 22. Juni 1919 123

STUTTGART, 19. JULI 1919 124
    Programm zur Aufführung Stuttgart, 19. Juli 1919 124
    Notizen zur Ansprache Stuttgart, 19. Juli 1919 125

STUTTGART, 24. JULI UND MANNHEIM, 27. JULI 1919 126
    Notizen zu den Ansprachen, Stuttgart, 24. Juli und Mannheim, 27. Juli 1919 126
    Programm zur Aufführung Stuttgart, 24. Juli und Mannheim, 27. Juli 1919 128
    Zeitungsbericht zur Eurythmie-Aufführung Mannheim, 27. Juli 1919 129

DORNACH, 11. AUGUST 1919 130
    Programm zur Aufführung Dornach, 11. August 1919 130
    Ansprache zur Eurythmie, Dornach, 11. August 1919 131
        Einige Worte an die Münchner Ferienkinder. In der Eurythmie spricht der ganze Mensch so, dass man es sieht. Es spricht die Seele. Eurythmie als Ausführung der Goethe'schen Kunstanschauung im 20. Jahrhundert Sie zeigt, was der Mensch zurückhält, wenn er zuhört. Alles ist gesetzmäßig, nichts willkürlich oder pantomimisch. Der ganze Mensch wird zum Kunstwerk. Begleitung der Eurythmie durch Musik und Rezitation, die künstlerische Formgestaltung zum Ausdruck bringen muss. Schillers Schaffen aus musikalisch-bewegter Seele. Eurythmie steht am Anfang und muss vervollkommnet werden. Was im Turnen nur physiologisch ist, soll in der Eurythmie durchseelt werden.

DORNACH, 16. UND 17. AUGUST 1919 139
    Programm zur Aufführung Dornach, 16. und 17. August 1919 ... 139
    Ansprache zur Eurythmie, Dornach, 16. August 1919 140
        Eurythmie als Ausgestaltung der Goethe'schen Weltanschauung auf einem bestimmten Gebiet: Bewegungstendenzen und -antriebe beim Sprechen werden übertragen auf den ganzen Menschen. Der Mensch als großer Kehlkopf. Ausdruck der seelischen Nuancen in den Raumbewegungen. Der Zusammenhang zwischen dem, was die Seele ausspricht, und der Bewegung ist innerlich gesetzmäßig. Begleitung der Eurythmie durch Musik und Rezitation. Die Rezitation muss auf ältere Formen des Rezitierens zurückgehen, die künstlerische Form betonen. Eurythmie steht am Anfang ihrer Entwicklung. Die Bedeutung der Eurythmie in der Pädagogik: durchseeltes Turnen.
    Ansprache zur Eurythmie, Dornach, 17. August 1919 145
        Eurythmie beruht auf Goethe'scher Kunstgesinnung. Kunst und Wissenschaft durchdringen sich bei Goethe. Der übersinnlich Schauende sieht die Bewegungsanlagen des Kehlkopfes beim Sprechen, die in der Eurythmie durch den ganzen Menschen offenbart werden. Zurückhalten der übersinnlichen Bewegungen im Organismus beim Zuhören, die durch Eurythmie sichtbar werden. Raumbewegungen drücken die seelische Stimmung, Rhythmus und Reim aus. Nichts Willkürliches in der Bewegung. Begleitung durch Musik und Rezitation, die das Künstlerische der gestalteten Sprache betont. Eurythmie in der Pädagogik: beseeltes Turnen neben dem physiologischen Turnen. Eurythmie: der Mensch selbst als künstlerisches Werkzeug.

AUS DEM VORTRAG STUTTGART, 25. AUGUST 1919 153
    Über die inneren Gesten der Wortarten und die Tätigkeit des Zuhörens.

AUS DER SEMINARBESPRECHUNG STUTTGART, 29. AUGUST 1919 .. 155
    Eine Stabübung für rechenunbegabte Schüler

STUTTGART, 8. SEPTEMBER 1919 156
    Aus der Lehrerkonferenz Stuttgart, 8. September 1919 156
    Entwurf für den Lehrplan, Anfang September 1919 (?) 156
        Die Eurythmie im Stundenplan der Waldorfschule
    Auszug aus einem «Vorläufigen Lehrplan der 12. Klasse der Freien Waldorfschule» 157

BERLIN, 14. UND 16. SEPTEMBER 1919 158
Programm zu den Aufführungen, Berlin 14. und
16. September 1919 158
Ansprache zur Eurythmie, Berlin, 14. September 1919 158
Eurythmie steht am Anfang. Sie fußt auf der Goethe'schen Welt- und Lebensauffassung, seiner Idee der Metamorphose: Die künstlerisch geformte Kehlkopfbewegung wird gesetzmäßig auf den ganzen Menschen übertragen. Innere Seelenäußerungen werden in Raumbewegungen und Formverhältnissen zum Ausdruck gebracht. Musik und Rezitation als Begleitung; dabei soll das Dichterisch-Musikalische zur Geltung kommen. Eurythmie als künstlerische Offenbarung des Weltenrätsels.

Ansprache zur Eurythmie, Berlin, 16. September 1919 164
Eurythmie: Bewegungen des Kehlkopfes werden übertragen auf den ganzen Menschen. Auf die Aufeinanderfolge der Bewegungen kommt es an. Nichts Willkürliches liegt vor. Der Mensch macht sich selbst zum Kunstwerk.

DRESDEN, 21. SEPTEMBER 1919 166
Postkarte zur Aufführung Dresden, 21. September 1919 166
Programm zur Aufführung Dresden, 21. September 1919 167

DORNACH, 11. UND 12. OKTOBER 1919 168
Zeitungsannonce für die Aufführungen Dornach, 11. und
12. Oktober 1919 168
Programm zur Aufführung Dornach, 11. und 12. Oktober 1919 . 168
Ansprache zur Eurythmie, Dornach, 11. Oktober 1919 169
Eurythmie als selbstständige Kunstströmung, herausgeboren aus dem Geiste Goethe'scher Weltanschauung, die Grundlage gibt für das Wissen vom Lebendigen. Übertragung der Bewegungsanlagen des Kehlkopfes auf den ganzen Organismus: Entstehen einer sichtbaren Sprache als Ausdruck tiefster Weltengeheimnisse. Bewegung der Glieder und Bewegung im Raum. In der begleitenden Rezitation kommt es auf die Sprachbehandlung an. Eurythmie folgt inneren Gesetzmäßigkeiten; sie ist eine Art Gesamtkunst, Synthese der verschiedenen Künste.

Ansprache zur Eurythmie, Dornach, 12. Oktober 1919 174
Am Goetheanum wird in verschiedensten Zweigen angestrebt, was heute unbewusste Sehnsucht des Menschen ist. Eurythmie geht zurück auf den Goetheanismus, im Sinne des 20. Jahrhunderts. Die

Goethe'sche Metamorphose-Idee angewendet auf die menschliche Bewegung: der Mensch wird umgestalteter Kehlkopf. Was die Sprache künstlerisch durchtönt, wird in Raumbewegungen und -verhältnissen ausgedrückt. Offenbart man die Gesetzmäßigkeit der Welt, kommt Künstlerisch-Schönes zum Ausdruck. Nichts Willkürliches in der Eurythmie, kein Pantomimisches oder Mimisches. Die begleitende Rezitation betont die künstlerischen Elemente der Sprache. Arbeit und Rhythmus gehörten in der Urkultur zusammen. Der Mensch macht sich in der Eurythmie selbst zum Kunstwerk.

DORNACH, 19. OKTOBER 1919 183
    Programm zur Aufführung, Dornach, 19. Oktober 1919 183
    Ansprache zur Eurythmie, Dornach, 19. Oktober 1919 184
    Eurythmische Kunst ist herausgedacht und -gefühlt aus der sich fortentwickelnden Goethe'schen Weltanschauung. Goethes Metamorphosenlehre: Die Anschauung des unmittelbar Lebendigen. Der ganze Mensch wird ein großer Kehlkopf in der Eurythmie. Begleitung durch Musik und Rezitation, die die dichterische Gestaltungskraft zum Ausdruck bringt. In den Raum- und Gruppenbewegungen drückt sich die Seelenwärme aus. Alles in der Eurythmie ist gesetzmäßig, keine Augenblicksgesten. Die eurythmische Darstellung von Szenen aus Goethes «Faust». Philiströse Urteile über den zweiten Teil des «Faust». Eurythmie steht am Anfang.

ZÜRICH, 31. OKTOBER 1919 193
    Zeitungsankündigung für die Aufführung Zürich,
    31. Oktober 1919 193
    Programm zur Aufführung Zürich, 31. Oktober 1919 194
    Ansprache zur Eurythmie, Zürich, 31. Oktober 1919 194
    Eurythmie lässt sich zurückführen auf Goethes Weltanschauung, aber vom Jahre 1919. Die Verwandtschaft von Kunst und Erkennen. Anwendung von Goethes Metamorphosegedanken in der Eurythmie, indem der ganze Mensch zum Kehlkopf wird und das unterdrückte Willensmäßige in der Sprache zum Ausdruck kommt. In den aufeinanderfolgenden Bewegungen lebt ein Gesetzmäßiges: Sichtbar gewordene Sprache und Musik. Die begleitende, die Musikalität der Sprache berücksichtigende Rezitation. Über die Zuhilfenahme der Eurythmie in der Darstellung von Szenen aus Goethes «Faust».

DORNACH, 2. NOVEMBER 1919 201
    Ansprache zur Eurythmie, Dornach, 2. November 1919 201
    Die Bewegungskunst der Eurythmie: Anwendung von Goethes Metamorphosenlehre auf den Menschen. Übertragung der übersinnlich

geschauten Bewegungen des Kehlkopfes beim Sprechen auf den ganzen Menschen. Der Mensch macht sich selbst zum Kunstmittel und bringt die Geheimnisse, die in seinem Organismus liegen, zum gesetzmäßigen Ausdruck. Die Begleitung durch das Musikalische und eine Rezitation, die die Gestaltung der Sprache zum Ausdruck bringt. Eurythmie als Gesamtkunstwerk. Die Darstellung einer Szene aus Goethes «Faust». Die Aufnahme des «Faust II», in den Goethe die tiefsten Geheimnisse des Lebens hineingeheimnisste, durch Vischer. Eurythmie eignet sich für die Darstellung des Übergangs vom Sinnlichen ins Übersinnliche im Drama.

BERN, 5. NOVEMBER 1919 210

Ansprache zur Eurythmie, Bern, 5. November 1919 210
Eurythmie ist herausgearbeitet aus Goethe'scher Weltanschauung und Kunstgesinnung. Die Anwendung von Goethes Metamorphosenlehre auf die Sprachorgane: Übertragung von deren Bewegungsanlagen auf den ganzen Menschen, wodurch sonst verborgene Weltgeheimnisse zum Ausdruck kommen. Begleitung der Eurythmie durch Musik und Rezitation, in der es um die Gestaltung der Sprache geht. Die pädagogische Seite der Eurythmie. Über die Darstellung zweier Szenen aus Goethes «Faust»; Vischers Urteil über «Faust II».

DORNACH, 8. NOVEMBER 1919 220

Notizen zur Ansprache Dornach, 8. November 1919 220

Ansprache zur Eurythmie, Dornach, 8. November 1919 220
Geisteswissenschaft strebt an, eine wirkliche Erkenntnis der geistigen Welten in die Menschheitskultur einzuführen. Zur Anerkennung der Wissenschaft des Geistigen gehört Vernunftbescheidenheit. Die Ausbildung der inneren Kraft, geistig Erforschtes zu verstehen, ist eine Notwendigkeit für die Zukunft. Wirklicher geistiger Fortschritt ist der Menschheit nur möglich durch geistige Erkenntnis dessen, was über Geburt und Tod hinausreicht, Gewahrwerden der Kräfte des Ewigen. Die Kant-Laplace'sche Theorie als wissenschaftlicher Wahn; die Erde ist aus einem geistigen Zustand hervorgegangen. Das Geistig-Seelische im Menschen hängt zusammen mit dem Geistig-Seelischen der Welt. Über die Waldorfschule: die Erziehungskunst der Zukunft soll ausgehen von wirklicher Menschenerkenntnis. Das Fortschrittliche muss sich immer erst einleben: Das Gutachten eines Ärztekollegiums über die erste Eisenbahn. – Eurythmie: Das Geistige der Sprache übertragen auf den ganzen Menschen: sichtbare Sprache, der Mensch als lebendig gewordener Kehlkopf. Eurythmie als Schulfach: beseeltes, durchgeistigtes Turnen. Die Darstellung zweier Szenen aus dem «Faust» durch Eurythmie. Goethe reifte zu immer höherer Kunstauffassung heran. Übliche

Bühnenmittel reichen nicht aus für die Darstellung übersinnlicher Szenen im «Faust».

Dornach, 15. und 16. November 1919 242

Plakat für die Aufführungen Dornach, 15. und 16. November 1919 242

Programm zur Aufführung Dornach, 15. und 16. November 1919 . 243

Ansprache zur Eurythmie, Dornach, 15. November 1919 243
Eurythmie als neue Kunstform: herausgeholt aus den inneren Bewegungsmöglichkeiten des menschlichen Individuums selbst. In der Sprache fließen Willen und Denken zusammen. In der Eurythmie wird nur herausgeholt, was vom Willen in die Sprache hineinpulsiert: Eurythmie als Willenssprache. Die gesetzmäßige Aufeinanderfolge der Bewegungen. Der begleitenden Rezitation liegt der Formausdruck der Dichtung zugrunde, nicht das Wortwörtliche. In der Eurythmie kommt das Innerlich-Musikalische der Sprache zum Ausdruck. Über die eurythmische Darstellung von übersinnlichen Szenen aus «Faust», bei denen die gewöhnliche Regiekunst versagt.

Notizen zur Ansprache Dornach, 16. November 1919 250

Ansprache zur Eurythmie, Dornach, 16. November 1919 250
Wie der Goetheanum-Bau ist auch die Eurythmie herausgeholt aus der Goethe'schen Weltanschauung. Die Bewegungsanlagen des Kehlkopfes beim Sprechen werden übertragen auf den ganzen Menschen. Eurythmie als stumme, sichtbare Sprache in gesetzmäßiger Aufeinanderfolge der Bewegungen: Es ist eine Bewegungsmelodie. Begleitung durch Musik und Rezitation, die das untergründige musikalische Element der Dichtung zum Ausdruck bringt. Eine Art primitive Eurythmie lebte im Rezitieren von Volksdichtungen. Im Sprechen fließen zusammen die Gedanken und der Wille. In der Eurythmie erscheint nur das Willenselement.

Dornach, 22. November 1919 257

Plakat für die Aufführungen Dornach, 22. und 23. November 1919 257

Ansprache zur Eurythmie, Dornach, 22. November 1919 258
Eurythmie herausgeholt aus Goethe'scher Weltanschauung und Kunstgesinnung. Die menschlichen Glieder drücken Sprache aus wie sonst der Kehlkopf. Eurythmie: Weglassen des Vorstellungsteils der Sprache, Ausdruck des Willenselementes. In den Raum- und Gruppenbewegungen wird der Seelengehalt dargestellt. Über die Art der begleitenden Rezitation. Über die folgende Darstellung von «Faust»-Szenen. Goethes lebenslanges Arbeiten am «Faust»; sein Zorn über eine geplante «Faust»-Aufführung in den 1820er Jahren. Durch die Eurythmie lassen sich die übersinnlichen Szenen des «Faust» darstellen. Goethes Wolkendichtungen.

Ansprache zur Eurythmie, Dornach, 23. November 1919 264
Die noch am Anfang stehende eurythmische Kunst ist aus höchsten künstlerischen Quellen geschöpft und beruht auf der Goethe'schen Weltanschauung. Der ganze Mensch wird zum Instrument des Kunstwerks: Zusammenfassung aller Weltengeheimnisse. Die Bewegungsanlagen des Kehlkopfes werden auf den ganzen Menschen übertragen. In der Sprache gliedert sich zusammen, was aus den Vorstellungen und was aus dem Willen kommt. Unser Wesen kommt in ein innerliches Mitschwingen, in eine tanzende Bewegung beim Zuhören. Mimik, Pantomimik, Willkürliches ist in der Eurythmie ausgeschlossen. Musik und zum Künstlerisch-Formalen zurückgeführte Rezitation als Begleitung. Goethe dachte bei «Faust I» nicht an eine bühnenmäßige Darstellung; sein Zorn über die Absicht einer Aufführung in den 1820er Jahren. Eurythmie als Hilfsmittel zur Darstellung von «Faust»-Szenen, in die Übersinnliches hineinspielt.

DORNACH, 29. UND 30. NOVEMBER 1919 272
Plakat für die Aufführungen Dornach, 29. und 30. November 1919 272
Ansprache zur Eurythmie, Dornach, 29. November 1919 273
Die Eurythmie als stumme, sichtbare Sprache: Durch sinnlichübersinnliches Schauen erforschte Bewegungsanlagen des Kehlkopfes werden im Sinne der Metamorphose übertragen auf den ganzen Menschen. In der Sprache wirken Gedanken- und Willenselement; Ausschaltung des Vorstellungselements in der Eurythmie. Das Wesentliche liegt in der gesetzmäßigen Folge der Bewegungen. Begleitung durch Musik und Rezitation. – Aufführung einer «Faust»-Szene. Über unbefriedigende Aufführungen (Wilbrandt, Devrient) von «Faust»-Szenen, in die Übersinnliches hineinspielt. Goethes Zorn, als Laroche eine «Faust»-Aufführung vorschlug. Die Möglichkeiten der Eurythmie in dieser Hinsicht.

Ansprache zur Eurythmie, Dornach, 30. November 1919 279
Eurythmie fließt aus der ganzen Weltanschauung, die hier vertreten wird. In der Sprache fließen Vorstellungs- und Willenselement zusammen, werden durchdrungen vom Gemütselement. Die Bewegungen der Eurythmie sind herausgeholt aus dem sinnlich-übersinnlichen Wahrnehmen der Bewegungsanlagen: der ganze Mensch wird Kehlkopf, der das Willenselement der Sprache darstellt. Alles ist auf die gesetzmäßige Folge der Bewegungen gebaut. Was die Sprache beseelt, ist in den Raumbewegungen und Verhältnissen ausgedrückt. In den alten Formen der Rezitation lag eine primitive Eurythmie vor. Früher war die menschliche Arbeit mit dem Rhythmus verbunden. In der Rezitation: Zurückgehen auf das eigentlich Rhythmische. Über die Darstellung von «Faust»-Szenen mit Hilfe der Eurythmie und Goethes Ansichten über die Aufführbarkeit des «Faust».

Dornach, 14. Dezember 1919 288
   Programm zur Aufführung Dornach, 14. Dezember 1919 288
   Ansprache zur Eurythmie, Dornach, 14. Dezember 1919 289
      Eurythmie soll anknüpfen an fortgebildeten Goetheanismus. Sie bedient sich des ganzen Menschen. In der Sprache begegnen sich Gedanken- und Willenselement. Nach dem Prinzip der Metamorphosenlehre werden die Bewegungstendenzen des Kehlkopfes auf den ganzen Menschen übertragen. Eurythmie kann das Schaffen in den Geheimnissen des Universums erreichen, indem das Gedankenelement der Sprache ausgeschaltet wird. Was vom Herzen aus das Sprachelement durchwellt, wird durch Raumbewegungen und Gruppenverhältnisse ausgedrückt. Alles Willkürliche ist ausgeschlossen. In der begleitenden Rezitation wird zurückgegangen zum wirklich Künstlerischen. Über Goethes Gedichte «Howards Ehrengedächtnis» und «Metamorphose der Pflanze», die in der Darstellung von Formanschauung leben.

Aus der Konferenz Stuttgart, 22. Dezember 1919 298
   Über die Gestaltung des englischen I.

Dornach, 10. und 11. Januar 1920 299
   Plakat für die Aufführung Dornach, 10. Januar 1920 299
   Ansprache zur Eurythmie und zum Paradeisspiel, Dornach,
   10. Januar 1920 306
      Eurythmie ist aus dem Goetheanismus herausgeboren. Übertragen der durch sinnlich-übersinnlichen Einblick in die Menschenwesenheit gewonnenen Bewegungsanlagen beim Sprechen auf den ganzen Menschen. Ausschaltung des im Sprechen wirkenden Gedankenelements in der Eurythmie. – Das Sammeln alter Weihnachtsspiele deutscher Kolonisten durch K. J. Schröer und K. Weinhold. Die Spiele zeigen das Wirken des Christentums im Seelenleben der europäischen Menschheit in früheren Jahrhunderten. Die Würde, mit denen die Spiele betrieben wurden. Die Notwendigkeit, im heutigen nüchternen Kulturleben so etwas wieder anschaulich vor die Seele zu stellen. – Über die Aufführung des norwegischen «Traumlieds von Olaf Åsteson»: das Verhältnis zwischen dem nordisch hellseherischen Heidentum und dem sich ausbreitenden Christentum.
   Plakat für die Aufführung Dornach, 11. Januar 1920 307
   Ansprache zur Eurythmie und zum Christgeburtspiel, Dornach,
   11. Januar 1920 308
      Eurythmie ist geboren aus Goethe'scher Kunstgesinnung. Ihre Bewegungen sind keine willkürlichen Gebärden. Durch Übertragung

der Bewegungsanlagen beim Sprechen auf den ganzen Menschen wird dieser zum bewegten Kehlkopf und drückt sich dadurch als Willenswesen aus; die Vorstellungen sind ausgeschaltet. Eurythmie wird begleitet durch künstlerische Rezitation. – Über die norwegische Volksdichtung «Olaf Åsteson»: Zusammenfließen von altem nordischem Hellsehertum und Christentum. Über die Oberuferer Weihnachtspiele: Wie die Menschen sich früher auf die Aufführung vorbereiteten. Die Spiele zeigen, wie das Christentum die Menschen Mitteleuropas erzogen hat.

DORNACH, 17. UND 18. JANUAR 1920 314
Ankündigungsentwurf und Zeitungsannonce für die Aufführungen Dornach, 17. und 18. Januar 1920 314
Programm zur Aufführung Dornach, 17. und 18. Januar 1920 ... 315
Notizen zur Ansprache Dornach, 17. Januar 1920 315
Ansprache zur Eurythmie, Dornach, 17. Januar 1920 316
Goetheanismus liegt der Eurythmie zugrunde. Der Kehlkopf und seine Nachbarorgane: Nachbildung des Menschen als Organismus. In der Stimme eines Wesens kommt sein Verhältnis zur umliegenden Natur und zur eigenen Gestalt zum Ausdruck. Die Übertragung der Kehlkopfbewegungen beim Sprechen auf den ganzen Menschen in der Eurythmie; die Bewegungen werden dadurch verlangsamt. Die begleitende Rezitation berücksichtigt das Formale der Sprachgestaltung in den Dichtungen, die Linien im Lautlichen. Eurythmie steht am Anfang, aber es liegen viele Entwicklungsmöglichkeiten in ihr.
Ansprache zur Eurythmie, Dornach, 18. Januar 1920 320
Eurythmie steht noch am Anfang. Die Kehlkopforganisation als Wiederholung des ganzen Menschen. Über den Zusammenhang zwischen Bewegung und Tongebung. In der Sprache fließen zusammen Gedanken und Wille. Lässt man das Gedankenelement weg und überträgt die Bewegungsanlagen auf den ganzen Leib, entsteht Eurythmie: Gebärden, die das allgemein Menschliche geben. Die begleitende Rezitation geht besonders auf das Rhythmische ein. Bei künstlerischen Dichtungen wie Goethes «Metamorphose der Pflanzen» ergibt sich die Eurythmie wie von selbst.

DORNACH, 24. UND 25. JANUAR 1920 326
Zeitungsannonce für die Aufführung Dornach, 24. und 25. Januar 1920 326
Programm zur Aufführung Dornach, 24. und 25. Januar 1920 ... 326
Notizen zur Ansprache Dornach, 24. Januar 1920 327

Ansprache zur Eurythmie, Dornach, 24. Januar 1920 327
Über die Quellen der eurythmischen Kunst: eine aus dem Wesen des ganzen Menschen herausgeholte stumme Sprache. Das Künstlerische in der Dichtung: das musikalische und plastische Moment. Traumleben im Tagesleben ist eine Herabstimmung des Lebens ins Untermenschliche; Eurythmie dagegen ist verstärktes Aufwachen, das mit dem Weltenall zusammenführt. Die hygienisch-therapeutische und die pädagogische Seite der Eurythmie. In ihr soll alles Schläfrige und Egoistische überwunden werden. Begleitung der Eurythmie durch Musik und Rezitation. Das Musikalische unterdrückt das Gestaltende und bringt die Verinnerlichung des Tones zum Vorschein; in der Eurythmie ist es umgekehrt. Die Rezitation muss das Melodiöse der Sprache in den Vordergrund stellen. Eurythmie entsteht aus Goethe'scher Kunstgesinnung. Die Sprache der Natur kommt zum Vorschein, Welträtsel werden enträtselt, da in der Eurythmie der Mensch selbst das Instrument ist.

Ansprache zur Eurythmie, Dornach, 25. Januar 1920 334
In der Eurythmie wird der Mensch selbst ein Ausdrucksmittel. Ihre Bewegungen sind aus den Bewegungsanlagen des Kehlkopfes herausgeholt. Musikalische und plastische Elemente in der Dichtung. Im Sprachlichen liegt etwas vom Hineinträumen ins Leben als unterseelisches Element. Das Traumhafte ist ein abgetanes Element des Künstlerischen. In der Sprache ist das gedankliche Element das Traumhafte; in der Eurythmie tritt das Willenselement aufweckend hervor. Der Mensch als Mikrokosmos: Beim eurythmisch bewegten Menschen kann man die Enträtselung von Naturgeheimnissen empfinden. Es kommt ein allgemein Menschliches zum Vorschein, nichts Willkürliches. Begleitung der Eurythmie durch Musik und einer besonderen Art der Rezitation. Die drei Aspekte der Eurythmie: künstlerisch, hygienisch, pädagogisch als durchseeltes Turnen.

Dornach, 31. Januar und 1. Februar 1920 342

Ankündigungsentwurf und Zeitungsannonce für die Aufführungen Dornach, 31. Januar und 1. Februar 1920 342

Plakat für die Aufführungen Dornach, 31. Januar und
1. Februar 1920 343

Notizen zur Ansprache Dornach, 31. Januar 1920 344

Ansprache zur Eurythmie, Dornach, 31. Januar 1920 347
Die eurythmische Kunst ist durchtränkt von Goethe'scher Kunstgesinnung im Sinne des 20. Jahrhunderts. Die durch sinnlich-übersinnliches Schauen erkannten Bewegungsanlagen des Kehlkopfes werden übertragen auf den ganzen Menschen: Entstehen einer stummen

Sprache. Das eigentlich Künstlerische in der Dichtung ist ein verborgenes Eurythmisches. Wie man am Kind sieht, quillt die Lautsprache aus dem Unbewussten des Menschen herauf; daher kommt ihr Gesetzmäßiges. Das wird in der Eurythmie dargestellt: bewusstes Hineinkommen in das unbewusste Schöpferische des Menschen. Begleitung durch Musik und Rezitation. – Über das Programm. Auch in den Humoresken keine Pantomime und Mimik. Über die Gnomen- und Sylphenszene aus den «Mysteriendramen». Durch künstlerisches Eingehen auf die Natur können ihre Geheimnisse erkannt werden.

Ansprache zur Eurythmie, Dornach, 1. Februar 1920 354
Eurythmie bedient sich auf der Grundlage der Goethe'schen Kunstanschauung des Menschen als Werkzeug, wie es das bisher in der Kunst nicht gab. Vorstellungs- und Willenselement fließen in der Sprache zusammen; künstlerisch sind nur die musikalischen und plastischen Elemente. Eurythmie: Übertragen der Bewegungsanlagen im Kehlkopf auf den ganzen Menschen; das Gedankenelement der Sprache wird dabei ausgeschlossen. Es lassen sich die Welträtsel in den eurythmischen Bewegungen anschauen. Begleitung durch Musik und Rezitation. Was im Dichten schon toneurythmisch empfunden wird wie das «Märchen vom Quellenwunder» lässt sich besonders gut eurythmisieren.

Dornach, 7. und 8. Februar 1920 361
Ankündigungsentwurf und Zeitungsannonce für die Aufführungen Dornach, 7. und 8. Februar 1920 361

Programm zur Aufführung Dornach, 7. und 8. Februar 1920 362

Ansprache zur Eurythmie, Dornach, 7. Februar 1920 362
Eurythmie als stumme Sprache im Sinne Goethe'scher Kunstanschauung. Übertragung der Bewegungsanlagen des Kehlkopfes auf den ganzen Menschen. In der Eurythmie kommt das künstlerische Willenselement der Sprache zur Darstellung, nicht das Gedankenelement. Sprechen lernen die Menschen in unbewussten Entwicklungsstadien. In der Eurythmie ist dagegen ein Überbewusstes, Vollbewusstes. Kleine Fortschritte in der Eurythmie-Entwicklung. Über die begleitende Rezitation: Das Künstlerische ist in der Dichtung das Musikalische (Schiller) oder das Plastische (Goethe). Die Märchendichtung «Quellenwunder» ist schon eurythmisch gedacht, ähnlich Goethes «Metamorphose der Pflanze». Das Aufschwingen zum Künstlerischen führt tiefer in die Natur hinein.

Ansprache zur Eurythmie, Dornach, 8. Februar 1920 369
Über die Kunstquellen und das Kunstwerkzeug der Eurythmie. Die Funktionen des Kehlkopfes als metamorphosierte Funktionen

des ganzen Organismus. Eurythmie als Metamorphose der Vorgänge beim Sprechen in Bewegungen des ganzen Organismus: Sichtbare Sprache und Musik. Das Zusammenfließen von Ideen- und Willenselement in der Sprache; je weniger Gedankenelement, desto künstlerischer die Sprache. Im Traum tritt das Vorstellungselement auf, das Bewegungselement zurück; in der Eurythmie ist es umgekehrt. Eurythmie als Aufwacherlebnis; Sprache wächst aus dem Unbewussten. Begleitung der Eurythmie durch Musik und Rezitation, die auf alte Formen zurückgreift. Über das Programm: Naturimaginationen; Szenen aus den «Mysteriendramen». Das Begreifen der Natur durch künstlerisch-bildhafte Auffassung. Eurythmie: Der Mensch selbst als Instrument. Über wirkliche Kunst.

DORNACH, 14. UND 15. FEBRUAR 1920 378
Ankündigungsentwurf und Zeitungsannonce für die Aufführungen Dornach, 14. und 15., 21. und 22. Februar 1920 378
Plakat für die Aufführungen Dornach, 14. und 15. Februar 1920 . 379
Eintrittskarte für die Aufführung Dornach, 14. Februar 1920 379
Notizen zur Ansprache Dornach, 14. Februar 1920 380
Ansprache zur Eurythmie, Dornach, 14. Februar 1920 382
Die Kunstentwicklung unserer Tage. Alles Künstlerische hat zwei Quellen: (1) äußere Beobachtung (Impressionismus); der Goetheanum-Bau. (2) inneres Erlebnis (Expressionismus). Musik und Dichtung. Das Problem modernen Dichtens aufgrund des konventionellen Gedankenelementes in der Sprache. Das Unvollendete in Goethes Schaffen und das Fortwirken des Goetheanismus, z.B. in der Eurythmie. Der Gedanke schwimmt im Sprechen auf den Wellen des Willens. In der stummen Sprache der Eurythmie wird das Gedankenelement unterdrückt: Der Wille wirkt unmittelbar im Muskelelement, der ganze Mensch wird Kehlkopf. Die begleitende Rezitation geht auf das eigentlich Künstlerische, das Rhythmische, Taktmäßige. Eurythmie als Expression im unmittelbaren, impressionistischen Eindruck.

Ansprache zur Eurythmie, Dornach, 15. Februar 1920 389
Die gegenwärtige Suche nach neuen künstlerischen Ausdrucksmitteln. In der gesprochenen Sprache schwimmt der Gedanke auf dem bewegten Willenselement. In der Eurythmie wirkt nur das Willenselement: dadurch Herausholen des melodiösen und plastischen Elements der Dichtungen. Impressionismus: Erfassen der Natur in Bildern mit Ausschluss des Gedankens; dadurch Einwirkung der Natur auf niedrigere menschliche Fähigkeiten. Expressionismus: Das innere Erlebnis muss gedankenleer sein. Eurythmie verbindet Expressionistisches und Impressionistisches: Unmittelbarer Eindruck eines

nicht vom Gedanken durchsetzten inneren menschlichen Erlebnisses. Trotz Fortschritten steht Eurythmie noch am Anfang. Die neue Form von Rezitation und Deklamation. Die Gestaltung von Natur- und Weltzusammenhängen in den folgenden «Mysteriendramen»-Szenen.

Dornach, 21. und 22. Februar 1920 399
  Plakatentwurf für die Aufführungen, 21. und 22. Februar 1920 .. 399
  Ankündigungsentwurf und Zeitungsannonce für die Aufführungen, 21. und 22. Februar 1920 400
  Programm zur Aufführung Dornach, 21. und 22. Februar 1920 .. 401
  Ansprache zur Eurythmie, Dornach, 21. Februar 1920 401
    Eurythmie als gesetzmäßige, stumme Sprache. Die gegenwärtige Suche nach neuen künstlerischen Ausdrucksmitteln. Festhalten des unmittelbaren Eindrucks ohne den Gedanken (Impressionismus); Arbeit mit dem innerlichen Erlebnis (Expressionismus). Das Problem heutiger Dichtung: Die Sprache ist konventionell, gedanklich geworden; künstlerisch ist am Gedicht die innere Form. Das Willenselement der Sprache, die Bewegungsanlagen des Kehlkopfes werden in der Eurythmie nicht in Luftvibrierungen umgesetzt, sondern in den Muskelorganismus überführt: Menschliches Seelenerlebnis, ausgedrückt in einer Form, die der Mensch selbst ausführt; Impression, die auch Expression ist. Über die begleitende Rezitation. Über die Darstellung einer Szene aus den «Mysteriendramen» mit einander widerstrebenden Mächten.

  Ansprache zur Eurythmie, Dornach, 22. Februar 1920 410
    Eurythmie als neue Kunstform, entspringend Goethe'scher Kunstanschauung. Die Suche nach neuen Ausdrucksmitteln in der Kunst. Der Impressionismus suchte den augenblicklichen Eindruck mit Ausschluss des Gedankens festzuhalten; der Expressionismus das unmittelbare Innenerlebnis zu geben. Die Grundlagen der Eurythmie: Der Mensch als metamorphosierter Kehlkopf, der das Willenselement der Sprache statt in die Luft in die Muskeln, die Glieder in gesetzmäßiger Art überträgt. Das unmittelbar Empfundene der eurythmischen Ausdrucksformen. Eurythmie als Expression, die durch Impression wirkt. Über die begleitende Rezitation. Über die folgende Szene aus den «Mysteriendramen» und die Kinderdarbietungen. Eurythmie und Turnen: nicht nur physiologische, sondern auch psychologische Bewegungen; Stärkung der Initiative des Willens.

Dornach, 21. März 1920 422
  Plakat für die Aufführung Dornach, 21. März 1920 422

Ansprache zur Eurythmie, Dornach, 21. März 1920 422
Eurythmie: Der ganze Mensch als Kehlkopf, Fortsetzung der Lautsprache. Aufführung des von Henrietta Hollenbach einstudierten Chorgesangs mit gehüpften Tönen. Die pädagogisch-hygienische Seite der Eurythmie.

Dornach, 27. und 28. März 1920 425

Ankündigungsentwurf und Zeitungsannonce für die Aufführungen Dornach, 27. und 28. März 1920 425

Programm zur Aufführung Dornach, 27. und 28. März 1920 426

Ansprache zur Eurythmie, Dornach, 27. März 1920 426
Eurythmie: kein willkürliches Gebärdenspiel, sondern stumme Sprache. Übertragung der Bewegungsanlagen des Kehlkopfes auf den ganzen Menschen nach dem Metamorphoseprinzip. Eurythmie als neue Kunstform. Ihre pädagogisch-hygienische Bedeutung: Ergänzung des Turnens durch beseeltes Bewegungsspiel. Dadurch Stärkung des Menschen als physisch-seelisch-geistiges Wesen, Erhöhung der Initiativkraft, was der Sport nicht kann. Menschliche Arbeit und Rhythmus. Über die besondere Art der Rezitation zur Eurythmie. Fortschritte trotz Anfänglichkeit. Eurythmie als Menschheitserziehungsimpuls.

Ansprache zur Eurythmie, Dornach, 28. März 1920 432
Eurythmie als stumme Sprache. Durch sinnlich-übersinnliches Schauen werden Bewegungstendenzen nach dem Metamorphoseprinzip Goethes in gesetzmäßiger Art auf den ganzen Menschen übertragen. Eurythmie als Lösung von vielem, was gegenwärtig gesucht wird in der Kunst. Ideenmäßiges wirkt ertötend auf die Kunst. Impressionismus und Expressionismus: Vermeiden des Ideellen durch Wiedergeben der Anschauung oder seelischer Erlebnisse; doch es fehlen künstlerische Ausdrucksmittel. Eurythmie zugleich impressionistisch und expressionistisch. Über das begleitende Rezitieren. Eurythmie als Enträtselung von Weltgeheimnissen.

Dornach, 4. und 5. April 1920 440

Ankündigungsentwurf und Zeitungsannonce für die Aufführungen Dornach, 4. und 5. April 1920 440

Plakat für die Aufführungen Dornach, 4. und 5. April 1920 441

Ansprache zur Eurythmie, Dornach, 4. April 1920 (Ostersonntag) 441
Eurythmie als stumme Sprache im Sinne Goethe'scher Weltanschauung. Der ursprüngliche gesangartige und plastische Charakter der Sprache; Hereinfließen von Unkünstlerischem durch Konversation. Das Gedanken- und Willenselement in der Sprache. Das eigentlich

Dichterische im Willenselement wird in der Eurythmie zum Ausdruck gebracht. Übertragung der Bewegungsanlagen beim Sprechen in die Muskelorganisation. Eurythmie als Plastik in Bewegung. Über die begleitende Rezitation. Szenen aus den «Mysteriendramen»: Imaginationen, die in das innere Wesen des Weltendaseins eindringen. Goethes Umdichtung von Hallers Gedicht «Ins Innre der Natur». Die Verbindung von Erkenntnis mit Kunst. Die hygienisch-pädagogische Seite der Eurythmie: beseelte Bewegungskunst, die willensstark macht.

Notizen zur Ansprache Dornach, 5. April 1920 449

Ansprache zur Eurythmie, Dornach, 5. April 1920 (Ostermontag) . 450

Eurythmie schöpft aus besonderen Kunstquellen; sie hat gesetzmäßige Ausdrucksformen wie Sprache und Gesang. In der vorrückenden Entwicklung verlieren die Sprachen das Künstlerische, werden konventionell. Früher nahm die Sprache den ganzen Menschen in Anspruch: Zusammenfluss des Musikalischen im Vokalischen mit dem Plastischen im Konsonantischen. Vokalisch-Musikalisches: Ergreifen des Geistigen in der eigenen Seele, Miterleben des Äußeren. Konsonantisch-Plastisches: Untertauchen in Äußeres. Die Entwicklung der Schrift vom Bild zum Zeichen. Eurythmie: Ausdruck der ganzen Menschenwesenheit. Die Rezitation. Die pädagogisch-hygienische Seite der Eurythmie: beseeltes, künstlerisches Turnen, Stärkung der Willensinitiative. Die Natur ergibt sich nur bildhaftem Erfassen.

Dornach, 10. und 11. April 1920 456

Ankündigungsentwurf und Zeitungsannonce für die Aufführungen Dornach, 10. und 11. April 1920 456

Plakat für die Aufführungen Dornach, 10. und 11. April 1920 ... 457

Notizen zu den Ansprachen Dornach, 10. und 11. April 1920 ... 458

Ansprache zur Eurythmie, Dornach, 10. April 1920 458

Eurythmie als Art stummer Sprache: Eröffnen einer neuen Kunstquelle und besondere Kunstausdrucksmittel. Streben nach dem sinnlich-übersinnlichen Element in der Kunst. Im Laufe der Zeit werden die Formen der Kunst zu intellektuell, es entsteht Epigonenkunst. Versuche in Impressionismus und Expressionismus zu einer neuen künstlerischen Formensprache zu kommen. Intellektuelles ertötet Künstlerisches. Das sinnlich-übersinnliche Studium der Bewegungstendenzen der Lautsprache; Übertragung derselben auf die Glieder. Über die begleitende Rezitation. Der Mensch selbst wird in der Eurythmie zum sinnlichen Ausdrucksmittel der Kunst – das Intellektuelle wird umgangen. Eurythmie zeigt, wie man Formen schaffen muss, um zu Sinnlich-Übersinnlichem zu kommen.

Ansprache zur Eurythmie, Dornach, 11. April 1920 464
Eurythmie: neue künstlerische Ausdrucksmittel durch sinnlich-übersinnliche Anschauung der Bewegungstendenzen beim Sprechen und Übertragung auf den ganzen Menschen. Dadurch kommt das Element des fühlenden Wollens in der Sprache zur Geltung. Im Künstlerischen soll das Bild unmittelbar geistig wirken. Dichtung: Nur soweit künstlerisch, als Musikalisches und Bildhaftes darinnen. Eurythmie: Im unmittelbaren Anschauen das durchseelte Bild – ohne Umweg über den Intellekt. Über die Art der Rezitation. Musik und Plastik; Eurythmie: Plastik in Bewegung. Natur schafft in Bildern. Die hygienisch-therapeutische Seite der Eurythmie: Pflege einer beseelten Willenskultur.

Dornach, 17. und 18. April 1920 471
Ankündigungsentwurf und Zeitungsannonce für die Aufführungen Dornach, 17. und 18. April 1920 471
Programm zur Aufführung Dornach, 17. und 18. April 1920 472
Ansprache zur Eurythmie, Dornach, 17. April 1920 472
Eurythmie im Kontext der gegenwärtigen Suche nach einer neuen Formensprache. Sinnliches muss in der Kunst wirken wie Übersinnliches. Die Sprache: je mehr Ausdrucksmittel für soziales Zusammenleben und Gedanken, umso weniger geeignet für Dichtung. Das Künstlerische einer Sprache kann empfunden werden ohne Verstehen des wortwörtlichen Inhalts. Eurythmie: Übertragung der Bewegungstendenzen des Kehlkopfs auf den ganzen Menschen. Rückkehr zur künstlerischen Rezitation. Über das erste Bild von «Faust II». Die Eignung der Eurythmie für die Darstellung des Hereinragens der geistigen in die sinnliche Welt. Die Suche nach der eurythmischen Darstellung des eigentlich Dramatischen. Fortschritte der letzten Monate: Einbezug der inneren Form der Dichtung in die Raumesform der Bewegung. Der Mensch als vollkommenstes Werkzeug der Kunst. Die Entstehung von Goethes «Hymnus an die Natur».

Ansprache zur Eurythmie, Dornach, 18. April 1920 480
Eurythmie als Anfang einer neuen Kunst, herausgeboren aus dem Goetheanismus. Übersinnliches muss durch Sinnliches sprechen. Anwendung des Goethe'schen Metamorphosegedankens: In gesetzmäßiger Weise wird der ganze Mensch in der Eurythmie Kehlkopf. In der Zeit der Romantik wurden Gedichte in fremden Sprachen angehört, um das Künstlerische der Dichtung zu erleben. Die notwendige Reform der Rezitation. Über das erste Bild von «Faust II»: Eurythmie eignet sich für Szenen, in denen die geistige Welt hereinragt. Der Mensch als vollkommenstes Ausdrucksmittel in der Eurythmie.

DORNACH, 24. UND 27. APRIL 1920 487
Ankündigungsentwurf und Zeitungsannonce für die Aufführungen
Dornach, 24. und 27. April 1920 487
Plakat für die Aufführung Dornach, 24. April 1920 488
Ansprache zur Eurythmie, Dornach, 24. April 1920 488
Über die Quellen und Ausdrucksformen der Eurythmie: Eine stumme Sprache, die sich durch bewegte Plastik zur Offenbarung bringt. Über das Künstlerische in der Sprache, das dem Menschlich-Individuellen nähersteht als das Gedankliche: Rhythmus, Takt, Form, die Verbindung der Gedanken. Eurythmie: Übertragen der Bewegungstendenzen beim Sprechen auf den ganzen Menschen. Über das Rezitieren zur Eurythmie. Über das erste Bild von «Faust II» und die Suche nach der eurythmischen Darstellung des Dramatischen. Die Eignung der Eurythmie für Szenen geistigen Erlebens. Über die Eigenart des Goethe'schen Humors.
Plakat für die Aufführung, Dornach, 27. April 1920 496
Ansprache zur Eurythmie, Dornach, 27. April 1920 496
Die Bewegungsformen der stummen Sprache der Eurythmie: gewonnen durch sinnlich-übersinnliches Schauen. Übertragung der Bewegungstendenzen der Sprachorgane auf den ganzen Menschen nach dem Prinzip der Metamorphose. Die künstlerische Strebensunruhe der Gegenwart – Suche nach den elementaren künstlerischen Quellen. In der Eurythmie wird der Mensch selbst zum künstlerischen Werkzeug. Das Starrwerden der Volkssprachen; das Individuelle will nicht hinein. Das Künstlerische der Sprache ist das Musikalische; das sucht Eurythmie auf; das gedankliche Element nur als Begleiter. Darstellung des Übersinnlichen im Drama durch Eurythmie. Über die erste Szene von «Faust II».

DORNACH, 1. UND 2. MAI 1920 505
Ankündigungsentwurf und Zeitungsannonce für die Aufführungen
Dornach, 1. und 2. Mai 1920 505
Programm zur Aufführung Dornach, 1. und 2. Mai 1920 506
Ansprache zur Eurythmie, Dornach, 1. Mai 1920 506
Eurythmie als stumme Sprache: Übertragung der durch sinnlich-übersinnliches Schauen gefundenen gesetzmäßigen Bewegungstendenzen der Lautsprache auf den ganzen Menschen. Über das heutige künstlerische Streben. Ausdrucksmittel in der Eurythmie ist der Mensch als sinnliches, zugleich durchseeltes und durchgeistigtes Bild. Von Ideen durchtränkte Kunst wird unkünstlerisch. Eurythmie als Ausdruck des Willensmäßigen, nicht des Gedanklichen in einer

Dichtung. Im Traum werden die Bewegungen unterdrückt, die Vorstellungen sind da; in der Eurythmie ist es umgekehrt: stärkeres Aufwachen, Bewusstseinserhöhung. Fortschritte in den letzten Monaten in Bezug auf die Formgestaltung.

Ansprache zur Eurythmie, Dornach, 2. Mai 1920 512
Eurythmie: Eröffnung der Quellen künstlerischen Schaffens durch Anwendung des Menschen selbst. In der Kunst muss der sinnliche Anblick als Geistiges wirken, ohne Vermittlung der Idee. Die Sprache wird im Laufe der Zivilisation immer gedankenhafter. Eurythmie: Übertragung der Bewegungstendenzen beim Sprechen auf den ganzen Menschen – sichtbare Sprache. Unsere Zeit liebt passiven Kunstgenuss. Eurythmie drängt das Ideenelement zurück, kommt aus dem ganzen Menschen, aus seiner Individualität.

Dornach, 8. und 9. Mai 1920 518
Ankündigungsentwurf und Zeitungsannonce für die Aufführungen Dornach, 8. und 9. Mai 1920 518

Programm zur Aufführung Dornach, 8. und 9. Mai 1920 519

Ansprache zur Eurythmie, Dornach, 8. Mai 1920 519
Über Ludwig Tiecks «Süße Liebe denkt in Tönen». Eurythmie will das innerlich Erlebte durch bewegte Sprache ausdrücken: Bewegungstendenzen der Sprachorgane werden ausgeführt durch die Glieder. Kunst: Sinnlich Angeschautes muss unmittelbar geistig wirken. Eurythmie vereinigt Impressionismus und Expressionismus. Das künstlerisch Gestaltete in der Dichtung wird in der eurythmischen Bewegung sichtbar: das Musikalische und Plastische. In der begleitenden Rezitation: Herausstellen des Eurythmischen. Die Suche nach der inneren Formung des Dramatischen durch die Eurythmie.

Ansprache zur Eurythmie, Dornach, 9. Mai 1920 525
Eurythmie schöpft aus elementarsten künstlerischen Quellen, strebt so an, was im Wollen künstlerischer Naturen der Gegenwart liegt. Jede Kunstbestrebung muss hervorgehen aus sinnlich-übersinnlicher Anschauung. Keine Willkürgebärden in der Eurythmie; Mimik und Pantomime arbeiten aus dem Subjektiv-Persönlichen. Eurythmie als Übertragung der Bewegungsrichtungen der Sprachorgane auf den ganzen Menschen: Durchseelte Bewegung, die das Persönliche überwindet. Ludwig Tiecks «Süße Liebe denkt in Tönen». Gewöhnliche Sprache ist heute Gedankenausdruck, Eurythmie ist Willensausdruck. Über die begleitende Rezitation. Eurythmie als universelle Menschensprache. Das Geistige eines Gedichts geht nicht in einer nationalen Sprache auf. Die pädagogisch-didaktische Seite der Eurythmie: Anlage zur Willens- und Seeleninitiative durch beseeltes Turnen.

DORNACH, 15. UND 16. MAI 1920 533
Ankündigungsentwurf und Zeitungsannonce für die Aufführungen
Dornach, 15. und 16. Mai 1920 533
Programm zur Aufführung Dornach, 15. und 16. Mai 1920 534
Notizen zur Ansprache Dornach, 15. Mai 1920 535
Ansprache zur Eurythmie, Dornach, 15. Mai 1920 537
Eurythmie kann vom künstlerischen, pädagogisch-didaktischen und hygienischen Gesichtspunkt aus angeschaut werden. Der ganze Mensch als Ausdrucksmittel: Eurythmie als stumme Sprache nach den Gesetzen der Lautsprache. Die zwei Seiten der Sprache: Verständigungsmittel und Bildhaft-Musikalisches. Übertragen der Bewegungstendenzen in den Sprachorganen auf den ganzen Menschen. Rückkehr zum Künstlerischen in der Rezitation und in der Eurythmie. Die pädagogisch-didaktische Seite der Eurythmie: Kräftigung der Seelen- und Willensinitiative. Die hygienische Seite der Eurythmie: Sie wirkt gesundend, weil sie den Menschen in Einklang bringt mit der Welt, dem Makrokosmos. Eurythmie als Versuch eines Anfangs.

Ansprache zur Eurythmie, Dornach, 16. Mai 1920 544
Eurythmie als Versuch, in die im Menschen liegenden Kunstquellen herabzusteigen. Die Bewegungstendenzen der Sprachorgane werden auf den ganzen Menschen übertragen. In der begleitenden Rezitation Hervorheben der formalen Gestaltung. Das Sinnlich-Übersinnliche in der Eurythmie. Eurythmie: Kein Gedankliches, nur Wille kommt zum Ausdruck. Die Persönlichkeit des Menschen geht auf unpersönliche Art in die Bewegungen über. Eurythmie als beseeltes Turnen, das auf die Willensenergie erzieherisch wirkt. Die hygienische Seite der Eurythmie: Gesundend für den heutigen Menschen, der sich aus dem Rhythmus der Welt herausgegliedert hat. Über die Olympischen Spiele.

DORNACH, 23. UND 24. MAI 1920 (PFINGSTEN) 550
Ankündigungsentwurf und Zeitungsannonce für die Aufführungen
Dornach, 23. und 24. Mai 1920 550
Programm zur Aufführung Dornach, 23. und 24. Mai 1920 551
Ansprache zur Eurythmie, Dornach, 23. Mai 1920 (Pfingstsonntag) 552
Eurythmie als sichtbare, gesetzmäßige Sprache. Übertragung der Bewegungstendenzen beim Sprechen nach dem Goethe'schen Metamorphoseprinzip auf den ganzen Menschen: Der Mensch wird zum Kehlkopf und so zum künstlerischen Werkzeug. Das eigentlich Künstlerische der Dichtung liegt im Melodiösen und Plastischen. In

der Eurythmie wird der Gehalt der Dichtung vom Gedanken auf das Willenselement zurückgeführt. Fortschritte in der Formgebung. Zur Kindereurythmie: durchseeltes Turnen als pädagogisch-didaktisches Element.

DORNACH, 29. MAI 1920 558
Programm zur Aufführung Dornach, 29. Mai 1920 558
Ansprache zur Eurythmie, Dornach, 29. Mai 1920 559
Die drei Seiten der Eurythmie: künstlerisch, pädagogisch-didaktisch, hygienisch-therapeutisch. Als seelisches Turnen wirkt sie auf die Seeleninitiative.

DORNACH, 11. JULI 1920 561
Plakat für die Aufführung, Dornach, 11. Juli 1920 561
Ansprache zur Eurythmie, Dornach, 11. Juli 1920 561
Eurythmie will vordringen zu den Quellen des künstlerischen Schaffens. Übertragen von durch sinnlich-übersinnliche Beobachtung gewonnenen Bewegungstendenzen beim Sprechen auf den ganzen Menschen nach dem Metamorphoseprinzip. Der Unterschied zu begleitenden Sprechgebärden. Eurythmie: Innere plastische Musik, die die ganze Persönlichkeit des Menschen zum Ausdruck bringt. Über die Rezitation: Hervorheben des Eurythmischen im Sprechen. Die didaktisch-pädagogische Bedeutung der Eurythmie: als beseeltes Turnen stärkt sie die Willensinitiative. Olympische Spiele und was es heute braucht: Seelisch-geistiges Hineinstellen in den ganzen Weltzusammenhang. Eurythmie als bescheidener Anfang.

DORNACH, 17. UND 18. JULI 1920 569
Ankündigungsentwurf und Zeitungsannonce für die Aufführungen Dornach, 17. und 18. Juli 1920 569
Plakat für die Aufführungen, Dornach, 17. und 18. Juli 1920 570
Ansprache zur Eurythmie, Dornach, 17. Juli 1920 570
Eurythmie als stumme Sprache, ausgebildet nach Goethes Metamorphosenlehre: Studium der Bewegungstendenzen des Kehlkopfes durch sinnlich-übersinnliches Schauen, Übertragung auf den ganzen Menschen, der zum bewegten Kehlkopf wird. Dichtung: nur künstlerisch, insoweit Form darin ist, musikalischer und plastisch-bildhafter Untergrund. Eurythmie: eine im Raum vor sich gehende musikalische Kunst. Die Art der Rezitation. Eurythmie in der Waldorfschule: beseeltes Turnen für die Selbständigkeit des Seelenlebens. Eurythmie: Durchgeistigtes und Durchseeltes wird unmittelbar sinnlich anschaulich. Zwei Goethe-Worte.

Ansprache zur Eurythmie, Dornach, 18. Juli 1920 577
Eurythmie herausgeholt aus der geistig fortwirkenden Goethe'schen Weltanschauung: Auffangen der Bewegungstendenzen des Kehlkopfes durch sinnlich-übersinnliches Schauen, Ausdruck durch Bewegungen der Gliedmaßen und des Körpers. Eurythmie als Anregung für die alten Künste. Wirkliche Kunst in der Dichtung bilden das musikalische und plastische Element. Der Gedanke lähmt die Kunst. In der Sprache wirken Vorstellungs- und Willensmäßiges zusammen. In der Eurythmie: Umsetzen des Willenshaften in Bewegung, bevor es Visionäres wird. Über die begleitende Rezitation. Die pädagogische Seite der Eurythmie: Erziehung von Willensinitiative, Vermeidung von Lügenhaftigkeit.

DORNACH, 8. AUGUST 1920 585

Plakat für die Aufführung Dornach, 8. August 1920 585

Notizen zur Ansprache Dornach, 8. August 1920 586

Ansprache zur Eurythmie, Dornach, 8. August 1920 586
Eurythmie als sichtbare Sprache. Intuitives Studium, sinnlich-übersinnliches Schauen der Bewegungstendenzen in der Lautbildung und im Satzbau. Der Mensch als lebendiger Kehlkopf. Die Suche der Künste nach neuen Ausdrucksmitteln: das innerliche Miterleben mit Natur und Welt ist verloren gegangen. Das Hingeben an den Augenblickseindruck im Impressionismus entfernt vom eigentlichen Wesen der Dinge. Das unmittelbare Hinstellen des Inneren im Expressionismus ist subjektivistisch. Das Moderne in der Eurythmie: Expressionismus kommt dem Impressionismus entgegen, indem Inneres unmittelbar als äußerer Sinnenschein vor die Augen gestellt wird. Die pädagogisch-didaktische Seite der Eurythmie: beseelte Bewegungen, die die Willensinitiative fördern. Eurythmie steht am Anfang.

DORNACH, 15. AUGUST 1920 593

Programm zur Aufführung Dornach, 15. August 1920 593

Ansprache zur Eurythmie, Dornach, 15. August 1920 593
Über die Quellen und die Formensprache der Eurythmie: geschöpft aus dem Goetheanismus. Die Bedeutung des Metamorphosegedankens; in der Eurythmie ins Künstlerische erhoben. Grundtendenzen der Sprachschwingungen verwandelt in Bewegungen der menschlichen Gestalt: Eurythmie als sichtbare Sprache. Die gegenwärtige Suche nach neuen, künstlerischen Ausdrucksmitteln. Eurythmie vereinigt Impressionistisches und Expressionistisches. Die Suche nach der Umsetzung des dramatischen Elementes ins Eurythmische. Über die Rezitation zur Eurythmie. Das pädagogisch-didaktische Element:

Turnen für die Körperausbildung, Eurythmie für die Ausbildung von Willensinitiative.

Dornach, 22. August 1920 601
Plakat für die Aufführung, Dornach, 22. August 1920 601
Ansprache zur Eurythmie, Dornach, 22. August 1920 601
Eurythmie: besondere Kunstquellen und Formensprache. Innere Bewegungstendenzen des Kehlkopfes werden durch sinnlich-übersinnliches Schauen studiert und auf den ganzen Menschen übertragen. Gedanken- und konventioneller Verständigungsinhalt der Sprache zerstören das Künstlerische; das Formale, Musikalisch-Bildhafte der Dichtung ist dagegen das Künstlerische. In der Eurythmie kommt es auf die Aufeinanderfolge der Bewegungen an. Der Willensinhalt der Sprache tritt hervor. Die begleitende Rezitation muss auch schon das eurythmische Element in sich enthalten. Die didaktisch-pädagogische Seite der Eurythmie: Ausbildung der Initiative der Seele, Willensstärkung; das fehlt der Gegenwart, hängt zusammen mit den sozialen Fragen in allerschärfster Weise.

Dornach, 29. August 1920 607
Programm zur Aufführung Dornach, 29. August 1920 607
Ansprache zur Eurythmie, Dornach, 29. August 1920 607
Eurythmie als aus der menschlichen Wesenheit hervorgeholte Formensprache. Übertragen der durch sinnlich-übersinnliches Schauen erkannten Bewegungstendenzen beim Sprechen auf das Muskelsystem. Der ganze Mensch wird Kehlkopf. Das Künstlerische in der Bewegungsfolge. Pantomimisch-Mimisches als Kinderkrankheit der Eurythmie. Über die begleitende Rezitation, die auf das Künstlerische der Sprache geht. Eurythmie geht aus dem Willenselement der Sprache hervor, lässt weg das Gedankenelement. Das den Willen abschwächende Träumen als Gegenpol zur Eurythmie. Die beseelte Bewegung der Eurythmie als bedeutendes pädagogisch-didaktisches Element unserer Zeit: Beförderung der inneren Seeleninitiative. Über die Ausgestaltung der Raumesformen im Sinne fortströmender Gedanken am Beispiel der Wochensprüche.

Dornach, 5. September 1920 615
Programm zur Aufführung Dornach, 5. September 1920 615
Ansprache zur Eurythmie, Dornach, 5. September 1920 615
Eurythmie: Neue künstlerische Quellen und Formensprache. Seelisches Leben in sichtbarer Sprache. Übertragung der Bewegungstendenzen des Kehlkopfes auf die Bewegungen des ganzen Menschen

nach Goethe'scher Metamorphosenlehre. Das Erlernen eines Verständnisses der eurythmischen Bewegungsformen; Notwendigkeit der künstlerischen Ausgestaltung wie in der Musik und Dichtung. Über das heutige gefühlvolle Rezitieren nach der reinen Logik. Das pädagogisch-didaktische Element der Eurythmie: Wecken der Willenskraft durch beseeltes Turnen. Die Weltenformensprache der Eurythmie.

DORNACH, 12. SEPTEMBER 1920 621
   Programm zur Aufführung Dornach, 12. September 1920 621
   Ansprache zur Eurythmie, Dornach, 12. September 1920 621
   Eurythmie: Aus neuen künstlerischen Quellen. Zugrunde liegen Bewegungstendenzen, bloß Veranlagtes beim Sprechen. Die Rezitation muss das eurythmische Element aufnehmen, das Wie der künstlerischen Gestaltung. Dieses kommt in der künstlerischen Aufeinanderfolge der Bewegungsformen zum Vorschein. Die immer stärkere Herausarbeitung des künstlerischen Formengebens in der Eurythmie. Eurythmie arbeitet aus den Bewegungen des Menschen heraus. Das pädagogisch-didaktische Element: Ausbildung der Initiative des Willens, der Aktivität der Seele durch Eurythmie, beseeltes Turnen.

STUTTGART, AUS DEM VORTRAG VOM 21. SEPTEMBER 1920 627
   Die Bedeutung des Herunterholens der übersinnlichen Eurythmie ins Sinnliche für die Gegenwart.

ANHANG

UNDATIERTE NOTIZBLÄTTER AUS DEN JAHREN 1919 UND 1920 ... 633
   Rudolf Steiner: NZ 0865; NZ 5084; NZ 0899R

DORNACH, SOMMER 1918 636
   Über den Zusammenhang der Musen mit den Farben am Beispiel von C. F. Meyers Gedicht «Die gefesselten Musen»

ENTWURF FÜR EINEN BÜHNENVORHANG ZU
EURYTHMIE-AUFFÜHRUNGEN 640

VERTRAG ZUR ERSTEN ÖFFENTLICHEN AUFFÜHRUNG,
ZÜRICH 24. FEBRUAR 1919 642

FOTOGRAFIEN ZUR AUFFÜHRUNG DORNACH, 24. UND
25. JANUAR 1920 643

DORNACH, 29. JANUAR 1920 647
    Aus einem Brief Rudolf Steiners an Walter Johannes Stein

Zu dieser Ausgabe 648
Hinweise zum Text und Textgrundlagen 653
Bibliografischer Nachweis früherer Veröffentlichungen 718
Personenregister 719

DORNACH, 25. AUGUST 1918

Zu Ehren des Besuches von Hendrik zu Mecklenburg-Schwerin, Prinz der Niederlande (1876–1934) am Goetheanum wurde der «Prolog im Himmel» aus Goethes «Faust» gegeben und durch eine Ansprache Rudolf Steiners eingeleitet.

Programm zur Aufführung Dornach, 25. August 1918

Heiterer Auftakt mit Musik von Leopold van der Pals
«Nektartropfen» von J. W. von Goethe
Auftakt «Schau in dich, schau um dich» mit Musik von Leopold van der Pals
«Das Märchen vom Lieben und Hassen» aus *Die Pforte der Einweihung* von Rudolf Steiner
Auftakt Planetentanz mit Musik von Max Schuurman
«Gruss an die Elemente» von Friedrich Rückert
«An den Mistral» von Friedrich Nietzsche
«Zum neuen Jahr» von J. W. von Goethe
Musikalischer Auftakt von Leopold van der Pals
«An Elise» von Friedrich Hebbel
«Auf die Sixtinische Madonna» von Friedrich Hebbel
Musik aus «Faust II» von Jan Stuten
«Prolog im Himmel» aus «Faust I» von J. W. Goethe

Ansprache zur Eurythmie, Dornach, 25. August 1918

Ich darf mir vielleicht erlauben, ein paar Worte vorauszuschicken den folgenden Vorstellungen über den Sinn und die Absichten, die wir mit der eurythmischen Kunst verbinden. Ein Stückchen von dieser eurythmischen Kunst soll ja zur Vorstellung kommen.

Wir denken uns unter dieser eurythmischen Kunst etwas, ich möchte sagen wie eine Erneuerung, aber in durchaus moderner Form, eine Erneuerung der alten Tempel-Tanzkunst. Wenn man heute an die Inaugurierung von dergleichen denkt, so ist es natürlich notwendig, dass man dann den ganzen Sinn der menschlichen Kunstentwicklung ins Auge fasst und den Sinn der menschlichen Kulturentwicklung überhaupt, wenn irgendetwas, das neu sein soll, in die Gegenwart hereinkommt. Wenn man heute die verschiedenen Zweige der Menschheitsgeistesentwicklung ansieht, so bewegen sie sich nebeneinander. Kunst, Religion, Wissenschaft, überhaupt alle menschlichen Geistesbewegungen, sind eigentlich aus einer Wurzel entsprungen. Und wenn man in älteren Zeitepochen, den Urkulturen sozusagen, sich die göttlich-heiligen Geheimnisse der Menschheit ansieht – sie konnten, insofern sie dem Sinnensein entnommen werden konnten, so angesehen werden, dass es schöne Kunst war. Dasselbe konnte auch so angesehen werden, dass es auf das Erkenntnisvermögen wirkte, dann war es Wissenschaft. Dasselbe konnte aber auch so angesehen werden, dass es auf die menschliche Hingabe wirkte, dann war es Religion.

So gliederte man sich aus Religion, Kunst und Wissenschaft, gliederten sich wiederum die einzelnen Kulturzweige in die einzelnen Künste. Wenn man heute einen einzelnen Kunstzweig ins Auge fasst, insbesondere einen solchen, wie er bestehen soll, dann handelt es sich darum, sich hineinzustellen in diesen ganzen geistigen Zusammenhang, der uns heraufschimmert und heraufleuchtet aus der [Geschichte der] Menschheit herein.

So etwas trat an uns heran, als wir durch äußeres, man könnte sagen Schicksal veranlasst wurden, an die Inaugurierung dieser Eurythmie zu denken. Bei dieser handelt es sich ja nicht um irgendetwas Willkürliches, rein aus der Phantasie heraus zu schaffen, sondern darum, etwas hineinzustellen in die Welt, das aus dem Geistigen, aus den spirituellen Gesetzen des Weltendaseins selbst heraus entnommen ist. Alles dasjenige, was man in die Welt hineinstellen kann, findet sich aber in irgendeiner Form an dem Menschen. Der Mensch ist wirklich eine kleine Welt, ein Mikrokosmos, innerhalb der großen Welt des Makrokosmos. Das ist entnommen dem Wirken und Weben eines organischen Systems des Menschen, dem Wirken und Weben der unsichtbaren Kräfte, die immer wirksam sind – wir nennen sie die ätherischen Kräfte in unserer Geisteswissenschaft –, die immer wirksam sind, wenn wir sprechen oder denken. Wir haben nicht nur diesen sichtbaren physischen Kehlkopf, den die Anatomie oder Physiologie vorliegen hat, sondern dahinter die unsichtbare Kräftemasse des Kehlkopfes und die daran sich schließenden Organe. Da zeigen sich dem sehenden Auge, wie wir sprechen, zu gleicher Zeit Bewegungen eines lokal begrenzten Teiles dieses Organismus.

Nun handelt es sich darum, das, was sonst von Natur aus da ist, zur Kunst zu erheben, ganz in dem Stil und Sinne, wie Goethe eine in der Weise seiner Metamorphosenlehre veränderte Kunstauffassung gedacht hat. Er hat ja, als er in Italien sich eine Vorstellung bilden wollte von den griechischen Kunstwerken, gesagt: Da ist Notwendigkeit, da ist Gott. – Da, meinte er, offenbart sich das Göttliche im Menschen. Und für ihn handelte es sich darum, dass in jeder Kunst der Mensch zum Bewusstsein kommt seines Verbundenseins mit dem ganzen All. In seinem Sinne handelt man, wenn man dasjenige, was in lokaler Abgrenzung in der Natur im Dasein wirkt, im unsichtbaren Teile des Kehlkopfes, überträgt auf den ganzen Menschen.

Und so übertragen wir denn zunächst in Bewegungen der menschlichen Glieder dasjenige, was sonst im Sprechen, im Singen, in der Musik nur ausgeführt wird von dem unsichtbaren Teil des Kehlkopfes und seinen Nachbarorganen. Hier ist nichts Pantomime, sondern hier ist alles streng gesetzmäßig. Jeder einzelne Vokal kehrt wieder, kehrt wieder in seinen entsprechenden Zusammenhängen, Satzformen, Gliederung der Sprache, des Musikalischen. Das alles soll auch in dieser Raumbewegungskunst des Menschen zum Ausdruck kommen.

Nun haben wir, indem wir sprechen und singen, nicht nur den unsichtbaren Kehlkopf in Bewegung, sondern wir senden in die Bewegungen des Kehlkopfs hinein, ich möchte sagen unser Gemüt, unser Herz, unsern ganzen Menschen. Das liegt nur in den Untertönen, man möchte besser sagen in der Untertönung desjenigen, was wir aussprechen. Wenn wir Wärme, wenn wir Begeisterung, wenn wir Rhythmus, wenn wir künstlerische Gestaltung hineinbringen in das Gesprochene, dann ist das entsprechend im Sprechen etwas Verhaltenes. Das lösen wir auf, und es erscheint in den Gruppentänzen. Diejenigen Bewegungen, die die Gruppe ausführen, die herauskommen durch die Stellung der einzelnen Persönlichkeiten in den Gruppen, die entsprechen dem, was nicht wirklich ausgeführt wird vom Menschen, sondern was nur in diesem unsichtbaren Kehlkopf veranlagt ist, was Untertönung ist. Dasjenige, was der einzelne Mensch für sich im Raume ausführt, das ist ganz ein Abbild desjenigen, was in jedem Sprechen des Menschen der unsichtbare Kehlkopf ausführt. So ist es also im Wesentlichen ein Verwandeln des ganzen Menschen in einen lebendigen Kehlkopf, ein Beziehung-Bringen zum einzelnen Menschen, so wie der Kehlkopf im gegenseitigen Besprechen in Beziehungen kommt. Es ist Natur in die Kunst heraufgezogen. Man könnte sagen: Kunst ist höhere Natur in der Natur. – Das ist hier in der entsprechenden Kunst gemeint.

Ich bitte sehr, auch diesen Zweig, der eine Episode, ein Einschiebsel ist unseres eigentlichen geisteswissenschaftlichen Wirkens, so zu betrachten, dass er so, wie er sich jetzt darstellt, durchaus erst im Anfange ist. Und es sind erst schwache Versuche, die ausgeführt werden sollen. Aber alles, was in die Welt tritt, kann ja erst keimhaft in die Welt treten, gerade wenn es als erster Versuch auftritt. Als solche ganz anspruchslosen Versuche ist dasjenige zu nehmen, das wir nun in einzelnen Dichtungen und in einer eurythmischen Ausgestaltung des Goetheschen «Prolog im Himmel», dem Anfang des «Faust», darzubieten uns erlauben.

DORNACH, 20. SEPTEMBER 1918

Rudolf Steiner: Neue Angaben für die «Zwölf Stimmungen»

Rudolf Steiner hatte die Dichtung «Zwölf Stimmungen» beim Apollinischen Kurs 1915 (siehe GA 277a, S. 299–311) gegeben und sie auch gleich aufführen lassen. Erst 1917 wurde die Dichtung wieder gezeigt und 1918 erneut aufgenommen. Für die Aufführung am 20. September 1918 wurden – folgt man den Aufzeichnungen im Aufführungs-Tagebuch – vermutlich erstmals farbige Schleier verwendet. Auch gab Rudolf Steiners neue Hinweise zur Verteilung der Seelenkräfte Denken, Fühlen und Wollen auf dem Tierkreis. – Die folgenden Aufzeichnungen sind wohl als Vorbereitung dieser Wiederaufführung entstanden.

NZ 5924

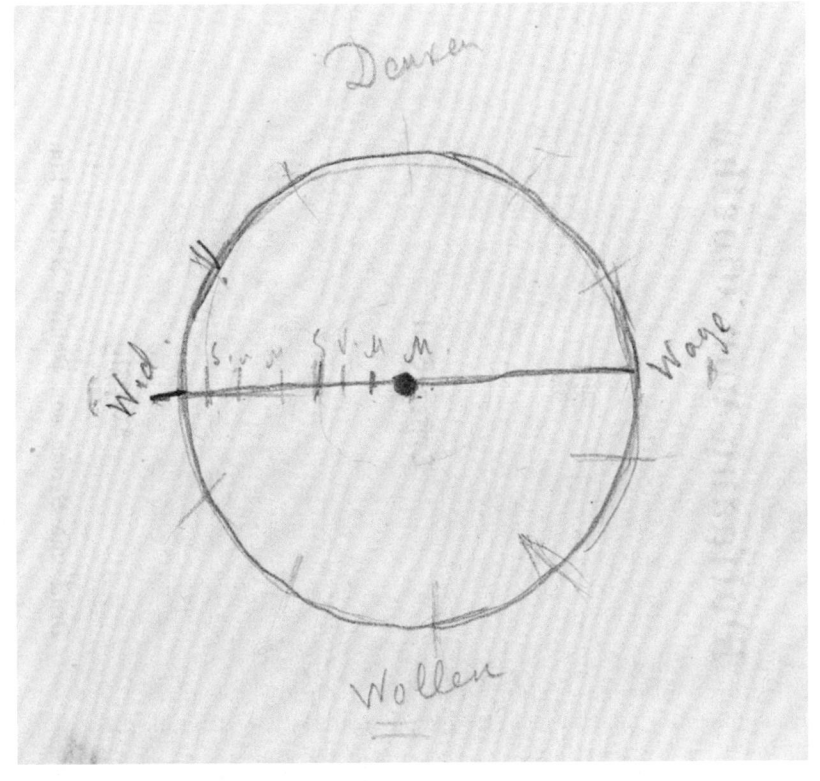

Denken / Wage / Wollen / Wid.[der]
S[aturn] Ju[piter] M[ars] S[onne] V[enus] M[erkur] M[ond]

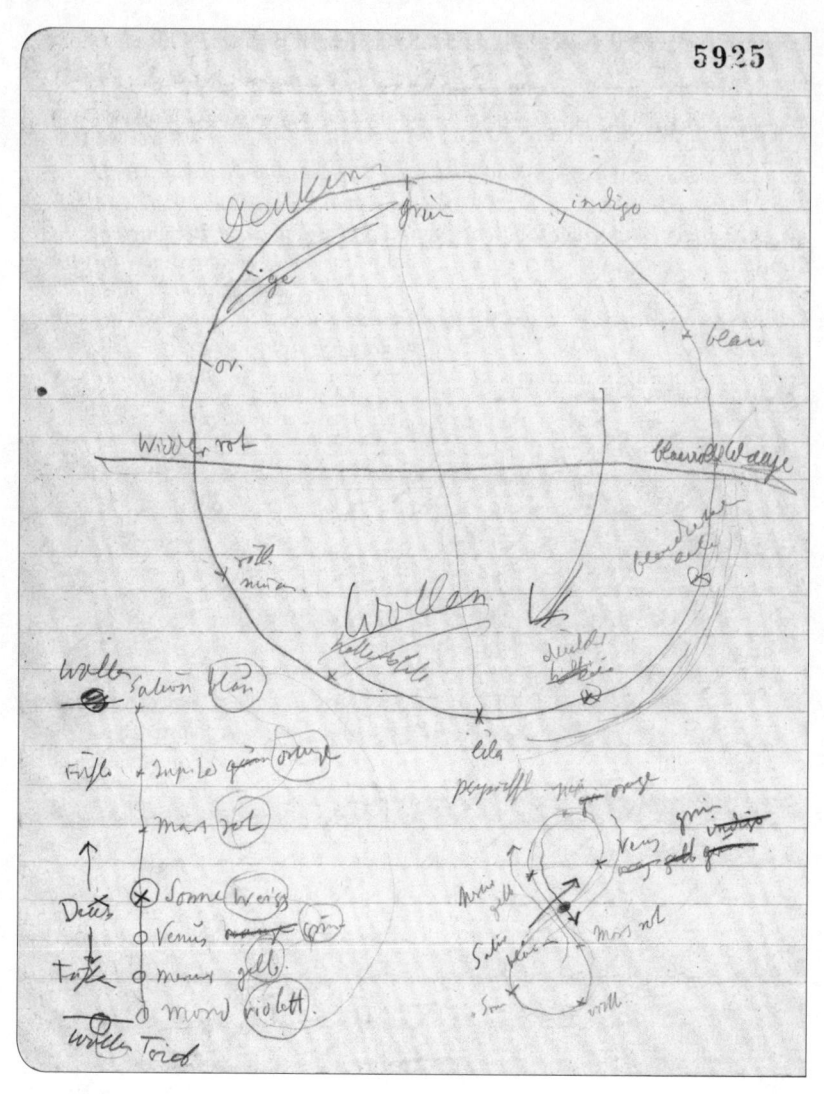

Denken / Wollen
Widder rot / or.[ange] / ge[lb] / grün / indigo / blau / blauviolett Waage / blaudunkellila / dunkler hell lila / lila pfirsichb.[lüt] / helleres lila / rötl.[ich] nuanc.[iert]
Wollen Saturn blau / Fühlen Jupiter grün orange / Mars rot / Denken Sonne weiss / Venus orange grün / Fühlen Mercur gelb / Wollen Trieb Mond violett
Jup.[iter] grü orange / Venus grün indigo orange gelb grün / Mars rot / violblau / Sonn[e] / Satur[n] blau / Mercur gelb

Marie Steiner in RSB St 109

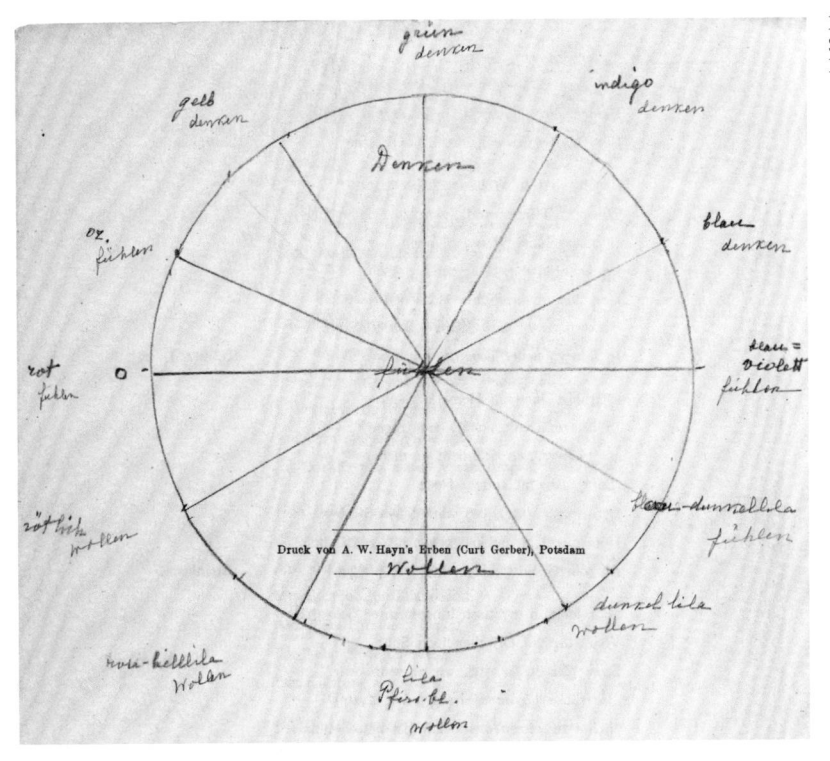

grün Denken / indigo Denken / blau Denken / blau-violett fühlen / blau-dunkellila fühlen / dunkellila wollen / lila Pfirsichbl.[üt] wollen / rötl-helllila Wollen / rötlich wollen / rot fühlen / or. fühlen / gelb Denken
[im Kreis] Denken fühlen wollen

Der folgende Notizzettel, den von unbekannter Hand für Mieta Waller angefertigt wurde, steht vermutlich in Zusammenhang mit dem oben Dokumentierten. Er zeigt die Lautzuordnung zu den Tierkreiszeichen, die Rudolf Steiner 1918 gegeben hatte. Auf der Rückseite wurden den einzelnen Lauten Farben zugeordnet; teilweise wurden die Lücken von Rudolf Steiner ergänzt; die Ergänzungen von seiner Hand wurde in der folgenden, sonst in Kursiv gehaltenen Transkription steil gesetzt.

Nz von Unbekannt

Die Planeten haben folg. Laute + Farben:
♄ u – a blau
♃ o – e orange
♂ i – i rot
☉ i – au weiss
♀ e – o grün
☿ a – u gelb
☾ i – ei violett

Im Tierkreis macht sodann am Platz jeder seinen Laut + zwar wie folgt:
♈ w rot / ♉ A orange / ♊ H gelb / ♋ V grün / ♌ T blau / ♍ B indigo
♎ c violett / ♏ z " / ♐ g "/ in Abstufung bis zum ♑
♑ L Pfirsichblüt / ♒ M " / ♓ N " / abgestuft bis zum ♈

a blau
b indigo
c violet
d helles blau V
e orange
f grün
g violett
h gelb
i violet
j
k dunkles violet
l pfirsichblüt
m   "
n   "
o grün
p dunkler wie B.
q wie K dunkler
r rot
s lila

t blau
u gelb
v grün
w rot
x
y – <u>breiteres violett</u>
z violet

ZÜRICH, 18. OKTOBER 1918

Für den 18. Oktober 1918 war die erste öffentliche Eurythmie-Aufführung in Zürich angesetzt. Für diese Aufführung, die von offizieller Stelle kurzfristig abgesagt wurde, während der ebenfalls angesetzte Vortrag stattfinden konnte, entwarf Rudolf Steiner einen Ankündigungs- bzw. Plakattext, der in zwei Variationen und einer Reinschrift von Marie Steiner vorliegt. – Letztlich konnte die erste öffentliche Eurythmie-Aufführung erst am 24. Februar 1919 in Zürich stattfinden, siehe S. 49–161. Im Zürcher Vortrag vom 17. Oktober 1918 kam Rudolf Steiner auf die Absage der Veranstaltung kurz zu sprechen.

Aus dem Vortrag Zürich, 17. Oktober 1918

Wir selbst haben versucht, um auf einem Gebiete der Geisteswissenschaft naheliegende Bestrebungen zu entfalten, das Gebärdenhafte der Sprache wiederum zur Anschauung zu bringen in dem, was wir die Eurythmie nennen, wo versucht worden ist, den ganzen Menschen in Bewegung zu bringen und durch die Bewegungen der Glieder, durch Bewegungen der Menschengestalt im Raume, durch Gruppenbewegungen, durch die Verhältnisse von Menschen untereinander, gebärdenhaft dasjenige auszudrücken, was sonst auch in der Gebärde, aber nur nicht als Gebärde bemerkt, durch den menschlichen Kehlkopf und seine Nachbarorgane zum Ausdrucke kommt. Wir bezeichnen diese Art von Bewegungskunst, die als Neues in die Menschheit eindringen muss, als Eurythmie. Und wir haben ja hier in Zürich an diesen Vortrag anknüpfen wollen eine eurythmische Darstellung. Sie muss verschoben werden, weil wir zwar die Erlaubnis bekamen, diese Vorträge in der jetzigen schwierigen Zeit zu halten, nicht aber, diese eurythmische Vorstellung zu geben. Sie hätte gerade zeigen wollen, wie gewissermaßen der ganze Mensch zum Kehlkopf wird. Indem man sich dessen bewusstwird, was die Sprache ist, kommt man auf etwas, was besonders wichtig, ganz fundamental wichtig für das Leben der Gegenwart und der Zukunft werden wird.

Aus der Ansprache Dornach, 3. November 1918

Als wir in die sehr befriedigende Lage kommen sollten, in Zürich eine eurythmische öffentliche Aufführung zu veranstalten, da handelte es sich darum, für – na, wie soll ich es sagen, es liegt mir immer so auf der Zunge, da etwas Respektloses zu sagen – für das einzuladende Philisterium, einleitende Worte, die dann gedruckt werden könnten, zu beraten. Und da war es mir auch darum zu tun, für diese ganz gewiss einmal für die Welt außerordentlich wichtige Sache der Eurythmie zu betonen, dass man in dem, was jetzt vor die Öffentlichkeit treten soll, eben einen Anfang, eine Intention hat, die ausgearbeitet werden soll, die ihre Entwicklung durchmachen soll, die weiterkommen soll. Kritik von Anfängen wird sich nur richtig einstellen können, wenn man sich dessen eben immer bewusst bleibt, dass es Anfänge sind.

Ankündigungstexte zur geplanten Aufführung Zürich, 18. Oktober 1918

NZ 2859

[Die Anm. Marie Steiners sind kursiv gesetzt]

Am .... kommt im .... / um 8 Uhr abends das Folgende / in / Eurythmischer Kunst / zur Darstellung: / Veranstaltet durch Tatiana Kisseleff, / und unter Mitwirkung von .... / *E. D. An. M. G. Eu. Die Recitiationsbegleitung wird Marie Steiner / besorgen; die Musik ist von Leopold van der Pals, / ... Schuurman und / ... Stuten.* / Programm: / *(Die eurythmische Kunstdarstellung geschieht / nach Intentionen und Angaben Rudolf / Steiners) –*

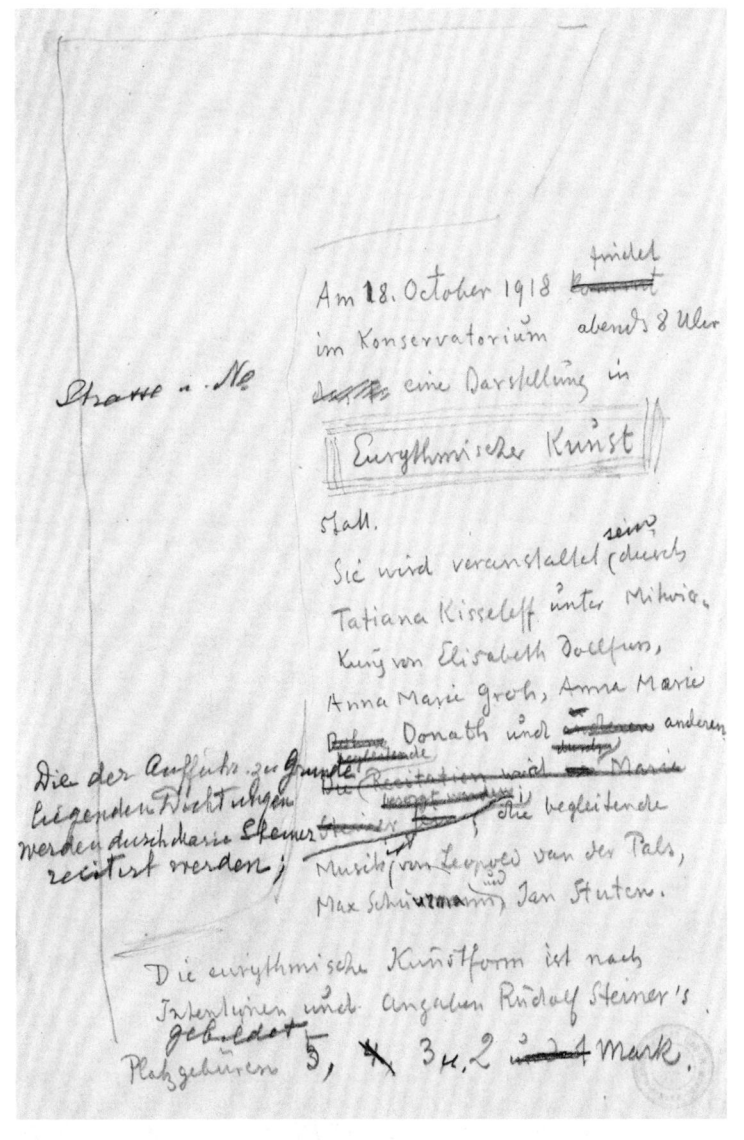

Am 18. October 1918 ~~kommt~~ findet / im Konservatorium abends 8 Uhr / Strasse u. Nr. / ~~das F~~ eine Darstellung in / Eurythmischer Kunst / statt. Sie wird veranstaltet sein durch / Tatiana Kisseleff unter Mitwir- / kung von Elisabeth Dollfuss, / Anna Marie Groh, Anna Marie / ~~Dohna~~ Donath und ~~ei anderen~~ anderen; *Die der Aufführ. zu Grunde / liegenden Dichtungen / werden durch Marie Steiner / recitirt werden.* ~~Die begleitende Recitation wird von Marie / Steiner besorgt werden sein.~~ die begleitende / Musik *ist* von Leopold van der Pals, / Max Schuurman und Jan Stuten. Die eurythmische Kunstform ist nach / Intentionen und Angaben Rudolf Steiner's *gebildet*. Platzgebüren 5, ~~4,~~ 3 *u.* 2 ~~umdert~~ Mark.

Nz Marie Steiner

Am 18. October 1918 findet im / Konservatorium abends 8 Uhr / eine Darstellung in / Eurythmischer Kunst / statt.
Sie wird veranstaltet sein durch / Tatiana Kisseleff unter Mitwirkung / von Elisabeth Dollfuss, Annemarie Groh, / Annemarie Donath und anderen. / Die der Aufführung zu Grunde liegenden / Dichtungen werden durch Marie Steiner / recitirt werden; die begleitende Musik / ist von Leopold van der Pals, Max / Schuurman und Jan Stuten.
Die eurythmische Kunstform ist nach Intentionen / und Angaben Rudolf Steiners gebildet
Platzgebühren: 5, 3 u. 2 francs.

ZÜRICH, 24. FEBRUAR 1919

Die erste öffentliche Eurythmie-Aufführung hätte in Zürich stattfinden sollen und war ursprünglich für den Oktober 1918 geplant, war aber behördlicherseits abgesagt worden (siehe die Dokumente S. 44f.). Stattdessen fand sie dann am 24. Februar 1919 statt, von Rudolf Steiner sorgfältig vorbereitet mit Texten für die Ankündigung in der Zeitung und einem Text für das Programmheft. – Es folgten 1919 weitere öffentliche Darstellungen in Winterthur, Stuttgart, Mannheim, Dresden und Bern sowie öffentliche Aufführungen am Goetheanum.

Plakatentwürfe für die Aufführung Zürich, 24. Februar 1919

Walo
von May
KSaG
M.4577
und KSaG
M.4583

Walo
von May
RSt R 31

Plakat für die Aufführung Zürich, 24. Februar 1919

Ankündigungsentwurf für die Zeitungen, Zürich, 24. Februar 1919

für die Zeitungen
Eine Darstellung in eurythmischer Kunst, veran- / staltet von Tatiana Kisseleff und andern wird am Montag, / den 24. Februar (8 Uhr abends) im Pfauentheater stattfinden. / Diese Kunstform stellt sich neben andere ähnliche Formen / von Bewegungskunst als etwas selbständiges und neues / dadurch hin, dass sie auf den inneren Kunstimpulsen / des menschlichen Körpers selbst beruht, die sie durch intuitives Erfassen / der Menschennatur zu erlauschen strebt und im Sinne der im einer modernen / Kunstempfindung die sie in einer dem modernen Kunstempfinden / entsprechenden Fortbildung der Goethe'schen Kunst Anschauung / zur Offenbarung bringen will. In ihr liegt der Versuch vor, / die Bewegungskunst den in künstlerische Bewegung versetzten / Einzelmenschen und Menschengruppen ebenso zum sichtbaren / künstlerischen Ausdruck des Seelischen zu machen, wie dies / in der Dichtung mit dem Worte, in der Musik durch / den Ton geschieht, mit denen sie in ihrer Darstellung / zusammenwirken und so eine Erweiterung der in diesen / liegenden Kunstoffenbarung bieten will.

Entwurf für das Programmheft I, Zürich, 24. Februar 1919

Mitteilungen des Pfauen-Theaters
Montag, den 24. Februar 1919.
Darstellung in eurythmischer Kunst, veranstaltet von / Tatiana Kisseleff unter Mitwirkung von Elisabeth Dollfuss, / Anna Marie Groh, Anna Marie Donath, Edith Roehrle u. a. / Die begleitende Recitation wird von Marie Steiner besorgt.

Die eurythmische Kunst
ist eine bisher in einem engern Kreise ausgebildete Bewegungs- / kunst, die auf einer durch <u>moderne</u> Anschauung <u>fortgebildeten</u> und / auf ein besonderes Gebiet angewandten Goethe'schen Kunstauffassung / beruht. Durch sie wird der einzelne Mensch und Gruppen von / Menschen in eurythmische Bewegungen gebracht, die eine sicht- / bare künstlerische Ausgestaltung ~~Ausdruck~~ des menschlichen Denkens und Empfindens / sind wie die Sprache in der Dichtung und die Musik ein / hörbarer sind. Sie ist hervorgegangen aus einer intuitiven / Erfassung der Bewegungsmöglichkeiten des ~~M~~ menschlichen / Körpers und der Harmonieen in der Bewegung von Men- / schengruppen, insofern diese Bewegungsmöglichkeiten ebenso eine / wahre Offenbarung des seelischen Lebens sein können, / wie die Worte der Sprache und die Töne der Musik. / Durch ihr Zurückgehen auf die im Menschenkörper selbst ~~liegen~~ veran- / lagten ~~den~~ künstlerischen Bewegungsimpulse ~~und unterschei~~ unterscheidet sich diese / eurythmische Darstellungsart von anderen ähnlichen Kunst- / formen. Sie ist, im Sinne Goethe'scher Kunstanschauung / eine „Offenbarung geheimer Naturgesetze" des Menschen, „die / ohne ~~sie nicht nur~~ solche Offenbarung verborgen bleiben". ¶Durch sie / wird gewißermaßen der ganze bewegte Mensch zu einem Kehl- / kopf und Sprachorganismus, dessen seelengetragene Bewegung / sich vor dem Auge in einer sichtbaren Sprache zum Ausleben / bringt. Die tanzartigen Gruppenbewegungen ergeben dabei / denjenigen seelischen Untergrund, welcher in der Dichtung als Rhyt- / mus, Reim, Alliteration, in der Musik als Melodie, Harmonie / etc leben.
¶In ihr ist, ebensowenig wie in der musikalischen Kunst, / etwas Willkür, sondern alles will Verwirklichung der erlauschten Kunstveranlagung der / menschlichen Natur selbst sein.

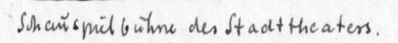

Entwurf für das Programmheft II, Zürich, 24. Februar 1919

Pfauen-Theater
Schauspielbühne des Stadttheaters.
Montag, den 24. Februar 1919.

<u>Darstellung in eurythmischer Kunst</u>, veranstaltet von / <u>Tatiana Kisseleff</u> unter Mitwirkung von Elisabeth Dollfuss, / Anna Marie Groh, Anna Marie Donath, Edith Roehrle u. a. / Begleitende Recitation von Marie Steiner.

Die eurythmische Kunst
ist eine bisher in einem engeren Kreise ausgebildete und / gepflegte Bewegungskunst, die auf der im / Sinne moderner Anschauungen fortgebildeten und auf ein / besonderes Gebiet angewandten Goethe'schen Kunstauffassung / beruht. Durch sie wird der einzelne Mensch und werden Gruppen von Menschen in eurythmische Bewegungen gebracht, / die eine sichtbare künstlerische Ausgestaltung des menschlichen / Denkens und Empfindens ebenso sind wie die Sprache in der / Dichtung und der Ton in der Musik ein hörbarer sind. / Sie ist hervorgegangen aus einer künstlerisch-intuitiven / Erfassung der Bewegungsmöglichkeiten des menschlichen / Körpers und der Harmonieen in der Bewegung von / Menschengruppen, insofern diese Bewegungsmöglichkeiten eine Offenbarung des seelischen und geistigen Lebens sein können / wie die Mittel der Sprache und Musik, mit denen sie als Bewegungs-Kunstwerk zusammenwirken wollen. / Durch ihr Zurückgehen auf die im Menschenkörper selbst veranlagten künstlerischen Bewegungsimpulse unterschei- / det sich diese eurythmische Kunst von andern ähnlichen Kunst- / formen. Sie will, im Sinne der Goethe'sche Kunstauffassung / eine «Offenbarung geheimer Naturgesetze sein, die ohne / solche Offenbarung verborgen blieben». Sie wendet diesen für / alle Kunst geltenden Goethe'schen Impuls auf menschliche / Bewegungen an. In ihr ist ebensowenig wie in dem / Musikalischen bloße Willkür in der Kunstgestaltung, / sondern es will in ihr alles Verwirklichung erlauchter / ursprünglicher Kunstveranlagung der menschlichen Natur / selbst sein. Der ganze bewegte Mensch soll gewissermaßen sichtbarer Kehlkopf / und Sprachorganismus werden, und in seelengetragener / Bewegung das menschliche Innenleben offenbaren.

Einführung für das Programmheft, Zürich, 24. Februar 1919

Die als Eurythmie bezeichnete Bewegungskunst, die bisher nur in einem engeren Kreise gepflegt wurde, hat ihren Ausgangspunkt von der Anschauung Goethes genommen, dass alle Kunst die Offenbarung ist verborgener Naturgesetze, die ohne solche Offenbarung verborgen blieben. Mit diesem Gedanken lässt sich ein anderer, ebenfalls Goethe'scher, verbinden. In jedem menschlichen Einzelorgane findet man einen gesetzmäßigen Ausdruck der menschlichen Gesamtform. Jedes einzelne Glied des Menschen ist gewissermaßen ein Mensch im Kleinen wie – goethisch gedacht – das Pflanzenblatt eine Pflanze im Kleinen ist. Man kann diesen Gedanken umkehren und im Menschen einen Gesamtausdruck dessen sehen, was eines seiner Organe darstellt. Im Kehlkopf und den Organen, die im Sprechen und Singen mit ihm verbunden sind, werden durch diese Betätigungen Bewegungen ausgeführt oder auch nur intendiert, die sich in Lauten oder Lautverbindungen offenbaren, während sie selbst im gewöhnlichen Leben unbeobachtet bleiben. Weniger diese Bewegungen selbst als vielmehr die Bewegungsintentionen sollen nun durch die Eurythmie umgesetzt werden in Bewegungen des Gesamtkörpers. Durch den ganzen Menschen soll sich als Bewegung und Haltung sichtbar machen, was sich im Bilden der Laute und Töne in einem einzelnen Organsysteme unwahrnehmbar abspielt. Durch Bewegungen der Glieder am Menschen kommt zur Offenbarung, was sich im Sprechen und Singen im Kehlkopf und seinen Nachbarorganen vollzieht; in der Bewegung im Raume und in den Formen und Bewegungen von Gruppen wird dargestellt, was durch das Menschengemüt in Ton und Sprache lebt. Dadurch ist mit dieser eurythmischen Bewegungskunst etwas geschaffen, bei dessen Entstehung die Impulse gewaltet haben, die in der Entwickelung aller Kunstformen gewirkt haben. Alles willkürlich Mimische oder Pantomimische, alles Symbolisieren von Seelischem durch Bewegungen ist ausgeschlossen; der Ausdruck wird durch einen gesetzmäßigen inneren Zusammenhang erreicht wie in der Musik. Wovon im Wesen des Künstlerischen die Tanzkunst einmal ihren Ausgang genommen hat, wovon sie aber im Laufe der Zeit sich weit entfernt hat, darauf soll die Eurythmie wieder zurückführen. Sie will dies aber im Sinne einer wahrhaft modernen Kunstauffassung, nicht durch Nachahmung oder bloße Wiederherstellung eines Alten. Es liegt in der Natur der Sache, dass die eurythmische Kunst sich verbindet mit dem Musikalischen. Die im Verlaufe der Darstellung auftretenden musikalischen Beigaben zu den eurythmischen Aufführungen hat van der Pals geliefert. Was jetzt schon als Eurythmie auftritt, ist ein Anfang; die mit dieser Kunst verbundenen Absichten werden wohl eine weitere Entwickelung finden. Sie möchten aber als ein Anfang genommen werden.

Programm zur Aufführung Zürich, 24. Februar 1919

PROGRAMM

Einleitende Worte von Rudolf Steiner über eurythmische Kunst.

In eurythmischer Einzel- oder Gruppenkunst kommen zur Darstellung:

Worte an den Geist und die Liebe . . . aus Rudolf Steiners „Pforte der Einweihung",
mit musikalischer Beigabe von L. van der Pals . . . dargestellt durch eine Gruppe
Was treibt du, Wind . . . von Konrad Ferdinand Meyer . . . E. Dollfuss und A. Groh
Planetentanz . . . von Rudolf Steiner, mit musikalischem Auftakt von L. van der Pals . . .
. . . . eine Gruppe
Göttermahl . . . von Konrad Ferdinand Meyer, mit musikalischer Beigabe von L. van der Pals
. . . . eine Gruppe
Noch einmal . . . von Konrad Ferdinand Meyer, mit musikalischem Auftakt von L. van der Pals . . . . Tatiana Kisseleff
Auftakt „Schau um dich, schau in dich" von L. van der Pals . . . . . eine Gruppe
Vor den Pforten des Paradieses . . . von L. van der Pals . . . . . eine Gruppe
Auf die Sixtinische Madonna . . . von Friedrich Hebbel . . . . Tatiana Kisseleff
Halleluja . . . Eurythmie ohne Worte . . . . eine Gruppe
Aus dem „Chor der Urtriebe" . . . von Fercher von Steinwand . . . . . eine Gruppe
Der Musensohn . . . von Wolfgang Goethe, mit musikalischem Auftakt von L. van der Pals
. . . . eine Gruppe

PAUSE

Vereinsamt . . . von Friedrich Nietzsche, mit musikalischer Beigabe von L. van der Pals . .
. . . . eine Gruppe
Jahreszeiten . . . von Hans Reinhart . . . . eine Gruppe
Elfenmusik . . . von Jan Stuten
Liederseelen . . . von Konrad Ferdinand Meyer . . . . eine Gruppe
Haidenröslein . . . von Wolfgang Goethe, mit musikalischem Auftakt von Jan Stuten . . .
. . . . Tatiana Kisseleff und Elisabeth Dollfuss
Die gebratene Flunder . . . von Paul Scheerbart, mit musikalischem Auftakt von L. van der Pals
. . . . eine Gruppe
Km 21 . . . . }
Bim bam bum . . . . } a. Christian Morgensterns „Galgenliedern" . . . eine Gruppe
Das aesthetische Wiesel . . }
Der Tanz . . . . v. Friedrich Schiller, mit musikalischer Beigabe v. Max Schuurman . . . eine Gruppe

MONTAG DEN 24. FEBRUAR 1919, ABENDS 8 UHR FINDET IM PFAUENTHEATER EINE DARSTELLUNG

EURYTHMISCHER KUNST

STATT. SIE WIRD VERANSTALTET SEIN DURCH

TATIANA KISSELEFF

UNTER MITWIRKUNG VON ELISABETH DOLLFUSS ANNA MARIE GROH, ANNA MARIE DONATH EDITH ROHRLE U. A.

DIE DER AUFFÜHRUNG ZU GRUNDE LIEGENDEN DICHTUNGEN WERDEN VON MARIE STEINER REZITIERT WERDEN, DIE BEGLEITENDE MUSIK IST VON LEOPOLD VAN DER PALS, VON MAX SCHUURMAN, JAN STUTEN.
DIE EURYTHMISCHE KUNSTFORM IST NACH INTENTIONEN U. ANGABEN RUDOLF STEINERS GEBILDET.

KARTEN ZU 3.–, 4.–, 5.– UND 6.– FR. BILLETVERKAUF AN DER THEATERKASSE ABENDS 7 UHR. VORVERKAUF AM 22., 23. UND 24. FEBRUAR 1919 VON 11½–12½ UHR AN DER THEATERKASSE.

DER FEURICH-KONZERTFLÜGEL STAMMT AUS DEM PIANOHAUS JECKLIN, ZÜRICH.

Ansprache zur Eurythmie, Zürich, 24. Februar 1919

Sehr verehrte Anwesende!
Gestatten Sie, dass ich unserer Aufführung einige wenige Worte vorausschicke. Dies wird umso notwendiger sein, als es sich bei dieser Aufführung durchaus, wie ich von vornherein bemerken darf, nicht um irgendeine schon vollendete Kunstform handelt, sondern um ein *Wollen*, vielleicht könnte ich sogar sagen: um die Anlage zu einem Wollen. Und in diesem Sinne bitte ich Sie, diesen unseren heutigen Versuch noch aufzufassen und aufzunehmen. Wir wollen durchaus nicht mit irgendeiner, unserer Kunstform scheinbar ähnlichen Tanzkunstform oder dergleichen in irgendeiner Weise konkurrieren. Wir wissen sehr gut, dass man in allen diesen Nachbarkünsten unendlich viel Vollkommeneres in der Gegenwart darzubieten versteht, als wir noch auf unserem speziellen Gebiete können. Doch handelt es sich für uns auch gar nicht darum, irgendetwas zu geben, was in irgendeiner anderen Form schon da ist. Es handelt sich um eine besondere Form von Kunst, hervorgebracht durch Bewegungen des menschlichen Körpers, durch gegenseitige Bewegungen und Stellungen von zu Gruppen verteilten Persönlichkeiten.

Der ganze Sinn dieser unserer eurythmischen Kunst fußt auf der Goethe'schen Weltanschauung, und zwar gerade auf denjenigen Teilen der Goethe'schen Weltanschauung, die, wenn man sie in seine künstlerische Empfindung aufnimmt, wohl [als] die grundtiefsten und für die Zukunft der künstlerischen Entwickelung vielleicht fruchtbarsten erscheinen.

Wenn es auch theoretisch aussieht, so darf ich zur Erläuterung der darstellenden Gruppen in dieser Beziehung vielleicht einiges bemerken. Es ist ja in weitesten Kreisen bekannt, wie Goethe nicht nur als Künstler tätig war, sondern wie er tiefe – leider darf man heute nicht sagen *wissenschaftliche* – wissenschafts*ähnliche* Einblicke in das Weben und Wesen all der Naturvorgänge und Naturbedingungen getan hat. Und man braucht nur zu erinnern, wie Goethe zu der Vorstellung gelangt ist, jedes einzelne Pflanzenorgan als eine Umwandelung der anderen Pflanzenorgane, die an demselben Wesen vorkommen, anzusehen, das eine Glied eines natürlichen Wesens als eine Metamorphose des anderen Gliedes, dann aber wiederum die *ganze* Pflanze – und so auch auf höhere organische Wesen, Tiere und Menschen übertragen das *ganze* Wesen als eine zusammenfassende Metamorphose der einzelnen bedeutungsvollen Glieder anzusehen. Dazu war Goethe gekommen.

Durchdringt man sich mit dem, was für die Intuition in dieser Natureinsicht liegt, so ist es möglich, diese Einsicht in künstlerische Empfindung und künstlerische Gestaltung umzusetzen. Das ist versucht worden hier in unserer eurythmischen Kunst für gewisse künstlerisch ausgestaltete Bewegungen des menschlichen Körpers selbst. Und zwar soll das dadurch erreicht werden, dass das, was Goethe angeschaut hat zunächst für die Form, hier künstlerisch umgesetzt wird in Bewegung.

Wenn ich zusammenfassend ausdrücken will, was eigentlich in dieser eurythmischen Kunst unsere Absicht ist, so möchte ich sagen: Der *ganze Mensch* soll werden zu einer Metamorphose eines einzelnen Organes, eines allerdings hervorragenden, bedeutungsvollen Organes, des *Kehlkopfes*. – So wie der menschliche Kehlkopf durch das Wort, durch den Ton ausdrückt dasjenige, was in der Seele lebt, so ist es möglich, dass, wenn man intuitiv erfasst die Kräfte, die im Kehlkopf und seinen Nachbarorganen bei der Lautformung, bei der Tonformung wirksam sind, wenn man diese Kräfte intuitiv fasst, so kann man sie umsetzen in Bewegungsformen des ganzen menschlichen Organismus. Der ganze menschliche Organismus kann gewissermaßen ein sichtbarer Kehlkopf werden, wobei man sich nur klar vor Augen halten muss, dass dasjenige, was der menschliche Kehlkopf zum Ausdrucke bringt in Wort, in Ton, in der Harmonie, in der gesetzmäßigen Aufeinanderfolge der Laute und der Töne, dass das nur die Anlage zu gewissen Bewegungen innerhalb der Luftmassen selber ist, in denen ja eigentlich dasjenige, was Wort und Ton ist, zu seinem sinnlich-physischen Ausdrucke kommt.

So möchte ich sagen: Das, was als Gestaltungsform die Bewegung des menschlichen Kehlkopfes hineinschickt in eine Luftmasse, das versuchen wir durch den ganzen menschlichen Organismus zum Ausdruck zu bringen.

Dann soll auch dasjenige, was Ton und Rede durchklingt als Seelenstimmung, als innere Empfindung, was erklingt in der künstlerischen Gestaltung der Rede in Rhythmus, in Reim, in Alliteration, in Assonanz und so weiter, das soll nun zum Ausdruck dadurch kommen, dass wir Gruppen bilden, deren einzelne Glieder eben Rhythmus, rein innere Seelenstimmung, Weben der Empfindung und dergleichen zu dem noch hinzufügen, was die einzelne Persönlichkeit durch ihre Bewegungen zum Ausdruck bringt.

Vermieden, wesentlich vermieden ist bei uns alles dasjenige, was irgendwie nur ein augenblicklicher Ausdruck wäre desjenigen, was in der Seele vorgeht. So wie unser Kehlkopf nicht in irgendeiner augenblicklichen, erfundenen Bewegung zum Ausdrucke bringt, was in der Seele vorgeht, sondern so, wie im Kehlkopf eine Gesetzmäßigkeit gegeben ist in der Aufeinanderfolge der Laute und der Töne, so ist hier in dieser eurythmischen Kunst eine Gesetzmäßigkeit gegeben in der Aufeinanderfolge der Bewegung. Alle Mimik, alle Ausdrucksform, die bloß in der Geste liegen, sollen vermieden werden. Und alle Mimiken, wo sie heute auftreten werden, da bitte ich Sie, dies noch als in unserer Kunstform bestehende Unvollkommenheit aufzufassen. Wir sind noch durchaus nicht so weit, als wir schon gerne wären.

Von anderen ähnlichen Kunstformen unterscheidet sich ja, wie Sie aus diesen Worten schon werden entnehmen können, unsere eurythmische Kunst noch dadurch, dass der ganze menschliche Körper, nicht bloß etwa die Beine, in Bewegung kommt. Ich möchte sagen: Es wird hier in besonders hervorragendem Maße gar nicht mit den Beinen eine tanzartige Bewegungskunst entfaltet, sondern die Hauptorgane für diese Bewegungskunst sind gerade die menschlichen Arme.

So versuchen wir auf einem ganz bestimmten Gebiete dasjenige, was als Impuls in der Goethe'schen Weltanschauung liegt, in unserer eurythmischen Kunst vorzuführen. Derjenige, welcher uns heute richtig beurteilen will, muss dasjenige, was wir bieten können, durchaus nur als einen allerersten Anfang, der als Anfang nur unvollkommen sein kann, aufnehmen. Er muss aber auch berücksichtigen, dass jene Gewohnheiten des künstlerischen Aufnehmens solcher Dinge entgegenstehen demjenigen, was in unserer eurythmischen Kunst eigentlich als das Wesentlichste wirkt. Hier ist nichts eben augenblicklicher Ausdruck, sondern alles ist einer innerlichen Gesetzmäßigkeit unterworfen, die auf einem intuitiven Studium der Bewegungsmöglichkeiten des menschlichen Organismus beruht, wie in der Musik selbst die Aufeinanderfolge der Töne einer Gesetzmäßigkeit unterworfen ist, wie im Sprechen, im Versemachen die Aufeinanderfolge der Laute und Worte einer ganz bestimmten Gesetzmäßigkeit unterworfen ist, sodass niemals irgendetwas aus augenblicklicher Willkür bei dieser eurythmischen Kunst entstehen kann, sondern wenn zwei Menschen, die vielleicht in ihrer Individualität sehr verschieden voneinander sind, in eurythmischer Kunst etwas darstellen, oder zwei verschiedene Gruppen etwas darstellen, so kann die Verschiedenheit nur so weit gehen, wie etwa die Verschiedenheit der Auffassung verschiedener Klavierspieler, die eine und dieselbe Beethovensonate spielen. – Es handelt sich also darum, dass alles Subjektive, alles Willkürliche aus unserer eurythmischen Kunst ausgeschaltet ist.

Indem ich mir erlaubt habe, diese paar Worte vorauszuschicken, bitte ich Sie, dass Sie erkennen, dass Sie durchaus wissen, dass es sich durchaus um einen Anfang nur handelt, um einen schwachen Anfang bei unserer eurythmischen Kunst handelt, von dem wir allerdings glauben, dass er einer weiteren Vervollkommnung fähig ist. Und so bitten wir Sie, das, was wir darstellen können, mit aller Nachsicht, die in solchen Dingen möglich ist, aufzunehmen. Wenn Sie uns so behandeln, dann hoffen wir, dass nach diesem ersten Versuch unsere Kräfte wachsen und wir – oder vielleicht andere einmal – auf diesem Gebiete in solchen Kunstformen auch etwas Besseres leisten können als schon heute.

WINTERTHUR, 27. FEBRUAR 1919

Das Programm dieser zweiten öffentlichen Aufführung war dasselbe wie in Zürich, siehe S. 57.

Ansprache zur Eurythmie, Winterthur 27. Februar 1919

Sehr verehrte Anwesende! Gestatten Sie, dass ich unserer Aufführung einige Worte vorausschicke. Dies wird umso gerechtfertigter erscheinen, als es sich bei der Kunstform, die wir darstellen wollen, ja noch nicht um irgendetwas Vollendetes handeln kann, sondern um einen Anfang, um einen Willen, ich könnte auch sagen, um die Anlage zu einem Willen, in einer bestimmten Kunstform zur Darstellung das menschliche Innere in einer gewissen Art zu bringen. Wir wissen sehr gut, dass in den verwandten Gebieten, die es ja heute zahlreich gibt, Vollkommeneres geleistet wird in Bezug auf Vollendung des Künstlerischen. Wir wissen, dass wir mit dem, was in den verwandten Künsten geleistet wird, nicht konkurrieren können. Allein wir wollen auch nicht damit konkurrieren.

Es handelt sich bei uns nicht um irgendwie Tanzähnliches oder dergleichen Kunstschöpfungen neben anderem, sondern es handelt sich darum, auf gewissen Unterlagen – die sonst *nicht* gesucht werden – beruhende Formen der Bewegungskunst zu suchen, das heißt vom Ausdrucke seelischen Erlebens durch Bewegungen des menschlichen Organismus, durch Stellungen von Gruppen von Menschen zueinander, ebenso durch Bewegung von Stellungen von Gruppen von Menschen zueinander. Dasjenige, was ich eben bezeichnet habe, das als Grundlage der Sache zugrunde liegt, ist etwas, das in der Goethe'schen Weltanschauung begründet ist. Goethes große, gewaltige Weltanschauung drückt sich ja auf verschiedenen Gebieten aus. Vor allen Dingen drückt [sie] sich aus dadurch, dass Goethe die Wege fand, dasjenige, was in der Welt lebt und west, zu beurteilen von einem gewissen tieferen, geistigen Gesichtspunkte aus.

Da liegt zugrunde unserer Bestrebung zunächst die Art, wie Goethe das Leben selbst, die Formen der Lebewesen angesehen hat.

Goethes große, bedeutsame Metamorphosenlehre liegt zugrunde. Ich will wahrhaftig nicht theoretisch werden in diesen einleitenden Worten hier, sondern nur darauf hinweisen, wie Goethe das Wachsen und Weben des Pflanzlichen, dann auch des Tierischen und Menschlichen angeschaut hat, wie ihm klar geworden ist, dass ein tieferer, intuitiver Blick auf dieses Wachsen zeigt, wie jedes einzelne Organ eine Metamorphose, eine Umwandelung des andern Organs desselben Wesens ist. Goethe sah in der Pflanzenblüte das Blatt, wiederum in der Frucht die Pflanzenblüte; so auch bei den Tieren, so auch bei den menschlichen Wesen. Nun aber zeigt es sich Goethe ganz klar, dass nicht nur das einzelne Organ ein Umwandlungsorgan anderer Organe ist, sondern dass auch das ganze Lebewesen nur eine Umwandlung eines [Organs] ist, gewissermaßen: Jedes Organ ist die ganze Pflanze, das ganze Tier.

Was da Goethe zuerst, ich möchte sagen mehr wissenschaftlich geartet sah, das kann man auch, ohne irgendwie nüchtern verstandesmäßig zu werden, künstlerisch voll empfinden. Und es ist versucht, künstlerisch zu empfinden mit Bezug auf die im Menschen selbst befindlichen Bewegungsanlagen. Wenn ich mit ein paar Worten kurz bezeichnen will dasjenige, was unserer Kunstform zugrunde liegt, so möchte ich sagen: Der ganze Mensch soll Bewegungen ausdrücken, welche ihn darstellen als einen einzigen Kehlkopf. Sodass man sehen kann in dem, was der Mensch durch seine Bewegungen darstellt, dasjenige, was man sonst hört, wenn der Mensch durch das einzelne Glied des Organismus, durch den Kehlkopf und seine Nachbarorgane, Laute, Lautverbindungen und Töne und Tonverbindungen aus sich heraus gestaltet.

Da liegt allerdings die Notwendigkeit vor, in das ganze Gebiet, das der menschlichen Kehlkopfäußerung zugrunde liegt, mit intuitivem Blick künstlerisch hineinzuschauen. Dann findet man, dass in dem, was der Mensch nicht sieht in den Vorgängen des Kehlkopfes, sondern das sich nur ausdrückt in dem, was dann Sprache und Ton wird, [dass] da liegt etwas, was mehr in der Anlage beschlossen ist, als in dem, was wirklich zum Ausdruck kommt und was übergeht in die Offenbarung des Wortes und des Tones, der Wortverbindungen und Tonverbindungen. Das alles, was sich so ausdrückt durch den Kehlkopf, das lässt sich sichtbarlich durch den ganzen Menschen ausdrücken. Wir bringen das zum Ausdruck dadurch, dass wir den ganzen Menschen Bewegungen machen lassen, die in derselben Weise verlaufen wie die Bewegungen, die im Sprechen, im Singen und so weiter der Kehlkopf hervorbringt.

Nun liegt aber in alledem, was der Mensch durch den Kehlkopf zum Ausdruck bringen kann, noch etwas anderes. Die ganze Seele spricht mit, empfindungs-, bewegungsmäßig dasjenige, was wir zum Ausdruck bringen. Es liegt eine Seelenstimmung dem durch die Sprache Geoffenbarten zugrunde, wenn man durch die Sprache sich ausdrückt: Rhythmus, reine künstlerische Assonanz wird ausgedrückt. Das wird wiederum ausgedrückt bei uns dadurch, dass wir Gruppen in Bewegung, in Stellung zueinander bringen. Zuerst alles dasjenige, was wir durch einzelne Menschen darstellen, ist Darstellung des ganzen Menschen wie eines großen Kehlkopfes, doch sichtbar, nicht hörbar. Alles, was wir darstellen in Gruppen, das ist dasjenige, was Wort und Ton durchdringt als Empfindung, durchglüht als Stimmung und dergleichen, in der Sprache dargestellt als rein künstlerischer Rhythmus, Alliteration, Assonanz und so weiter.

Und man kann sagen: Dadurch versuchen wir eine Kunstform zu erreichen, welche nicht einen augenblicklichen Ausdruck des menschlichen Seelenlebens gibt, sondern welche nach gewissen Gesetzen einen bleibenden Ausdruck des Seelenlebens gibt. So wie im Sprechen bei den Kehlkopfbewegungen der Kehlkopf Bewegungen macht, die einem gewissen Gesetze zugrunde liegen, wodurch Lautverbindungen, Tonverbindungen entstehen, wie in der Gesetzmäßigkeit etwas liegt wie im Organhaften, so versuchen wir nicht mimisch oder pantomimisch das Seelenleben zum Ausdruck zu bringen. Nicht in diesem suchen wir unsere Kunstform zu erreichen, sondern dadurch, dass wir eine innere Gesetzmäßigkeit unseren Bewegungen zugrunde legen, welche ebenso innerlich gegliedert ist, wie das musikalische Kunstwerk selbst in Harmonie und Melodie innerlich gegliedert ist. [So] kann bei uns der einzelne Mensch oder [können] Menschengruppen nichts zum Ausdruck bringen, was etwa nur im Augenblicke pantomimisch oder mimisch aus ihnen fließt, sondern das, was subjektiv beim einzelnen Menschen zum Ausdrucke kommt, ist etwa so, wie sich verhält die Darstellung einer Beethoven'schen [Sonate] durch irgendeinen Künstler in der Darstellung zu einem anderen Künstler. So scheiden wir alles Willkürliche aus, alles Subjektive aus; alles Mimische, Pantomimische spielt keine Rolle bei uns, nicht die einzelne Geste, sondern nur der Zusammenhang mit dem einzelnen Kunstwerk. Wenn Sie doch noch sehen Geste, Pantomimik, Mimik, so betrachten Sie das durchaus als eine Unvollkommenheit unserer Kunstform; wir sind eben durchaus noch nicht bis zu der Stufe gelangt, als wir für sie wünschen möchten, wie ich das eben ausgesprochen habe.

Unterstützt wird selbstverständlich unsere Kunst durch das Musikalische, durch Rezitation; sodass auf der einen Seite das Seelische gehört werden kann, und auf der anderen Seite wie gesagt durch den ganzen Menschen, der zum Kehlkopf geworden ist, zur sichtbarlichen Darstellung kommt.

Nehmen Sie, sehr verehrte Anwesende, die Darbietung des heutigen Abends eben durchaus nicht als irgendetwas, wovon wir uns einbilden, es sei schon eine vollkommene Kunst – Sie werden vieles Unvollkommene sehen. Nehmen Sie es aber als einen Anfang, dann werden Sie ihm vielleicht so weit gerecht werden, dass Sie sehen: Man kann neben verwandten Künsten auf diesem Gebiete auch diesen Versuch wagen. Erweisen Sie uns die Gunst, von diesem Gesichtspunkte zu charakterisieren; verzeihen Sie die Fehler, die Sie vielleicht sehen werden. Wir werden uns gerade dadurch bemühen, die Fehler zu verbessern, und es wird aus diesem Anfang durch uns oder durch andere, die auf diesem Gebiete arbeiten, viel Vollkommeneres auf diesem Gebiete noch zustande kommen.

DORNACH, 13. UND 14. MÄRZ 1919

Am 13. und 14. März1919 fanden die ersten öffentlichen Eurythmie-Aufführungen am Goetheanum statt. Das Programm war dasselbe wie bei den öffentlichen Aufführungen in Zürich und Winterthur, siehe S. 57.

Ankündigungsentwurf und Zeitungsannonce für die Aufführungen Dornach, 13. und 14. März 1919

NZ 6230;
*Basler
Nachrichten
13.3.1919*

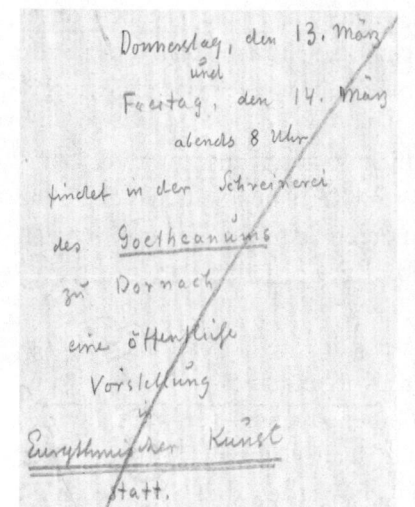

Donnerstag, den 13. März / und / Freitag, den 14. März / abends 8 Uhr / findet in der Schreinerei / des Goetheanums / zu Dornach / eine öffentliche / Vorstellung / in / eurythmischer Kunst / statt.

Programm zur Aufführung Dornach, 13. und 14. März 1919

> TIAOAIT: Worte an den Geist und die Liebe aus der «Pforte der Einweihung» von R. Steiner mit musikalischem Auftakt von Leopold van der Pals
>
> «Was treibst du Wind...» von C. F. Meyer
>
> Planetentanz von Rudolf Steiner mit musikalischer Beigabe von Leopold van der Pals
>
> «Göttermahl» von C. F. Meyer mit musikalischer Beigabe von Leopold van der Pals

«Noch einmal» von C. F. Meyer mit musikalischem Auftakt von
   Leopold van der Pals
«Die Jahreszeiten» von Hans Reinhart
«Auf die Sixtinische Madonna» von Friedrich Hebbel
Hallelujah
Aus dem «Chor der Urtriebe» (4. Chor) von Fercher v. Steinwand
«Der Musensohn» J. W. v. Goethe mit musikalischem Auftakt von
   Leopold van der Pals
«Vereinsamt» (Krähen) von Friedrich Nietzsche mit musikalischer
   Beigabe von Leopold van der Pals
Musikalischer Auftakt «Schicksalsfrage» von Leopold van der
   Pals
«Nachtlied» von Friedrich Hebbel
«Das Ende aller Dinge» von Hans Reinhart
Elegischer Auftakt mit Musik von Leopold van der Pals
Satirischer Auftakt mit Musik von Leopold van der Pals
«Km. 21» von Christian Morgenstern
«Bim-Bam-Bum» von Christian Morgenstern
«Die gebratene Flunder» von Paul Scheerbart mit musikalischem
   Auftakt von Leopold van der Pals
«Das ästhetische Wiesel» von Christian Morgenstern
Heiterer Auftakt mit Musik von Jan Stuten
«Heidenröslein» J. W. v. Goethe
«Der Tanz» von Friedrich Schiller mit musikalischer Beigabe von
   Max Schuurman

Ansprache zur Eurythmie, Dornach, 13. März 1919

Sehr verehrte Anwesende!
Gestatten Sie, dass ich unserer Eurythmik, eurythmischen Aufführung, einige Worte voranschicke. Es wird dies umso mehr gerechtfertigt erscheinen, als Sie ja werden gebeten, Ihre Aufmerksamkeit nicht etwas in sich Abgeschlossenem, Vollkommenem zuzuwenden, sondern einer künstlerischen Bestrebung, mit der eigentlich zunächst auch nach der Ansicht derer, die sie ausführen, noch nicht ein Ziel erreicht ist, sondern vorläufig erst etwas gewollt wird, vielleicht könnte ich sogar sagen: mit dem der Versuch gemacht wird, etwas zu wollen.

Es ist ja naheliegend, dass dasjenige, was wir hier als eurythmische Kunst darbieten, in Parallele gezogen wird mit mancherlei ähnlichen Bestrebungen der Gegenwart, bewegungskünstlerischen Bestrebungen, tanzkünstlerischen Bestrebungen und dergleichen, und es muss ja gesagt werden, dass auf diesen Gebieten in der Gegenwart vieles und auch außerordentlich in sich Vollkommenes geleistet wird. Wenn Sie denken würden aber, dass wir mit diesen gewissermaßen Nachbarkünsten konkurrieren wollen, dann würden Sie verkennen unsere Absichten. Nicht darum handelt es sich; sondern darum handelt es sich, eine besondere neue Kunstform zu entwickeln, die allerdings, soweit wir mit ihr gekommen sind, durchaus nur an ihrem Anfange steht.

Dasjenige, was dieser Bestrebung zugrunde liegt, es ist im Grunde in derselben Richtung gehalten wie andere unserer Bestrebungen: Fortsetzung desjenigen, was beschlossen liegt in der Goethe'schen Welt- und Kunstauffassung. Und hier ist es im Besonderen ein ganz bestimmtes Gebiet, in dem wir versuchen, die Goethe'sche Kunstauffassung zur Ausgestaltung zu bringen, wie es moderneren künstlerischen Anschauungen und Empfindungen entsprechen kann.

Goethe hat ja den das Wesen der Kunst vielleicht doch tiefer als mancher andere treffenden Ausspruch getan: Die Kunst ist eine Offenbarung gewisser Naturgesetze, die ohne ihre Betätigung niemals würden geoffenbart werden können. – Goethe konnte in dem künstlerischen Gestalten und Schaffen etwas sehen, was wie eine Offenbarung geheimer Naturgesetze ist, solcher Naturgesetze, die nicht mit dem nüchternen, trockenen, wissenschaftlichen Verstand zur Offenbarung kommen, weil ja gerade er durch seinen umfassenden Weltblick eine tiefe Anschauung gerade von der Natur und ihren geheimnisvollen Wesenheiten erhalten hat. Nur, ich möchte sagen einen kleinen Ausschnitt von dieser gewaltigen, umfassenden Goethe'schen Naturanschauung erhält man, wenn man die allerdings für eine Naturanschauung bezeichnende, bedeutungsvolle Abhandlung Goethes auf sich wirken lässt, die Abhandlung über das Werden und Weben des pflanzlichen Organismus, wovon dann ausstrahlt Goethes Anschauung und Gedanken über das Werden und Weben des Lebendigen in der Welt überhaupt.

Nur kurz kann ich erwähnen, wie Goethe der Anschauung ist, dass jedes einzelne Glied eines Lebewesens in einer geheimnisvollen Art ist wie ein Ausdruck des ganzen Lebewesens und wiederum wie ein Ausdruck jedes anderen einzelnen Gliedes. Goethe betrachtet die werdende Pflanze, wie sie wird, Blatt für Blatt, bis hinauf zur Blüte und zur Frucht. Er ist der Anschauung, dass dasjenige, was wir als farbiges Blumenblatt bewundern, nur eine Umgestaltung ist des grünen Laubblattes, ja, dass sogar die feineren Blütenorgane, die – in der äußeren Gestalt sehr unähnlich einem gewöhnlichen grünen Laubblatt – doch nur eine Umwandlung dieses grünen Laubblattes sind. In der Natur ist überall Metamorphose. Darauf beruht gerade die Gestaltung des Lebendigen, dass überall Metamorphose ist. Und so ist auch jedes einzelne Glied, jedes einzelne Blatt ein Ausdruck des Ganzen. Goethe sieht in dem einzelnen Laubblatt, in dem einzelnen Blütenblatt, in dem einzelnen Staubgefäß eine ganze Pflanze. Das aber ist anwendbar auf alles Lebendige, vor allen Dingen auf das Urbild alles Lebendigen, auf die menschliche Gestaltung und auf die menschliche Bewegung, auf die menschliche lebendige Tätigkeit selbst. Und das sollte eben gerade in dieser eurythmischen Kunst zum Ausdrucke kommen. Da sollten gerade geheimnisvolle Naturgesetze der menschlichen Wesenheit selber zum Ausdrucke kommen.

Gedacht ist das so. Aber das Gedachte ist dabei nicht die Hauptsache, sondern die Hauptsache ist, dass der Versuch gemacht worden ist, diese Goethe'sche Anschauung von dem Weben und Wesen des Organismus in künstlerische Empfindung wirklich aufzulösen und umzusetzen. Der Mensch spricht, indem er die Laut-, die Tonsprache an seine Umgebung offenbart, er spricht mit einem einzelnen Gliede seiner organischen Gestaltung, mit dem Kehlkopf, er singt mit dem Kehlkopf und mit den Nachbarorganen. So wie das einzelne Blatt eine ganze Pflanze ist, so ist gewissermaßen dasjenige, was Kehlkopf und Nachbarorgane sind, Grundlagen der menschlichen Lautsprache sind, der ganze Mensch. Und wiederum der ganze Mensch kann aufgefasst werden nur wie eine komplizierte Metamorphose des Kehlkopfes.

Dieser Versuch ist einmal gemacht worden, den ganzen Menschen in eine solche Bewegung und in solche Stellungen zu bringen, dass, wie durch den Kehlkopf lautlich, tönend gesprochen und gesungen wird, so im Sichtbaren durch den ganzen Menschen gesprochen und Musikalisches zur Geltung gebracht wird. Dies soll aber durchaus nicht bedeuten, dass man in irgendeiner spintisierenden Weise die Bewegungen, die gemacht werden, ausdeuten soll; sondern nur, wenn – wie es bei der musikalischen Kunst selber ist, wo alles gesetzmäßig verläuft und doch alles elementar empfunden wird – die Bewegungen der eurythmischen Kunst so wie die musikalische Harmonie und Melodie selber empfunden werden in ihrer inneren Gesetzmäßigkeit, ohne dass man auf das eben Erwähnte zurückgeht, dann wird sich das Künstlerische dieses Eurythmischen ergeben.

Dies soll ausgedrückt werden, was in der menschlichen Seele lebt, wie es sonst ausgedrückt ist durch das Organ des menschlichen Sprechens, durch den Kehlkopf, dies soll ausgedrückt werden durch den ganzen Menschen, durch seine Bewegungen, durch seine Stellungen. Der ganze Mensch soll gewissermaßen als Kehlkopf sich vor dem Zuschauer entwickeln.

Nun ist aber in der menschlichen Sprache nicht bloß enthalten dasjenige, was sonst in Lauten und Lautfolgen zum Ausdrucke kommt, sondern es spricht sich das Ganze der menschlichen Seele aus – Gefühl, innere Wärme, Empfindung, Stimmung und so weiter, und so weiter. Daher ist unsere eurythmische Kunst auch bestrebt, dieses alles, was durch das Medium der Sprache zur Anschaulichkeit kommt, zum Ausdrucke kommt, dieses auch sichtbarlich darzustellen.

Wir haben es also mit einer Bewegungskunst im Allgemeinen zu tun, mit Bewegungen des einzelnen Menschen, aber auch mit Bewegungen von Gruppen, mit Bewegungen von Gruppen, die auszudrücken haben Stimmungen, Empfindungen, Wärme, die die Sprache durchglühen und durchziehen. Alles, was gewissermaßen die Nachbarschaft des Kehlkopfes zum Ausdruck bringt, das ist wiederum durch unsere Gruppenstellungen und -bewegungen zum Ausdruck gebracht. Reim, Rhythmus, wodurch das Dichterische, das Künstlerische in der Sprache erreicht wird, das ist durch diese Bewegungen von Gruppen, durch die gegenseitigen Stellungen der tanzenden Menschen und so weiter zu erreichen gesucht.

Das ist das Charakteristische dieser eurythmischen Kunst, sehr verehrte Anwesende, wodurch sie sich unterscheidet von allen Nachbarkünsten, dass nicht die augenblickliche Gebärde, nicht das augenblicklich Pantomimische gesucht wird. Geradeso wenig, wie in der Musik in ihrer inneren Gesetzmäßigkeit irgendetwas als augenblicklicher Ausdruck gesucht wird – dann wäre es ja Musikmalerei –, ebenso wenig wird in der eurythmischen Kunst bewusstes Mimisches durch augenblickliche Geste angestrebt. Nicht dasjenige, was augenblicklich in der Seele lebt, wird – wie es in Nachbarkünsten der Fall ist – durch augenblickliche Geste, durch augenblickliche Pantomime zum Ausdruck gebracht, sondern so ist es, dass dem Ganzen eine innere Gesetzmäßigkeit wie der Musik selbst zugrunde liegt. Sodass allerdings, wenn zwei Eurythmiker dasselbe darstellen, die Verschiedenheit nur so sein wird, wie wenn zwei Klavierspieler ein und dieselbe Beethoven-Sonate nach ihrer subjektiven Auffassung wiedergeben. Größer wird der Unterschied nicht sein. Alles ist objektiviert. Und wo Sie noch sehen werden, dass ein Pantomimisches, dass ein Mimisches, dass Augenblicksgesten auftreten, da ist eben die Sache noch unvollkommen, da werden wir noch manches – eben gerade, um unseren Anschauungen gerecht zu werden – zu überwinden haben.

So wird erreicht, dass man tatsächlich wird hören können auf der einen Seite die gesprochene Dichtung oder auch das Musikalische, und auf der anderen Seite umgesetzt diese Dichtung, dieses Musikalische in der Weise in menschliche [Bewegungen] und in Bewegungen von Gruppen von Menschen. Sodass dasjenige, was in diesen Bewegungen, in diesen Stellungen zum Ausdrucke kommt, so unmittelbar wirken soll wie die Luftschwingung, wie die Luftbewegung, die ja auch als eine wirkliche Bewegung aus dem menschlichen Kehlkopf hervorkommt.

So wendet man ja die Aufmerksamkeit den zu hörenden Lauten zu und nicht der Bewegung, die unsichtbar bleibt. Mit unseren künstlerischen Bewegungen, mit unserer Eurythmie soll im Raume gesehen werden, was der Mensch gleichsam im Raume nicht sieht, weil er sein Ohr nur zuwendet dem, wie gesprochen wird, und nicht zuwenden kann irgendein Organ dem, was sich im Kehlkopf als Fortsetzung der Eigenbewegung des Kehlkopfes in Luftschwingungen, in Rhythmen, in Harmonie und so weiter entwickelt.

Das ist der Grundgedanke unserer eurythmischen Kunst. Darinnen sind wir natürlich durchaus mit unseren Bestrebungen im Anfange stehend, und ich bitte Sie, dies durchaus zu berücksichtigen. Sie werden eben etwas Unvollkommenes dargeboten finden, aber etwas, was ein Anfang sein soll zu einer weitergehenden Entwicklung nach dieser Richtung hin. Und wenn Sie die Güte und Freundlichkeit haben, dasjenige, was heute noch unvollkommen dargeboten werden kann, in dieser Unvollkommenheit sich anzusehen, so werden uns aus Ihrer Aufmerksamkeit selbst ganz gewiss weitere Impulse zur Vervollkommnung dieser Kunst, die sich unter andere Künste hineinstellen will, sich ergeben.

Jedenfalls aber möchten wir, dass immer mehr und mehr empfunden werde, dass die Formen des Künstlerischen noch nicht abgeschlossen sind. Der Stil eurythmischer Kunst, der wird ja insbesondere eingesehen werden in seinem Wesentlichen, wenn man zurückgeht gerade auf die gesunde Goethe'sche Anschauung, die er ausdrückt mit den Worten: Der Stil beruht auf den tiefsten Grundlagen der Erkenntnis, auf dem Wesen der Dinge, insofern uns erlaubt ist, dieses Wesen der Dinge in sichtbarlichen und grifflichen Gestalten darzustellen. – Und Goethe ist es selbst, der alles dasjenige, was man in der Kunst darstellen kann, bezieht zuletzt auf das, was durch den Menschen selbst zur Anschauung kommen kann. In seinem schönen Buche über Winckelmann will Goethe das Wesen der Kunst dadurch zum Ausdrucke bringen, dass er sagt: Im Menschen spiegelt sich die ganze Welt, im Menschen kommen die geheimsten Naturgesetze zur Offenbarung, und gerade, indem er sie in sich und durch sich darstellt, stellt er einen Gipfel des Wesens und Werdens aller Dinge dar. – Goethe sagt: Der Mensch, indem er sich zu dem Gipfel der Natur erhebt, wird in sich vollkommen und bringt seinerseits selber wiederum einen Gipfel hervor. Er versucht, in sich zu haben alle Vollkommenheiten, die sonst ausgebreitet sind über Einzelnes in der Natur; er versucht Ordnung, Harmonie in sich zu vereinen, um so sich zuletzt zur Produktion des Kunstwerkes zu erheben.

Ein Versuch, aber wie gesagt, ein Versuch, der seine Vollkommenheit suchen wird, das ist dasjenige, was wir Ihnen heute im Anfange darbieten wollen. Wenden Sie diesem Versuch eben als einem Anfange Ihre Aufmerksamkeit zu. Denn wir haben die Überzeugung, sehr verehrte Anwesende: In dem, was jetzt noch im Anfange steht, liegen die Keime zu einem Vollkommeneren, gleichgültig, ob dieses Vollkommene erreicht wird noch durch uns selbst oder ob andere dasjenige, was wir begonnen haben in dieser Kunstrichtung, fortsetzen werden. Es erscheint denen, die verbunden sind mit diesem einzelnen Kunstzweige, als eine Grundlage tiefster Überzeugung: Entweder wir noch selber oder andere nach uns werden aus den kleinen Anfängen, aus dem Unvollkommenen, das man jetzt noch vor sich haben kann, einstmals gerade einen wirklich in die Tiefen der menschlichen Wesenheit und ihre Möglichkeit hineinführenden Kunstzweig finden, der sich neben andere Kunstzweige hinstellen kann.

Ansprache zur Eurythmie, Dornach, 14. März 1919

Sehr verehrte Anwesende!
Gestatten Sie, dass ich unserer eurythmischen Darbietung ein paar Worte vorausssende. Es wird dieses umso mehr gerechtfertigt erscheinen, als es sich gerade in dem, was wir darbieten möchten, nicht um irgendetwas in sich schon heute Vollendetes handelt, sondern um einen Willen – vielleicht könnte ich auch sagen: um die Absicht zu einem Willen – in einer ganz bestimmten Form von Bewegungskunst.

Es ist naheliegend, dass dasjenige, was wir hier versuchen in künstlerischer Weise durch Bewegungen des menschlichen Körpers, durch Stellungen und Bewegungen von Gruppen von- und zueinander zu erreichen, dass das mit allerlei Nachbarkünsten, Tanzkunst und ähnlichen Künsten, heute in Parallele gebracht wird.

Nun möchten wir durchaus nicht mit solchen Nachbarkünsten in irgendeiner Weise konkurrieren, und es wäre ein Missverständnis, wenn man das glaubte. Denn wir wissen sehr gut, dass auf diesem Gebiete heute Ausgezeichnetes, In-sich-Vollkommenes geleistet wird, während es sich bei uns um einen Anfang, um einen ersten Versuch handelt. Allerdings um einen ersten Versuch auf einem Gebiete, das erst zu schaffen ist, das sich daher gar nicht vergleichen lässt mit diesen Nachbargebieten in Wirklichkeit.

Dasjenige, was wir hier wollen, kann ich in folgender Art mit ein paar kurzen Strichen charakterisieren. Es handelt sich in der Tat um das Schaffen einer eurythmischen Kunst, wie im Grunde genommen alles, was durch dieses Goetheanum angestrebt und geleistet werden soll, in den Strömungen der Goethe'schen Welt- und Kunstauffassung liegt.

Es handelt sich darum, auf einem bestimmten Gebiete dasjenige auszubilden, was Goethe'sche Kunstanschauung im Grunde genommen auf allen Gebieten war. Diese Goethe'sche Kunstanschauung entsprang ja wiederum der umfassenden Goethe'schen Naturanschauung. Für Goethe gab es einen innigen Zusammenhang alles desjenigen, was man künstlerisch zur Darstellung bringen kann, mit der höheren Wahrheit der Natur.

Daher wird man immer wieder und wiederum gefangen genommen von dem, in Goethes ganzer Weltauffassung waltenden Impuls, der sich etwa ausspricht mit den Worten, den Goethe'schen Worten: «Wem die Natur ihr offenbares Geheimnis zu enthüllen beginnt, der hat ein unmittelbares Bedürfnis nach ihrer würdigsten Auslegerin, der Kunst.» Und das ging Goethe aus seiner gewaltigen, großen Naturanschauung hervor, die ich – natürlich hier nur mit ganz wenigen Strichen – kennzeichnen möchte.

Lesen Sie die wunderbare Abhandlung Goethes über «Die Metamorphose der Pflanzen», so bekommen Sie den Goethe'schen Gedanken überliefert, dass in allem Lebendigen Metamorphose waltet. Goethe sieht in dem farbigen Blumenblatt nur eine Umwandlung des grünen Laubblattes; und selbst in denjenigen Organen – [zum Beispiel] in der Blüte –, die äußerlich in ihrer Form gar nicht ähnlich sehen dem grünen Laubblatt, sieht er umgewandelte Laubblätter.

Gewiss, abstrakte Naturwissenschaft kann manches bestätigen, manches auch widerlegen in dem, was Goethe aus Intuition dazumal, 1790, über «Die Metamorphose der Pflanzen» ausführt. Allein das entsprang nur bei ihm einem anderen großen Gedanken: von dem Walten der Metamorphose, der Umwandlung, bei allem Lebendigen, bis herauf eben zum Menschen. Für Goethe war jedes einzelne Glied eines lebendigen Organes irgendwie der ganze Organismus, und wiederum der ganze Organismus war die Wirkung desjenigen, was dem Wesen nach in dem einzelnen Organ lebte. Jedes Blatt war eine ganze Pflanze, ist eine ganze Pflanze für Goethe.

Und dies kann man heute, wo wiederum so viele Jahrzehnte nach Goethes Wirken in der Zeit dahingeflossen sind, ausbilden, die Goethe'sche Weltanschauung anwenden nicht nur auf die fertige Form, sondern auch auf die Tätigkeit des Organismus. Eine Teiltätigkeit des Organismus stellt dasjenige dar, was im Grunde genommen der ganze Organismus tut. Und wiederum, der ganze Organismus ist veranlagt dazu, dasjenige ausdrücken zu können, was in einer Teiltätigkeit, in der Tätigkeit eines einzelnen Organes, zum Ausdruck kommt. Das kann man nun versuchen anzuwenden auf den menschlichen Kehlkopf, auf das Sing- und Sprechorgan, mit den Nachbarorganen. Man kann durch Intuition erkennen, welche geheimnisvollen Bewegungsanlagen im menschlichen Kehlkopf verborgen sind, indem wir uns dem, was der Kehlkopf hervorbringt, hingeben.

Hören wir die Lautsprache, hören wir den Zusammenhang der Töne, des Musikalischen, da sind wir nicht aufmerksam auf dasjenige, was geheimnisvoll der Kehlkopf ausführt an Bewegungsanlagen und was sich dann überträgt in die Bewegungen der Luft. Dasjenige aber, was da ein Teilorgan an Bewegungen durchführt, es kann wirklich durch die Intuition, indem man Goethes Naturanschauung nicht abstrakt verengt, nicht wissenschaftlich ausgestaltet, sondern künstlerisch durchempfindet, es kann ausgedehnt werden, was im Kehlkopf veranlagt ist, so, dass es zu Bewegungen des ganzen Menschen wird.

Und das ist dasjenige, was mit unserer Eurythmie angestrebt wird: Der ganze Mensch soll sichtbarlich durch seine Bewegungen zum Ausdruck bringen, was sonst an Bewegungsanlagen im Kehlkopfe vorhanden ist.

Und damit scheint die Grundlage für eine Bewegungskunst geschaffen, die ebenso gefühlt und verstanden werden kann, wie dasjenige, was in Laut- und Tonverbindungen beim Sprechen, beim künstlerisch gestalteten Sprechen, in Reim, in Versen, beim musikalisch gestalteten Sprechen, beim Singen sonst tonlich zum Vorscheine kommt.

Aber dasjenige, was der Mensch spricht, was der Dichter verarbeitet, das ist durchwärmt von menschlicher Empfindung, von Seelenstimmung. Darinnen lebt auch in einer gewissen Weise die ganze Seele. Das wiederum, was durchglüht al[s] Empfindungswärme, durchleuchtet al[s] Seelenstimmung [das] Gesprochene und Gesungene, das versuchen wir nun in den gegenseitigen Stellungen und Bewegungen unserer Gruppen zum Ausdruck zu bringen, sodass dasjenige, was auf der Bühne gesehen werden soll, sichtbar gewordene Sprache sein soll.

Gewiss, man kann manches dagegen haben, dass man die Sprache also sichtbar machen soll; allein derjenige, welcher das innerste Wesen alles Natur- und Kunstwirkens wirklich zu durchschauen vermag, der hat eine Empfindung dafür, dass man allseitig dasjenige ausgestaltet, was auf einem gewissen Gebiete durch die Natur selbst ausgestaltet ist und jetzt künstlerisch verwertet werden kann. Und so versuchen wir in unserer Eurythmie etwas zu schaffen, was durch innere Gesetzmäßigkeit dem Musikalischen selbst verglichen werden kann.

Während Nachbarkünste durch die augenblickliche Geste, durch die augenblickliche Pantomime, durch Mimik auszudrücken versuchen dasjenige, was subjektiv im Menschen lebt, ist hier in unserer Eurythmie nichts Subjektives, nichts Willkürliches. Nicht dasjenige, was gegenwärtig in der Seele unmittelbar lebt und zum Ausdruck kommen soll, ist angestrebt, sondern der innere Zusammenhang – wie in der kunstvollen Dichtung gestaltete Sprache selbst, wie im

Musikalischen Melodie und Harmonie –, der ist angestrebt. Sodass hier nichts von der Subjektivität des Darzustellenden mehr abhängt, als wenn zwei verschiedene Klavierspieler eine Beethoven'sche Sonate in ihrer Auffassung darstellen.

Unsere Eurythmie ist eine objektive Kunst, ist nichts augenblicklich-subjektiv Geschaffenes, löst sich also ganz von menschlicher Willkür los. Das ist das Wesentliche. Und wenn Sie doch bei Einzelheiten heute noch Pantomimisches, Mimisches, Gesten, die scheinbar symbolisch nur das Seelische ausdrücken, wahrnehmen sollten, so ist das lediglich noch eine Unvollkommenheit. Da haben wir noch nicht alles erreicht, was wir erreichen wollen. Angestrebt wird eine innere Gesetzmäßigkeit, die von jeder menschlichen Willkür unabhängig ist, wie es im musikalischen Kunstwerk selbst der Fall ist.

Dennoch soll alles auch unmittelbar empfunden werden. Gerade so wenig, wie man geschulter Komponist zu sein braucht, musikalische Theorie zu kennen braucht, um die Musik zu empfinden, so soll man auch elementar empfinden können dasjenige, was hier in den Bewegungsharmonien und Bewegungsmelodien zum Ausdrucke kommt, ohne dass man erst, ich möchte sagen die schulmäßige Grundlage, die der Ausübende kennen muss, wirklich durchgemacht hat. Dadurch wird aber gerade – wie ich glaube im Goethe'schen Sinne – eine wahre Kunstform geschaffen. Der ganze Mensch zeigt, was an ihm innerlich an Bewegungsmöglichkeit vorhanden ist.

Nun, Goethe ist ja der Ansicht, dass jeder künstlerische Stil beruht auf den Grundfesten der Erkenntnis, auf dem Wesen der Dinge, insofern es uns erlaubt ist, es in greiflicher und sichtbarlicher Art darzustellen. Und gerade dann, wenn die Kunst sich heraufhebt bis zum Menschen, da sieht Goethe das Künstlerisch-Vollendete. Er sagt, der Mensch sei auf den Gipfel der Natur gestellt und fühle sich so wiederum als eine ganze Natur, die wiederum aus sich einen Gipfel hervorzubringen bestrebt ist, indem der Mensch Wahl, Ordnung, Harmonie und Bedeutung in sich aufruft und sich so zur Produktion des Kunstwerkes erhebt.

Wir glauben natürlich nicht, irgendein totales Kunstwerk, was ja eine vollständige Ausgestaltung dessen wäre, was in der menschlichen Wesenheit liegt, mit der Eurythmie schaffen zu können. Allein wir glauben den Anfang gemacht zu haben mit etwas, was sich als eine neue Kunstform den anderen Künsten an die Seite stellen kann.

Und so möchte ich Sie bitten, sehr verehrte Anwesende, eben durchaus dessen eingedenk zu sein, dass wir selber genau wissen, wie unvollkommen, wie anfänglich noch dasjenige ist, was hier vorliegt. Aber auf der anderen Seite sind wir auch davon überzeugt, dass damit der Anfang mit etwas gemacht wird, was einer weiteren Vervollkommnung fähig ist. Und wir werden Ihnen dankbar sein, wenn Sie Ihre Aufmerksamkeit diesem Anfange zuwenden. Denn einen Prolog, der sich in Shakespeares Werken findet, ein wenig umgestaltend, möchte ich sagen: Wenn Sie diesem Anfang Ihre Aufmerksamkeit zuwenden, so wird das eine Anfeuerung für die in dieser Kunstform Wirkenden sein, die Sache weiter auszugestalten.

Denn sie sind überzeugt: Entweder werden wir noch selbst in der Lage sein, dasjenige, was heute nur unvollkommen ist, zu einer etwas größeren Vollkommenheit zu bringen oder andere werden diese Kunstform weiter ausgestalten. In ihr liegen nach unserer Überzeugung fruchtbare Entwicklungskeime. Und was noch unbefriedigt lässt, ist nach unserer Überzeugung nur davon herrührend, dass wir eben nur einen Anfang bis jetzt schaffen konnten.

DORNACH, 23. UND 24. MÄRZ 1919

Marie Steiner verfasste für diese Aufführungen folgenden Ankündigungsbrief:
«Liebe Freunde! In Folge des Interesses, das sich bei den Besuchern unserer eurhythmischen Darstellungen für diese neue Kunstform gezeigt hat u. des vielfach geäusserten Wunsches, dieselben noch einmal zu sehen, haben wir uns entschlossen, am Sonntag, den 23. März, um 5 Uhr, und am Montag, den 24. März, um 8 Uhr abends, zwei weitere öffentliche Vorstellungen in der Schreinerei des Goetheanum zu geben. Wir haben uns aber entschlossen, zwei Abende zu veranstalten, um jedem Mitglied die Möglichkeit zu geben, der Veranstaltung beizuwohnen und Freunde mitzubringen. Das Programm bringt eine Anzahl neuer Darbietungen, darunter eine Scene aus «Faust». – Karten zu 3, 2, 1 Franken sind zu erhalten: bei Hug & Co (Freiestrasse, Basel), bei Fräulein Kessler (Reformgeschäft Arlesheim) und an der Abendkasse. – Für Bekanntmachung der Veranstaltung sind wir dankbar; zu diesem Zwecke sind Programme in der Buchhandlung Geering (Bäumleingasse, Basel) und in der Kantine zu Dornach zu erhalten.»

Ankündigungsentwurf für die Aufführungen
Dornach, 23. und 24. März 1919

NZ 7346

Neues Programm wird sein /
Sonntag, 23. März 5 Uhr abends /
Montag, 24. März 8 Uhr abends

Programm zur Aufführung Dornach, 23. März 1919

PROGRAMM

Sonntag, den 23. März 1919

Einleitende Worte von Rudolf Steiner über eurythmische Kunst

In eurythmischer Einzel- oder Gruppenkunst kommen zur Darstellung:

Worte an den Geist und die Liebe . . . aus Rudolf Steiners „Pforte der Einweihung", mit musikalischem Auftakt von L. van der Pals dargestellt durch eine Gruppe
Alle . . . von Konrad Ferdinand Meyer . . . . Tatiana Kisseleff
Halleluja . . . Eurythmie ohne Worte
Auf die Sixtinische Madonna . . . von Friedrich Hebbel . . . . . Tatiana Kisseleff
Vorfrühling . . . von Friedrich Hebbel . . . . eine Gruppe
Der Musensohn . . . von Goethe, mit musikalischen Beigaben von L. v. der Pals und Jan Stuten . . . . eine Gruppe
Auf ein schlummerndes Kind . . . von Friedrich Hebbel . . . . Elisabeth Dollfus
Das Ende . . . von Hans Reinhart . . . . eine Gruppe
Elegischer Auftakt . . . von L. van der Pals . . . . eine Gruppe
Gebet . . . von Friedrich Hebbel . . . . Elisabeth Dollfus
Planetentanz . . . von Rudolf Steiner, mit musikalischem Auftakt von L. v. der Pals
. . . . T. Kisseleff, E. Dollfus, A. Groh, A. Donath

PAUSE

Scene aus Faust II. Teil 5. Akt „Mitternacht"
  Faust . . . . Jan Stuten
  die Sorge . . . . Tatiana Kisseleff
  drei graue Weiber . . . . * * *
Auftakt „Frage und Antwort" . . . von Max Schuurman . . . . . . eine Gruppe
Satyrischer Auftakt . . . von L. van der Pals . . . . eine Gruppe
Km 21 . . . . }
Bim bam bum . . . } a. Chr. Morgensterns „Galgenliedern" . . . . eine Gruppe
Die gebratene Flunder . . . von Paul Scheerbart . . . . eine Gruppe
Das aesthetische Wiesel . . . von Chr. Morgenstern . . . . eine Gruppe

---

Ansprache zur Eurythmie, Dornach, 23. März 1919

Sehr verehrte Anwesende!
Gestatten sie, dass ich unserer eurythmischen Aufführung einige Worte voranschicke. Das wird umso mehr gerechtfertigt erschei-

nen, als es sich ja bei der Kunstform, in der wir eurythmisch eben darzustellen versuchen, handelt nicht um irgend etwas, von dem wir die Ansicht haben, es sei auch nur auf einem mäßigen Grade der Vollkommenheit angelangt, sondern wir wissen genau: Es handelt sich um einen Versuch, vielleicht sogar nur um die Absicht eines Versuches, aber um einen Versuch in einer Kunstform, die sonst heute nicht gepflegt wird, die nach einer bestimmten Richtung hin doch etwas Neues darstellen soll.

Man kann dasjenige, was bei uns hier versucht wird, vergleichen mit Nachbarkünsten, mit allerlei tanzartigen Künsten und dergleichen, und man wird in Bezug auf dasjenige, was schon erreicht ist, finden, dass gewiss das Unsere hier das unvollkommenere ist. Aber man würde uns auch missverstehen, wenn man glauben wollte, dass wir mit irgendwelchen Nachbarkünsten konkurrieren wollten. Wir sehen sehr gut ein, dass bei diesen Nachbarkünsten in Bezug auf *ihre* Eigenart etwas viel, viel Vollkommeneres erreicht wird heute schon, als es bei *uns* erreicht werden kann. Aber, wie gesagt, um solche Konkurrenz handelt es sich nicht. Es handelt sich darum, dass etwas wesentlich Neues inauguriert werden soll. Und dasjenige, was gesucht wird, fußt geradeso wie alles Übrige, was in diesen Räumen sich entwickeln soll, auf der für unsere heutige Zeit, für unsere modernen Vorstellungen und Empfindungen und Gefühle entwickelten Goethe'schen Weltanschauung. Daher trägt ja auch unser Bau – wie man glauben kann, mit vollem Rechte – den Namen Goetheanum.

Auch dasjenige, was wir als eurythmische Kunst ausbilden wollen, ist aus dem Goetheanismus heraus, so gut wir es einsehen können, wahrhaftig entwickelt. Man wird allerdings, wenn man diese Goethe'sche Grundlage der eurythmischen Kunst einsehen [will], auf die ganze große und gewaltige Art [hinblicken müssen], wie Goethes künstlerischer Sinn, wie Goethes ganze künstlerische Richtung fußt auf dem Grandiosen der Goethe'schen Weltauffassung, die der heutigen nüchternen Richtung, die man gewöhnlich Weltauffassungen zugrunde legt, ganz und gar nicht ähnlich ist. Ich werde, um den Grundimpuls unserer eurythmischen Kunst mit wenigen Worten zu charakterisieren, gerade auf das hinweisen [müssen], was, ich möchte sagen im Kleinen zeigen kann, welche Richtung Goethes Anschauungsweisen nahmen, wenn sie in das Wesen der Dinge, namentlich in das Wesen des Lebendigen eindringen wollten. Ich werde hinweisen müssen auf das ganz Eigenartige der sogenannten Goethe'schen Metamorphosenlehre.

Diese Metamorphosenlehre beruht darauf, dass das Lebendige in seiner Gestaltung dasjenige, was es in einzelnen Gliedern enthält, immer umwandelt. sodass alle einzelnen Glieder eines Lebewesens Verwandlungen voneinander sind. Und das Ganze wiederum stellt auch nur in einer gewissen Verwandlung ein einzelnes Glied dar. Goethes Blick erschaute, wie die farbigen Blumenblätter einer Pflanze nur Umwandelungen, Metamorphosen sind der grünen Laubblätter, wie selbst diejenigen Organe, die äußerlich gar nicht ähnlich sehen dem Blatte – wie die Staubgefäße oder der Stempel – nur umgewandelte Blätter seien, wie die ganze Pflanze im Grunde ist ein kompliziertes Blatt und wie jedes einzelne Blatt eine ganze Pflanze ist. Das ist für Goethe das Eigentümliche, dass ihm die Glieder eines Lebewesens immer ein gewisser Ausdruck für das Ganze sind, dass ihm das Ganze wiederum ist eine Ausgestaltung eines einzelnen Gliedes.

Durch solche Anschauung dringt man in der Tat tief in das Wesen der Dinge ein. So betrachtete Goethe nicht nur die einfache Pflanze, so betrachtete er die tierischen Lebewesen, und so betrachtete er auf dem Gipfel des natürlichen Werdens und Waltens den Menschen selber.

Nun kann man dasjenige, was Goethe so als eine großartige Naturanschauung ausgebildet hat, wie er es selbst auf einzelnen Gebieten getan hat, ins künstlerische Empfinden übertragen. Dasjenige, was ich nun mit dem Vorigen meinte, ist nicht eine theoretische Ausgestaltung irgendeines Gedankens, sondern es ist die volle Umsetzung des Empfindens der Metamorphose in der Natur durch den künstlerischen Sinn. Es ist die volle Ausprägung desjenigen, was Anschauung ist durch die künstlerische Gestaltungskraft. Unsere eurythmische Kunst soll in einem speziellen Fall – nun übertragen auf ein anderes Gebiet – Goethes Anschauungsweise künstlerisch zur

Offenbarung bringen. Nur soll nun nicht auf die Gestaltung eingegangen werden, nicht aus der Gestaltung etwas genommen werden, sondern aus der Tätigkeit.

Und da ergibt sich, wenn man auf ein bestimmtes höheres Gebiet der menschlichen Tätigkeit die Goethe'sche Anschauung überträgt, das Folgende: Dasjenige, was der Mensch als die verborgene Tätigkeit, die nur veranlagt ist in seinem Kehlkopfe und in den Nachbarorganen, das er als solche verborgene Tätigkeit, auf die man die Aufmerksamkeit nicht wendet, entfaltet, indem er spricht, indem er Dichterisches rezitiert, indem er singt, kurz, indem er seinen Kehlkopf und dessen Nachbarorgane in Bewegung bringt, da entfaltet der Mensch gewisse Bewegungen. Er wendet seine Aufmerksamkeit auf das Hören des Gesprochenen oder des Gesungenen hin. Er wendet auf diese verborgenen Bewegungen seine Aufmerksamkeit *nicht* hin. Aber er entwickelt gewisse Bewegungen, die ebenso, wie das einzelne Blatt eine ganze Pflanze ist, die Tätigkeit des *ganzen Menschen* zum Ausdruck bringen können. Und umgekehrt wiederum: Man kann, wenn man intuitiv erschaut, was geheimnisvoll angedeutet ist in den Bewegungen des Kehlkopfes und seiner Nachbarorgane, durch die die menschliche Sprache, der menschliche Gesang zustande kommt, man kann das, was man da intuitiv erschauen kann, umsetzen in Bewegungen des ganzen Menschen. Man kann in einer gewissen Weise den Menschen in eine solche Bewegung und Gestaltung der Bewegungen bringen, dass er *ganz Kehlkopf* wird.

Das ist dasjenige, was durch unsere eurythmische Kunst angestrebt ist. Ich bitte, mich nicht misszuverstehen. Es ist nicht gemeint, dass in spintisierender Art gezeigt werden soll, wie das eine oder das andere im Laufe sich durch Bewegungen des menschlichen Körpers ausdrücken lässt, sondern es ist gemeint, dass gerade so, wie geheimnisvoll dasjenige, was aus der Tiefe des menschlichen Kehlkopfes dringt, künstlerisch sich offenbaren kann, so kann sich, wenn man den ganzen Menschen zum Ausdruck desjenigen macht, was sonst nur der Kehlkopf und seine Nachbarorgane ausdrücken, so kann dasjenige, was da an Gestaltung des ganzen Menschen zum Vorschein kommt, Künstlerisches sein.

Das ist unsere Eurythmie, dasjenige, was der Mensch zur Anschauung bringt, wenn er durch seine Gesamtgliedlichkeit diejenigen Bewegungen darstellt, die sonst nur veranlagt sind in Kehlkopfe, die etwa zum Ausdruck kommen würden, wenn man schon würde die Luftschwingungen, die Luftbewegungen, die entstehen, wenn der Mensch künstlerisch in der Sprache oder gesanglich in der Stimme im Laute, im Tone gestaltet, dadurch wird doch ein Quell eines neuen Künstlerischen aus dem Grunde gewonnen, weil alles *wirklich* Künstlerische auf der Auffindung einer solchen Naturgrundlage beruht.

Goethe hat das wohl empfunden, als er einmal den für seine Anschauung und Empfindung ganz bedeutsamen Ausspruch tat: Wem die Natur ihr offenbares Geheimnis enthüllt, der empfindet eine gewisse Sehnsucht nach ihrer würdigsten Auslegerin, der Kunst. Das Geheimnis, das sich verbirgt im menschlichen Sprechen und Singen, es kann wirklich umgesetzt werden in Bewegungen des ganzen Menschen. Dadurch wird erfüllt mit der eurythmischen Kunst dasjenige, was Goethe wieder wollte, indem er sagte: Die Kunst beruht auf einem gewissen Erkennen, auf dem Wesen der Dinge, wenn sie uns erlaubt, ihre innere Gesetzmäßigkeit in sichtbaren und greiflichen Gestalten zu offenbaren.

Dasjenige, was in der menschlichen Seele lebt, soll in sichtbaren Gestaltungen geoffenbart werden durch die eurythmische Kunst. Doch ist auch unsere eurythmische Kunst eine solche Bewegungskunst, bei der alles Willkürliche ausgeschlossen ist. Andere ähnliche Kunstformen, die – wie gesagt – in ihrer Art Vollkommeneres erreichen, als wir heute schon auf unserem Gebiete erreichen können, die drücken in ihren Gebärden, in irgend einer mimischen Bewegung dasjenige aus, was sich augenblicklich an Bewegung hinzugesellt zu einer inneren Seelenemotion oder dergleichen, zu einem Gefühle, zu einer Empfindung. Das alles ist bei uns nicht der Fall. Bei uns soll nichts von einem Zusammenhange, der augenblicklich entsteht zwischen einer Geste, einer Gebärde und einen inneren Seelenvorgang, dargestellt werden. Wie die Musik selbst auf einer inneren Gesetzmäßigkeit beruht, so beruht die Bewegung unserer Eurythmie auf einer innerlichen Gesetzmäßigkeit, und das Fortlaufende in einer Darstellung ist so gesetzmäßig innerlich – nicht willkürlich – wie Melodie oder Harmonie bei der Musik selber inneren Gesetzen unterliegt.

So ist es auch, dass, wenn zwei Persönlichkeiten ein und dieselbe Sache eurythmisch darstellen, so werden sie sie immer in der gleichen Weise darstellen, nur subjektiv soweit verschieden, als etwa verschieden ist die Darstellung einer Beethoven'schen Sonate durch zwei Klavierspieler. Gewiss, der Einzelne bringt in Bezug auf das, was er darstellt, seine Subjektivität hinein. Aber die eurythmische Kunst als solche ist vollständig objektiv, beruht auf ihren eigenen Gesetzen. Und wenn Sie hier irgend etwas dargestellt finden durch die eine Künstlerin, so würde eine andere Künstlerin dieselbe Sache genau in der gleichen Weise darstellen, nur eben variiert nach der Subjektivität in der Ihnen angedeuteten Weise. Diese Bewegungskunst kann also alles dasjenige, was zunächst durch Laut, Lautfolge, Modulation des Lautes und so weiter zur Offenbarung kommt, durch die Bewegung des *einzelnen* Menschen darstellen. Dasjenige, was begleitet unsere Sprache, insbesondere, wenn sie sich künstlerisch gestaltet, diese Sprache durchwärmt, wie der Empfindungsgehalt durchwärmt mit Seelengehalt, was diese Sprache bringt in Reimen, in Rhythmen – das wiederum wird ausgedrückt bei uns durch Gruppenbewegungen. Gruppen stellen immer dasjenige dar, was in den Kehlkopf noch von dem übrigen Menschen hineinspielt, damit die Sprache durchwärmt, durchleuchtet, durchseelt oder auch rhythmisiert oder auch in Reime, in Alliteration übergehen kann. Alles ist möglich auf diese Weise, durch eurythmische Kunst zum Ausdruck zu bringen.

Dadurch wird gerade eine durch den Menschen selbst hervorgerufene Bewegungskunst vor unsere Zeitgenossen hingestellt. *Am Menschen wird ein Kunstwerk geschaffen.* In der menschlichen Wesenheit selber ruhen die Bewegungen, die wir zum Vorschein bringen wollen. Gewiss, alles dasjenige, was die Grundlage ist, das ist nur notwendig, damit eine solche Kunst entstehen könne. Aber geradeso, wie der Kehlkopf notwendig ist, damit Gesang und Sprache zur Darstellung kommen, ebenso, wie aber in dieser Darstellung von Gesang und Sprache das Künstlerische erst lebt in unmittelbarer Anschauung, so kann leben eben in dem, was aus der inneren wesenhaften Gesetzmäßigkeit der Dinge hier des Menschenwesens selber hervorgeht, so kann leben in dem wirkliche künstlerische Gestaltung, weil ja gerade der Mensch wiederum nach Goethes Anschauung das Höchste in der Natur, das Höchste in der Welt überhaupt darstellt. Goethe sagt ja so schön: Wenn der Mensch auf den Gipfel der Natur gestellt ist, empfindet er sich wieder als eine ganze Natur, um seinerseits wieder einen Gipfel hervorzubringen. Er nimmt Ebenmaß, Ordnung, Harmonie in sich auf, um sich zuletzt zur Produktion des Kunstwerkes zu erheben. So soll hier der Mensch nicht sich zum Gipfel des Kunstwerkes erheben, sondern aus seinen eigenen inneren Bewegungsmöglichkeiten ein Kunstwerk schaffen in dieser eurythmischen Darstellung. Das ist das Wesentliche, sehr verehrte Anwesende, dass gesehen werden kann, was sonst gehört wird. Wir stellen heute noch so dar, dass auf der einen Seite Gedichte rezitiert werden oder Musikalisches anklingt, sodass man zu gleicher Zeit hören kann, und dann auf der Bühne sehen kann diejenigen Bewegungen des Menschen, die gewissermaßen der im ganzen Menschen sichtbar gewordene Kehlkopf ausführt. Das ist das Eigentümliche, das ist eher auch das Goethe'sche unserer eurythmischen Kunst.

Wie gesagt, alles dasjenige, was wir darzustellen vermögen heute schon, das ist nur im Anfange. Pantomimisches, Mimisches ist gänzlich ausgeschlossen, Alles beruht auf einer inneren Gesetzmäßigkeit. Und wenn Sie doch noch Pantomimisches und Mimisches bemerken, so rührt das nur von einer Unvollkommenheit her, die später ausgemerzt werden muss. Deshalb bitte ich Sie, auch in diesem Sinne dasjenige, was wir Ihnen heute darbieten können, aufzunehmen. Wir sind uns bewusst, dass alles eben nur ein Anfang ist, dass alles noch recht unvollkommen ist. Aber wir sind der Überzeugung, dass damit bei aller Unvollkommenheit der Anfang zu einer neuen Kunstrichtung, zu einer neuen Kunstbetätigung geschaffen ist. Vielleicht muss das Prinzip noch sehr, sehr umgeändert werden. Allein dass doch etwas geschaffen ist, was Keim für eine Zukunftskunst werden kann, dessen sind wir überzeugt. Und wir glauben, dass dasjenige, was wir heute als Anfang darbieten können, entweder, wenn das Schicksal es zulässt, noch durch uns selbst oder durch andere zu einer immer weitergehenden Vervollkommnung – wie andere Künste – gebracht werden kann.

Das ist dasjenige, was ich mir erlaubte, zu dieser heutigen Aufführung zu sagen. Ich habe noch hinzuzufügen, dass zu unserer großen Befriedigung heute sehr viele verehrte Zuhörer gekommen sind. Viele mussten auch abgewiesen werden, sodass wir daher diese Vorstellung von heute am nächsten Sonntag wiederholen werden, damit auch die heute Abgewiesenen zu ihrem Rechte kommen können. Aber das hindert nicht, dass morgen um 8 Uhr wieder eine Vorstellung ist.

Programm zur Aufführung Dornach, 24. März 1919

PROGRAMM

Montag, den 24. März 1919

Einleitende Worte von Rudolf Steiner über eurythmische Kunst

In eurythmischer Einzel- oder Gruppenkunst kommen zur Darstellung:

Der Tanz . . . von Friedrich Schiller, mit musikalischem Auftakt von Max Schuurman
. . . . eine Gruppe

Planetentanz . . . von Rudolf Steiner, mit musikalischer Beigabe von L. van der Pals
. . . . T. Kisseleff, E. Dollfus, A. Groh, A. Donath

Alle . . . von Konrad Ferdinand Meyer . . . . Tatiana Kisseleff

Erleuchtung . . . von Friedrich Hebbel, mit musikalischem Auftakt von L. van der Pals
. . . . eine Gruppe

Vorfrühling . . . von Friedrich Hebbel . . . . eine Gruppe

Aus dem „Chor der Urtriebe" . . . . von Ferdier von Steinwand (IX. Teil) . . .
. . . . eine Gruppe

Auf die Sixtinische Madonna . . . von Friedrich Hebbel . . . . Tatiana Kisseleff

Auf ein schlummerndes Kind . . . von Friedrich Hebbel . . . . Elisabeth Dollfus

Jahreszeiten . . . von Hans Reinhart . . . . eine Gruppe

Auftakt „Schicksalsfrage" . . . von L. van der Pals . . . . eine Gruppe

Gebet . . . von Friedrich Hebbel . . . . Elisabeth Dollfus

Zum neuen Jahr . . . von Goethe, mit musikalischem Auftakt von Jan Stuten . . .
. . . . eine Gruppe

PAUSE

Scene aus Faust II. Teil 5. Akt „Mitternacht"
Faust . . . . Jan Stuten
die Sorge . . . . Tatiana Kisseleff
drei graue Weiber . . . . * * *

Auftakt „Frage und Antwort" . . . von Max Schuurman . . . . . . eine Gruppe

Eintrittskarte zur Aufführung Dornach, 24. März 1919

> Nr 342
> **EINTRITTS-KARTE**
> zur
> VORSTELLUNG
> in
> **Eurythmischer Kunst**
> am 24. März 1919
> **2 Francs**
> Garderobe kostenlos.

Ansprache zur Eurythmie, Dornach, 24. März 1919

Sehr verehrte Anwesende!
Gestatten Sie, dass ich unserer eurythmischen Aufführung einige Worte zur Einleitung voranschicke. Es wird dies umso gerechtfertigter erscheinen, als es sich bei dem Dargestellten durchaus nicht handeln wird um irgendetwas in sich schon Vollkommenes, sondern um einen Versuch, vielleicht könnte ich sagen, um die bloße Absicht eines Versuches. Denn es liegt ja nahe, dass diese besondere Form von Bewegungskunst, die in der Eurythmie dargeboten werden soll, verwechselt wird mit allerlei Nachbarkünsten, tanzartigen und dergleichen Künsten. Diese Nachbarkünste haben in der Gegenwart ja – das wissen wir wohl – eine große Vollkommenheit erreicht. Und wenn der Glaube entstünde, dass wir mit diesen Nachbarkünsten konkurrieren wollten, dann wäre dieses ein falscher Glaube. Nicht um irgendetwas, was so konkurrieren soll, handelt es sich hier, sondern um eine besondere Form von Bewegungskunst, die auf ihren eigenen Gesetzen beruht und die sein soll ein Anfang, zunächst bloß ein Anfang zu etwas, was in ihrer Richtung erreicht werden kann vielleicht einmal.

Es ruht, wie alles dasjenige, was hier in diesem Goetheanum einmal vorgeführt werden soll, auf den Grundlagen der Goethe'schen Weltanschauung. Allerdings nicht so, dass wir gewissermaßen nur das wiedergeben wollten, was in dem Fertigen der Goethe'schen

Weltanschauung liegt, sondern es handelt sich darum, dass wir bald ein Jahrhundert nach Goethes Tode lebendig erhalten möchten dasjenige, was an Welt- und Kunstanschauung durch Goethe der Welt gegeben worden ist, dass wir ausbilden möchten dasjenige, was durch Goethe für die Menschheitsentwicklung eingeleitet worden ist, im Sinne der modernen Menschheitsvorstellungen.

Bei Goethe liegt ja das Eigentümliche vor, dass alles dasjenige, was in seine Kunst, seine Kunstauffassung, eingeflossen ist, ruht auf seiner umfassenden Weltanschauung überhaupt, die nichts bloß nüchtern Theoretisches hatte – und daher nicht in derselben Weise wie sonst trockene, nüchterne rationalistische Weltanschauungen ernüchternd auf das Kunstschaffen und Kunstempfinden wirken [muss]. Goethes große, gewaltige Naturanschauung, sie ist es, aus der auch sein ganzes Kunst-Auffassen hervorgegangen ist. Und Sie werden mir gestatten, dass ich von einer Einzelheit her versuche, zunächst dasjenige etwas anzudeuten, auf das es uns bei [der] Ausbildung der eurythmischen Kunst besonders ankommt.

Ich muss da hindeuten auf dasjenige, was ja bekannt ist unter dem Namen der Goethe'schen Metamorphosenlehre. Das ist eine großartige Auffassung von der Natur alles Lebendigen. Mehr als man meint, liegt in der Goethe'schen Anschauung, dass das gefärbte Blumenblatt nur ist eine Umwandlung des grünen Laubblattes der Pflanze, dass selbst die äußerlich gar nicht den Laubblättern ähnlich gestalteten Staubgefäße, der Stempel der Pflanze, umgewandelte Blumenblätter sind. Alles an der Pflanze ist für Goethe Blatt, verwandeltes Blatt.

Und so ist ihm aber auch wiederum die ganze Pflanze nur ein entsprechend differenziertes, ausgestaltetes Blatt. Und jedes einzelne Blatt ist ihm eine ganze Pflanze, nur einfacher gestaltet. Das ist Goethes Grundauffassung aber von allem Lebendigen. Jedes einzelne Glied eines Lebendigen ist gewissermaßen eine Wiederholung des ganzen Lebewesens. Und wiederum das ganze Lebewesen ist nur ein komplizierter ausgestalteter Organismus eben desjenigen, was in den einzelnen Hauptgliedern vorhanden ist. Und so ist es insbesondere beim Menschen. Dasjenige, was der Mensch im Ganzen ist, ist veranlagt in seinen einzelnen, wesentlichen Gliedern.

Was Goethe so für die Gestaltung der Lebewesen bis herauf zum Menschen in seine Vorstellungsart aufgenommen hatte, das kann man nun auch anwenden nicht nur auf die Gestaltung der einzelnen Glieder eines Lebewesens und des ganzen Lebewesens, sondern man kann es anwenden auch auf die Tätigkeit. Man kann zum Beispiel sagen, dass dasjenige, was als Tätigkeit ausführt der menschliche Kehlkopf und seine Nachbarorgane, im Kleinen eine Wiederholung ist desjenigen, was als Bewegungsmöglichkeiten im ganzen Menschen veranlagt ist, dass hinwiederum alles dasjenige, was aus dem ganzen Menschen an Bewegungs-, an Gestaltungsmöglichkeiten herausgeholt werden kann, ein Abbild sein kann desjenigen, was im Kehlkopf beim Sprechen, beim Singen in der Lautfolge, der Tonfolge, in dem gesetzmäßigen Zusammenhang der Töne und so weiter sich offenbart. Wir wenden, indem wir dem Singen, dem Sprechen, dem kunstvoll gestalteten Sprechen zuhören, unsere Aufmerksamkeit zunächst auf den Ton und die Tonfolge; aber das intuitive Erkennen, dasjenige, was hinschaut auf dasjenige, was im Kehlkopf bloß an Bewegungsmöglichkeiten veranlagt ist, oder das eine intuitive Vorstellung sich verschaffen kann von demjenigen, was übergeht in die Luftschwingungen, in den Luftrhythmus, wenn der Mensch singt oder kunstvoll spricht, das kann durch den ganzen Menschen zum Ausdruck kommen.

Das liegt unserer Bewegungskunst, unserer Eurythmie, zugrunde. Gewissermaßen kann man sagen, dass in der eurythmischen Darstellung, wie wir sie meinen, der ganze Mensch wie ein sichtbarer Kehlkopf wirken soll, so wirken soll, wie wenn man plötzlich sehend würde über dasjenige, was die Luft an innerer Beweglichkeit und Bewegsamkeit vollbringt, wenn wir den Laut und die Lautfolge hören.

Indem Goethe seine Kunstanschauung mit den schönen Worten ausgesprochen hat: Wem die Natur ihr offenbares Geheimnis offenbart, der fühlt die Sehnsucht nach ihrer besten Auslegerin, der Kunst, hat er auf ein Geheimnis des künstlerischen Empfindens überhaupt hingedeutet. Und mit Bezug auf den Menschen selbst wird gesucht in unserer Eurythmie dasjenige, was natürlich im Menschen veranlagt ist, in Kunst umzusetzen.

Ich schildere Ihnen damit ja allerdings nur, sehr verehrte Anwesende, die gewissermaßen elementarischen Grundlagen unserer Eurythmie. Indem das, was so herausgeholt ist aus der natürlichen Wesenheit des Menschen, nicht nach einer abstrakten Erkenntnis, sondern nach künstlerischen Empfindungen umgesetzt wird in künstlerisches Gestalten, muss es allerdings unmittelbar im Anschauen beurteilt werden. Allein darauf beruht ja alles künstlerische Empfinden, dass ein tiefer im Wesen der Dinge Liegendes in unmittelbarer Anschauung wohlgefällig vom Menschen aufgenommen wird. Dies erkennend, sagte Goethe schön einmal: Der Stil, der künstlerische Stil, beruht auf den Grundfesten der Erkenntnis, auf dem Wesen der Dinge, insofern es uns erlaubt ist, es in sichtbaren und g[reif]lichen Gestalten darzustellen.

Der Stil unserer Eurythmie beruht auf dem Wesen des Menschen, insoferne es erlaubt ist, dieses Wesen so sichtbarlich in der Bewegung darzustellen, wie durch den Laut hörbar dargestellt wird dasjenige, was in der menschlichen Seele lebt.

So ist unsere Bewegungskunst entstanden. Da aber im Laut nicht bloß nur dasjenige lebt, was in den Bewegungen des Kehlkopfes veranlagt ist, sondern da der Laut und die Lautfolge im Singen und künstlerischen Sprechen durchleuchtet wird von Seelenempfindungen, durchwärmt wird von Seelenstimmungen, beim künstlerischen Gestalten des Gesprochenen in Rhythmen, in Reimen, in Alliterationen, in Assonanz und so weiter übergeht, so muss, wenn man gewissermaßen ein sichtbarliches Sprechen schafft, auch dieses, das Sprechen Durchziehende zum Ausdrucke kommen. In diesem Sinne stellt der einzelne Mensch, der Eurythmie darstellt bei uns, vor den Kehlkopf als solchen dasjenige, was Nachbarorgane des Kehlkopfes sind; dasjenige, was seelisch das Gesprochene, das Gesungene durchtönt, durchwellt, das wird durch Gruppen und die Gruppenbewegungen, gegenseitigem Verhältnis der Personen in Gruppen und so weiter zur Darstellung kommen.

Das Wesentliche ist dabei, dass alles das, was durch die Eurythmie zum Ausdrucke kommt, niemals ausdrückt – wie es bei den Nachbarkünsten der Fall ist – ein bloß augenblickliches Zusammenstimmen der Geste, des Mimischen mit demjenigen, was in der Seele lebt, sondern unsere Eurythmie ist eine innerlich gesetzmäßige Kunst wie die musikalische Kunst selbst, die in Melodie und Harmonie lebt. Nichts Willkürliches ist in irgendeiner Geste enthalten. Viel wichtiger als die einzelne Geste ist die Aufeinanderfolge der Geste. Es ist tatsächlich eine sichtbarlich zum Ausdrucke kommende musikalische Kunst, die in unserer Eurythmie vorliegt.

Und man kann auch sagen: Wenn zwei Eurythmisten ein und dieselbe Sache darstellen, so ist sie auf dieselbe Art darzustellen. Subjektive Verschiedenheiten können nur eintreten dadurch, dass die Auffassungen so verschieden sind, wie etwa zwei Klavierspieler eine Beethovensonate nach ihren verschiedenen Auffassungen verschieden darstellen. Aber größer als die subjektive Verschiedenheit auf diesem Gebiet ist auch die subjektive Verschiedenheit und Willkür auf eurythmischem Gebiete nicht.

Alles bloß Pantomimische, alles bloß Mimische ist strengstens ausgeschlossen, und wenn Sie noch etwas davon in unserer Darstellung sehen werden, so rührt das eben davon her, dass wir noch nicht jene Vollkommenheit erreicht haben, die wir anstreben. Allein eine solche Vollkommenheit muss im Laufe der Zeit aus dieser eurythmischen Kunst sich eben gerade entfalten.

Das, was ich Ihnen nun dargestellt habe, ist deshalb von mir ausgeführt worden, um anzuzeigen, wie diese eurythmische Kunst herausgeholt ist aus dem Wesen des Menschen selbst, wie der Mensch selbst nach dem, was in ihm an Bewegungsmöglichkeiten veranlagt ist, in der Eurythmie zum Kunstwerk wird. Auch das ist im Sinne Goethes, nach dem, was er so schön in seinem Buche über Winckelmann sagt: Indem der Mensch auf den Gipfel der Natur gestellt ist, sieht er sich wieder als eine ganze Natur an und bringt in dieser wiederum einen Gipfel hervor, nimmt Ordnung, Harmonie und Maß zusammen, um sich endlich zur Produktion des Kunstwerkes zu erheben.

So versuchen wir auf der einen Seite, das Künstlerische der Sprache durch das musikalisch Gestaltete zum Gehör zu bringen, und parallel damit gewissermaßen den ganzen Menschen als Kehlkopf ebenfalls ausdrücken zu lassen dasjenige, was im Ton und der Tonfolge zur Offenbarung kommen kann, im Laut und in der Lautfolge zur Offenbarung kommen kann.

In diesem Sinne bitte ich Sie, unseren zunächst noch schwachen Versuch aufzunehmen. Wir sind durchaus nicht so unbescheiden, dasjenige, was wir bieten können, für mehr zu halten als einen Anfang in der angedeuteten Richtung. Aber wir sind auch überzeugt davon, dass es ein Anfang zu einer wirklich neuen Kunstform ist, die allerdings vielleicht im Laufe einer langen Zeit erst wird ausgebildet werden können. Wir glauben eben, dass es möglich sein wird – entweder noch durch uns selbst, oder, wenn wir das nicht können, durch andere –, diese Kunstform zu etwas zu bringen, das sich neben die anderen Künste, die die Menschheit hervorgebracht hat, wird würdig hinstellen können. – In diesem Sinne bitte ich Sie nochmals, unsern schwachen Versuch aufzunehmen.

DORNACH, 30. MÄRZ 1919

Ankündigungsentwurf für die Aufführung Dornach, 30. März 1919

NZ 2900

Grösse wie voriges Placat, das / mit diesem ganz / überklebt werden soll.
Es wird stattfinden / eine öffentliche / Vorstellung / in / Eurythmischer Kunst / (mit neuem Programm) / Sonntag, den 30. März, 5 Uhr nachm. / im provisorischen Saal des / Goetheanums / zu Dornach /
Die Karten für diese Vorstellung kosten / Fr. 3.–, 2.–, 1.– / und sind zu erhalten bei Herrn Hug & Co, Freiestrasse / und an der Abendkasse

Programm zur Aufführung Dornach, 30. März 1919

PROGRAMM

Sonntag, den 30. März 1919, um 5 Uhr nachmittags.

Einleitende Worte von Rudolf Steiner über eurythmische Kunst

In eurythmischer Einzel- oder Gruppenkunst kommen zur Darstellung:

Zwölf Stimmungen . . . . v. Rudolf Steiner mit musikalischer Beigabe v. L. van der Pals
. . . . dargestellt durch eine Gruppe
Alle . . . von Konrad Ferdinand Meyer . . . . Tatiana Kisseleff
Erleuchtung . . . von Friedrich Hebbel, mit musikalischem Auftakt von L. van der Pals
. . . . eine Gruppe
Aus dem „Chor der Urtriebe" (IX. Teil) . . . von Fercher von Steinwand . .
. . . . eine Gruppe
Auf die Sixtinische Madonna . . . von Friedrich Hebbel . . . . . Tatiana Kisseleff
Auf ein schlummerndes Kind . . . von Friedrich Hebbel . . . . Elisabeth Dollfus
Jahreszeiten . . . von Hans Reinhart . . . . eine Gruppe
Auftakt „Schicksalsfrage" . . . von L. van der Pals . . . . eine Gruppe
Gebet . . . von Friedrich Hebbel . . . . Elisabeth Dollfus
Auftakt „Schau um dich, schau in dich" . . . . eine Gruppe
Proteus . . . von Friedrich Hebbel . . . . Annemarie Groh
Heiterer Auftakt . . . von L. van der Pals . . . . eine Gruppe
Zum neuen Jahr . . . von Goethe . . . . eine Gruppe
Satyrischer Auftakt . . . von L. van der Pals . . . . eine Gruppe
Aus den „Galgenliedern" . . . von Christian Morgenstern . . . . . eine Gruppe
Der Tanz . . . von Schiller, mit musikalischer Beigabe v. M. Schuurman eine Gruppe

PAUSE

Scene aus Faust II. Teil 5. Akt „Um Mitternacht"
Faust . . . . Jan Stuten
die Sorge . . . . Tatiana Kisseleff
die Schuld . . . . Annemarie Groh
die Not . . . . * * *
der Mangel . . . . * * *

Ansprache zur Eurythmie, Dornach, 30. März 1919

Sehr verehrte Anwesende!
Gestatten Sie, dass ich unserer Eurythmie-Aufführung einige Worte voranschicke. Es erscheint mir dieses umso mehr gerechtfertigt, als

es sich bei dieser Vorstellung handeln wird um einen Versuch, vielleicht könnte ich sagen: um die Absicht eines Versuchs. Denn es liegt nahe, dasjenige, was wir als Bewegungskunst anbieten werden, zu vergleichen mit allerlei Nachbarkünsten, Tanzkünsten und dergleichen, und [es liegt nahe,] dass man glauben könnte, wir wollen mit solchen Nachbarkünsten konkurrieren. Nun wissen wir sehr wohl, dass dasjenige, was auf diesem Gebiete der verschiedenen Nachbarkünste heute geleistet wird, etwas außerordentlich Vollkommenes in seiner Art ist. Und man würde uns ganz missverstehen, wenn man glauben würde, dass wir damit in irgendeiner Beziehung konkurrieren wollen. Dasjenige, was wir wollen, ist etwas ganz anderes, will eine Bewegungskunst für sich sein, die allerdings vorläufig bloß in ihrem Anfange steht. Und das ist es, was ich besonders betonen möchte: Dass wir über diese besondere Stufe, auf der wir heute noch mit Bezug auf diese unsere besondere, eigenartige Kunstrichtung stehen, sehr bescheiden denken, und in diesem Sinne bitte ich Sie auch, unsere Darbietung heute hinzunehmen.

Dasjenige, was wir versuchen, kommt aus einer ganz anderen Quelle als die Nachbarkünste. Es kommt aus derselben Quelle, aus der alles dasjenige fließen soll, was hier in diesem Goetheanum getrieben wird: Es kommt aus der Goethe'schen Weltanschauung und Kunstanschauung. Wenn wir auch bestrebt sind, gewissermaßen einen Goetheanismus des 20. Jahrhunderts – das heißt einen solchen, der fortentwickelt ist gemäß den Anschauungen der neueren Zeit – auszuführen, so ist es doch eben die Quelle der Goethe'schen Welt- und Kunstanschauung, aus der wir schöpfen.

Dasjenige, was gerade mit Bezug auf diese unsere Bewegungskunst zu sagen ist, kann ich vielleicht am besten dadurch andeuten, dass ich auf einen gewissen Zweig der gewaltigen, großen Goethe'schen Weltanschauung hinweise, auf Goethes Naturanschauung. Goethe hat ja selbst die Quellen seiner Kunstanschauung in seiner eindringlichen, auf Intuition beruhenden Naturanschauung gesucht. Er hat das schöne Wort geprägt: Wem die Natur ihr offenbares Geheimnis zu erschließen beginnt, der empfindet die lebhafteste Sehnsucht nach ihrer würdigsten Auslegerin, der Kunst.

Nur scheinbar wird es sein, dass ich Sie mit ein paar Worten auf ein abgelegenes theoretisches Gebiet bei Goethe führe, auf das Gebiet der Goethe'schen Metamorphosenlehre. Denn dasjenige, was sich für ihn in der umfassenden Anschauung von der Metamorphose der lebenden Wesen ausprägte, das lässt sich ganz und gar in künstlerische Gestaltung umsetzen. Goethe sah in jedem einzelnen Pflanzenblatt eine ganze Pflanze, nur eben in einfacher Gestalt, im Blatte ausgebildet, und er sah wiederum in jedem einzelnen Gliede der Pflanze ein umgestaltetes Blatt. In der farbigen Blüte sah er umgestaltete Blätter; ja selbst in den Staubgefäßen und im Stempel, die in der äußeren Form so wenig ähnlich sehen den Blättern, sah Goethe umgeformte, metamorphosierte Pflanzenblätter. Und die ganze Pflanze war ihm wiederum ein kompliziert ausgestaltetes Blatt. Diese Anschauung wandte Goethe auf die ganze lebendige Natur an. Und man kommt mit der lebendigen Natur nur zurecht, wenn man zu ihrer Erkenntnis eine solche Anschauung zugrunde legt bis hinauf zum Menschen, wenn man verfolgt, wie alles lebendig aus Gliedern besteht, die eigentlich nur Wiederholungen des Ganzen sind, des ganzen Organismus sind, wie der ganze Organismus nur eine komplizierte Ausgestaltung, Umgestaltung des einzelnen Gliedes ist. Das kann man nun auch anwenden, indem man zum Menschen hinaufschreitet, auf die komplizierteste Naturerscheinung, auf den Menschen, und da nicht nur auf die Formen seiner einzelnen Glieder, sondern man kann es anwenden auf die Tätigkeit des menschlichen Organismus.

Wir tragen in uns, insofern wir die natürliche Menschenorganisation haben, den Kehlkopf und seine Nachbarorgane. Durch diesen Kehlkopf und seine Nachbarorgane bringen wir hervor dasjenige, was nicht nur als Lautsprache von Mensch zu Mensch wirkt, sondern was künstlerisch durchgestaltet werden kann, in der dichterischen, in der künstlerischen Sprache durchgestaltet werden kann, im Gesang, im musikalischen Elemente. Wenn man nun durch intuitive Anschauung, durch geistige Anschauung dasjenige zu verfolgen in der Lage ist, was im Kehlkopf selber an Bewegungsanlagen vorhanden ist, so lässt sich das umsetzen so, dass man sagt: Was so in den Bewegungen dieses einzelnen menschlichen Gliedes, im Kehlkopf vor sich geht, wenn wir künstlerisch sprechen oder singen, das lässt sich umwandeln in Tätigkeit, in Bewegung des ganzen Menschen. Der ganze Mensch kann wie ein sichtbarer Kehlkopf werden. Man könnte auch so sagen: Indem wir sprechen, das heißt, Laut an Laut oder Ton an Ton gesetzmäßig anfügen, gerät die Luft in bestimmte rhythmische Bewegungen. Diese rhythmischen Bewegungen sind nicht das, auf was wir unsere Aufmerksamkeit wenden können, wenn wir bei dem Sprechen zuhören. Aber die intuitive Anschauung kann ein Bild bekommen von dem, was da eigentlich gewöhnlich unsichtbar in der Luftbewegung vor sich geht. Und das alles lässt sich übertragen auf Bewegungen des Gesamtmenschen.

Darauf, sehr verehrte Anwesende, beruht unsere eurythmische Kunst, die – wie gesagt – heute nur erst ein Versuch ist. Der ganze Mensch soll, wie er Ihnen hier auf der Bühne entgegentritt, wie ein lebendiger Kehlkopf wirken. Das muss natürlich weiter ausgedehnt werden. Indem wir künstlerisch sprechen, die Sprache zum Organ der Dichtkunst machen, zum Organ des Musikalischen machen, durchklingt innere Empfindungswärme den Ton, und die gesetzmäßige Tonfolge, Laut, Stimmung, klingt hinein. Dasjenige, was also hineinklingt an Empfindung, an Stimmung, an Gemütsinhalt, an innerer Seelenbewegung in das menschliche Sprechen und in der Dichtung an Reim, an Rhythmus, an Alliteration, an Assonanz, das soll wiederum ausgedrückt werden in Stellungen und Bewegungen der Gruppen von Menschen, welche die Eurythmie vorführen.

So soll alles dasjenige durch eine solche Bewegungskunst zur Darstellung kommen, was sonst für das menschliche Gehör in Laut, im Ton zur Offenbarung kommt. Nicht das behaupte ich, dass man immer erkennen muss, wie irgendetwas Inneres durch die eine oder andere Bewegung des Menschen oder der Gruppe zum Ausdruck kommt. Natürlich, indem eine solche Kunstquelle, auf die ich eben gedeutet habe, gefunden worden ist, muss dasjenige, was dann durch sie dargestellt werden kann, unmittelbar für die Anschauung künstlerisch wirken. Das wird es auch tun, wenn es bis zu einem gewissen Grade der künstlerischen Vollkommenheit ausgestaltet ist. Denn die Kunst – das sagt Goethe so schön – beruht auf einer Manifestation, auf einer Offenbarung gewisser Naturgesetze, die ohne sie niemals offenbar würden. Derjenige, der also durch intuitive Anschauung geheime Naturgesetze entdeckt und sie umsetzt in äußerlich Sichtbares, der wandert auf dem Wege, wie Künstlerisches wirklich hervorgebracht werden kann. Denn bei wahrhaft Künstlerischem, bei dem, was nicht bloß im naturalistischen oder im äußerlichen Sinne künstlerisch ist, bei dem wahrhaft Künstlerischen muss man stets die Empfindung haben, dass man intensiv in ein Unendliches und immer Unendlicheres, in ein Abgrundtiefes hineinschaut. Das kann man nur, wenn dasjenige, was künstlerisch dargeboten wird, aus der inneren Gesetzmäßigkeit der Natur selbst herausgeholt ist. Solches ist hier versucht. Deshalb muss auch dasjenige, was sich sichtbarlich darstellt unmittelbar für die Anschauung, kunstgemäß wirken. Goethe sagt wiederum so schön, die Kunst beruhe auf Tiefen der Erkenntnis, auf dem Wesen der Dinge, insofern es uns gestattet ist, dieses Wesen der Dinge in sichtbarlichen oder greifbaren Gestalten zum Ausdruck zu bringen.

In diesem Sinne ist Goethe'sches angestrebt durch die eurythmische Kunst. Nur dann wird man, was eigentlich mit ihr gewollt ist, in der richtigen Art verstehen, wenn man sie gar nicht vergleicht, diese unsere eurythmische Kunst, mit dem, was als Tanzkunst oder dergleichen pantomimisch oder durch Geste oder durch einen unmittelbaren, augenblicklichen Zusammenhang von Bewegungen und inneren Seelenemotionen darzustellen versucht wird. Dasjenige, was in unserer Eurythmie gewollt ist, ist wie das musikalische Element selbst. Wie das musikalische Element auf einer inneren Gesetzmäßigkeit, auf einer objektiven Gesetzmäßigkeit in Harmonie und Melodie beruht, so beruht auf einer solchen Gesetzmäßigkeit – nicht auf dem augenblicklichen Zusammenwirken-Wollen einer Bewegung mit dem inneren Seelenleben – dasjenige, was in der Eurythmie zur Darstellung kommt. Daher ist auch in dieser Eurythmie nicht Willkürliches, nicht ein augenblicklicher Zusammenhang gesucht zwischen einer Geste und der inneren Seelenbewegung. Wenn zwei Menschen Ihnen eurythmisch etwas darstellen, so ist das keine Verschiedenheit anders, als die Verschiedenheit besteht, wenn zwei Klavierspieler in einer verschiedenen subjektiven Auffassung eine Beethoven'sche Sonate darstellen. Auf die fortlaufende innere Gesetzmäßigkeit kommt es uns an, nicht auf das Herausholen einer Augenblicksgeste aus dem Menschen. Daher ist alles Pantomimische, alles Mimische, alle Augenblicksgeste, alles das ist ausgeschaltet. Und wo sie es doch noch bemerken werden in unserer darzustellenden Kunst, da rührt es nur her, weil im Anfange die Dinge noch unvollkommen [sind]. Es wird sich im Verlauf der Entwicklung dieser besonderen Kunstform schon ausschalten.

So kann man, wenn man auf dasjenige, was diese Kunst will, eingeht – so wie wir es einmal eingerichtet haben – auf der einen Seite den menschlichen Kehlkopf verkörpert durch die Bewegungen und Gestaltungen des ganzen Menschen und der Menschengruppen sehen, auf der anderen Seite die Dichtung, das Musikalische hören, sodass sich beides ergänzt, beides sich vereinigt zu einem Gesamtkunstwerke. Und verstanden sollte werden, sehr verehrte Anwesende, dass die die eurythmische Kunst begleitende Rezitation nun auch dadurch, dass sie eben als eine besondere Kunst-Ergänzung auftritt zu der Eurythmie, anders gehalten werden muss als dasjenige, was man heute gewöhnlich unter Rezitation versteht.

Das Rezitieren ist heute eigentlich aus dem eigentlich Künstlerischen schon herausgetreten. Das Rezitieren beschränkt sich heute eigentlich auf Pointisierungen des dichterischen Inhaltes. Gerade das Auffinden einer Kunstform, wie sie der Eurythmie zugrunde liegt, wird ja wiederum dazu führen, die Rezitation selbst zu demjenigen zurückzuführen, was sie einstmals war, was diejenigen, die heute jünger sind, gar nicht mehr wissen. Diejenigen, die heute älter sind, wissen sich noch zu erinnern an die Rezitatoren der Siebziger-, Achtzigerjahre, die vielleicht schon in der Dekadence, aber eben doch noch einen Nachklang dessen boten, was Rezitierkunst früher war. Wenige Menschen wissen heute, dass Goethe in Weimar für die Bühne die «Iphigenie» einstudiert hat mit dem Taktstock wie ein musikalisches Kunstwerk. Dass man durchhörte das Rhythmische, das eigentlich Künstlerische, das war das Bestreben zum Beispiel auch Goethes. Diese Rezitationskunst ist verloren gegangen. Durch die Eurythmie wird sie in einer gewissen Weise sich wiederum notwendig machen. Heute will man gar nicht mehr hören dasjenige, was das eigentlich Dichterische, Künstlerische ist: Das ist die dichterische Form, das ist nicht dasjenige, was man in Pointisierung des Inhaltes zum Ausdrucke bringen kann. Im Grunde genommen ist ja heute Rezitationskunst nichts weiter als ein besonders raffiniert ausgebildetes Prosalesen. Und erst auf dem Umwege durch die Eurythmie wird wiederum Rezitations-, Deklamationskunst gefunden werden müssen. Das versteht man heute nicht.

So möchte ich Sie bitten, sehr verehrte Anwesende, in dem dargelegten Sinne unsere Vorstellung aufzunehmen, vor allen Dingen zu bedenken, dass wir selbst eben – wie ich eingangs gesagt habe – sehr bescheiden denken über dasjenige, was wir schon leisten können. Allein, wenn ihm Verständnis entgegengebracht wird, so wird es sich weiter entwickeln können. Und wir sind einmal der Überzeugung: Heute stehen wir noch mit dieser Eurythmie am Anfange ihrer Entwicklung. Aber wir selbst noch – oder vielleicht nicht wir selbst, sondern andere – werden aus ihr etwas herausholen können, was sich als eine besondere neue Kunstform neben andere Kunstformen hinstellen kann.

Besonders wichtig wird das erscheinen – weil heraufgehoben ist das künstlerische Gestalten bis zum Menschen –, worauf Goethe direkt in seinem schönen Buch über Winckelmann hinweist, in dem er sagt: Wenn der Mensch an den Gipfel der Natur gestellt ist, sieht er sich wieder als eine ganze Natur an und bringt hervor, nimmt Harmonie, Ebenmaß, Sinn, Bedeutung und Inhalt zusammen, um sich endlich zur Produktion des Kunstwerkes zu erheben.

In der Eurythmie soll etwas dargeboten werden wie ein Kunstwerk, das unmittelbar aus dem, was im Menschen an Bewegung und innere Kräftemöglichkeiten selbst liegt, zur äußeren Offenbarung kommt. Dass davon ein Anfang gemacht worden ist in unserer Eurythmie, das bitte ich Sie zu berücksichtigen. Und in diesem Sinne bitte ich Sie, unsere Darstellung aufzunehmen und ihr Ihre Nachsicht und Aufmerksamkeit zukommen zu lassen.

[Nach der Pause:]
Im zweiten Teil werden wir Ihnen aus Goethes «Faust II» die Szene um «Mitternacht» vorführen, die sogenannten «vier grauen Weiber»: Sorge, Schuld, Mangel, Not.

Es ist ja so, dass gerade diese Szene wird angesehen werden können als eine Art Probe auf unsere eurythmische Kunst. Es wird sich zeigen, dass man aus «Faust», in den Goethe, wie er selbst sagte, so vieles hineingeheimnisst hat, gerade durch die Eurythmie manches wird herausholen können, was durch die gewöhnliche Bühnendarstellung eigentlich bis jetzt gar nicht hat herausgeholt werden können. – Wenn man öfters die Darstellungen des ersten Teiles des «Faust» gesehen hat – ich will sagen: die Darstellung zum Beispiel auf der einen Seite, wie die [Devrient'sche-Lassen'sche], dann hat man das Gefühl, das stilisiert dasjenige, was Goethe nicht nur inhaltlich, sondern dem Stile nach der höheren Kunstform auch in den «Faust» hineingeheimnisst hat, das komme auf diese Art [Mysterieneinrichtung] etwa heraus; [doch] dann wird die Sache sehr leicht opernhaft. Auf der anderen Seite: Bleibt man bei der schauspielerischen Darstellung etwa – ich erinnere mich an die Wilbrandt'sche Darstellung, oder an andere – so kann sehr leicht das eintreten, dass gerade solche Szenen, die so tief in menschliche Seele hineinleuchten wie diese Sorge-Szene, leer und armselig bleiben.

Gerade die Art, wie durch Eurythmie dasjenige, was Goethe so stilvoll im zweiten Teil des «Faust», in dieser Dichtung als das Allerreifste eigentlich versucht hat zum Ausdruck zu bringen – gerade diese Art der eurythmischen Darstellung wird sich am besten dazu eignen, vielleicht eben durch die Eurythmie das herausholen zu lassen, was Goethe gemeint hat. Und deshalb wird man an der Darstellung dieser Szene gerade solch einen Versuch machen können, zu zeigen, wie mit Zuhilfenahme der Eurythmie neben dem Schauspielerischen aus diesen Künsten ein zusammenhängendes Ganzes wird entstehen können.

DORNACH, 5. APRIL 1919

Programm zur Aufführung Dornach, 5. April 1919

PROGRAMM

Samstag, den 5. April 1919, um 5 Uhr nachmittags.

Einleitende Worte von Rudolf Steiner über eurythmische Kunst

In eurythmischer Einzel- oder Gruppenkunst kommen zur Darstellung:

Zwölf Stimmungen . . . v. Rudolf Steiner, mit musikalischer Beigabe v. L. van der Pals
. . . . dargestellt durch eine Gruppe
Alle . . . von Konrad Ferdinand Meyer . . . . Tatiana Kisseleff
Erleuchtung . . . von Friedrich Hebbel, mit musikalischem Auftakt von L. van der Pals
. . . . eine Gruppe
Aus dem „Chor der Urtriebe" (IX. Teil) . . . von Ferdier von Steinwand . . .
. . . . eine Gruppe
Auf die Sixtinische Madonna . . . von Friedrich Hebbel . . . . Tatiana Kisseleff
Auftakt „Frage und Antwort" . . . von Max Schuurman . . . . eine Gruppe
In einer Sturmnacht . . . von K. F. Meyer . . . . Edith Röhrle
Auftakt „Schicksalsfrage" . . . von L. van der Pals . . . . eine Gruppe
Der Feind . . . von Clemens Brentano . . . . Annemarie Donath
Auftakt „Schau um dich, schau in dich" . . . von L. van der Pals eine Gruppe
Proteus . . . von Friedrich Hebbel . . . . Annemarie Groh
Heiterer Auftakt . . . von L. van der Pals . . . . eine Gruppe
Zum neuen Jahr . . . von Goethe . . . . eine Gruppe
Satyrischer Auftakt . . . von L. van der Pals . . . . eine Gruppe
Aus den „Galgenliedern" . . . von Chr. Morgenstern . . . . eine Gruppe
Der Tanz . . . von Friedrich Schiller, mit musikalischer Beigabe von Max Schuurman
. . . . eine Gruppe

PAUSE

Scene aus Faust II. Teil 5. Akt „Um Mitternacht"
    Faust . . . . Jan Stuten
    die Sorge . . . . Tatiana Kisseleff
    die Schuld . . . . Annemarie Groh
    die Not . . . . * * *
    der Mangel . . . . * * *

Ansprache zur Eurythmie, Dornach, 5. April 1919

Sehr verehrte Anwesende!
Gestatten Sie, dass ich unserer eurythmischen Darstellung nur ein paar Worte voraussende. Es scheint mir notwendig, weil ja unsere Darbietung noch nicht den Anspruch einer gewissen Vollkommenheit schon machen kann. Es handelt sich um einen Versuch, ja, ich darf vielleicht sogar sagen um den allerersten Keim eines Versuches. Würde ich das nicht sagen, so könnte man sehr leicht glauben, dass wir durch unsere Eurythmie in irgendeine Konkurrenz treten wollten zu Nachbarkünsten, allerlei pantomimischen oder Tanzkünsten, die heute ja bis zu einem hohen Grade von Vollkommenheit ausgebildet sind. Dass wir auf dem Boden der besonderen Kunstform, die hier dargeboten werden soll, nichts so Vollkommenes wie diese Nachbarkünste [bieten können], das ist uns voll bewusst, und wir bilden uns gar nicht ein, mit diesen Nachbarkünsten irgendwie zu konkurrieren. Es handelt sich aber auch gar nicht darum, irgendetwas diesen Künsten Gleiches oder Ähnliches darzubieten, sondern es handelt sich darum, etwas Eigenes, Besonderes hinzusetzen, das wie im Grunde genommen alles, was hier in diesem Goetheanum gepflegt wird, auf dem Boden der Goethe'schen Weltanschauung steht, – hier in diesem Falle auf dem Boden der Goethe'schen Kunstanschauung steht. Nicht so, als ob wir dasjenige, was Goethe gemacht hat, herübernehmen wollten einfach in unsere Zeit, sondern so, wie wir empfinden, dass der Goetheanismus umgestaltet werden muss nach den Empfindungen, nach den Kunst- und geistigen Anschauungen der Gegenwart, der modernen Zeit.

Wenn ich zunächst darauf aufmerksam machen soll, wie diese Kunstform, die wir Eurythmie nennen hier, eigentlich entstanden ist, so will ich damit nichts über das ästhetische Moment zunächst noch sagen; das muss sich aus dem unmittelbaren Anschauen ergeben. Allein es kann vielleicht doch von Bedeutung sein, darauf aufmerksam zu machen, wie diese besondere Kunstform gefunden ist. Und da darf ich auf etwas hinweisen, was zunächst theoretisch erscheint, was aber tief begründet ist in Goethes grandioser Naturanschauung, die dann metamorphosisch übergegangen ist in seine umfassende Kunstauffassung. Ich möchte auf das hinweisen, was man die Goethe'sche Metamorphosenlehre nennt, die – in künstlerische Empfindung umgesetzt – in unserem ganzen Bau auch wahrzunehmen ist.

Goethe sah – um das kurz anzudeuten – jedes einzelne Pflanzenblatt als eine ganze Pflanze an, auch das einzelne farbige Blumenblatt als eine ganze Pflanze an. Er dachte sich in der Idee, in der metamorphosischen Entwicklung jedes einzelne Blatt als ganze Pflanze, aber auch die ganze Pflanze nur als ein kompliziertes ausgestaltetes Blatt.

Diese Goethe'sche Anschauung kann man nun anwenden auf alles Lebendige, vor allem auf das umfassendste Lebendige, auf den Menschen selbst. Hier in der Eurythmie ist diese, ins Künstlerische umgesetzte Naturanschauung angewendet, und nicht auf die Formgestaltung allein, sondern auf die Bewegung. Intuitiv ist [ge]sucht worden, was eigentlich für besondere Intentionen, für besondere Anlagen, für Bewegungskeime im menschlichen Kehlkopf und seinen Nachbarorganen vorhanden sind, wenn der Mensch übergeht in Künstlerisches, also Dichterisches oder Musikalisches, gesangliches Hervorbringen des Lautes. Dabei wendet sich ja die Aufmerksamkeit des Menschen vorzugsweise dem Hörbaren zu. Und nur derjenige, der etwa sehen würde – vielleicht durch künstliche Einrichtungen –, wie die Luftmasse, angeregt durch die Bewegungsanlage des Kehlkopfes und seiner Nachbarorgane, in rhythmische Schwingungen versetzt wird, wenn der Mensch künstlerisch spricht, oder gesanglich sich hörbar macht, wer dieses sehen würde, der würde sehen, wie da aus dem einzelnen Organkomplex des Menschen heraus eine ganze Welt entsteht, der ganze Mensch sich offenbart. So wie nun das einzelne Pflanzenblatt in der ganzen Pflanze wieder ersteht auf komplizietere Weise, so kann man umgestalten das, was man intuitiv, übersinnlich wahrnimmt, während der Mensch künstlerische Töne formt. Das kann man umgestalten zur Bewegung und Gestaltung des ganzen Menschen. Der ganze Mensch kann Kehlkopf werden. Dann, in dem ganzen Menschen, wirkt wiederum wie in inneren, bedeutsamen, lebendigen Anlagen dasjenige, was sich im einzelnen Kehlkopf zum Ausdruck bringt. Goethe sagte einmal so schön: Die

Kunst beruht auf einer Manifestation geheimer Naturgesetze, die ohne sie niemals zur Wahrnehmung käme. – Und wiederum mit einem anderen Worte bezeichnet er das subjektiv als dasselbe, indem er sagt: Wem die Natur ihr offenbares Geheimnis enthüllt, der empfindet eine gewisse Sehnsucht nach ihrer besten Auslegerin, der Kunst.

Die Wahrheit dieser Worte fühlt man so recht, wenn man umsetzt eben dasjenige, was sonst übersinnlich und unsichtbar im menschlichen Sprechen und Singen [ist, wenn das] in der Bewegung des Gesamtorganismus des Menschen zum Ausdruck kommt. Was Sie also hier auf der Bühne sehen, ist teilweise in der Umgestaltung der Bewegung des einzelnen Menschen aber auch von Menschengruppen so ausgeführt, dass in dem sichtbaren Ausdruck der durch den ganzen Menschen sichtbare Kehlkopf des Menschen sich darstellt. Eurythmie soll ein sichtbarlich gewordenes Sprechen sein. Allerdings, Kunst, künstlerische Empfindung muss in der ganzen Entstehung der Eurythmie zugrunde liegen. Nicht graue Theorie oder Wissenschaft ist es, woraus das entstanden ist, was Sie hier sehen werden, sondern eben die Goethe'sche Natur- und Kunstauffassung in unmittelbare Empfindung umgesetzt. Dasjenige hauptsächlich, was der einzelne Mensch darstellt, in seinen Stellungen, seinen Bewegungen, es ist dasjenige, was im Kehlkopfe sonst als Bewegungsanlage beim künstlerischen Sprechen und Singen sich offenbart. Dasjenige, was wir in Gruppen darstellen, in dem gegenseitigen Verhältnisse einer Person zur anderen in den Gruppen, in den Bewegungen der Gruppen, das ist mehr dasjenige, was dann die Sprache durchglüht als Empfindung, als innere Seelenstimmung, als Seelenwärme. Das ist dasjenige, was in künstlerischer Sprachgestaltung als Reim, als Rhythmus, als verschiedene Assonanz und so weiter vorhanden ist. Da kann alles dasjenige, was sonst nur in das tonliche Element, in das Hörbare übergeht also, stilvoll durch eine Ausgestaltung und Offenbarung des ganzen Menschen und von Menschengruppen sichtbarlich ausgedrückt werden. Stil – nach Goethes Wort beruhend auf den tiefsten Grundlagen der Erkenntnis, auf dem Wesen der Dinge, insoferne es uns gestattet ist, es in greiflichen und sichtbaren Gestaltungen darzustellen –, das ist hier versucht, diese höchste Offenbarung der Welt, diesen Mikrokosmos, den Menschen, in dem, was in ihm liegt, zu empfinden, sichtbarlich, wie einen großen Kehlkopf darzustellen.

Natürlich sage ich, indem ich dieses ausspreche, nichts anderes, als wie diese Kunstform entstanden ist: So wie die Natur im Menschen selber schafft dasjenige, was Kunst werden kann – in der Dichtung, im musikalischen Gesange –, so kann dasjenige, was im ganzen Menschen liegt, zur Kunst werden. Aber alles dasjenige, was ich gesagt habe, soll nur die Entstehung ausdrücken. Das Künstlerische muss in der unmittelbaren Anschauung empfunden werden. Und wir sind überzeugt, es *kann* auch empfunden werden.

So werden wir uns bemühen, auf der einen Seite das Tonliche zum Hören zu bringen durch die Rezitation oder Deklamation oder durch Musik, [und auf der anderen Seite] dasselbe, was gehört werden kann, sichtbarlich durch die Eurythmie zur Anschauung zu bringen.

Man kommt ja, sehr verehrte Anwesende, auch gegenüber unserer eurythmischen Kunstform, durch die Rezitation in Konflikt mit den heutigen Anschauungen. Die jetzt jüngeren Leute haben – selbst in dekadenter Form, wie sie noch in den siebziger, achtziger Jahren vorhanden war –, die alte Rezitationskunst nicht mehr kennen gelernt, jene Rezitationskunst, welche äußerlich die Form wahrte. Man braucht nur daran zu denken, wie Goethe in Weimar mit dem Taktstock seine «Iphigenie» einstudierte. Heute hat man zum großen Teil viel mehr Wohlgefallen – nicht so sehr an dieser Rezitation, die das Formelle, das eigentlich Künstlerische, das mit dem Inhalt der Worte nichts zu tun hat, berücksichtigt, nicht so sehr als an vorgetragener Prosa, aus der hervorgeht das Inhaltliche, Nuancen und dergleichen. Wir müssen darauf schauen, hier die Rezitation, die mit der Eurythmie zu einem Gesamtkunstwerke zusammentreten soll, so zu gestalten, indem wir zurückgehen – wie unsere Tanzkunst auch auf den sakramentalen Tanz des Altertums vielfach zurückgehen muss –, wir müssen zurückgehen zu älteren Formen des Rezitierens, die heute weniger verstanden werden, die aber wieder verstanden werden können, wenn aus der niedergehenden Kunstkultur des 19. Jahrhunderts sich entwickeln wird etwas, was wiederum elementares Geistiges, Übersinnliches vor allen Dingen in sich hat.

Um mit einem Worte Goethes diese kurze Einleitung zu beschließen, lassen Sie mich aussprechen etwas, das Goethe gewissermaßen über seine Naturanschauung und seine Kunstanschauung in dem schönen Buch über Winckelmann ausspricht: Wenn der Mensch an den Gipfel der Natur gestellt ist, so fühlt er sich wiederum da als einen Gipfel, indem er die ganze Natur zusammenfasst; er sucht Ebenmaß, Harmonie, Ordnung auf und erhebt sich endlich zur Produktion des Kunstwerkes, in dem der Geist der Welt seiner selbst bewusst wird. – Das empfindet man insbesondere, wenn man gerne möchte, den ganzen Menschen zu einem Kunstwerk umzugestalten, wie es hier durch die Eurythmie geschehen soll.

Aber bei alledem bitte ich Sie, sehr verehrte Anwesende, dasjenige, was wir hier unternommen haben als die Absicht, zu irgendeiner neuen Kunstform zu gelangen, zu betrachten als einen Anfang. Wir selbst denken sehr bescheiden über dasjenige, was die Eurythmie hier zunächst noch ist; aber wir glauben auf der anderen Seite, dass aus dem, was hier als ein schwacher Anfang vorliegt, wirklich einmal etwas Vollkommenes werden kann. Nehmen Sie das Dargebotene in diesem Sinne auf. Wir sind überzeugt, dass die Eurythmie, entweder noch durch uns selbst, oder – wenn uns dieses verwehrt werden wird – durch andere, dass aus diesem schwachen Anfange, den wir heute erst darbieten können, einst eine selbständige Kunstform entstehen kann, die sich neben die anderen Künste vollgültig hinstellen kann.

STUTTGART, 6. MAI 1919

Diese Aufführung um 12 Uhr fand ausschließlich für die Angestellten und Arbeiter der Waldorf-Astoria-Zigarettenfabrik im Kuppelsaal des Kunstgebäudes Stuttgart statt.

Programm zur Aufführung Stuttgart, 6. Mai 1919

Friedens- und Energietanz
Ich und Du
Harmonische Acht
Ballen und Spreizen
«Säerspruch» von C. F. Meyer
Spruch aus dem Seelenkalender von Rudolf Steiner
Planetentanz von Rudolf Steiner
«Symbolum» von J. W. v. Goethe
«Ganymed» von J. W. v. Goethe
Hallelujah
Musikalischer Auftakt «Schicksalsfrage»
«Herbst» von Friedrich Nietzsche
Musikalischer Auftakt «Schau um dich, schau in dich»
«Morgenlied» von C. F. Meyer
Heiterer Auftakt von Leopold van der Pals
«Zum neuen Jahr» von J. W. v. Goethe
«Rosen im Süden» von Friedrich Hebbel
«Liederseelen» von C. F. Meyer
Satirischer Auftakt von Leopold van der Pals
«Galgenlieder» von Christian Morgenstern:
    a. Unter Zeiten b. Der Trichter c. Der Seufzer
    d. Die beiden Flaschen e. Bim, Bam, Bum

Ansprache zur Eurythmie, Stuttgart, 6. Mai 1919

Was wir Ihnen vorführen wollen, ist eine neue Kunst, aber Sie müssen berücksichtigen, dass wir mit dieser neuen Kunst ganz am Anfang stehen. Was damit gewollt wird, es wird ja auch nach einiger Zeit vollkommener werden können, und es wird zu gewissen sehr weiten Zielen hinführen können. Allein man wird schon jetzt aus den Vorstufen, die wir gewissermaßen erreicht haben, sehen, was gerade mit dieser besonderen Kunst für das zukünftige Leben der Menschheit gemeint ist. Auch diese Kunst soll sich nämlich in jenes Leben der Menschheit hineinstellen, das nicht engbegrenzten Kreisen angehört, sondern der ganzen breiten Masse der Menschheit dienen soll. Auch diese Kunst soll sich in dieses Zukunftsleben hineinstellen.

Wenn ich daher vergleichen wollte dasjenige, was Sie als Eurythmie sehen werden, mit irgendetwas, was gegenwärtig in der Welt gepflegt wird, so könnte ich es nicht. Gewissermaßen ist das, was sonst als Bewegungskunst ausgeübt wird, immer nur ein Stück, ein Teil von dem, was Sie hier sehen werden und dasjenige, was hier gepflegt wird, ist der Versuch eines Zusammenflusses von verschiedenen Einzelheiten des vollen menschlichen Wesens zu kräftigender, gesundender, wie andrerseits zu künstlerisch sich entfaltender Tätigkeit. Wenn ich auf der einen Seite einen Vergleich ziehen sollte, so möchte ich sagen, es wird durch diese Eurythmie etwas angestrebt in seelischer, in geistiger Weise, sodass der Mensch sich wirklich auch dabei als seelisches und geistiges Wesen fühlt, was nur in ungeistiger, in unseelischer Weise bisher angestrebt worden ist durch das Turnen. Das Turnen bringt den Körper des Menschen nach körperlichen Gesetzen in eine äußere Bewegung, und man darf sich darin keiner Illusion hingeben: Das Turnen ist eine Bewegungskunst ohne eigentlich seelisch-geistiges Element. Hier sehen Sie eine Bewegungskunst, die in den menschlichen Bewegungen der Glieder zugleich Seelisch-Geistiges durchleuchten lässt. Wenn ich nach der anderen Seite einen Vergleich ziehen möchte, so könnte man das, was hier geboten wird, zwar vergleichen mit der Bühnentanzkunst. Aber auch das, was in der Bühnentanzkunst geboten wird, ist nur eine einseitige Ausgestaltung eines wahren Menschlich-Künstlerischen, denn da wird von Äußerlichkeiten ausgegangen und Äußerlichkeiten werden dann in menschliche Tanzbewegungen umgesetzt.

Hier wird nicht von etwas Äußerlichem ausgegangen. Was Sie hier, meine sehr verehrten Anwesenden, von diesen Menschen einzeln dargestellt sehen werden und von den Verhältnissen der Stellungen und Bewegungen von Menschengruppen – Sie machen [es] im Grunde genommen fortwährend selbst den ganzen Tag hindurch. Nur machen Sie es nicht mit Ihren äußerlich sichtbaren Gliedern, mit Armen und Beinen, sondern Sie machen es, indem Sie sprechen, fortwährend mit den äußerlich unsichtbaren Organen Ihres Kehlkopfes, und Sie machen es mit der Luft, die Sie durch Ihren Kehlkopf in Bewegung bringen. Da ist man nur nicht aufmerksam auf die Art, wie die Organe des Kehlkopfes und die benachbarten Organe schwingen, wie Gaumen und Lunge in Bewegung sind, weil man beim Sprechen zuhört, weil man auf die Umsetzung der Bewegungen in den Ton hinhört. Aber wer sich vertiefen kann in dasjenige, was eigentlich Kehlkopf, Lunge, Zunge, Gaumen, Lippen vollführen, was namentlich die Luft vollführt, wenn gesprochen wird, [der sieht,] so kann man sagen: Die kunstvollsten Bewegungen werden von jedem Menschen im Sprechen ausgeführt, besonders aber im künstlerischen Sprechen, in der Deklamation, und diese Bewegungen, diese künstlerischen Bewegungen sind in ihrer Wirkung dem Musikalischen ähnlich. Sodass man sagen kann, so sonderbar es klingt: Was wir als Eurythmie bringen, es ist etwas den geheimnisvoll künstlerischen Schöpfungen Abgelauschtes, welche die Natur des Menschen im Sprechen vollzieht. – Wenn Sie irgendeinen Eurythmisten auftreten sehen, so ist alles, was Sie da auftreten sehen in dem Verhältnis der Stellungen und Bewegungen der Gruppe in menschliche Bewegung umgesetzte Kehlkopfbewegung. Da ist der ganze Mensch und die ganze Gruppe einfach Kehlkopf, alles wird Sprachorgan.

Daher können wir auf der einen Seite hören lassen das Musikalische, auf der anderen Seite das, was im Musikalischen veranlagt ist, statt durch Kehlkopfbewegungen wie im Singen durch die Bewegungen der Menschengruppen. Daher können wir auch Dichterisches, kunstvoll geformte Sprache in der Bewegung einzelner Menschen, in Bewegungen und Stellungen von Menschengruppen darstellen. Dasjenige, was das einzelne Wort, der einzelne Laut enthält, das drückt immer der einzelne Mensch in der Eurythmie aus. Dasjenige, was unsere Sprache, namentlich unsere dichterische Sprache durchsetzt an menschlicher Empfindungswärme, an Gemütsinhalt, das drücken die

Bewegungen und Stellungen der Gruppen aus. Und alles im reinen Rhythmus. Alles können wir ausdrücken durch dasjenige, was Sie hier sehen werden. Also das, was im Menschen am beseeltesten ist, dasjenige, wodurch des Menschen innerste Gemütsbewegungen nach außen sich ausdrücken, das menschliche Sprachorgan, das übertragen wir auf den ganzen Menschen. Dadurch durchseelen und durchgeistigen wir den Menschen, bringen das, was im Körper geformt ist, in den Geist hinein, sodass der Mensch in der Eurythmie sich als Seele, als Geist in Wirklichkeit fühlen kann.

In der neueren Zeit haben die Menschen verlernt, zu der wahren dichterischen Kunst ein Verhältnis zu haben. Rezitieren, deklamieren kann man heute wirklich gar nicht mehr, weil man doch immer Prosa liest. Hier ist der Mensch genötigt zu wissen, dass Dichtung mehr ist als bloße Prosa, dass Dichtung geformte, gestaltete Sprache ist. Daher wird [das Gesprochene], wenn jetzt rezitiert werden wird – wodurch Sie das, was Sie in den Bewegungen sehen, auch hören werden –, durch das kunstvolle Sprechen wiedergegeben werden, nicht durch prosaische Deklamation, wie Sie es überall da sehen können, wo die Kunst verloren ist auf diesem Gebiet. [Es muss] wiederum gefunden werden für die Deklamation eine echte Kunst. Diese Kunst wird gerade gelernt, wenn man genötigt ist, das Deklamieren dem anzupassen, was der Mensch, wenn er ganz Kehlkopf ist, zum Ausdruck bringen muss.

So sehen Sie, wird zusammengefügt zu einer Einheit das seelenlose Turnen mit dem nur äußerlich beseelten Tanz. Dadurch wird etwas geschaffen, was nicht bloß zum Anschauen ist wie der Bühnentanz, auch nicht bloße Körperbewegung ist wie das Turnen, sondern es ist beides, ist als Kunst etwas Neues, was man als Mensch ausführen kann, indem man sich aus dem Geistig-Seelischen heraus gesund und kräftig macht, was das Turnen nicht kann, weil es nicht den ganzen Menschen ergreift.

Aber Sie müssen berücksichtigen: Die Arbeit ist eine große. Sie will dem Leben der Zukunft dienen, der Zukunft, von der ich Ihnen in Ihrer Werkstätte drüben in Ihrer Fabrik kürzlich vom sozialen Standpunkte aus gesprochen habe. Sie will auch dann den befreiten

Menschen, wenn sie verständnisvoll sich einleben können, dienen. Sie wird sich schon vervollkommnen, entweder durch uns oder durch andere, denn sie ist ein richtiger Anfang zu dem in die Zukunft hinein seine Entwicklung suchenden Menschheitsideal.

STUTTGART, 25. MAI 1919

Notizen zur Ansprache, Stuttgart, 25. Mai 1919

Anfang.

1.) Nicht concurriren mit scheinbar Verwandtem.

2.) Beseelte Bewegungskunst

3.) Im Sinn der Goethe'schen Weltanschauung

4.) Die Metamorphose des Sprechens und Singens.

5.) Nicht Geste und nichts Mimisches

6.) Innere Gesetzmäßigkeit wie in der Musik – und gerade deshalb Wiedergabe z. B. des Sprachcharakters.

7.) Stimmung, Reim, Rhytmisches

8.) Recitation.

9.) Hoffnung, dass vervollkommt werden Kann.

Anfang.
1.) Nicht concurrieren mit scheinbar / Verwandtem.
2.) Besee[l]te Bewegungskunst
3.) Im Sinn der Goethe'schen Weltanschauung
4.) Die Metamorphose des Sprechens / und Singens.
5.) Nicht Geste und nichts Mimisches
6.) Innere Gesetzmäßigkeit wie in / der Musik – und gerade deshalb / Wiedergabe z. B. des Sprachcharakters.
7.) Stimmung, Reim, Rhyt[h]mus etc
8) Recitation.
9.) Hoffnung, dass vervollkommnet / werden kann.

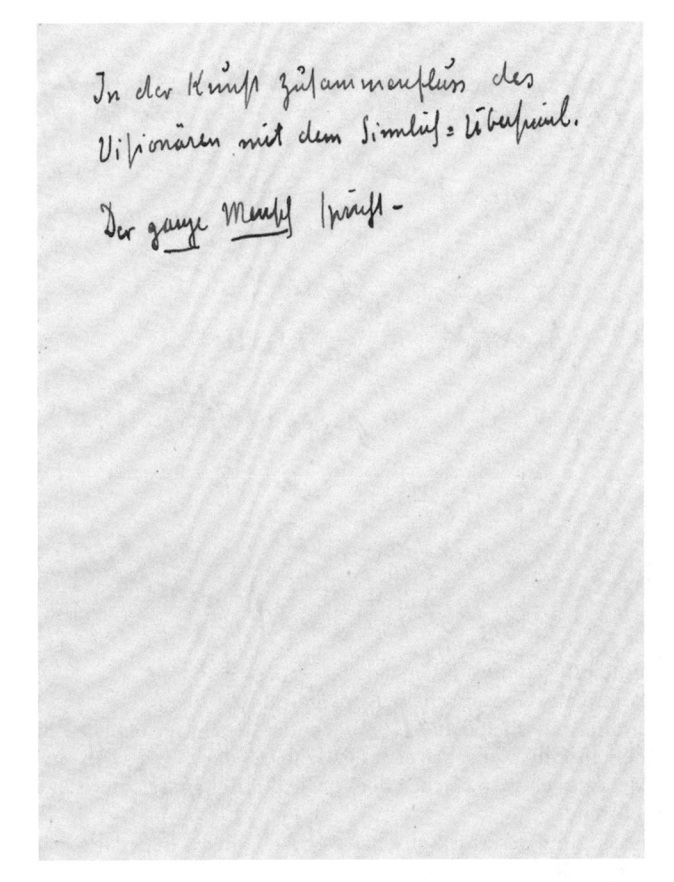

NB 45,
S. 25

In der Kunst Zusammenfluss des / Visionären mit dem Sinnlich-Übersinnl.
Der ganze Mensch spricht –

1.) Es ist die Eurythmie ein Versuch
2.) Sie stammt aus Goethe'scher / Kunstgesinnung
3.) Geheimnis zwischen dem / Hörenden und dem Sprechenden, / Singenden und dem im Musikalischen sich / Offenbarenden.
4.) Die Metamorphose zwischen dem / Musikalischen, Dichterischen und / dem Hörenden.
5.) Rechtfertigung des Musikalischen / und Dichterischen: der ganze Mensch / lebt und schwingt darin weiter. Schiller

6.) Nichts von bloßer Willkür = Geste; nichts / von Mimik – innere Gesetzmäßigkeit / Das Subjective.
7.) Beseelte Bewegungskunst.
8.) Gegen das Spezialistentum.
9.) Eben Versuch.

Programm zur Aufführung, Stuttgart, 25. Mai 1919

Worte an den Geist und die Liebe aus der «Pforte der Einweihung» von R. Steiner mit musikalischer Beigabe von Ludwig van der Pals
Spruch aus dem Seelenkalender von Rudolf Steiner
«Meine Göttin» von J. W. v. Goethe
«Liederseelen» von C. F. Meyer
Planetentanz von Rudolf Steiner mit musikalischer Beigabe von Ludwig van der Pals
«Morgenlied» von C. F. Meyer
Das Märchen von der Phantasie aus dem «Hüter der Schwelle» von R. Steiner
«Gebet» von Friedrich Hebbel
Satirischer Auftakt mit Musik von Leopold van der Pals
Aus den «Galgenliedern» von Christian Morgenstern
«Was treibst du, Wind» von C. F. Meyer
«Mailied» von J. W. v. Goethe
Auftakt «Schau um dich, schau in dich»
«An den Mond» von J. W. v. Goethe
«Sturmnacht» von C. F. Meyer
Auftakt «Schicksalsfrage»
«Das Geisterross» von C. F. Meyer

Ansprache zur Eurythmie, Stuttgart, 25. Mai 1919

Das Stenogramm für diese Ansprache war teilweise schwer zu entziffern und lückenhaft; die Spuren davon trägt der folgende Text

Meine sehr verehrten Anwesenden!
Gestatten Sie, dass ich unserer Aufführung in eurythmischer Kunst einige Worte voranschicke. Es wird dies umso mehr notwendig sein, als es sich bei dieser Vorführung durchaus nicht um irgendetwas in sich heute schon Vollendetes handelt, sondern erst um eine Probe, ich könnte vielleicht auch sagen, um den Versuch einer Probe. Es dürfte *[unleserliches Wort]* naheliegen, dasjenige, was heute geboten ist, mit allerlei Nachbarkünsten zu vergleichen. Wir sind uns durchaus dessen voll bewusst, dass wir mit solchen Nachbarkünsten durchaus

nicht konkurrieren dürfen. Solche Nachbarbewegungskünste haben von ihrem Gesichtspunkte aus heute eine gewisse Vollendung schon erfahren. Nicht irgend[et]was, was damit in Konkurrenz treten soll, wollen wir daneben hinstellen, sondern etwas, was eben ein anderes ist, was auch andere eben Kunstgrundlagen und auch *[unleserliches Wort]* eine andere Kunstgesinnung braucht.

Wenn ich mit wenigen Worten ausdrücken soll, wie eurythmische Kunst bestrebt ist, sich in das Kulturleben der Gegenwart hineinzustellen, so möchte ich sagen: In ihr soll leben und weben Goethe'sche Kunstgesinnung und dasjenige, was wir glauben, als Goethe'sche Kunstüberzeugung zu verstehen. Goethe hat ja gegenüber allem Künstlerischen das schöne Wort ausgesprochen: «Wem die Natur ihr offenbares Geheimnis zu enthüllen anfängt, der [empfindet die lebhafteste Sehnsucht nach ihrer würdigsten Auslegerin, der] Kunst.» Und nur aus seiner großen, umfassenden Weltanschauung heraus konnte er eine solche Kunstüberzeugung [herausbilden].

Man würdigt heute noch nicht genug, was auf einem einzelnen Gebiet des Lebens und der Weltanschauung durch Goethes umfassenden Geist eigentlich für die Menschheit geleistet ist und noch lange nicht in der Kulturentwicklung ausgearbeitet ist. Man braucht nur auf eines zu schauen, meine sehr verehrten Anwesenden, bei Goethe, auf dasjenige, was gesagt ist mit den Worten: Die ganze Pflanze, sie ist nichts anderes als ein komplizierter ausgestaltetes Pflanzenblatt, und das Pflanzenblatt ist nichts anderes als eine prinzipiell vereinfachte Pflanze. Und das, was Goethe so über die Pflanze aus seiner umfassenden und eindringlichen Weltanschauung heraus sagt, es lässt sich anwenden auf alles Lebendige, nicht [allein] aber bloß für die geistige Anschauung *[Lücke im Text]*, sondern auch insbesondere bis zum Menschen herein auf alles künstlerisch Intuitive.

Von dieser Grundlage geht das aus, was eurythmische Kunst sein will. Es soll ein Geheimnis enthüllen, dasjenige große Geheimnis, meine sehr verehrten Anwesenden, das im gewöhnlichen Leben verborgen bleibt – wie überhaupt die künstlerischen Geheimnisse – und das sich abspielt zwischen den menschlich gesprochenen Worten, den gesungenen Lauten, dem musikalisch gespielten Ton und dem

Hören. Der Hörende muss im gewöhnlichen Leben, in der Prosa des Lebens, viel unterdrücken, was in ihm lebt. Es ist ein geheimnisvolles Mitschwingen der Sprachorgane des Hörenden, wenn der gesprochene, der gesungene, der musikalisch angeschlagene Ton an ihn klingt. Es ist aber nicht nur ein Nachklingen und Mitklingen – geheimnisvoll neben dem menschlichen Organismus des Kehlkopfs und seiner Nachbarorgane –, sondern [ein Nachklingen und Mitklingen] des ganzen Menschenwesens. Auf diese Geheimnisse [zwischen dem Hörenden und dem Sprechenden, Singenden und dem im Musikalischen sich Offenbarenden] schauend erkennt er das, was in den Bewegungen des ganzen Menschen, wenn sie erfasst werden können aus der ganzen Wesenheit des Menschen, liegt: ein völlig in den ganzen Menschen und seine Bewegung übergegangener Kehlkopf. Der ganze Mensch kann Kehlkopf werden; indem er es wird, [drückt er aus, was unterdrückt ist] in der Prosa des Lebens.

Dasjenige, was in ihm vibriert und webt, das, was da unterdrückt wird, soll durch Eurythmiekunst zur [Darstellung] kommen. Auf der Bühne soll der ganze Mensch Kehlkopf werden. Dasjenige aber, was durchklingt die künstlerisch gestaltete Sprache, den musikalisch künstlerisch gestalteten Ton als menschliche Seelenstimmung, als Rhythmus, Alliteration, Reim, Assonanz, als Seelenempfindung und Seelenleben, das soll in den Gruppeneurythmie-[Bewegungen], in den Bewegungen im Raum, die ausgeführt werden durch eine Anzahl von Darstellern, zur Offenbarung kommen. Dadurch kann etwas erreicht werden, was ebenso wie die musikalische Kunst eine innere Gesetzmäßigkeit hat.

In dieser eurythmischen Kunst ist nichts Ausdruck einer bloß augenblicklichen, inneren Seelenerregung, nichts bloß Geste, nichts bloß Pantomime; wo Sie so etwas sehen werden, rührt [es] nur davon her, dass [die Dinge] noch nicht zur vollkommenen Ausbildung gekommen sind. Das, was in den einzelnen Bewegungen aufeinanderfolgt, ist durchaus in der Gesetzmäßigkeit dieser aufeinanderfolgenden Bewegungen selbst gelegen – wie in der musikalischen Kunst. *[Unverständliche Passage, siehe Hinweise.]* Wenn zwei eurythmische Darsteller *[unleserliches Wort]* oder [zwei eurythmische] Gruppen eine [identische] Dichtung oder Musik darstellen, so ist der Unterschied kein größerer als der ist [bei zwei Aufführungen] der Musik Beethovens.

Selbstverständlich ist dadurch auch der begleitenden Rezitation und Musik eine wichtige Aufgabe gesetzt. Diese Aufgabe wird man heute noch schwer begreifen, da die [Rezitation heute] gesetzmäßig ganz übergegangen ist in eine bloße [Wiedergabe dessen] was prosaisch in der Dichtung liegt, das sich [...] *[unleserliche Wörter]* ist. Ich darf bei dieser Gelegenheit an eines erinnern, was [...] *[unleserliche Wörter]* ein solcher Dichter wie Schiller. Schiller empfand, bevor [er eine] Dichtung gestaltete, immer eine unbestimmte Melodie in seiner Seele, und die Umgestaltung dieser [Melodie], die Umgestaltung dieser Bewegung, das, [was] über[geht in] dasjenige, was er dann an Reimung und ganzer Gestaltung der Dichtung hineingeheimnisst, das ist dasjenige, was Rezitation wieder herausholen wird, wenn sie zum Beispiel sich anlehnt an das, was unsere Raumbewegungskunst, unsere Eurythmie ist.

Das ist dasjenige, was befruchtend wirken muss, abgeleitet von den menschlichen Worten und Musik aus auf die Bewegung des menschlichen Körpers, aber wiederum zurückwirken muss von der Bewegung des menschlichen [Körpers] in die künstlerisch gesprochenen Worte und Musik. Denn im Grunde ist wiederum, wie das eine Pflanzenblatt nur lebt in der ganzen Pflanze, [der] komplizierten, so ist in demjenigen, was der einzelne Mensch künstlerisch zur Rezitation, zum künstlerischen Sprechen bringt, *[unverständliche Passage, siehe Hinweise].*

Aber all dasjenige, was ich so als das Wesen dieser eurythmischen Kunst in diesen wenigen, intimen Worten auseinandersetzen konnte, das bitte ich Sie so zu betrachten, dass wir wirklich heute mit dieser Kunst ganz im Anfang stehen. Wir kennen die Unvollkommenheiten, alle diejenigen Fehler durch uns selbst, die man uns vorwerfen kann. Wir sind ganz gewiss die strengsten Kritiker desjenigen, was hier geboten werden [kann]. Aber wir hoffen auch, dass dasjenige, was nur ein Anfang sein soll, ein *[unleserliche Wörter],* damit aus dieser Zusammenarbeit des künstlerisch Gewollten und der Öffentlichkeit dasjenige entstehen kann, was, wenn es uns genügt, *[unleser-*

lich] vielleicht [...] *[unleserliche Wörter]* sind, wo entstehen wird eine Vervollkommnung einer menschlichen Bewegungskunst, die nicht Tanzkunst ist, sondern etwas ist, was beseelen soll dasjenige, was der Mensch bei äußerer Bewegung seines Körpers zu offenbaren vermag.

Dann wird diese Kunst auch [...] *[unleserliche Wörter]* [den] sozial[en] Bedingung[en] außerordentlich heilsam werden können. Die Menschen [...] *[unleserliche Wörter]* beseelt werden können, wenn Eurythmie [so] in sie hineinkommt wie sie [schon] lag in den Urbewegungen des Urmenschen, wenn diese [...] *[unleserlich; Lücke?]* wiederum begonnen werden *[unleserliches Wort]* unserer entwickelten Kultur, dann wird Beseelung von vielem eintreten, was heute unbeseelt im Leben lebt, und das wird sozial wirken. In diesem Sinne bitte ich, dasjenige, was wir nun bieten können, nicht als vollständig anzusehen, sondern als eine Probe, ja, ich sage es offen, zunächst als den Versuch einer Probe, von dem wir aber hoffen, dass er zu immer größerer Vollkommenheit gedeihen könnte.

STUTTGART, 22. JUNI 1919

Von der durch das Programm bezeugten Ansprache Rudolf Steiners liegen keine Aufzeichnungen vor.

Programm zur Aufführung Stuttgart, 22. Juni 1919

PROGRAMM

Sonntag, den 22. Juni 1919, um ¹/₂ 8 Uhr abends.

Einleitende Worte von Rudolf Steiner über eurythmische Kunst.

In eurythmischer Einzel- oder Gruppenkunst kommen zur Darstellung

Worte an den Geist und die Liebe . . . aus Rudolf Steiners „Pforte der Einweihung" mit musikalischer Beigabe von L. van der Pals . . . . dargestellt durch eine Gruppe

Wochenspruch aus dem Seelenkalender . . . von R. Steiner . . E. Dollfus

Das Ewige . . . von Hans Reinhard . . . . eine Gruppe

Die blaue Blume . . . von Manfred Kyber . . . . Natalie Papoff

Das Märchen vom Lieben und Hassen und vom klugen Verstand . . . von Rudolf Steiner . . . . eine Gruppe

Auftakt „Schau in dich, schau um dich" . . . von W. Abendroth .

Irrlichter . . . von Th. Wertsch . . . . Natalie Papoff

Vorfrühling . . . von Friedrich Hebbel . . . . eine Gruppe

Waldlied . . . von N. Lenau, mit musikalischer Beigabe von Walter Abendroth . . . . eine Gruppe

Jahreszeiten . . . von Hans Reinhard .

Einer Toten . . . von Rudolf Steiner, mit musikalischer Beigabe von W. Abendroth . . . . eine Gruppe

* * *

Zum neuen Jahr . . . von Goethe, mit musikalischem Auftakt von L. van der Pals . . . . eine Gruppe

Gebet . . . . | von Christian Morgenstern,
Das aesthische Wiesel . . . . . | mit musikalischem Auftakt   eine Gruppe
                                   von L. van der Pals

Abendreihn . . . von Wilhelm Müller, mit musikalischem Auftakt von Jan Stuten . . . . Erna Wolfram und Martha Kraul

Auftakt „Frage und Antwort" . . . von Max Schuurmann . . . eine Gruppe

Nächtliche Fahrt . . . von C. F. Meyer . . . . eine Gruppe

Auftakt „Evoe" . . . von Walter Abendroth . . . . eine Gruppe

Der Musensaal . . . von C. F. Meyer . . . . Lory Maier-Smits

STUTTGART, 19. JULI 1919

Von der Ansprache Rudolf Steiners selbst liegen keine Aufzeichnungen vor, jedoch das Programm und Notizen zur Ansprache.

Programm zur Aufführung Stuttgart, 19. Juli 1919

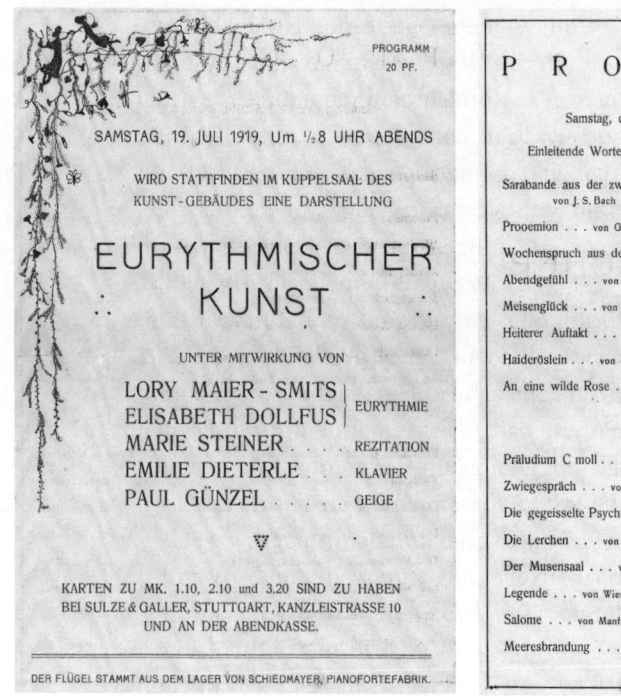

PROGRAMM
20 PF.

SAMSTAG, 19. JULI 1919, Um ½8 UHR ABENDS

WIRD STATTFINDEN IM KUPPELSAAL DES KUNST-GEBÄUDES EINE DARSTELLUNG

EURYTHMISCHER KUNST

UNTER MITWIRKUNG VON

LORY MAIER-SMITS	
ELISABETH DOLLFUS	EURYTHMIE
MARIE STEINER	REZITATION
EMILIE DIETERLE	KLAVIER
PAUL GÜNZEL	GEIGE

KARTEN ZU MK. 1.10, 2.10 und 3.20 SIND ZU HABEN BEI SULZE & GALLER, STUTTGART, KANZLEISTRASSE 10 UND AN DER ABENDKASSE.

DER FLÜGEL STAMMT AUS DEM LAGER VON SCHIEDMAYER, PIANOFORTEFABRIK.

PROGRAMM

Samstag, den 19. Juli 1919, um ½8 Uhr abends

Einleitende Worte von Rudolf Steiner über eurythmische Kunst.

Sarabande aus der zweiten englischen Suite
    von J. S. Bach . . . . P. Günzel u. E. Dieterle
Prooemion . . . von Goethe . . . . . . E. Dollfus u. L. Maier-Smits
Wochenspruch aus dem Seelenkalender . . . von R. Steiner . . E. Dollfus
Abendgefühl . . . von Fr. Hebbel . . . . . L. Maier-Smits u. E. Dollfus
Meisenglück . . . von Fr. Hebbel . . . . L. Maier-Smits
Heiterer Auftakt . . . von L. van der Pals
Haideröslein . . . von Goethe . . . . . . E. Dollfus u. L. Maier-Smits
An eine wilde Rose . . . von Max Dowell . . . . Emilie Dieterle

* * *

Präludium C moll . . . von Chopin . . . . P. Günzel u. E. Dieterle
Zwiegespräch . . . von C. F. Meyer . . . . . L. Maier-Smits u. E. Dollfus
Die gegeisselte Psyche . . . von C. F. Meyer . . . . L. Maier-Smits
Die Lerchen . . . von R. Hamerling . . . . E. Dollfus
Der Musensaal . . . von C. F. Meyer . . . . Lory Maier-Smits
Legende . . . von Wiemawsky . . . . P. Günzel u. E. Dieterle
Salome . . . von Manfred Kyber . . . . E. Dollfus
Meeresbrandung . . . von Chr. Morgenstern . . . . L. Maier-Smits

Notizen zur Ansprache, Stuttgart, 19. Juli 1919

Eurhythmie Kunst, die sich zum Ausdruck / bringt durch den bewegten menschlichen / Körper
Aus der Goethe'schen Kunstgesinnung.
Wie das Blatt eine ganze Pflanze / wie die Pflanze ein compliciertes Blatt: / So Bewegungen des Menschen die / dem Sprechen zum Grund liegenden /
Und die Bewegungen des Kehlkopfs und / seiner Nachbarorgane Bewegungsbilder / des ganzen Menschen.
Gruppenbewegungen.

Keine Pantomime, keine Augenblicksgesten =
Innere Gesetzmäßigkeit wie bei der Musik.
Recitation kann die Eurythmie nur / begleiten, wenn sie wieder wird, was sie / einst gewesen: die Kunst der bewegten / Sprache – nicht der Inhalt, sondern die / künstlerische Form. Schiller vor dem Dichten / ein musikalisches Motiv. –
Musik:
Beseelte Bewegung des menschl.[ichen] Organismus. / Soll paed.[agogisch] die seelenlose Turnkunst ins Beseelte / heben. –
Benedetto Croce: 1902: Aesthetik als Wissenschaft / des Ausdrucks und allg.[emeiner] / Linguistik.

STUTTGART, 24. JULI UND
MANNHEIM, 27. JULI 1919

Von den Ansprachen in Stuttgart und Mannheim liegen keine Aufzeichnungen vor, nur Notizen zu den Ansprachen sowie ein Zeitungsbericht aus der Neuen Badischen Landeszeitung *vom 28. Juli 1919.*

Notizen zu den Ansprachen,
Stuttgart, 24. Juli und Mannheim, 27. Juli 1919

NZ 3681

In der E.[urythmie] bedient sich die Kunst / einer sichtbaren Sprache. Entstanden / aus der Beobachtung des Zustande- / kommens des hörbaren Goetheanismus. / Vom Gedanken weg zum Willen / und damit zum ganzen Menschen. / Impressionismus: der Objectivismus / scheitert an dem Nicht- verbundensein / mit dem Menschen. Expressionismus / scheitert an dem zu stark Verbundensein, / sodaß der Beschauer nicht zum / Verständnis kommen kann.

126

Bewegungskunst / Aber nicht Mimik oder pantom[mi]isch – / Die beim
Zuhören unterdrück[t]en Bewegungen / Individuelle Verschiedenheit /
Bezüglich Recitation:

Jede bildende Kunst strebt nach dem / Musikalischen
Jede hörbare Kunst strebt nach der / Gestaltung –
Die Pantomimik ist ein egoistisches / Sich-Vordrängen des Menschen –:
darin / leben alle Willkür-Impulse.
Das Sprechen ist ein Sich-Verlieren / des persönlichen Menschen –

Programm zur Aufführung
Stuttgart, 24. Juli und Mannheim, 27. Juli 1919

DARSTELLUNGSFOLGE

Einleitende Worte
von Rudolf Steiner über eurhythmische Kunst.

In eurhythmischer Einzel- oder Gruppenkunst kommen zur Darstellung:

Worte an den Geist und die Liebe, aus Rudolf Steiners „Pforte der Einweihung" mit musikalischer Beigabe von L. van der Pals, dargestellt durch eine Gruppe.
Wochenspruch aus dem Seelenkalender, von R. Steiner, dargestellt von Elisabeth Dollfus.
Das Ewige, von H. Reinhard, dargest. durch eine Gruppe.
Die blaue Blume, von M. Kyber, dargest. durch N. Papoff.
Das Märchen vom Lieben und Hassen und vom klugen Verstand, von Rudolf Steiner, dargest. durch eine Gruppe.
Auftakt „Schau in dich, schau um dich", von W. Abendroth, dargestellt durch eine Gruppe.
Irrlichter, von Th. Wertsch, dargestellt durch Natalie Papoff.
Vorfrühling, von Fr. Hebbel, dargest. durch eine Gruppe.
Waldlied, von N. Lenau, mit musikalischer Beigabe von Walter Abendroth, dargestellt durch eine Gruppe.
Jahreszeiten, von H. Reinhard, dargest. durch eine Gruppe.
Einer Toten, von Rudolf Steiner, mit musikalischer Beigabe von W. Abendroth, dargestellt durch eine Gruppe.

Zum neuen Jahr, von Goethe, mit musikalischem Auftakt von L. van der Pals, dargestellt durch eine Gruppe.
Gebet, von Christian Morgenstern, mit musikalischem Auftakt von L. van der Pals, dargestellt durch eine Gruppe.
Das ästhetische Wiesel, von Chr. Morgenstern, mit musikalischem Auftakt von L. v. d. Pals, darg. durch eine Gruppe.
Abendreihn, von Wilh. Müller, mit musikalischem Auftakt von Jan Stuten, darg. von Erna Wolfram und Martha Kraul.
Auftakt „Frage und Antwort", von Max Schuurman, dargestellt durch eine Gruppe.
Nächtliche Fahrt, von C. F. Meyer, darg. durch eine Gruppe.
Auftakt „Evoe", v. W. Abendroth, darg. durch eine Gruppe.
Thespesius, von C. F. Meyer, dargestellt durch Lory Maier-Smits.

Zeitungsbericht zur Eurythmie-Aufführung
Mannheim, 27. Juli 1919

[...] Diesem Vortrag am Samstag folgte gestern, Sonntagvormittag, im *Musensaal* eine Darstellung *Eurythmischer Kunst*, die von der Hochschule für Geisteswissenschaft «Goetheanum» in Dornach ausgeht und deren Grundlagen ebenfalls Dr. Steiner in einer kurzen Ansprache dartat. Es handelt sich darum, für den Körper den Ausdruck der seelischen Bewegtheit zu finden, der nicht Symbol dieser Bewegtheit, sondern wirklich ihre unmittelbare Übertragung auf den Körper ist, etwa wie im Gedicht nicht nur der Inhalt, sondern schon die Wortfolge selbst, und weiter im Wort nicht nur der Sinn, sondern schon der reine Klang seine seelische Bedeutung hat. Frau Dr. Steiner wusste als begleitende Rezitatorin die Verse diesem Wollen entsprechend vollendet zu gestalten. Dass es sich bei dem, was man im Musensaal sah, nur erst um Anfänge handelt, betonte Dr. Steiner selbst. Nur kann man seine Ansicht, dass es sich um eine selbstständige Kunstform handelt, nicht teilen. Ein vielfältiges Programm mit Dichtungen *Steiners, Hebbels, Goethes*, mit Grotesken von *Morgenstern* und so weiter, sowie mit musikalischen Unterlagen von *Walter Abendroth, L. van der Pals, M. Schuurman und J. Stuten* wurde dargestellt. Manches berührte tief, besonders wenn Natalie *Papoff* im Vordergrund stand, bezwungen war man niemals. An Technik fehlt es in vieler Beziehung, und es ist einleuchtend, dass sich dann auch das Höhere, Geistige nur wie hinter einem Vorhang zeigen kann. *Die blaue Blume, Irrlichter* und *Das ästhetische Wiesel* gehörten zum Besten. Das Publikum zeigte sich nicht gerade begeistert, aber sehr freundlich.

DORNACH, 11. AUGUST 1919

Es hielten sich für einige Wochen Ferienkinder aus München in Dornach auf, die Eurythmie-Unterricht von Tatiana Kisseleff erhielten und am 11. August 1919 einige Stabübungen aufführten.

Programm zur Aufführung Dornach, 11. August 1919

Eine Gruppe der deutschen Ferienkinder:
Ballen und Spreizen mit musikalischer Beigabe von Max Schuurman
Stabübungen: oben -unten -rechts-links und Spirale mit musikalischer Beigabe von Leopold van der Pals und Qui-Qui mit musikalischer Beigabe von Max Schuurman
Alliterationen und Vokale
Wir, Wir...
Der Wolkendurchleuchter
«Der Hirt» von Fercher von Steinwand

Eurythmiegruppe:
TIAOAIT mit musikalischem Auftakt von Max Schuurman
«Die Hoffnung» von Friedrich Schiller
Spruch aus dem Seelenkalender von Rudolf Steiner
«Meeresstille» und «Glückliche Fahrt» J. W. v. Goethe
Auftakt «Schau um dich, schau in dich» mit Musik von Leopold van der Pals
«Im Baum, du liebes Vögelein dort» von Christian Morgenstern
«Der Spaziergang» von Martin Opitz mit Musik von Max Schuurman, mit Gesang
«Selige Leichtigkeit» von Christian Morgenstern
«Die Geburt der Perle» von Fercher von Steinwand dazu Wellenauftakt mit Musik von Leopold van der Pals
EVOE (Eurythmie ohne Worte) mit Musik von Max Schuurman
«Ein Traumerlebnis» mit Musik von Louise van Blommestein (mit Gesang und zwei Geigen)
«Die Beichte des Wurms» von Christian Morgenstern mit Musik von Max Schuurman für Gesang, Ton- und Lauteurythmie
Auftakt mit Musik von Jan Stuten

Satirischer Auftakt mit Musik von Leopold van der Pals
Humoresken von Christian Morgenstern: «Der Lattenzaun»;
«Der Gingganz»; «Mondendinge»; «Das ästhetische Wiesel»

Ansprache zur Eurythmie, Dornach, 11. August 1919

Von der folgenden Ansprache liegen zwei Nachschriften – eine von Helene Finckh, eine von unbekannter Hand – vor, die aufgrund ihrer Verschiedenheit – besonders im ersten Teil – hier beide dokumentiert werden.

Erste Version der Ansprache vom 11. August 1919

So, liebe Kinder, Ihr habt dürfen hierherkommen aus Eurer Heimat, habt dürfen sehen die schönen Berge, die schönen Felder, die Wiesen, und Ihr habt kennenlernen dürfen die freundlichen Leute, die Euch aufgenommen haben, habt Euch herzlich freuen können an dieser freundlichen Aufnahme, die Ihr empfangen habt hier in der schönen, lieben Schweiz. Und nun wollten wir gestern und heute Euch auch noch dasjenige zeigen, was wir hier zu zeigen haben. Ihr habt hier oben mancherlei zu sehen bekommen. Wenn Ihr später einmal nachdenken werdet und Euch erinnern werdet, was Ihr gesehen habt, und wenn Ihr einmal verstehen werdet das Wort Eurythmie, dann wird hoffentlich dies eine schöne Erinnerung, ein schöner Gedanke sein.

Ihr wisset, dass der Mensch die schöne Gabe, die schöne Gottesgabe der Sprache hat. Man spricht aber gewöhnlich mit dem Munde. Das, was Ihr hier an Eurythmie gesehen habt, ist auch eine Sprache, ein Sprechen, nur spricht der ganze Mensch. Und Ihr werdet alle einmal wissen, was das im Menschen ist, was Ihr Seele nennt. Ihr wisst jetzt noch nicht, könnt es noch nicht wissen, was im Menschen ist, was in Euch ist und was Ihr einmal Seele nennen werdet. Aber was Ihr hier gesehen habt, was man an Bewegungen gemacht hat mit den Armen, was man an Bewegungen gemacht hat im Kreis und sonst, das ist alles gesprochen, gesprochen, dass man es nicht hört, sondern dass man es *sieht*. Und was spricht, ist nicht der Mund, es ist der ganze Mensch, es ist die Seele im Menschen. Und wenn Ihr einmal später fragen werdet: Was wohnt in meiner Brust? – da wohnt die Seele –, dann erinnert Euch, dass Ihr gestern und heute gelernt habt, wie die Seele durch den Menschen, durch seine Glieder spricht.

Und jetzt möchte ich über Eure Köpfe weg zu den Erwachsenen ein paar Worte über dasjenige sagen, was Ihr seht, was Ihr später besser verstehen werdet.

Wie dasjenige, was wir einen eurythmischen Versuch nennen, wie diese unsere Eurythmie eine Ausführung, man möchte sagen der Goethe'schen Weltanschauung und der Goethe'schen Kunstanschauung ist, wie wir sie uns zu denken haben eben im ersten Drittel des 20. Jahrhunderts, nicht zu Goethes Zeiten selber. Goethe hat als ein Mensch, der tiefer als irgendeiner seiner Zeitgenossen und namentlich tiefer als irgendeiner derjenigen Generation, die auf ihn folgte, in das lebendige Wesen der Natur hineingeschaut. Die Tiefe der Goethe'schen Weltanschauung, sie ist ja heute noch immer nicht gewürdigt.

Was man aus der Goethe'schen Weltanschauung auf einem eng begrenzten Gebiete gewinnen kann, das soll durch unsere Eurythmie dargestellt werden. Goethe sieht in der ganzen Pflanze nur ein komplizierter gestaltetes Blatt. Jedes Blatt ist für Goethe etwas, worin er mit dem übersinnlichen Auge die ganze Pflanze wiederum sieht. Und diese Anschauung, die lange noch nicht ausgebaut ist, diese Anschauung, die kann dieser Weltanschauung gemäß, sie kann künstlerisch weiter und immer weiter vervollkommnet werden. Hier wird sie auf einem bestimmten, konkreten Gebiete angewandt.

Derjenige, der intuitiv schauen kann, was eigentlich im ganzen Menschen vorgeht, wenn gesprochen wird, namentlich wenn künstlerisch-dichterisch gesprochen wird, der weiß, dass im Grunde genommen diese vom Kehlkopf und den Nachbarorganen ausgeführten Bewegungen, Tätigkeiten, nun sich zu dem ganzen Menschen so verhalten, wie Goethe glaubte, dass sich das Blatt zu der ganzen Pflanze verhält. Das Blatt ist eine Metamorphose der ganzen Pflanze. – Für uns hier ist das, was durch den Kehlkopf und seine Nachbarorgane in der menschlichen Sprache zum Ausdruck kommt, eine Metamorphose desjenigen, was der ganze Mensch zurückhält, was er eigentlich ausführen will, indem er zuhört. Und derjenige, der übersinnlich schauen kann, der weiß, dass nicht nur eine Theorie es ist, wenn man sich vorstellt, dass wir durch unsere Sprachorgane die Luft in Bewegung bringen; sodass Sprache in sich trägt ein unsichtbares Sich-Bewegen.

Das ist, was wir in der Eurythmie versuchen: den ganzen Menschen in seiner Bewegung zu einem großen Kehlkopf zu machen, anschaulich zu machen alles dasjenige, was sonst unsichtbar bleibt in der Sprache, weil wir sonst unsere Aufmerksamkeit selbstverständlich auf das Hören richten. Das Sichtbarmachen der Sprache durch den ganzen Menschen anschaulich zu machen, das ist es, was wir in der Eurythmie anstreben. Es ist darinnen nichts Willkürliches. Es ist noch nicht alles erreicht. Die eurythmische Kunst ist erst im Anfange, ist erst der Versuch eines Anfanges. Alles Pantomimische, alles Willkürliche ist ausgeschlossen. Wie die Musik selbst gesetzmäßig ist, wie ein Ton aus dem anderen folgt musikalisch, so ist – wie die Musik in Dur und Moll gesetzmäßig aufgebaut ist –, so ist innerlich gesetzmäßig aufgebaut, was in der Eurythmie auch zutage tritt. Wenn zwei Menschen oder zwei Menschengruppen ein und dieselbe Sache eurythmisch an zwei verschiedenen Orten zur Darstellung bringen, so darf nicht mehr individueller Unterschied in der Wiedergabe sein, als wenn zwei verschiedene Klavierspieler ein und dieselbe Beethoven'sche Sonate mit persönlicher Auffassung spielen. Es ist immer gesetzmäßig aufgebaut.

Das ist dasjenige, was eben angestrebt wird und wodurch wir versuchen wollen auf der einen Seite, etwas Künstlerisches zu erreichen versuchen, auf der anderen Seite aber auch etwas Pädagogisch-Hygienisches zu erreichen. Künstlerisch soll, ich möchte sagen dieses große Goethe'sche Kunstprinzip zum Ausdruck kommen, das er zum Beispiel ausspricht, wenn er sagt: Der Mensch ist auf den Gipfel der Natur gestellt und fühlt sich wieder als eine ganze Natur. Er nimmt Ordnung, Maß, Harmonie und Bedeutung zusammen und erhebt sich endlich zur Produktion des Kunstwerkes. Hier wird der ganze Mensch zum Kunstwerk durch diejenigen Bewegungsmöglichkeiten, die im ganzen Menschen so wie im Kehlkopf liegen, wo sie unsichtbar bleiben. Die sollen zur Anschauung kommen.

Dasjenige, was die Sprache durchglüht an innerer seelischer Empfindung, aus der inneren Seelenwärme heraus, was die Sprache durchkraftet aus dem Enthusiasmus unserer Persönlichkeit heraus, was aber der Dichter hervorbringt im Reim, im Rhythmus, das kommt in den Gruppenbewegungen und Bewegungen der Menschen im äußeren Raume zum Vorschein. Darinnen ist nichts Willkürlicheres an innerer Gesetzmäßigkeit, als es eben künstlerisch darzustellen notwendig ist, wenn zwei verschiedene Darsteller ein und dieselbe Sache vorführen.

Natürlich, damit ist dem Künstlerischen nicht vorgegriffen, dass ich Ihnen diese paar einleitenden Worte sage. Die Kunst beruht ja darauf, dass sie unmittelbar genossen werden kann. Aber auf die übersinnlichen Quellen alles künstlerischen Schaffens im Sinne Goethes soll hingewiesen werden. Es scheint mir nötig zu sein, gerade auf diesem Gebiet eine neue Kunstform zu schaffen, die wir hinzuerschaffen wollen zu allem Übrigen, was wir zu unserem Bau hinzuerschaffen möchten.

Die Eurythmie wird begleitet werden auf der einen Seite von Rezitation, auf der anderen Seite durch Musikalisches. Dasselbe, was man rezitatorisch hört, dasselbe, was man musikalisch hört, dasselbe soll eurythmisch durch die Formen des Eurythmischen dargestellt werden. Ich möchte dabei nur erwähnen, dass die Rezitationskunst wieder zurückkehren muss zu den alten, guten Formen. Diejenigen Menschen, die heute da sind, die haben eigentlich im Grunde genommen [k]eine richtige Rezitationskunst kennengelernt; das hat im Grunde genommen aufgehört in den siebziger Jahren des 19. Jahrhunderts.

Ich erinnere daran, dass Goethe noch so durchdrungen war von dieser Rezitationskunst, dass er seine «Iphigenie» mit seinen Schauspielern einstudierte mit dem Taktstock in der Hand wie ein Kapellmeister. Es ist durchaus gerechtfertigt, denn nicht darauf kommt es an, dass die prosaische Rezitation – wie das heute geschieht aus einem gewissen materialistischen Hang heraus – den wortwörtlichen Inhalt besonders betont, sondern darauf, dass man gerade das Künstlerische, das Rhythmische, dasjenige, was nicht der Prosainhalt [ist], sondern die künstlerische Formgestaltung in der Rezitation zum Ausdruck bringt. Dann sieht man gerade in dem Parallelgehen von Rezitation und Eurythmie, wie der ganze Mensch eigentlich aufgebaut ist, sich innerlich so zu bewegen, wenn der Dichter etwas künstlerisch schafft, wenn überhaupt etwas Künstlerisches geschaffen wird.

Ich erinnere nur daran, dass Schiller, bevor er den Inhalt eines Gedichtes in seinem Geiste sich vergegenwärtigte, nicht den wortwörtlichen Begriff in der Vorstellung hatte, sondern er hatte ein unbestimmtes Melodiöses, Musikalisches in der Seele. Schiller schuf durchaus aus der musikalisch-bewegten Seele heraus. Also das Rhythmische, das Innerlich-Bewegte, das sich dann erst auf den Prosainhalt überträgt, ist in den bedeutendsten Gedichten Schillers vorher zugrunde gelegen. Das Pointieren des Prosainhaltes einer Dichtung wollen wir wiederum gewissermaßen zurücktreten lassen und das eigentlich Dichterische in der Rezitation, die der Eurythmie parallel gehen soll, zum Ausdrucke bringen.

Sie werden natürlich Nachsicht haben müssen: Wir stehen mit unserer Eurythmie erst im Anfang. Und es ist vor allen Dingen zu bemerken, dass das Pantomimische, das Mimische, die Augenblicksgeste, dass das alles später, wenn die Eurythmie mehr vervollkommnet sein wird, dass das alles später herauskommen wird. Wir sind selbst unsere strengsten Kritiker und wissen, dass wir durchaus noch auf einer unvollkommenen Stufe mit der Kunst der Eurythmie heute stehen. Aber wir glauben, dass wenn der ganze Mensch aufgerufen wird im Sinne Goethes, sodass man fühlt, dass höhere Naturgesetze durchscheinen durch dasjenige, was sich äußerlich den Sinnen darbietet, dann wird auf der Grundlage dieser Goethe'schen Weltanschauung eine solche neue, echte Kunst, die etwas Edleres ist als die Tanzkunst, die man sonst hat, auch zum Vorschein kommen können.

Und dasjenige, was im Turnen im Grunde nur physiologisch ist, was nur den Körper, den äußeren Leib ausbildet, soll in der Eurythmie durchseelt werden, sodass zum Vorschein kommt, dass die Seele überall mitvibriert, mitspricht, sodass wir auch ein pädagogisch gedachtes Element in diese unsere eurythmische Kunst hineintragen wollen. Ich glaube, Ihrer Nachsicht vor allen Dingen also empfehlen zu dürfen dasjenige, was wir jetzt in einer noch unvollkommenen Weise darbieten können. Aber wir hoffen, wenn die Zeitgenossen einiges Interesse entgegenbringen diesem Versuche, dann werden wir doch – vielleicht nicht mehr durch uns, aber durch andere, die nachfolgen werden – gerade diese eurythmische Kunst zu einer solchen Vollkommenheit bringen können, dass sie sich wie eine neue Kunst vollberechtigt neben die anderen vollberechtigten älteren Künste wird hinstellen können.

Diese paar Worte, sehr verehrte Anwesende, wollte ich unserer eurythmischen Darbietung voranschicken.

Zweite Version der Ansprache vom 11. August 1919:

Es ist schön, dass ihr lieben Kinder noch einmal zu uns heraufgekommen [seid], ehe ihr wieder fort müsst aus der lieben Schweiz, in der Ihr so viel Liebes empfangen habt. Nicht wahr? Ihr habt es gut gehabt? Und dann durftet Ihr auch manches lernen und [diejenigen,] die an der Eurythmie teilgenommen haben, denen wird es im späteren Leben wohl auch eine schöne Erinnerung sein. Es soll durch die Eurythmie etwas zum Ausdruck kommen, wie wenn Ihr was sagen wollt. Durch das Sprechen geschieht das nur mit dem Kehlkopf und seinen Nachbarorganen; da werden die Luftschichten in Bewegung gesetzt und es bilden sich wie Wellen in der Luft. Das sieht man nur gewöhnlich nicht, weil man nicht darauf seine Aufmerksamkeit richtet, sondern hinhört auf das, was gesprochen wird. Nun ebenso, wie der Kehlkopf will die Eurythmie etwas ausdrücken, aber durch den ganzen Körper. Die Eurythmie ist ein Wort, das man nicht hört, sondern sieht. Das, was die Seele in sich trägt, gibt sie kund durch die eurythmische Darstellung.

So etwas versteht Ihr heute noch nicht, was das heißt: die Seele. Aber wenn im späteren Leben in Eurer Brust sich etwas zu regen beginnen wird, dann werdet Ihr auch erfahren, dass Ihr eine Seele habt. Und dann wird das, was in der Erinnerung geschlummert hat, vielleicht auch zu Euch sprechen von dem, was Ihr hier oben habt sehen und zum Teil lernen dürfen.

Und nun möchte ich über die Köpfe der Kinder (sie saßen vorne) hinweg noch etwas sprechen zu den Erwachsenen, die gekommen sind, um sich unsere eurythmischen Vorführungen anzuschauen.

Es ist diese eurythmische Kunst aufgebaut auf die Goethe'sche Weltanschauung. So wie Goethe im grünen Blatt die ganze Pflanze einbegriffen sah, so nehmen wir an, dass der das Wort erzeugende Kehlkopf mit seinen Nebenorganen eine Metamorphose des ganzen menschlichen Organismus ist. Goethe nannte das Blatt eine Metamorphose der Pflanze, weil in dem Blatt das ganze Wesen der Pflanze verborgen ist. Aus dem Blatt entwickelt sich Schritt für Schritt die ganze Pflanze; es metamorphosiert sich zum Kelch-, zum Blumen-, zum Fruchtblatt. Daher kann man das Blatt als einen Repräsentanten der ganzen Pflanze ansehen. Und so ist es mit dem menschlichen Kehlkopf. Was da im Wort von der Seele Kunde gibt, das lebt im ganzen Organismus des Menschen, und davon kann dieser ganze Organismus Zeugnis geben.

Ein Versuch hierfür soll die Eurythmie sein. Da ist nichts willkürliche Bewegung, sondern alles in dem Sinne gemeint, der sonst durch das Wort spricht. Und wenn verschiedene Personen dasselbe ausführen, und es scheint eine Verschiedenheit in der Darstellung bemerkbar, so ist das kein anderer Unterschied, als wenn zwei verschiedene Personen dieselbe Beethoven-Sonate spielen. Das, was die Eurythmie sagen will, das ist für alle das Gleiche und durchaus angepasst dem, was zum Ausdruck gebracht werden soll. Da haben jede Bewegung und jedes Zeitmaß seine Bedeutung. Es ist das musikalisch-rhythmische Element, das auch im gesprochenen Wort der Dichtung zur Geltung kommt. Schiller hat das ganz besonders empfunden, für ihn war das Musikalisch-Rhythmische der Form immer das Erste in der Konzeption seiner Dichtungen. Ehe er den Inhalt und Stoff, ehe er auch nur einen Gedanken formulierte, beschäftigte ihn das rhythmische Thema, das Musikalisch-Harmonische, wie es in seiner Seele sich regte.

Heutzutage hat unsere Dichtung dieses Bedeutungsvolle ganz in Nicht-Beachtung herabsinken lassen. Man liest Poesie wie Prosa nur nach dem Gedankeninhalt, und wenige nur wissen noch davon, wie man Poesie zu lesen hat. Zuletzt hat man noch in den siebziger Jahren des vorigen Jahrhunderts sich damit wohl beschäftigt – und die zu jener Zeit gelebt haben, die haben noch etwas davon hören können, was Rhythmus in der Poesie zu bedeuten hat.

Früher war das etwas Wesentliches, und man erzählt, dass Goethe auf der Weimarschen Bühne seine «Iphigenie» mit dem Taktstock eingeübt habe. Im Goethe'schen Sinne sollen auch unsere eurythmischen Vorführungen gehalten sein. Und ich denke, Sie werden trotz vieler Unvollkommenheiten – namentlich in den Pantomimen – doch etwas Besseres darin finden als in dem, was die gewöhnliche Tanzkunst zu bieten hat. Die ersten Darstellungen der Kinder sind von solchen, die nur einen Anfangskurs von zwölf Stunden mitgemacht haben, ohne jegliche weitere Vorübung. Es muss darum um Nachsicht gebeten werden. Auch für das Sonstige wird ihre Nachsicht von Neuem in Anspruch genommen werden müssen, denn wie gesagt, es ist eine Kunst, die erst in den Anfangsgründen, im Entstehen begriffen ist, und also weit davon entfernt, etwas Vollkommenes darbieten zu können.

DORNACH, 16. UND 17. AUGUST 1919

Programm zur Aufführung Dornach, 16. und 17. August 1919

PROGRAMM

Samstag, den 16. August 1919, um 7 Uhr abends und
Sonntag, den 17. August 1919, um 5 Uhr nachmittags.

Einleitende Worte von Rudolf Steiner über eurythmische Kunst.

In eurythmischer Einzel- od. Gruppenkunst kommen zur Darstellung:

Die Hoffnung . . . von Schiller, mit musikalischer Beigabe von Max Schuurman . . . .
. . . . dargestellt durch eine Gruppe
Wochenspruch aus dem Seelenkalender . . . von R. Steiner . . . Tatiana Kisseleff
Meeresstille und glückliche Fahrt . . . von Goethe, mit musikalischer Beigabe von
Leopold van der Pals . . . . eine Gruppe
Selige Leichtigkeit . . . von Christian Morgenstern . . . . Tatiana Kisseleff
Aus: „Wir fanden einen Pfad" . . . v. Christian Morgenstern . . Annemarie Donath
Der Spaziergang . . . von Martin Opitz, für Gesang, Ton- und Lauteurythmie,
komponiert von Max Schuurman . . . . eine Gruppe
Nachklänge Beethovenscher Musik . . . von Cl. Brentano . . . Annemarie Donath
Die Geburt der Perle . . . von Ferdcher von Steinwand, mit musikalischer Beigabe
von Leopold van der Pals . . . . eine Gruppe
Auftakt „Evoe" . . . von Max Schuurman . . . . eine Gruppe
Vollendung . . . v. Hebbel, mit musikalischer Beigabe v. L. van der Pals Tatiana Kisseleff

PAUSE

Der römische Brunnen . . . von C. F. Meyer . . . . eine Gruppe
Himmelstrauer . . . von N. Lenau . . . . eine Gruppe
Die drei Zigeuner . . . von N. Lenau . . . . Tatiana Kisseleff
Aus den „Davidsbündlertänzen" . . . von Robert Schumann . . L. v. Blommesteyn
Aus der „Chymischen Hochzeit" . . . von Valentin Andrea, für Gesang, Laut- u. Ton-
eurythmie, komponiert von Max Schuurman . . . . eine Gruppe
An den Mistral . . . von Fr. Nietzsche . . . . Annemarie Groh
Satyrischer Auftakt . . . von Leopold van der Pals . . . . eine Gruppe
Ziegeunerlied . . . von Goethe . . . . eine Gruppe
Mondendinge }
Der Gingganz } . . . aus den Galgenliedern von Chr. Morgenstern . eine Gruppe
Der Lattenzaun }
Die Beichte des Wurms . . . von Chr. Morgenstern, für Gesang, Ton- und Laut-
eurythmie, komponiert von Max Schuurman . . . . eine Gruppe

Am Klavier: Luise van Blommesteyn und Max Schuurman.

Veränderungen vorbehalten.

Ansprache zur Eurythmie, Dornach, 16. August 1919

Meine sehr verehrten Anwesenden!
Die eurythmische Kunst, von der wir Ihnen heute eine Probe vorführen dürfen, ist eine Kunstform, welche sich neuer Ausdrucksmittel zu bedienen strebt, der Ausdrucksmittel, welche veranlagt sind in den menschlichen Leibesgliedern selbst. Die Ausbildung dieser eurythmischen Kunst ruht ganz auf der Goethe'schen Weltanschauung, auf der ja im Grunde alles dasjenige ruht, was Sie hier in diesem Bau verwirklicht sehen. Und zwar ist der Versuch gemacht, dasjenige, was in Goethes großer Weltanschauung heute noch immer nicht voll gewürdigt ist, was noch auf seine volle Würdigung wartet, das auf einem bestimmten begrenzten Gebiete künstlerisch auszugestalten. Ich möchte nicht gerade theoretische Auseinandersetzungen weitläufiger Art der eurythmischen Darstellung voranschicken – allein: Bei Goethe ist dasjenige, was er als Beobachtungsergebnisse seiner Weltauffassung gegeben hat, immer nicht einseitig wissenschaftlich. Es ist immer durchtränkt von künstlerischer Gesinnung. Und diese Goethe'sche künstlerische Gesinnung, von ihr möchten wir, dass sie auch durchdringe diese Raumbewegungskunst, die wir als Eurythmie bezeichnen.

Goethe geht in der Auffassung der lebendigen Welt weit über dasjenige hinaus, was heute schon die Wissenschaft anerkennt. Und es steht zu hoffen, dass gerade dasjenige, was Goethe selber als seine Metamorphosen-Anschauung bezeichnet, für die Zukunft der Menschheit eine große Bedeutung gewinnen wird.

Wenn ich das Einfachste dieser Goethe'schen Weltanschauung Ihnen vorführen soll, so ist es das, dass für Goethe jedes einzelne Pflanzenblatt eine ganze Pflanze ist – nur eben der Anlage nach – und die ganze Pflanze ist wiederum ein kompliziertes Blatt. Alle einzelnen Organe der Pflanze sind nur umgestaltete Blätter, sind also im Grunde genommen ein und dasselbe. Die äußere Form wiederholt das Wesentliche in mannigfaltigster Art. Dasjenige, was Goethe in seiner großartigen Abhandlung über die Pflanze 1790 niedergeschrieben hat, das lässt sich anwenden auf das Begreifen alles Lebendigen in der Natur. Es lässt sich insbesondere anwenden in Bezug auf das Begreifen des Menschen.

Man kann aber weitergehen. Man kann auch den Menschen so im Sinne dieser Goethe'schen Weltanschauung betrachten, dass man die Äußerung eines einzelnen Organes wiederum so auffasst, wie die Bewegung des ganzen Menschen beziehungsweise umgekehrt. Dasjenige, was der ganze Mensch an Bewegungen ausführen kann, an Bewegungen machen kann, es erscheint als die Wiederholung, als die kompliziertere Wiederholung desjenigen, das ein Organ des menschlichen Leibes ausführt.

Für uns kommt, meine sehr verehrten Anwesenden, hier in Betracht dasjenige, was, wenn der Mensch spricht, sein Kehlkopf und dessen Nachbarorgane ausführen. Im gewöhnlichen Leben und in derjenigen Offenbarung der Menschennatur, die als dichterische oder als rezitatorische Kunst zum Ausdrucke kommt, da ist die Aufmerksamkeit der Menschen auf dasjenige gelenkt, was hörbar wird durch die Tätigkeit des Kehlkopfes und seiner Nachbarorgane. Hat man aber die Möglichkeit, dasjenige, was im menschlichen Kehlkopf und seinen Nachbarorganen wirkt, übersinnlich zu schauen, hat man die Möglichkeit, die Bewegungstendenzen und Bewegungsantriebe, die tätig sind, während wir sprechen, zu durchschauen, dann kann man daraus gewissermaßen eine sichtbare Sprache formen, die der ganze Mensch ausführt.

Sie brauchen sich ja nur vorzustellen, meine sehr verehrten Anwesenden, dass, während wir sprechen, durch den Kehlkopf und seine Nachbarorgane fortwährend die Luft in wellige Bewegungen kommt. Und die Offenbarung dieser welligen Bewegungen ist ja das gehörte Wort. Diese welligen Bewegungen in ihrem Wesen geschaut, lassen sich übertragen auf den ganzen Menschen. Und so werden Sie gewissermaßen in den Darstellungen der Personen auf der Bühne sehen den ganzen Menschen als einen großen Kehlkopf, der in seinen einzelnen Gliedern dasjenige ausführt, sichtbarlich, was unsichtbar ausgeführt wird, wenn Sie dem Sprechen zuhören.

Das sind die neuen Ausdrucksmittel für diese eurythmische Bewegungskunst. Es beruht ja nach Goethes künstlerischer Gesinnung alle Kunst auf einer geheimnisvollen Offenbarung der Natur, auf der Offenbarung von Naturgesetzen, die man ohne die Kunst gar niemals erkennen würde. Für Goethe rückt dasjenige, was man künstlerisch gestalten kann, in die Sphäre der Erkenntnis. Er sagt: Die Kunst beruht auf einem geheimnisvollen Erkennen, insoferne es uns gestattet ist, das Wesen der Dinge als sichtbarlich und greiflich zu durchdringen.

Und insbesondere ist es interessant zu durchdringen dasjenige, was im ganzen Menschen als Bewegungsmöglichkeit vorhanden ist. So werden Sie in der Eurythmie eine sichtbare Sprache sehen. Und dasjenige, was sonst in unserer Sprache zum Ausdruck kommt, namentlich dasjenige, was in der künstlerisch-dichterisch gestalteten Sprache zum Ausdrucke kommt, auch das lässt sich ausdrücken durch unsere eurythmische Kunst.

Der einzelne Mensch, wenn Sie ihn im Stehen sehen, was er da an Bewegungen ausführen kann, das ist ein umgestalteter großer Kehlkopf. Wenn aber der einzelne Mensch oder Menschengruppen im Raume hier auf der Bühne ihre Bewegungen ausführen, so offenbaren diese Bewegungen alles dasjenige, was unsere Sprache durchwärmt vom seelischen Gemüte aus, was als Enthusiasmus durch unsere Sprache dringen kann, was auch als Schmerz und Leid durch unsere Sprache dringen kann. Alle diese Nuancen des Seelischen, die durch die Sprache gehen, man kann sie durch diese Raumbewegungskunst zum Ausdrucke bringen.

Dabei ist in dieser Kunst nichts willkürlich. So wie die Musik selber beruht – die durchaus ähnlich ist der eurythmischen Kunst beziehungsweise die eurythmische Kunst ist ähnlich der Musik –, so wie die musikalische Kunst regelmäßig, gesetzmäßig ihre Töne folgen lässt im melodiösen Elemente, wie sie die Töne zusammenstellt im harmonischen Elemente, so ist auch alles innerlich gesetzmäßig in der eurythmischen Kunst. Sie dürfen nicht denken, dass das eine bloße Gebärdenkunst ist, eine bloß mimische Kunst ist. Nicht ein eigentümliches Zusammenstimmen desjenigen, was im Menschen lebt, mit der äußeren Bewegung wird hier angestrebt, sondern der Zusammenhang zwischen dem, was in der Seele sich aussprechen will, und der Bewegung, die gemacht wird, ist ein ganz innerlich gesetzmäßiger. Und die Aufeinanderfolge der Bewegungen ist so innerlich gesetzmäßig wie in der Musik.

Daher kann eurythmische Kunst begleitet werden vom Musikalischen. Die musikalische Kunst geht ihr auf der einen Seite parallel. Auf der anderen Seite geht ihr die Rezitationskunst parallel. So werden Sie ein und dasselbe Motiv der menschlichen Seele musikalisch hören, eurythmisch dargestellt sehen und in Rezitation hören.

Man kann nicht so rezitieren zur eurythmischen Kunst, wie man heute liebt zu rezitieren. Gerade die eurythmische Kunst zwingt, auch die Rezitationskunst wiederum zurückzuführen zu ihrem eigentlichen künstlerischen Elemente. Heute rezitiert man eigentlich prosaisch. Man legt den höchsten Wert darauf, den Inhalt der Dichtung in der Rezitation zum Ausdruck zu bringen. Aber das ist dem wirklich künstlerisch erfassenden Menschen nicht die Hauptsache. Das Rhythmische, das ebenfalls hier in den Bewegungen der Menschen und Menschengruppen im Raume zum Ausdrucke kommt, das Rhythmische, die ganze innere Gestaltung des tragenden Elementes, das ist dasjenige, was dem Dichter die Hauptsache ist.

Ich brauche nur daran zu erinnern, dass solch ein Dichter wie Schiller niemals zuerst den Inhalt, oder wenigstens oftmals nicht zuerst den Inhalt eines Gedichtes in der Seele hatte; sondern bevor er wusste, über was er dichtete, was der Inhalt des Gedichtes werden sollte, ging eine unbestimmte melodiöse Tongestaltung durch seine Seele und nach dieser Tongestaltung formte er das Gedicht. Daher wird dasjenige, was als rezitatorische Kunst heute unsere Eurythmie begleiten muss, noch vielfach missverstanden werden, weil wir zurückgehen müssen auf ältere Formen des Rezitierens.

Auch daran möchte ich noch erinnern, dass Goethe zu seiner Zeit noch durchaus dieses gestaltende, eigentlich Künstlerische der Sprachform zum Ausdruck bringen wollte. Wenn er seine «Iphigenie» einstudierte, hatte er den Taktstock in der Hand, damit nicht prosaisch gesprochen wurde, sondern damit die Jamben, damit der Rhythmus der Sprache wirklich zum Ausdrucke kam – etwas, was man heute als unnatürlich empfinden würde, weil in unserer materialistischen Zeit das eigentlich künstlerische Empfinden zurückgegangen ist und man auch in der Rezitation, in der Vortragskunst das Besondere des Inhalts in den Vordergrund stellen will.

Wenn Sie in unseren eurythmischen Darstellungen doch noch Pantomimisches bemerken werden, so bitte ich Sie, das zu betrachten so, dass wir mit unserer Kunst eben durchaus im Anfange erst stehen. Daher hat sie noch manches Unvollkommene. Aber alles Pantomimische, alle Zufallsgesten sind eigentlich noch Unvollkommenheiten. Wenn zwei Darstellende, zwei ganz verschiedene Darsteller zu verschiedenen Zeiten und an verschiedenen Orten dasselbe eurythmisch darstellen würden, so würden sie es, weil die Eurythmie eine innerliche Gesetzmäßigkeit hat, in gleicher Art so darstellen, dass die individuellen Verschiedenheiten nur so große sind, wie wenn zwei Klavierspieler nach ihren individuellen Eigentümlichkeiten ein und dieselbe Beethoven-Sonate spielen. – Also diese innere Gesetzmäßigkeit, die ist dasjenige, was angestrebt wird selbstverständlich. Alles dasjenige, was mit den eben Ihnen charakterisierten Mitteln für die eurythmische Kunst angestrebt wird, es muss so ausfließen in die Raumbewegung, dass der unmittelbare Anblick ästhetisch, künstlerisch wirkt.

Aber darauf beruht ja auch Goethes Gesinnung: In aller Kunst lassen wir mit Ausschaltung des Verstandes unmittelbar die innere Gesetzmäßigkeit und Harmonie der Natur wahrnehmen. Goethe drückt das einmal sehr schön aus, indem er sagt: Indem der Mensch auf den Gipfel der Natur gestellt ist, sieht er sich wiederum als eine ganze Natur an, nimmt Ordnung, Maß, Bedeutung, Harmonie zusammen, um sich endlich zur Produktion des Kunstwerkes zu erheben.

Besonders reizvoll ist es, dasjenige, was im Menschen selbst veranlagt ist, zum Kunstwerke zu erheben. Diese innerliche Veranlagung des Menschen, als Kunstwerk gedacht, den sich bewegenden Menschen naturgemäß, gesetzmäßig als Kunstwerk gedacht: Das ist Eurythmie, dieselbe Eurythmie, welche durchvibriert unsichtbar in unserer Lautfolge, indem wir sprechen, namentlich, indem wir Dichterisch-Künstlerisches nachsprechen.

Dennoch darf ich Sie bitten, dasjenige, was wir Ihnen heute vorführen werden, mit Nachsicht zu beurteilen. Wir sind selbst die strengsten Kritiker desjenigen, was wir jetzt schon mit dieser eurythmischen Kunst können. Denn wir wissen, dass noch alles im Werden, alles noch unvollkommen ist. Aber dasjenige, was in unserer Absicht liegt, wir hoffen, dass wir es noch selber, oder wenn wir nicht selber, so andere es zur Vollendung bringen werden. Und dass dann, wenn dasjenige, was heute nur beabsichtigt ist, in voller Weise als eurythmische Kunst zum Ausdrucke kommt – dann wird sich diese eurythmische Kunst neben anderen, neben die anderen Künste als vollbedeutende Kunst hinstellen können. Nicht konkurrieren aber möchten wir mit nachbarlichen Künsten wie zum Beispiel den heute so beliebten Tanzkünsten. Eurythmie soll etwas ganz anderes sein. Sie soll dasjenige zum Ausdruck bringen, was der Mensch in sich selber als Bewegungsanlage hat: Beseelte Bewegung.

Und so glauben wir auch, dass die Eurythmie einmal im Unterricht, in der Erziehung eine große Rolle spielen wird, indem das bloß körperliche Bewegen im Turnen dann durchseelt werden wird, indem an die Stelle der bloß körperlichen Turnkunst die durchseelte Eurythmie tritt. Das wird die Eurythmie wahrscheinlich einmal hineinstellen können in die menschliche Gesamtgeisteskultur auf der einen Seite als Künstlerisches, auf der anderen Seite als dasjenige, was als die Gesamtpädagogik des Menschen eine große Rolle spielt.

Wir wissen in der Tat, dass das alles heute noch ein Anfang ist, und deshalb bitte ich Sie, mit Nachsicht unsere Aufführung zu betrachten. Für das Programm vor der Pause habe ich noch anzugeben, dass nach dem «Spaziergang» eingefügt werden wird das Nietzsche-Gedicht «Mein Glück». Sodass also das Programm vor der Pause um zwei Nummern vergrößert ist.

Ansprache zur Eurythmie, Dornach, 17. August 1919

Sehr verehrte Anwesende!
Die eurythmische Kunst, von der wir Ihnen eine Probe vorzuführen uns erlauben, soll auf Goethe'scher Kunstgesinnung beruhen,

wie alles dasjenige, was in diesem Bau hier angestrebt wird und mit ihm zusammenhängt, im Wesentlichen sein will eine Fortsetzung alles desjenigen, was in der Anlage liegt innerhalb der Goethe'schen Weltanschauung. Künstlerisch auf einem bestimmten Gebiete, einem engbegrenzten Gebiete das Große und Umfassende der Goethe'schen Weltanschauung anzuwenden, das liegt dem Versuch einer Eurythmie zugrunde. Und ich muss, um deutlich zu machen, wie die durch die menschlichen Gliedmaßen und durch die Bewegung von Menschen oder Menschengruppen im Raume bewirkten künstlerischen Ausdrucksformen, [um] begreiflich zu machen, wie diese künstlerischen Ausdrucksformen in der Eurythmie verwendet werden, in ein paar Strichen dasjenige zeichnen, was der Goethe'schen Weltanschauung zugrunde liegt, was heute eigentlich noch immer nicht in genügendem Maße gewürdigt wird.

Das, was die Goethe'sche Weltanschauung vermöchte, es entspringt ja nicht einseitig aus einer bloß theoretischen Betrachtung der Welt. Alles, was bei Goethe zur Idee über Natur und Welt der Menschen führte, das ist zu gleicher Zeit durchwärmt von wirklicher Kunstempfindung. Kunst ist bei Goethe wissenschaftlich durchleuchtet, Wissenschaft ist bei Goethe künstlerisch in Gedanken geformt. Daher lässt sich von seiner Weltanschauung zur künstlerischen Gestaltung überall die Brücke schlagen.

Nun kann man in einfacher Weise zum Ausdrucke bringen, wie er das Werden des Lebendigen in der Natur anschaut. Goethe sah in dem einzelnen Pflanzenblatte, wenn es noch so einfach gestaltet war, in der Anlage eine ganze Pflanze. Und wiederum in der ganzen Pflanze sah er nur ein kompliziert aufgebautes Pflanzenblatt. Sodass sich Goethe vorstellte: Das Gesamtlebewesen Pflanze besteht aus vielen, vielen einzelnen Pflänzchen. – Das ist eine Anschauung, die auf alles Lebendige, insbesondere auf den Gipfel des Lebendigen in der Natur, auf den Menschen, angewendet werden kann. Man kann dabei – wie Goethe als Morphologe – zunächst nur an die Metamorphose der Formen denken, man kann denken, dass die Gesamtform eines Organismus kompliziertere Gestaltung ist der Form eines einzelnen Organes. So hat zunächst Goethe den Gedanken selber ausgebildet.

Man kann aber auch daran denken, dass dasjenige, was ein Organ ausführt am lebendigen Organismus, dass das in der Anlage im Kleinen dasjenige ist, was der ganze Organismus ausführt und wiederum umgekehrt. Man kann denken, dass die Betätigung des Gesamtorganismus eine kompliziertere Offenbarung desjenigen ist, was das einzelne Organ ausführt. Dieser Gedanke, dessen Fruchtbarkeit wie gesagt erst in der Zukunft voll eingesehen werden wird, auch von der Wissenschaft, dieser Gedanke liegt unserer eurythmischen Kunst zugrunde.

Wenn wir dem sprechenden Menschen zuhören, dann ist natürlich zunächst unsere Aufmerksamkeit auf die Lautfolge, auf dasjenige gerichtet, was sich im Tönen in der Sprache zum Ausdrucke bringt. Aber für den, der im Sinnlichen das Übersinnliche schaut, für den, der intuitives Schauen hat und durch dieses intuitive Schauen die Geheimnisse der Natur durchdringen kann, für den ist im Kehlkopf und in den Nachbarorganen eine unsichtbare Bewegung bei jedem einzelnen Laute vorhanden. Und die Lautfolge stellt sich in unsichtbaren Bewegungen dar.

Wir können uns auch veranschaulichen, wie zwar nicht im Sichtbaren – aber doch von der Wissenschaft Gewussten – die Bewegungsanlage des Kehlkopfes und seiner Nachbarorgane zum Ausdrucke kommt. Sie wissen ja, dasjenige, was man spricht, was heraustönt aus dem Sprachorganismus, das setzt sich in der Luft um in Bewegungswellen. Diese Bewegungswellen, wir sehen sie nicht; wir hören dasjenige, was gesprochen wurde. Der übersinnlich Schauende sieht dasjenige, was in den Wellen der Luft liegt, während wir sprechen. Er schaut es in den geheimnisvollen Bewegungsanlagen des Kehlkopfes und seiner Nachbarorgane. Der Kehlkopf ist ein einzelnes Organ des menschlichen Organismus.

Wie die ganze Pflanze ein komplizierteres Blatt ist im Goethe'schen Sinne, so kann der ganze Mensch mit seinen Gliedern zur Bewegung aufgerufen werden, die nur komplizierter dasjenige darstellen, was beim Sprechen als einzelnes Organ der Kehlkopf darstellt. Dann wird dasjenige Wesen des ganzen Menschen zum Ausdrucke kommen, was man eine sichtbare Sprache nennen kann. Und eine sichtbare

Sprache ist diese Eurythmie, die wir anstreben. Was Sie von dem einzelnen Menschen auf der Bühne durch die Bewegungen der Glieder des menschlichen Organismus werden dargestellt sehen, das stellt gewissermaßen den sichtbar gewordenen, bewegten Kehlkopf und seine Nachbarorgane dar: Der ganze Mensch wird durch die Eurythmie zum Kehlkopf. Also nach außen wird geoffenbart dasjenige, was sonst übersinnlich in den Bewegungsanlagen des Kehlkopfes vorhanden ist.

Man könnte auch die Sache noch anders ausdrücken: Sie werden wissen, sehr verehrte Anwesende, wenn Sie nur ein wenig Selbsterkenntnis üben, dass eigentlich, wenn wir einem Menschen zuhören, in uns immer eine innere übersinnliche Nachahmungskunst steckt. Wir halten uns zurück, und wahr ist es einfach, dass wir zuhören, indem wir gewisse, mit den Schwingungen des Sprechens mitschwingende übersinnliche Bewegungen in unserem Organismus zurückhalten. Diese Bewegungen, die wir beim gewöhnlichen Zuhören, wenn wir stillstehen oder -sitzen und zuhören, zurückhalten, die werden durch die Eurythmie vor das Auge hingestellt. Der in Bewegung geratene Zuhörer, der gleichsam überall das Spiegelbild desjenigen zeigt in seinem Zuhören, was gesprochen wird, das ist der Eurythmist.

Nur kommt zu dem, was ich genannt habe «der ganze Mensch wird Kehlkopf» hinzu, dass ja dasjenige, was von dem Menschen gesprochen wird, durchwärmt ist von der Empfindung der Seele, dass es durchtönt wird von Lust, Freude, Enthusiasmus, von Schmerz, von Leid; dass Stimmungen durchvibrieren. All das kann auch durch die Eurythmie zum Ausdrucke kommen. Wir bringen es zum Ausdruck, [nicht,] indem wir nun den stehenden Menschen in Bewegung kommen lassen oder den an einem Platze befindlichen Menschen eurythmisieren lassen, sondern indem wir den einzelnen Menschen im Raume sich bewegen lassen oder Menschengruppen im Raume gewisse Formen bilden lassen oder gewisse Bewegungen im Verhältnis zueinander ausführen lassen. Wenn also der Mensch selber im Raume sich bewegt, so drückt das dasjenige aus, was seelisch als Stimmung, als Enthusiasmus, als Leid und Lust durch die Sprache vibriert. Auch dasjenige, was in der künstlerisch gestalteten Sprache zum Ausdruck kommt beim Dichter in Rhythmus und Reim – all das wird durch die Bewegungen ausgedrückt.

Dabei bitte ich Sie zu berücksichtigen, dass die eurythmische Kunst nicht Mimik, nicht Pantomimisches, nicht Gebärdenkunst ist, dass sie nichts zu tun hat mit der gewöhnlichen Tanzkunst. Bei all diesen Kunstformen kommt dasjenige, was in der Seele lebt, durch eine unmittelbare Geste oder dergleichen, durch eine unmittelbare Bewegung zum Ausdruck. Die Eurythmie ist etwas wie die Musik selbst. Nichts Willkürliches liegt in der Bewegung, die ausgeführt wird, sondern etwas so Gesetzmäßiges liegt in der einzelnen Bewegung und Bewegungsfolge, dass man sagen kann: Wie in der Musik die Harmonien stehen, wie die Melodie, die Aufeinanderfolge der Töne sich offenbaren, so ist eine innere Gesetzmäßigkeit in dem, was durch die Eurythmie dargestellt wird.

Daher kann es auch durchaus so sein, dass Sie jeden Eurythmisten etwa nur seine individuellen Möglichkeiten zum Ausdrucke bringen sehen – nichts Willkürliches. Das Gegenteil ist der Fall. Geradeso, wie wenn eine Beethovensonate von zwei Menschen auf dem Klavier vorgetragen wird, individuell Verschiedenes auftritt, aber die vorgetragene Sache dieselbe ist, so ist es, wenn zwei Menschen oder zwei Menschengruppen dasselbe eurythmisch zur Darstellung bringen. Es ist eine individuelle Auffassung darinnen, aber grundsätzlich geht es über jede Willkür hinaus – wie beim Musikalischen selbst.

Dasjenige also, was der Mensch sonst beim Sprechen, im Singen, im Musikalischen, überhaupt der künstlerisch gestalteten Sprache offenbart, das wird zur sichtbarlichen Sprache in der Eurythmie. Daher werden Sie auf der einen Seite parallel gehen sehen Musikalisches, das in anderer Weise bewegt zum Ausdrucke bringt dasjenige, was in der menschlichen Seele lebt. Sie werden parallel gehen sehen der eurythmischen Darstellung die Rezitation, die wiedergeben soll die künstlerische, die dichterische Sprache, was dann im Rezitatorischen in der eurythmischen Kunst als Begleitung zur Darstellung kommt. Dabei zeigt sich, dass, indem man die Eurythmie begleitet durch Rezitation, diese Rezitation selbst wiederum zurückgehen muss auf bessere Zeiten der rezitatorischen Kunst, als die heutigen sind.

Heute liebt man es, ich möchte sagen prosaisch zu rezitieren, den Prosainhalt zu betonen, den Hauptwert darauf zu legen, dass der *Inhalt* dichterisch dargestellt zum Ausdruck kommt. Wenn wir weiter zurückgehen in der Entwicklung der Rezitationskunst, so sehen wir, wie dasjenige, was Inhalt ist, gewissermaßen nur als Gel[egenh]eit ergriffen wird, um Rhythmen, um innere Bewegung, um das eigentlich Künstlerische eben darzustellen. Nicht nur, dass in gewissen Urzeiten der Kunst die Rezitatoren, die aufgetreten sind, ich möchte sagen in primitiver Eurythmie begleitet haben dasjenige, was sie rezitiert haben, und gerade auf den Aufbau der Verse, auf dasjenige, was sonst künstlerische Gestaltung ist, den höchsten Wert gelegt haben. Beim wirklichen Dichten finden wir auch, dass aus einer inneren Musik, das heißt, aus Rhythmus und Gestaltung des Tones die Dichtung hervorgeht. Wir wissen ja, dass Schiller bei vielen seiner Dichtungen nicht zunächst den Inhalt des Gedichtes in die Seele herein fasste, sondern dass ihm der Inhalt des Gedichtes noch ganz ferne liegen konnte, dass ihm aber ein melodiöses Element in der Seele lebte, und dieses noch wortlose, noch gedankenfreie melodiöse Element, das setzte er dann erst um und fügte sozusagen den Wortinhalt der Dichtung hinzu. Heute wird aus der Prosa, aus dem Novellistischen heraus rezitiert. Das würde neben der Eurythmie nicht gehen.

Daher wird so leicht verkannt dasjenige, was als Rezitationskunst auftreten musste in der Eurythmie. Diese Rezitationskunst muss wiederum das eigentlich Künstlerische in der gestalteten Sprache betonen, nicht das, was heute so leicht das bloß inhaltlich Prosaische liebt.

Insofern Sie noch Mimisches oder Pantomimisches sehen werden, bitte ich Sie, betrachten Sie es als etwas, was noch unvollkommen ist. Denn ich darf wohl, nachdem ich diese Worte vorausgeschickt habe über die Absichten der eurythmischen Kunst, ich darf wohl besonders betonen, dass wir genau wissen, dass die eurythmische Kunst erst im Anfange steht, dass sie vielleicht überhaupt erst das Wollen einer Absicht ist. Aber in dieser Absicht liegt etwas, was eine Kunst werden kann, was sich neben die anderen Künste vollberechtigt hinstellen kann.

Nicht nur, dass das Künstlerische auf der einen Seite von Menschen ergriffen werden kann im echt Goethe'schen Sinne durch diese eurythmische Kunst, [sondern man kann sich auf der anderen Seite auch dem Glauben hingeben, dass sie als Pädagogisch-Didaktisches wirken kann in der Zukunft: als beseeltes Turnen neben dem rein auf Physiologie, auf die Körperlichkeit gebauten Turnen. Und wir werden in der Pädagogik als beseeltes Turnen, das zu gleicher Zeit Kunst ist – es kann auch als Eurythmie aufgefasst werden –, allmählich in unsere Erziehung und Pädagogik der Waldorfschule eine Bewegungskunst des menschlichen Organismus, die beseelt ist, einfügen – gegenüber dem seelenlosen, bloß auf die Körperkultur gerichteten Turnen.] Nach diesen zwei Seiten hin möchte Eurythmie befruchten.

Im Wesentlichen natürlich kommt es darauf an, dass der Mensch ja auf der Stufenleiter des Organischen, des Lebendigen, das höchste Wesen ist, was wir zunächst auf Erden kennen, und dass daher in ihm zum Ausdrucke kommen kann wirklich ein höchster Extrakt des Naturgesetzlichen. Daher kann, wenn wir den Menschen selbst zum Werkzeug künstlerischer Darstellung bilden, im höchsten Maße das erfüllt werden, was Goethe erhofft von menschlicher künstlerischer Wirksamkeit, indem er sagt: Indem der Mensch auf den Gipfel der Natur gestellt ist, bringt er in sich selbst wiederum einen Gipfel hervor, nimmt Maß, Harmonie, Ordnung und Bedeutung zusammen, und erhebt sich endlich zur Produktion des Kunstwerkes. – Darin sieht Goethe etwas wie die Lösung des Welträtsels, wenn die Menschheit im Spiegel der Kunst dasjenige, was die Welt an Geheimnissen enthält, wiederum zurückbekommen kann. Und wenn der Mensch selbst sich als das Instrument dieses Zurückwerfens betrachtet, dann erfüllt er offenbar etwas, was man wie eine Zusammenfassung der verschiedensten sonstigen künstlerischen Motive auffassen kann.

Aber ich bitte Sie nochmals, betrachten Sie das, was wir eben darbieten können, mit Nachsicht, denn es ist ein Anfang, und wir sind selbst die strengsten Kritiker, kennen genau dasjenige, was noch unvollkommen ist, aber wir sind des Glaubens, dass dieses Unvollkommene, wenn es von uns selbst noch oder von anderen weiter ausgearbeitet werden wird, [dass] es eine vollberechtigte Kunstform neben anderen Kunstformen bilden wird.

AUS DEM VORTRAG
STUTTGART, 25. AUGUST 1919

In der Grammatik lernen wir zum Beispiel, dass es Hauptwörter gibt. Hauptwörter sind Bezeichnungen für Gegenstände, für Gegenstände, die in gewissem Sinne im Raume abgeschlossen sind. Dass wir an solche Gegenstände im Leben herantreten, ist nicht ohne Bedeutung für unser Leben. Wir werden uns an alledem, was durch Hauptwörter ausgedrückt wird, unserer Selbstständigkeit als Menschen bewusst. Wir sondern uns von der Außenwelt dadurch ab, dass wir lernen, durch Hauptwörter die Dinge zu bezeichnen. Wenn wir etwas Tisch oder Stuhl nennen, so sondern wir uns von dem Tisch oder dem Stuhl ab: Wir sind hier, der Tisch oder Stuhl ist dort. Ganz anders ist es, wenn wir durch Eigenschaftswörter die Dinge bezeichnen. Wenn ich sage: Der Stuhl ist blau –, so drücke ich etwas aus, was mich mit dem Stuhl vereint. Die Eigenschaft, die ich wahrnehme, vereinigt mich mit dem Stuhl. Indem ich einen Gegenstand durch ein Hauptwort bezeichne, sondere ich mich von ihm ab; indem ich die Eigenschaft ausspreche, rücke ich wieder mit ihm zusammen, sodass die Entwicklung unseres Bewusstseins im Verhältnis zu den Dingen in Anreden spielt, die man sich durchaus zum Bewusstsein bringen muss. Spreche ich das Tätigkeitswort aus: Der Mann schreibt –, dann vereinige ich mich nicht nur mit dem Wesen, von dem ich das Tätigkeitswort ausspreche, sondern ich tue mit, was der andere tut mit seinem physischen Leibe. Das tue ich mit, mein Ich tut es mit. Was mit dem physischen Leibe ausgeführt wird, das tut mein Ich mit, indem ich ein Zeitwort, ein Tätigkeitswort ausdrücke. Ich verbinde mein Ich mit dem physischen Leib des andern, wenn ich ein Tätigkeitswort ausdrücke. Unser Zuhören, namentlich bei den Tätigkeitsworten, ist in Wirklichkeit immer ein Mittun. Das Geistigste zunächst im Menschen tut mit, es unterdrückt nur die Tätigkeit. In der Eurythmie wird nur diese Tätigkeit in die Außenwelt hineingestellt. Die Eurythmie gibt neben allem Übrigen eben das Zuhören. Wenn einer etwas erzählt, so hört der andere zu, indem er das, was in Lauten physisch lebt, in seinem Ich mittut, doch er unterdrückt es. Das Ich macht immer Eurythmie mit, und das, was wieder die Eurythmie an dem physischen Leibe ausführt, ist nur das Sichtbarwerden des Zuhörens. Sie eurythmisieren also immer, indem Sie zuhören, und indem Sie wirklich eurythmisieren, machen Sie nur dasjenige sichtbar, was Sie unsichtbar sein lassen beim Zuhören. Die Offenbarung der Tätigkeit des zuhörenden Menschen ist nämlich Eurythmie. Sie ist gar nichts Willkürliches, sondern sie ist in Wirklichkeit das Offenbarwerden der Tätigkeit des zuhörenden Menschen. Die Menschen sind ja heute innerlich furchtbar verschlampt, sodass sie zunächst beim Zuhören innerlich eine furchtbar schlechte Eurythmie machen. Indem Sie es normativ machen, erheben Sie es zu einer wirklichen Eurythmie. Die Menschen werden durch Eurythmie lernen, richtig zuzuhören, denn heute können sie nämlich nicht richtig zuhören.

[...] Die Menschen können nicht zuhören und werden immer weniger zuhören können in unserem Zeitalter, wenn nicht dieses Zuhören durch Eurythmie wiedererweckt wird.

AUS DER SEMINARBESPRECHUNG
STUTTGART, 29. AUGUST 1919

Karl Stockmeyer spricht über die für das Rechnen unbegabten Kinder [...]

Rudolf Steiner: Wenn Sie besonders schwache Begabungen zum Rechnen entdecken, so tun Sie gut, Folgendes zu machen: Die anderen Kinder werden in der Regel in der Woche zwei Turnstunden, das heißt eine Eurythmiestunde und eine Turnstunde haben. Diese Kinder spannen Sie zusammen, die nicht gut rechnen, und lassen Sie ihnen eine Eurythmie- oder Turnstunde oder eine halbe Stunde anknüpfen. Sie brauchen sich dadurch nicht mehr zu belasten; nehmen Sie sie mit anderen zusammen, wo gerade solche Übungen gemacht werden. Man muss sorgen, dass solche Kinder gerade durch das Turnen und die Eurythmie in ihren Fähigkeiten gehoben werden. Sie lassen solche Kinder zunächst Stabübungen machen. Den Stab in der Hand: nach vorne 1, 2, 3; nach hinten 1, 2, 3, 4. Also immer muss das Kind den Stab nach vorne und nach rückwärts nehmen. Es muss sich anstrengen, den Stab auf irgendeine Weise bei 3 nach rückwärts zu kriegen. – Dann muss auch Laufen darankommen: 3 Schritte vor, 5 Schritte zurück; 3 Schritte vor, 4 Schritte zurück; 5 Schritte vor, 3 Schritte zurück und so weiter. – Versuchen Sie, turnend und vielleicht auch eurythmisch in die Bewegungen des Kindes die Zahl hineinzumischen, sodass es genötigt ist, sich selbst bewegend, zu zählen. Sie werden sehen, dass das einen Erfolg hat. Ich habe das bei Schülern wiederholt gemacht.

Und ich frage Sie nun: Warum hat das einen Erfolg? Nach dem, was Sie schon gelernt haben, können Sie sich darüber Vorstellungen bilden.

STUTTGART, 8. SEPTEMBER 1919

Aus der Lehrerkonferenz Stuttgart, 8. September 1919

Der Religionsunterricht [ist auf den] Nachmittag zu verlegen. [Ebenso auch das] Singen und der musikalische Unterricht; das wird von 14-15.30 Uhr liegen. [Auch die] Eurythmie [sollte] nachmittags [sein]. [...] In der 1., 2., 3. Klasse [haben wir] nur Eurythmie, in der 4., 5., 6., 7., 8. Klasse auch Turnen. Die Turner [sollte man] bei der Eurythmie, die Eurythmisten beim Turnen zuschauen lassen.

Entwurf für den Lehrplan, Anfang September 1919 (?)

Um die Lesbarkeit des komplexen Dokuments zu erleichtern, wurden die später, mit violettem Kopierstift geschriebenen Begriffe in der Transkription kursiv gesetzt.

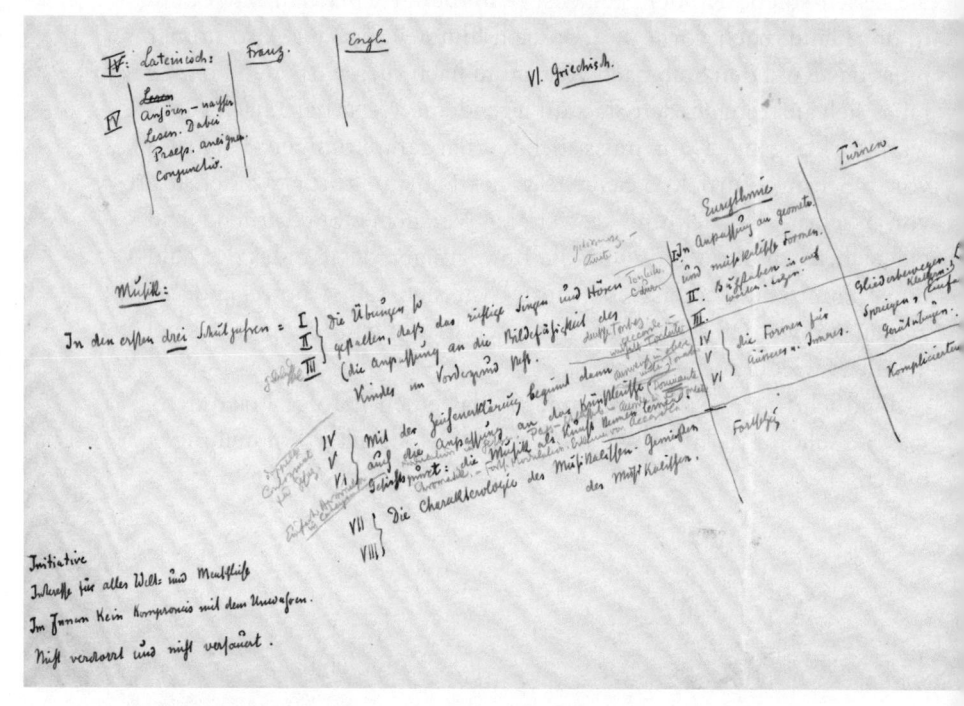

NZ 3513verso IV: Lateinisch: / IV/ Lesen / Anhören – nachher / Lesen. Dabei / Praep.[ositionen] aneignen. / Conjunctiv. Franz. / Engl. / VI. Griechisch.

<u>Musik:</u> / In den ersten <u>drei</u> Schuljahren: / I / II / *gSchlüssel* III / Die Übungen so / *gehörsmäßig.* / *Quinte* / gestalten, daß das richtige Singen und Hören / *Tonleiter.* / *Cdur.* / (die Anpassung an die Bildefähigkeit des / Kindes im Vordergrund steht. *deutsche Tonbez.[eichnungen] / accorde. – / innerhalb Tonleiter Doppelter / Contrapunct [?] / für Gesang* / IV / V / VI / *Einfache Harmonielehre / in Cadenzen* / Mit der Zeichenerklärung beginnt dann / *Ausweichung in obere / untere Dominante Tonarten.* / auch die Anpassung an das Künstlerische. / / *Modulation in Ges[än]ge [?]. Pass [Bass]-Schlüssel – Acccorde in der Tonleiter* / Gesichtspunct: die Musik als Kunst kennen lernen. / *Chromatik. – Forts. Modulation. Erkennen von Accorden.* VII / VIII / Die Charakterologie des Musikalischen. – Genießen / des Musikalischen.
Eurythmie
I. In Anpassung an geometr. / und musikalische Formen. / II. Buchstaben in einf.[achen] / Worten, Sätzen. / III.
IV / V / VI / die Formen für / Äusseres u. Inneres. / [VII, VIII] Fortsetzung
Turnen
[IV, V, VI] Gliederbewegen Laufen. / Springen, Klettern. Einfache / Gerätübungen. –
[VII, VIII] Kompliciertere Gerätübungen
Initiative / Interesse für alles Welt= und Menschliche / Im Innern kein Kompromis mit dem Unwahren. / Nicht verdorrt und nicht versauert.

Auszug aus einem
«*Vorläufigen Lehrplan der 12. Klasse der Freien Waldorfschule*»

Das maschinengeschriebene Dokument weist einige Korrekturen Rudolf Steiners auf, wurde also von ihm durchgesehen. Da es sich beim folgenden Auszug nur um getippten Text ohne handschriftliche Korrekturen handelt, wird auf die Abbildung des Notizzettels (3514a) verzichtet.

13. Eurythmie: Die durch die ganze Waldorfschule obligatorische Eurythmie will die künstlerische Durcharbeitung des menschlichen Körpers, dass er wie eine sichtbare Sprache zu <u>objektivem</u> Ausdruck bringt, und in der künstlerischen Formung von Dichtung (Worteurythmie) und Musik (Toneurythmie) lebt. Da Turnen mehr nach der Ausbildung der vom Willen hergeleiteten Kraft, Gewandtheit strebt, will die Eurythmie eine beseelte künstlerische Beherrschung des Körpers als Ausdrucksorgan anstreben. Der Eurythmieunterricht steht in engem Kontakt mit dem Deutschunterricht, Kunstunterricht, Musik, Mathematik (Formen) und Turnen.

BERLIN, 14. UND 16. SEPTEMBER 1919

Programm zu den Aufführungen,
Berlin 14. und 16. September 1919

Sonntag, den 14. und Dienstag den 16. September 1919, um 8 Uhr abends finden statt in den Räumen der Anthroposophischen Gesellschaft, Potsdamerstraße 39, 39a, Ateliergebäude

Darstellungen
Eurythmischer Kunst

Mitwirkende:
Annemarie Groh, Lory Maier-Smits,
Natalie Papoff, Erna Wolfram
und Andere.

Die der Aufführung zugrunde liegenden Dichtungen werden von MARIE STEINER rezitiert werden. Die begleitende Musik ist von Leopold van der Pals und von Walter Abendroth.

Karten zu Mk. 4.—, 3.— und 2.— in der Geschäftsstelle der Anthroposophischen Gesellschaft, Motzstrasse 17, Grth. II
und an der Abendkasse.

DARSTELLUNGSFOLGE

Einleitende Worte
von Rudolf Steiner über eurythmische Kunst.

In eurythmischer Einzel- oder Gruppenkunst kommen zur Darstellung:

Worte an den Geist und die Liebe, aus Rudolf Steiners „Pforte der Einweihung", dargestellt durch eine Gruppe.
Wochenspruch aus dem Seelenkalender, von R. Steiner, dargestellt durch Erna Wolfram.
Das Ewige, von Hans Reinhard, dargestellt durch eine Gruppe.
Die blaue Blume, von M. Kyber, dargestellt durch N. Papoff.
Das Märchen vom Lieben und Hassen und vom klugen Verstand, von R. Steiner, dargestellt durch eine Gruppe.
Auftakt, „Schau in dich, schau um dich", von L. van der Pals, dargestellt durch eine Gruppe.
Irrlichter, von Th. Wertsch, dargestellt durch N. Papoff.
Vorfrühling, von Fr. Hebbel, dargestellt durch eine Gruppe.
Waldlied, von N. Lenau, mit musikalischer Beigabe von Walter Abendroth.
Der Herbst, von Fr. Nietzsche, dargestellt durch L. Maier-Smits.
Einer Toten, von R. Steiner, mit musikalischer Beigabe von Walter Abendroth, dargestellt durch eine Gruppe.

PAUSE

Wanderers Nachtlied, von Goethe, dargestellt durch eine Gruppe.
Auftakt „Evoe", von Walter Abendroth, dargestellt durch eine Gruppe.
Der römische Brunnen, von C. F. Meyer, dargestellt durch eine Gruppe.
Mein Glück, von Fr. Nietzsche, dargestellt durch A. Groh.
Satyrischer Auftakt, von L. van der Pals ⎱
Aus den „Galgenliedern", von Chr. Morgenstern ⎰ dargestellt
Heiterer Auftakt, von L. van der Pals ⎱ durch eine Gruppe.

Ansprache zur Eurythmie, Berlin, 14. September 1919

Sehr verehrte Anwesende!
Die eurythmische Kunst ist durchaus noch im Anfange ihres Arbeitens. Man könnte sie sogar nennen die Absicht zu einem Versuch. Deshalb wird es gestattet sein, über das Wesen derselben der Darstellung einige Worte vorauszuschicken.

Alles, was versucht wird und was wohl künftig vervollkommnet werden wird in Bezug auf diese eurythmische Kunst, fußt auf der Goethe'schen Welt- und Lebensauffassung. Diese Goethe'sche Welt- und Lebensauffassung hat ja eine ganz besonders künstlerische Gesinnung und eine besondere Kunstauffassung im Gefolge. Und gerade das ist das Eigentümliche bei Goethe, dass er verstand für seine eigene Anschauung die Brücke, die, ich möchte sagen ganz selbstverständliche Brücke zu schlagen zwischen künstlerischer Gesinnung, künstlerischer Kraft und allgemeiner Weltanschauung. So könnte auch versucht werden auf dem Boden des Goetheanismus, auf dem wir ja mit unserer ganzen anthroposophisch orientierten Geisteswissenschaft stehen, es könnte versucht werden auf einem ganz speziellen Gebiete – auf dem Gebiete der Bewegungskunst des Menschen – selbst etwas zu schaffen, das ganz ein Ausdruck Goethe'scher künstlerischer Gesinnung sein wird. Deshalb bitte ich Sie auch, dasjenige, was wir heute schon darbieten können, in dieser Richtung nicht so zu betrachten, als ob wir mit irgendeiner der Künste und Kunstformen, die gewissermaßen in der Nachbarschaft unserer eurythmischen Kunst stehen, irgendwie konkurrieren wollen. Das wollen wir durchaus nicht. Wir wissen ganz gut, dass Tanzkunst und ähnliche Künste, die man vielleicht mit der unsrigen verwechseln könnte, heute auf solchem Gipfel der Vollkommenheit stehen, dass wir ganz und gar nicht konkurrieren können. Aber das wollen wir auch gar nicht; sondern es handelt sich für uns darum, etwas im Grunde genommen Neues in die allgemeine Kunstentwicklung der Menschheit hineinzustellen. Und ohne theoretisch zu werden, möchte ich ganz kurz auseinandersetzen, wie mit dem Großen der Goethe'schen Weltanschauung dieser unser Versuch zusammenhängt.

Das eigentlich Bedeutungsvolle, das Große und Einschneidende der Goethe'schen Weltanschauung ist ja noch lange nicht hinreichend gewürdigt. Goethe war imstande, [seine] Ideenwelt, seine erkennende Empfindungswelt so zu orientieren, dass er wirklich von der Wissenschaft des Unlebendigen – das ist im Grunde genommen alle heutige Wissenschaft noch – den Aufstieg machen konnte zu einer gewissen Erkenntnis des Lebendigen. Es sieht nur theoretisch aus, wenn alles hinweist auf Goethes große Idee der Metamorphose der organischen Wesen und einer einzelnen organischen Wesenheit. Man braucht sich im Sinne Goethes nur vorzustellen, wie eine einzelne Pflanze als lebendiges Wesen wird, wie sie wächst, sich vervollkommnet und den Gipfel ihres Werdens erreicht. Für Goethe ist jedes einzelne Pflanzenblatt – ob grünes Pflanzenblatt oder farbiges Blumenblatt – im Grunde genommen eine ganze Pflanze, nur einfacher gestaltet als die ganze Pflanze, und wieder die ganze Pflanze ist für ihn nur ein kompliziertes Blatt.

Diese Anschauung, die ungeheuer bedeutungsvoll ist, galt Goethe für alles, was Lebewesen ist. Jedes Lebewesen ist so gestaltet, dass es als Ganzes die kompliziertere Ausbildung jedes einzelnen seiner Glieder ist; und wieder jedes einzelne Glied offenbart – nur einfacher gestaltet – das ganze Lebewesen. Diese Anschauung kann man nun übertragen auf die Äußerungen, die Betätigungen eines Lebewesens und insbesondere des höchsten Lebewesens, welches der Mensch innerhalb seiner Welt kennt: des Menschen selbst.

Und so kann man auch, ausgehend von Goethe, sagen: Auch in dem, was menschliche Sprache ist, ist ein Einzelnes der gesamten Menschennatur gegeben. In dem, was der Mensch aus den Tiefen seiner Seele heraus sprechend äußert durch den Kehlkopf und seine Nachbarorgane, ist etwas gegeben, was eine einzelne Organäußerung, eine Offenbarung des Menschen ist. Für den, der zu schauen vermag, was eigentlich an Kräften, an Betätigungsmöglichkeiten und Bewegungsanlagen im menschlichen Kehlkopf beim Sprechen, namentlich beim künstlerischen Sprechen, beim Sprechen der Dichtung wie auch beim Gesang veranlagt ist, für den, der das schauen kann, der nicht nur darauf beschränkt ist, hinwegzuschauen über das, was der Kehlkopf an Bewegungen vollbringt, und bloß hinzuhören, indem das laut wird, was an Bewegungen vollbracht wird, für den ist es möglich, auf den ganzen Menschen dasjenige zu übertragen, was sonst nur im einzelnen Organ – im Kehlkopf und in seiner Nachbarschaft – im Sprechen zum Ausdrucke kommt.

Es ist möglich, den ganzen Menschen zum Kehlkopf zu machen, sodass er in seinen Gliedern sich so bewegt, wie, ich möchte sagen, der Kehlkopf *veranlagt* ist, sich zu bewegen, indem der Mensch spricht oder singt. Man könnte auch so sagen: Spricht man, so hat man es ja zu tun mit der Wellenbewegung der Luft. Was Laut ist, sind Bewegungen der Luft. Nur sieht man selbstverständlich diese Bewegungen der Luft im gewöhnlichen Leben nicht. – Wer das schaut, der kann daher jene Bewegungsmöglichkeiten gewinnen, die er zu übertragen vermag auf den ganzen Menschen, auf seine Glieder. Dann entsteht eine sichtbarliche Sprache, indem des Menschen Arme und sonstige Glieder sich bewegen, in gesetzmäßiger Weise sich bewegen. Und indem durch diese sichtbarliche Sprache zur Offenbarung gebracht wird das Dichterisch-Künstlerische der Sprache, das Gesangliche des Musikalischen, entsteht eine völlig neue Kunstform. Das soll unsere Eurythmie sein.

Was Sie hier dargestellt sehen, ist zunächst nichts anderes als des Menschen künstlerisch geformte Kehlkopfbewegung auf den ganzen Menschen übertragen. Selbstverständlich ist das, was nun Kunst sein soll und unmittelbar in der Anschauung einen entsprechenden ästhetischen Eindruck machen muss, wenn es im unmittelbar Geschauten künstlerisch wirken soll, aus der Tiefe der Menschennatur in seinem Quell entstanden. So kann man sagen: Es soll aus dem Menschen hervorgeholt werden, was in ihm einfach deshalb veranlagt ist, weil er menschlicher Organismus ist.

So ist in der Eurythmie nichts Künstliches. Alle Geste, alles Pantomimische ist vermieden. Wie es sich in der Musik nicht darum handelt, durch einen beliebigen Ton etwas zum Ausdruck zu bringen, sondern in der Aufeinanderfolge der Töne eine Gesetzmäßigkeit zu befolgen, so handelt es sich auch hier nicht darum, dass zum Beispiel die Hand oder dergleichen eine beliebige Bewegung macht, sondern dass in der Aufeinanderfolge die menschlichen Glieder gesetzmäßige eurythmische Bewegungen machen. Daher ist alles Willkürliche vermieden, und wo noch etwas auftritt, da können Sie es durchaus so ansehen, dass dort noch etwas Unvollkommenes vorhanden ist. Wenn zwei Menschen oder zwei Menschengruppen ein und dieselbe Sache darstellen würden, so würden sie in der Darstellung nur insofern verschieden sein, als auch die Wiedergabe zum Beispiel einer Beethoven-Sonate durch zwei verschiedene Klavierspieler verschieden sein wird.

Alles ist in der Eurythmie nachgebildet den Bewegungen des Kehlkopfes und seiner Nachbarorgane. Aber die menschliche Sprache ist durchtönt von Seelenwärme, von Enthusiasmus, von Lust, von Schmerz und Leid, von allerlei inneren Krisen. Alles, was als innere Seelenäußerungen die menschliche Sprache durchtönt, bringen wir wieder zum Ausdruck in den Verhältnissen der gegenseitigen Formen, der Gruppen und durch das, was der Mensch durch die Bewegungen im Raume offenbaren kann. So ist auch die innere Stimmung der Seele, was aus den Tiefen der Seele den Laut durchdringt, zum Ausdruck kommend. Sie werden daher auf der einen Seite dasjenige sehen, was sichtbare Sprache ist.

Wir werden es begleiten lassen entweder von dem Musikalischen, das ja nur der andere, der parallele Ausdruck desselben ist, oder in der Hauptsache von der Rezitation, von der Dichtung. Dabei muss ich bemerken, dass, indem die eurythmische Kunst von der Dichtung begleitet wird, berücksichtigt werden muss, dass dasjenige, was heute Deklamationskunst, Rezitationskunst ist, gar sehr in Dekadenz ist. Wenn man die eurythmische Kunst von der Dichtung begleiten lassen will, so muss man wieder zurückgehen zu alten, guten Formen des Rezitierens, der rezitatorischen Kunst. Nicht darum handelt es sich, dass das gewöhnliche Novellistische, der Inhalt einer Dichtung durch Betonung zum Ausdruck gebracht wird, sondern abgesehen von dem rein Novellistischen, von dem Inhalt, soll das eigentlich Künstlerische durch die Rezitation zum Ausdruck kommen: das Rhythmische, der Reim, das Vibrieren des Künstlerischen einer Dichtung, alles, was außerhalb des Inhaltes da ist, mit anderen Worten – das Dichterisch-Musikalische.

Dafür hat man in der Gegenwart wenig Verständnis. Aber man braucht sich nur zu erinnern, dass Goethe mit dem Taktstock seine «Iphigenie» dirigierte, und man braucht sich nur vor Augen zu halten, dass Schiller, bevor er überhaupt den Prosainhalt eines Gedichtes in seiner Dichtung lebendig machte, eine allgemeine Melodie in der Seele hatte, das heißt, er ging von dem allgemein Künstlerischen aus. Das heutige Betonen des Inhaltes beim Rezitieren ist sozusagen Unfug, ist Dekadenz. Man würde mit dieser, bloß auf den Inhalt sehenden Rezitationskunst nicht die Eurythmie begleiten können. Daher muss wieder zurückgegangen werden zu dem, was als Rezitationskunst von unserer Zeitgenossenschaft wenig verstanden wird. So aber glauben wir, wieder ein möglichst künstlerisches Element in der Gegenwart betonen zu können durch diese eurythmische Kunst und dadurch etwas von Goethe'scher Kunstgesinnung lebendig zu machen. Goethe sagt ja so schön: «Wem die Natur ihr offenbares Geheimnis zu enthüllen beginnt, der empfindet eine unwiderstehliche Sehnsucht nach ihrer würdigsten Auslegerin: der Kunst.» – Er sieht in der Kunst eine Offenbarung geheimer Naturgesetze, die ohne sie, die Kunst, nicht offenbar würden.

Das tritt uns ganz besonders entgegen, wenn wir sehen werden, wie der Mensch selbst in seiner Bewegung zum Ausdrücker einer sichtbaren, lebendigen Sprache wird. Goethe sagt an einer anderen Stelle: Die Kunst besteht in einer Art von Erkennen, indem wir das Wesen der Dinge an greifbaren und sichtbaren Gestalten erfassen. Und das Höchste der äußeren Natur, der Mensch, wird uns offenbar, wenn wir sichtbar machen können das, was in seinen Bewegungen ist, und vor unsere Augen hinstellen können. Daher fühlen wir so recht nach dem Goethe'schen Ausspruch: «[I]ndem der Mensch auf den Gipfel der Natur gestellt ist, so sieht er sich wieder als eine ganze Natur an, die in sich abermals einen Gipfel hervorzubringen hat. Dazu steigert er sich, indem er sich mit allen Vollkommenheiten und Tugenden durchdringt, Wahl, Ordnung, Harmonie und Bedeutung aufruft und sich endlich [bis] zur Produktion des Kunstwerkes erhebt [...].»

Wir glauben, dass durch diese eurythmische Kunst, die aus dem Menschenwesen selbst hervorgeholt ist, zu gleicher Zeit sichtbarlich vor das menschliche Auge etwas hingestellt wird wie eine künstlerische Offenbarung des Weltenrätsels, das im Menschen im höchsten Sinne zum Ausdruck kommt. Bisher ist aber von alledem nur ein Anfang da. Wir wissen das sehr gut, und wir sind selbst die strengsten Kritiker der Unvollkommenheiten, die diesem unserem eurythmischen Kunstversuch noch anhaften. In diesem Sinne bitte ich, auch die heutige Darstellung aufzunehmen. Wenn sie Verständnis findet bei unseren Zeitgenossen, dann wird das dazu führen, dass sie weiter vervollkommnet wird. Denn so sehr wir überzeugt sind, dass sie heute noch im Anfange ist, so sehr sind wir andererseits wieder davon überzeugt, dass sie solche Prinzipien in sich hat, dass sie entweder durch [uns] selbst oder durch andere zu solcher Vollkommenheit gebracht werden kann, dass neben anderem auch diese eurythmische Kunst als vollberechtigt sich wird hinstellen können.

Ansprache zur Eurythmie, Berlin, 16. September 1919

Goethe versucht aus dem Erkennen und Wissen des Toten vorzudringen zum Wissen und Erkennen des Lebendigen. Das Anschauen macht er geltend, nicht die Theorie. Das einzelne Blatt ist die ganze Pflanze, die Pflanze ist nur die komplizierte Ausgestaltung des einzelnen Gliedes. Das lässt sich wieder anwenden auf den Menschen, der ja nur ein Glied der ganzen Welt ist. Wir bringen durch unseren Kehlkopf die Sprache hervor, durch das Ohr wird sie aufgenommen. Es ist aber auch möglich, mit übersinnlichen Organen diese Bewegungen dabei zu beobachten. Künstlerische Bewegungen sind das, die geschaut werden können beim Sprechen. Und diese Bewegungen können übertragen werden auf den ganzen Menschen, auf den ganzen bewegten Menschen, der die Bewegungen offenbart, die sonst dem Kehlkopf und seinen Nachbarorganen zugrunde liegen: sichtbar gewordene Sprache. Was die Seele beim Sprechen durchtönt an Freude, Leid und so weiter, das kann übergehen auf Gruppen und da zum Ausdruck kommen.

Auf die Aufeinanderfolge von Bewegungen kommt es an bei der Eurythmie – wie bei der Musik auf die Aufeinanderfolge der Töne.

Wenn ein und dasselbe Gedicht in zwei verschiedenen Arten dargestellt würde, so würde es nur so weit individuell verschieden dargebracht werden, wie etwa eine Sonate von Beethoven an zwei verschiedenen Orten durch das Individuelle des Spielers verschieden ist. Es ist nichts Willkürliches in dieser Bewegungskunst, alles geht nach Gesetzen, Rhythmus, Harmonie und so weiter. Der Inhalt der Dichtung ist nur eine Gelegenheit, wie Rhythmus, Künstlerisches zur Geltung kommt. Bei Schiller lebte zum Beispiel nicht zuerst der Inhalt einer Dichtung, sondern in seiner Seele zitterte etwas wie Musikalisches, Rhythmisches, und dann erst wurde es zur Dichtung. Goethe übte mit den darstellenden Künstlern die «Iphigenie» mit dem Taktstock ein.

Etwas ganz besonders Reizvolles ist es, wenn der Mensch nicht nur Kunstwerke schafft, sondern sich selbst zum Kunstwerk macht. So ist Eurythmie aufzufassen.

DRESDEN, 21. SEPTEMBER 1919

Von der Ansprache zur Aufführung in Dresden liegen keine Aufzeichnungen vor, jedoch das Programm und eine Einladungspostkarte.

Postkarte zur Aufführung Dresden, 21. September 1919

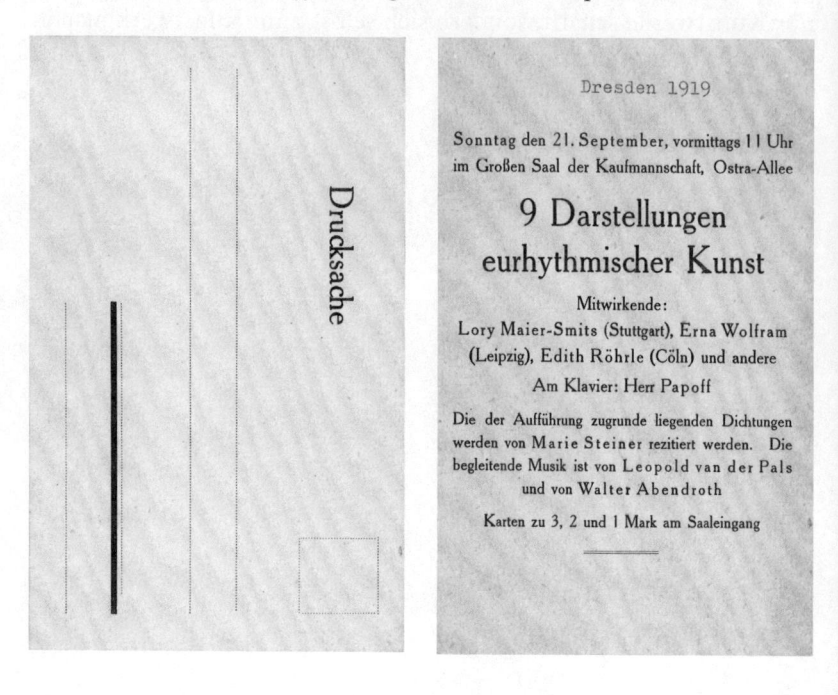

Dresden 1919

Sonntag den 21. September, vormittags 11 Uhr
im Großen Saal der Kaufmannschaft, Ostra-Allee

9 Darstellungen
eurhythmischer Kunst

Mitwirkende:
Lory Maier-Smits (Stuttgart), Erna Wolfram
(Leipzig), Edith Röhrle (Cöln) und andere
Am Klavier: Herr Papoff

Die der Aufführung zugrunde liegenden Dichtungen
werden von Marie Steiner rezitiert werden. Die
begleitende Musik ist von Leopold van der Pals
und von Walter Abendroth

Karten zu 3, 2 und 1 Mark am Saaleingang

Programm zur Aufführung Dresden, 21. September 1919

Darstellungsfolge

Einleitende Worte von Rudolf Steiner über

Eurhythmische Kunst

Am Klavier: Wladimir Papoff

In eurhythmischer Einzel- oder Gruppenkunst kommen zur Darstellung:

Göttermahl von C. F. Meyer, mit musikalischem Auftakt von L. van der Pals	eine Gruppe
Liederseelen von C. F. Meyer	Lory Maier-Smits
Auftakt „Schau in dich, schau um dich" von L. van der Pals	eine Gruppe
Kinder des Glücks von Chr. Morgenstern . .	
Planetentanz von Rudolf Steiner	eine Gruppe
Halleluja — Eurhythmie ohne Worte	
Ja . . . — von C. F. Meyer	Erna Wolfram
Worte an den Geist und die Liebe von R. Steiner, mit musikalischer Beigabe von L. van der Pals	eine Gruppe
In einer Sturmnacht — von C. F. Meyer .	Edith Röhrle
Auftakt „Schicksalsfrage" von C. van der Pals	eine Gruppe
Der Herbst von Fr. Nietzsche	Lory Maier-Smits
Einer Toten — von R. Steiner, mit musikalischer Beigabe von Walter Abendroth	

Musikstück gespielt von Wladimir Papoff.

Der römische Brunnen von C. F. Meyer .	eine Gruppe
Thibaut von Champagne von C. F. Meyer .	Edith Röhrle
Heiterer Auftakt von L. van der Pals . .	
Aus den „Galgenliedern" von Chr. Morgenstern	eine Gruppe
Satyrischer Auftakt von L. van der Pals . .	
Meeresbrandung von Chr. Morgenstern . .	Lory Maier-Smits

Flügel aus dem Lager Förster, Central-Theater-Passage.

DORNACH, 11. UND 12. OKTOBER 1919

Zeitungsannonce für die Aufführungen Dornach, 11. und 12. Oktober 1919

National-
Zeitung
10.10.1919

> Es werden stattfinden
> **Öffentliche Vorstellungen**
> in
> **Eurythmischer Kunst**
> Samstag, den 11. Oktober,
> 7 Uhr abends, und
> Sonntag, den 12. Oktober,
> 5 Uhr nachmittags, im
> provisor. Saal des Goetheanums
> **zu Dornach.**
> Karten à Fr. 3.–, 2.– und 1.– sind zu erhalten bei Herren **Hug & Co.**, Freiestrasse 70 a, bei Fräulein **Kessler**, Reformgeschäft, Arlesheim, und an der **Abendkasse.** 232/52

Programm zur Aufführung Dornach, 11. und 12. Oktober 1919

«Symbolum» von J. W. v. Goethe mit musikalischer Beigabe von Leopold van der Pals
«Zueignung» von Novalis
«Aus dem Hohelied Salomonis» von einem unbekannten Dichter aus dem Mittelalter
Auftakt «Wir wollen suchen...» mit Musik von Max Schuurman
«Das letzte Wort» von Fercher von Steinwand mit musikalischer Beigabe von Max Schuurman
Auftakt «Wir suchen uns...» mit Musik von Leopold van der Pals
«Aussöhnung» von J. W. v. Goethe
Aus «Chinesisch-deutsche Jahres- und Tageszeiten» von J. W. v. Goethe
«Er ist's» von Eduard Mörike
Aus der Gedichtsammlung «Der Tag» von Hans Reinhart
Humoristischer Auftakt mit Musik von Jan Stuten

«Der Tanz», «Die beiden Esel», «Philanthropisch», «Die Waldgeiss», «Die Fingur», aus: «Die Galgenlieder »von Christian Morgenstern

«Gretchen im Dom» Szene aus «Faust I» von J. W. v. Goethe

Ansprache zur Eurythmie, Dornach, 11. Oktober 1919

Meine sehr verehrten Anwesenden!
Gestatten Sie, dass ich unserer eurythmischen Darstellung einige Worte voranschicke. Diese eurythmische Kunst soll nicht irgendwelche Tanzkunst sein oder etwaige Künste, die man etwa als Nachbarkünste ansehen könnte. Sie soll etwas sein, das sich als eine selbstständige Kunstströmung hinstellt neben dasjenige, was als Tanzkunst oder Ähnliches gegenwärtig existiert. Herausersonnen, herausgeboren ist dasjenige, was wir hier als eurythmische Kunst verzeichnen, aus der Goethe'schen Weltanschauung, aus dem Goetheanismus. Verstehen wird man allerdings nur dasjenige, was wir hier unter Goetheanismus auffassen, wenn man nicht an den Goethe denkt, der 1832 gestorben ist, sondern an den Goethe'schen Genius, der fortlebt und der von jeder Generation neu empfunden werden muss und dessen künstlerische und Weltanschauungs-Intentionen von jeder Generation aufgenommen werden können, um nach der einen oder der anderen Richtung ausgebildet zu werden.

Auf einem beschränkten Gebiete – so wie sonst im Großen der ganze Bau und alles dasjenige, was wir hier vertreten, aus dem Goetheanismus stammt –, auf einem beschränkten Gebiete ist auch diese unsere eurythmische Kunst aus Goethe'scher Kunstgesinnung und Goethe'scher Weltanschauungsgesinnung heraus geboren.

Ich möchte nicht theoretisieren, aber auf die Quelle dieser eurythmischen Kunst hinweisen. Selbstverständlich muss alles dasjenige, was künstlerisch ist, im unmittelbaren Anschauen einen ästhetischen Eindruck machen. Aber die Dinge machen gerade dadurch einen ästhetischen Eindruck, dass sie hervorgeholt sind aus denjenigen Quellen des Natur- und Weltendaseins, zu denen der rationellste Verstand nicht dringt, sondern die gewissermaßen aus unendlichen Tiefen des Naturwesens herauskommen. Und so darf ich, ohne theoretisch zu werden, darauf hinweisen, wie diese eurythmische Kunst herausgeboren [ist] aus dem ganzen Geiste der Goethe'schen Weltanschauung. Das ist ja das Bedeutsame an Goethe'scher Kunstgesinnung, dass sie sich nicht als etwas ganz *[Lücke im Text]* hinstellt neben die übrige menschliche Auffassung, sondern Goethe ist durchdrungen von der Überzeugung, dass dasjenige, was künstlerisch geschaffen werden soll, zusammenhängt mit den intimsten Mächten des Erkennens, mit der Natur und der Wesenheit der Dinge, insoferne wir imstande sind, sie durch das Auge oder durch andere Organe aufzufassen. Goethe sieht in der einzelnen Pflanze, die kompliziert gestaltet ist, nur ein ausgebildetes Blatt. Sodass Goethe ein einziges Pflanzenblatt eine ganze Pflanze ist, nur elementar, primitiv gebildet. Die ganze Pflanze ist ein komplizierteres Blatt für Goethe.

Diese Anschauung, voll ausgestaltet, die wird noch einmal für die menschliche Weltanschauung viel, viel mehr bedeuten, als sie heute bedeutet. Denn man wird in einer solchen Anschauung die Grundlage finden für alles dasjenige, was aus unserer Wissenschaft vom Toten hinausgehen kann zu dem Wissen vom Lebendigen. Aber was Goethe zunächst nur für die Formen in Bezug auf die Anschauung angewendet hat, es lässt sich auch anwenden auf die Bewegung.

Unsere eurythmische Kunst soll sein eine Bewegungskunst, die sich als ihres Mittels des ganzen menschlichen Organismus mit seinen Bewegungen, möchte ich sagen, bedient. Und so kann man sagen: Der menschliche Kehlkopf mit seinen Nachbarorganen, er ist das Ausdrucksorgan für die hörbare Sprache. Aber für denjenigen, der die Bewegungsanlage im menschlichen Kehlkopf schauen kann, der dasjenige schauen kann, was nicht geschaut wird im gewöhnlichen Leben, während wir zuhören, wenn gesprochen wird, für den gibt es eine Möglichkeit zu sagen: Mit jedem Laut, mit jeder Lautfolge ist eine Bewegungsanlage des menschlichen Kehlkopfes und seiner Nachbarorgane verbunden. Das, was so als Bewegungsanlage im menschlichen Kehlkopf und seiner Nachbarorgane vorhanden ist, das kann übertragen werden auf den ganzen menschlichen Organismus. Wir können die menschlichen Glieder so in Bewegung versetzen, dass sie genau nachahmen dasjenige, was im Kehlkopf behufs der menschlichen Sprache veranlagt ist. Dann entsteht, indem der ganze Mensch vor uns auf der Bühne ein lebendig bewegter Kehlkopf wird, dann entsteht vor uns eine sichtbare Sprache. Und da der Mensch ein Auszug der ganzen Welt ist, ein wirklicher Mikrokosmos, so ist in der Tat diese Sprache, diese sichtbar gewordene Sprache zu gleicher Zeit der Ausdruck für tiefste Weltengeheimnisse.

Das allerdings, was ich jetzt mehr, ich möchte sagen abstrakt ausführe, es muss in den Bewegungen, die zur Anschauung kommen, ästhetisch empfunden werden. Und so wird das, was der einzelne Mensch durch die Bewegung aus den Gliedern macht, durch die Bewegung seiner Glieder, das wird der Ausdruck für Vokalisieren, für die Aufeinanderfolge der Laute. Während alles dasjenige, was gegen die Sprache strömt von innerer Seelenwärme, von Lust und Leid, von Freude und Schmerz, von Begeisterung und von all dem, was sonst in unserer Sprache vibriert, während das zum Ausdruck kommt in den Bewegungen, die im Raume der einzelne Mensch macht oder aber der Mensch im Verhältnis zu anderen Menschen bei Gruppenbewegungen macht. Die Bewegungen werden dadurch der Ausdruck des Seelischen in der Sprache, zu gleicher Zeit aber auch der Ausdruck der künstlerischen Sprachwandlung: Sie werden der Ausdruck des Reimes, der Ausdruck des Rhythmus, der Ausdruck des Taktes. Sodass alles dasjenige, was in der Sprache liegt, in dieser sichtbar gewordenen Sprache auch zum Ausdruck kommt. Das ist eurythmische Kunst.

Begleitet wird sie bei uns auf der einen Seite von der Rezitation, auf der anderen Seite von Musik. Denn dasjenige, was die Musik an Tönen hineinlegt, kommt bei uns durch die Bewegungen zum Ausdruck. Und die beiden Künste erscheinen als parallele Künste.

Ebenso wird dasjenige, was in der Rezitation zum Vortrag kommt, durch die eurythmische Kunst zum Ausdruck gebracht. Dazu muss allerdings die rezitatorische Kunst wiederum zurückkehren zu dem, was sie einstmals war. Heute ist die rezitatorische Kunst – man darf schon sagen in einem Niedergange begriffen. Gerade dasjenige, was heute am meisten bewundert wird in der rezitatorischen Kunst, das ist eigentlich das Unkünstlerische. Dasjenige, was das Prosaische der Sprache ist, der Inhalt der Sprache, das Novellistische, das ist dasjenige, was heute versucht wird in dem Betonen, in der ganzen Ausdrucksform der Rezitationskunst zum Ausdruck zu bringen. Dasjenige, was wir hier versuchen müssen, das ist das, was hinter dem bloßen Inhalte, ich möchte sagen nur wie eine Art Register wirken soll, was hinter diesem Inhalte liegt in der Sprachbehandlung, in dem eigentlich Künstlerischen der Sprache. Das ist dasjenige, worauf es uns hier ankommt. Daher werden diejenigen, die die heutige Rezitationskunst besonders lieben, etwas Paradoxes finden in der Art und Weise, wie hier manchmal rezitiert werden muss gerade zur eurythmischen Kunst. Zur Eurythmie kann nicht anders rezitiert werden. Und derjenige, der weiß, was alte Rezitationskunst war, der wird gerade diesen Rückgang zum wirklichen Rezitieren auch als eine Erneuerung, eine Wiederauffrischung des Künstlerischen empfinden.

Ich brauche ja nur zu erinnern daran, dass Goethe, wenn er seine «Iphigenie» einstudiert hat, mit dem Taktstock, wie er sagt, einstudiert hat, sodass er genau betont hat das Musikalische, das hinter dem äußerlich Prosaischen liegt. Goethe würde entsetzt gewesen sein über dasjenige, was heute Rezitationskunst genannt wird. Ich brauche auch nur zu erinnern, dass Schiller, bevor er den Inhalt, den Wortinhalt eines Gedichtes in der Seele hatte, zuerst etwas Melodiöses in seiner Seele hatte, etwas wortlos Melodiöses, das Musikalische zuerst empfand, dann erst die Worte dazu fand.

Diese Dinge müssen alle berücksichtigt werden, wenn man auf dasjenige zurückgehen will, was ja schließlich noch aus der Zeit stammte, in der man nachgebildet hat in den Tanzbewegungen, aber auch in der menschlichen dichterischen Sprache dasjenige, was Weltgesetzmäßigkeit ist. Und darauf möchten wir wiederum etwas hinweisen mit unserer eurythmischen Kunst.

Ich bitte Sie nur, Nachsicht zu haben mit der Darstellung selbst. Denn alles dasjenige, was ich hier auseinandergesetzt habe, ist mehr noch ein Ideal, dem wir zustreben. Wir stehen mit demjenigen, was wir ausgebildet haben, mehr oder weniger erst im Anfange. Aber das muss ich noch hinzufügen, dass alles Willkürliche nichts bedeutet für diese eurythmische Kunst. Wenn Sie also zum Beispiel glauben würden, dass irgendeine Bewegung nur einen Augenblickszusammenhang hätte mit der inneren seelischen Bewegung, so würden Sie die eurythmische Kunst falsch verstehen. Alles, was in dieser eurythmischen Kunst vor Sie hintritt, hat eine innere Gesetzmäßigkeit, wie die Gesetzmäßigkeit der Töne in der Musik selber ist. Die Aufeinanderfolge der eurythmischen Bewegungen ist so, wie die Aufeinanderfolge im melodiösen Gesange innere Gesetzmäßigkeit ist.

Wenn Sie noch etwas Pantomimisches sehen, etwas von Gesten sehen, etwas Mimisches sehen, so rührt das davon her, dass wir noch nicht die eigentliche Vollkommenheit in unserer Kunst ganz so erreicht haben, wie es sein sollte. Nichts Pantomimisches, nichts Mimisches, nichts von Augenblicksgesten soll darinnen sein. Wenn zwei Menschen oder zwei Gruppen von Menschen an ganz verschiedenen Orten ein und denselben eurythmischen Inhalt geben, so ist das nur so verschieden, wie wenn zwei Klavierspieler ein und dieselbe Beethovensonate spielen. Im Übrigen ist dasjenige, was Sie auf der Bühne sehen werden, und dasjenige, was Sie hören durch Rezitationskunst, ein und dasselbe.

In diesem Sinne bitte ich Sie das aufzufassen, was wir als eine Art Gesamtkunst ausbilden wollen, aus dem Grunde, weil, wenn am Menschen selbst dasjenige, was an ihm organisch als Bewegungsmöglichkeit liegt, wirklich künstlerisch ausgebildet werden kann, dann ist das wirklich so, dass anwendbar darauf ist das, was als Goethe'sche Kunstgesinnung so schön mit Goethes Ausspruch gedeckt wird: Wenn der Mensch auf dem Gipfel der Natur angelangt ist, bringt er selbst wiederum eine ganze Natur hervor, nimmt Ordnung, Harmonie, Maß und Bedeutung zusammen, um sich endlich zur Produktion des Kunstwerkes zu erheben. Und wenn Goethe der Meinung war, dass die Kunst eine Manifestation geheimer Naturgesetze ist, die ohne sie niemals offenbar werden, so muss man sagen: Wenn man das, was im Menschen selber veranlagt ist an geheimen Naturgesetzen, künstlerisch verkörpert und offenbart, so ist damit in der Tat eine Art Zusammenfassung, eine Art Synthese der verschiedenen Künste gegeben.

Gerade an der Eurythmie kann man vielleicht empfinden das, was in einem anderen Goethe'schen Wort so schön ausgedrückt ist: Wem die Natur ihr offenbares Geheimnis enthüllt, der empfindet eine tiefste Sehnsucht nach ihrer würdigsten Interpretin, der Kunst. Wer in die Geheimnisse der menschlichen Organisation – so könnte man das umschreiben – eindringen will, der empfindet eine gewisse innere Sehnsucht, das, was an Bewegungsmöglichkeiten im menschlichen Organismus ist, künstlerisch umzugestalten.

Das alles sind Intentionen, Absichten. Und ich bitte Sie, dasjenige, was Sie schon heute in diesen Absichten ausgebildet finden, eben mit der Nachsicht, mit der man einen Anfang betrachtet, sich anzusehen. Vielleicht ist noch nicht alles so aufgefasst, wie man es eben auffassen muss. Wenn aber diese künstlerische Strömung Berücksichtigung findet bei den Zeitgenossen, dann wird ganz gewiss der Antrieb dazu da sein, die Sache auszubilden. Und wir hoffen – wir sind selbst unsere strengsten Kritiker und wissen sehr gut, dass das, was wir jetzt schon bieten können, noch nicht vollständig befriedigend ist –, aber wir hoffen, dass diese Kunst entweder durch uns, wahrscheinlich aber durch andere so ausgebildet werden kann, dass sie einmal als etwas Vollberechtigtes neben andere vollberechtigte Kunstrichtungen sich wird hinstellen können.

Ansprache zur Eurythmie, Dornach, 12. Oktober 1919

Meine sehr verehrten Anwesenden!
Wenn Sie von jenen Kulturbestrebungen lesen oder hören, die sich hier anschließen, angliedern an unseren Bau, an dieses Goetheanum, dann können Sie eigentlich in diesem Falle ungefähr immer annehmen, dass das Gegenteil von dem hier angestrebt wird, was in der Welt gesagt wird. In der Tat handelt es sich hier darum, auf den verschiedensten Zweigen der gegenwärtigen Zivilisation und Kultur dasjenige anzustreben, was im Grund genommen die Sehnsucht, die unbewusste, instinktive Sehnsucht vieler Menschen ist.

Dasjenige, was wir Ihnen heute werden vorführen dürfen, ist nur ein kleiner, ein eng umgrenzter Teil des Ganzen unserer Kultur- und

Geistesbestrebungen unserer Zeit. Eurythmische Kunst soll sich nicht wie eine Tanzkunst hinstellen neben anderes, was äußerlich genommen ähnlich aussieht wie das, was hier getrieben wird, sondern unsere eurythmische Kunst soll etwas durchaus Selbständiges sein. Es ist, wie all unser Streben eigentlich, zurückgehend auf dasjenige, was ich nennen möchte Goetheanismus, Goethe'sche künstlerische Gesinnung, Goethe'sche Weltanschauungsgesinnung. Nur haben wir es dabei nicht zu tun mit dem Goethe, der 1832 gestorben ist. Den zu behandeln, überlassen wir denjenigen, die sich mehr auf Gelehrtenweise mit einer solchen befassen wollen. Wir haben es zu tun, ich möchte sagen mit dem Goethe'schen Genius, wie er fortlebt und wie er auch lebt im Beginne des 20. Jahrhunderts.

Und dasjenige, was hier in unserer eurythmischen Kunst – allerdings erst in Anfängen, in ersten Versuchen – Ihnen vorgeführt werden soll, ist Verwirklichung Goethe'scher Kunstanschauung auf einem engbegrenzten Gebiete, auf einem künstlerischen Gebiete, das sich der Bewegungsanlagen des Menschen selbst als seiner Kunstmittel bedient. Eine Bewegungskunst des menschlichen Organismus im Raume ist dasjenige, was hier zugrunde liegt. Und wenn ich zum Ausdrucke bringen soll, welches die Quellen dieser unserer besonderen Kunstgattung sind, so werde ich zunächst scheinbar theoretisch sprechen, aber eben nur scheinbar.

Alles Künstlerische soll ja unmittelbar für die ästhetische Empfindung auffassbar sein. Alles Theoretisieren hat keine Berechtigung gegenüber der Kunst. Im unmittelbaren Anschauen muss sich das Schöne irgendeiner Kunst ergeben. Aber wahr ist es, tief wahr, was Goethe aus seiner künstlerischen und Weltanschauungsgesinnung heraus gesagt hat: Wem die Natur ihr offenbares Geheimnis zu enthüllen beginnt, der empfindet die tiefste Sehnsucht nach ihrer würdigsten Auslegerin, der Kunst.

Und dasjenige, was hier unmittelbar durch den menschlichen Organismus selber dargestellt werden soll, ich kann es am besten dadurch erläutern, dass ich erinnere an die umfassende Idee der Goethe'schen Metamorphose. Mit dieser Idee der Goethe'schen Metamorphose ist etwas gegeben, das noch lange von unserer Geistesrichtung, von unserem Geistesleben nicht genügend gewürdigt ist. Diese Goethe'sche Metamorphose-Idee wird den Menschen möglich machen, von der Wissenschaft des Toten, in der wir nun einmal darinnen sind, zu einer wirklichen Wissenschaft von dem Lebendigen zu führen.

Einfach sieht sich das heute noch an, was man als die Goethe'sche Metamorphosen-Idee bezeichnen kann. Die ganze Pflanze mit all ihren Komplikationen, mit all ihren komplizierten Gebilden, ob sie ein Baum ist oder ob sie eine grüne Laubpflanze ist: Alles, was Pflanze ist, ist für Goethe ein umgestaltetes Blatt; ob es ein farbiges Blütenblatt oder ein grünes Laubblatt ist, es ist für Goethe eine ganze Pflanze. – Wie gesagt, es hört sich das heute noch sehr abstrakt, sehr primitiv an; aber es steckt ungeheuer viel in dieser Anschauung, dass der Organismus in seiner Komplikation eine Umgestaltung eines einzelnen Gliedes des Organismus ist, ungeheuer viel von Zukunft-Weltanschauung steckt in diesem.

Nun hat Goethe das zunächst bloß angewendet auf die Formen des Organismus. Wir wollen es anwenden auf den künstlerischen Gedanken und den durchgeistigen, indem wir es anwenden auf die menschliche Bewegung; und [wir] gehen davon aus, dass dasjenige, was der menschliche Kehlkopf und seine Nachbarorgane tun, wenn wir einem sprechenden, insbesondere einem künstlerisch sprechenden Menschen zuhören, dass das eigentlich unsichtbare Bewegungsanlagen sind.

Derjenige, der solche Dinge zu schauen vermag, der auf das zu schauen vermag, was sich nicht äußerlich offenbart, sondern nur einem geistigen Anschauungsvermögen, der weiß, dass in dem menschlichen Kehlkopf und seinen Nachbarorganen Bewegungsanlagen da sind. Wir sehen sie nicht im gewöhnlichen Leben – wir hören zu, indem diese Bewegungsanlagen die Worte und die Wortverbindungen, die Laute und Lautverbindungen hervorbringen. Aber es ist möglich, die Bewegungsanlagen des Kehlkopfes wirklich zu schauen. Sie brauchen sich ja nur an die physikalische Tatsache zu erinnern, dass, indem ich hier spreche, die Luft in Bewegung versetzt wird.

Denken Sie sich diese Bewegung aufgefasst und angeschaut, so haben Sie eine sichtbare Sprache. Diese sichtbare Sprache versuchen wir durch unsere Eurythmie in der Weise zu offenbaren, dass wir den ganzen Menschen zum Kehlkopf machen, das heißt, dass wir seine Glieder im Raume so bewegen lassen, wie sich bewegen wollen die Glieder des Kehlkopfes. Und wenn wir sprechen in der Lautsprache, geht das über in das Hörbare.

Wir wollen den Menschen auf die Bühne stellen so, dass er seine Arme und Hände so bewegt, wie sonst im Kehlkopf die Anlage ist, sich zu bewegen, oder wie die Luft bewegt ist, wenn wir sprechen. Das heißt, wir versuchen den ganzen Menschen – wie Goethe die ganze Pflanze anschaut als ein umgestaltetes Blatt, so versuchen wir den ganzen Menschen in seiner Bewegung zu einem umgestalteten Kehlkopf, wenn ich paradox sprechen soll, zu machen. Das ist die Quelle unserer eurythmischen Kunst. Sodass alles, was Sie hier an Bewegungen des einzelnen Menschen nur sehen werden, dieselben Bewegungen sind, die nur unsichtbar bleiben, wenn man spricht. Es kommen andere Bewegungen aber noch in Betracht.

Dasjenige, was in der menschlichen Sprache liegt, ist durchseelt: Lust und Leid, Freude und Schmerz, Trauer und Enthusiasmus, Wärme der Seele, und alles dasjenige, was sonst die Seele als Inhalt hat, es durchtönt, es durchvibriert unsere Sprache. Rhythmus und Takt, künstlerische Gestaltung ist dasjenige, in das Dichter die Sprache tauch. So wie die Sprache im Singen künstlerisch gestaltet wird, die menschliche Leidfähigkeit künstlerisch gestaltet wird im Singen, so gestaltet der Dichter künstlerisch die Sprache in einer anderen Weise. Das alles, was als Lust und Leid, Freude und Schmerz, als Wärme und Enthusiasmus unsere Sprache durchzieht, was von der Seele aus unsere Sprache durchvibriert, was künstlerisch unsere Sprache durchtönt, das wiederum kommt zum Ausdruck in den Bewegungen, die der Mensch nun selbst im Raume entweder allein macht oder im Verhältnis zueinander, wenn Gruppen hier auf der Bühne tanzartige Bewegungen ausführen. Was der Mensch im Verhältnis zu diesen Bewegungen der Menschen in Gruppierungen ausführt oder allein vollführt, das ist das Grundprinzip.

Nur um Ihnen die Quelle anzudeuten, aus der heraus geschöpft ist diese eurythmische Kunst, sage ich das. Denn alles das, was an

Bewegungen ausgeführt wird, soll im unmittelbaren Eindruck ästhetisch wirken. Und es zeigt sich nur, wenn man wirklich das Innere der Natur in dieser Weise offenbart, es aufsucht, dass dann, indem man die Gesetzmäßigkeit der Welt offenbart, zu gleicher Zeit das Künstlerisch-Schöne wirklich zum Ausdrucke kommt.

Alles Willkürliche ist hier in dieser eurythmischen Kunst vermieden, Während Sie sonst sehen allerlei ähnliche Künste heute, die eine Augenblicksgeste verbinden mit irgendeiner Seelenbewegung oder dergleichen, ist hier von einem solchen Pantomimischen oder Mimischen oder von solchen Augenblickgesten gar nicht zu reden, sondern alles ist innerlich gesetzmäßig wie in der Metamorphosen-Idee selbst. Wie in der Musik der bewegte Ton ist und wie in der Sprache der bewegte Laut ist, so ist hier dasjenige, was Sie in Begleitung der Sprache, in Begleitung der Musik sehen sollen, Bewegtes des menschlichen Inneren selber, jenes menschlichen Inneren, das sich fortwährend so bewegen will, nur still wird, wenn es den Ton der Musik, die Tongestaltung vernimmt oder wenn es das künstlerisch gestaltete Sprachliche vernimmt.

Sodass man sagen kann: Hier ist so wenig Willkürliches, dass, wenn zwei Menschen oder zwei Menschengruppen an verschiedenen Orten ein und dieselbe Dichtung eurythmisch, oder ein und dasselbe Musikstück eurythmisch zur Darstellung bringen, so ist kein anderer individueller Unterschied, als wenn zwei Klavierspieler ein und dieselbe Beethoven'sche Sonate an zwei verschiedenen Orten zum Ausdrucke bringen, denn das Willkürliche ist hier nur begrenzt individuell. Aber es ist eine innere Gesetzmäßigkeit in dieser sichtbar gewordenen Sprache, die die Eurythmie ist, wie im Musikalischen selbst im melodiösen und im harmonischen Elemente eine innere Gesetzmäßigkeit zugrunde liegt, die gestaltet sein will, die aufgefasst sein will, die nicht willkürlich im Momente gestaltet sein kann.

Wenn Sie daher noch etwas Pantomimisches oder Mimisches in unseren Darbietungen heute sehen, so ist das nur aus dem Grunde heute noch vielleicht vorhanden – wir sind selbst unsere strengsten Kritiker –, weil unsere eurythmische Kunst erst im Anfange steht. Wird sie einmal ganz ausgebildet sein, dann wird alles Willkürlich-

Mimische draußen sein, so wie aus etwas wirklich Musikalischem alles Musikalisch-Malerische, alle Tonmalerei und dergleichen als etwas Dilettantisches draußen sein muss und draußen ist.

Nun werden Sie sehen auf der einen Seite, meine sehr verehrten Anwesenden, dasjenige, was in der sichtbaren Sprache der Eurythmie dargestellt ist, was Sie gleichzeitig hören werden als Musikstücke oder auch gleichzeitig hören werden als das rezitierte Gedicht. Dabei kommt aber noch in Betracht, dass die Rezitationskunst selbst, die begleiten soll unsere eurythmischen Darbietungen, dass diese Rezitations- und diese Deklamationskunst etwas zurückgehen muss zu früheren guten Formen des Rezitierens und Deklamierens. Man kann schon sagen, wenn das auch vielen Menschen nicht recht ist: Die eigentliche Rezitationskunst ist heute im Rückgang, im Niedergange begriffen. Der Rezitierende versucht heute eigentlich nur das prosaische Element vielfach zur Darstellung zu bringen. Dasjenige, was im Inhalte der Worte liegt, das versucht er durch Betonung oder durch Wärmegebung oder dergleichen zum äußeren Ausdrucke zu bringen.

Man braucht sich nur zu erinnern an bessere Zeiten der dichterischen Kunst, und man wird fühlen, dass die Rezitation dennoch andere Wege einschlagen muss, dass sie heute in einer gewissen Beziehung auf einem Abwege begriffen ist. Ich möchte Sie daran erinnern, dass Schiller bei den meisten seiner Dichtungen, gerade bei denjenigen, die uns am wärmsten zur Seele sprechen, nicht den Wortinhalt zunächst hatte in seiner Seele; der war zunächst gar nicht da, der Wortinhalt. Etwas Melodiöses, etwas Musikalisches hatte er, und erst zu dem Musikalischen, das in seiner Seele lebte, fand er den Wortinhalt dazu. – Und dann an noch etwas anderes möchte ich erinnern: Wenn Goethe seine «Iphigenie» – also sogar eine dramatische Dichtung – mit seinen Schauspielern in Weimar einstudierte, so hat er sie, wie man ein Musikstück einstudiert, mit dem Taktstock wie ein Kapellmeister einstudiert.

Also es kam diesen wirklichen Künstlern darauf an, auch das Dichterische, das Rezitatorische zu suchen nicht im Inhalte, sondern in der Formgebung, in Rhythmus, in Takt. Das muss auch der Rezitation zugrunde liegen. Wer da weiß, wie die Rezitationskunst in primitiven Zeitaltern und noch bei primitiven Menschen wenigstens noch vor ganz kurzer Zeit war, der weiß, wie berechtigt das ist, wenn in solch primitiveren Zeitaltern vor Dorfbewohnern in einfacher Weise dieses oder jenes rezitiert worden ist, dann ging, möchte man sagen, in einer primitiven Eurythmie, mit einer primitiven Bewegung seines ganzen menschlichen Organismus der Rezitierende auf und ab und drückte dasjenige, was in der Formgebung der Sprache liegt, auf der einen Seite durch den Ton selber aus, auf der anderen Seite durch die Bewegung, mit der er das begleitete.

Auf solche Dinge wird man erst wiederum zurückkommen, wenn man tiefer auf das eigentliche Wesen der Kultur, der Geisteskultur und ihres Zusammenhanges mit der materiellen Kultur wiederum hinschaut. Wie viele Menschen wissen denn heute noch, dass das Arbeiten begleitet war in primitiveren Zeitaltern vom Rhythmus; alles, was man getan hat, die Arbeit, sie wurde begleitet von Rhythmus. Es wurde geschlagen mit dem Hammer im Rhythmus; es wurde alles dasjenige, was ausgeführt wurde, mit Rhythmus begleitet ausgeführt. Arbeit und Rhythmus gehörten in der Urkultur zusammen.

Wir versuchen das zunächst dadurch, um wiederum der Gegenwart eine Beziehung zum Bewusstsein zu bringen, dadurch, dass wir – weil wir das ja auch nicht anders können, wir könnten nicht unsere sichtbare Sprache der Eurythmie darstellen und begleiten lassen von der Dichtung, begleiten lassen von der Rezitation, wenn wir sie nicht so gestalten würden, dass es uns nicht ankommt bei diesem Rezitieren und Deklamieren auf den wortwörtlichen Prosagehalt, der in der auf Abwegen befindlichen Rezitationskunst heute zumeist beliebt ist, der uns aber nurmehr dasjenige ist, an das sich das eigentlich Künstlerische anlehnt –, sondern dass der Hauptwert gelegt wird auf Takt, Rhythmus, also auf das wirklich Künstlerische, auf dasjenige, was als melodiöses Element der Dichter seiner Sprache verleiht. Der Inhalt ist nur die Gelegenheit, um dieses eigentlich Künstlerische zum Ausdruck zu bringen.

So werden Sie sehen – wie gesagt, auf der einen Seite, allerdings im Mittelpunkte unserer Darstellung stehend – die eurythmische Bewegungskunst auf der einen Seite begleitet von der Musik, auf der anderen Seite die begleitende Rezitation und Deklamation. Alle Drei sollen nur der Ausdruck ein und desselben sein. Man darf gerade deshalb hoffen, dass mit dieser eurythmischen Kunst eine Art Gesamtkunst einmal erreicht werden kann, weil ja der Mensch eine Art Auszug, eine Art Extrakt ist des ganzen Weltenalls in seiner Gesetzmäßigkeit.

Blicken wir nicht mit dem Verstande in die Gesetzmäßigkeit der Welt, sondern blicken wir mit unserem Anschauungsvermögen in die Gesetzmäßigkeit der Welt, so fassen wir sie ja gerade künstlerisch auf, diese Welt. Der Mensch aber ist ein wirklicher Mikrokosmos, eine kleine Welt selber. Dasjenige, was als Bewegungsanlage in ihm lebt vor allen Dingen, das metamorphosiert in Künstlerisches, das muss auch im höchsten Sinne auf jeden unbefangenen Menschen wirklich künstlerisch wirken. Daher kann man sagen: Diese Eurythmie erfüllt Goethe'sche Kunstgesinnung. Goethe spricht es einmal so schön aus, indem er sagte: «Denn indem der Mensch auf den Gipfel der Natur gestellt ist, so sieht er sich wieder als eine ganze Natur an, die in sich abermals einen Gipfel hervorzubringen hat. Dazu steigert er sich, indem er sich mit allen Vollkommenheiten und Tugenden durchdringt, Wahl, Harmonie, Ordnung und Bedeutung aufruft und sich endlich bis zur Produktion des Kunstwerkes erhebt.»

Und wenn der Mensch nun gar nicht nur zur Produktion eines anderen Kunstwerkes schreitet, sich erhebt, sondern sich selber zum Kunstwerke macht, dann müssen die tiefsten Geheimnisse der Welt in der unmittelbaren Anschauung zur Offenbarung kommen. Und das muss in einer gewissen Weise zusammenfassen, was die verschiedensten Künste auf ihren verschiedenen Gebieten wollen.

Allerdings wird dasjenige, was wir Ihnen bieten können, von Ihnen mit Nachsicht zu beurteilen sein, meine sehr verehrten Anwesenden, denn wir sind in allem, was ich der Idee nach angedeutet habe, in den Anfängen; vielleicht ist es sogar nur der Versuch eines Anfanges. Wir sind selbst die strengsten Kritiker, und wissen, wie das, was wir schon ausgebildet haben, immer weiter und weiter getrieben werden muss. Aber wenn unsere Zeitgenossen für neue Erscheinungen – aber für wirkliche, nicht bloß für scheinbare neue Erscheinungen –, wenn unsere Zeitgenossen für neue Erscheinungen, wie diese Eurythmie es sein soll, Verständnis haben, dann hoffen wir, dass – vielleicht nicht mehr durch uns selbst, aber durch andere, die an unsere Stelle treten werden – diese eurythmische Kunst ausgebildet werde zu immer größerer und größerer Vollkommenheit.

So sehr wir einsehen, dass wir heute nur mangelhaft noch geben können dasjenige, was wir eigentlich geben wollen, indem wir uns anlehnen an Goethe'sche Kunstgesinnung, der ja nicht Erkennen und künstlerisches Auffassen ganz trennt, sondern in dem Künstlerischen etwas von dem wirklichen Erkennen sieht – das Auffassen der Dinge in sichtbarlichen und greiflichen Gestalten –, wie wir wissen, dass wir gegenüber diesem Fortschritt heute nur etwas ganz Anfängliches geben können, so glauben wir aber doch – und es ist unsere tiefste Überzeugung –, dass aus dem, was in unserer Zeit angefangen ist mit dieser eurythmischen Kunst, sich etwas entwickeln wird können, was als eine voll berechtigte neuere Kunst sich neben andere voll berechtigte Künste wird hinstellen können. In diesem Sinne – von etwas, was erst vollkommener und immer vollkommener ausgebildet werden soll – bitte ich Sie heute den Versuch einer eurythmischen Darstellung hinzunehmen.

DORNACH, 19. OKTOBER 1919

Programm zur Aufführung, Dornach, 19. Oktober 1919

EURHYTHMISCHE KUNST

GOETHEANUM
DORNACH
SONNTAG - 19 OCT. 1919 um 5 UHR.
PROGRAMM.

Einleitende Worte von Rudolf Steiner über Eurhythmische Kunst.

Die Lerche   von Fercher von Steinwand
Mit musikalischem Auftakt von L. van der Pals.   Tatiana Kisseleff.
Die Beichte des Wurms   von Christian Morgenstern.
Für Gesang, Laut und Toneurhythmie   Musik von Max Schuurman

Aus den Galgenliedern von Christian Morgenstern.
Mein Glück   von Nietzsche
Evoe   Musik von Max Schuurman.
In der Sistina   von C. F. Meyer.
     Anne Marie Groh.
Dein Schmerz sein Recht   von F. Hebbel.
     Tatiana Kisseleff.
Zueignung   von Goethe
     mit musikalischer Beigabe von L. van der Pals.

Pause.

FAUST im STUDIERZIMMER.
FAUST .. JAN STUTEN.   WAGNER .. M. WALLER.   DER ERDGEIST .. TATIANA KISSELEFF.
Chor der Engel, Frauen, Jünger.
Musik von J. Stuten.

Ansprache zur Eurythmie, Dornach, 19. Oktober 1919

Meine sehr verehrten Anwesenden!
Die eurythmische Kunst, von der wir Ihnen eine kleine Probe heute wiederum vorzuführen uns erlauben, bitte ich Sie durchaus so aufzunehmen, dass zunächst dasjenige, was wir darbieten können, ein Anfang ist, ein Versuch, der erst in der Zukunft zu dem wird führen müssen, was wir uns eigentlich als ein Ideal einer Erneuerung eines gewissen Kunstgebietes denken.

Es ist nicht dabei die Meinung zugrunde liegend, dass wir neben anderen, ähnlichen Kunstformen, die eigentlich nur scheinbar ähnliche Kunstformen sind – Tanzkünste und dergleichen – etwas mit ihnen Ebenbürtiges hinstellen wollen. Dasjenige, was wir hier als eurythmische Kunst bezeichnen, das ist ganz herausgedacht, vielleicht müsste ich besser sagen heraus*empfunden* und heraus*gefühlt* aus der Goethe'schen Weltanschauung. Allerdings, wenn man in solchem Zusammenhange spricht von der Goethe'schen Weltanschauung, so muss man nicht in gelehrtenhafter Weise an den Goethe denken, der 1832 in Weimar gestorben ist, sondern an dasjenige, was als Geist in Goethe lebte und fortlebt und sich fortentwickelt und von jeder Generation neu aufgenommen werden kann.

Es ist ein künstlerisch umgrenztes Gebiet, ein künstlerisches Gebiet, das aus der Goethe'schen Weltanschauung heraus als eurythmische Kunst entwickelt werden soll. Ich möchte nicht theoretisieren, aber ich möchte doch mit einigen Worten vorausschicken, was die Quellen dieser eurythmischen Kunst sind.

Man muss sich, namentlich wenn eine solche Kunstform zuerst in der Kulturentwicklung auftritt, durchaus klar machen, dass – gerade im Goethe'schen Sinne ist es gedacht so –, dass dasjenige, was wir künstlerisch, ästhetisch genießen, [was] eigentlich in Bezug auf geheimnisvolle Tiefen in den Dingen ist, dass wir uns [das] auch durch unsere Erkenntnis zu offenbaren versuchen. Goethe hatte das Eigentümliche, dass für ihn Kunst und Wissenschaft nicht streng voneinander geschiedene Gebiete waren. Ein sehr charakteristischer Ausdruck von Goethe ist der, indem er sagt: Man sollte eigentlich nicht sprechen von der Idee der Wahrheit, von der Idee der Schönheit, von der Idee der Güte; denn Goethe meinte, die Idee sei Eins und Alles, und sie offenbart sich einmal als Güte des Menschen, einmal als Schönheit, einmal als Wahrheit. Dabei hatte Goethe allerdings im Auge etwas viel Lebendigeres, Geistigeres, als das Abstrakte, das viele Menschen sich heute unter Idee vorstellen. Er hatte dasjenige unter Idee im Auge, was lebendig die Natur selbst beseelt, und was der Mensch wiederum in sich findet, wenn er nur tief genug in die Schächte seines eigenen Wesens hinuntersteigt.

Aber man muss schon eingehen auf dasjenige, was gerade das Bedeutungsvolle und Charakteristische der Goethe'schen Weltanschauung ist, wenn man durchschauen will, was eigentlich hier mit der Eurythmie gemeint ist. Das Wesentliche in Goethes großer Naturanschauung, die eben zugleich, indem sie künstlerisch sich offenbart, Kunstanschauung ist, das Wesentliche ist etwas, das noch lang nicht genügend gewürdigt ist. Unsere Wissenschaft ist im Grunde genommen eine Wissenschaft vom Toten, und wir streben immer mehr und mehr, wenn wir rechte Naturwissenschaftler sein wollen, danach, auch das Lebendige als ein Totes zu begreifen, das Lebendige als aus dem Toten Zusammengesetztes uns zu denken. Goethe wollte das Lebendige unmittelbar anschauen. Er nannte dieses Anschauen des unmittelbar Lebendigen seine Metamorphosenlehre.

Wird einmal diese Metamorphosenlehre ausgedehnt sein über das ganze Gebiet der menschlichen Weltanschauung, so wird aus diesem Ausgedehntsein etwas Gewaltiges an der Natur[anschauung], an Umwandlung aller menschlichen Natur- und Weltanschauung hervorgehen. Es sieht primitiv, theoretisch aus, wenn man das einfache Grundprinzip Goethe'scher Weltanschauung klarlegt, das er in seiner Metamorphosenlehre vertritt. Allein – ausgestaltet ist es etwas Großes, etwas Gewaltiges, das uns tief hineinführt in das Wesen der Dinge und auch des Menschen.

Goethe stellt sich vor, dass in jedem einzelnen Pflanzenorgan, namentlich in jedem einzelnen Pflanzenblatt, sei es grünes Laubblatt, sei es farbiges Blütenblatt, in einfacher Weise eine ganze Pflanze enthalten [sein] soll. Wiederum stellte sich Goethe vor, dass die ganze

Pflanze, wenn sie noch so kompliziert sich auswächst, nur ein umgestaltetes Blatt ist. Jedes einzelne unter den Pflanzenblättern kann eine ganze Pflanze werden, die ganze Pflanze, jedes einzelne Organ wird wiederum eine Pflanze. Und so stellte sich Goethe alles Lebendige vor, vor allem auch den lebendigen menschlichen Organismus.

Aber Goethe ist allerdings seinerzeit bei der Anschauung der Form stehengeblieben. Das lag in seiner Zeit. Wir wollen, indem wir Goethes Anschauung ins Künstlerische hier umsetzen durch unsere Eurythmie, nicht bei den Formen stehen bleiben, sondern übergehen zur menschlichen Tätigkeit. Und da zeigt es sich denn als möglich, dass man mit einer gewissen intuitiven höheren Anschauung, mit einem wirklichen Schauen, dasjenige noch in anderer Art sich vor die Seele bringen kann, was der Mensch an seinen Mitmenschen hört, durch den Sinn des Hörens wahrnimmt, indem der Mitmensch spricht oder singt. Namentlich, indem er die Sprache gesanglich, also musikalisch oder dichterisch auch gestaltet.

Im gewöhnlichen Leben lenken [wir unsere] Aufmerksamkeit auf dasjenige, was wir hören können, auf dasjenige, was die Tätigkeit eines einzelnen Organes ist, den Kehlkopf und seine Nachbarorgane. Derjenige, der nun aber mit einem höheren Schauen, mit einem übersinnlichen Anschauen dasjenige durchblickt, was im Menschen geschieht als sich offenbarend durch ein einzelnes Organ, durch den Kehlkopf und seine Nachbarorgane, der kann auch, so wie Goethe das einzelne Blatt in der ganzen Pflanze sah, so kann der Schauende sehen dasjenige, was im Kehlkopf und seinen Nachbarorganen an feinen Bewegungen nur veranlagt ist, als Bewegungen des ganzen menschlichen Organismus. Und so wird Ihnen hier auf der Bühne vorgeführt werden im Grunde genommen dasjenige, was eine Sprache ist, eine sichtbar gewordene Sprache. Was sonst im menschlichen Kehlkopf unsichtbar vor sich geht, wird aus dem Gesamtorganismus des Menschen, aus allen seinen Gliedern hier geoffenbart.

So können wir eine Kunst schaffen, welche parallel gehen kann erstens der musikalischen Kunst. Sie werden daher dasjenige, was auf der Bühne vorgeht durch den Menschen selbst, der gleichsam ein großer, lebendig gewordener Kehlkopf ist, begleitet finden durch das Musikalische einerseits, und auf der anderen Seite begleitet finden durch die Rezitation.

Es wird dann aber notwendig, gerade wenn man durch die Rezitation, durch kunstvolle dichterische Sprache begleitet dasjenige, was der ganze Mensch als eine sichtbare Sprache darstellt, es wird dann notwendig, in der Rezitationskunst wiederum zu den guten alten Formen dieser Kunst zurückzukehren. Die Rezitationskunst der Gegenwart ist im Grunde genommen auf einem Abwege. So ungerne es die Menschen gegenwärtig hören, muss man es doch sagen. Die Rezitationskunst der Gegenwart ist mehr prosaisch geworden. Man lässt dasjenige, was dem Wortinhalte nach in einer Dichtung liegt, durch die Rezitationskunst zum Ausdruck bringen. Das war nicht so bei der Rezitationskunst früherer Zeiten. Je weiter wir zurückgehen, desto mehr war sich auch der dichterische Künstler bewusst, dass Rhythmus, Takt, dass die Form der Sprachgestaltung, das Formelle, dass das die Hauptsache ist.

Ich brauche nur daran zu erinnern, dass Schiller, wenn er an ein Gedicht ging, nicht zunächst den Wortinhalt des Gedichtes in sich empfand, sondern etwas wie eine Melodie, wie eine unbestimmte Melodie, also etwas Musikalisches empfand. Dies, was in der Sprache liegt abgesehen von dem Gedanken, Vorstellungs- oder Wortinhalt, das ist eigentlich das künstlerisch Hauptsächlichste, das künstlerisch Bedeutsame. Das ist dasjenige, was auch in der Rezitationskunst besonders zum Ausdrucke kommen muss. Goethe hat, wenn er seine «Iphigenie», also sogar ein Drama mit seinen Schauspielern einstudierte, sie mit dem Taktstock in der Hand einstudiert, überall weniger sehend auf dasjenige, was der Wortinhalt ist. Das ist im Grunde genommen nur die prosaische Leiter, an der sich die eigentliche dichterische Kunst hinaufrankt. Er hat gesehen auf die dichterische Gestaltungskraft, auf das Formelle.

In unserer Rezitationskunst, welche das Eurythmische begleitet, werden Sie sehen, dass im Wesentlichen ein innerer Rhythmus in innerer Bewegungsharmonie besteht. Da muss auch rezitierend dasjenige zum Ausdruck kommen, was wirklich Rezitationskunst ist.

Nun, wenn man das Wort nimmt, wie es künstlerisch gestaltet ist, oder überhaupt als Wort, so wird das in unserer sichtbaren Sprache, welche die Eurythmie darstellt, ausgedrückt durch dasjenige, was zunächst der Mensch in seinen Gliedern als Bewegungsmöglichkeiten zur Offenbarung bringen kann. Aber dasjenige, was wir aussprechen, insbesondere, wenn wir es musikalisch, wenn wir es dichterisch gestalten, es ist durchzogen von innerer Seelenwärme, von Lust und Leid, von Freude und Schmerz. Das alles ist auch möglich eurythmisch darzustellen.

In den Bewegungen, die weniger an den einzelnen Gliedern des Menschen haften, sondern die mehr der ganze Mensch ausführt oder die er ausführt im Raume oder in den Verhältnissen, in die er tritt, wenn wir Gruppendarstellungen geben, zu den anderen Darstellungen der Gruppen, in diesen Bewegungen, also in den mehr räumlichen Bewegungen, im Zeitlichen drückt sich dann dasjenige aus, was unsere Sprache, unsere hörbare Sprache durchbebt, durchvibriert als Seelenwärme, Lust und Leid, Freude und Schmerz, als Enthusiasmus und so weiter, aber es ist nichts Willkürliches. Und damit unterscheidet sich unsere Eurythmie gerade von gewissen Nachbarkünsten, die man leicht mit ihr verwechseln könnte: Alles ist immer gesetzmäßig. Nicht ist eine Augenblicksgebärde genommen, um irgendetwas seelisch auszudrücken. Geradeso, wie die Musik selber in ihren Melodien besteht in einer gesetzmäßigen Aufeinanderfolge der Töne, so besteht Eurythmie in einer Aufeinanderfolge der Bewegungen. – Wenn zwei Menschen oder Menschengruppen dasselbe eurythmisch darstellen, so ist das geradeso, wie wenn zwei Klavierspieler ein und dieselbe Beethovensonate darstellen. Individuelles spielt in keinem anderen Sinne eine Rolle beim Eurythmischen, als zum Beispiel bei der musikalischen Wiedergabe irgendeines Tones oder Tonstücks.

Wenn Sie noch sehen in unseren Anfängen, in unseren ersten Versuchen Pantomimisches, Mimisches, so ist das ganz und gar noch eine Unvollkommenheit, die auch eben in der Zukunft abgestreift werden wird. Denn gerade das Pantomimische, das Mimische, die Augenblicksgeste, dasjenige, was sonst die Tanzkunst beseelt, das ist bei uns ebenso wenig enthalten, wie in wirklicher Musik Tonmalerei enthalten ist. Bei uns kommt es nicht darauf an, Augenblicke durch eine Geste, durch Mimik irgendwie auszudrücken, sondern auf eine innere Gesetzmäßigkeit, die im menschlichen Organismus veranlagt ist, diese äußerlich zu offenbaren und damit in Wirklichkeit zu erfüllen auf einem bestimmten beschränkten Gebiete dasjenige, das Goethe so schön ausdrückte, indem er sagte: Wem die Natur ihr offenbares Geheimnis enthüllt, der sehnt sich nach ihrer würdigsten Auslegerin, der Kunst. Denn, da der Mensch die Zusammenfassung der Gesetzmäßigkeit der Harmonien des ganzen Weltenalls ist, so kann man insbesondere dasjenige, was im menschlichen Organismus veranlagt ist, künstlerisch darstellen, tatsächlich etwas – man kann sagen: von der Gesetzmäßigkeit des ganzen Weltenalls. Während unsere Erkenntnis den Begriff hinstellt vor dasjenige, was Weltengeheimnis ist, soll da die Kunst unmittelbar ausdrücken die Weltengeheimnisse.

Wenn ich eine Erklärung für dasjenige gebe, was eurythmisch dargestellt wird, so ist es nur, um auf die Quelle hinzuweisen; denn selbstverständlich ist es, dass alles Künstlerische unmittelbar in ästhetischer Anschauung empfunden werden muss und sich als sympathisch der Seele offenbaren muss.

Gerade aber bei Goethe, sehen Sie, sehr verehrte Anwesende, hat man das Gefühl, dass die eurythmische Kunst ihre Probe bestehen kann. Wir haben versucht, namentlich gewisse Szenen – die früheren Vorstellungen hier – aus dem zweiten Teil des Goethe'schen «Faust» eurythmisch darzustellen. Sie werden ja vielleicht wissen, wie schwierig gerade der zweite Teil des «Faust» sich bei Bühnendarstellungen machte. Ja, Sie werden auch wissen, wie viele Leute sagen: Dieser zweite Teil des Goethe'schen «Faust» – das ist ein Machwerk des Alters, der enthält nicht mehr die Kraft, die Goethe in seinem ersten Teil in seiner Kunst zum Ausdruck gebracht hat.

Die Leute, die so sprechen, haben sehr Unrecht. Goethe hat allerdings in seinem «Faust» im zweiten Teile dasjenige als Kunst zur Offenbarung gebracht, was sich ihm nach einer reifen Lebenserfahrung als die Quellen der Kunst erschlossen haben. Gerade aber, wenn man dasjenige, was nun ganz und gar in die Formen hineingeht, was gewissermaßen nichts mehr zu tun hat mit dem Prosainhalt, sondern ganz Kunst geworden ist, wenn man das eurythmisch darstellt, dann kommt man auf die Feinheiten. Davon aber ausgehend sind wir dann dazu gekommen, überhaupt, ich möchte sagen die Goethe'schen Dichtungen zu durchmessen daraufhin, inwiefern dasjenige, was in Goethes Seele künstlerisch lebte, durch die besondere eurythmische Kunst, also durch eine sichtbare Sprache, zum Ausdruck gebracht werden kann. Und immer mehr stellt es sich uns doch so heraus, dass in dem Augenblicke, wo das Goethe'sche Künstlerische übergeht in das Übersinnliche, in dasjenige, was nicht im äußeren gewöhnlichen Leben lebt, dass dann die eurythmische Kunst in ihr volles Recht eintritt.

Gewiss ist es heute ein Wagnis zu sagen: Goethe hat formkünstlerisch so gedacht, dass man die Notwendigkeit empfindet, da, wo er sich über die Sphäre des Alltäglichen erhebt, zu so etwas überzugehen, was auch aus dem gewöhnlichen künstlerischen Darstellen hinausgeht, in die eurythmische Darstellung übergeht. Aber man darf vielleicht so etwas [aussprechen], wenn man sich allmählich, nach längerer Zeit hinaufgerankt hat zu jener Goethe'schen Erkenntnis, von der ich glaube, dass sie nötig ist, die es dann auch ernst nimmt mit Goethe. Wenn zahlreiche Menschen glauben aus einer philiströsen Art heraus – Vischer und andere Leute waren ja in gewisser Beziehung auch deutsche Ästhetiker –, wenn gewisse Leute ablehnen zu müssen glauben dasjenige, was Goethe später geschaffen hat – man lässt sich ja so schwer darauf ein, dasjenige, was man nicht gleich versteht, so aufzufassen, dass man sich erst zum Verständnisse durchzuringen hat, man liebt es vielmehr, dem Dichter die Schuld zu geben, dass er so unverständlich darstellt.

Goethe hat einmal einen herben Ausspruch getan über die Leute, die auch zu seinen Lebzeiten aufgetreten sind, die zum Beispiel seine «Iphigenie», seine «Natürliche Tochter», weniger geschätzt haben als, sagen wir diejenigen Partien im ersten Teil des «Faust», die schließlich elementar hervorgequollen sind aus seiner Seele und weniger künstlerisch sind als dasjenige, was sich Goethe als Kunstform erst errungen hat im Laufe eines langen Lebens. Goethe war erbost über diejenigen,

die das höher schätzten, was er in seiner Jugend hervorgebracht hat
– auch als «Faust»-Partien zum Beispiel –, gegenüber dem, [was] er
später, nachdem er zu einer abgeklärten Kunstanschauung übergegangen war, [hervorbrachte]. Aus einer solchen Erbostheit ging ja
Goethes Ausspruch hervor, den man in seinem Nachlasse fand, wo
er sagt in Bezug auf das Publikum, das ihn nicht mehr verstand:

> Da l[ob]en sie meinen Faust
> Und was noch sunsten
> In meinen Werken braust
> Zu ihren Gunsten.
> Das alte Mick und Mack,
> Das freut sie sehr,
> [Es meint] das Lumpenpack
> Man wär's nicht mehr.

Ich bin überzeugt davon, meine sehr verehrten Anwesenden, dass
Goethe sich in einer solchen Weise ungefähr auch dem Goethe Verständnis, dem angemaßten Goethe-Verständnis, das sich heute breit
macht, aussprechen würde.

Gerade aber dann, wenn einem das entgegentritt, was Goethe sich
errungen hat, dann empfindet man auch die Notwendigkeit, zu neu-
en Kunstformen vorzuschreiten, um das zum Ausdruck zu bringen,
was Goethe in seinen Erstlingswerken hingestellt hat.

Allerdings haben wir es heute nach der Pause mit dem Anfange
des ersten Teils von Goethes «Faust» mit einem Erstlingswerk zu tun.
Aber wir wollen versuchen, gerade diejenigen Partien, wo hinaufge-
führt dasjenige ist, was sich sonst als alltägliches Leben abspielt, in
eine höhere Sphäre – wo die menschliche Seele sich erhebt zu einem
Höheren, Übersinnlichen –, [wir wollen versuchen, dass] das gerade
auch im ersten Teil des «Faust» in einem Anfange durch eurythmische Kunst in diejenige Art des Offenbarens des Menschen- und
Weltenwesens hinaufgetragen wird, durch die man eine Empfindung
davon haben kann, wie der Mensch in seinem physisch-sinnlichen,
irdischen Dasein zusammenhängt mit einem höheren Dasein.

So möchten wir eben durch die Eurythmie alles dasjenige vom
Menschen zur Offenbarung bringen, was in dem Menschen als das

eigentliche Weltengeheimnis tief verborgen liegt. Aber Sie werden dieser eurythmischen Kunst nur gerecht werden, wenn Sie sie, so wie wir sie heute schon bieten können, nur als einen Anfang, als einen schwachen Versuch desjenigen, was werden soll, ansehen. Wir sind selbst die strengsten Kritiker, und wissen, was an ihr noch unvollkommen ist. Aber wir glauben, dass, wenn unsere Zeitgenossen dem, was erst versucht wird, Interesse entgegenbringen, Aufmerksamkeit entgegenbringen, so wird es doch dann möglich sein, diesen Anfang zu immer größerer und größerer Vollkommenheit zu bringen.

Kurz, wir sind davon überzeugt, dass die Kunstform, an deren Anfang wir damit stehen in der Eurythmie, dass die vielleicht noch von uns selbst – aber wahrscheinlich schwach –, aber von anderen immer weiter und weiter ausgebildet werden wird und dass sie sich dann als eine vollberechtigte Kunstform neben andere Kunstformen, die vollberechtigt sind, wird hinstellen lassen.

ZÜRICH, 31. OKTOBER 1919

*Zeitungsankündigung für die Aufführung
Zürich, 31. Oktober 1919*

*Tagblatt der
Stadt Zürich
29.10.1919*

Freitag, den 31. Oktober 1919
abends 8 Uhr
im grossen Saal „Zur Kaufleuten"
Pelikanstrasse 18, Zürich
(geheizter Saal)

Oeffentliche Vorstellung

in

Eurythmischer Kunst

ausgehend von der Freien Hochschule für Geisteswissenschaft
„Goetheanum" Dornach
unter Mitwirkung von

Tatiana Kisseleff
Annemarie Groh, Annemarie Donath
und Anderen.

In eurythmischer Einzel- oder Gruppenkunst kommen u. a. zur Darstellung:

„Die Hoffnung . . ." von Schiller, mit musikalischer Beigabe von Max Schuurman, durch eine Gruppe.

„Meeresstille und glückliche Fahrt" von Goethe, mit musikalischer Beigabe von L. van der Pals durch eine Gruppe.

„Selige Leichtigkeit" von Chr. Morgenstern, TATIANA KISSELEFF, durch eine Gruppe.

„Der Spaziergang" von Martin Opitz, für Gesang, Ton- und Laut-Eurythmie, komponirt von Max Schuurman.

„Nachklänge Beethovenscher Musik" von Cl. Brentano, durch Annemarie Donath.

„Aussöhnung" von Goethe, durch TATIANA KISSELEFF, durch eine Gruppe.

Aus den „Galgenliedern", von Chr. Morgenstern

sowie aus

„Faust" II. Teil „Um Mitternacht"

Faust: Jan Stuten
die Sorge: Tatiana Kisseleff
der Mangel: Nora Stein
die Schuld: Annemarie Groh
die Not: Ilse Aisenpreis

Konzert-Flügel aus dem Hause Jecklin, Zürich.

Programme à 30 Cts., sowie
Karten à Fr. 5.—, 4.—, 3.— und 2.— erhältlich von heute an im Reisebureau Kuoni, Bahnhofplatz 7, sowie am 31. Oktober an der Abend-Kasse „Zur Kaufleuten".

52861

Programm zur Aufführung Zürich, 31. Oktober 1919

PROGRAMM

Einleitende Worte von Rudolf Steiner über eurythmische Kunst.

In eurythmischer Einzel- oder Gruppenkunst kommen zur Darstellung:

Die Hoffnung . . . von Schiller, mit musikalischer Beigabe von Max Schuurman . . . . . .
. . . . dargestellt durch eine Gruppe
Wochenspruch aus dem Seelenkalender. . . von Rudolf Steiner . . . Tatiana Kisseleff
Meeresstille und Glückliche Fahrt . . . von Goethe, mit musikalischer Beigabe von L. van der Pals . . . . eine Gruppe
Selige Leichtigkeit . . . von Chr. Morgenstern . . . . Tatiana Kisseleff
Dämmerung . . . von Goethe . . . . eine Gruppe
Der Spaziergang . . von Martin Opitz, für Gesang, Ton und Laut, Eurhythmie, komponiert von Max Schuurman . . . . eine Gruppe
Mein Glück . . . von Fr. Nietsche . . . . Annemarie Groh
Auftakt „Wir wollen suchen" . . . komponiert von Max Schuurman . . . .
. . . . Tatiana Kisseleff und Annemarie Donath
Nachklänge Beethovenscher Musik . . . von Cl. Brentano . . . . Annemarie Donath
Auftakt „Evoe" . . . von Max Schuurman . . . . eine Gruppe
Aussöhnung . . . von Goethe . . . . Tatiana Kisseleff
Humoristischer Auftakt . . . von Jan Stuten . . . . eine Gruppe
Aus den „Galgenliedern" von Chr. Morgenstern . . . . von H. Siedlecka
M. Waller
E. Diubaniuk
und Anderen.

PAUSE

Aus „FAUST" II. Teil. „Um Mitternacht".

Faust: Jan Stuten
die Sorge: Tatiana Kisseleff
der Mangel: Nora Stein
die Schuld: Annemarie Groh
die Not: Ilse Aisenpreis.

Ansprache zur Eurythmie, Zürich, 31. Oktober 1919

Meine sehr verehrten Anwesenden!
Die eurythmische Kunst, von der wir Ihnen heute Abend hier eine Probe vorführen wollen, ist etwas, das durchaus erst am Anfang sei-

ner Entwicklung steht. Daher bitte ich Sie, diesen heutigen Versuch durchaus mit Nachsicht aufzunehmen. Es handelt sich darum, eine Kunstrichtung auszubauen, die sich der Mittel der Bewegungsmöglichkeiten des menschlichen Organismus selbst bedienen will. Und es handelt sich darum, diese Kunstströmung so weiter zu führen, dass sie liege im Sinne einer Weltanschauung und Kunstgesinnung, die man durchaus zurückführen kann auf Goethes Weltanschauung und Kunstgesinnung. Nicht soll dabei gesagt werden etwas demjenigen Ähnliches, was Goethe selbst der Welt gegeben hat bis zum Jahre 1832, sondern es handelt sich darum, Goetheanismus in einem viel weiteren Sinne zu denken. Es handelt sich darum zu verstehen, dass Goetheanismus die Offenbarung einer gewissen Kunstrichtung und Weltanschauungsrichtung ist, die gewissermaßen einen ewigen Wert hat. Sodass man sprechen kann von einer Goetheauffassung, die trotzdem auf Goethes eigene Individualität zurückgeht, die aber durchaus vom Jahre 1919 ist.

Wenn ich ein paar Worte gerade aus dem Grunde, weil wir es zu tun haben mit einem ersten Versuche, an Sie richten möchte, so ist es wahrhaftig nicht, um eine theoretische Erklärung zu geben, um diesen Versuch kunstwissenschaftlich zu interpretieren, sondern um hinzuweisen auf die eigentliche Quelle dieser eurythmischen Kunst. Denn es ist ja selbstverständlich, dass alles Künstlerische unmittelbar für den sinnlichen Anblick sich als berechtigt erweisen muss. Eine Kunst, welche erst ihre Berechtigung gewissermaßen durch eine theoretische Erklärung nachweisen müsste, wäre durchaus keine Kunst.

Aber nicht um das handelt es sich, sondern darum, dass gerade im Goethe'schen Sinne heute Kunst hervorgeholt ist aus den tiefen Geheimnissen des Natur- und Weltendaseins selbst und dass Goethe durchaus Kunst und Erkennen für etwas Verwandtes hält. Sagt er doch so schön in einem seiner bedeutsamen Aussprüche über die Kunst, dass der Stil beruhe auf einer Art Erkennen, auf einem Gewahr-Werden der tieferen Geheimnisse des Lebens und der Dinge, sofern wir sie in sichtbaren greifbaren Gestalten zu erfassen vermögen, und we[m] die Natur ihr offenbares Geheimnis zu enthüllen beginne, so empfinde er die tiefste Sehnsucht nach ihrer Auslegerin in der Kunst, so weist er darauf hin, dass man mit der Kunst eindringen soll in die Weltengeheimnisse, um die es sich auch handelt bei der Erkenntnis. Aber Erkenntnis sucht hierbei zu geben das, was unten in den Dingen ruht bis zum Begriff, bis zur Vorstellung. Überall da, wo heraufgearbeitet wird bis zum Begriff, bis zur Vorstellung, da ist nichts vorhanden, was wir Kunst nennen könnten.

Nun wollen wir gerade im Sinne Goethe'scher Weltanschauung dasjenige, was als Wesen des Menschen geahnt werden kann, herausholen, wir wollen die inneren Bewegungsmöglichkeiten des menschlichen Organismus herausarbeiten und sie zur unmittelbaren Anschauung bringen. Ich darf das Prinzip, wodurch dieses geschieht, dadurch darstellen, dass ich hinweise auf die Bedeutung der Goethe'schen Metamorphosenlehre, auf denjenigen Teil der Goethe'schen Weltanschauung, der ja gewiss noch eine große Rolle spielen wird in der Geistesentwicklung der Menschheit. Für Goethe ist die ganze Pflanze in ihrer Kompliziertheit nur eine Umgestaltung eines einfachen Pflanzenblattes und wiederum ist für Goethe ein Pflanzenblatt eine ganze Pflanze, nur einfacher gestaltet. Und jedes einzelne Organ eines Organismus ist die Umgestaltung irgendeines anderen, sinnlich ganz anders ausschauenden Organs. Man muss die Dinge nur ganz deutlich anschauen, um den Metamorphosencharakter der Organismen zu erkennen.

Das, was Goethe auf die Form des Lebendigen angewendet hat, das sollte angewendet werden auf die Bewegung des Menschen, das sollte umgestaltet werden zu wirklicher Kunstanschauung.

Wenn wir einem Menschen zuhören, während er spricht, so richten wir keine Aufmerksamkeit auf das, was zugleich vorgeht, wenn der Mensch spricht: auf die Bewegungsanlagen des Kehlkopfes und seiner Nachbarorgane. Aber diese Bewegungsmöglichkeiten des Kehlkopfes sind nur schaubar für ein übersinnliches Schauen. Durch die Bewegung der Sprechorgane geht das hörbare Wort in die Luft und wird durch sie dargestellt.

Diese Bewegungsmöglichkeiten des Kehlkopfes kann man übertragen auf den ganzen Menschen, indem man auf das zurückgeht, was in seinen Gliedern veranlagt ist, indem man das, was der Kehlkopf unsichtbar ausführt, zur sinnlichen Erscheinung bringt. Dadurch entsteht eine sichtbare Sprache, die durch den ganzen Menschen zur Anschauung gebracht wird. Wenn so der ganze Mensch zum Kehlkopf wird durch dasselbe, was lebt als Rhythmus, als Reim, als Seelenwärme, als Takt in der dichterischen Sprache, dann kommt sichtbar eine wirkliche Kunst zustande, die zum Ausdrucksgefäß wird für das, was geheimnisvoll in der ganzen menschlichen Wesenheit verborgen liegt. Das ist es, was wir wollen. Was sonst im Menschen unterdrückt wird – unterdrückt werden muss, weil, indem gesprochen wird, mehr das Vor[stellun]gsmäßige in unsere Wortzusammenhänge hineingeht –, das unterdrückte eigentliche Willensmäßige soll offenbar gemacht werden durch die eurythmische Kunst.

So kann man auch sagen, dass diese eurythmische Kunst nicht verglichen werden kann mit irgendwelchen Nachbarkünsten. Sie will deshalb auch nicht mit andern Nachbarkünsten konkurrieren. Es handelt sich hier nicht um das willkürliche, augenblickliche Zusammenstimmen einer Gebärde oder dergleichen mit dem Seeleninhalt, sondern um ein ganz bestimmtes Gesetzmäßiges, das lebt in den aufeinanderfolgenden Bewegungen so, wie ein Gesetzmäßiges lebt in den aufeinanderfolgenden Tönen der Musik. Dieser musikalischen Kunst ist die eurythmische Kunst nachgebildet, nur bewegt sie sich in einem anderen Gebiete. Die Gesetzmäßigkeit dieser Kunst ist parallel derjenigen der Musik. Wenn also heute zum Beispiel zwei verschiedene Gruppen an verschiedenen Orten eine bestimmte Darstellung in eurythmischer Kunst geben würden, so wäre in der Darstellung so wenig ein Unterschied zu bemerken, wie ein Unterschied zu bemerken ist zwischen einem Musikstück, das von zwei Künstlern gespielt wird.

Eurythmische Kunst soll eine durch den ganzen Menschen sichtbar gewordene Sprache oder sichtbar gewordene Musik sein. Der Versuch mit dieser Kunst ist heute noch nicht so weit gediehen, dass wir eurythmische Kunst für sich selber vor ein größeres Publikum hinstellen können. Wir benützen zur Darstellung eurythmischer Kunst noch die Rezitation, nur bemühen wir uns, auch in der Rezitation andere Wege zu gehen, als heute geht die moderne Rezitationskunst. Die Rezitationskunst ist heute zu einer gewissen Dekadenz gekommen. Es wird heute dasjenige, was das nicht eigentlich Künstlerische in der dichterischen Sprache ist, in der Rezitation besonders hervorgehoben, es wird Dichterisches heute rezitiert wie Prosa, während das eigentlich Musikalische der künstlerischen Sprache unterdrückt wird. Parallel mit dieser modernen Art des Rezitierens wäre es nicht möglich, eurythmische Kunst darzustellen. Es muss hier zurückgegangen werden zu jener Rezitationskunst, die nicht in erster Linie den Wortinhalt berücksichtigte bei der künstlerischen Sprache, sondern die vor allem die Musikalität der dichterischen Sprache auszudrücken versuchte. Die Berechtigung einer solchen Rezitationskunst könnte man leicht erweisen aus der Entwicklung der Künste selbst. Man braucht nur hinzuweisen auf dasjenige, was zum Beispiel in größeren Dichtern einer verhältnismäßig jüngeren Vergangenheit noch lebte, was zum Beispiel in Goethe lebte, der mit dem Taktstock in der Hand nicht nur die schönsten seiner lyrischen Gedichte einstudierte, sondern sogar mit dem Taktstock einstudierte seine «Iphigenie».

So wird Eurythmie auch für andere Künste der Wegweiser sein, der hinweist und zurückführt zu dem eigentlichen Wesen der Künste.

Wenn Sie auch heute noch manches Mimische sehen sollten, so betrachten Sie das als Unvollkommenheit. Diese Unvollkommenheit wird nach und nach verschwinden. Darin sind wir selbst die strengsten Kritiker. Es handelt sich bei der heutigen Vorstellung, wie ich schon betonte, nur um einen Versuch. Von diesem Gesichtspunkte aus möchte ich Sie bitten, die Darstellung zu betrachten. – Wir sind auch der Überzeugung, dass mit diesem Versuch nur ein Anfang gemacht ist, der aber, wenn unserem Versuche einiges Interesse entgegengebracht wird, seine Fortsetzung finden soll durch uns oder andere. Und wir sind auch davon überzeugt, dass Eurythmie, wenn sie erst einmal eine gewisse Stufe der Vollkommenheit erreicht haben wird, sich als eine vollberechtigte Kunst neben andere vollberechtigte Künste der Gegenwart wird hinstellen.

Wir werden nach einer kurzen Pause den Versuch machen, eine kleine Szene aus Goethes «Faust», zweiter Teil, aufzuführen mit

Zuhilfenahme der eurythmischen Kunst. Es ist dieser Versuch, solche Szenen gerade aus dem zweiten Teil des «Faust» aufzuführen mit Hilfe der eurythmischen Kunst gewissermaßen eine Art Experiment für diese Kunst. Denn wenn man gesehen hat eine ganze Reihe von Versuchen, den zweiten Teil des Goethe'schen «Faust» auf die Bühne zu bringen, so weiß man, wie außerordentlich schwierig es ist, dieses reifste Bekenntnis Goethe'scher Kunst und Weltanschauung wirklich so darzustellen, sodass durch die künstlerischen Darstellungsmittel alles dasjenige wirklich herauskommt, was in der Dichtung nach Goethes eigenem Ausdruck darinnen liegt. Wenn man zum Beispiel die außerordentlich liebenswürdige Inszenierung von Wilbrandt nimmt oder hinweist auf die Aufführung von Devrient, so wird einem klar, wie außerordentlich schwierig es ist, dieser großen Dichtung in der künstlerischen Aufführung gerecht zu werden. – Das hat dazu geführt, gar nicht mehr anzuerkennen, was in Goethes Entwicklung liegt, und es hat dazu geführt – und selbst so fein empfindende Menschen wie der Schwabendichter [Friedrich] Theodor Vischer ist so weit gegangen –, die Goethe'sche Jugendkunst, also den ersten Teil des «Faust», vollendet zu finden, aber nicht mitgehen konnten bis zu dem, was Goethe selbst als sein Reifstes in dem zweiten Teil des «Faust» hineingeheimnisst hat. Und wie die Menschen nun einmal sind: Was sie nicht finden können, schreiben sie nicht einem Mangel bei sich selbst zu, sondern einem Mangel bei dem Kunstwerk oder beim Künstler. Goethe hat Ähnliches selbst schon während seines Lebens erkennen müssen, als er nämlich sehen musste, wie die Leute mit ihrem Verstehen mitgingen bis zu dem Zeitpunkt, da Goethe durch die italienische Reise eine Wiedergeburt seines dichterischen Wesens erlebte. Und er empfand einen gewissen Ärger darüber, dass seine Jugendwerke auf Kosten seiner reiferen Alterswerke bevorzugt wurden.

So haben wir nun versucht, um der reifen Kunst Goethes gerecht zu werden, diejenigen Szenen, oder Teile von Szenen in «Faust» zweiter Teil, in denen Goethe sich erhebt zur Darstellung desjenigen, was nicht mit gewöhnlichen Alltagsmitteln dargestellt werden kann, was nicht in der gewöhnlichen Sinneswelt lebt, aber hineinspielt ins Leben, durch eurythmische Kunst darzustellen. Da zeigt sich denn, wo so großartig Tragisches zum Ausdruck kommt, dass man manches erreichen kann, was man sonst nicht erreichen kann. Und vielleicht wird dadurch auch klar, wie man die eurythmischen Kunstmittel da verwenden kann, wo die heute beliebten Ausdrucksmittel versagen.

DORNACH, 2. NOVEMBER 1919

Das Programm entsprach demjenigen der Aufführung vom 31. Oktober 1919 in Zürich, siehe S. 194. Jedoch, dem Charakter des Tages (Allerseelen) entsprechend, ohne die «Galgenlieder» Christian Morgensterns.

Ansprache zur Eurythmie, Dornach, 2. November 1919

Meine sehr verehrten Anwesenden!
Eine Probe unserer eurythmischen Kunst wollen wir auch heute zur Darstellung bringen. Diese eurythmische Kunst soll durchaus ganz im Sinne alles desjenigen gehalten werden, was überhaupt an Weltanschauung, künstlerischen Bestrebungen zusammenhängt mit diesem unserem Bau hier, mit all dem, was wir im Zusammenhange mit diesem unserem Goetheanum Goetheanismus nennen. Dabei bitte ich Sie zu berücksichtigen, dass wir es in dieser eurythmischen Kunstströmung durchaus mit einem Anfang, mit einem ersten Versuch zu tun haben, der vorläufig noch mit Nachsicht aufgenommen werden muss. Dasjenige, was angestrebt wird, soll auch gar nicht konkurrieren mit irgendwelchen Nachbarkünsten, tanzartigen Künsten und dergleichen. Wir wissen sehr gut, dass diese in ihrer Art viel vollkommener sind als dasjenige, was hier schon geleistet werden kann. Aber es handelt sich ja auch um etwas ganz anderes. Und nicht um irgendeine theoretische Einleitung zu geben, möchte ich diese paar Worte vorausschicken, sondern hinweisen darauf, aus welchen Quellen heraus diese besondere Kunstform geholt wird, die sich der menschlichen Glieder selbst und der menschlichen Bewegungsmöglichkeiten im Raume als Kunstmittel bedient.
 Eine Art Bewegungskunst also ist es, was wir in dieser Eurythmie anstreben. Und wir werden am leichtesten verstehen, wie aus Goethe'scher Gesinnung und Goethe'scher Weltanschauung das hervorgeholt ist, was hier angestrebt ist, wenn ich Sie erinnere an die sogenannte Goethe'sche Metamorphosenlehre. Goethe hat damit etwas geleistet, was noch lange, lange nicht gewürdigt genug ist, was werden wird der Zukunft einmal ein Grundstock für eine Auffassung

des Lebendigen. Denn diejenige Auffassung, die wir gerade durch unsere so glorreiche Wissenschaft haben – ich meine das ganz ernst, denn für diese Gebiete, auf die sie anwendbar ist, ist diese Wissenschaft glorreich –, was wir durch die zeitgenössische Wissenschaft haben, das bezieht sich ja im Grunde genommen nur auf das tote Mineralische, nicht auf das Lebendige. Goethe versuchte das Lebendige zu erfassen. Und so einfach es heute noch aussieht, wird [es] einmal tief ins Leben hineinführen: Was vor Goethes Anschauung stand, dass ihm die ganze Pflanze in ihrer Kompliziertheit, selbst wenn sie ein ganzer Baum ist, nur ein komplizierter gewordenes umgewandeltes einzelnes Blatt ist, und das einzelne Blatt ist wiederum nur eine primitive ganze Pflanze. Und wiederum, wenn wir ein Organ der Pflanze ansehen, zum Beispiel das Blütenblatt, das farbige, und vergleichen es mit dem grünen Pflanzenblatt – für Goethe war es dem Wesen nach eine Übereinstimmung, ein und dasselbe, nur der äußeren Form nach verschieden.

Dasjenige, was Goethe auf die Form, die Gestalt so angewendet hat, das könnte man, wenn man es zu gleicher Zeit nun mit künstlerischem Sinne durchdringt, nun anwenden auf den ganzen Menschen und seine Bewegungsmöglichkeiten. Und das wird eben durch die eurythmische Kunst versucht. Wenn wir uns zuhörend verhalten zu einem Menschen, dann wenden wir unsere Aufmerksamkeit durch das Ohr zu dem Gesprochenen oder wohl auch zu dem Gesungenen. Aber wir nehmen dann nicht wahr, was auch vorhanden ist: die Bewegung des Kehlkopfes und seiner Nachbarorgane. Alles das vibriert – Kehlkopf, Gaumen, Zunge, Lippe und so weiter – selbst. Und wiederum dehnt sich aus die Bewegungsfähigkeit, die im Kehlkopf zum Ausdrucke kommt, auf die Lunge und ihre Flügel und so weiter. Und wir brauchen uns nur aus dem Physikalischen zu erinnern, dass, während ich hier spreche, die Luft in Bewegung ist. Und jede Bewegungsfolge drückt irgendetwas vom Laut und so weiter aus.

Was da in einem einzelnen Organ und seinen Nachbarorganen zum Ausdruck kommt im Kehlkopf, was man nicht sieht, man kann es wahrnehmen, wenn man übersinnliches Schauen hat. Und dann kann man die Art und Weise, wie zusammenhängt ein Wort oder dasjenige, was im Worte sich ausdrückt, man kann es ausdrücken: So, wie es hörbar durch den Kehlkopf ausgedrückt wird, durch den man den Laut hört und die Bewegung nicht sieht, so kann man es ausdrücken durch die Bewegung der menschlichen Glieder, der Hände, der Füße, des ganzen Leibes. Dann wird dasjenige, was der ganze Mensch vollführt, zu einer sichtbaren Sprache, dann wird der ganze Mensch zu einem Teil des Kunstausdruckes, der Kunstoffenbarung. Der Mensch würde sehr verwundert sein, wenn er namentlich dann, wenn dichterisch, künstlerisch gesprochen wird, schauen würde, welch wunderbare Bewegungen liegen – sie sind zum großen Teil nur Bewegungsanstrengungen –, liegen im Kehlkopf und den Nachbarorganen für den Reim, für den Rhythmus und so weiter. Das kann geschaut werden, das kann übertragen werden auf die Arme, auf die Füße des Menschen, auf den Kopf und so weiter. Und man kann schaffen etwas, was ganz entspricht der Goethe'schen Kunstgesinnung, die Goethe einmal mit dem schönen Worten ausgesprochen hat: Der Stil beruht auf einer Art von Erkennen, auf einem Sichtbarwerden des Wesens der Dinge, insofern wir imstande sind, uns ihm in greiflichen und sichtbaren Gestalten zu nähern.

Und insbesondere dasjenige, was die Geheimnisse der Menschennatur selber sind, es kommt heraus, wenn wir eurythmisch diese Geheimnisse der Menschennatur offenbaren wollen. Goethe hat an einer anderen Stelle so schön aufmerksam darauf gemacht, wie der Mensch zum künstlerischen Erfassen der Welt steht. Für ihn war es ja auch immer klar, dass, wem die Natur – so sagt er einst – ihr offenbares Geheimnis enthüllt, der empfindet die tiefste Sehnsucht nach ihrer würdigsten Auslegerin, der Kunst. Überall wo wir empfinden die Geheimnisse der Natur, ohne dass wir zu Begriffen, zu Ideen, zum Abstrakten gehen, sondern in unmittelbarer Hingabe empfinden dasjenige, was an Gesetzmäßigkeit in den Naturdingen liegt, da gewahren wir Kunst, Kunstform, Kunstgestaltung. Am meisten werden wir es gewahren müssen, wenn der Mensch selbst zum Kunstmittel wird. Denn auch da sagt Goethe wiederum so schön: Wenn der Mensch auf dem Gipfel der Natur gestellt ist, findet er sich selbst wiederum als eine ganze Natur, nimmt Zahl, Maß, Harmonie und Bedeutung zusammen, um sich, indem er einen neuen Gipfel hervorbringt, zur Produktion des Kunstwerkes zu erheben. Wie viel mehr muss man das sagen, wenn der Mensch selber sich zum Kunstmittel macht und diejenigen Geheimnisse, die in seinem eigenen Organismus liegen, durch die Bewegungen seiner Glieder zum Ausdrucke bringt, wodurch eine lebendige Sprache zur Anschauung gebracht wird.

Allerdings, dasjenige, was künstlerisch ist, muss in unmittelbar ästhetischer Anschauung wahrgenommen werden. Man braucht es nicht zu erklären. Aber gerade dann kommt man zu dem Künstlerischen, wenn man ein tieferes Gesetzliches in den Dingen nimmt, das nicht begrifflich erfasst wird, sondern unmittelbar angeschaut.

Und das soll geschehen mit dem, das im Menschen liegt dadurch, dass seine Glieder zu einer sichtbaren Sprache gebracht werden, alles dasjenige, was sonst bloß durch die Gesetzmäßigkeit des Kehlkopfes und seiner Nachbarorgane sich ausdrückt. Sei es, indem der einzelne Mensch seine Glieder bewegt und indem dann Gruppen von Menschen gebildet werden oder der Mensch selber sich im Raume bewegt, Verhältnisse von Mensch zu Mensch in Gruppen zur Darstellung kommen – dann dringt hinein in die sichtbar gewordene Sprache alles dasjenige, was sonst die Sprache durchsetzt an Seelenwärme, Lust und Leid, Freude und Schmerz und Enthusiasmus, aber auch an Rhythmus, Reim, Takt und so weiter. Das alles wird durch die Bewegung des Menschen im Raume oder wird durch die Bewegung von Gruppen ausgedrückt, während das Wort selbst ausgedrückt wird durch die Bewegung des einzelnen Menschen, der dabei gleichsam sich ruhig verhält.

Nun kommt es darauf an, einzusehen, dass hiermit eine neue Kunstform geboten wird. Es ist nichts unmittelbar Willkürliches zwischen der Gebärde der Glieder und dem, was die Seele erlebt oder ausdrücken will. Sondern wie die Musik selber in der gesetzmäßigen Aufeinanderfolge der Töne besteht, in der Melodie und so weiter, so liegt eine ganz bestimmte Gesetzmäßigkeit zugrunde den aufeinanderfolgenden Bewegungen, die Sie hier auf der Bühne sehen. Und wenn zwei Menschen ein und dieselbe Sache eurythmisch darstellen würden, so würde nicht irgendeine Willkür in der Bewegung sein, sondern verschieden würden diese zwei Darstellungen an ganz verschiedenen Orten, durch zwei Menschen an ganz verschiedenen Orten nur so sein können, wie eine Beethoven'sche Sonate durch zwei verschiedene Menschen am Klavier nur in individueller Auffassung dargestellt werden, aber im Prinzip natürlich nicht verschieden sein dürfen.

Alles Pantomimische, alles Mimische, alle bloße Augenblickgeste ist hier vermieden. Wenn Ihnen noch etwas davon entgegentreten sollte, so ist es, weil wir noch am Anfange unserer Sache stehen. Das alles, was noch Pantomimik und dergleichen ist, das wird später durchaus wegbleiben und die reine Gesetzmäßigkeit des durch seine Glieder und ihre Bewegungsmöglichkeiten sprechenden Menschen wird in der eurythmischen Kunst zutage treten.

Begleitet wird heute noch das Eurythmische auf der einen Seite von dem Musikalischen, denn das ist nur ein anderer Ausdruck. Sodass Sie sehen werden auf der Bühne die sichtbare Sprache der menschlichen Glieder, nebenbei hören werden, wie es musikalisch zur Darstellung kommt, auf der anderen Seite wie es rezitatorisch zur Darstellung kommt – wobei allerdings sich zeigt, wie dabei wieder zur älteren Kunstform des Deklamierens, Rezitierens zurückgekehrt werden muss. Heute haben die Menschen das eigentlich Künstlerische der Sprache mehr oder weniger verloren. Man könnte sagen, in einer Art von Niedergang, von Dekadenz ist gerade das künstlerische Sprechen. Nicht nur, dass viele Menschen meinen, künstlerisch Sprechen, sei überhaupt keine Kunst, das könne jeder, sondern auch die Berufsrezitatoren, die Berufsschauspieler selbst, sie heben hervor in ihrer heutigen Rezitationskunst eigentlich nur den Prosainhalt, das Wortwörtliche oder dasjenige, was eben Prosainhalt ist, nicht dasjenige, was die wirkliche Kunst ist, was dem Dichter eigentlich vorschwebt – der Rhythmus der Sprache, der Takt, die innere Gestaltung der Sprache. Schiller, das brauche ich nur zu erwähnen, hatte immer, bevor er wortwörtlich sein Gedichtetes hatte, er hatte eine Melodie, oder wenigstens eine melodieartige Tonstimmung im Innern – und dann fand er erst die Worte dazu, weil es ihm ankam auf den Rhythmus, auf den Takt, auf die innere Gestaltung der Sprache.

Und Goethe stand mit seiner «Iphigenie», trotzdem es ein Drama ist, stand er mit dem Taktstock und studierte die Jamben ein.

Das ist dasjenige, sehen Sie, was zurückführt zu der gesunden alten künstlerischen Rezitations- oder Deklamationskunst, wo dasjenige, was Gestaltung der Sprache ist, im Vordergrunde steht, nicht dasjenige, was Prosainhalt der Sprache ist und was der heutigen Deklamationskunst zugrunde liegt. Man könnte nicht mit der heutigen Deklamationskunst begleiten die Eurythmie, die ja gerade dasjenige, was innere Kunst der Bewegung ist, wiederum geben und zu offenbaren hat, sondern man muss die Eurythmie von der rechten und guten Deklamationskunst begleiten lassen, die weniger auf den Inhalt sieht als auf den Rhythmus, auf dasjenige, was als Gestaltung der Sprache zugrunde liegt.

Alles in allem bitte ich diese Vorführung mit Nachsicht aufzufassen, denn auf allen Gebieten stehen wir eben durchaus im Anfange, und ich bitte Sie, dasjenige, was wir heute schon darstellen können, als einen Versuch zu betrachten, der ganz gewiss fortgesetzt werden wird, entweder noch durch uns selbst oder durch andere, wenn unsere Zeitgenossen einem solchen Aufstrebenden die nötige Aufmerksamkeit und das nötige Interesse zuwenden. Davon ist schließlich das Gedeihen gerade des Künstlerischen abhängig, von dem Interesse der Zeitgenossen. Wenn aber das Interesse der Zeitgenossen vorhanden sein wird, wenn man verstehen wird, wie hier ein Gesamtkunstwerk durch das Hervorrufen desjenigen, was im Menschen selber verborgen liegt wie eine Gesamtkunst, die das Menschenwesen selber offenbaren will, angestrebt wird, wer das empfindet, der wird der Überzeugung sein können, dass allerdings einmal, wenn der schwache Anfang, der jetzt vorliegt, vervollkommnet wird durch uns oder andere, dass dann diese eurythmische Kunst als eine vollberechtigte Kunstform neben andere Kunstformen sich wird hinstellen können.

[Nach der Pause:]
Wir werden Ihnen nun eine Szene aus dem zweiten Teil des Goethe'schen «Faust» zur Aufführung bringen. Der zweite Teil des «Faust» ist ja erst in Goethes Alter entstanden und aus dem Gipfel seiner

künstlerischen Entwicklung heraus entsprungen. Das Manuskript war ja erst nach dem Tode aufgefunden, und dann erst nach Goethes Tode der Welt übergeben, das Manuskript des zweiten Teils des «Faust». Goethe würde aber ganz zweifellos, wenn er darüber noch hätte urteilen können, wie auch nach seinem Tod manches gerade in einem zweiten Teil des «Faust» aufgenommen worden ist, er würde ebenso im höchsten Grade nicht menschlich, aber künstlerisch ärgerlich geworden sein, wie er über die Auffassung seiner Jugendwerke, die er nach seiner Ansicht jugendlich herausgebraust hat ohne künstlerische Reife, ärgerlich gewesen sein. Es gibt einen schönen Vierzeiler, den – ich habe ihn neulich hier schon erwähnt –, den Goethe hinterlassen hat und in dem er sich ausdrückte darüber, wie man seinen Jugendwerken, seine «Iphigenie», seinen «Tasso», seine «Natürliche Tochter» aufgenommen hatte, wie die Leute ablehnen zu müssen glauben dasjenige, was Goethe aus dem Reifezustand heraus geschaffen hat, weil sie es nicht verstanden. Aus einer gewissen ärgerlichen Stimmung heraus sind eben die Worte entstanden.

    Da loben sie meinen Faust
    und was noch sunsten

– er meint den ersten Teil seines «Faust»

    In meinen Werken braust
    Zu ihren Gunsten

    Das alte Mick und Mack,
    Das freut sie sehr,
    Und da glaubt das Lumpenpack,
    Man wär's nicht mehr.

So würde Goethe ganz zweifellos auch geurteilt haben, wenn er darauf gekommen wäre über manches, was sonst ganz gescheite Leute, zum Beispiel der Schwaben-Vischer sagten, den ich ja sonst sehr schätze, diesen V-Vischer, der wie gesagt ein großer Ästhetiker ist, er hat ja ein gewaltiges Werk über Ästhetik geschrieben – es kann durchaus nichts zu seinem Nachteil auf seinem eigenen Gebiete gesagt werden. Aber was Goethe'sche reife Kunst war, davon hat er nichts verstanden. Er hat gerade den erste Teil auf Kosten des zweiten Teiles gelobt, war also einer von denen, von denen Goethe sagte: «Das alte Mick und Mack, / Das freut sie sehr.» Das lobte auch der große Ästhetiker sehr, und deshalb gehörte er auch zu dem «Lumpenpack», von dem Goethe sagt: Und da glaubt das Lumpenpack, man wär's nicht mehr! Der V-Vischer hat dann selber einen dritten Teil des «Faust» geschrieben – er ist auch danach! Und den «Faust», den Goethe hinterlassen hat, den hat er genannt ein zusammengeschustertes, zusammengeleimtes Machwerk des Alters.

Aber, meine sehr verehrten Anwesenden, gerade da drinnen sind künstlerische Möglichkeiten, die dadurch vom gewöhnlichen niederen Dasein des Menschen hinaufführen ins Übersinnliche, dass nicht eine ungesunde Mystik, Obskurantismus irgendwie künstlerisch verwendet werden, sondern dadurch, dass dasjenige, was der Mensch wirklich in seinem Inneren durchlebt, wenn er über das, was man im alltäglichen Leben darstellt, hinausgeht.

Und so sehen wir, wie eine solche Szene, wie diese um «Mitternacht», wo «Faust» auch am Ende seines Lebens entgegentritt den vier Feinden des menschlichen Lebens, der Sorge, dem Mangel, der Schuld, der Not, wie alles dasjenige, was da im «Faust» vorgeht, diese ganze Beziehung zur übersinnlichen Welt, wie Goethe versucht, sie in der Sprache zum Ausdruck zu bringen. Aber wenn man alles das nimmt, was bis jetzt versucht worden ist, um bühnenmäßig darzustellen den zweiten Teil des «Faust», dann war man immer eben unbefriedigt. Ich selbst habe vieles gesehen, alles, was zum Beispiel herrührte für den zweiten Teil besonders in den 80er Jahren des vorigen Jahrhunderts im Wiener Burgtheater mit der liebenswürdigen Wilbrandt'schen Bearbeitung und Regie bis zu den Darstellungen, die dann die Musik zur Hilfe nehmen, zum Beispiel die klassische Musik zu Hilfe genommen hat wie die Devrient'sche Mysterien-Darstellung des «Faust», zweiter Teil, es blieb immer etwas Unbefriedigendes, weil Goethe eben gerade die tiefsten Geheimnisse des Lebens, die ihm klar geworden waren im reifen Alter, weil er diese tiefsten Geheimnisse des Lebens in den zweiten Teil «Faust» hineingeheimnisst hat.

Trotzdem ist dieser zweite Teil des Goethe'schen «Faust» für den, der ihn versteht, ein durchaus künstlerisches Werk – nicht irgendwelche symbolische oder stroherne Allegorie ist drinnen, sondern Leben, aber Leben des Geistes. Und das kann – das ist meine Überzeugung – sonst *nicht* herausgeholt werden mit den gewöhnlichen Bühnenmitteln; das kann gerade durch die Eurythmie herausgeholt werden. Und solche Gestalten, die sonst nur ausschauen wie allegorisch oder symbolisch – Mangel, Schuld, Sorge, Not –, sie kommen, wenn man sie eurythmisch darstellt, durchaus erst zur Offenbarung desjenigen, was sie für das menschliche Leben bedeuten.

Betrachten Sie auch diese Darstellung als einen ersten Versuch. Aber ich glaube tatsächlich, dass, wenn man die eurythmische Kunst zu Hilfe nimmt – selbstverständlich nur da, wo sich erhebt das Alltägliche in das Übersinnliche, werden Sie sehen, wie wir diese Eurythmie einstellten in die Dramatik –, da sie zweifellos da geeignet ist, wenn es nötig wird, um das Vollmenschliche, das Universell-Menschliche darzustellen, um über das gewöhnlich Menschliche hinauszugehen vom Sinnlichen ins Übersinnliche hinein.

BERN, 5. NOVEMBER 1919

Erste öffentliche Aufführung in Bern im «Kursaal Schänzli». Das Programm entsprach demjenigen der Aufführung vom 31. Oktober 1919 in Zürich, siehe S. 194.

Ansprache zur Eurythmie Bern, 5. November 1919

Meine sehr verehrten Anwesenden!
Unter den Bestrebungen geisteswissenschaftlicher Richtung, wie sie äußerlich repräsentiert werden durch das Goetheanum, das als Freie Hochschule für Geisteswissenschaft in Dornach bei Basel erbaut wird, sind auch wissenschaftliche und künstlerische, verschiedenste Gebiete. Unter den künstlerischen nimmt, ich möchte sagen einen eng umgrenzten Platz ein diejenige Bestrebung, die ich bezeichne als eurythmische Kunst-Bestrebung. Diese eurythmische Kunstbestrebung kann sehr leicht verwechselt werden mit allerlei Nachbarkünsten, sollte aber eigentlich nicht mit ihnen verwechselt werden. Denn wir wissen sehr gut, dass alles dasjenige, was heute als Bewegungskünste des Raumes, als Tanzkünste oder dergleichen auftritt, von einer so großen Vollkommenheit zuweilen ist, dass dasjenige, was wir hier zu bieten in der Lage sind, durchaus nicht damit konkurrieren wollte.

Es handelt sich hier aber um etwas ganz anderes: Es handelt sich um eine durchaus neue Kunstbestrebung. Und weil wir eigentlich gegenwärtig mehr noch nicht zu bieten haben als einen Anfang, der allerdings vervollkommnet werden will, aber doch eben heute noch ein Anfang ist, so wird es mir gestattet sein, einige Worte der Probe vorauszuschicken, welche wir Ihnen heute bieten wollen – in dieser Stadt zum ersten Male – von unserer eurythmischen Kunst.

Herausgedacht und herausgearbeitet ist alles dasjenige, was wir als eurythmische Kunst uns vorstellen, aus Goethe'scher Weltanschauung und Goethe'scher Kunstgesinnung. Nun ist es ja selbstverständlich, dass jede Kunst durch sich selbst für die unmittelbare Anschauung, für den ästhetischen Eindruck wirken muss und dass der Kunst gegenüber jede Interpretation, jede Erklärung, jede theoretische Auseinandersetzung überflüssig ist. Das gilt natürlich auch gegenüber der eurythmischen Kunst. Aber weil es eine Kunst ist, die an ihrem Anfange steht, so wird es notwendig sein, etwas zu sagen über die Quellen, aus denen diese neue Kunstrichtung schöpft.

Und da darf ich – wirklich nicht, um eine theoretische Auseinandersetzung zu geben, sondern verständlich zu machen die Ausdrucksform, in der Eurythmie auftritt –, da darf ich an einiges Einfache aus der Goethe'schen Weltanschauung, namentlich aus der Goethe'schen Metamorphosenlehre erinnern, aus jener Metamorphosenlehre, die, trotzdem sie ja jetzt schon ziemlich alt ist, ja durchaus noch nicht in vollem Sinne gewürdigt ist, wie sie gewürdigt werden wird einmal, wenn man zu setzen versuchen wird an die Stelle der Wissenschaft des Toten, des Unlebendigen, das wir ja doch eigentlich nur haben, eine *Wissenschaft des Lebendigen*.

Es sieht heute das sehr einfach und primitiv aus, was man als das Grundprinzip der Goethe'schen Metamorphosenlehre darlegt. Goethe dachte sich nämlich, dass die ganze Pflanze – und wäre sie selbst ein komplizierter Baum – in aller ihrer Kompliziertheit nichts anderes ist als ein umgestülptes einzelnes Blatt. Und wiederum das Blatt in seiner Einfachheit ist eine umgestülpte ganze Pflanze. – Sieht man geistgemäß, wie Goethe sich ausdrückte, oder ideengemäß, sieht man sinnlich-übersinnlich, wie er auch sagte, so sieht man in einem einzelnen Blatte eine ganze Pflanze, in der ganzen Pflanze nur ein komplizierter ausgestattetes Blatt – und wiederum in jedem Organ irgendeines Lebewesens nur die Umgestaltung enthalten jedes anderen Organs.

Das, was Goethe so für die Form des Lebendigen gedacht hat, es ist aber auch zu denken für die Tätigkeit des Lebendigen. Und wenn man es denkt für die Tätigkeit des allervollkommensten Lebewesens, des Menschen, und anwendet auf dasjenige, was wiederum besonderer Ausdruck der menschlichen Vollkommenheit ist – die Sprache und die Sprachorgane –, dann kommt dasjenige zustande, was wir als eurythmische Kunst bezeichnen.

Wenn man nämlich einem Menschen zuhört beim Sprechen, dann wendet man seine Aufmerksamkeit zunächst von dem Sinn des Ohres auf das Hörbare. Allein, während ein Mensch spricht, ist der Kehlkopf und sind seine Nachbarorgane in einer geheimnisvollen Bewegung. Man könnte es ja sogar physikalisch darstellen, indem man sagt: Während ich hier spreche, ist die Luft in einer fortwährenden Bewegung, die nur ein Abdruck desjenigen ist, was die Bewegung des Kehlkopfes und seiner Nachbarorgane ist. Im gewöhnlichen Leben wenden wir die Aufmerksamkeit dem Gehörten zu – nicht demjenigen, was als eine Bewegung nur ein Abdruck desjenigen ist, was die Bewegungen des Kehlkopfes und seiner Nachbarorgane sind –, im gewöhnlichen Leben wendet man die Aufmerksamkeit dem Gehörten zu, nicht demjenigen, was als eine Bewegung, also gleichsam als eine sichtbare Sprache zugrunde liegt dem Gehörten. Hat man aber die Gabe, übersinnlich zu schauen, zu schauen dasjenige, was als Bewegung nicht sichtbarer Art dem Hörbaren zu Grunde liegt, dann kann man die nicht zur äußeren Offenbarung kommenden Bewegungsanlagen des Kehlkopfes und seiner Nachbarorgane auf den ganzen Menschen übertragen. Und man kann gewissermaßen jedes Glied des Menschen so sich bewegen lassen, dass die Bewegung ein Abdruck ist jener Bewegungsanlagen, die der Kehlkopf und seine Nachbarorgane durchmachen, wenn irgendwelche Laute zur Offenbarung in der Sprache kommen.

Durchdringt man dann dasjenige, was man durch die menschlichen Glieder ausführen lässt an Bewegungen, ebenso künstlerisch, wie in der dichterischen Sprache oder im Gesange durchdrungen ist dasjenige, was der Kehlkopf vollbringt – von Rhythmus, von Takt und so weiter –, so entsteht in dem bewegten Menschen selber ein künstlerisches Instrument allerersten Ranges.

Und so soll dasjenige, was Sie heute Abend sehen, meine sehr verehrten Anwesenden, ich möchte sagen der ganze Mensch als Kehlkopf sich bewegend sein, sichtbar gewordene Sprache, ausgeführt die sprachlichen Laute in Bewegung durch den ganzen Menschen. Dadurch wird aus dem Menschen hervorgeholt dasjenige, was an ihm an tieferer Gesetzmäßigkeit in seinem Wesen enthalten ist.

Man wird gerade einer solchen Kunstanschauung, wie die Goethe'sche ist, dadurch gerecht, dass man eine solche neue Kunstform aus dem Menschen selbst herausschafft. Goethe sagt so schön, indem er seine Kunstanschauung zum Ausdrucke bringt: Wem die Natur ihr offenbares Geheimnis zu enthüllen beginnt, der empfindet die größte Sehnsucht nach ihrer würdigsten Auslegerin: der Kunst. Und der Mensch ist ja ein Abdruck des ganzen Universums; er hat die tiefsten Geheimnisse in sich. Sucht man sie aus ihm herauszubekommen durch besondere künstlerische Gestaltung, indem man so, wie die ganze Pflanze ein vollkommener, ein komplizierter Ausdruck des Einzelblattes ist, den ganzen Menschen zum Ausdruck des sich bewegenden Kehlkopfes macht – dann kommen Weltengeheimnisse zum Ausdrucke, die auf eine andere Weise verborgen bleiben würden.

Dadurch wird aber auch die Kunst genähert dem wirklichen Eindringen in die Weltengeheimnisse, wie es wiederum in Goethes Sinn ist, wenn er sagt: Die Kunst beruht auf geheimnisvollen Naturgesetzen, auf dem Wesen der Dinge, insofern es uns gestattet, dieses Wesen der Dinge in greiflichen oder sichtbaren Gestalten darzustellen. – Sodass also dasjenige, was der einzelne Mensch auf der Bühne darstellt, sein wird eine sichtbar gewordene Sprache.

Aber in der Sprache, namentlich in der künstlerischen Sprache und im Gesange, in dem Musikalischen, wirkt ja auch alles dasjenige, was als Wärme unsere Seele durchlebt, was unsere Seele durchlebt als Lust und Leid. Was der Dichter in die Sprache hineinbringt, indem er sie zu Reim und Rhythmus gestaltet – das alles kann ebenso zum Ausdruck gebracht werden in dieser Raumbewegungskunst der Eurythmie. Da finden wir Menschen zunächst zueinander in Gruppen wirken – da bringen wir Seelenwärme, Lust und Liebe zum Ausdruck – oder auch Bewegungen des einzelnen Menschen, indem er sich im Raume bewegt, ausgeführt. Was am einzelnen Menschen sich bewegt, das ist aber nur eine Umsetzung der einzelnen Glieder der Kehlkopfbewegungen in Bewegungen des ganzen Menschen.

Dadurch entsteht eine Kunst, die nachgebildet ist, möchte ich sagen – aber mit einer eigenen Gesetzmäßigkeit ausgestattet –, einer inneren Gesetzmäßigkeit der Musik selber. So, wie in der Musik nicht die Tonmalerei das eigentlich Künstlerische ist, so wird hier in der eurythmischen Kunst niemals die Mimik, die Pantomime, das bloße Mimische irgendein Künstlerisches darstellen. Wenn Sie sehen werden die Vorstellung, [sehen werden] in dem sogenannten «Humoristischen Teil» noch irgendetwas Pantomimisches, Mimisches, so wird dies eben nur aus der Unvollkommenheit herrühren, in der sich unsere eurythmische Kunst befindet. Das wird nach und nach verschwinden. Nicht wird gesucht irgendein Augenblickszusammenhang zwischen einer Bewegung, einer Geste, und dem, was in der Seele vergeht, sondern das ist alles innerlich gesetzmäßig. Und in der sich fortbewegenden Geste liegt der Zusammenhang geradeso wie in den sich fortbewegenden Tönen, der Aufeinanderfolge der Töne der gesetzmäßige Zusammenhang des Musikalischen.

Begleitet wird dasjenige, was durch Eurythmie auf der Bühne dargestellt wird, auf der einen Seite von dem Musikalischen, das nur eine andere Form des Ausdrucks für dasselbe ist, was durch eurythmische Kunst zum Ausdrucke kommt, auf der anderen Seite durch Rezitation, Deklamation. Da aber wird darauf aufmerksam gemacht werden müssen, dass gerade die Rezitationskunst wiederum in ihr altes, gutes Fahrwasser zurückkehren wird müssen, wenn sie Begleiterin werden soll der Eurythmie, die dasselbe, was die Dichtkunst zum Ausdrucke bringt, nur in anderer Form offenbart. Denn die Rezitationskunst – darauf muss aufmerksam gemacht werden –, sie ist in der Gegenwart vielfach in der Dekadenz. Wir brauchen uns nur daran zu erinnern, dass heute als das Vollkommenste in der Rezitationskunst dasjenige gilt, was mehr das Prosaische, den wortwörtlichen Inhalt des Gedichtes, ich möchte sagen das Novellistische in den Vordergrund stellt, nicht das eigentlich Künstlerische.

Dasjenige, was als Rhythmus, als das Musikalische der Sprache im Hintergrunde steht, das ist aber doch in der Kunst die Hauptsache, nicht der wortwörtliche Inhalt. Ich brauche nur daran zu erinnern, dass zum Beispiel Goethe seine «Iphigenie», also eine dramatische Dichtung, mit dem Taktstock einstudiert hat. Daran ist zu sehen, dass der gesetzmäßige Gang dasjenige ist, worauf es ankommt, nicht die Betonung des Prosainhaltes. Schiller hatte bei den besten seiner Gedichte nicht den wortwörtlichen Inhalt zunächst in der Seele, sondern etwas Melodiöses, eine Art Melodie. Und indem er diese ausgestaltete, fand er dazu erst den wortwörtlichen Inhalt. Es kommt auf die *Gestaltung* bei dem Inhalt der Sprache an. Auf diese muss mit der heutigen Rezitation, Deklamationskunst, zurückgegangen werden. Denn mit der heutigen Rezitations-, Deklamationskunst wird man dasjenige nicht begleiten können, was in der eurythmischen Kunst zum Ausdrucke kommen soll. – So werden wir Ihnen darzustellen suchen auf der einen Seite auf der Bühne eine gewisse musikalische oder dichterische Seite, die aber von der Rezitations- und der Deklamationskunst begleitet sein werden, wie sie hier geschildert werden konnte.

Mit diesen Worten wollte ich die Quellen charakterisieren, die zugrunde liegen. Dasjenige, was dargeboten wird, muss durch den ästhetischen Eindruck selber wirken. Denn nur dasjenige ist Kunst, was nicht auf irgendeine leichte Weise, sondern in die Geheimnisse des Weltendaseins hineinführt, ohne dass es bei diesem Hineinführen zu Ideen oder äußeren Begriffen kommt.

Wenn man aber versucht, gerade mit einer solchen Kunst an den Menschen heranzukommen und an seine tieferen Geheimnisse, so erfüllte man dasjenige, was Goethe – noch einmal sei er angeführt, denn ja alles dasjenige, was wir treiben wollen, soll ja Goetheanismus sein –, man erlangt gerade das alles, was er meint, wenn er sagte: Wenn der Mensch auf den Gipfel der Natur gestellt ist, so sieht er sich wieder als eine ganze Natur an, die in sich abermals einen Gipfel hervorzubringen hat. Dazu steigert er sich, indem er sich mit allen Vollkommenheiten und Tugenden durchdringt, Wahl, Ordnung, Harmonie und Bedeutung aufruft und sich endlich erhebt bis zur Produktion des Kunstwerkes. Umso mehr wird er sich zur Produktion des Kunstwerkes erheben, wenn er seinen eigenen Organismus mit seinen inneren Bewegungsmöglichkeiten zum Instrumente macht. – Das ist die eine Seite, die eigentlich künstlerische Seite, auf die es uns zunächst ankommt bei unserer Eurythmie.

Aber es kommt uns auch an auf die pädagogische Seite, und überzeugt sind wir, dass das, was wir die pädagogische Seite der Eurythmie nennen, nach und nach in den Schulen Eingang findet, wenn man den Wert solcher Dinge durchschauen wird. Dasjenige, was heute als Turnkunst gegeben wird, ist ja mehr oder weniger etwas, was auf physiologischem Gebiet für die äußere Körperlichkeit, äußere Leiblichkeit bedeutsam ist. Dasjenige, was als Bewegungskunst hier einem entgegentritt, ist durchlebte, durchgeistigte Bewegungskunst des Menschen, und es wird sich auch neben solches pädagogische Turnen hinstellen können, wie es sich als Kunstform wird hinstellen können neben vollberechtigte andere Kunstformen. Das bitte ich Sie noch, dass Sie es mit Nachsicht aufnehmen.

Wir sind selbst die strengsten Richter, wissen aber ganz genau, dass sich diese eurythmische Kunst weiterentwickelt. Und sie wird von uns selbst weiter ausgebildet werden – wenn nicht durch uns, so wird durch andere es geschehen, wenn unsere Zeitgenossen aus gewissem kulturfortschrittlichem Interesse heraus dieser eurythmischen Kunst ihre Aufmerksamkeit zuwenden. So sehr es heute noch im Anfange ist, wir glauben, sehr verehrte Anwesende, dass es einer Vervollkommnung so fähig ist, dass es einstmals sich als vollberechtigte Kunst neben andere vollberechtigte Künste wird hinstellen können. Von diesem Gesichtspunkte aus bitte ich Sie, diese heutige Vorstellung mit Nachsicht aufzunehmen.

[Nach der Pause, zum zweiten Teil der öffentlichen Eurythmie-Aufführung]

Sehr verehrte Anwesende!
Wir werden jetzt den Versuch machen, zwei kleine Szenen aus dem zweiten Teil von Goethes «Faust» aufzuführen. Bei diesen Darstellungen vom zweiten Teil von Goethes «Faust» – wir haben solche eine ganze Reihe bereits versucht an anderen Orten – hat sich uns gezeigt, wie Eurythmie dienen kann gerade bei Vorstellungen solcher dramatischer Schöpfungen wie sie der zweite Teil des «Faust» sind. Ich glaube, die verehrten Zuhörer werden ja wissen, welche großen Hindernisse da sind, wenn der zweite Teil des «Faust» auf die Bühne gebracht werden soll. Man erinnere sich vielleicht verschiedener Versuche durch mannigfaltige Regiekünste, um diesen zweiten Teil des «Faust» darzustellen. Es braucht nur gedacht zu werden an die liebenswürdige Regiekunst und Einrichtung von Wilbrandt oder der Mysterieneinrichtung von Devrient mit der Lassen'schen Musik und

zahlreichen anderen Einrichtungen, und man wird immer finden, dass diese Darstellungen irgendetwas nicht herausbringen von dem, was in dem Goethe'schen «Faust» darinnen liegt.

Man sollte nun dennoch das Gefühl haben: In dieser Dichtung spricht sich gerade dasjenige aus, was als so Gewaltiges sich offenbart in der ganzen reichen Entwicklung des Goethe'schen Lebens. – Man hat es ja da zu tun mit allen Phasen des menschlichen Künstlertums, vom Jugendzeitalter bis in die höchste Altersreife hinauf. Und derjenige, der nicht in Vorurteilen irgendwelcher Art befangen ist, wird mit einer großen inneren Befriedigung gerade verfolgen die Entwicklung dieses reichen Goethe'schen künstlerischen Lebens.

Allerdings, Goethe hat schon zur Zeit seines Lebens darüber schon manches erfahren müssen, was ihn, man möchte sagen geärgert hat. Der erste Teil des «Faust», der gewiss leichter zu verstehen ist als der zweite Teil, in den Goethe nach seinem eigenen Ausdrucke viel hineingeheimnisst hat – viel hineingeheimnisst hat von dem, was er durch ein reiches Leben erkannt und erfahren hat –, der erste Teil des «Faust» fand ja auch schon zu Goethes Zeiten ein großes Publikum. Und Goethe selber dachte, als er in Italien seine gewaltige Kunstschule durchgemacht hatte, er sei mit seiner «Iphigenie», «Tasso» und später, wie er gemeint hat, mit seiner «Natürlichen Tochter» weit hinausgekommen über die Kunstform, die er im ersten Teil des «Faust» durchführte. Denn im zweiten Teil, der ja erst nach Goethes Tod erschienen ist, hat er wohl erreicht eine ganz besondere Höhe. Aber dasjenige, was eingetreten ist zu seinen Lebzeiten, was ihn geärgert hat, ist, dass die Leute immer wieder und wieder gesagt haben: Ja, Goethe ist alt geworden. In seinem «Tasso», da sieht man schon nicht mehr jene sprudelnde Jugendkraft, die sich in seinen Jugendwerken äußert – und so weiter. Er ist ärgerlich darüber geworden. Und ganz gewiss hätte er auch manches gedacht, wenn er noch hätte erleben können, dass nicht nur der gewöhnliche Philister, sondern, wie man auch sagt, höhere Töchter, höhere Philister haben sich aufgeregt darüber, dass der zweite Teil des «Faust» nur einen Rückgang in der Goethe'schen Kunst darstellen würde. Zum Beispiel der Schwaben-Vischer, der sogenannte V-Vischer, hat sich nicht nur gedrungen gefühlt, eine große Anzahl von Abhandlungen zu schreiben über den missglückten zweiten Teil des «Faust», er hat sogar versucht, irgendetwas Besseres zu dichten, selbst einen zweiten Teil des «Faust» zu dichten. Er ist auch darnach geworden. Er hat immer wieder betont, dieser große V-Vischer, der zweite Teil des Goethe'schen «Faust» sei ein zusammengeschustertes, zusammengeleimtes Machwerk des Alters.

Wie gesagt, Goethe hat schon, und zwar nicht dem zweiten Teil des «Faust», sondern manchem anderen noch Unvollkommenen gegenüber, sich recht schwer, man kann sagen, künstlerisch gerächt. Es findet sich ein schöner Vierzeiler in seinem Nachlass. Gerade mit Rücksicht auf solche Dinge schrieb er ihn nieder. Er heißt:

> Da loben sie meinen Faust,
> Und was noch sunsten

– er meint den «Faust» des ersten Teils, der war fertig.

> Da loben sie den Faust,
> und was noch sunsten
> In meinen Schriften braust
> zu ihren Gunsten.
>
> Das alte Mick und Mack,
> das freut sich sehr;
> Es meint das Lumpenpack:
> Man wär's nicht mehr!

So hätte Goethe ganz zweifellos auch gesagt, wenn er erleben hätte können, was so große Ästhetiker wie V-Vischer über den zweiten Teil seines «Faust» geäußert haben. Es ist eben sehr vieles in dem zweiten Teil des «Faust», wo Goethe sich erhebt zu wirklich übersinnlichen, geistigen Erfahrungen der Menschenseele. Und gerade diejenigen Szenen, in die Goethe so viel hineingeheimnisst hat von dem, was nur er in seinem reichen Leben erfahren konnte, das stellte sich uns so dar, dass es herausgeholt werden kann aus der Dichtung durch die Zuhilfenahme der eurythmischen Kunst.

Und so möchten wir Ihnen auch heute Abend eine kleine Probe – die Szene um «Mitternacht» – geben, wo auftreten vor «Faust» die vier Kräfte, die am menschlichen Leben nagen: Mangel, Not,

Sorge, Schuld, und wo «Faust» alles dasjenige durchlebt, was man diesen vieren, die sich hier Sorge, Not und so weiter nennen, gegenüber empfinden, erleben und erfahren kann. Das, was Goethe durch die Art der Darstellung in die Dichtung hineingelegt hat, es kommt gerade durch diese bewegte Sprache, durch diese stumme Sprache, Ausdruckssprache, durch die Bewegungsmöglichkeiten des ganzen Menschen sich offenbarend, es kommt gerade dadurch heraus.

So darf vielleicht eine solche Darstellung, wo Eurythmie zu Hilfe genommen wird, als eine Art Experiment gelten. Dasjenige, was Menschlich-Alltägliches ist, wird natürlich im gewöhnlichen Sinne dargestellt; dasjenige aber, was in die übersinnliche Welt sich erhebt, soll mit Hilfe der Eurythmie dargestellt werden. So kann gerade so etwas als eine Art Experiment gelten, und wir glauben gerade dadurch, dass wir Eurythmie zu Hilfe nehmen bei etwas nicht durch irgendwelche Bühnenkunstregie Darzustellendem, etwas auf dem engeren Gebiete darzustellen, was sonst nicht herausgeholt werden hätte können.

DORNACH, 8. NOVEMBER 1919

Diese Aufführung fand speziell für die Arbeiter am Goetheanum-Bau statt; vorher hatte Rudolf Steiner sie durch den Bau geführt. Der Beginn der Aufführung verschob sich, weil das Licht ausfiel, so improvisierte Rudolf Steiner einen Vortrag, bis das Licht wieder anging. – Das Programm entsprach demjenigen der Aufführung vom 31. Oktober 1919 in Zürich, siehe S. 194.

Notizen zur Ansprache Dornach, 8. November 1919

NB 129,
S. 32

Eurythmie: / Goethe = Die Griechen verfuhren / nach den Gesetzen, nach denen / die Natur selbst verfährt, denen / er auf der Spur zu sein glaubte.

Ansprache zur Eurythmie, Dornach, 8. November 1919

Sehr verehrte Anwesende!
Ich würde Sie ja sehr gerne, wenn es hier Licht gäbe, bei Licht herzlich willkommen heißen. Aber da wir vorläufig noch kein Licht haben, so gestatten Sie mir, alle diejenigen verehrten Anwesenden, die heute uns die Ehre geben, unsere Gäste hier zu sein, auf das Herzlichste willkommen zu heißen. Es ist uns immer eine besondere Freude, wenn wir Gäste hier sehen können, auch schon jetzt in derjenigen Zeit, in der ja unser Bau eigentlich noch lange nicht fertig sein kann. Denn das, was notwendig sein wird gerade für die Bestrebungen, welchen dieser Bau dienen soll, das wird ja sein das Interesse unserer Zeitgenossen, das Interesse für dasjenige, was, wie wir glauben, aus einem wirklichen Menschheitsbedürfnis der Gegenwart heraus durch

jene geistige Bewegung angestrebt wird, der dieser Bau, das Goetheanum, die Freie Hochschule für Geisteswissenschaft dienen soll.

Es ist allerdings heute noch für weite Kreise der Menschheit etwas Zweifelhaftes, wenn von Geisteswissenschaft, von Erkenntnis des Geistes als solchem gesprochen wird. Da auch dasjenige, was wir Ihnen, sofern wir Licht bekommen werden, als unsere eurythmische Kunst in einer Probe darbieten wollen, zusammenhängt mit dem Ganzen unserer geistigen Bestrebungen, so darf ich wohl in Kürze einiges zur Charakteristik dieser geistigen Bestrebungen voranschicken. Hier werden wir durch alles das, was mit diesem Bau zusammenhängt, den Versuch machen, eine wirkliche Erkenntnis der geistigen Welten wiederum in die Menschheitskultur einzuführen. Ich sage, eine *wirkliche Erkenntnis,* denn dass die Welt zurückzuführen ist auf geistige Ursachen, das geben ja viele als etwas zu, an das man glauben kann. Hier handelt es sich aber nicht etwa bloß darum, der Menschheit irgendein Glaubensbekenntnis zu geben – wir denken gar nicht daran, irgendein neues religiöses oder sonstiges Glaubensbekenntnis zu geben –, sondern dasjenige, was hier versucht werden soll, das ist eine wirkliche Erkenntnis des geistigen Lebens, das ebenso in der Welt vorhanden ist wie das äußere Leben der Sinneswelt.

Allerdings, meine sehr verehrten Anwesenden, es liegt ja die Zeit hinter uns – und für viele Menschen ist sie noch immer da –, in der es geradezu als das Kennzeichen eines gescheiten Menschen gilt, wenn er sagen kann, aus seiner vermeintlichen Überzeugung heraus sagen kann: Ja, der Mensch kann durch seine Erkenntnis nichts irgendwie Geistiges erreichen; der Mensch kann durch seine Erkenntnis nicht dazu kommen, nachzuweisen, dass er wirklich in sich selbst ein Geistig-Seelisches trägt, das zusammenhängt mit dem Geistig-Seelischen, das die ganze Welt durchdringt. – Das war gewissermaßen dasjenige, was viele Menschen als ihre Überzeugung geltend machten gerade in dem Zeitalter, das als das wissenschaftliche Zeitalter gilt, das wir hinter uns haben und das für viele heute auch noch, wie ich gesagt habe, vorhanden ist. Es wird eine Zeit kommen, in der diese Anschauung als etwas sehr Allgemeines gelten muss. Gewiss, viele Menschen werden heute noch entweder zweifeln oder mit einem gewissen Hohn einem begegnen, wenn man von einer Geisterkenntnis spricht. Diejenigen aber, die sich auf den Wegen mit Geisterkenntnis beschäftigt haben, die hier gesucht werden, die wissen, dass es mit allem, was sich in die Menschheitsentwicklung einfügen will, schließlich sich so verhält, dass es zunächst Gegner findet, Leute findet, die es verhöhnen, und dass es dann, wenn es Verbreitung gewinnt, wie etwas Selbstverständliches gilt. Und als etwas Selbstverständliches wird die Erkenntnis der geistigen Welt in einer verhältnismäßig gewiss gar nicht fernen Zeit gelten.

Der Mensch, so wie er in die Welt hereingeboren wird, kann durch seine Sinne die äußere Welt wahrnehmen, die er Natur nennt, die äußere Welt, die ihm darbietet Mineralisches, Pflanzliches, Tierisches, die ihm darbietet über ihm die Welt der Sterne, die Welt von Sonne und Mond und so weiter. Wenn der Mensch nichts anderes sein ganzes Leben hindurch sucht als dasjenige, was ihm werden kann, wenn er einfach sich gehen lässt, nichts weiter unternimmt, um etwas Tieferes in seiner Wesenheit heraus zu entwickeln, dann wird er ganz selbstverständlich zu einer Ablehnung aller Wissenschaft vom Geistigen kommen müssen.

Allein, zur Anerkennung der Wissenschaft des Geistigen gehört eine gewisse, ich möchte sagen Vernunftbescheidenheit. Es sieht sonderbar aus, wenn man zu den heutigen Menschen von dieser Vernunftbescheidenheit redet. Denn die heutigen Menschen, insbesondere dann, wenn sie ein bisschen etwas gelernt haben, kommen sich ja außerordentlich gescheit vor. Aber man braucht sich nur etwa zu denken, wie ein fünf- oder sechsjähriges Kind steht, sagen wir vor einem Globus oder einer Landkarte: Es wird höchstens mit der Hand über diesen Globus darüberfahren, es wird die Karte versuchen zu zerreißen und dergleichen. Man kann nicht sagen, dass das Kind mit dieser Landkarte das Richtige zu machen versteht. Wenn aber das Kind dann entwickelt wird, wenn die Kräfte, die in diesem fünf- oder sechsjährigen Kind noch nicht da sind, aus seinem Inneren hervorgeholt werden, dann weiß das Kind – nach zehn Jahren sagen wir – recht viel mit dieser Landkarte oder diesem Globus anzufangen, weiß sich zu enträtseln, was es darauf sieht. Ich erwähne das nur als ein

Gleichnis dafür, dass es doch nicht ganz töricht zu sein braucht, wenn man sagt: Vielleicht ist die ganze Welt ringsherum mit ihren Steinen, Pflanzen, Tieren, Sternen, mit Sonne und Mond zunächst für den Menschen, der einfach so, wie er geboren ist und heranwächst, sich selbst überlässt, so ähnlich, wie die Landkarte oder der Globus für ein fünfjähriges Kind. – Man kann etwas ganz anderes noch in der Welt, der sogenannten Natur sehen, wenn man über das hinaussehen kann, was das fünfjährige Kind sieht, wenn es die Landkarte in die Hand nimmt und *[Lücke im Text]*, was sich einfach von selbst für den Menschen ergibt. Und dass es möglich ist, dass gewisse Entwicklungen durchgemacht werden vom Menschen, durch die er viel mehr in der Natur sehen kann, als er ohne diese Entwicklung sehen könnte. Das soll eben gerade durch die hier gemeinte Geisteswissenschaft bewiesen werden.

Wer auf dem Gesichtspunkte dieser Geisteswissenschaft steht, der weiß ganz gut, warum so viele Menschen diese Geisteswissenschaft ablehnen. Was notwendig ist, das ist eben, dass man zugibt: Der Mensch kann über dasjenige, was er erreicht, einfach dadurch, dass er als Mensch geboren wird, sich weiterentwickeln; dann werden für ihn geistig sichtbar, seelisch sichtbar Dinge, die er ohne diese Entwicklung nicht sehen kann.

Nun gehört wirklich einiges dazu, um eine solche Entwicklung durchzumachen. Ich habe in verschiedenen Büchern beschrieben, was dazu gehört für den Menschen, um eine solche Entwicklung durchzumachen, durch die ihm, um dieses Goethe-Wort zu gebrauchen, seine Geistesaugen, seine Seelenaugen aufgehen. Was da beschrieben ist, meine sehr verehrten Anwesenden, das ist etwas, was verhältnismäßig leicht jeder Mensch, wenn er nur Geduld und Ausdauer hat und sich Zeit dazu lässt, durchmachen kann. Man wird dann allerdings nicht immer schon in der Lage sein, große Entdeckungen in der geistigen Welt zu machen, aber diese geistigen Entdeckungen, diese Entdeckungen in der geistigen Welt, sie können von einzelnen Zeitgenossen ja immer gemacht werden. Und nicht um, ich möchte sagen mit vollen Segeln in die geistige Welt hineinzugehen, ist das Buch geschrieben *Wie erlangt man Erkenntnisse der höheren Wel-*

ten?, sondern es ist dazu geschrieben, dass man eine innere Kraft erhält, die wirklich sonst in der Seele schlummert, eine innere Kraft, um zu begreifen, was der geistig Forschende in der geistigen Welt wirklich finden kann.

Also zweierlei muss man unterscheiden: Erstens, dass es wirklich Menschen geben kann, welche in der Lage sind, in der geistigen Welt gewisse Entdeckungen zu machen, die mit dem Menschenleben innig zusammenhängen. Gewiss, es wird nicht jeder diese Entdeckungen machen können, aber jeder kann, wenn er sich nur seinem gesunden Menschenverstande hingibt und dann dasjenige beobachtet, was gesagt ist etwa in meiner Schrift über *Wie erlangt man Erkenntnisse der höheren Welten?*, jeder kann dasjenige, was Geisteswissenschaft behauptet, wirklich verstehen. Freilich wird man sagen können: Ja, dann werden einzelne wenige Menschen sein, die in die geistige Welt eindringen; die anderen, sie werden nur die allerdings für das Menschenleben wertvollen Wahrheiten von solchen Menschen erfahren können. – Man sollte gerade in der heutigen Zeit begreifen, welche Bedeutung es für das Menschenleben hat, dass das gerade so ist und eigentlich vielleicht immer mehr und mehr in der Zukunft so sein wird. Wir reden ja heute davon, dass ein gewisses soziales Leben sich in der Menschheit ausbreiten muss. Soziales Leben aber, das heißt, zusammenleben, miteinander leben, heißt so leben, dass dasjenige, was der Einzelne hervorbringt, von dem anderen angenommen wird, für den anderen gilt, dass wir Menschen füreinander arbeiten, füreinander leben sollen – aber die Menschen nicht nur materiell füreinander arbeiten sollen, sondern auch geistig.

Und es wird ein richtiges soziales Leben sich gerade dadurch entwickeln, dass es in der Zukunft einzelne Menschen geben wird, welche dasjenige durchmachen, was Entdeckungen machen lässt in der geistigen Welt, und andere, die sich nur aneignen jene Entwicklung, durch die man verstehen kann das, was die Erforscher der geistigen Welt mitzuteilen wissen. Aber was die Erforscher der geistigen Welt mitzuteilen wissen, das ist für das menschliche Leben ungeheuer bedeutungsvoll. Es würde die Menschheit nach und nach dazu kommen, das Geistige überhaupt nicht mehr anzuerkennen, wenn es keine Geisteswissenschaft in der Gegenwart und für die Zukunft geben würde. Was gegenwärtig verhindert, dass schon die großen Schäden des Mangelns einer Geisterkenntnis eintreten, das ist, dass aus alten Zeiten, in denen Geisterkenntnis da war – wenn auch auf eine andere Weise, als das heute der aufgeklärten Menschheit gegenüber der Fall sein kann –, dass aus alten Zeiten eben noch geistige Erkenntnisse da sind. Mit denen arbeitet heute die Menschheit wie mit einem Erbstück. Ohne dass geistige Erkenntnisse wirklich errungen werden, kann der Mensch auch nicht in der physischen, in der materiellen Kultur wirklich weiterdringen. Ich möchte Ihnen das durch einen Vergleich klarmachen.

Bedenken Sie einmal, in der Schweiz sind so und so viele Tunnels; diese Tunnels können heute nicht gebaut werden, ohne dass die Ingenieurkunst die Grundlage dazu liefert. Ja, diese Ingenieurkunst ist aber zusammenhängend mit dem, was in einsamer Gedankenarbeit Leute erarbeitet haben, die damals, als sie das erarbeiteten, noch nicht daran dachten, irgendetwas hervorzubringen einmal, was etwa Tunnels sind. Aber die Tunnels könnten nicht da sein, und vieles andere könnte nicht sein; alles dasjenige, was uns heute – nicht in diesem Augenblicke gerade, aber sonst heute in der Welt – umgibt als elektrisches Licht, was uns sonst in der Gegenwart umgibt, sehen Sie, es könnte nicht da sein, wenn es nicht seinen Ausgangspunkt genommen hätte von den Gedanken einsamer Denker. Aber diese Gedanken – man glaubt das heute nicht, man meint, dass die Gedanken der praktischen Welt so einfach aus den menschlichen Gehirnen herauswachsen, aber das ist nicht der Fall –, die Gedanken, die gefasst worden sind, die konnten nur gefasst werden, weil die Menschheit ein altes geistiges Erbgut hatte. Der Mensch, der keine geistigen Anregungen aus einer geistigen Welt heraus erhält, er kann nicht in Wirklichkeit – geistig auch nicht – arbeiten für die äußere materielle Kultur. Das sehen die Leute heute nur noch nicht ein, weil sie es im ganzen Zusammenhang noch nicht erkennen. Unsere materielle Kultur würde verschwinden, es würde nichts Neues zu ihr hinzukommen, und das Alte würde auch nach und nach verschwinden, wenn nicht auch ein wirklicher geistiger Fortschritt in der Menschheit Platz greifen könnte. Aber ein wirklicher geistiger Fortschritt ist nur möglich, wenn eine wirkliche geistige Erkenntnis immer mehr und mehr wiederum Platz greift und wenn das Vorurteil aufhört, das man gerade im Zeitalter der Aufklärung immer mehr und mehr geltend gemacht hat: Dass eigentlich nur der ein gescheiter Mensch ist, der nicht an Geistiges und Seelisches glaubt.

Also es handelt sich darum, dass die geistige Welt erforscht werden kann, dass außer unserer Welt, die wir mit unseren Augen sehen, mit unseren Händen greifen, dass außer dieser Welt eine geistige Welt vorhanden ist. Nun haben ja immer mehr in der neueren Zeit Menschen auch das Bedürfnis gehabt nach einer Erkenntnis der geistigen Welt, aber sie haben dieses Bedürfnis mit recht ungeeigneten Mitteln befriedigt. Und wenn man heute hört, dass so etwas da ist wie unsere anthroposophische Bewegung, die sich solch einen Bau aufrichtet, dann sagen sehr viele Menschen: Nun ja, das ist auch so etwas Obskures wie die Spiritisten; da sucht man mit allerlei mystischen Mitteln den Geist. – Nein, meine sehr verehrten Anwesenden, alles dasjenige, was Sie hören können in der Welt heute als Spiritismus, als falsche Mystik, das wird gerade am heftigsten von unserer geistigen Bewegung abgewiesen. Wir haben nichts zu tun mit irgendwelchen obskuren Dingen, wie sie heute vielfach zur Erforschung des Geistes getrieben werden und die man auch als wissenschaftliche ausgibt. Wir haben mit etwas zu tun, was ebenso klar und scharf ist wie die Naturwissenschaft selbst. Wir haben mit etwas zu tun, was so klar und scharf ist wie dasjenige, wodurch ein Kopernikus, ein Galilei, ein Giordano Bruno in der neueren Zeit gewirkt haben. Wir haben mit etwas zu tun, was allerdings Geist und Seele ist, aber wir bedienen uns derjenigen Denkmethoden, die gerade in der Naturwissenschaft ihre großen Triumphe gefeiert haben.

Sehen Sie, bis zu der Zeit, in der am Beginne der neueren Zeit solche Geister gewirkt haben wie Kopernikus, Galilei, Giordano Bruno, bis zu der Zeit haben die Menschen hinaufgesehen, sahen da oben das Himmelsgewölbe, das blaue, wie ein blauer Glassturz etwa über die Erde darübergestülpt, die Sterne so darauf gemalt; und was draußen war, das, haben die Menschen gesagt, nun, das ist die achte Sphäre. Aber das ist ganz anders geworden, als solche Geister wie Kopernikus, Galilei, Giordano Bruno gewirkt haben. Da haben die Menschen endlich begriffen: Da oben, wo das scheinbare blaue Firmament erscheint, da ist in Wirklichkeit nichts, obschon unsere Augen es sehen. Durch die Beschränktheit unseres eigenen Sehens erscheint uns ein blaues Himmelsgewölbe; das rührt davon her, dass wir nicht weitersehen können. Der Raum aber ist unendlich. Und dasjenige, was scheinbar aufgemalt ist auf dem Himmelsgewölbe, das ist dasjenige, was über unendliche Raumesweiten ausgebreitet ist. – Nun, in Bezug auf den Raum ist das überwunden worden. Heute gilt es, dass man ein beschränkter Kopf ist, wenn man glaubt, da oben sei ein blauer Glassturz als Firmament und darauf seien die Sterne aufgeheftet. Aber es gilt noch immer für viele gerade als ein Zeichen der Aufklärung, wenn sie sagen: Ach, wir können vom Menschen doch nichts anderes erkennen als dasjenige, dass er von einem Vater, von einer Mutter geboren wird und dass er dann wieder stirbt; was darüber ist, das kann man nicht erkennen.

Geradeso, wie die Menschen des Mittelalters gesagt haben: Da oben, da ist eine Grenze, das blaue Firmament –, so sagen die Leute noch vielfach für das Erkennen: Da ist eine Grenze, Geburt und Tod, über die kann man nicht hinaussehen. Geradeso wenig wahr ist es, dass man über Geburt und Tod nicht hinaussehen kann, wie es nicht wahr ist, dass man über das blaue Firmament nicht hinausschauen kann und nicht hinausdenken kann. Und wie es heute als das Zeichen eines beschränkten Geistes gelten würde, wenn man da oben das blaue Firmament als etwas Festes ansehen würde, so wird es in nicht allzu langer Zeit als das Zeichen eines beschränkten Geistes eben gelten müssen, wenn man sagen wird: Man kann nichts erkennen, was über Geburt und Tod hinausreicht. – Der Mensch trägt in sich die ewigen Kräfte seines Daseins. Und wenn er diese ewigen Kräfte seines Daseins nur wirklich ausbildet, dann gelangt er dazu, ebenso wie Giordano Bruno hinausgewiesen hat über das Firmament, hinauszuweisen über Geburt und Tod, so hinauszuweisen, dass man wissen kann: So, wie im unendlichen Raume eingebettet sind die Sterne, so ist unser eigenes menschliches Dasein eingebettet in die unermessliche Zeit. Wir waren da, bevor wir geboren worden sind, und wir werden da sein, nachdem wir gestorben sind.

Gewiss, für viele Menschen ist das heute ein Glaube, aber es wird in der Zukunft ein Wissen sein, es wird in der Zukunft eine Erkenntnis sein. Und zu diesen Reifegraden, dass das eine Erkenntnis werden wird, dass das etwas werde, was der Mensch so wissen kann, wie er, sagen wir, Rechnen, Geometrie weiß, dazu soll beitragen eine solche Bewegung, wie diese anthroposophisch orientierte Geisteswissenschaft es ist. Und nicht durch irgendwelche äußeren Veranstaltungen, nicht durch äußere Experimente wird das erreicht, sondern es wird dadurch erreicht, dass der Mensch an sich selbst arbeitet, dass er dasjenige, was sonst schlummert in ihm, zum Erwachen bringt und dass er in seinem Inneren die Kräfte des Ewigen gewahr wird. In dem Momente, wo die Menschen sich getrauten, mit ihrem Denken über das Firmament hinaus zu denken, in diesem Momente waren sie glücklich, den Raum als ein Unendliches zu erkennen. In dem Momente, wo sie den Mut fassen werden, über Geburt und Tod hinaus zu forschen, in diesem Momente werden sie ihr eigenes Seelisches als ein Ewiges wissen.

Sehen Sie, damit skizziere ich Ihnen nur eben mit ein paar Worten dasjenige, was eine ausgebreitete Wissenschaft ist, was eine so ausgebreitete Wissenschaft ist, dass, man möchte sagen alle anderen Wissenschaften befruchtet werden können gerade durch diese Geisteswissenschaft. Erst dann, wenn man auf diese Geisteswissenschaft wird eingehen können, werden gewisse Rätselfragen, die dem Menschen schwer auf der Seele liegen, sich lösen lassen. Und manches, was heute gesucht wird – man glaubt es suchen zu können aus den alten Voraussetzungen heraus –, man wird es nur suchen können, wenn man auf die hier gemeinte Geisteswissenschaft wird eingehen können.

Ich will Sie auf Eines aufmerksam machen, meine sehr verehrten Anwesenden. Es ist nun schon lange her, mehr als anderthalb Jahrhunderte, da wurde die Theorie gefasst, dass unser ganzes Sonnensystem hervorgegangen sei aus einem Urnebel. Ein Urnebel war da, so dachte man, der rotierte, der sich drehte. Man nennt das die Kant-

Laplace'sche Theorie. Da ballten sich ab die Planeten von der Sonne, diese Planeten umkreisten dann die Sonne und so weiter, und im Laufe langer, langer Zeiten, da hätte sich auf dem Planeten, vorzugsweise also auf unserer Erde, gebildet – was man ja zunächst glaubt nur wissen zu können – Pflanzen, Tiere, zuletzt auch der Mensch und so weiter. Ja, es gibt immerhin einzelne Geister, welche das ganz Törichte dieser heute so viel bewunderten Naturanschauung eingesehen haben. Der große Kunstschriftsteller Herman Grimm, er hat einmal sehr schön über diese Kant-Laplace'sche Theorie gesprochen. Er sagte: Da bilden sich die Menschen heute ein, aus irgendeiner, besonders dieser Naturwissenschaft heraus annehmen zu dürfen, dass einmal ein solcher Urnebel da war, und aus diesem Urnebel heraus habe sich durch Zusammenballen von selber dasjenige gebildet, was wir heute auf der Erde bewundern. Und dann, das wird ja auch gesagt, nach wiederum unermesslich langen Zeiträumen wird all dasjenige, was auf der Erde ist, zugrunde gehen, die Sonne verfallen und so weiter. – Herman Grimm meint: Ein Aasknochen, um den ein hungriger Hund seine Kreise herumziehe, wäre ein appetitlicherer Anblick als diese sogenannte wissenschaftliche Errungenschaft. In der Zukunft werden die Menschen nicht begreifen, meint er, wie eigentlich ein solcher wissenschaftlicher Wahn in unserer Zeit habe Platz greifen können überhaupt, wie er die Menschen einmal habe überfallen können.

Sie müssen nur bedenken, meine sehr verehrten Anwesenden, was eigentlich mit einer solchen Sache gesagt ist. Es ist sehr viel gesagt, denn die Menschen, die heute unterrichtet werden gerade von unserer vielgepriesenen Wissenschaft, die betrachten es als einen Aberglauben, als etwas durchaus Rückständiges, wenn man nicht schwört auf das Vorhandensein dieses Kant-Laplace'schen Urnebels. Nun, ich weiß sehr gut alle Gründe, die solche Menschen vorbringen, die auf diesen Kant-Laplace'schen Urnebel schwören. Ich weiß auch, dass es durchaus begreiflich ist, dass, wenn jemand so spricht wie ich, dass man das als einen Wahn hinstellt, dass er dann unter Umständen als ein beschränkter Kopf oder selbst als ein wahnwitziger Mensch angesehen werden kann. Aber über diese Dinge wird man erst urteilsfähig, wenn man wirklich eindringt in dasjenige, was hier als Geisteswissenschaft gemeint ist. Denn da stellt sich heraus, dass ebenso wenig, wie der Mensch mit der Geburt etwa aus der Materie heraus entsteht, sondern wie er sich als Geist und Seele nur verbindet mit der Materie und wie er, nachdem er durch den Tod gegangen ist, auftaucht in der geistigen Welt als eine geistige Wesenheit, so ist dasjenige, was wir heute als unsere Erde erkennen, nicht aus einem materiellen Urnebel hervorgegangen, sondern unser Planet, unsere Erde, ist aus einem geistigen Zustande hervorgegangen, ist Geistiges. Das ist dasjenige, was vorangegangen ist allem Materiellen. Die Menschen forschen heute nach, wie der Geist sich an der Materie entwickle. In Wahrheit hat sich alle Materie aus dem Geiste entwickelt. Und geläuterte, gereinigte Begriffe bekommt man, wenn man sich auf dasjenige, was hier als Geisteswissenschaft gemeint ist, einlässt.

Sehen Sie, dasjenige, was heute die Menschen als Materie, als materielle Welt erkennen – was ist es? Ich möchte Ihnen das durch einen Vergleich wiederum darlegen. Nehmen Sie an, Sie hätten ein großes Bassin vor sich, darinnen sehen Sie Eisstücke, Sie sehen nicht, dass auch Wasser da ist; ich nehme an, Sie könnten das Wasser nicht sehen. Sie sehen dann die Eisstücke. Sie wissen nicht, wenn Sie nur die Eisstücke sehen würden – ich meine, wenn Sie niemals etwas vernommen hätten von dieser Sache, nur die Eisstücke sehen würden –, so würden Sie nicht wissen, dass dieses Eis ja nichts anderes ist als aus dem Wasser Entstandenes, durch Verdichtung aus dem Wasser Entstandenes.

So verhält sich der äußere Mensch gegenüber der materiellen Welt. Er schaut diese materielle Welt an und er glaubt, dass sie für sich da ist. Diese materielle Welt ist in Wahrheit ebenso durch Verdichtung entstanden, Verdichtung des Geistigen, wie das Eis durch Verdichtung des Wassers entstanden ist. Und indem irgendwo in der Art, wie ich es angedeutet habe, der Mensch die Kräfte in sich entdeckt, die ihn das Geistige schauen lassen, das Geistige wahrnehmen lassen, in dem Augenblicke sieht er alles Materielle wie eine Verdichtung des Geistigen an. Alles Materielle hört auf, eine Selbständigkeit zu haben. Und dasjenige, was wir als Erde, als materielle Erde, mit allem Materiellen, was darauf ist, anzuerkennen haben, das ist aus einer Geist-Erde hervorgegangen und das wird wiederum zurück sich verwandeln in eine Geist-Erde, sodass wir erkennen, dass das Materielle ein Zwischenzustand ist zwischen geistigen Zuständen. Ich schildere Ihnen mehr oder weniger nur die Ergebnisse; ich kann Ihnen natürlich nicht in einer kurzen Betrachtung alle die Methoden zeigen, die ebenso sichere Methoden sind wie diejenigen, die auf der Sternwarte zur Erkenntnis der äußeren materiellen Sterne verwendet werden oder die in der Klinik getrieben werden, um die menschliche Anatomie kennenzulernen. Die Methoden sind, insofern sie hier getrieben werden, durchaus geistige Methoden, aber sie führen zur Erkenntnis desjenigen im Menschen, was etwas ist, das als Seelisch-Geistiges mit dem Geistig-Seelischen der Welt zusammenhängt.

Sehen Sie, der Mensch erlangt dadurch, dass er sich seines Geistigen wieder gewiss wird, eine gewisse innere Sicherheit, einen gewissen inneren Schwerpunkt, möchte ich sagen. Heute gibt es ja noch viele Menschen, welche durchaus mit Recht davon überzeugt sind, dass das Seelisch-Geistige durch die Todespforte geht und dann in einer geistigen Welt bleibt. Aber wenig wird darüber nachgedacht, dass, indem der Mensch durch die Geburt ins Dasein tritt, er aus der geistigen Welt kommt. Was er aus der materiellen Welt erhält, ist nur wie eine Umkleidung dessen, was aus der geistigen Welt kommt, aus der geistigen Welt herunterkommt. Und ebenso, wie man sagen muss: Dasjenige, was nach dem Tode übrigbleibt, ist eine Fortsetzung des physischen Lebens, das wir auf der Erde führten, ebenso kann man sagen: Das, was hier auf der Erde zwischen Geburt und Tod ist, das ist eine Fortsetzung eines geistigen Lebens, das wir früher geführt haben. – Dadurch aber ergibt sich die Möglichkeit, ganz anders dem Menschen gegenüberzustehen, als man diesem Menschen gegenübersteht, wenn man eigentlich nur den Glauben hat, dass der Mensch mit der Geburt unmittelbar entstanden ist aus dem Materiellen heraus.

Denken Sie nur einmal, was es heißt, ein werdendes Kind von seiner Geburt an anzuschauen, sich zu sagen: Mit jedem Tage, mit jeder Woche, mit jedem Jahre arbeitet sich der Geist, der aus dem Geistigen gekommen ist, heraus, arbeitet sich durch die materiellen

Glieder hindurch. Wenn das einmal wirkliches Prinzip der Erziehung und des Unterrichtes des Menschen wird, dann werden Sie sehen, welcher Einfluss auf die Pädagogik, auf die Erziehungskunst wirklich [aus]geübt werden kann. In dieser Beziehung kann dasjenige, was wir Geisteswissenschaft nennen, heute schon durchaus gebracht werden.

Wir waren in der Lage, in einer Stadt in Süddeutschland vor kurzer Zeit dasjenige einzurichten, was dienen soll im Sinne unserer Geisteswissenschaft als Erziehungskunst. In Stuttgart haben wir die Waldorfschule eingerichtet, eine Volksschule, die auf der einen Seite all den sozialen Forderungen dienen soll, die jetzt gestellt werden, wo nur Rücksicht genommen werden soll auf dasjenige, was der Mensch als Mensch ist, die aber auf der anderen Seite auch dienen soll all dem, was eine wirkliche Erziehungskunst der Zukunft ist, die ausgehen soll von einer wirklichen Menschenerkenntnis, die den Menschen so erziehen soll von seinem sechsten bis zu seinem fünfzehnten Jahre gerade durch die Schulzeit, dass in jedem einzelnen Lebensalter im siebenten, neunten, elften, fünfzehnten Jahre, immer Rücksicht darauf genommen wird, was sich da aus der Menschennatur heraus enthüllt. Dadurch allein können wirklich alle Kräfte der menschlichen Natur entwickelt werden. Ich will das nur andeuten. – Denn, da wir jetzt so glücklich sind, wiederum Licht zu haben, werden wir versuchen, zu unserer Eurythmie-Vorstellung möglichst bald zu kommen. – Sie ist es ja, wodurch man uns heute gestattet, schon praktische Versuche zu machen, und es ist mir eine große, eine tiefe Befriedigung, ein Lehrerkollegium auszubilden für diese Volksschule, ein Lehrerkollegium, das eine wirkliche Erziehungskunst entwickelt heraus aus der Geisteswissenschaft. Eine Erziehungskunst, die mit dem ganzen Menschen rechnet, nicht bloß mit der Leiblichkeit des Menschen, die mit dem Menschen rechnet als mit Leib, Seele und Geist.

Und sehen Sie, es ist ja so, dass dieses, was aus der Geisteswissenschaft heraus die menschliche Seele durchdringen kann, dem Menschen einen ganz anderen Halt zu bieten vermag als dasjenige, was heute vielfach als materialistische Gesinnung die Menschen durchsetzt. Davon wird sich die Menschheit noch überzeugen können.

Es soll hier nicht ein müßiges Spiel getrieben werden mit allerlei vermeintlichen Wissenschaften, sondern es soll ehrlich und redlich gerade denjenigen Forderungen gedient werden, die heute in zahlreichen menschlichen Seelen Wurzel gefasst haben. Nur sind sich die Menschen noch nicht klar darüber geworden, was eigentlich für Sehnsucht in ihnen ist. Instinktiv streben heute die Menschen schon nach einer solchen geistigen Erkenntnis hin. Dieser geistigen Erkenntnis möchte alles dasjenige dienen, wofür dieser Bau hier ein äußerer Repräsentant ist. Dieser Bau ist in seiner ganzen künstlerischen Gestaltung so eingerichtet, dass man ihm ansieht, es handelt sich um eine neue geistige Bewegung, um etwas, das unter die Menschen kommen muss, wenn die Kultur wirklich fortschreiten soll, nicht rückwärtsschreiten soll, rückständig bleiben soll mit dem, was von alten Zeiten heraufgekommen ist.

Nun, ich wollte Ihnen mit ein paar Worten das ehrlich-redliche Bestreben nach einer Geisterkenntnis charakterisieren, die hier gemeint ist, nach jener Seite, von der heute viele Menschen noch glauben, dass sie überhaupt irgendein Wahngebilde sei. Aber, meine sehr verehrten Anwesenden, als in Deutschland die erste Eisenbahn gebaut worden ist, von Fürth nach Nürnberg, da hat man ein Ärztekollegium gefragt um ein Gutachten, ob man eine solche Eisenbahn bauen solle. Und da hat das Ärztekollegium gesagt – es ist das kein Märchen, es ist eine wahre Tatsache, 1837 passiert, also noch nicht einmal hundert Jahre liegt das hinter uns –, da hat das Ärztekollegium gesagt, man solle keine Eisenbahn bauen, denn die Menschen, die darinnen fahren werden, die werden sich ihre Nerven ruinieren und man wird sie ganz krank machen. Aber wenn es schon solche Menschen gäbe, die sich bereitfinden, in den Eisenbahnen zu fahren, dann solle man wenigstens links und rechts hohe Bretterwände aufrichten, damit diejenigen, an denen die Eisenbahn vorbeifahre, nicht Gehirnerschütterungen kriegen.

Ja, meine sehr verehrten Anwesenden, das ist durchaus kein Märchen, das ist ein nachweisbares Gutachten einer gelehrten Gesellschaft. Sie können natürlich heute zahlreiche materialistisch denkende Menschen fragen, ob dasjenige, was hier an dieser Hochschule für Geisteswissenschaft getrieben wird, so getrieben werden solle? Und diese gelehrten Leute werden heute das Urteil abgeben: Es soll nicht getrieben werden, denn die Menschen könnten dadurch, ja, was weiß ich, den Verstand verlieren. Es ist das geradeso begründet wie das Ärztegutachten jenes bayrischen Medizinalkollegiums 1837, das geglaubt hat, durch die Eisenbahn würden die Menschen krank werden. Wenn man auf die Menschen hört, die so denken, dann kommt man überhaupt nicht weiter. Denn diejenigen Menschen, die heute solch einen geistigen Fortschritt ablehnen, wie er hier gemeint ist, die gehören auf das Blatt, auf das diejenigen gehörten, die, als Kolumbus seine Schiffe ausrüsten wollte, um hinauszufahren in die weite Welt, gesagt haben: Das ist doch ein Wahnsinn, da hinauszufahren! Wohin könnte man denn da kommen? – Er hat nur eben Amerika entdeckt, und wenn er nicht hinausgefahren wäre, wäre Amerika nicht entdeckt worden. Stellen Sie sich vor, wie anders die Welt heute ausschauen würde.

Gewiss, es gibt heute viele Leute, die sagen: Es ist ein reiner Wahnsinn, der da getrieben wird. Aber es wird eine Zeit kommen, wo man diesen Wahnsinn ansehen wird als etwas, was sehr notwendig war für die Entwicklung der Menschheit. Gewiss gibt es sehr viele Menschen, die sagen: Man kann doch dasjenige, was als Geist dargeboten wird, nicht essen und trinken. Von einem gewissen elementaren Standpunkte aus wird man Recht haben damit, aber von einem tieferen Standpunkte aus nicht. Denn dasjenige, was für die äußere materielle Kultur der Menschheit getrieben wird, das kann nur in richtiger Weise getrieben werden, wenn sich die Menschheit geistig zu verhalten weiß. Aber geistig verhalten kann sich die Menschheit nur, wenn sie wirklich in den Geist eindringen kann. Vom Geiste wird hier nicht nur gesprochen, sondern Geist soll wirklich *erkannt* werden – nicht nur gesagt werden ‹Geist ist in der Welt›, sondern es sollen die geistigen Methoden so durchschaut werden, dass man aus Überzeugung, mit Bestimmtheit sagen kann: Unsere Erde ist nicht aus einem Kant-Laplace'schen Urnebel hervorgegangen, sondern aus einem geistigen Wesenszustand, und kehrt wiederum mit uns allen in einen geistigen Wesenszustand zurück – und dergleichen mehr.

Sehen Sie, dasjenige, was wir Ihnen als ein Stück darbieten wollen des Künstlerischen, das hier getrieben wird, als eine Probe unserer Eurythmie, es ist ja im Grunde genommen etwas von dem, was nur geboten werden kann, wenn man vieles, was sonst nur materiell angeschaut wird, was sonst nur mit den äußeren Sinnen angeschaut wird, wenn man das vom Gesichtspunkte einer Geisterkenntnis auffasst. Der Mensch spricht durch seinen Kehlkopf und dessen Nachbarorgane, Zunge, Gaumen und so weiter. Wir wenden, indem wir dem Menschen zuhören, unsere Aufmerksamkeit durch das Ohr auf das Gehörte. Aber während wir sprechen, da bewegt sich fortwährend, ohne dass es gesehen wird, wenigstens in der Anlage der Kehlkopf und seine Nachbarorgane. Das weiß sogar die Physik, dass da Bewegung im Spiele ist. Denn während ich hier zu Ihnen rede, bewegt sich die Luft im Saale in bestimmten Formen.

Durch dasjenige geistige Schauensvermögen, durch das man den Geist in der Natur, im Menschen erkennt, erkennt man auch das Geistige, das der menschlichen Sprache zugrunde liegt. Dieses Geistige kann man dann so, wie wir es hier in der eurythmischen Kunst tun, anwenden auf Bewegungen des ganzen Menschen. Und so werden Sie heute Menschen sich bewegen sehen hier auf der Bühne, die sich nicht bewegen in Bewegungen, die wir ausgedacht haben, o nein, sondern wenn Sie dabei ein Gedicht rezitieren hören, wenn Sie kunstvolle Sprache dabei hören, dann machen die Menschen hier oben mit ihrem ganzen Körper diejenigen Bewegungen, die sie sonst selbstverständlich ausführen, wenn sie die Sache sprechen. Nur hört man sonst der gesprochenen Sprache zu, den Lauten zu, dem Hörbaren zu. Hier kommt eine sichtbare Sprache. Aber dieselben Bewegungen, die sonst auch ausgeführt werden, die werden hier durch den ganzen Menschen zur Anschauung gebracht. Sie lernen also, ich möchte sagen den ganzen Menschen kennen wie einen lebendig gewordenen Kehlkopf, eine sichtbar gewordene Sprache. Und Kunst ist immer dasjenige, was dadurch entsteht, dass gewisse Geheimnisse der Natur offenbar gemacht werden.

Goethe nach haben wir diese Hochschule für Geisteswissenschaft Goetheanum genannt. Er hat das schöne Wort gesagt: Wem die Natur ihr offenbares Geheimnis enthüllt, der sehnt sich nach ihrer würdigsten Auslegerin, der Kunst. Und besonders, wenn wir dem Menschen gegenüberstehen. Oh, im Menschen ist unendlich viel Geheimnisvolles. Wenn wir dasjenige, was unsichtbar zugrunde liegt der Sprache, hervorholen durch die Bewegungen der Arme, durch die Bewegungen des ganzen Menschen, durch die Bewegungen von Menschengruppen machen lassen, dann wird dasjenige enthüllt, was als so großes Wunder lebt in der menschlichen Sprache. Die Menschen sehen gar sehr – besonders heute – hinweg über dasjenige, was als großes Wunder überall zugrunde liegt dem natürlichen Dasein.

Derjenige, der kennenlernt, welcher Wunderbau dieser menschliche Kehlkopf mit seinen Nachbarorganen ist und der aufzuwecken versucht dasjenige, was im Kehlkopf und seinen Nachbarorganen darinnen lebt, was als ein Wunder bewahrt ist in dem einzelnen Menschen, der kann es verstehen, dass Goethe tatsächlich es ausspricht: Denn indem der Mensch an den Gipfel der Natur gestellt ist, sieht er sich wieder als eine ganze Natur an, die in sich selbst abermals einen Gipfel hervorzubringen hat. Dazu steigert er sich, indem er sich mit allen Vollkommenheiten und Tugenden durchdringt, Wahl, Ordnung, Harmonie und Bedeutung aufruft und sich endlich zur Produktion des Kunstwerkes erhebt. – Und wenn er dann aus sich selber ein Instrument macht und enthüllt dasjenige, was für seine eigenen Glieder zum Vorschein kommen kann, dann kommen ganz besonders tiefe Naturgeheimnisse, Geistesgeheimnisse, Seelengeheimnisse für die unmittelbar menschliche Empfindung zum Vorschein.

Dasjenige, was heute in der Schule getrieben wird als Turnen, es wird bloß aus dem Leibe heraus gedacht; einmal wird es an der Stelle dieses Turnens auch diese Eurythmie geben. Diese Eurythmie, sie wird durchgeistigtes Turnen, beseeltes Turnen sein. Der Mensch wird nicht nur diejenigen Bewegungen machen im Turnen, die er macht, weil ihm der Anatom, der Physiologe, der Naturwissenschafter sagt, dass dies körperlich gesund sei. Man wird einsehen, wie die Gesundheit auch vom Seelischen, vom Geistigen ausgeht und wie der Mensch tatsächlich beseelte Bewegungen dann macht, beseelte, durchgeistigte Bewegungen. Und man hat es ja auch schon sehen können, wenn man gesagt hat gegenüber der Waldorfschulpädagogik, wo immer eine Stunde nur das gewöhnliche Turnen getrieben wird, die andere Stunde Eurythmie mit den Kindern zum Beispiel getrieben wird, man hat sehen können, wie die Kinder dabei sind, wie sie sich enthusiasmiert fühlen von dem, dass sie nun Bewegungen machen, die nicht bloß aus dem Leibe heraus gedacht sind, sondern die aus Geist und Seele heraus gedacht sind. Auch in diesem kleinen Teile – es ist nur ein ganz kleiner Teil von dem, was wir mit unserer Geisteswissenschaft meinen, aber auch da zeigt sich, was wir wollen: auf allen Gebieten Durchgeistigung, Durchseelung. Und so bitte ich Sie, das, was hier geboten wird, als einen Anfang zu betrachten. Es muss alles erst vervollkommnet werden. Nehmen Sie es mit Nachsicht als einen Anfang auf, aber man kann schon daraus erkennen, wohin, möchte ich sagen, der Weg geht. Er geht zu einer wirklichen Geisteskultur, die auf allen Gebieten des Lebens fruchtbar werden kann.

Und jetzt möchte ich Ihnen, meine sehr verehrten Anwesenden, eine kleine Probe von dieser eurythmischen Kunst zeigen. Sie werden sehen, wie der ganze Mensch die Bewegungen ausführt, die man sonst nicht sieht, sondern nur hört. Sie werden eine sichtbare Sprache sehen, und Sie werden hören, wie zu gleicher Zeit die Musik bei dem Ertönen dasselbe ausdrückt, was Sie auf der Bühne sehen durch die Bewegungen des Menschen. Sie werden hören die Gedichte rezitieren, die eben durch die Sprache dasjenige ausdrücken, was Sie auf der Bühne hier sehen werden durch den bewegten Menschen: eine sichtbar gewordene Sprache. Sie werden sie erkennen als etwas, das erst aus der Natur, aus den geheimnisvollen Tiefen der menschlichen Wesenheit herausgeholt werden soll. Und so bitte ich Sie, mit Nachsicht dasjenige aufzunehmen, was auch nur ein Anfang sein soll, so wie unser Bau nur ein Anfang sein soll. Denn wir glauben, dass, wenn die Menschen diesen Dingen Interesse entgegenbringen, so wird dasjenige, was hier getrieben wird, immer mehr und mehr gleichsam nach sich ziehen, sodass dasjenige, was heute noch von vielen nur als etwas Törichtes, Phantastisches angesehen wird, einstmals als etwas Selbstverständliches, als wahre Kunst angesehen wird, etwas, was zu jedem menschlichen Dasein notwendig ist und was wie ein geistiges Licht anerkannt werden wird, weil die Menschen es brauchen werden.

Nach einer kurzen Pause wollen wir nun zwei kleine Szenen aus «Faust» darstellen: «Mitternacht». Dieser zweite Teil des «Faust» ist ja, wie Sie vielleicht wissen, Goethes reifste Dichtung. Das Manuskript zum zweiten Teil des «Faust» ist kurz vor Goethes Tod erst fertig geworden, und der zweite Teil ist erst nach Goethes Tod erschienen. Man kann sagen, dass die «Faust»-Dichtung Goethe eigentlich sein ganzes Leben hindurch begleitet hat. Vielleicht zu den allerersten, wenigstens nahezu zu den allerersten Dichtungen Goethes gehören die ersten Szenen des ersten Teils. Und immer wieder und wieder hat Goethe im Verlaufe seines langen Lebens die «Faust»-Dichtung vorgenommen und im höchsten Alter sie erst vollendet. Gerade an der «Faust»-Dichtung kann man so recht beurteilen, was es bedeutet, ein aufsteigendes und fortwährend sich entwickelndes Leben durchzumachen. Wir wissen ja, dass auch heute es immer noch Leute gibt, welche mit dem größten Vergnügen sich nur an die Jugenddichtungen Goethes halten, die ganz eigentlich aus der Sphäre des gewöhnlichen Lebens heraus nur gedichtet sind. Goethe hat ja dann verschiedene Stufen, immer reifere und reifere Stufen seines Schaffens durchgemacht. Als Goethe in Italien war und die großen Kunstwerke betrachten konnte, da glaubte er erst recht in das Wesen der Kunst eingedrungen zu sein. Und er sprach ja dazumal die großen, schönen, bedeutungsvollen Worte aus: Ich habe nun die Kunst der Griechen kennengelernt und glaube, dass die Griechen nach denselben Gesetzen verfuhren bei Erschaffung der Kunstwerke, nach denen die Natur selbst verfährt und denen ich auf der Spur bin. Goethe selbst wusste, wie er immer mehr und mehr heranreifte zu immer höherer Kunstauffassung.

Daher muss es uns merkwürdig berühren, wenn wir sehen, wie es auch schon Zeitgenossen Goethes gab, welche immer wieder zurückwiesen auf die ersten Teile des Goethe'schen «Faust», als Goethe seine «Iphigenie», seinen «Tasso» und seine «Natürliche Tochter» geschrieben hatte, die er selber als viel bedeutendere Kunstwerke betrachtete als den ersten Teil des «Faust». Da gab es viele, die sagten: Na, Goethe ist eben alt geworden, da kann er sich nicht mehr so recht auf der Höhe halten. – Die Leute wussten gar nicht, woran es eigentlich lag, nämlich: Sie konnten sich nicht auf die Höhe Goethes hinaufstellen und wiesen daher immer wieder zurück auf das, was Goethe in seiner Jugend gedichtet hat. Dasselbe hat man lange nach Goethes Tod noch erleben müssen, zum Beispiel dass ein großer Ästhetiker, sogar Leute, die man durchaus nach einer gewissen Seite schätzen kann, der sogenannte Schwaben-Vischer – der V-Vischer, weil er sich mit V schrieb –, der dicke Bände einer Kunstgeschichte geschrieben hat und der, trotzdem er ein bedeutender Gelehrter in der Kunst war, immer wieder gesagt hat: Ja, der erste Teil, das ist ein richtiges Kunstwerk; aber der zweite Teil des «Faust», das ist ein zusammengeschustertes, zusammengeleimtes Machwerk des Alters. – Sehen Sie, man muss schon auf solche Dinge hinweisen, denn es gibt unter den großen Kennern Leute – na, sehen Sie, wie es höhere Töchter gibt, so gibt es höhere Philister, und trotzdem ich den Schwaben-Vischer, Friedrich Theodor Vischer, doch sehr schätze von einer gewissen Seite her, so ist er doch dem «Faust» gegenüber ein höherer Philister. Er hat ja auch versucht, einen anderen Teil zu «Faust II» zu schreiben. Und es muss erwähnt werden, dass Goethe selbst oft einen bitteren Groll gehabt hat über die Leute, die seine späteren Dichtungen – «Faust II» erschien ja erst nach seinem Tode, aber dem wäre es ebenso gegangen –, zum Beispiel den «Tasso», seine «Iphigenie», seine «Natürliche Tochter» und so weiter nicht mochten und immer wieder zurückwiesen auf den ersten Teil seines «Faust». Da sagte Goethe:

> Da loben sie den Faust
> Und was noch sunsten
> In meinen Schriften braust
> Zu ihren Gunsten.
> Das alte Mick und Mack,
> Das freut sich sehr,
> Es meint das Lumpenpack
> Man wär's nicht mehr.

So hätte Goethe wohl auch gesagt, wenn er erfahren hätte, wie der Schwaben-Vischer oder andere Gelehrte über den zweiten Teil seines

«Faust» gedacht haben. Im ersten Teile des «Faust» – mit Ausnahme dieser Szenen, wo er auch mit der Empfindungswelt des Menschen ins Übersinnliche hinaufsteigt, um im Weiteren das menschliche Leben darzustellen –, so schön die Gretchen-Szenen sind im irdischen Felde, im zweiten Teile, ja, um in die übersinnliche Welt selbst hinein zu dringen, auf die Welt der geistigen Erlebnisse hinzuweisen, da muss man sagen, dass es schwer ist, diesen zweiten Teil des «Faust» mit den gewöhnlichen Mitteln darzustellen und die höchsten Erlebnisse des Menschen auf der Bühne vorzuführen. Wer mancherlei gesehen hat, wie ich – ich habe in den achtziger Jahren des vorigen Jahrhunderts die liebenswürdige Bearbeitung des zweiten Teiles des «Faust» von Wilbrandt im Wiener Burgtheater gesehen, in seiner eigenartigen, liebenswürdigen Regie, habe dann manches andere über die Bühne gehen sehen, zum Beispiel in der Devrient'schen Mysterienbearbeitung des «Faust» mit der Lassen'schen Musik und so weiter –, aber man kann immer sehen: Die Mittel der Bühne, man sieht es überall, sie reichen hier nicht aus.

Nun haben wir schon versucht, verschiedenes Charakteristisches in Angriff zu nehmen in unseren eurythmischen Kunstdarbietungen und den zwei kleinen Szenen, wo an den Faust herangetreten wird mit Bezug auf diejenigen inneren Erlebnisse, die Faust hat mit diesen Seelenkräften und Schicksalskräften. Das ist etwas, wo durchaus das Menschenleben hinaufgerückt wird in eine höhere Sphäre. Und da kann man sagen: Goethe wollte nach seinen Imaginationen in diese Dichtung seines Lebens viel, viel hineingeheimnissen. Das muss aber auch bühnenmäßig in der richtigen Weise herausgeholt werden. Man kann es nicht mit den gewöhnlichen Bühnenmitteln herausholen. Nun nehmen wir hier zu Hilfe die eurythmische Kunst, die Darbietungen, die ich Ihnen vorhin beschrieben habe und die Sie in einigen Proben hier gesehen haben.

Wir stellen dann noch dar die Szene «Faust» um «Mitternacht», wo er alle Tiefen und Schauer des Lebens erlebt. Selbstverständlich, das, was Faust spricht, muss mit den gewöhnlichen Bühnenmitteln dargestellt werden; dann aber, wenn diese vier Gestalten, die vier grauen Weiber, namentlich die Sorge auftritt, da soll die Eurythmie zu Hilfe genommen werden, damit dasjenige, was Goethe so schön hineingeheimnisst hat in seine «Faust»-Dichtung von den tiefsten menschlichen Seelenimpulsen und Seelenerfahrungen, damit das gerade durch diejenige Kunst herauskomme, die sich selbst aus der Menschennatur heraus entwickeln und offenbaren möchte.

DORNACH, 15. UND 16. NOVEMBER 1919

Plakat für die Aufführungen Dornach, 15. und 16. November 1919

Maria
Strakosch
KSaG,
M.1444

Programm zur Aufführung Dornach, 15. und 16. November 1919

    Spruch aus dem *Seelenkalender* von Rudolf Steiner
    Aus der «Chymischen Hochzeit» von Valentin Andreae mit Musik von Max Schuurman
    «Melodie» von Ludwig Jakobowski
    «Frage – Antwort» mit musikalischem Auftakt von Max Schuurman
    «Die zwei Reigen» von C. F. Meyer
    «Hymne an die Natur» von J. W. von Goethe
    Szenen aus «Faust I» von J. W. von Goethe: «Nacht» bis «Osternacht»

Ansprache zur Eurythmie, Dornach, 15. November 1919

Meine sehr verehrten Anwesenden!
Eine Probe unserer eurythmischen Kunst möchten wir uns erlauben, Ihnen heute vorzuführen. Diese eurythmische Kunst steht im Anfange ihrer Entwicklung und bedarf sehr der weiteren Vervollkommnung. Wir werden Ihnen also vorzuführen haben eine Art von Versuch. Daher werden Sie gestatten, dass ich einige wenige Worte vorausschicke.

Selbstverständlich kann es sich bei der eurythmischen Kunst nicht darum handeln, dass sie durch irgendwelche theoretischen Voraussagen verstanden werden solle. Jedes Künstlerische soll unmittelbar durch den ästhetischen Eindruck selber ja aufgefasst werden können. Allein, nicht um über das, was vorzustellen ist, theoretische Auseinandersetzungen zu geben, will ich diese paar einleitenden Worte sprechen, sondern um Ihnen darzulegen, wie aus gewissen Quellen heraus hier versucht wird, eine neue Kunstform zu schöpfen. Diese neue Kunstform sollte nicht verwechselt werden mit allerlei Nachbarkünsten, die scheinbar etwas Ähnliches wollen – wie Tanzkunst und dergleichen –, sondern es handelt sich um eine Kunstform, die ganz aus der Goethe'schen Weltanschauung herausgeholt ist, aus den inneren Bewegungsmöglichkeiten des menschlichen Individuums selbst.

Wenn ich mit ein paar Worten ausdrücken soll, was eigentlich diese eurythmische Kunst ist, so müsste ich sagen: Es wird in ihr versucht, durch den ganzen Menschen in einer tonlosen Sprache so sich zu offenbaren, wie sonst durch den Kehlkopf und seine Nachbarorgane von Seiten des Menschen gesprochen wird. Herausgeholt ist die Möglichkeit dazu aus einer Psychologie, aus einer Seelenkunde, die durchaus im Prinzip der Goethe'schen Weltanschauung gehalten ist. Beachten wir nur, meine sehr verehrten Anwesenden, was eigentlich menschliche Sprache ist. Darüber gibt man sich ja heute durchaus noch nicht eine genügende Rechenschaft. Und deshalb wird [man] auch solche Versuche, wie es die eurythmische Kunst ist – die eben eine andere Kunstsprache offenbart als die anderen Kunstformen –, schwerer verstehen, weil man das Verständnis noch nicht gewöhnt ist.

Die menschliche Sprache ist so, dass zusammenwirken in ihr aus dem ganzen menschlichen Organismus heraus der menschliche Wille – dieser menschliche Wille wird aber gewissermaßen abgetönt durch dasjenige, was sich ergießt von der anderen Seite der menschlichen Organisation, von der Seite der Gedankenorganisation. In der gewöhnlichen menschlichen Lautsprache fließen ja wirklich zusammen das menschliche Wollen, welches anspannt Kräfte, die wir als Muskel- und sonstige Kräfte bezeichnen können, und alles dasjenige, was sonst im Denken wirkt, das sich aber durch organische Übertragung entlädt auf den Kehlkopf und seine Nachbarorgane. Dasjenige, was Gedankenform der Sprache ist, was von der Gedankenseite her sich in die Sprache ergießt, das bringt uns zusammen im Leben mit unseren Mitmenschen, bringt uns überhaupt zusammen mit der Außenwelt. Das ist auch dasjenige Element, in dem sich die Außenwelt spiegelt.

Nun wird in dieser eurythmischen Kunst versucht, eine solche Metamorphose der Sprache zu bewirken, dass ausgeschaltet wird das Tönen des Gedankens und nur dasjenige herausgeholt wird aus den Bewegungsmöglichkeiten des menschlichen Organismus, was vom Willen aus in die Sprache hineinpulsiert. Dadurch wird diese stumme Sprache, die sich durch die Gliedmaßen des ganzen Menschen ausdrückt, diese Eurythmie, sie wird dadurch in einem viel intensiveren

Sinne zu einem Ausdrucke des Menschen selbst gemacht als die gewöhnliche Sprache, in die ja, weil sie zugleich das Verkehrselement für den Menschen ist, viel Konventionelles einfließen muss.

So kommt es, dass wir in die Lage kommen, gerade dasjenige, was vom Seelischen des Menschen der Sprache unterliegt, in dieser Eurythmie durch die im Organismus des Menschen gegebenen Bewegungsmöglichkeiten zur Offenbarung zu bringen.

Der Mensch ist, wenn er spricht, ich möchte sagen auch immer gewillt, dieselben Bewegungen zu machen, welche in der Eurythmie zur Offenbarung kommen. Besonders beim Zuhören irgendeines Gesprochenen möchte der Mensch diese Bewegungen machen. Er unterdrückt sie, weil abglättet, ablähmt das Gedankenelement dasjenige, was im ganzen Menschen lebt. So wird hier das Gedankenelement völlig unterdrückt. Dann lähmt es dasjenige, was aus dem Willenselement kommt, nicht mehr ab: Der ganze Mensch wird zum Willensausdrucke, der unterdrückt wird in der gewöhnlichen Sprache. Dadurch aber, meine sehr verehrten Anwesenden, wird die Brücke hinüber geschaffen – auf der einen Seite zum musikalischen Elemente, das ja auch eine Art von Sprache ist, das Tiefen des Lebens zum Ausdrucke bringt, und auf der anderen Seite aber auch zur Dichtkunst.

In der Dichtkunst ist ja nicht die Hauptsache – man verwechselt nur das Wesentliche heute mit dem Unwesentlichen gerade in der Dichtkunst –, in der Dichtkunst ist ja nicht die Hauptsache der Wortinhalt, sondern in der Dichtkunst ist die Hauptsache dasjenige, was eigentlich im gewöhnlichen Leben, wenn gesprochen wird, unterdrückt wird: In der Dichtung ist die Hauptsache der Rhythmus, der Takt, alles dasjenige, was als Form zugrunde liegt dem eigentlichen gesprochenen Wort. Daher werden Sie sehen, wie hier auf der einen Seite begleitet wird bei gewissen Stücken das Eurythmische – das also eine stumme Sprache ist, die durch den ganzen Menschen gesprochen wird – durch das Musikalische, das in diesem Falle dasselbe zum Ausdruck bringt wie dasjenige, was in den Bewegungen der menschlichen Gliedmaßen auf der Bühne zum Ausdruck gebracht wird. Auf der anderen Seite werden Sie sehen, dass gerade das wirklich Dichterische der Dichtkunst zum Ausdrucke kommen muss, wenn Dichtungen zu gleicher Zeit rezitiert werden, die also auf der einen Seite durch das Wort selber wirken, auf der anderen Seite aber wirken durch die stumme Sprache, die Willenssprache, die auf der Bühne vorgeführt wird und die dasselbe sagt, was aus dem Munde heraus gesprochen wird in der Dichtung, durch das gesprochene Wort.

Das, was der eurythmischen Kunst zugrunde liegt, ist nicht etwa ein willkürliches Bewegen der menschlichen Glieder. Alles, was bloß Geste, bloß Mimik, bloß Pantomime ist, bleibt weg. Es ist eine innere Gesetzmäßigkeit wie in dem melodiösen Elemente zum Beispiel der Musik selbst. Es beruht alles auf der Aufeinanderfolge der menschlichen Bewegungen. Dasjenige, was der menschliche Wille tut zu einem Laut, schließt sich an, möchte man sagen, zu einer Bewegungsmelodie an dasjenige, was der andere Laut tut. Und so ist der innere Zusammenhang ein gesetzmäßiger. Wenn zwei Gruppen oder Menschen dasselbe Stück eurythmisch darstellen, so ist der individuellen Auffassung nichts weiter geboten als etwa zwei Klavierspielern, die ein und dasselbe Musikstück, etwa eine Sonate von Beethoven spielen. Alles bloß Willkürliche bleibt in der eurythmischen Kunst weg. Alles ist innere Gesetzmäßigkeit.

Daher muss auch in der begleitenden Rezitation Rücksicht genommen werden darauf, dass eben in der Dichtkunst nicht die Hauptsache ist der Wortinhalt – den man heute besonders betont, wenn man rezitiert, die Rezitationskunst ist in dieser Beziehung heute auf Abwegen –, sondern es ist tatsächlich die Hauptsache – man könnte gar nicht anders durch Rezitation die Eurythmie begleiten, als indem man dies zur Hauptsache macht: gerade den zugrundeliegenden Rhythmus, den Takt. Alles das, was der Formausdruck der Dichtung ist, muss auch der Rezitation zugrunde liegen. Beides wird heute noch wenig verstanden. Beides soll aber der Anfang einer neuen Kunstform sein. Und in dem Zusammenwirken von Dichtung, Musik und Eurythmie soll etwas geschaffen werden, was wirklich dem entspricht, was Goethe fühlte: Die Kunst beruht auf dem Durchschauen und Sichtbarmachen des Kunstwerkes durch den

Menschen, in sichtbarlichen und greifbaren Gestaltungen darzustellen das Durchschaute. – So sagte Goethe auch einmal, als er sein Buch über Winckelmann schrieb, wo er sich ganz besonders tief in das Wesen des Künstlerischen vertiefte: Indem der Mensch auf den Gipfel der Natur gestellt ist, fühlt er sich wiederum als eine ganze Natur. Er nimmt Maß, Ordnung, Harmonie und Bedeutung zusammen, um sich zuletzt zur Produktion des Kunstwerkes zu erheben.

Muss man nun nicht sagen, meine sehr verehrten Anwesenden, wenn aus dem Menschen selber seine tiefe Gesetzmäßigkeit, die in jeder Bewegungsmöglichkeit seiner Glieder liegt, herausgeholt wird zu einer stummen Sprache, die aber eine vollgültige Ausdrucksform ist für dasjenige, was auch durch die Lautsprache zum Ausdrucke kommen kann, muss man da nicht sagen, wenn gerade aus dem Instrument Mensch herausgeholt wird das tief Geheimnisvolle – in der menschlichen Natur liegt doch ein Abdruck der ganzen Welt, ein Mikrokosmos –, muss man da nicht sagen, dass doch da etwas im eminentesten Sinne Künstlerisches zum Vorscheine kommen muss. Nichts Willkürliches, sagte ich schon, liegt in dieser Eurythmie; sondern nur Bewegungsmöglichkeiten, die der Kehlkopf selber macht, indem wir sprechen: Die sind aufgefangen im übersinnlichen Schauen, sind übertragen auf Arme und Hände und die sonstigen Gliedmaßen des menschlichen Leibes, sodass der Mensch selber, man möchte sagen wie ein großer Kehlkopf auftritt, um Ausdrucksmöglichkeiten zu schaffen, die allerdings durch die stummen Bewegungen wirken, die aber viel reicher, nämlich viel innerlich seelenvoller sein können als dasjenige, was durch die konventionelle Lautsprache zustande kommt.

Wenn gerechtfertigt werden soll das, dass so etwas möglich ist, so muss man sagen: Eine Brücke zwischen der Dichtung und einer solchen Bewegungskunst, die aus dem menschlichen Organismus selbst herausgeholt wird, ist ja schon dadurch gegeben, dass der wahre Dichter nicht das Wortwörtliche als den eigentlichen Inhalt seines Schaffens fühlt, sondern dasjenige, was der Dichtung formal zugrunde liegt. Schiller zum Beispiel hatte bei den besten seiner Dichtungen nicht den wortwörtlichen Inhalt zunächst in der Seele, sondern er hatte etwas Musikalisches, etwas Melodiöses in seiner Seele; daran reihte er erst den wortwörtlichen Inhalt an.

Und Goethe studierte mit seinen Schauspielern die «Iphigenie», die also sogar eine dramatische Dichtung ist, mit dem Taktstock ein wie ein Kapellmeister, um nicht auf den Inhalt, den wortwörtlichen, das Hauptgewicht zu legen, sondern auf dasjenige, was als Rhythmus, als innerlich Musikalisches der Sache zugrunde liegt. Dieses Innerlich-Musikalische, sagen wir, das wir sonst in der Sprache doch nur zum Teil ausdrücken können, das soll herausgeholt werden aus dem menschlichen Organismus durch die Eurythmie.

Aber all das, meine sehr verehrten Anwesenden, ist wirklich nur im Anfange, und es ist sehr nötig, dass dieser Versuch einer eurythmischen Kunst immer weiter und weiter vervollkommnet werde. Dazu ist natürlich notwendig, das Interesse der Zeitgenossen zu finden. Wenn dieses Interesse der Zeitgenossen [sich] der eurythmischen Kunst zuwendet, wie es sich ihr schon zum Teil zugewendet hat, dann wird entweder noch durch uns selbst – oder durch andere wahrscheinlich besser – die Anfänge, die heute gemacht sind, weiter vervollkommnet werden. Und es wird nach unserer Überzeugung durch die Eurythmie etwas entstehen können, was sich als vollberechtigte Kunst neben andere Kunstformen hinstellen kann.

Demjenigen gegenüber, was wir heute schon bieten können, sind wir selbst unsere strengsten Kritiker. Wir wissen ganz gut, dass es ein Anfang ist, der noch wächst nach und nach, der aber doch schon vorgeführt werden darf aus dem Grunde, weil diese, aus dem Goetheanismus geborene Kunstform doch etwas anderes ist, etwas ist, was sich als Neues hineinstellen kann in unsere ganze Geistesentwicklung. Deshalb, weil es ein Anfang ist, bitten wir, die Vorstellung mit Nachsicht aufzunehmen. Wie schon gesagt, sind wir selbst die strengsten Kritiker, glauben aber doch, dass dasjenige, was wir schon heute geben können, des Interesses der Zeitgenossen wert sei.

[Vor der Pause:]
Da diesbezüglich der Wunsch ausgesprochen worden ist, werden wir Ihnen eine Szene aus Goethes «Faust», erster Teil, vorführen, die

Szene, die im Studierzimmer [Nacht] stattfindet, mit der daran sich schließenden Osterszene. Wir wollen diese Szene mit Zuhilfenahme der eurythmischen Kunst darstellen.

Es werden ja bekannt sein die vielen Versuche, die gemacht worden sind, den Goethe'schen «Faust» auf die Bühne zu bringen. Die Schwierigkeiten bestehen eben darinnen, dass Goethe ja nicht nur dasjenige dargestellt hat, was sich für Menschen und um Menschen hier im Irdischen vollzieht, sondern dass Goethe die Szenen an vielen Stellen emporgehoben hat in das Geistig-Übersinnliche. Da versagt sehr häufig die Regiekunst, die gewöhnliche Regiekunst. Derjenige, der mancherlei gesehen hat der verschiedenen «Faust»-Darbietungen, zum Beispiel die liebenswürdige Inszenierung durch Adolf Wilbrandt, wie etwa die Mysteriendarstellung von Devrient, der also schon gebrochen hat mit der landesüblichen Art und mehr in geheimnisvoller Weise die Sache versuchte darzustellen, der weiß, wie sehr es gerade dem «Faust» gegenüber schwer wird, dasjenige, was ein Hinübergehen des Handlungsganges ins Übersinnliche ist, wirklich gestaltete Kräfte auf die Bühne zu bringen.

Nun werden wir selbstverständlich alles dasjenige, was in der gewöhnlichen Sinneswelt sich abspielt, in der gewöhnlichen Bühnendarstellung dramatisch geben; aber da, wo es sich darum handelt, die ganze Situation hinaufzuheben ins Übersinnliche, da werden wir die Eurythmie zu Hilfe nehmen, die sich zur Bewältigung dieser Szenen besonders eignet, wie auch an bestimmten Szenen des zweiten Teiles des «Faust» sich schon gezeigt hat, dieses zweiten Teiles des «Faust», dessen geheimnisvolle Tiefen man sonst überhaupt nicht ausschöpfen kann.

Also ich glaube, Sie werden sehen können, wenn Sie diesen Versuch auf sich wirken lassen – denn ein Versuch kann es ja nur sein –, diese Szene im Studierzimmer mit nachfolgender Osterszene, Sie werden sehen können, wie man gerade mit Zuhilfenahme der eurythmischen Kunst leicht die übersinnlichen Seiten dieses ersten Teiles des «Faust» in entsprechend szenengemäßer Weise zur Offenbarung bringen kann.

Notizen zur Ansprache Dornach, 16. November 1919

NB 129,
S. 56

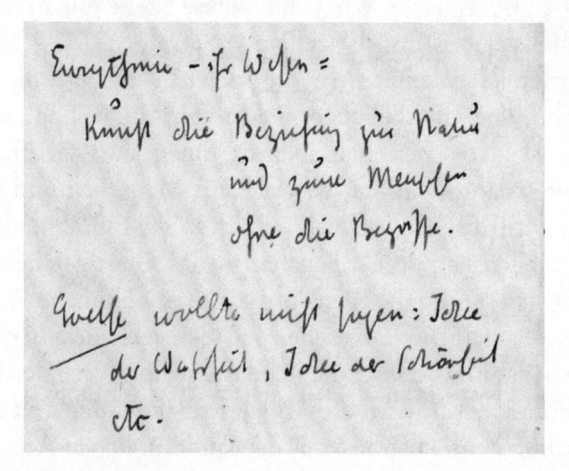

Eurythmie – ihr Wesen = / Kunst die Beziehung zur Natur / und zum Menschen / ohne die Begriffe.
Goethe wollte nicht sagen: Idee / der Wahrheit, Idee der Schönheit / etc.

Ansprache zur Eurythmie, Dornach, 16. November 1919

Dieser Aufführung wohnte als Gast der Erzherzog Eugen von Österreich bei, der in Basel im «Hotel Des Trois Rois» wohnte und den die Basler wohlwollend den «Erzi» nannten. Ab und zu kam er nach Dornach heraus, um eine Aufführung anzusehen.

Sehr verehrte Anwesende!
Wir werden uns erlauben, Ihnen eine Probe aus unserer eurythmischen Kunst vorzuführen. Da diese eurythmische Kunst durchaus erst im Anfange ihrer Entwicklung ist, und auf der anderen Seite leicht verwechselt werden kann mit allerlei Nachbarkünsten, so gestatten Sie, dass ich der Aufführung ein paar Worte voranschicke.

Wir wollen in dem, was wir als eurythmische Kunst bezeichnen, durchaus nicht konkurrieren mit irgendwelchen tanzartigen Künsten oder dergleichen, von denen wir wissen, dass sie in ihrer Art durchaus vollkommener sind als dasjenige, was wir heute schon als eurythmische Kunst darbieten können. Allein in dieser eurythmischen Kunst wird eben etwas versucht, das sich als durchaus selbstständig hinstellen kann neben alle übrigen Künste.

So, wie im Grunde genommen alles dasjenige, was sich anschließen soll an diesen Bau, und wofür dieser Bau die äußere Repräsentation sein soll, herausgeholt ist aus der Goethe'schen Weltanschauung – und auf die Art und Weise, wie dies geschehen ist, möchte ich hinweisen, weil damit die Quellen aufgezeigt werden, aus denen eigentlich diese eurythmische Kunst fließt – so ist auch dieses engbegrenzte Gebiet der Eurythmie herausgeholt aus der Goethe'schen Weltanschauung.

Selbstverständlich muss alles dasjenige, was künstlerisch wirken soll, unmittelbar durch den Augeneindruck oder durch den Sinneseindruck unmittelbar wirken überhaupt, und jede theoretische Erklärung, die über ein Künstlerisches gegeben werden wollte, wäre nicht nur überflüssig, sondern sie müsste auch im Grunde genommen irrtümlich gemeint sein. Also nicht, um über das künstlerisch Formale selbst etwas zu sagen, möchte ich diese Worte vorausschicken, sondern um zu zeigen, aus welchen künstlerischen Quellen heraus diese eurythmische Kunst schöpft. Und ich darf mit einigen Worten – wahrhaftig nicht, um eine theoretische Erklärung zu geben, sondern um auf etwas hinzuweisen, was innerhalb der Goethe'schen Weltanschauung zugleich im eminentesten Sinne künstlerisch ist und auch gerade eine Erkenntnis –, ich darf einleitungsweise auf dasjenige in ganz elementarer Art hinweisen, was man als Goethe'sche Metamorphosenlehre bezeichnet. Es ist das etwas, was in der Gegenwart durchaus noch nicht genügend gewürdigt ist, was in dem Geistesleben der Zukunft noch eine große Rolle spielen wird.

Wir haben im Grunde genommen nur eine Wissenschaft des Toten. Dasjenige, was von unserer Erkenntnis begriffen wird, ist nur das, was in allen Welterscheinungen und Welttatsachen das Tote ist. Das eigentlich Lebendige zu begreifen, wird erst einer Zeit vorbehalten sein, in welcher die Goethe'sche Weltanschauung eine größere Rolle spielen wird, als sie schon gegenwärtig spielt. Es sieht heute einfach aus, allein es ist nicht so einfach, wenn man es nur in seine vollen Tiefe auffasst, was Goethe sagt zum Beispiel über das Wachstum und über die Gliederung der Pflanze. Goethe ist der Anschauung, dass die ganze Pflanze – und selbst wenn sie der komplizierteste Baum ist – nur ein kompliziert ausgebildetes Blatt sei. Und jedes Blatt ist wiederum eine ganze Pflanze, nur einfach, primitiv ausgebildet. So ist es aber nicht bloß bei der Pflanze, so ist es bei allem Lebendigen. Die wichtigsten Glieder eines jeden Lebendigen sind eine Wiederholung des ganzen lebendigen Wesens.

Goethe hat diese Anschauung zunächst nur ausgebildet mit Bezug auf die Formung der lebendigen Gebilde. Er hat sie auch ausgedehnt auf den Menschen, aber eben nur in Bezug auf die Form. Dehnt man, was Goethe für die Form in seiner Weise gemacht, auf die menschliche Tätigkeit aus, dann kann man, wenn man die bloße Anschauung überträgt in künstlerisches Schaffen, dann kann man daraus dasjenige gewinnen, was wir hier eurythmische Kunst nennen. Allerdings muss man so zu Werke gehen, dass man dasjenige, was sonst dem äußeren Eindruck, dem Sinneseindruck verborgen bleibt, dass man das fasst in einer Art übersinnlichen Schauens.

Sehen Sie, meine sehr verehrten Anwesenden, wenn der Mensch spricht, man hört ihm zu; man hört ihm mit den Ohren zu, man fasst die Lautsprache auf. Aber während der Mensch spricht, ist wenigstens der Anlage nach der Kehlkopf und seine Nachbarorgane in einer fortwährenden inneren Bewegung. Physikalisch gesprochen ist es ja jedem bewusst, dass, wenn ich hier spreche, ich die Luft in Schwingungen, in regelmäßige Wellenbewegung bringe. Dasjenige, was da ausgeführt wird vom Kehlkopf und seinen Nachbarorganen, das wird nicht ins Auge gefasst, wenn wir einem Menschen zuhören. Derjenige aber, der in der Lage ist, übersinnlich zu schauen, der ist auch in der Lage zu sehen, welche Bewegungsanlagen im menschlichen Kehlkopf vorhanden sind, wenn der Mensch spricht, insbesondere, wenn er künstlerisch spricht oder wenn er singt oder wenn er überhaupt auch etwas Musikalisches zum Ausdrucke bringen will.

Diese inneren Bewegungsmöglichkeiten des Kehlkopfes und seiner Nachbarorgane, man kann sie auffassen, man kann sich sie vorstellen und man kann sie dann übertragen auf den gesamten Menschen. Wie Goethe sich vorstellt, dass die große Pflanze nur ein komplizierter ausgestaltetes Blatt ist, so kann man diejenigen Bewegungen, die sonst unsichtbar bleiben, übertragen auf die Bewegungen der Gliedmaßen des ganzen Menschen. Sie werden also auf der Bühne den bewegten Menschen sehen. Und dasjenige, was in diesen Bewegungen zur Offenbarung gebracht wird, ist nichts Willkürliches, ist nicht irgendetwas Erfundenes, sondern es ist genau dasselbe, was unsichtbar vorgeht, wenn der Mensch die hörbare Sprache spricht.

Dasjenige also, was dargestellt wird, ist eine stumme Sprache, aber eine sichtbare Sprache. Es ist so wenig etwas Willkürliches darinnen, dass man sagen kann: Alles Pantomimische, alle bloße Mimik, alle Augenblicksgeste bleiben bei der Eurythmie weg. Sodass man sie auch nicht vergleichen kann mit einer der jetzt geläufigen Tanzkünste etwa. Geradeso, wie das wirklich Musikalische nicht besteht in der Farbmalerei, so unser Eurythmisches nicht in dem äußeren bloßen Ausdrücken desjenigen, was in der Seele vorgeht, sondern in der gesetzmäßigen Aufeinanderfolge der Bewegungen, die durch die menschlichen Gliedmaßen ausgeführt werden.

Ich könnte daher figürlich sagen: Wenn Sie hier auf der Bühne den Menschen bewegt sehen, so ist der ganze Mensch zum sichtbaren Kehlkopf geworden. Es liegt ja in Goethes Weltanschauung, dass das Künstlerische darinnen besteht, dass wir nicht durch unsere Ideen, durch unsere Begriffe die Geheimnisse der Welt sehen, sondern dass wir ohne Begriffe, ohne Vorstellungen, durch unmittelbares Anschauen die Geheimnisse der Welt sehen. Eurythmie sucht die Bewegungsmöglichkeiten, die Geheimnisse der Bewegungsmöglichkeiten, die im menschlichen Organismus liegen, zu einer sichtbaren Sprache zu bringen.

Wenn zwei Menschen an verschiedenen Orten oder zwei Gruppen dieselbe Sache eurythmisch darstellen würden, so würden sie genau dasselbe darstellen müssen. Der individuellen Auffassung ist nur so viel Spielraum gegeben, wie wenn zwei Menschen an zwei verschiedenen Orten ein und dieselbe Beethovensonate in persönlicher Auffassung wiedergeben.

So wie das melodiöse Element in der Musik gesetzmäßig fortwebt, so bewegen sich hier die Bewegungsmöglichkeiten des menschlichen Organismus gesetzmäßig fort. Es ist eine Bewegungsmelodie, auf die man eigentlich zu sehen hat. Wird nun dasjenige, was im einzelnen Laute des Wortes liegt, ausgedrückt durch die menschlichen Glieder, durch die Bewegung der einzelnen Glieder, so wird dasjenige, was Seelenwärme ist, was Lust und Leid, Freude und Enthusiasmus ist, das wird ausgedrückt durch die äußere Bewegung im Raume oder durch die Verhältnisse und die gegenseitigen Bewegungen der in einer Gruppe vereinigten Eurythmisten.

Begleitet werden Sie sehen die stumme Sprache der Eurythmie auf der einen Seite das Eurythmische durch das musikalische Element, das im Grunde genommen mit anderen Worten gesagt dasselbe zum Ausdrucke bringt, auf der anderen Seite durch die Kunst der Rezitation und Deklamation. Und gerade bei dieser Rezitation und Deklamation zeigt es sich, wie durch die Eurythmie das Künstlerische der Dichtung zum Ausdrucke kommen muss.

Heute ist gerade die angesehenste, die wohlgelittenste Rezitationskunst nach unserer Überzeugung auf einem Abwege. Heute betont man im Rezitieren dasselbe, was wortwörtlicher Inhalt ist, das heißt also eigentlich nicht das wirklich Dichterische, sondern das Prosaische. Das wirklich Dichterische liegt ja auch bei der Dichtung in dem untergründlichen musikalischen Elemente – im Rhythmus, im Takt, in dem Formalen, in dem Reim, [also] alles desjenigen, was auch bei der Eurythmie durch die der Eurythmie parallelgehende Rezitation hier zum Ausdrucke gebracht werden wird.

Dass dies bei der wirklichen Dichtkunst so ist, davon kann man sich überzeugen, wenn man nur etwas zurückgeht auf dasjenige, was man in früheren Zeiten als wirkliche Rezitationskunst und auch als das der Dichtkunst Zugrundeliegende angesehen hat. Ich erinnere nur daran, dass Schiller zum Beispiel bei den besten seiner Gedichte nicht zunächst den wortwörtlichen Inhalt in der Seele hatte – den gar nicht –, sondern dass er in der Seele hatte ein melodiöses Element, eine unbestimmte Melodie oder wenigstens etwas Melodieartiges, und dann erst fing er auf das wortwörtliche Element, in das kleidete er erst das wortwörtliche Element hinein. Goethe, er hat mit dem Taktstock, wie ein Kapellmeister, seine «Iphigenie» einstudiert, die ein Jamben-Drama ist, mit seinen Schauspielern. Er hat Wert, den

Hauptwert nicht auf den wortwörtlichen Inhalt gelegt, sondern den Hauptwert gelegt auf dasjenige, was an Verskunst, an Form in der Dichtung war.

Das alles muss wiederum herausgeholt werden – was der Dichtung zugrunde liegt. Gerade dasjenige, was das eigentlich Künstlerische ist, das wird heute, in der Rezitationskunst ganz besonders, eigentlich übersehen. Derjenige – jetzt kommen ja diese Dinge immer mehr und mehr ab –, derjenige, der noch Gelegenheit hatte, primitives Rezitieren von einfachen Volksdichtungen zu sehen, wie sie in Dörfern zum Beispiel geübt worden sind in Mitteleuropa bis in die letzten Jahrzehnte des 19. Jahrhunderts hinein, der konnte, ich möchte sagen eine aus der Vorzeit der Menschheit stammende, primitive Eurythmie wahrnehmen. Da wurde nicht so rezitiert wie heute, dass der Prosainhalt der Dichtung die Hauptsache bildete, sondern, verzeihen Sie den harten Ausdruck, der Bänkelsänger, der immer seine Moritat rezitierte, der ging auf ab und gestikulierte in ganz regelmäßigen Bewegungen. Sodass man daran studieren kann, wie eigentlich aus jenem tiefen Element der menschlichen Seele, aus dem hervorgesucht wird das Eurythmische, wie daraus eigentlich auch die Kunst der Dichtung hervorgegangen ist in der Menschheitsentwicklung.

Das, was hier zu Grunde liegt, ist wirkliche Goethe'sche Psychologie, Goethe'sche Seelenlehre. Wenn der Mensch spricht, insbesondere, wenn er künstlerisch spricht, kann man das studieren. Dann fließen zusammen in der Sprache von der einen Seite her die Gedanken, die Gedanken ergießen sich gewissermaßen – verzeihen Sie, dass ich das so primitiv ausdrücke, aber es könnte auch sehr, sehr gelehrt, wissenschaftlicher ausgedrückt werden –, [sie ergießen] sich auf die Kehlkopforgane, und es durchdringt aus dem ganzen Menschen heraus der Wille dasjenige, was in den Gedanken lebt. Sprache ist die Zusammenfassung desjenigen, was im Menschen als Wille liegt, und desjenigen, was in den Gedankenformen vom Hirn ausgeht. Zusammengefasst ist beides durch das menschliche Gemüt im Sprechen. Das menschliche Gemüt schickt da durch, durch dieses Gedankenelement schickt das menschliche Gemütsleben seine Wellen.

Hier wird nun versucht, dasjenige, was gerade konventionell sein kann, dasjenige, was im Außenleben im Verkehre der Menschen dient zur Menschenverständigung, was also vom Künstlerischen wegführt, wegzulassen, und nur dasjenige, was vom ganzen Menschen herauskommt als das Willenselement, zu einer sichtbaren Sprache zu machen.

Wie gesagt aber: Dasjenige, was hier versucht wird, ist nur ein Anfang, und ich bitte Sie durchaus daher, diesen Anfang mit Nachsicht aufzunehmen. Wir sind selbst die strengsten Kritiker. Wir wissen zwar, was alles aus dieser eurythmischen Kunst einmal werden kann, aber wir wissen zu gleicher Zeit, dass wir jetzt durchaus mit ihr am Anfange stehen. Und dasjenige allein, was gerade bei der Kunst gebraucht wird, meine sehr verehrten Anwesenden, das ist, ich möchte sagen, das Interesse der Zeitgenossen. Aus dem Interesse der Zeitgenossen kann herauswachsen die weitere Vervollkommnung. Und so sehr wir der vollen Überzeugung sind: Weswegen wir um Ihre Nachsicht bitten, ist deswegen, weil wir jetzt noch mit dieser eurythmischen Kunst im Anfange stehen. Aber wir sind andererseits der vollen Überzeugung, dass aus dieser eurythmischen Kunst – entweder durch uns oder wahrscheinlich durch andere – sich einstmals etwas entwickeln wird, was sich als eine vollberechtigte Kunstform neben die alten, vollberechtigten Kunstformen wird hinstellen können.

DORNACH, 22. NOVEMBER 1919

Plakat für die Aufführungen Dornach, 22. und 23. November 1919

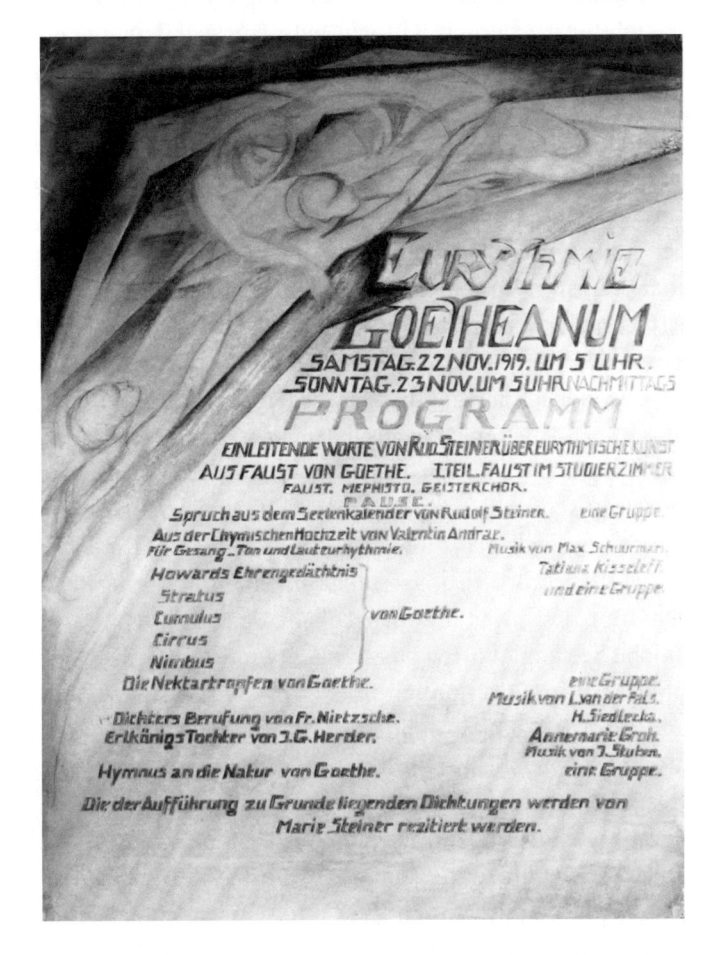

Louise
van Blom-
mestein
KSaG,
M.3201

Ansprache zur Eurythmie, Dornach, 22. November 1919

Die eurythmische Kunst, von der wir Ihnen wiederum eine Probe vorführen wollen, steht durchaus im Anfang ihrer Entwicklung, und das bitte ich Sie zu berücksichtigen bei dem, was wir uns erlauben werden, Ihnen zu zeigen. Es ist das, was hier als anthroposophische Bewegung sich geltend macht, herausgeboren aus der Goethe'schen Weltanschauung. Und so ist auch dieser engbegrenzte Kreis – denn ein solcher ist es in unserem Gesamtwirken – der eurythmischen Kunst herausgeholt aus Goethe'scher Weltanschauung und Goethe'scher Kunstgesinnung. Dadurch ist es möglich geworden, den Menschen selbst mit seinen inneren Bewegungsmöglichkeiten zu einer Art künstlerischem Instrument zu machen. Das, was Sie sehen werden auf der Bühne, ist der Versuch einer sichtbaren, gesehenen Sprache. Die menschlichen Glieder werden benützt, um in derselben Weise das auszudrücken, was ausgedrückt wird durch den menschlichen Kehlkopf in der Lautsprache, in derselben Weise, wie sonst der Mensch in seinen Bewegungen durch Gebärden sich ausdrückt.

Allein das, was als gestaltete Bewegungen aus dem menschlichen Körper herausgeholt wird, ist nicht in einem beliebigen Zusammenhange mit dem, was die menschliche Seele fühlt, was sonst die menschliche Seele in Worten ausdrücken will, sondern es ist so, dass wirklich durch eine Art sinnlich-übersinnlichen Schauens dem Kehlkopf und seinen Nachbarorganen diejenige Bewegungsmöglichkeit abgelauscht ist, welche bei ihm Wirklichkeit wird, sich offenbart, wenn gesprochen wird, wenn der Laut zur Sprache geformt wird. Das, worauf wir unsere Aufmerksamkeit wenden, wenn der Mensch spricht, das ist das Hörbare. Aber dem Hörbaren liegt zugrunde ein innerliches Bewegen des Kehlkopfes und seiner Nachbarorgane, das sich fortsetzt in der äußeren Luft, die wir ja auch in Schwingungen, in wellenartige Bewegungen versetzen. Wer in der Lage ist, sich durch eine Art des Schauens eine Vorstellung zu machen von diesen Bewegungen, die der gesprochenen Sprache zugrunde liegen, der kann übersetzen gesetzmäßig das, was sich sonst nur im hörbaren Laut ausdrückt, in die stumme Sprache, die Eurythmie ist. Dadurch kommt man in die Lage, aus dem Sprachlichen alles heraus zu sondern, was in ihm nur auf Konvention, nur auf dem Wesen des menschlichen Verkehrs beruht und was daher der unkünstlerische Teil der Sprache ist.

Wenn wir als Menschen miteinander sprechen, so beruht die Formung des Lautes, der Inhalt des Lautes auf dem Bedürfnis des menschlichen Verkehrs. Dadurch kommt die Prosa in unsere Sprache hinein. Man muss nun studieren, wie der Sprache eigentlich seelisch und, indem sich das Seelische im Körperlichen leiblich ausdrückt, auch körperlich-leiblich zwei Elemente, zwei Antriebe zugrunde liegen. Wenn wir sprechen, dann wirkt in die Sprache hinein zunächst der Ausdruck des Gedankens, der Ausdruck unserer Vorstellungen. Dieser Ausdruck verbindet sich, indem wir sprechen, mit dem Ausdrucke des Willens. Der Ausdruck des Gedankens kommt aus dem Haupte, aus dem Kopfe, indem wir die Sache leiblich auffassen. Der Ausdruck aber des Willens kommt aus dem ganzen Menschen. Indem wir sprechen, holen wir tatsächlich aus unserem ganzen Menschen das heraus, was sich dann in den Willensorganen konzentriert, welche den hörbaren Laut bewirken.

Nun gestattet dieses übersinnliche Schauen der Bewegungsmöglichkeiten des Kehlkopfes und seiner Nachbarorgane, dass man wirklich übersetzt in das, was sonst vom Menschen zurückgehalten wird, indem er spricht, die Bewegungsmöglichkeit des ganzen Leibes, das, was sonst gehört wird. So dass man für die eurythmische Darstellung aus dem Sprechen zunächst das weglässt, was der Vorstellungsteil der Sprache ist, und nur das aufnimmt, aber jetzt aufnimmt in die Bewegungen des ganzen Menschen, was aus dem Willenselement des Menschen kommt.

Sie sehen: Dadurch wird die Eurythmie, die so eine stumme Sprache darstellt, zum Ausdruck eines viel Innerlicheren im Menschen, als sich offenbaren kann durch die Lautsprache. Durch die Lautsprache verlegen wir gewissermaßen das, was wir innerlich erleben, mehr an die Oberfläche des menschlichen Leibes, überhaupt an die Oberfläche des menschlichen Wesens. Dadurch, dass wir dieselben Bewegungen, dieselben gesetzmäßigen Bewegungen, welche zugrunde liegen der gesprochenen Sprache, von dem ganzen Menschen ausführen lassen, dadurch beteiligen wir den ganzen Menschen an dem, was sonst Inhalt der Sprache ist. Und man kann, wenn man eine Empfindung für das hat, was zum Ausdruck, zur Offenbarung kommt durch die inneren Bewegungsmöglichkeiten des menschlichen Leibes, wirklich eine stumme, aber deshalb nicht minder sprechende Sprache als Eurythmie darstellen.

Diese Seelenkunde, welche in dieser Art wirkt, sie kann durchaus hervorgeholt werden aus der Goethe'schen Weltanschauung. Der ganze Mensch wird gewissermaßen auf der Bühne vor Ihnen zum Kehlkopf und seinen Nachbarorganen. Und das, was sonst die Sprache durchglüht als Begeisterung der Seele, als Lust und Leid, als Freude und Schmerz, es kommt in der Bewegung des Menschen im Raume zum Ausdruck, in der Bewegung von Gruppen, die zueinander so sich verhalten, dass der einzelne Mensch die inneren Bewegungsmöglichkeiten, die den Kehlkopfbewegungen nachgebildet sind, ausführt; während das, was sich einem in der Gruppe darstellt, oder sich in den Bewegungen des einzelnen Menschen im Raume zur Offenbarung bringt, mehr den wirklichen Seelengehalt ausdrückt.

Doch ist nichts eine bloße Gebärde oder eine bloße Pantomime. Alles bloße Pantomimische, alles bloß Gebärdenhafte ist ausgeschlossen. Das, was Sie sehen, beruht auf einer inneren gesetzmäßigen Folge der Bewegungen. Wenn zwei Menschen oder Menschengruppen an verschiedenen Orten ein und dieselbe Sache durch die stumme Sprache der Eurythmie ausdrücken, so ist nicht mehr Persönliches darinnen, als darinnen ist in der persönlichen Auffassung, wenn zwei Klavierspieler an zwei verschiedenen Orten ein und dieselbe Beethoven'sche Sonate spielen. Wie in der Musik das wirklich Künstlerische in der Gesetzmäßigkeit der Tonfolge liegt, so liegt hier das wirklich Künstlerische in der Gesetzmäßigkeit der eurythmischen Bewegungen. – Man kann sagen: das Künstlerische schließt immer aus das unmittelbar Vorstellungsmäßige durch Ideen, die sonst in der Erkenntnis ihre große Rolle spielen. Wo Begriffe mitspielen, da ist kein Künstlerisches vorhanden.

Sie sehen, hier schließen wir bewusst die Vorstellung aus und stellen das heraus, was – wie ein Geheimnis der menschlichen Organe selbst – in einer stummen Sprache, ich möchte sagen unmittelbar im Anschauen erraten werden kann. Wenn man so in die Geheimnisse des Daseins im unmittelbaren Anschauen ohne Vermittlung der Vorstellungen eindringt, so ist das eine wirkliche Kunst. Also das, was aus dem menschlichen Seelischen heraus das Musikalische auf der einen Seite darstellen kann, was die dichterische Sprache künstlerisch aus der Lautsprache hervorholt, es wird in anderer Art dargestellt durch die stumme Sprache, die in der Eurythmie zur Kunstform ausgestaltet wird. Daher werden Sie heute auf der Bühne sehen auf der einen Seite die stumme Eurythmie-Sprache, oder das, was man musikalisch ausdrücken kann; auf der anderen Seite gewisse Inhalte rezitiert hören, wobei Sie allerdings werden berücksichtigen müssen, dass, indem solch eine neue Kunst wie die Eurythmie auftaucht, die eine andere Art von Sprache ist, sie die Anforderungen stellt, auch das Rezitieren wiederum zurückzuführen zu der alten, guten Art des Rezitierens.

Heute wird in der Rezitationskunst mehr darauf gesehen, das Prosa-Element, das rein inhaltliche Element der Sprache zu berücksichtigen; hervorzuholen, indem man rezitiert, aus dem Inhalt eines Gedichtes das, was mehr dem Prosagehalte der Dichtung entspricht. Das wirklich Künstlerische ist das nicht. Das wirklich Künstlerische ist, was als Takt, Rhythmus, Reim und so weiter zugrunde liegt. Das muss wiederum hervorgesucht, hervorgeholt werden. Und daher muss die Rezitationskunst gegenüber dem Abweg, den sie heute eingeschlagen hat, zu ihren guten, alten Formen zurückgeführt werden. Goethe, der von diesen guten, alten Formen allerdings viel verstand, hat mit dem Taktstock wie ein Kapellmeister selbst seine «Iphigenie» mit den Schauspielern einstudiert, um zu zeigen, wie das wirklich Rhythmische zugrunde gelegen hat, nicht das, was eigentlich die Prosa ist in dem künstlerischen Elemente darinnen.

Nun werden wir Ihnen heute vorzuführen haben ein Stück aus dem ersten Teil des Goethe'schen «Faust», die Studierzimmer-Szene. Sie wissen vielleicht, wie sehr man sich bemüht hat, den Goethe'schen «Faust» auf die Bühne zu bringen, was alles an Regiekünsten und Ähnlichem aufgewendet worden ist, um diesem Goethe'schen

«Faust» eine würdige Darstellung zu verschaffen. Wenn man an eine Darstellung des Goethe'schen «Faust» auf der Bühne denkt, dann muss man vor allen Dingen zweierlei berücksichtigen: Erstens, dass Goethe indem er seinen «Faust» gedichtet hat – er hat ja sechzig Jahre lang an der «Faust»-Dichtung gearbeitet –, zunächst aussprechen wollte durch diese Weltdichtung das Tiefste, was in der Seele eines strebenden Menschen vor sich gehen kann. Goethe wollte zum Ausdruck bringen die Erlebnisse der Menschenbrust von dem Niederdrückendsten, an das gewöhnliche Erdenleben Gebundenen, bis hinan zu dem höchsten geistigen Streben. Das alles, wie es Goethe zuweilen in seinen jungen Jahren empfunden hat – vielfach noch unreif –, hat er in die ersten Partien hineinverlegt; wie er es später empfunden hat, hat er es in die späteren Partien des ersten Teiles des «Faust» hineinverlegt. Er hat dann das Reifste hineinverlegt in den zweiten Teil.

Wie wenig Goethe selbst zunächst daran gedacht hat, den «Faust» als eine bühnenmäßige Dichtung hinzustellen, das geht einfach aus Folgendem hervor. Als Ende der zwanziger Jahre eine Deputation, an deren Spitze der Schauspieler La Roche stand, sich zu Goethe begeben hat, nachdem sie den Beschluss gefasst hatten, den ersten Teil des «Faust» auf die Bühne zu bringen in seiner Gänze – Teile waren allerdings schon früher gegeben –, da hielt Goethe selbst das für etwas Unmögliches. Und trotzdem er lauter angesehene Herren vor sich hatte, sprang er auf von seinem Sitz, nachdem man ihm die Sache auseinandergelegt hatte, mit dem zornigen Ruf: «Ihr Esel!» – So hatte er diejenigen belegt, die es haben unternehmen wollen, den ersten Teil seines «Faust» auf die Bühne zu bringen. Er sah am besten die Schwierigkeiten, welche darinnen bestehen, wenn man das, was nicht sinnlicher, irdisch-physischer Natur ist, sondern was geistiger Natur ist, auf der Bühne darstellen will. Aber es ist ja – und zwar mit vollem Rechte – die Darstellung des «Faust» als etwas angesehen worden, was, man möchte sagen: den tiefsten künstlerischen Bedürfnissen entspricht. Und so hat man das Verschiedenste angewendet, von den Mysteriendarstellungen des Devrient bis zu der liebenswürdigen Regie des Wilbrandt, um den «Faust» auf die Bühne zu bringen. Aber gewisse Partien, die unmittelbar aus dem Irdischen sich ins

Überirdische erheben, sind nach unserer Überzeugung nur darzustellen, wenn man die stumme Sprache der Eurythmie zu Hilfe nimmt. Und so haben wir denn auch in diesem kleinen Stück des «Faust», das wir Ihnen vorführen, für das, wo die geistige Welt hereinspielt in das Menschliche, die eurythmische Kunst zu Hilfe gerufen.

Nach der Pause werden wir auch eine Anzahl von Goethe'schen Gedichten bringen, und es wird sich zeigen, dass da, wo Goethe in seinen herrlichen «Wolkendichtungen» für ihn wunderbare Wolkengebilde mit wunderbarer Naturinnigkeit nach der Anleitung von Howard beschreibt, das, was in Goethes Auffassung künstlerisch-weltanschauungsgemäß in der Natur selber wahrgenommen werden kann, auch dichterisch umgesetzt werden kann, sodass man naturgemäß in den der Dichtung ganz ähnlichen Formen, die aufgeführt werden, das nachempfinden kann, was sonst sich durch Verwandlung namentlich der Wolkenformen in der Natur selbst zeigt. Diese innere Wandlungskraft, was Goethe als Metamorphose der natürlichen Erscheinungen bezeichnet, was er verfolgte bei allen Lebewesen, ihm offenbarte es sich, indem er die Wolkenbildungen betrachtete. Und in diesen Verwandlungen der Wolkenbildungen sah er etwas Künstlerisches, etwas, was wie jene Kraft wirkt, welche die alte indische Weltanschauung im Kosmos wahrnahm und Kama Rupa nannte. Das ist es, was er zum Ausdruck bringen wollte in seinen schönen Wolkendichtungen, was man auch in der stummen Sprache der Eurythmie am besten nachbilden kann.

Damit wollte ich Ihnen zeigen, aus welchen Quellen eigentlich die Formen hervorgehen, die Sie als eurythmische sehen werden. Noch einmal möchte ich betonen, dass aber eigentlich alles das, was mit Eurythmie gewollt ist, durchaus erst im Anfange ist und weitere Ausbildung noch finden wird, entweder durch uns selbst oder durch andere, wenn es das Interesse der Zeitgenossen findet. Wir sind aber durchaus überzeugt, wenn sich diese Kunst weiterentwickeln kann, so wird sie sich dereinst als eine vollberechtigte Kunstform neben andere Kunstformen hinstellen können.

Ansprache zur Eurythmie, Dornach, 23. November 1919

Sehr verehrte Anwesende!
Wir werden Ihnen eine Probe unserer eurythmischen Kunst zu geben versuchen. Gestatten Sie, dass ich dieser Aufführung einige Worte über dasjenige voraussende, was eigentlich diese unsere eurythmische Kunst will. Sie steht ja erst im Anfange ihrer Entwicklung, und wir dürfen nur hoffen, dass, wenn sich dasjenige ausbildet, was veranlagt ist in dieser eurythmischen Kunst, dann wird sich neben die anderen Kunstformen etwas hinstellen können, was in der Tat aus höchsten künstlerischen Quellen geschöpft ist. Aber ich bitte immer dabei zu berücksichtigen, dass wir erst im Anfange dieser Kunstentwicklung stehen.

Wie alles, was hier getrieben wird als anthroposophische Bewegung, und wovon dieser Bau, wenn er einmal fertig sein wird, der Repräsentant sein soll, die Repräsentation sein soll, so ist auch, wenn auch in einem eng begrenzten Gebiete, diese eurythmische Kunst aus einer Seelenlehre geschöpft, die auf Goethe'scher Weltauffassung, auf Goethe'scher Kunstanschauung beruht. Dasjenige, was Goethes Weltauffassung ist, was Goethe'sche Kunstgesinnung ist, es ist noch lange nicht genügend gewürdigt, und es wird wahrscheinlich in der zukünftigen geistigen Entwicklung der Menschheit eine viel größere Rolle spielen, als sich die heutige Menschheit schon träumen lässt.

Dasjenige nun, was hier versucht wird, das kann sich berufen auf ein schönes Goethe-Wort, das Goethe gebraucht da, wo er daran geht, den großen, kunstverständigen Winckelmann zu glorifizieren, zur vollen Anerkennung zu bringen. Goethe sagt: Wenn der Mensch auf den Gipfel der Natur gestellt ist, fühlt er sich wiederum als eine ganze Natur, und er bringt in seinem eigenen Seelenleben Maß, Harmonie, Bedeutung zusammen, um sich zur Produktion des Kunstwerkes zu erheben. – Wenn man nun versucht, den ganzen Menschen mit seinen inneren Bewegungsmöglichkeiten selbst zum Instrumente des Kunstwerkes zu machen, so muss in der Tat durch eine solche Kunst etwas herauskommen wie eine Zusammenfassung der Weltgeheimnisse. Denn in dem Menschen selbst sprechen sich ja wie in einem großen Zusammenhange alle Weltengeheimnisse aus.

Was wir durch die Eurythmie versuchen wollen, meine sehr verehrten Anwesenden, das ist, den ganzen Menschen zum Ausdruck einer stummen Sprache zu verhelfen, einer Sprache, welche dadurch entsteht, dass man gewissermaßen den ganzen Menschen zum Kehlkopfe macht. Sie wissen ja, wenn wir dem sprechenden Menschen zuhören, so strengen wir zunächst den Sinn des Gehöres an. Wir wenden die Aufmerksamkeit dem zu, was gehört werden kann. Derjenige aber, der – um diesen Goethe'schen Ausdruck zu gebrauchen – sinnlich-übersinnlich dasjenige schauen kann, was sich als die eigentlichen Wesensgeheimnisse hinter den äußeren Erscheinungen der Natur und des Menschenwesens verbirgt, der weiß, dass im Kehlkopf und seinen Nachbarorganen, während der Laut an unser Ohr dringt, immerfort Bewegungen stattfinden oder wenigstens Bewegungsanlagen tätig sind.

Wir können uns dieselbe Sache auch physikalisch so vorstellen, dass wir uns sagen: Indem ich hier spreche zum Beispiel, bringt mein Sprachorgan die Luft in regelmäßige Bewegung. Diese Bewegungen sind im Grunde genommen die Fortsetzung nach außen desjenigen, was an Bewegungsanlagen im Kehlkopf und seinen Nachbarorganen vorhanden ist. Schaut man dieses, lernt man es erkennen, wie man es im gewöhnlichen Leben nicht beachtet, dann kann man es übertragen auf die Bewegung der Arme und die Bewegung anderer Glieder des menschlichen Organismus, und dann kann man eine stumme Sprache schaffen, in der der ganze Mensch zum vollen Ausdruck, zur vollen Offenbarung bringt dasjenige, was sonst verborgen als Bewegungsanlagen im Kehlkopf und seinen Nachbarorganen entsprechend vorhanden ist.

Man kann dieselbe Sache auch noch anders darstellen. Man kann sagen: Indem wir sprechen, fließen zusammen zwei Elemente des menschlichen Wesens. Vom Kopfe her, mehr sichtbarlich gesprochen, erströmt in unsere Sprache her dasjenige, was wir in den Vorstellungen, in den Gedanken haben. Aber mit diesen Vorstellungen, mit diesen Gedanken, gliedert sich dasjenige zusammen, was aus dem

Willen des Menschen kommt. Wir können es fühlen, wenn wir Veranlagung zu einem solchen Fühlen haben, dass eigentlich von einem Menschen, welcher spricht, insbesondere dann, wenn wir der künstlerischen Sprache, der Dichtung zuhören, dass dann eigentlich unser ganzes menschliches Wesen in eine Art innerlichen Mitschwingens, in eine Art innerlichen Mitlebens kommt, gewissermaßen in eine tanzende Bewegung. Im gewöhnlichen Leben unterdrücken wir diese tanzende Bewegung. Allein derjenige, der unseren Sprachorganismus kennt, der weiß, dass eigentlich immer etwas mitschwingt in unserem Kehlkopf und seinen Nachbarorganen, wenn wir einem anderen Menschen zuhören.

Das ist durchaus etwas, was heute auch schon die Wissenschaft anerkennt, dass feinere Schwingungen, Bewegungen auch stattfinden in den Sprachorganen des zuhörenden Menschen. Da ist etwas Geheimnisvolles im ganzen menschlichen Wesen gerade beim Zuhören, aber auch beim Sprechen. Wir versuchen nur, den Menschen selber in Ruhe zu halten und *[Lücke im Text]*, also Willensbewegungen und diejenigen Organe, die mit dem Kehlkopf und seinen Nachbarorganen zusammenhängen, wenn wir im gewöhnlichen Leben sprechen.

Dasjenige, was sonst im gewöhnlichen Leben vom Willen zur Ruhe gebracht wird, das bringen wir besonders zur Offenbarung in der Eurythmie. Sodass der ganze Mensch willentlich dasjenige ausdrückt, was sonst nur, möchte ich sagen, mehr an der Körperoberfläche, an dem Kehlkopf und seinen Nachbarorganen zum Ausdruck kommt. Dabei unterdrücken wir von selbst das Gedankenleben, das Vorstellungsleben. Die Ideen schalten wir vollständig aus. Sodass durch den ganzen Menschen, der gleichsam als ein vergrößerter Kehlkopf vor uns auf der Bühne seine Bewegungen macht, eine stumme Sprache zum Ausdruck kommt.

Wenn wir eine solche Sprache schaffen, dann müssen wir uns allerdings klar sein, dass sie etwas anderes sein muss als dasjenige, was sonst als Pantomimisches, als mimische Darstellungen, als Darstellungen durch irgendwelche Gesten wirkt. Alles, was willkürliche Bewegung bloß ist, was bloße Mimik, was bloße Pantomime ist, muss eigentlich in dieser eurythmischen Kunst ausgeschlossen sein. Wie in der musikalischen Kunst nicht das eigentlich Künstlerische auf der Tonmalerei beruht, sondern auf der gesetzmäßigen Aufeinanderfolge des Melodiösen [und anderer Elemente], so beruht auch in der Eurythmie alles auf der gesetzmäßigen Aufeinanderfolge derjenigen Bewegungen, die der ganze Mensch ausdrückt. Alles Willkürliche fällt weg. Es ist alles abzulesen, was gesetzmäßig der Eurythmie zugrunde gelegt wird, von den Bewegungen des menschlichen Sprachorganismus [selbst].

Daher ist es auch so, dass wenn zwei Menschen oder zwei Menschengruppen an verschiedenen Orten dieselbe Sache darstellen, der persönlichen Auffassung kein größerer Spielraum gewährt ist, als wenn zwei Klavierspielende an verschiedenen Orten in ihrer Art und persönlichen Auffassung ein und dieselbe Beethovensonate spielen.

Begleitet werden sie auf der einen Seite sehen dasjenige, was auf der Bühne dargestellt wird, für gewisse Teile desselben vom Musikalischen – denn das Musikalische ist nur eine andere Art des Aussprechens desjenigen, was in der Seele lebt, als die Eurythmie –, und wiederum andere Partien werden Sie begleitet finden von der Rezitation, von der kunstvoll gestalteten Sprache der Dichtung. Dasjenige, was in der Dichtung, in der Rezitation hörbar wird, dasselbe wird in der Eurythmie stumm sichtbar gemacht. Nur muss die Rezitation zurückgeführt werden zu ihren guten alten Formen. Heute ist man in der Rezitation auf einem Abwege. Es wird eigentlich das Prosaische, das der Dichtung zugrunde liegt, besonders berücksichtigt im heutigen Leben, nicht das Taktmäßige, das Rhythmische, das überhaupt Künstlerisch-Formale, das zugrunde liegt der eigentlichen Dichtung. Man würde mit der heutigen Rezitationskunst die Eurythmie nicht begleiten können.

Man kann das nur, wenn man zurückgeht auf die wirkliche Rezitationskunst, wie sie zum Beispiel Goethe auch im Sinne hatte, wenn er nicht nach dem wortwörtlichen Inhalte seine «Iphigenie» – also sogar ein Dramenwerk – einstudierte mit seinen Schauspielern: Er studierte sie ein mit dem Taktstock in der Hand wie ein Kapellmeister, um auf das Rhythmische, auf die eigentlich künstlerische Gestaltung den Hauptwert zu legen. Man hat heute nicht viel Vorstellung von dem, wie Goethe eigentlich ein Drama, wie er es gestaltete, auf die Bühne gebracht sehen wollte. Aber wenn man in das Seelenleben des Dichters blickt, dann, meine sehr verehrten Anwesenden, wird man auch bewahrheitet finden, dass das eigentliche Künstlerische in der Dichtung nicht in dem wortwörtlichen Inhalte liegt. Schiller hat bei vielen seiner besten Gedichte zunächst nicht den wortwörtlichen Inhalt im Sinne gehabt, sondern ein melodiöses Element. Gleichgültig war es ihm zunächst, welchen Sinninhalt das Gedicht haben sollte; auf den melodiösen Gehalt kam es ihm an, dann suchte er erst den wortwörtlichen Inhalt dazu. – So müssen wir als Begleiterin der Eurythmie auch die Rezitationskunst zum wirklich Künstlerischen wiederum zurückführen.

In der Eurythmie selbst werden Sie alles dasjenige dargestellt sehen, was sonst in der Lautsprache zum Ausdrucke kommt durch die Gesetzmäßigkeit der Lautsprache, in der stummen Sprache der Eurythmie selber. Sie werden aber alles dasjenige, was sonst die Rede durchglüht an innerer Seelenwärme, an Lust und Leid, an Freude und Schmerz, das werden Sie durch die Bewegungen der Eurythmisten im Raume, durch die Verhältnisbewegungen der Gruppen zueinander dargestellt finden. Alles dasjenige, was man durch die Lautsprache darstellen kann, man kann es auch darstellen durch die eurythmische stumme Sprache.

Wir werden nun im zweiten Teil heute nach der Pause eine Probe geben von alledem, wie man durch Eurythmie Dichtungen darstellen kann. Allein, wir haben uns überzeugt davon, meine sehr verehrten Anwesenden, dass man auch der dramatischen Kunst, insbesondere einer *solchen* dramatischen Kunst, die sich von dem bloß realistischen Menschlichen, von dem bloßen physischen Erdendasein erhebt zu dem übersinnlich-geistigen Dasein, durch die Eurythmie Geistesquellen der Darstellung zuführen kann. So etwas ist ja insbesondere in der Goethe'schen «Faust»-Dichtung der Fall.

Goethe hat seinen *Faust*, namentlich [in] den ersten Teil – Sie wissen ja, Goethe hat an seinem «Faust» 60 Jahre lang gearbeitet –, [er hat] hineingeheimnisst in diesen «Faust» alles dasjenige, was er an inneren Erlebnissen sinnlicher und übersinnlicher Natur in dem langen Leben erfahren hat. In seinem ersten Teil hat er gar nicht daran gedacht, die «Faust»-Dichtung so zu gestalten, dass sie bühnenmäßig sein sollte. Goethe hat, wie er selbst sagt, als er jugendlich seinen «Faust» im ersten Teile ausgestaltete, nur daran gedacht, dasjenige, was ihm in der Seele lebte, in diese große Dichtung hineinzugeheimnissen. Ganz ferne lag es ihm, an irgendeine bühnenmäßige Darstellung zu denken.

Man hat einzelne Teile ja bald dargestellt, mit oder ohne Musik. Allein Goethe war immer nicht recht einverstanden – meine sehr verehrten Anwesenden, Sie wissen, der zweite Teil, den er dann ganz bühnenmäßig gedacht hat, ist ja erst nach seinem Tode erschienen –, Goethe war immer nicht damit einverstanden, wenn man den ersten Teil auf die Bühne bringen wollte. Und wie wenig er geneigt war, das, was er eigentlich nur geistig in der Anschauung hatte, äußerlich, körperlich auf die Bühne zu bringen, das geht aus einer Tatsache hervor, die wirklich für diese Sache recht charakteristisch ist.

Einer der größten deutschen Schauspieler, Laroche, war ja noch ein Zeitgenosse Goethes und mit Goethe in Weimar befreundet. Ich selbst kannte durch meinen alten Lehrer, Karl Julius Schröer, wiederum einen guten Bekannten von Laroche. Und Laroche erzählte dem alten Schröer, wie er, Laroche, als angesehener Schauspieler mit angesehenen Herren in Weimar als Deputation sich zu Goethe begeben hat, um – verhältnismäßig spät, am Ende der zwanziger Jahre – Goethe den Plan vorzulegen, den «Faust» auf die Bühne zu bringen. Es konnte damals ja, da der erste Teil ja nur da war, nur von dem Auf-die-Bühne-Bringen des ersten Teiles gesprochen werden. Und Laroche schilderte, er habe den alten Goethe noch in seinem Zorne so wie gegenwärtig vor sich. So stark war dieser Goethe'sche Zorn darüber, dass man daran dachte, die nie für die Bühne gedachte «Faust»-Dichtung auf die Bühne zu bringen, dass er in seinem Zorn, trotzdem er lauter angesehene Herren vor sich hatte, sie anfauchte: «Ihr Esel!» So begegnete Goethe der ersten Deputation, die seinen «Faust» auf die Bühne bringen wollte.

Nun, selbstverständlich denkt man heute nicht daran, irgendwie den «Faust» von der Bühne auszuschließen. Allein, diejenigen, die sich mit solchen Dingen beschäftigen, die wissen, wie schwer es ist in der Regiekunst, diesen «Faust» wirklich so darzustellen, dass alles dasjenige herauskomme, was in Goethes Seele gelebt hat.

Nun haben wir Verschiedenes versucht gerade mit Bezug auf diejenigen der Szenen, in die sich ja immer bei Goethes «Faust» hineinmischen in die rein irdischen Vorgänge übersinnliche Vorgänge – Vorgänge, die in die geistige Welt hineinreichen mit Bezug auf das menschliche Seelenleben –, mit der Eurythmie zu Hilfe zu kommen. Und so wollen wir im ersten Teil vor der Pause Ihnen vorführen die Szene, wo Faust die Bibel übersetzt, im Studierzimmer sitzt und dem Mephisto begegnet. Wir wollen Ihnen diese Szene vorführen, wo ja tatsächlich die übersinnliche Welt in Fausts Leben hereinspielt, wo man danach suchen muss, wie man dasjenige, was da als übersinnliche Welt hereinspielt, auch in äußeren sichtbaren Formen zum Ausdruck bringen kann.

Es hat sich uns bei dieser und bei anderen Szenen gezeigt, wie man wirklich das, was in anderen Bühnenmitteln nicht möglich ist, mit Zuhilfenahme der Eurythmie zur Darstellung bringen kann. So werden wir also im ersten Teil vor der Pause, Ihnen eine Goethe'sche Szene, eine Szene aus Goethes «Faust» vorführen, die selbstverständlich in ihren übrigen Partien so dargestellt wird, wie man eben dramatisch darstellt. Aber da, wo sich der Gang der Handlung zum Übersinnlichen erhebt, da soll die Eurythmie zu Hilfe genommen werden. Da werden wir also eine Probe davon sehen, wie man bei Dichtungen, bei dramatischen Dichtungen da, wo sie sich ins Übersinnliche erheben, mit der Eurythmie eine gute Hilfe bei der bühnenmäßigen Darstellung eröffnen kann.

Nach der Pause werden wir Dichtungen vorführen, die ganz durch und durch eurythmisiert werden. Bevor wir mit solchen Vorstellungen beginnen, möchte ich Sie noch bitten, mit Nachsicht unsere Vorstellungen aufzunehmen, da durchaus das ernst gemeint ist, was ich im Anfange sagte, dass wir erst vor einem ersten Versuch bezüglich dieser eurythmischen Kunst uns befinden. Wir sind aber überzeugt, dass, wenn die Zeitgenossen diesen Versuchen Interesse entgegenbringen, dass die Eurythmie entweder durch uns – oder wahrscheinlich durch andere – dasjenige, was sie heute als einen

Anfang bringt, zu größerer und immer größerer Vollkommenheit bringen wird, sodass sich die Eurythmie neben andere Kunstformen als vollwertige neue Kunstform wird hinstellen können.

DORNACH, 29. UND 30. NOVEMBER 1919

Plakat für die Aufführungen Dornach, 29. und 30. November 1919

Louise
van Blom-
mestein
KSaG,
M.1445

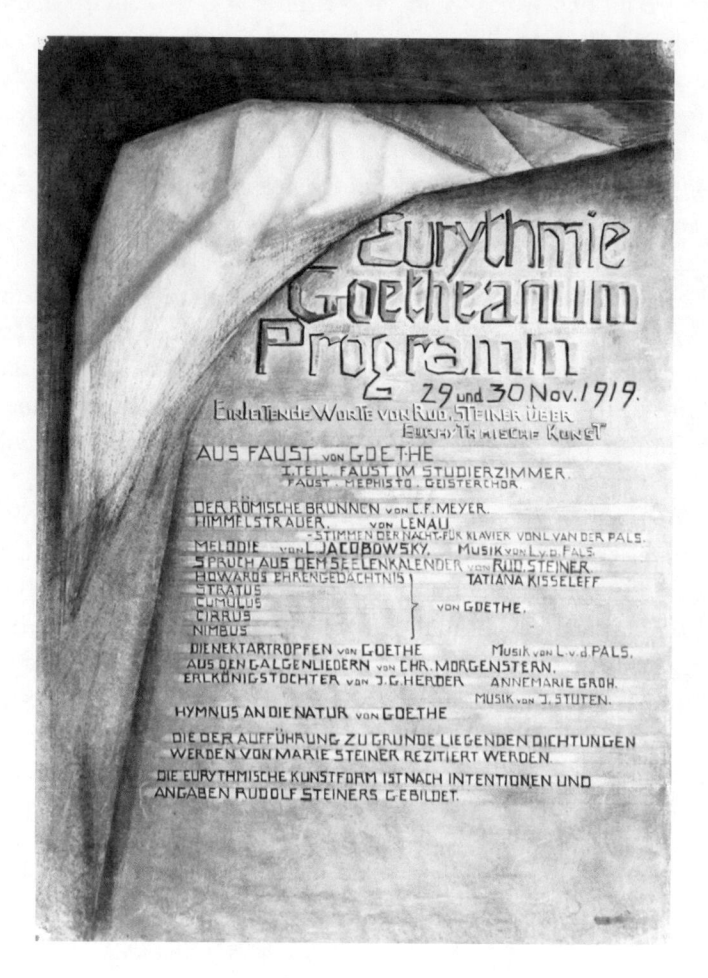

Ansprache zur Eurythmie, Dornach, 29. November 1919

Meine sehr verehrten Anwesenden!
Gestatten Sie, dass ich der Probe, die wir Ihnen vorführen werden aus unserer eurythmischen Kunst, einige Worte vorausschicke.

Die menschliche Sprache, durch die wir uns im Leben verständigen, und welche benutzt wird von der Dichtkunst, um Künstlerisches zum Ausdrucke zu bringen, sie ist, wie bekannt ist, ein Erzeugnis des menschlichen Kehlkopfes und seiner Nachbarorgane. Alles dasjenige, worauf wir unsere Aufmerksamkeit im gewöhnlichen Leben wenden gegenüber der menschlichen Sprache, das ist das Hörbare. – Im Gegensatze zu der gewöhnlichen hörbaren Sprache ist Eurythmie gedacht als eine stumme, aber sichtbare Sprache. Aber nicht so, wie schon die gewöhnliche menschliche Gebärde, wie die pantomimische Darstellung eine stumme Sprache ist, ist Eurythmie gedacht als eine stumme, aber sichtbare Sprache, sondern dasjenige, was hier als Eurythmie versucht wird, das ist in einer ganz gesetzmäßigen Weise herausgeholt aus dem Menschen selbst, so herausgeholt aus dem Menschen selbst, dass dabei zugrunde gelegt ist Goethes Weltanschauung und künstlerische Gesinnung.

So wie Goethe versucht hat, eine lebensvolle Lehre der Natur dadurch zu gewinnen, dass er bei Lebewesen untersucht hat, inwieferne das einzelne Organ zum Ausdruck bringt den ganzen Organismus, und wiederum der ganze Organismus nur ein komplizierteres Gebilde ist, das eine Umwandlung darstellt des einzelnen Organs, so versuchen wir auf eine Tätigkeit des Menschen, die hervorgebracht wird durch ein Organsystem – eben den Kehlkopf und seine Nachbarorgane –, so versuchen wir zu erlauschen, was da eigentlich vorgeht in dem Kehlkopf und seinen Nachbarorganen, um das dann anzuwenden auf die Bewegungsmöglichkeiten des ganzen Menschen.

Man kann durch eine gewisse Art – um uns dieses Goethe'schen Ausdrucks zu bedienen: sinnlich-übersinnlichen Schauens dasjenige nämlich sehen, was man im gewöhnlichen Leben nicht sieht, wenn man dem sprechenden Menschen zuhört. Sie brauchen ja nur sich zu erinnern, wie selbst durch die Physik klar wird, dass, indem ich hier spreche, durch mein Sprechen die Luft in Bewegung, in wellenartige Bewegung gebracht wird, so haben Sie schon einen Begriff von jener Bewegung, die Begleiterscheinung ist desjenigen, was wir selbst hören. Man kann aber weiter zurückgehen, eben durch eine Art sinnlich-übersinnliches Schauen, man kann sich, wenn man diese Fähigkeit des sinnlich-übersinnlichen Schauens hat, davon überzeugen, welche Bewegungen, und namentlich Bewegungsanlagen im menschlichen Kehlkopfe und seinen Nachbarorganen vorhanden sind, wenn der Mensch spricht.

Diese Bewegungsmöglichkeiten kann man dann übertragen auf den ganzen Menschen. So wie die ganze Pflanze im Sinne Goethes nur ein komplizierteres Blatt ist, so kann der ganze Mensch so seine Glieder bewegen, wie sonst Kehlkopf, Zunge, Gaumen und so weiter sich bewegen, wenn der Mensch spricht. Sichtbare Sprache also ist dasjenige, was versucht wird durch die Eurythmie.

Dadurch aber kommt man einem künstlerischen Element ganz besonders nahe. Nicht wahr, meine sehr verehrten Anwesenden, das Künstlerische beruht ja darauf, dass wir uns vertiefen können in das Wesen der Dinge, ohne abstrakte Begriffe und Ideen. Alles dasjenige, was bloße Erkenntnis ist, alles dasjenige, was ausgebildete Vorstellung ist, das stört das eigentlich Künstlerische. Wir müssen uns hineinvertiefen in die Rätsel des Daseins, und Sie können die Vermittlung von Vorstellung und Begriff aufnehmen. Gerade das geschieht unbewusst durch die Eurythmie von Seiten des Zuschauers. Das geschieht ganz bewusst von Seiten derjenigen, die eben diese Eurythmie ausführen.

Denn in unserer gewöhnlichen Sprache sind zwei Seiten durcheinanderwirkend: Das eine ist dasjenige, was als das Gedankenelement von der Seele aus unsere Worte durchdringt. Das ist etwas, was von dem Künstlerischen der Sprache wegfällt; das ist auch etwas, was sich mehr anlehnt an das Konventionelle, wodurch wir uns verständigen im Leben, wodurch also das philiströs-alltägliche, unkünstlerische Element der Sprache zustande kommt.

Aber in der Sprache wirkt auch die andere Seite des Seelischen: das Willenselement. In der gewöhnlichen Sprache wirkt zusammen das Gedankenelement mit dem Willenselement. Nun, sehr verehrte Anwesende, lassen wir gerade dieses Gedankenelement weg, indem wir die Willensimpulse aus dem Menschen herausholen in dieser stummen Sprache der Eurythmie. Und wir drücken diese Willensimpulse durch die gesamte Gliedmaßenwelt des Menschen aus. So sehen Sie gewissermaßen den Menschen selbst zu einem stummen Sprachwerkzeuge werden vor Ihnen auf der Bühne. Und was er ausdrückt durch diese Formbewegung, auch durch seine Bewegungen im Raume, das ist dasselbe, was sonst ausgedrückt wird durch die hörbare Sprache.

Indem wir uns so in das Menschenwesen selbst vertiefen, um uns offenbaren zu lassen, was im Innersten des Menschen als Bewegungsmöglichkeiten veranlagt ist, schalten wir gerade das Vorstellungselement der Sprache aus, dringen dadurch tiefer in das Wesen des Menschen ohne Begriffe und Ideen ein, in unmittelbarer Anschauung. Und wir erreichen gerade dadurch etwas elementar Künstlerisches. Sie sehen daraus, dass hier versucht wird etwas, bei dem alle bloße Geste, alles Pantomimische, alles Mimische, aller willkürliche Zusammenhang –wie es sonst in der Tanzkunst der Fall ist oftmals zwischen dem seelischen Inhalte und dem äußeren Eindruck – vermieden ist.

Die Eurythmie ist dadurch etwas wie die musikalische Kunst selbst. Wie die musikalische Kunst nicht ihren vollen Wert erreicht, wenn sie bloß Tonmalerei ist, so werden auch die eurythmischen Bewegungen nicht das, was wir künstlerisch suchen, wenn sie bloß pantomimisch ausdrücken würden das, was in der Seele vorgeht. Das tun sie nicht; sondern geradeso, wie in der Musik das Wesentliche liegt in der gesetzmäßigen Aufeinanderfolge der Töne, in dem melodiösen Element, so liegt das Wesentliche hier nicht in dem unmittelbaren Ausdruck, sondern in der gesetzmäßigen Folge der Bewegungen. Eine äußerlich sichtbare Musik ist daher die Eurythmie. Und so ist es auch, dass nichts Willkürliches darinnen ist, wenn zwei Menschen oder zwei Menschengruppen, an verschiedenen Orten ein und dieselbe Sache eurythmisieren, eurythmisch darstellen, denn der individuellen Ausdrucksmöglichkeit ist nicht mehr Verschiedenheit gestattet, als wenn zwei Klavierspieler ein und dasselbe Musikstück nach persönlicher Auffassung wiedergeben.

Und dasjenige, was sonst unsere Sprache durchseelt an Lust und Leid, an Freude und an Enthusiasmus und so weiter, all das können wir auch durch die Formen und namentlich durch Gruppen darstellen – wobei die einzelnen Persönlichkeiten zusammenwirken durch die verschiedenen Bewegungen dieser Gruppen –, all das können wir hier auch in einer gesetzmäßigen Weise zum Ausdruck bringen. So ist es also eine stumme Sprache der Menschen in Bewegung, wodurch die Eurythmie wirken will.

Selbstverständlich muss alles Ästhetische im unmittelbaren Eindruck wirken, und ich sage Ihnen nur diese paar Worte voraus, damit Sie sehen, aus welchen Quellen, aus welchen künstlerischen Quellen diese Eurythmie geschöpft ist. Wie man in der Tat im Musikalischen eine innere Gesetzmäßigkeit der Töne in der Tonfolge, der Melodie und so weiter hat, so kommt man hier auf die Gesetzmäßigkeit der menschlichen Bewegungsmöglichkeiten selber.

Begleitet werden Sie das, was als stumme Sprache der Eurythmie vor Ihnen auftritt, auf der einen Seite hören von dem Musikalischen, das im Grunde genommen nur ein anderer Ausdruck ist, ein Ausdruck mit anderen Mitteln, begleiten[d] werden Sie hören auf der anderen Seite die Rezitation. Dasjenige, was in der Rezitation *hörbar* wird, wird in den bewegten Menschen auf der Bühne *sichtbar*. Beides wird parallel gehen. Eine Dichtung zum Beispiel wird rezitiert werden, also hörbar werden und die dichterische Kunst gleichzeitig eurythmisch vorgeführt – ein und dasselbe.

Nur wird dabei berücksichtig werden müssen, dass die Rezitationskunst, so wie sie heute betrieben wird, nicht gut zur Eurythmie verwendet werden dürfte. Denn heute berücksichtigt man in der Rezitationskunst – und sieht gerade darin das Große der Rezitationskunst – eigentlich den Prosainhalt der Gedichte, nicht das Rhythmische, das Taktvolle, das Reimmäßige, das zugrunde liegt. Das muss aber gerade bei jener Rezitationskunst berücksichtigt werden, die der rhythmischen Darstellung gerade dienen soll. Man muss also wieder auf die guten alten Formen der Rezitationskunst zurückkommen – und [so] wollen wir überhaupt wiederum für das Künstlerische eine Empfindung bekommen, eine bessere Empfindung wieder bekommen, als unsere heutige, etwas unkünstlerische Zeit. Unsere gegenwärtige Menschheit sucht im Künstlerischen auch vielfach den Prosagehalt einer Dichtung, den wortwörtlichen Inhalt in einem Gedichte.

Man braucht da nur zu erinnern, wie zum Beispiel Schiller, bevor er den wortwörtlichen Inhalt mancher seiner Gedichte im Sinne hatte, eine Melodie im Sinne hatte; und für diese Melodie, die nun in einer bestimmten Weise in seiner Seele lebte, suchte er dann erst den wortwörtlichen Inhalt. So sind die besten Schiller'schen Gedichte entstanden. Der wirkliche Dichter braucht eben das Formale, das zugrunde liegt dem Prosaelemente des Lebens.

Nun werden wir Ihnen zuerst aufzuführen haben eine Szene des ersten Teiles von Goethes «Faust». Da werden wir natürlich dasjenige, was gewissermaßen alltägliche Geschehnisse sind, entsprechend darstellen, wie man eben bühnenmäßig darstellt. Allein, der viel gesehen hat von den Versuchen, welche die Regiekunst der modernen Theatralik angewendet hat, um Goethes «Faust» in würdiger Weise auf die Bühne zu bringen, der weiß, wie schwierig es ist, dann dasjenige, was Goethe doch in den «Faust» hineingelegt hat, wirklich herauszuholen in der Darstellung, wenn Goethe, wie es ja auch an so vielen Stellen des «Faust» ist, in seine Dichtung hineinspielen lässt Übersinnliches, Geistiges. An vielen Stellen, wie Sie wissen – auch des ersten Teiles, insbesondere aber des zweiten Teiles des «Faust» – spielt Geistiges, Übersinnliches herein. Man kann die verschiedenen Regiekünste durchgehen, die angewendet worden sind: Es war wirklich viel geleistet, noch in den Achtziger Jahren des vorigen Jahrhunderts. Ich habe selbst in den Achtziger Jahren des vorigen Jahrhunderts Wilbrandt mit seiner liebenswürdigen Regiekunst, [der] den ganzen «Faust» auf die Bühne versuch[te] zu bringen, kennengelernt. Es war auch wiederum eine gewisse Vertiefung für die Interpretation [die] Mysteriendichtung, die [Devrient] auf die Bühne brachte und so weiter. Es ist ja viel versucht worden; allein immer bleibt etwas Unbefriedigendes gerade bei den Szenen zurück, wo Geistiges, Übersinnliches hereinspielte und dargestellt werden sollte.

Da versuchen wir nun, während wir nun das Übrige der Szenen rein bühnenmäßig darstellen, versuchen wir die «Geisterszene» durch Eurythmie gerade herauszuholen. Wir werden also jetzt vor der Pause rein bühnenmäßig darstellen die erste Szene von «Faust», erster Teil, soweit dies in Betracht kommen kann. Also die Szene im Studierzimmer, die Pudelszene, wo also der Pudel stört den Faust beim Übersetzen der Bibel; und wo dann die Geister hereinkommen, da versuchen wir gerade durch diese stumme Sprache der Eurythmie wirklich in Bezug auf die Geisterszene aus dieser Weltdichtung herauszuholen, was in ihr liegt.

Goethe war sich bewusst, dass er viel so innerlich Menschliches in seine «Faust»-Dichtung hineingelegt hatte, dass er eigentlich selbst bis in die 20er Jahre hinein nicht daran gedacht hatte, den ersten Teil des «Faust» auf die Bühne zu bringen. Beim zweiten Teil war er sich dann bewusst, dass er den «Faust II» für die Bühne bearbeitet hat; aber der erschien ja erst nach Goethes Tode. Aber sehen Sie, der «Faust» war doch eine so gewaltige Weltdichtung, dass andere Leute darauf gekommen sind, den «Faust» aufzuführen, wirklich ihn auf die Bühne zu bringen. Goethe hatte nicht daran gedacht; für ihn war der *Faust* eben etwas innerlich menschliches Dargestelltes.

Mein alter Freund und Lehrer, Karl Julius Schröer, war sehr befreundet mit Laroche, der ein berühmter Schauspieler zur Zeit Goethes noch war. Laroche kam an der Spitze einer Deputation zu Goethe mit dem Vorschlage – es war erst Ende der 20er Jahre –, den «Faust» auf die Bühne zu bringen. Laroche berichtete dem Schröer: «Ja, da hat uns Goethe schön angefahren! Wütend wurde er, wie er hörte, wir wollten den «Faust» auf die Bühne bringen. Er sagte zu uns: ‹Ihr Esel!›» Sie sehen, bei Goethe war schon ein rechter Zorn notwendig – und eine Überraschung. Denn Goethe, der dazumal wirklich schon ein artiger Herr geworden war, der «dicke Geheimrat mit dem Doppelkinn», der wurde nicht ohne Weiteres so unartig gegen so ausgezeichnete Leute wie zum Beispiel Laroche war, wenn er sie «Esel» nannte. Da musste er schon durchaus geglaubt haben, dass es gar nicht möglich sei, den «Faust» auf die Bühne zu bringen. Er hat sich ja auch sonst öfter dann später darüber ausgesprochen.

Aber man hat – mit Recht – immer wieder versucht, den «Faust» auf die Bühne zu bringen. Wir glauben nun tatsächlich, dass man für gewisse Szenen das, was Goethe in seinen «Faust» hineingeheimnisst hat, durch das Zu-Hilfe-Kommen an einzelnen Stellen mit der Eurythmie herausholen kann. Auch das betrachten Sie, meine sehr verehrten Anwesenden, natürlich nur als einen Versuch; wie ich Sie überhaupt bitten möchte, dasjenige, was wir Ihnen heute noch vorführen können, als den Anfang erst der eurythmischen Kunst zu betrachten, die späterhin vervollkommnet werden soll.

Wir werden also zunächst, vor der Pause, den «Faust», erster Teil, erste Szene bringen, und dann nach der Pause Gedichte Dichtungen, Musikalisches, wo wir alles ganz eurythmisieren werden. In der «Faust»-Szene-Darstellung sind nur einige Stellen eurythmisiert. Aber im zweiten Teil unseres Programms werden wir Ihnen dann alles vollständig eurythmisch vorführen. Und da bitte ich Sie eben, die ganze Vorstellung so aufzufassen, dass Sie Nachsicht üben; denn wir sind mit der eurythmischen Kunst, die das will, was ich dargestellt habe, eigentlich erst im Anfange.

Wir glauben aber, wenn unsere Zeitgenossenschaft dieser neuen Kunst richtiges Verständnis und Interesse entgegenbringt, dass sie vervollkommnet werden kann, entweder noch durch uns oder durch Andere – wahrscheinlich das Letztere –, und dass dann einmal die Zeit kommen werde, wo sich diese Kunst, die den ganzen Menschen als Instrument verwendet, also das Höchste, was wir im Dasein haben, dass sich diese Kunst als vollberechtigte neben andere ältere vollberechtige Künste wird hinstellen können.

Ansprache zur Eurythmie, Dornach, 30. November 1919

Meine sehr verehrten Anwesenden!
Bevor wir uns erlauben, eine kleine Probe unserer eurythmischen Kunst vorzuführen, gestatten Sie, dass ich mit ein paar Worten auf die Quelle dieser eurythmischen Kunst hinweise. Es ist dieses kleine Gebiet aus der Geistesströmung heraus, die wir hier vertreten und für die unser hier befindlicher Bau die äußere Repräsentanz ist. Es

ist dieses kleine Stück wie alles Übrige eigentlich heraus entsprungen aus der ganzen Weltanschauung. Diese Weltanschauung umfasst ja im weitesten Sinne auch eine gewisse künstlerische Stellung zur Welt.

Nun, es ist natürlich nicht ohne Weiteres einzusehen, wie gerade das, was wir hier Eurythmie nennen, herausfließt aus der ganzen Weltanschauung; aber ich werde mich etwa in folgender Weise verständlich machen können.

Dasjenige, was wir durch unsere menschliche Sprache – sei es im gewöhnlichen Leben, wenn wir uns einfach für den menschlichen Verkehr durch Worte und Sätze verständigen, sei es, dass wir uns künstlerisch-dichterisch ausdrücken in Dichtung oder Rezitation –, was wir auf diese beiden Arten durch die Sprache zum Ausdruck bringen, das fließt beim Menschen aus zwei Strömungen zusammen: Aus einer Strömung, die man nennen könnte die Gedankenströmung, die Vorstellungsströmung – gewissermaßen aus all dem, was sich aus den Organen unseres Kopfes, unseres Hauptes in den Kehlkopf, Gaumen und so weiter – all das, was zur Sprache gehört –, ergießt. Da hinein mischt sich nun, indem es sich mit dem Vorstellungselement durchdringt, dasjenige, das aus dem ganzen Menschen eigentlich kommt – das Willenselement. In der Sprache fließen wirklich zusammen Vorstellungselement und Willenselement. Und die beiden werden erst durchdrungen von dem Gemütselement, von den Gefühlen, von Lust und Leid, Freude und Schmerz, die wir in das hineingießen, was als Vorstellungsbewegung und Willensbewegung auch im Sprechen, auch im künstlerischen Sprechen, zustande kommt.

Indem wir nun diesem Sprechen zuhören, wenden wir selbstverständlich unsere Aufmerksamkeit dem Gehörten zu. Aber während der Mensch sich hörbar macht durch die Sprache, sind seine Sprachorgane – Kehlkopf, Zunge, Gaumen und so weiter – in einer Bewegung. Und was noch stärker ist als diese Bewegung, das sind die *Bewegungsanlagen.* – Außerdem kann ja jeder sich den Zusammenhang der Bewegung in dem Ton – auch im gewöhnlichen Sprechen außerhalb der Musik – klar machen, wenn er sich vergegenwärtigt, dass, während ich hier spreche, setze ich die Luft in Bewegung, in Schwingungen. Und gerade darauf beruht das Hören.

Und wenn man durch dasjenige, was Goethe sinnlich-übersinnliches Wahrnehmen nennt, seine Aufmerksamkeit richtet auf dasjenige, was im Kehlkopf und in den anderen Sprachorganen zugrunde liegt dem Sprechen: Man kann gerade dasjenige erschauen durch ein gewisses übersinnliches geistiges Erkennen, worauf man keine Aufmerksamkeit richtet, wenn man einfach dem Gehörten zuhört. Das kann man nun übertragen, was man so an Bewegungsmöglichkeiten des Kehlkopfes erlauscht – der Zunge, des Gaumens und so weiter –, das kann man übertragen auf die Glieder des ganzen Menschen. Und die Menschen, die Sie hier auf der Bühne eurythmisierend sehen werden, die führen dann mit ihren Armen, Händen und so weiter Bewegungen aus. Diese Bewegungen sind nicht willkürlich. Es ist nicht wie beim gewöhnlichen Tanz oder bei der gewöhnlichen Pantomime. Es sind nicht Augenblicksgesten, sondern es ist gesetzmäßig dasjenige herausgeholt aus dem Menschen, was ganz gleich ist dem, was auch gesetzmäßig an Bewegungsanlagen in dem Kehlkopf und seinen Nachbarorganen beim Sprechen zugrunde liegt.

Also in unserer Eurythmie ist nicht irgendwie Erfundenes, sondern alles den Geheimnissen der Menschenwesenheit, der Natur abgelauscht. Gewissermaßen wird der ganze Mensch Kehlkopf; nur wird selbstverständlich eine stumme Sprache dadurch erzeugt. Diese stumme Sprache, die ist nun Eurythmie. Dadurch bleibt aber aus dieser stummen Sprache gerade das Vorstellungselement des verständigen Sprechens aus, und es wird in die Glieder hinübergenommen. Indem sie sich bewegen, ist nur das Willenselement, das sonst mehr oder weniger sogar beim Sprechen angeregt wird, zum Ausdrucke kommend.

Wenn sie nun bedenken, dass alles wahrhaft Künstlerische eigentlich darinnen besteht, dass man alles wahrhaft Künstlerische dadurch erkennt, dass man die Geheimnisse, die in den Dingen sind, in unmittelbarer Anschauung sich offenbaren lässt mit Ausschluss der Vorstellungen, der Ideen und Gedanken, werden Sie zugeben, dass gerade, indem man die Geheimnisse des Menschen, den man selber wie ein musikalisches Instrument benützt für seine inneren Bewegungsmöglichkeiten, dass gerade dadurch dem Künstlerischen durch die Eurythmie im höchsten Maße Rechnung getragen ist – gerade durch die Ausschaltung des Gedanklichen und durch die Einschaltung des geheimnisvollen Willens, den wir nur ahnen können. Indem wir die Bewegung sehen, wird dasjenige erzeugt, was im eminentesten Sinne für die Anschauung das Künstlerische ist.

Und so kommt in dieser stummen Sprache, die wir die Eurythmie nennen, ganz besonders die Möglichkeit zustande, künstlerisch zu wirken. Denn sehen Sie, unsere gewöhnliche Umgangssprache, die ja auch der Dichter benutzen muss, sie ist immer mehr und mehr abgekommen von ihrem ursprünglichen Charakter. Wenn wir mehr in die Urzeiten der Menschheit zurückgehen, dann finden wir, dass die Ursprachen viel poetischer waren, viel künstlerischer gestaltet in sich. Unsere Sprache ist schon sehr abstrakt, sehr prosaisch geworden. Dadurch empfinden wir es heute keineswegs mehr in allen Fällen, wo die Leute dichten, dass durch die Sprache ein wirklich Künstlerisches zum Vorschein kommt. Man wird sogar nicht fehlgehen, wenn man sich heute sagt: Neunundneunzig Prozent von alledem, was gedichtet wird, könnte eigentlich ebenso gut aus unserer Geisteskultur wegbleiben. Vielleicht ist nur ein Prozent von dem, was heute gedichtet wird, wirklich wert, dass es auftrete. Denn unsere Sprache ist – und fast alle europäischen Sprachen, mit Ausnahmen der östlichen – schon über das Stadium hinaus, wo sie das eigentliche formal Künstlerische noch völlig zum Ausdruck bringen können.

Daher wird es gerade möglich, durch diese stumme Sprache der Eurythmie so etwas zu erfüllen, wie es der Goethe'schen Kunstgesinnung entspricht. Goethe sagte so schön im Buch über Winckelmann: Wenn der Mensch an den Gipfel der Natur gestellt ist, sieht er sich wiederum als eine ganze Natur an, und bringt in sich neuerdings wieder den einen Naturgipfel hervor, indem er Ordnung, Maß, Harmonie und Bedeutung der Dinge zusammennimmt und sich zur Produktion des Kunstwerkes erhebt. Und wenn man nun den ganzen Menschen selber als Instrument benutzt – dieses vollkommenste Instrument unseres Erdendaseins –, so kann man ganz gewiss aus ihm heraus Geheimnisse des Universums finden, die sich künstlerisch viel mehr gestalten lassen, als dasjenige ist, was wir heute aus unserer konventionellen Sprache herausholen können.

Und so können wir sagen: Diese Eurythmie ist – nur dass sie etwas für die Augen ist und nicht für die Ohren – von einer innerlichen Gesetzmäßigkeit durchdrungen wie die Musik. Wie bei der Musik das Künstlerische nicht in der Tonmalerei besteht, sondern in der gesetzmäßigen Aufeinanderfolge der Töne, so ist auch hier in der Eurythmie alles auf die gesetzmäßige Folge der Bewegungen gebaut; nichts ist willkürlich – alles muss so sein. Wie auch in der Musik es so sein muss, wie es eben immer gesetzmäßig gestaltet ist, so wenig ist es etwas Willkürliches, dass, wenn zwei Menschengruppen oder zwei Menschen ein und dieselbe eurythmische Sache an zwei verschiedenen Orten darstellen, die subjektive Auffassung nicht verschiedener sein kann als zum Beispiel die subjektive Auffassung zweier Klavierspieler, die ein und dasselbe Musikstück spielen.

Alles Pantomimische, alles Willkürliche ist entfernt; wenn so noch etwas auftritt, so beruht es eben nur darauf, dass wir erst im Anfange mit unserer eurythmischen Kunst stehen und noch manches nicht so vollkommen ist, als wir es gerne hätten in unseren eurythmischen Darbietungen.

Man kann in der eurythmischen Sprache aber auch alles dasjenige ausdrücken, was die Sprache beseelt, alles was an Lust und Leid, an Freude und Schmerz, als Enthusiasmus von unserer Seele ausströmt durch die Sprache des Menschen. Wir drücken es aus dadurch, was der Einzelne im Raume macht, was durch die Verhältnisse der Gruppenbewegung zueinander gemacht wird. Dasjenige, was die Seele bewegt, ist also auf der eine Seite bühnenmäßig dargestellt. Begleitet werden Sie es zum Teil hören durch Musikalisches, was nur ein anderer Ausdruck, ein hörbarer Ausdruck ist desjenigen, was in stummer Sprache durch die Eurythmie zum Ausdruck kommt.

Auf der anderen Seite werden Sie es auch begleitet hören von der Rezitation. Wir stellen ja im Wesentlichen Dichterisches dar; aber gerade, wenn als Begleitung auf der Bühne zu der stummen Sprache der Eurythmie auftritt die Rezitation oder Deklamation, da muss wiederum zurückgeschritten werden zu den guten alten Formen des Rezitierens und Deklamierens. In diejenigen Zeiten muss zurückgeschritten werden, in denen man noch nicht so abstrakt war wie heute.

Heute wird ein großer Wert daraufgelegt, in der Rezitationskunst mehr den prosaischen Inhalt der Sprache in der Dichtung zu betonen. Darinnen erreicht man ein gewisses Raffinement. Allein, darauf kam es eigentlich dem wirklichen Dichter nie an.

Man braucht sich nur zu erinnern, wie Schiller bei den wichtigsten seiner Dichtungen zuerst nicht den wortwörtlichen Inhalt in seiner Seele hatte, sondern etwas Melodienhaftes, das so summte, in seiner Seele hatte. Und indem er innerlich formal dieses melodienhafte, musikalische Gesangselement hatte, das noch ganz wortlos in ihm war, gliederte er erst daran Worte, die gewissermaßen nur die Nebensache sind für das innerlich Taktmäßige, Rhythmische. Wenn man zurückgeht auf gewisse Stufen [der Rezitation], wie man sie jetzt kaum noch sehen oder hören kann, sieht man, ich möchte sagen – wie da schon eine gewisse primitive Eurythmie vorhanden war. Die Leute, Bänkelsänger zumeist, wie man sie in unserer Jugend auf dem Lande noch hat hören können, singen hat hören können, die gingen rezitierend, gestikulierend auf und ab, in dem sie ihre oft recht minderwertigen Dichtungen darstellten.

Das eigentliche künstlerische Element des menschlichen Lebens ist ja sehr zurückgegangen, und wenige Menschen haben heute noch eine Ahnung davon, dass in verhältnismäßig gar nicht weit zurückliegenden Zeiten – wenigstens für gewisse Erdterritorien – die Arbeit stark mit dem Rhythmus verbunden war. Wenn man diese oder jene Arbeit verrichtete, bewegte man sich rhythmisch. Dieses eigentlich Rhythmische, es wurde dann auch angewandt auf dasjenige, was das eigentlich Künstlerische der Lautsprache ist.

Auf dieses eigentlich Künstlerische, das Rhythmische, müssen wir in der Lautsprache, müssen wir in der Rezitationskunst und Deklamationskunst wiederum zurückgehen, es wiederum hervorheben. Daher werden sie beim Rezitieren, das hier die Eurythmie begleitet, vernehmen, wie wir wiederum das Rhythmische, das Taktelement im Rezitieren zu Geltung bringen. Sonst könnte man mit der heutigen Rezitations- und Reklamationskunst die Eurythmie nicht begleiten, denn die Eurythmie, die im Wesentlichen aus dem Element des Willens geboren ist, die macht Anspruch darauf, dass das Prosa-

Rezitieren, das Betonen des wortwörtlichen Inhaltes, zurücktritt und die unmittelbare Anschauung desjenigen, was in Reim, Rhythmus und so weiter liegt, dass das gerade auch durch die Rezitation und Deklamation zum Ausdrucke komme.

Nun werden wir Ihnen vor der Pause darstellen eine dramatische Szene aus dem ersten Teil von Goethes «Faust», im Studierzimmer, da, wo er [Faust] die Bibel übersetzt, vom Pudel gestört wird. Das, was wir hier darstellen, das ist natürlich nicht in sehr großem Maße eurythmisch dargestellt, sondern es ist, wie sonst es gemacht wird, bühnenmäßig dargestellt. Aber bei Goethe – gerade bei dieser Weltdichtung Goethes, beim «Faust» – da treffen wir a[uf] elementarische Stellen, die treten in das Übersinnliche, in das Geistige ein. Die geistige Welt spielt fortwährend herein in die menschliche Welt.

Das ist außerordentlich schwierig darzustellen. Und Goethe hat beim zweiten Teil des «Faust» allerdings immer bühnenmäßig gedacht – da hat er schon seine eigene Kunstanschauung etwas verändert gehabt –, aber beim ersten Teil des «Faust» hat er überhaupt nicht an eine Aufführung gedacht. Er hat einfach dasjenige, was an das menschliche Seeelenleben, an Lust und Leid herandringen kann, was an Niederdrückendem und Erhabenem hereinspielen kann, hineingeheimnissen wollen in diese Kunstwerke, an denen er aber Jahrzehnte gearbeitet hat.

Und wie gesagt, bei dem ersten Teil seines «Faust» hat er wahrhaftig nicht an eine Bühnenaufführung gedacht. Das brachte es dahin, dass zwar Teile aufgeführt wurden – und namentlich mit Musik – verhältnismäßig bald, dass aber nie eine Gesamtdarbietung, eine Gesamtaufführung des ersten Teils des «Faust» gegeben wurde, dass man – der zweite Teil ist ja erst nach Goethes Tod erschienen – das gar nicht versucht hat. Aber in den zwanziger Jahren, da haben sich angesehene Leute in Weimar zusammengetan, den großen Schauspieler La Roche an ihre Spitze gestellt, und diese Deputation begab sich dann zu Goethe, um ihm den Vorschlag zu machen, seinen «Faust», der doch schon Jahrzehnte vorliege, nun auf die Bühne zu bringen.

Denken Sie sich, Goethe war jahrzehntelang weimarischer Hofmann, war schon der «dicke Geheimrat mit dem Doppelkinn» geworden, ein artiger Herr – wirklich ein artiger Herr, der sich zu benehmen wusste sonst. Und siehe da: Als ihm der angesehene La Roche an der Spitze einer Petition von sonst auch angesehenen Weimarern den Vorschlag machte, den «Faust» aufzuführen, da bekam Goethe eine seiner Aufwallungen und schrie ihnen entgegen, diesen Leuten: «Ihr Esel!» Der Schauspieler La Roche hat noch meinen verehrten Freund und Lehrer Karl Julius Schröer gekannt, dem er das persönlich erzählt hat: «Ja, ja, der alte Goethe, der hat uns noch ‹Esel› genannt dazumal!» Er konnte sich gar nicht denken – er selber nicht –, dass man den «Faust» auf die Bühne bringen könnte.

Und man weiß ja, wieviel Mühe man sich gegeben hat, wieviel Mühe sich Leute gegeben haben wie der liebenswürdige Regisseur Adolf Wilbrandt oder Devrient mit seiner Mysterieneinrichtung des «Faust» oder andere. Es ist ja versucht worden, den «Faust I» auf die Bühne zu bringen. Und es ist natürlich voll berechtigt dasjenige, woran Goethe selbst noch nicht dachte, das wirklich aufzuführen.

Aber wir haben die Überzeugung, dass man nur dann zurechtkommt, wenn man das Übersinnliche, das im «Faust» drinnen ist, das zum Beispiel in dem Hereinspielen der Geister und Geisterchen verschiedenster Sorte gerade in dieser Szene im «Studierzimmer» auch zum Ausdrucke kommt, dass das nur richtig dargestellt werden kann, wenn man die Bewegungen der Eurythmie zu Hilfe nimmt. Denn da spielt etwas herein, was die gewöhnliche Sprache und die gewöhnlichen Regiekünste nicht eigentlich zustande bringen können.

Und in dieser Beziehung scheint mir doch – obwohl das alles auch als Versuch aufzufassen ist, was wir hier tun –, dass ein Weg gefunden werden kann unter Zuhilfenahme der Eurythmie, wobei selbstverständlich alles Übrige, was rein irdischer Dialog ist, im rein irdischen Sinne dargestellt wird. Nur dasjenige, wo die übersinnliche Welt herein spielt, dafür glaube ich, dass gerade ein Weg gefunden werden kann bei diesem merkwürdigen Zusammenspiel von Sinnlichem und Übersinnlichem in einer solchen dramatischen Dichtung, wie es der «Faust» ist, ein Weg gefunden werden kann mit Hilfe der Eurythmie, um diese Szenen auch bühnenmäßig darzustellen.

Wenigstens habe ich das Gefühl, dass uns manchmal einiges gelungen ist. Und heute vor acht Tagen, wo, wie es schien, eine gute Stimmung hier auf der Bühne war, hatte ich ja das Gefühl, dass dasjenige, was hereinspielte in das Studierzimmer an Geisterszenen, dass das durchaus etwas war, was zum Ausdrucke bringen konnte das, was Goethe hineingeheimnisste in dieses Geisterspiel. Ich hoffe, dass es uns auch heute wiederum gelingen möge, die Stimmung zum Durchbruch kommen zu lassen. Dies ist etwas, meine sehr verehrten Anwesenden, was Sie darauf hinweist, wie man auch die dramatische Kunst beleben kann durch diese stumme Sprache der Eurythmie.

Nach der Pause werden wir dann einzelne, durch Eurythmisten einstudierte Dichtungen aufführen, die auch zum Teil von Goethe sind, aus denen Sie dann ersehen werden, wie man durch eurythmische Darstellung die Dichtungen bringen kann. Wir hoffen, dass, wenn unsere Zeitgenossen der eurythmischen Kunst ihr Interesse entgegenbringen und sie getragen wird werden durch die Aufmerksamkeit für diese eurythmische Kunst – wenn auch heute noch für sie um Nachsicht gebeten werden muss, weil sie am Anfange erst ihres Werdens ist. Wir hoffen, dass einmal, entweder noch durch uns selbst oder wahrscheinlich durch andere, diese eurythmische Kunst so vervollkommnet werden kann, dass sie als vollkommene neue Kunst neben die anderen, älteren Künste wird treten können.

DORNACH, 14. DEZEMBER 1919

Öffentliche Eurythmie-Aufführung in Anwesenheit englischer Freunde

Programm zur Aufführung Dornach, 14. Dezember 1919

Louise van Blommestein KSaG, M.4758

Eurythmie Programm — 14./12.'19

Einleitende Worte von Rudolf Steiner über Eurythmische Kunst.

Evoe   Musik von Max Schuurman.
Der Mensch.   Worte von Rudolf Steiner.
Aus den 52 Jahressprüchen von Rudolf Steiner.
Howards Ehrengedächtnis   Tatiana Kisseleff.
 Stratus
 Cumulus } von Goethe.
 Cirrus
 Nimbus
Der Spaziergang von Martin Opitz. componiert von Max Schuurman.
    für Gesang, Laut und Ton eurhythmie.
Aus den Galgenliedern von Christian Morgenstern.
Die Beichte des Wurms von Chr. Morgenstern. Musik von M. Schuurman.
    für Gesang, Laut und Toneurhythmie.
Die Metamorphose der Pflanze von Goethe.
Die der Aufführung zu Grunde liegenden Dichtungen werden von Marie Steiner rezitiert werden.

Ansprache zur Eurythmie, Dornach, 14. Dezember 1919

Meine sehr verehrten Anwesenden!
Eine Probe von dem, was wir hier eurythmische Kunst nennen, möchten wir uns erlauben, Ihnen vorzuführen. Diese Kunst ist allerdings so, wie wir sie hier treiben können, erst im Anfange. Es ist der Versuch des Anfanges einer neuen Kunst. Und so wie alles dasjenige, was hier angestrebt wird im Zusammenhange mit diesem Bau, der unsere Bestrebungen in gewissem Sinne repräsentieren soll, wie alles hier anknüpfen will an das, was ich nennen möchte Goetheanismus, so will auch diese eurythmische Kunst anknüpfen an Goethe'sche Kunstgesinnung, Goethe'sche Weltanschauungsgesinnung. Allein, indem ich das ausspreche, bitte ich, mich nicht missverstehen. Nicht angeknüpft werden soll gewissermaßen an dasjenige, was durch den Goethe schon zum Vorschein gekommen ist, der 1832 gestorben ist, sondern betrachtet wird hier der Goetheanismus, [der] wie ein Keim hineingeworfen worden ist in die Evolution der Menschheit und der die mannigfaltigsten Blüten und Früchte treiben kann. Wir reden hier niemals von dem Goethe von 1832, wir reden hier von dem Goethe von 1919, von einem fortgebildeten Goetheanismus.

Und versucht ist worden, aus jenen bedeutungsvollen, tiefen Quellen, aus denen Goethe seine Weltanschauung, seine Kunstbestrebungen geschöpft hat, nun auch entsprechend den Fortschritten, die der menschliche Geist seither gemacht hat, auch diese eurythmische Kunst auszubilden. Und nicht um diese Kunst zu erklären, möchte ich diese Einleitungsworte sprechen, denn dasjenige, was Kunst ist, muss sich selbst erklären, muss im unmittelbaren Anblicke für den ästhetischen Eindruck alles dasjenige offenbaren, was in ihm ist. Aber über die Quellen dessen, was wir hier eurythmische Kunst nennen, möchte ich Ihnen sprechen. Diese eurythmische Kunst bedient sich als Ausdrucksmittel des ganzen Menschen. Es wird versucht, alle diejenigen Bewegungsmöglichkeiten, die im menschlichen Organismus veranlagt sind, zum Ausdrucke zu bringen.

Sie werden auf der Bühne hier vor sich bewegte Menschen, in Bewegung begriffene Menschengruppen sehen. Was ist dasjenige, was durch diese Menschen zur Darstellung kommen soll? Es ist auch eine Sprache, eine nicht hörbare, eine stumme Sprache. Aber es ist nicht bloß ein Vergleich, den ich gebrauche, wenn ich sage: Eurythmie soll sein eine Sprache, sondern es ist der Ausdruck einer Wirklichkeit. Wenn die Menschen so sprechen, dass unser Gesprochenes hörbar wird, so fließen zusammen, jetzt seelisch gesprochen, in dem, was wir sprechen, zwei Elemente des menschlichen Wesens: von der einen Seite her – ich möchte sagen von der Kopfseite her – das Gedankenelement; und von dem ganzen Menschen aus begegnet sich in der Sprache mit diesem Gedankenelement, das durch seine Organe wirkt – man kann das heute schon physiologisch auch nachweisen –, es begegnet sich mit diesem Gedankenelemente das Willenselement. In jedem einzelnen Worte, das wir hervorbringen, ist eine Offenbarung enthalten eines Zusammenflusses des Gedankenelementes mit dem Willenselement.

Nun, wenn wir dem gesprochenen Worte zuhören, wenden wir unsere Aufmerksamkeit zunächst durch das Ohr dem Ton, dem Laut, dem Lautzusammenhange und so weiter zu. Aber hinter dem, was da zu uns dringt als Laut, als Ton, als Ton- und Lautzusammenhang, in dem Gesanglichen, in dem Musikalischen und in dem Wörtlichen liegen zugrunde Bewegungsmöglichkeiten des Kehlkopfes und seiner Nachbarorgane, der Zunge, des Gaumens und so weiter. Diese Bewegungen, wir beachten sie nicht. Wir hören einfach den Ton. Durch ein gewisses Schauen – im Goethe'schen Sinne könnte man sprechen von einem sinnlich-übersinnlichen Schauen – kann derjenige, der sich dazu befähigt, wahrnehmen, welche Bewegungen, insbesondere welche Bewegungsanlagen, Bewegungstendenzen zugrunde liegen dem gesprochenen Worte. Diese Bewegungstendenzen des Kehlkopfes und seiner Nachbarorgane sind versucht aufzufassen.

Und aus der Erkenntnis desjenigen, was also wirklich im Menschen geschieht, durch Bewegungen geschieht, wenn er spricht, aus der Beobachtung dessen ist entstanden die Kunst der Eurythmie. Auch in der Ausbildung dieser Eurythmie ist [man] – wenn ich so sagen darf – goethisch zu Werke gegangen. Sie kennen – ich will nicht theoretisieren, aber ich will nur in Kurzem ein wichtiges Erkenntnis- und Kunstprinzip Goethes anführen –, Sie kennen dasjenige, was man die Goethe'sche Metamorphosenlehre nennt. Sie ist heute noch nicht genügend gewürdigt, denn wenn sie einmal in ihren Grundlagen erkannt sein wird, wird sie die Pforte sein zu einer bedeutungsvollen Weltanschauung, die in das Lebendige hineinführt. Goethe ist der Anschauung, wenn ich mich populär ausdrücken soll, dass bei jedem Lebendigen, zum Beispiel bei der Pflanze, ein einzelnes Organ, das grüne Pflanzenblatt, der einfachere Ausdruck, die einfachere Offenbarung der ganzen Pflanze ist. Und wiederum die ganze Pflanze ist nur die komplizierte Ausgestaltung des einzelnen Blattes. Und was Goethe nur auf die Form angewendet hat, man kann es anwenden auf die Bewegungen, die in einem Organismus zum Ausdrucke kommen.

Und es wird besonders bedeutungsvoll, wenn man diese Anschauung anwendet so, dass man künstlerisch aus dem Menschen herausholt, was in dem ganzen Menschen an Bewegungsanlagen vorhanden ist. Da stellt sich nämlich etwas sehr Interessantes heraus. Es stellt sich heraus, dass man die Bewegungen, die durch das charakterisierte sinnlich-übersinnliche Schauen als zugrunde liegend unserer Sprache wahrgenommen werden können, dass man diese Bewegungen übertragen kann auf den ganzen Menschen. So, wie die ganze Pflanze morphologisch, formell, eine komplizierte Ausgestaltung des einzelnen Blattes ist, so kann man den ganzen Menschen in seinen Gliedern sich so bewegen lassen, dass er ein lebendiger Kehlkopf wird. Dann führt der ganze Mensch aus dasjenige, was uns sonst unsichtbar, was uns unbeachtet bleibt, wenn wir zuhören dem Sprechen.

Sehen Sie, auf der einen Seite schafft man ein Werkzeug für eine Kunst. Den ganzen Menschen schafft man zum Werkzeuge für diese eurythmische Kunst. Und da aus dem ganzen Menschen herausgeholt werden können dieselben Bewegungen, die das Organ des Kehlkopfes und seiner Nachbarorgane macht, so wird der ganze Mensch zu einem sichtbaren Sprachausdruck. Wenn man bedenkt, dass der Mensch so, wie er in seiner Organisation vor uns steht – in der Tat, man muss ihn nur durchschauen, um das zu erkennen –, eine Zusammenfassung ist von all dem, was sonst in dem ganzen Universum, das uns zugänglich ist, ausgebreitet ist, wenn man dies bedenkt, dann erkennt man, dass sich die Eurythmie bedient als ihres Ausdrucksinstrumentes des kompliziertesten Werkzeuges, desjenigen Werkzeuges, das am meisten Geheimnisse des Universums enthält. Man kommt da wirklich, wenn man so den ganzen Menschen zum Kehlkopfe macht, nahe dem, was Goethe so schön charakterisiert als seine Anschauung von der Beziehung des Menschen zur Natur und zur Kunst, indem er sagt: Wenn der Mensch an den Gipfel der Natur gestellt ist und sich selber als diesen Gipfel fühlt, so bringt er in sich wiederum eine höhere Natur hervor, sodass er sich endlich, indem er zusammennimmt Maß, Ordnung, Harmonie und Bedeutung, zur Produktion des Kunstwerkes erhebt. – Man erhebt sich aber insbesondere zur Produktion des Kunstwerkes, wenn man nun den Menschen selbst als Ausdrucksinstrument für diese Kunst benützt.

Nun wird aber zu gleicher Zeit noch etwas anderes erreicht. Das Wesentliche des Künstlerischen liegt ja darinnen, dass, indem wir uns in das Kunstwerk versenken, wir zum Schweigen bringen alles Verständige, alles Intellektuelle, alles dasjenige, was bloß in Begriffen und Ideen lebt. Je mehr die Kunst Ideen und Begriffe enthält, desto weniger ist sie Kunst. Wenn man mit Umgehung alles Begrifflichen, Vorstellungsmäßigen den ganzen Menschen vertieft in die Offenbarung der Naturgeheimnisse, man kommt damit näher, dass man die Ideen ausschließt, dem wahren Weben und Walten der Naturgeheimnisse. Dann ist dieses Wahrnehmen, dieses ideen- und begriffelose Wahrnehmen und Sich-Versenken in die Dinge das Künstlerische gerade.

Und das Schaffen in solchen Geheimnissen des Universums, die nicht begrifflich zu erfassen sind, sondern die mit Ausschluss des Begrifflichen, des Ideenhaften durch die Versenkung des ganzen Menschen in sie hinein erfasst werden müssen, das ist im höchsten Maße eigentlich zu erreichen durch die Eurythmie. Denn ich habe Ihnen gesagt: Im gewöhnlichen Sprechen fließen zusammen zwei Elemente, das Gedankenelement und das Willenselement. Indem man nun überträgt die Bewegungstendenzen des Kehlkopfes und seiner Nachbarorgane auf den ganzen Menschen, sodass man durch diesen ganzen Menschen eine stumme Sprache schafft, schaltet man aus gerade das Gedankenelement und das Willenselement, das da wurzelt im ganzen Menschen. Das kommt dann durch die Bewegungen zum Ausdrucke, die Sie auf der Bühne sehen. Und so werden Sie auf der einen Seite sehen in den einzelnen Darstellungen etwas wie den ganzen Menschen als einen bewegten Kehlkopf, Sie werden Menschengruppen sehen, Sie werden auch Bewegungen des einzelnen Menschen im Raume sehen, Bewegungsverhältnisse der einzelnen Mitglieder der Gruppen zueinander.

Wenn man so die eurythmische Kunst ausgestaltet, wie ich es geschildert habe, dann wird es einem ganz selbstverständlich, dass man auch dasjenige zum Ausdruck bringen will, was durch unsere Worte fließt an Seelenwärme, an Enthusiasmus, an Lust und Leid, an Freude und Schmerz, an Erhebung und so weiter. Alles dasjenige, was so, ich möchte sagen mehr vom Herzen aus das Sprachelement durchwallt und durchwebt, das wird durch die Bewegungen des einzelnen Menschen im Raume und durch die Bewegungen der Gruppen, durch die Verhältnisse der Gruppen untereinander zum Ausdrucke gebracht, während das eigentliche Sprachelement, also dasjenige, was im Laut und in der Lautfolge liegt, durch den ganzen Menschen, indem er seine Glieder bewegt, zum Ausdrucke gebracht wird.

Damit aber unterscheidet sich dasjenige, was wir hier als Eurythmie versuchen, von allen Nachbarkünsten. Wir wollen mit diesen Nachbarkünsten, mit den verschiedenen Arten von Tanzkünsten durchaus nicht konkurrieren. Wir wissen ganz gut, dass die in ihrer Art heute selbstverständlich vollkommener sind als unsere Eurythmie, die erst im Anfange ihrer Bestrebungen ist. Aber sie ist ja auch etwas ganz anderes. Diese Künste bringen einen Zusammenhang zwischen der Gebärde der Bewegung und dem Seelischen, der gewissermaßen ein Augenblickszusammenhang ist. Aber alles dasjenige, was so pantomimisch, mimisch durch Augenblicksgesten zum Ausdrucke gebracht werden kann, das ist in unserer Eurythmie nicht angestrebt. So, wie das Sprechen selbst durchaus gesetzmäßig verläuft, so wie das Musikalische gesetzmäßig verläuft, so besteht auch eine streng innerliche Gesetzmäßigkeit in demjenigen, was wir eurythmisch anstreben. Wenn noch etwas Pantomimisches, etwas Mimisches durchdringt, so ist das noch eine Unvollkommenheit und wird später abgestreift werden, wenn die eurythmische Kunst vollkommener und vollkommener wird.

Daher ist auch nichts Willkürliches in den Dingen. Wenn zwei Menschen oder zwei Menschengruppen an verschiedenen Orten ein und dieselbe Sache eurythmisch darstellen würden, so würde der individuellen Auffassung kein größerer Spielraum gestattet sein, als gestattet ist, wenn zwei Klavierspieler ein und dieselbe Beethoven'sche Sonate nach ihrer Auffassung individuell zur Darstellung bringen. Alles Willkürliche ist ausgeschlossen. Es ist eine gesetzmäßige, stumme Sprache. Daher kann heute noch, wo selbstverständlich noch nicht jedermann bei dem Eurythmischem als solchem dabei sein kann, dieses Eurythmische begleitet werden auf der einen Seite von dem Musikalischen, das ja schließlich der Ausdruck desselben ist, aber auch begleitet werden von der Rezitation.

Und gerade bei der Rezitation zeigt sich, wie Kunst zu Kunst sich findet, wenn man sie mit der Eurythmie zusammenstellt. Da kann man nicht so rezitieren, wie es heute beliebt ist zu rezitieren. Heute ist, wenn man rezitiert, ganz besonders das unkünstlerische Element der Dichtung bevorzugt. Es wird ja heute viel darauf gesehen beim Rezitieren, dass im Grunde der Prosainhalt durch das Rezitieren zum Ausdrucke kommt. Und das liebt man auch. Das ist ein Unkünstlerisches. Man fühlt dieses Unkünstlerische, wenn man sich erinnert erstens, wie gewisse Arten, ich möchte sagen von primitiver Rezitation sich zur Geltung gebracht haben in primitiven Kulturen. Man konnte es – diejenigen Leute, die jetzt älter geworden sind, konnten das auf dem Lande draußen noch erleben –, man konnte es sehen, wenn so die Bänkelsänger herumzogen, wie sie durchaus mit Gebärden, die aber sehr natürliche Gebärden waren, nicht in dem Sinne, wie man das heute natürlich nennt, sondern die sogar unseren eurythmischen Gebärden sehr ähnlich waren, wie sie mit solchen Gebärden begleiteten, oftmals mit Herumgehen des ganzen Körpers begleiteten dasjenige, was sie zur Darstellung brachten im Rezitativ.

Und schließlich liegt ja der wirklichen Dichtung nicht der Prosainhalt als die Hauptsache zugrunde, sondern das Rhythmische, das Formelle, das Formale, das Taktmäßige, das Gesetzmäßige in der Aufeinanderfolge des Hörbaren. Schiller hatte bei den bedeutsamsten seiner Gedichte zunächst nicht den wortwörtlichen Inhalt in der Seele, sondern er hatte in der Seele etwas unbestimmt Melodiöses, und zu diesem unbestimmt Melodiösen, in dem gar noch nichts Wortwörtliches war, gesellte er erst hinzu den wortwörtlichen Inhalt. Überall sollte man fühlen das Gestaltende, das zugrunde liegt jeder wirklichen Dichtung. Die meisten Dinge, die man heute Dichtungen nennt, sind ja keine Dichtungen. Es wird heute so viel gedichtet, dass eigentlich um neunundneunzig Prozent zu viel gedichtet wird. Aber man würde nicht mit der heute beliebten Rezitationskunst, die den wortwörtlichen Prosainhalt besonders berücksichtigt, die Eurythmie begleiten können.

So wird hier versucht, auch in der Rezitationskunst zurückzugehen zu dem wirklich Künstlerischen. Goethe hat noch mit dem Taktstock in der Hand wie ein Kapellmeister selbst seine «Iphigenie», also eine dramatische Dichtung, mit seinen Schauspielern einstudiert, hinsehend auf das, was als das wirklich künstlerisch Formale liegt zugrunde demjenigen, wodurch sich das wirklich Künstlerische zum Ausdrucke bringt, nicht im Prosaelemente, dem wortwörtlichen Inhalt. Und so ist es insbesondere, dass man dasjenige, was sonst in der Dichtung zum Ausdrucke kommt durch das Wort, dass man das in seinem Willenselemente darstellen kann durch die eurythmische Kunst. Sie werden also rezitieren hören Gedichte, Sie werden diese Gedichte in der stummen eurythmischen Sprache auf der Bühne vorgeführt sehen.

Ich glaube, es zeigt sich insbesondere gerade an Goethe'schen Gedichten die Berechtigung dieser eurythmischen Kunst. Wir werden Ihnen heute zum Beispiel vorführen eurythmische Darstellungen für Goethes Wolkengedichte. Goethe hat ja seine Metamorphosenanschauung auch – mehr sie veräußerlichend, aber dadurch eben gerade ins Künstlerische übertragend – auf die sich verwandelnden Wolkengebilde Stratus, Cumulus, Cirrus, Nimbus angewendet. Wie sich diese Wolkengebilde ineinander verwandeln, Goethe hat es in wunderschönen Versen zur Anschauung gebracht, eine Anschauung, die ihm aufgegangen ist, als er gelesen hat den Wolkenbeobachter Howard. Er hat ein sehr schönes Gedicht «Zu Howards Ehrengedächtnis» verfasst, das wir ebenfalls Ihnen heute eurythmisch zur Darstellung bringen werden. Aber gerade, wenn man solche Dichtungen Goethes hat, in denen es so recht darauf ankommt, ein in der Natur sich Gestaltendes in der Dichtung mit solchen Formen zu verfolgen, dass das sich in der Natur Gestaltende nachquellt und nachwallt in dem Rhythmus und in der Formgebung des Sprachlichen, dann kann man auch mit den Formen der Eurythmie nachfolgen der Dichtung. Und deshalb glaube ich, dass gerade an diesen Wolken-Dichtungen Goethes schön zum Ausdrucke gebracht werden kann, wie völlig adäquat gefunden werden kann der eurythmische Ausdruck für dasjenige, was auf der anderen Seite auch dichterisch zum Ausdrucke gebracht werden kann.

Nun gibt es ein Gedicht Goethes, in dem Goethe ja selber die ganze Art seines Metamorphosengedankens, seiner Metamorphosenempfindung zum Ausdrucke gebracht hat, in dem Gedicht «Die Metamorphose der Pflanzen». Das ganze Gedicht lebt in der Darstellung von Formanschauung. Von Zeile zu Zeile haben wir eigentlich das Gefühl, dass wir nicht haften bleiben dürfen an der abstrakten Idee, sondern dass wir uns mit unserer ganzen Seele folgsam zeigen müssen den Formen, die in des Dichters Phantasie wogen und wallen. Und daher kann man gerade diesem Metamorphosengedichte Goethes die eurythmische Darstellung voll anpassen. Und wir haben versucht, für die heutige Aufführung auch dieses Gedicht Goethes über die Metamorphose der Pflanzen in eurythmische Formen umzugießen. Gerade da, wo die Dichtung selber wird wie ein unmittelbar durch die Seele geschaffener Abdruck der in der Natur waltenden Geheimnisse, da offenbart sich auf der einen Seite das Künstlerisch-Werden des menschlichen Empfindens selber, auf der anderen Seite die Möglichkeit, dieses Künstlerische auch so zur Darstellung zu bringen, wie es gebracht werden kann, wenn der ganze Mensch, wie ich es angedeutet habe, als gewissermaßen musikalisch-sprachliches Instrument benützt wird. So dringen wir wohl in Naturgeheimnisse tief hinein, wenn wir in dieser Formsprache diese Geheimnisse suchen, die wir in der Eurythmie zur Offenbarung zu bringen bestrebt sind.

Nur bitte ich Sie, alles dasjenige, was wir heute, was wir gegenwärtig schon als Probe dieser unserer eurythmischen Kunst vorbringen können, eben durchaus als einen Anfang zu betrachten, vielleicht als den Versuch eines Anfanges. Wir sind selbst in Bezug auf dasjenige, was wir heute schon können, die strengsten Kritiker. Allein, wir sind auch überzeugt, wenn dasjenige, was darinnen lebt in dem Versuch einer neuen Kunst, entweder noch durch uns selbst oder wahrscheinlich durch andere weiter zur Ausbildung gebracht wird – und es liegen viele, viele Entwicklungsmöglichkeiten darinnen –, dann wird sich diese eurythmische Kunst als vollberechtigte Kunstform neben andere vollberechtigte Kunstformen gewiss einmal hinstellen können. Wie gesagt, wir denken über das, was wir heute schon bieten können, durchaus bescheiden, und ich bitte Sie deshalb, auch dasjenige, was wir Ihnen darstellen werden, mit Nachsicht als den Anfang einer neuen Kunstform aufzunehmen.

AUS DER KONFERENZ
STUTTGART, 22. DEZEMBER 1919

[Die] Kinder in Aktivität [zu] versetzen, ist sehr wichtig. Die Fortschritte in den Sprachen sind sehr gut. Der Sprachunterricht hat guten Erfolg. Der Erfolg ist umso größer, je mehr es auch hier gelingt, die Kinder in Aktivität zu versetzen.

[Dabei wäre auch auf die] Eurythmie fremder Sprachen [hinzuweisen]. Jeder Laut liegt zwischen zwei anderen. Zwischen A und I liegt [das englische I]: rechte Hand vorne, linke Hand rückwärts. Nach dem Laut, nicht nach dem [geschriebenen] Zeichen [eurythmisieren].

DORNACH, 10. UND 11. JANUAR 1920

An die Eurythmiedarstellung vom 10. Januar 1919 schloss sich die Aufführung des Oberuferer Paradeisspieles, an diejenige vom 11. Januar die Aufführung des Christgeburtspieles an. Deshalb ging Rudolf Steiner in den Ansprachen nicht nur auf die Eurythmie, sondern auch auf die Oberuferer Spiele ein.

Plakat für die Aufführung Dornach, 10. Januar 1920

Louise
van Blommestein
KSaG,
M.4759

*Ansprache zur Eurythmie und zum Paradeisspiel,
Dornach, 10. Januar 1920*

Meine sehr verehrten Anwesenden!
Wie immer vor diesen Vorführungen möchte ich mir auch heute gestatten, ein paar Worte vorauszuschicken, und zwar zunächst über unsere eurythmische Kunst, für diejenigen der verehrten Zuhörer, die etwa bei früheren Darbietungen nicht anwesend waren.

Goethe sagt aus seiner Kunstempfindung heraus: Wenn der Mensch an den Gipfel der Natur gestellt ist, fühlt er sich wiederum als eine ganze Natur, bringt aus sich selbst eine höhere Natur hervor, indem er Ordnung, Maß, Harmonie und Bedeutung aus allen Erscheinungen herausholt und sich zuletzt zur Produktion des Kunstwerkes erhebt. Aus dieser Gesinnung heraus, aus wirklichem Goetheanismus ist unsere eurythmische Kunst geboren. Ich möchte Ihnen nicht in diesen paar Worten eine theoretische Auseinandersetzung geben, denn es ist ja selbstverständlich, dass ein wirklich Künstlerisches keiner Erklärung bedarf, sondern unmittelbar im Anschauen, in der Darbietung selbst sich empfehlen muss, verstanden werden muss. Allein, wie hier in einer neuen Art versucht wird, eine Kunstform zu gestalten, das muss doch zum Verständnisse auseinandergesetzt werden.

Sie werden allerlei Bewegungen von Menschen ausgeführt sehen, von Menschengruppen. Sie werden Bewegungen und Stellungen sehen, welche die einzelnen Menschen der Gruppen untereinander haben. Alles dasjenige, was da an Bewegungen auftreten wird, das ist aus dem menschlichen Organismus und aus dem Zusammenwirken von Menschen herausgeboren. Das ist nichts irgendwie Erdachtes, nichts irgendwie Willkürliches, sondern es ist eine wirkliche stumme Sprache.

Es liegt der Ausgestaltung dieser Kunst ein tieferer – um den Goethe'schen Ausdruck zu gebrauchen – [sinnlich-]übersinnlicher Einblick in die Menschenwesenheit und ihren Zusammenhang mit der Welt zugrunde. Mit einem solchen sinnlich-übersinnlichen Einblick in die Menschenwesenheit kann man erkennen, welche gesetzmäßigen Bewegungen der menschliche Kehlkopf und seine Nachbarorgane ausführen, wenn der Mensch die tönende, hörbare Sprache oder den Gesang von sich aus offenbart. Gerade dasjenige, dem wir nicht unsere Aufmerksamkeit zuwenden, wenn wir der gehörten Sprache zuhören, die innerliche Bewegung und namentlich die Bewegungsanlagen, die sind es, die hier studiert worden sind nach dem Goethe'schen Prinzip der Metamorphose, wonach dasjenige, was in einem Organsystem gestaltet ist oder vor sich geht, auf andere Organsysteme oder auf den ganzen Organismus übertragen werden kann. Nach diesem tief bedeutsamen Gesetz der Goethe'schen Metamorphose ist ganz gesetzmäßig dasjenige, was sonst an Bewegungen oder Bewegungsanlagen zugrunde liegt dem menschlichen Sprechen, [übertragen auf die] Beweg[ung]en der Gliedmaßen des Menschen in der Welt. Und dadurch wird gerade die Möglichkeit geschaffen, dass der Anblick einer solchen stummen Sprache künstlerisch wirken muss. Denn worauf beruht eigentlich das Künstlerische in menschlichen Wesen? Es beruht darauf, dass wir Eindrücke vom Natur- und Menschenleben bekommen, ohne dass sich in diese Eindrücke hineinmischt das abstrakte Vorstellen, das Vorstellen überhaupt.

In der gewöhnlichen Sprache – auch wenn sie sich dichterisch zum Ausdrucke bringt – liegen aber zwei Elemente des menschlichen Organismus verkörpert: von der einen Seite her das Gedankenelement, das in der vorgerückteren zivilisierten Sprache schon einen stark konventionellen Charakter angenommen hat, und es liegt zugrunde das mehr unterbewusste Willenselement, das Emotionelle. Kann man ausschalten das Gedankenelement vom Sprechen, das sich hineinkristallisiert in den Ton der gehörten Sprache und damit die gehörte Sprache nicht völlig künstlerisch sein lassen, dann erreicht man etwas, wovon man glauben kann, dass es besonders künstlerisch wirken müsse. Und so wird übertragen auf den menschlichen Gliedorganismus alles Bewegungsmäßige der Sprache; aber es wirkt hinein nur das Willenselement. Der ganze Mensch drückt sich aus nicht durch scharfe Gebärden wie in anderen Tanz- oder ähnlichen Künsten, sondern der ganze Mensch drückt sich gesetzmäßig aus.

Daher ist auch nichts Willkürliches, nichts bloß Pantomimisches oder Mimisches in dieser Eurythmie vorhanden. Wenn zwei Menschen oder Menschengruppen in ganz verschiedenen Orten ein und dieselbe Dichtung oder ein und dasselbe Musikalische durch diese Formensprache der Eurythmie zum Ausdrucke bringen, so ist nicht *mehr* Individuelles drinnen in den zwei verschiedenen Darstellungen, als in der Darstellung ein und derselben Beethoven-Sonate durch zwei verschiedene Klavierspieler drinnen ist. Alles Willkürliche ist vermieden. [Es sind] innerliche Gesetzmäßigkeit[en] in der Aufeinanderfolge der Bewegungen, die nicht anders sein können, weil sie dem Wesen der Natur selber abgelesen [sind]. Wie in der Musik der Harmonien-Zusammenklang und die melodiöse Folge eine innerliche Gesetzmäßigkeit hat, so hat hier alles, was an Bewegungen sich offenbart, eine innerliche, musikalische Gesetzmäßigkeit. Wir haben es hier mit einer sichtbaren musikalischen Kunst zu tun.

So werden Sie mancherlei auf zweifache Weise dargestellt finden, entweder zugleich durch die Musik und die Eurythmie oder durch die Rezitation und die Eurythmie. Wobei die Rezitation wiederum zurückkehren muss zu ihrem alten, guten Elemente, wo sie nicht wie heute nur ihrem prosaischen, wortwörtlichen Inhalte nach gepflegt wird, sondern dem Rhythmischen, dem Taktvollen des Tones, der das eigentlich Künstlerische auch der Dichtung ausmacht. Denn dasjenige, was heute als Dichtung empfunden wird, ist zunächst nicht das eigentlich Künstlerische der Dichtung, sondern der Prosagehalt des Gedichtes. Es ist das Formale, das Rhythmische, das Taktmäßige, was zugrunde liegt, und eine innerliche Gesetzmäßigkeit des Weltenwesens offenbart.

Im zweiten Teile werden wir heute und morgen Weihnachtspiele zur Darstellung bringen, heute ein Paradeisspiel.

Diese Spiele, wir haben sie jetzt schon vor mehreren Jahren wieder aufgenommen. Ich kann sagen, dass ich selbst sehr lebensmäßig mit der Wiederaufnahme der Spiele bei uns verknüpft bin. Es ist jetzt bald fast vierzig Jahre her, da lernte ich diese Spiele durch einen derjenigen Männer kennen, die sich um ihre Sammlung die größten Verdienste erworben haben, durch meinen verehrten Freund und Lehrer Karl

Julius Schröer. Schröer sammelte ja als einer der ersten mit Weinhold zusammen diese Spiele, Schröer vor allen Dingen. Während Weinhold sie in Schlesien sammelte, sammelte sie Karl Julius Schröer in der Oberuferer Gegend in der Nähe vor Pressburg [Bratislava], wo sich durch Auswanderung aus westlicheren europäischen Gegenden Deutsche vorgeschoben hatten gegen die anderssprachigen Teile europäischer Gebiete.

Das Ungarland ist ja überall durchsetzt von alten deutschen Kolonisten: in Siebenbürgen, wo die Sachsen sich niederließen, das Banat, wo[hin] die Schwaben aus Gegenden, die um den Bodensee lagen, im Elsass lagen, im heutigen südlichen Württemberg lagen, in der Nordschweiz lagen, [kamen] – es sind zahlreiche Kolonisten in die Gegenden des nordwestlichen Ungarns eingezogen. Und sie haben ja mitgebracht jene Weihnachtspiele, jene Bibelspiele, welche bis in das 16. Jahrhundert in der alten Form auch im deutschen Mutterlande vorhanden waren, gespielt wurden, später nur an einzelnen Orten noch verblieben sind, ziemlich unbemerkt von der gebildeten Welt. In den Kolonien, also namentlich in der Oberuferer Gegend, in der Nähe der Insel Schütt, in der Nähe von Pressburg, da hat sich aber der Gebrauch dieser Weihnachtspiele – jedes Jahr in würdiger Weise um die Weihnachtszeit diese Spiele zu spielen – eingebürgert und bis in die vierziger, fünfziger Jahre des vorigen Jahrhunderts hinein erhalten, ja, bis in die sechziger Jahre hinein. Und als sie anfingen, bereits vom Schauplatz zu verschwinden, da sammelte denn Karl Julius Schröer gerade in der Oberuferer ungarischen Gegend diese Weihnachtspiele.

Außerordentlich interessant ist es, diese Weihnachtspiele zu betrachten. Denn sie liefern einen kulturhistorischen Beweis von der Art, wie das Christentum in vorigen Jahrhunderten in Europa eigentlich herangezogen worden ist, wie es in dem ganzen Seelenleben der Menschen gewest hat. Schröer hat es noch selber beobachtet, und wir haben oftmals über diese Dinge gesprochen, und er sagte mir, mit welcher Würde, mit welchem inneren Anteil die Leute daran gingen, diese Weihnachtspiele festlich zu begehen. Sie waren gut bewahrt bei besonders auserlesenen Bauern des betreffenden Ortes, bei besonders angesehenen Leuten. Sie gingen vom Vater auf den

Sohn, vom Sohn auf den Enkel über, und man hielt sie heilig; man teilte sie nach außen nicht ohne Weiteres mit. Es war eine große Mühe damals für Karl Julius Schröer, sie herauszubekommen. Aber es war, wie gesagt, schon, als die Abendröte dieses Spielens auch für die deutschen Kolonisten in Ungarn angebrochen war.

Wenn so der Oktober, die Weinlese herankam, dann sammelte derjenige, der als Meister galt für das Künstlerische in diesen Bauern- und Arbeitergegenden – es waren zumeist damals schon außerordentlich arme Gemeinden, diese deutschen Gemeinden in Ungarn –, er sammelte diejenigen Burschen des Ortes, die er für die würdigsten hielt, und er studierte mit ihnen diese Weihnachtspiele ein. Mit welcher Würde das getan wurde, möge Ihnen daraus hervorgehen, dass unter strengen disziplinarischen Gesetzen während der ganzen Spielperiode, Spielzeit diejenigen standen, die mitwirken durften. Das ist für diejenigen, die mitspielen durften, ausdrücklich vorgeschrieben: Dass sie während der ganzen Zeit nicht ins Wirtshaus gehen dürfen, dass sie während der ganzen Zeit auch sonst keinen Ausschweifungen frönen dürfen. Während der ganzen Zeit, das wollte ja viel heißen: Es war unmittelbar, nachdem die Weinlese vorüber war, dass man sich nicht betrinken durfte. Derjenige, der irgendwie verstieß gegen diese Regeln, wurde sogleich abgesetzt.

Alle Rollen wurden von Burschen gespielt. Die alte Sitte, beim Komödienspiel, auch beim Spiel der heiligen Komödien, Frauen nicht mitwirken zu lassen, sie war ja da, obwohl die gebildete Welt längst davon abgekommen war. Sie war aber da auch noch bewahrt und bemerkbar bei diesen Festes-Spielen. Und man kann gerade daraus ersehen, wie uralt-heilige Sitten sich innerhalb des Abhaltens dieser Spiele erhalten haben. So weisen uns – Sie werden es sogar aus dem Inhalte erkennen, morgen wird ein Spiel bei uns aufgeführt zum Beispiel, ein Hirtenspiel, wobei die Rede ist vom Rhein, woraus man ersehen kann, wie diese Spiele ursprünglich, mindestens noch im 16. Jahrhundert, in der Nähe des Bodensees gespielt worden sind –, diese Dinge weisen uns zurück, ich möchte sagen in eine Zeit bis ins 16. Jahrhundert, sodass wir wie unmittelbar vor uns das Ausleben des christlichen Lebens vor uns haben.

So etwas, ich möchte sagen als unmittelbar sich offenbarende Geschichte vor die Mitwelt hinzustellen, das möchten wir uns zur Aufgabe machen. Jetzt, wo alles dasjenige, was Kulturleben ist, so nüchtern, so trocken und so abstrakt geworden ist, jetzt ist wirklich die Zeit vorhanden, wieder zurückzugehen zu solchen Dingen, welche in unmittelbar anschaulicher Bildlichkeit, indem man das Alte in die Gegenwart heraufhebt, uns in das Werden, in die Entwicklung der Menschheit zurückversetzen.

Natürlich, da wir es nicht zu tun haben mit gelernten Schauspielern, so bitte ich Sie, die Leistung als eine von uns bescheiden gemeinte aufzunehmen, geradeso, wie auch die eurythmische Leistung selber. Denn was unsere eurythmische Kunst heute ist, davon halten wir selbst, dass es erst ein Anfang ist. Es ist tatsächlich ein höchstes Streben in der Kunst, den Menschen selbst, nicht die Geige, nicht das Klavier, nicht die Trompete, sondern den Menschen selbst als Instrument in der Kunst anzuwenden. Gerade wenn man bedenkt, wie in dem sprechenden Menschen alle Naturgesetze irgendwie in Aktion sind, dann wird man ermessen kennen, welches Ideal der Eurythmie zugrunde liegt. Aber die Sache steht erst im Anfange. Wir sind selbst die strengsten Kritiker, und deshalb bitte ich Sie, das Ganze mit großer Nachsicht nun aufzunehmen.

Es ist noch zu sagen, dass neben Einzeldarbietungen heute das norwegische «Traumlied von Olaf Åsteson» dargeboten werden wird in der Eurythmie-Aufführung. Es stammt aus der ältesten nordischen Volksmythe, die sich künstlerisch zum Ausdrucke bringen lässt; sie ist wiederum aufgefunden worden, als neben dem Statsmål [Riksmål] das Landsmål der alten norwegischen Sprache, volkstümlichen norwegischen Sprache gepflegt wurde. Dieser Olaf Åsteson, dieses Traumlied, es machte den Eindruck des echten norwegischen Volkstums, und ich habe versucht, mit Hilfe befreundeter Persönlichkeiten dasjenige, was in diesem Gedicht in alte europäisch-nordische Zeiten zurückführt, in unserer jetzigen Sprache zum Ausdrucke zu bringen.

Es ist, ich möchte sagen, in diesem «Traumlied» eine ganz volkstümliche Weltanschauung zum Ausdruck gebracht, eine Weltanschauung, wie man sie insbesondere liebt in denjenigen Kulturen die sich entwickelt haben auf der einen Seite in dem besonders gestalteten Lebensmäßigen Norwegens und in dem Einfluss in den anstoßenden Kulturen. Man sieht auch da, möchte ich sagen, in Untiefen menschlichen Fühlens hinein – insbesondere dadurch, dass hier in dem «Traumlied» ineinanderfließt das Verhältnis des nordisch hellseherischen Heidentums und eben sich dort ausbreitenden Christentums. Was aus diesen beiden Weltenströmungen zusammengeflossen ist, aufgenommen worden ist als elementarisches, ursprüngliches Volkstum und seine Weltanschauungen, das alles ist eigentlich in dieses «Traumlied von Olaf Åsteson» hineingeheimnisst.

Plakat für die Aufführung Dornach, 11. Januar 1920

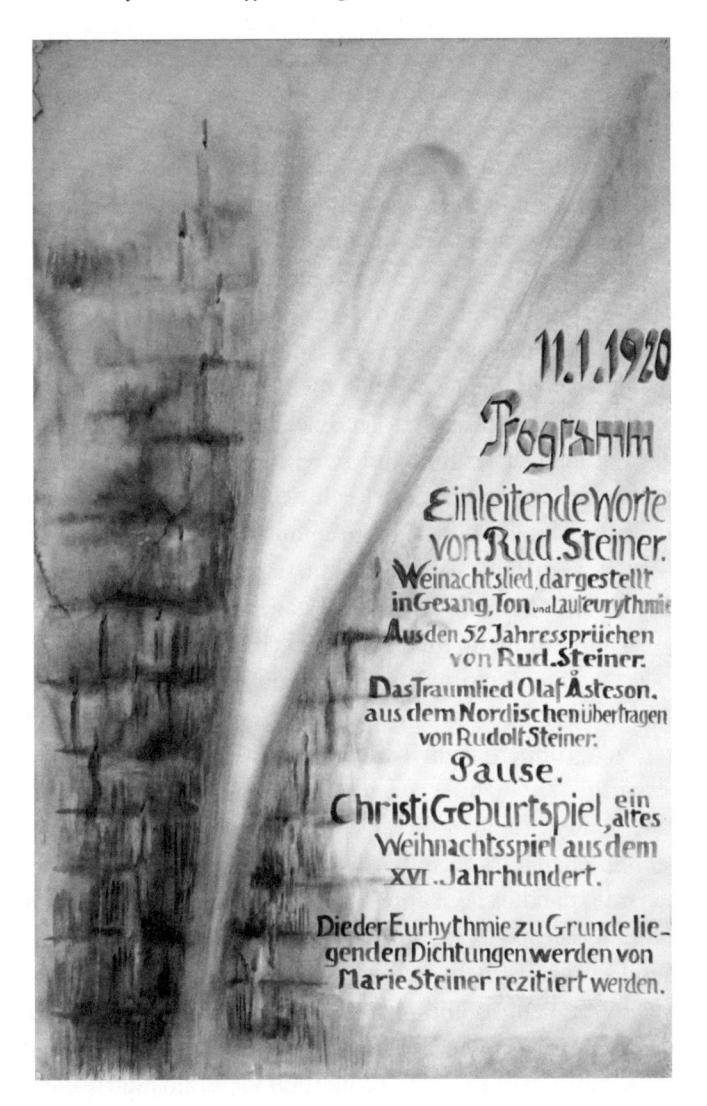

Louise
van Blom-
mestein
KSaG,
M.3199

11.1.1920

Programm

Einleitende Worte
von Rud. Steiner.
Weihnachtslied, dargestellt
in Gesang, Ton und Lauteurythmie
Aus den 52 Jahressprüchen
von Rud. Steiner.
Das Traumlied Olaf Åsteson,
aus dem Nordischen übertragen
von Rudolf Steiner.

Pause.

Christi Geburtspiel, ein
altes
Weihnachtsspiel aus dem
XVI. Jahrhundert.

Die der Eurhythmie zu Grunde liegenden Dichtungen werden von
Marie Steiner rezitiert werden.

*Ansprache zur Eurythmie und zum Christgeburtspiel,
Dornach, 11. Januar 1920*

Meine sehr verehrten Anwesenden!
Im ersten Teil unserer heutigen Darbietung werden wir uns erlauben, Ihnen Eurythmisches vorzustellen. Und da ich wohl annehmen darf, dass nicht alle verehrten Zuhörer bei vorigen Vorstellungen schon waren, in denen ich das Wesen unserer eurythmischen Kunst auseinandergesetzt habe, so möchte ich wenigstens mit ein paar Worten mir gestatten, auch heute auf dieses Wesen unserer eurythmischen Kunst hinzuweisen.

Es handelt sich dabei tatsächlich nicht um irgendetwas, nun – was man vergleichen könnte mit irgendwelchen Tanzkünsten oder dergleichen, die äußerlich ähnlich erscheinen, sondern es handelt sich um die Inaugurierung einer wirklich neuen Kunstrichtung mit dieser Eurythmie. Sie ist herausgeboren aus demjenigen, was wir hier Goethe'sche Kunstanschauung, Kunstempfindung nennen, die ja aber innig zusammenhängt mit der ganzen Goethe'schen Weltanschauung. Ich will heute nicht ausführlich sein, sondern nur mit einigen Sätzen andeuten, um was es sich dabei handelt.

Sie werden von Personen ausgeführte Bewegungen sehen, Sie werden Personengruppen sehen in Stellungen zueinander, in wechselweisem Verhältnis zueinander ausgeführte Gruppenbewegungen. Was sollen diese Bewegungen, die entweder durch eine reine Bewegung des menschlichen Organismus und seiner Glieder selbst zustande kommen oder die durch Gruppen von Menschen zustande kommen? Was sollen diese Bewegungen? Was bedeuten diese Bewegungen?

Sie sind durchaus nicht willkürliche Gebärden. Denn alles dasjenige, was bloße Pantomimik, was Mimik ist, was Augenblicksgesten sind, das ist aus dieser eurythmischen Kunst streng verbannt. Es handelt sich durchaus um etwas innerlich Gesetzmäßiges. Geradeso, wie man in der Musik, in Harmonie und Melodie eine innere Gesetzmäßigkeit hat und wie es eigentlich unmusikalisch ist, auf bloße Tonmalerei hin irgendetwas zu bilden, so handelt es sich auch bei unserer Eurythmie nicht darum, zufällige Zusammenhänge zu schaffen zwischen einer Bewegung und Seeleninhalten, sondern es handelt sich auch da um eine Art Gesetzmäßigkeit in der Aufeinanderfolge dieser Bewegungen, um ein musikalisches Element, um ein sprachliches Element. Es handelt sich darum, dass man eine stumme Sprache vor sich hat in dieser eurythmischen Kunst. Und zwar so, dass diese stumme Sprache dadurch entstanden ist, dass man mit Hilfe des sinnlich-übersinnlichen Schauens das Auge gerade mehr darauf richtet im menschlichen, namentlich künstlerischen Sprechen, [w]as man sonst eben nicht berücksichtigt, wenn man der zu hörenden Sprache eben zuhört. Da wendet man seine Aufmerksamkeit eben auf den Ton.

Nun brauchen Sie sich nur zu überlegen, dass, indem ich hier zu Ihnen spreche, ich die Luft in Bewegung bringe. Diese Bewegung ist ja nur die Fortsetzung desjenigen, was an Bewegung, namentlich aber an Bewegungsanlage vorhanden ist im Kehlkopf und seiner Nachbarorgane. Jene wundervolle Organisation, welche zugrunde liegt dem Sprechen, die kann man studieren. Und dann kann man dasjenige, was sonst als verborgene Bewegungsanlage oder halb oder ganz ausgeführte Bewegungen im Kehlkopf und seinen Nachbarorganen sich abspielt, auf den ganzen Menschen übertragen, sodass der ganze Mensch ein bewegter Kehlkopf wird, das heißt zum Ausdrucksmittel wird für eine stumme Sprache.

Es ist im Allgemeinen untunlich, dasjenige, was Kunst ist, erst zu erklären. Das will ich auch nicht. Ich will darauf hinweisen, dass gerade diese eurythmische Kunst durch den unmittelbaren Eindruck, den das ästhetische Genießen auf das ästhetische Empfinden macht, sich offenbaren muss. Das kann sie aber auch aus dem Grunde, weil aus dem sprachlichen Elemente etwas herausgenommen wird, was in der gewöhnlichen gehörten Sprache – namentlich in unseren zivilisierten Sprachzusammenhängen – schon längst über das Künstlerische hinaus und in das Konventionelle hineingewachsen ist.

In unserer tönenden Sprache wirken zusammen, ich möchte sagen – vom Kopfe aus der Gedanke und vom ganzen Menschen aus der Wille. Nun ist es in der Kunst gerade das Wesentliche, dass wir durch sie, durch diese Kunst, mit Ausschluss des Vorstellens in die Lage kommen *[Lücke im Text]*. In der Eurythmie schalten wir gerade die

Vorstellungen aus. Wir bringen in Bewegung auf dem Umwege der menschlichen Glieder, was sonst der Kehlkopf und seine Nachbarorgane ausführt, den menschlichen Willen. In einer stummen Sprache drückt sich der ganze Mensch als ein Willenswesen aus.

So werden Sie sehen auf der Bühne diese stumme Sprache als Eurythmie, begleitet von entweder Musikalischem – das dann dasselbe durch den musikalischen Ton, durch die musikalische Kunst ausdrückt – oder aber begleitet von der Rezitation, die nun ihrerseits dasjenige [in hörbarer] Sprache ausdrückt, was durch die Eurythmie in stummer Sprache geoffenbart wird. Die Rezitation muss sich in diesem Falle an die Eurythmie anschließen. Und darum muss sie zurückgehen auf die älteren besseren Kunstformen des Rezitierens, die mehr Rücksicht nahmen auf das eigentlich Künstlerische, auf dasjenige, was als Taktmäßiges, Rhythmisches, überhaupt als das Formale zugrunde liegt der Dichtung, während man heute mehr bloß aus dem prosaischen Inhalt heraus rezitiert. Es hat noch für manchen etwas Fremdes, dass dasjenige, was sonst sichtbar wird in bewegten Gliedern durch die Eurythmie, dass das in der Rezitation selbst gehört wird in der Art und Weise, wie Dichtung behandelt wird durch den Rezitator, wenn er gerade Eurythmie begleitet.

Wir werden Ihnen einzelne Dichtungen durch die eurythmische Kunst vorführen, und wir werden dann eine längere Dichtung, ein norwegisches Traumlied – «Olaf Åsteson» – vorführen. Dieses norwegische Traumspiel ist an sich etwas außerordentlich Interessantes. Es ist wieder aufgefunden worden, als das besondere Interesse in Norwegen sich zuwandte der Volkssprache, die man – im Gegensatz zu der Sprache, [die man] in norwegischen Gebieten «Statsmål» [Riksmål] nennt – das «Landsmål» nennt, das jetzt mehr gepflegt wird. Dieses Landsmål ist wie ein altes Volksbuch, und es ist so etwas darin enthalten, zu dem auch dieses Traumlied gehört von «Olaf Åsteson». Offenbar geht es auf recht frühe Zeiten zurück, wo norwegischer Geist dasjenige geschaffen hat, was sein Seelenleben bewegte, indem auf der einen Seite noch fortlebte altes nordisches hellseherisches Heidentum, das durchsetzt wurde vom Christentum, und wie diese alten nordischen Vorstellungen zusammenflossen mit dem in tiefster Sehnsucht inneren empfindungsgemäßen Verstehens aufgenommenen Christentum. Das tritt uns in dieser Dichtung «Olaf Åsteson» entgegen, wirklich wunderbare Volksdichtung. – Mit Hilfe von norwegischen Freunden, die das Landsmål beherrschen, habe ich dann versucht, dieses Traumlied in unserer Sprache wiederzugeben, in der Art, wie es eben heute als Grundtext einer eurythmischen Aufführung vor Ihnen auftreten soll.

Und als Drittes wollen wir Ihnen dann vorführen ein Weihnachts-Hirtenspiel von der Art jener Weihnachtspiele, die uns so recht zurückführen, ich möchte sagen in die christliche Volkserziehung früherer Jahrhunderte. Dasjenige, was hier als Weihnachts-Hirtenspiel vorgeführt wird, wurde aufgefunden von meinem verehrten Lehrer, Karl Julius Schröer, mit dem ich damals viel über diese Dinge – es ist jetzt schon fast 40 Jahre her – sprach, sodass dazumal schon meine Liebe zu diesen Dingen entstand. Aus dieser Liebe heraus haben wir versucht, gerade innerhalb der anthroposophischen Bewegung seit einigen Jahren diese Dinge wiederum zu erneuern und sie heute dem Publikum vorzuführen.

Dieses Weihnachtspiel ist zuletzt gespielt worden unter den deutschen Kolonisten Westungarns, in der Pressburger Gegend, in der Oberuferer Gegend, in der Nähe der Schütt-Insel. Und das Interessante ist, dass dieses und ähnliche Weihnachtspiele – Schröer hat sie für Ungarn gesammelt, Weinhold für Schlesien, sie wurden gesammelt in der Zeit, in der sie gerade auch schon zugrunde gingen –, das Interessante ist, dass sie mit den deutschen Kolonisten bis in das 16. Jahrhundert hinein, die sich von westlicheren Gegenden vorgeschoben haben nach slawischen, nach ungarischen Gegenden hin, dass sie von denen mitgebracht worden sind und dass sie unter denen in ursprünglicher Gestalt fortlebten.

Jedes Mal, wenn die entsprechenden Festeszeiten des Jahres kamen, wurden diese Spiele mit einer großen Feierlichkeit vorbereitet und gespielt. Es hat etwas ungemein Rührendes, sich zu erinnern, wie die Leute auf dem Dorfe, diese verschlagenen armen Deutschen – so waren sie durchaus zu bezeichnen – in den 40er, 50er Jahren, 60er Jahren, als Karl Julius Schröer dort die Weihnachtspiele sammelte, es hat etwas Rührendes die Art und Weise, wie diese Leute die Weihnachtspiele einleiteten, diese Aufführungen, die alljährlich um die Weihnachtszeit stattfanden. Wenn die Weinlese vorüber war, dann versammelte derjenige, dem im Orte die Sache anvertraut war, die bravsten Burschen um sich. Diese Weihnachtspiele wurden nur demjenigen anvertraut – sie wurden damals nicht etwa gedruckt, sondern in der Handschrift vom Vater auf den Sohn und den Enkel pflanzten sie sich fort –, also derjenige, der dazu berechtigt war im Einverständnis mit dem Pfarrer des betreffenden Ortes suchte die würdigen Burschen aus.

Gerade in dieser Beziehung hat sich auch noch ein alter Brauch für theatralische Vorstellungen erhalten. In denen waren strenge Vorschriften enthalten. Gerade an diesem sieht man die Gesinnung, aus der heraus so etwas da vorgebracht worden ist. Diese Burschen durften sich die ganze Zeit über nicht im Wirtshaus aufhalten. Diese Burschen waren verpflichtet, die ganze Zeit [hin]durch einen sittlichen Lebenswandel zu führen, sie durften in der ganzen Zeit, in der die Spiele einstudiert und aufgeführt wurden, das Versprechen nicht übertreten, die Autorität ihres Lehrers, der ihnen diese Spiele einstudierte, nicht antasten und so weiter und so weiter.

Mit einer großen Feierlichkeit ging man daran. Und dann, indem man zuerst einen Umzug im Dorf, im Orte machte und sich versammelte in einem Wirtshaus-Saal, wurden diese Weihnachtspiele für die Leute vorgeführt. Es zeigt uns – wie Sie Gelegenheit haben werden zu hören gleich nachher –, wie diese Weihnachtspiele von weiter westlich hergekommen sind. Sie werden gleich in der Einleitung, im sogenannten «Sterngesang», vom Meer und von dem Rhein hören. Die sind natürlich nicht vorhanden gewesen in der Oberuferer Gegend, wo diese Spiele zuletzt aufgefunden worden sind. Sondern wenn vom «Meer» die Rede ist, so ist der «Bodensee» gemeint, wenn vom «Rhein» die Rede ist, so hat man es zu tun damit, dass diese Spiele eben ursprünglich in einer Rheingegend natürlich gelebt haben. Die Menschen sind nach Osten hinüber ausgewandert und haben sie mitgenommen, während die Bildung in westlichen Ländern sie unterdrückt hat, sodass sie höchstens noch verborgen weiter gepflegt worden sind durch diese deutschen Kolonisten bis in die Mitte des 19. Jahrhunderts, treu bewahrt, [um] in alter Pietät diese Dinge aufzuführen. Da sehen wir tief hinein in die Art und Weise, wie das Christentum die Menschen Mitteleuropas erzogen hat. Und wir betrachten es als unsere Aufgabe, nicht bloß äußere Geschichte zu treiben, um die Entwicklung der Menschheit kennen zu lernen, sondern in solcher Weise lebendig die Geschichte vor die gegenwärtige Menschheit hinzustellen.

Im Übrigen bitte ich Sie, zu berücksichtigen, dass wir genau wissen: Unsere eurythmische Kunst steht erst im Anfange. Sie wird vervollkommnet werden und sich dann neben die anderen Kunstformen hinstellen können. Aber heute bitte ich Sie noch, die Eurythmie mit Nachsicht aufzunehmen, es ist ein Anfang. Ebenso bitte ich, unsere Aufführung des Weihnachtspieles so aufzufassen, dass wir ja nicht vollausgebildete Schauspieler etwa haben, sondern dass es sich darum handelt, eine kulturhistorische Erscheinung festzuhalten.

Nehmen Sie vorlieb mit dem, was wir zu bieten vermögen! Wir appellieren an Ihre Nachsicht. Wir glauben aber, dass bei der Eurythmie das Wohlwollen, das ihr von vielen Seiten entgegengebracht wird, und bei diesem Weihnachtspiel das kulturhistorische Interesse die Darbietung rechtfertigen.

DORNACH, 17. UND 18. JANUAR 1920

Ankündigungsentwurf und Zeitungsannonce für die Aufführungen Dornach, 17. und 18. Januar 1920

NZ 7329

Goetheanum Dornach / Zwei Darbietungen / Samstag, den 17. Jan. 5 Uhr / Sonntag, den 18. Jan 5 Uhr / Eurythmische Darstellung / von Natur-Imaginationen und Anderem / (Salome von Kyber etc.)
Goetheanum Dornach / Zwei Darbietungen Eurythmische / Samstag

National-
Zeitung
16.1.1920

Programm zur Aufführung Dornach, 17. und 18. Januar 1920

«Mailied» von J. W. v. Goethe
«Das Märchen vom Lieben und Hassen» aus *Die Pforte der Einweihung* von Rudolf Steiner
«Schwalben» von Christian Morgenstern
«Zum neuen Jahr» von Eduard Mörike mit musikalischem Auftakt von Leopold van der Pals
«Das Märchen von der Phantasie» von Rudolf Steiner
«Es keimen die Pflanzen» Spruch von Rudolf Steiner
«Die Metamorphose der Pflanzen» von J. W. v. Goethe
«Der vergessene Donner» von Christian Morgenstern
Wellenauftakt mit Musik von Leopold van der Pals
«Die Lerchen» von Robert Hamerling
«Ecce Homo» von Rudolf Steiner
Spruch aus dem Seelenkalender (40.) von Rudolf Steiner
Spruch aus dem Seelenkalender (41.) von Rudolf Steiner
«Schwellengang» Bertha von Polzer-Hoditz
«Hellas» von Manfred Kyber
«Salome» von Manfred Kyber

Notizen zur Ansprache Dornach, 17. Januar 1920

NB 120, S. 56

Eurythmie eine stumme Sprache. / Durch den ganzen Organismus ausgedrückt, / was sonst nur durch Sprachorgane. / Das, was aus dem Willen stammt / Dadurch künstlerisch –
Mi – 3 ½ de Haan / ~~mo~~ ~~Wülfing~~

Ansprache zur Eurythmie, Dornach, 17. Januar 1920

Sehr verehrte Anwesende!
Bevor wir mit dieser eurythmischen Darbietung beginnen, gestatten Sie, dass ich wie immer einige Worte vorausschicke, nicht so sehr, um dasjenige, was Ihnen als eurythmische Kunstform versucht wird dargeboten zu werden, zu geben, etwa zu erklären, sondern um auf die Quellen dieser neuen eurythmischen Kunst hinzuweisen.

Diese eurythmische Kunst ist ja tatsächlich aus anderen Untergründen künstlerischen Schaffens hervorgeholt als manches an Nachbarkünsten, das man vielleicht damit leicht verwechseln könnte. Diese eurythmische Kunst ist eine Art stummer Sprache. Das hat aber nichts zu tun mit einer Wiedergabe von Zufallsgebärden oder überhaupt mit irgendeiner gewöhnlichen pantomimischen oder dergleichen Darstellung oder gar mit einer Tanzkunst, sondern es handelt sich um die Erschließung besonderer Kunstquellen dadurch, dass hier in besonderem Maße verwendet wird als künstlerisches Ausdrucksmittel der Mensch selbst mit seinen inneren Bewegungsmöglichkeiten. Die Anschauung, die dabei zugrunde liegt, geht ganz und gar hervor aus dem, was ich nennen möchte Goetheanismus, aus Goethe'scher Kunstanschauung und Goethe'scher künstlerischer Gesinnung. Nur wird man mancherlei noch zugeben müssen als in der Wirklichkeit herrschend, gesetzt, bestehend, von dem man heute dergleichen noch nicht gern zugeben möchte.

So ist, meine sehr verehrten Anwesenden, alles dasjenige, was mit den menschlichen Stimmorganen zusammenhängt, der Kehlkopf und seine Nachbarorgane, in einer merkwürdigen Art im Grunde genommen eine Nachbildung des ganzen Menschen als eines gesetzmäßigen Organismus. Man möchte sagen: Nur ins Knorpelige umgesetzt finden sich im Kehlkopf und in seinen Ansatzorganen die sämtlichen Organanlagen des Menschen. Nur ist das Merkwürdige, dass die Organe des Kehlkopfes sich nicht fortsetzen wie andere Bewegungsorgane des Menschen in Muskelapparaten, sondern dass dasjenige, was an Bewegungsmöglichkeiten, an Bewegungsansätzen aus dem menschlichen Kehlkopf entspringt, dass das unmittelbar übergeht an die umgebende Luft und dadurch den Ton, die Sprache hervorbringt. Derjenige aber, welcher die Möglichkeit hat, um diesen Goethe'schen Ausdruck zu gebrauchen: sinnlich-übersinnlich zu beobachten, in welchen Bewegungen der menschliche Kehlkopf hervorbringt dasjenige, was für uns der Gesang, was für uns die Sprache wird, der ist in der Lage, diese Bewegungen, die sonst nur unbeachtet – während wir der Sprache zuhören – von dem Kehlkopf und seinen Nachbarorganen ausgeführt werden, diese Bewegungen auf den ganzen Menschen zu übertragen.

Es ist dieses ein interessantes Übertragen aus dem Grunde, weil für den sinnlich-übersinnlichen Beobachter da in einer gewissen Weise klar ist, wie in dem Stimmlichen eines Wesens das ganze Verhältnis dieses Wesens zur umliegenden Natur und zu seiner eigenen Gestalt zum Vorschein kommt. Wer intuitives Auffassungsvermögen hat, der wird unschwer in dem Brüllen der Raubtiere eine gewisse Nachahmung der Gestalt der Raubtiere und namentlich der Bewegung der Raubtiere sehen, wie sich diese Bewegung aus dem Muskelapparat ergibt. Und wer würde nicht mit einer entsprechenden sinnlich-übersinnlichen Beobachtungsgabe sehen, wie der Gesang der Vögel, die Tonwandelung des Vogels ein wunderbarer Ausdruck ist der Bewegung des Vogels auf den Wellen der Lüfte selber.

Auf der anderen Seite kann man ja beobachten, wie gewisse Vogelarten ihre Tonwandelungen, ihre Gesangsgestaltung in begleitenden Bewegungen zum Ausdruck bringen. Wenn man solche Dinge sachgemäß studiert, dann kommt man dazu, übertragen zu können dasjenige, was sonst unsichtbar bleibt in den Bewegungen des Kehlkopfs und seiner Nachbarorgane, auf sichtbare Bewegungen des ganzen menschlichen Organismus, sodass man in der Tat dadurch eine Art stummer Sprache hervorrufen kann. Nur ist das Ausdrucksorgan für diese stumme Sprache der ganze Mensch. Und so, wie sie dann den bewegten Menschen vor sich sehen bei menschlichen Bewegungen, die ausgeführt werden durch die Glieder des Menschen selbst, Bewegungen, die ausgeführt werden vom Menschen im Raum, Bewegungen, die dadurch zustande kommen, dass die Menschen in einer Gruppe gegenseitig in gewissen Raumverhältnissen sich bewegen und dergleichen – all das ist so wenig etwas Willkürliches, was Sie hier sehen werden, wie die Melodien-Aufeinanderfolge der Musik oder der Harmonienzusammenklang in der Musik etwas Willkürliches ist. Es ist durchaus eine im Raum durch Bewegung vor sich gehende Musik. Und wenn zwei Menschen oder zwei Menschengruppen an verschiedenen Orten ein und dieselbe Sache eurythmisch darstellen würden, so würde nicht mehr Individuelles sein können in dieser verschiedenen Darstellung, als Individuelles ist bei zwei Klavierspielern, die ein und dieselbe Sonate nach ihrer Auffassung spielen. Also jede Beliebigkeit im Gebärdenspiel und so weiter ist durchaus hier ausgeschlossen. Was Sie davon noch sehen werden, ist lediglich auf die Unvollkommenheit, welche noch anhaftet dieser unserer eurythmischen Kunst, zurückzuführen.

Wenn man bedenkt, wie der Mensch – namentlich der sprechende Mensch – eigentlich ein Ausdruck ist eines gesamten Universums, so muss man sagen, dass gerade dadurch, dass man hier den ganzen Menschen verwendet wie sonst irgendein Musikinstrument, so hier den ganzen bewegten Menschen verwendet als Ausdrucksmittel für eine Kunst. Es wird dadurch im Goethe'schen Sinne das erfüllt, was Goethe so schön von dem künstlerisch werdenden Menschen sagt: Wenn der Mensch an den Gipfel der Natur gestellt ist, fühlt er sich wiederum als eine ganze Natur und bringt neuerdings eine Natur aus sich hervor. Er nimmt Ordnung, Maß, Harmonie und Bedeutung zusammen und erhebt sich zuletzt zum Vollen des Kunstwerkes. Bedeutsam muss er sich zur Produktion des Kunstwerkes erheben, wenn er seinen eigenen Organismus als Instrument, als künstlerisches Ausdrucksmittel verwendet. Wir glauben in der Tat – obzwar diese eurythmische Kunst erst nur ein Anfang ist – mit ihr aber einen Anfang zu einer bedeutungsvollen Kunstform geben zu können. Es wird sich dasjenige, was hier versucht worden ist, immer mehr und mehr ausbilden.

Nun handelt es sich darum, dass Sie auf der Bühne sehen werden diese stumme Sprache der Eurythmie begleitet auf der einen Seite vom Musikalischen, auf der anderen Seite vom Rezitatorischen. Denn dasjenige, was unsere Sprache durch die Dichtkunst zum Ausdrucke bringt, das kann durchaus – aber mehr durch die rhythmische Kunst – zum Ausdruck gebracht werden, wobei man sich nur klar sein muss, dass dadurch, dass die Bewegungen – die sonst für die Luft geartet sind, wenn der Kehlkopf sie vollzieht –, dass, indem diese Bewegungen übertragen werden auf die Muskeln und dadurch der ganze menschliche Organismus als Bewegungsapparat verwendet wird, dass dadurch diese Bewegungen, die sonst mit größerer Schnelligkeit vor sich gehen, mit einer gewissen Langsamkeit vor sich gehen. Also dass auch in der Geschwindigkeit der Bewegungen dasjenige berücksichtigt werden muss, was sich naturgemäß dadurch ergibt, dass man überträgt dasjenige, was sonst in einem Organ im Kehlkopf ausgeführt wird, auf den ganzen Menschen.

In dem Rezitatorischen, das parallel gehen wird, werden Sie eine etwas andere Handhabung der Rezitationskunst bemerken, als Sie sonst gewohnt sind – insbesondere in der Gegenwart. Dasjenige, was gerade durch die eurythmische Kunst aus der Dichtung hervorgeholt werden kann, das ist ja das eigentlich Künstlerische. Man braucht sich nur zu erinnern, wie Goethe, selbst wenn er seine Dramen, seine «Iphigenie» mit seinen Schauspielern einstudiert hat, dies mit dem Taktstock in der Hand gemacht hat – nicht so, wie man heute glaubt, dass die Hauptsache darinnen liegt, im Rezitieren das Prosaische, des Inhaltes besonders hervorzubringen. Sondern diese noch viel künstlerischen Naturen der Goethe-Zeit – wir finden Ähnliches auch bei Schiller, Ähnliches bei Herder –, sie wussten, dass das Taktmäßige, das Rhythmusmäßige, überhaupt das Formale, das der Sprachgestaltung zugrunde liegt, das das eigentliche Element der Dichtkunst ist und dass das in erster Linie beim Rezitieren berücksichtigt werden muss.

So wird versucht, gerade in unserer Rezitationskunst in der Art und Weise des Sprechens, ich möchte sagen eine unsichtbare Eurythmie zu üben, die Sprache so zu behandeln, dass in dieser Sprachbehandlung jene Linien im Lautlichen drinnen sind, welche Sie sonst für das Auge sichtbar als den bewegten Menschen auf der Bühne sehen. Aber Sie sehen auch, meine sehr verehrten Anwesenden, dass es sich gerade durch das Eurythmische, das hier besonders betrieben werden soll, notwendig macht, wiederum auf die Elemente des Künstlerischen zurückzugehen, die heute mehr oder weniger – gerade in der Kunst der Zeit – weniger berücksichtigt werden. Manchmal glaubt man heute sehr künstlerisch zu sein und ist eigentlich durchaus nicht künstlerisch, indem man nicht das eigentlich Formale der Kunst wirklich als das Räumlich-Zeitliche, das Bewegungsmäßige zugrunde legt, indem man nicht das berücksichtigt, [sondern] dasjenige, was eben auch der Prosa zugrunde liegt, in den Vordergrund auch der Dichtkunst stellt und eigentlich die Rezitationskunst so einrichtet, als wenn man einen Inhalt, nicht eine innere Bewegung mitteilen wollte.

So glauben wir, dass auf das Künstlerische gerade durch solche Darbietungen für unsere Zeit besonders hingewiesen werden kann. Im Übrigen bitte ich Sie, diese Vorstellung mit Nachsicht aufzunehmen, denn ich betone immer wieder, dass diese eurythmische Kunst durchaus im Anfange ihres Werdens steht. Aber wir sind auch überzeugt davon, dass sie vervollkommnungsfähig ist und dass, wenn sie durch uns oder wahrscheinlich durch andere von ihrem Anfange, in dem sie jetzt steht, zu immer größerer und größerer Vervollkommnung getrieben wird – es liegen viele Entwicklungsmöglichkeiten in ihr –, dann wird sie sich als vollberechtigte Kunst neben andere Künste, die älter sind, hinstellen können.

Ansprache zur Eurythmie, Dornach, 18. Januar 1920

Meine sehr verehrten Anwesenden!
Gestatten Sie, dass ich unserer eurythmischen Darbietung einige Worte vorausende, nicht um dasjenige, was dargeboten werden soll, etwa zu erklären, denn ein Künstlerisches muss durch seinen eigenen hervorgeholten Inhalt den unmittelbaren Eindruck hervorrufen, für den es bestimmt ist. Denn eine Kunst, die einer Erklärung bedarf, kann natürlich keine rechte Kunst sein. Allein, hier handelt es sich ja darum, eine neue Kunstquelle zu eröffnen. Und geradeso, wie es heute lächerlich wäre, einem Konzerte eine Einleitung vorangehen zu lassen, so wird das auch einmal lächerlich sein, wenn man überzeugt

werden wird aus der entsprechenden Zeitkultur heraus, welches die Quelle dieser eurythmischen Kunst ist, es würde lächerlich sein, dann einer eurythmischen Darstellung eine solche Einleitung vorauszuschicken. Heute aber ist eurythmische Kunst noch ganz im Anfange, und es muss über die besondere Natur und Wesenheit der Quellen, aus denen sie schöpft, gesprochen werden.

Vor allen Dingen handelt es sich bei dem, was Sie auf der Bühne sehen werden, um eine stumme Sprache, um eine Sprache, deren Mittel der bewegte Mensch selber ist. Sie werden Bewegungen sehen, die ausgeführt werden durch die menschlichen Glieder, die ausgeführt werden dadurch, dass der Mensch im Raume Bewegungen ausführt, durch gegenseitige Stellungen der Menschen in Gruppen und so weiter und so weiter. Nun handelt es sich darum, in welcher Weise diese Bewegungen zu einer wirklichen Sprache und dann zu einer kunstvoll gestalteten Sprache werden können.

Das können Sie aus dem Grunde, meine sehr verehrten Anwesenden, weil in der Tat jener gesetzmäßige Zusammenhang, der besteht zwischen dem, was in der hörbaren Sprache sich offenbart, und dem *ganzen* Wesen des Menschen gefunden werden kann, allerdings nur gefunden werden kann, wenn man tiefer in das eindringt, was ich hier nennen möchte: Goethe'sche Kunstanschauung, Goethe'sche künstlerische Gesinnung. Derjenige, der – um diesen Goethe'schen Ausdruck zu gebrauchen – mit sinnlich-übersinnlichem Schauen sich versetzen kann in das Wesen der menschlichen Form und der Bewegungen, welche in der menschlichen Form als Organismus veranlagt sind, der kann wissen, dass in der Kehlkopforganisation, wie diese Organisation zusammenhängt mit den Nachbarorganen, enthalten ist gewissermaßen eine Wiederholung alles desjenigen, was an Organen noch sonst im ganzen Menschen vorhanden ist, sodass diese Organisation auf die Bewegungen hintendiert.

Aber auch sonst, wenn wir das Wesen der Töne, die Sie von sich geben können, studieren, so finden wir zwischen der Gestaltung und namentlich zwischen der Art und Weise, wie sich diese wiederum in die Welt hineinstellen, und zwischen der Tongebung und Tonwandlung einen Zusammenhang. Derjenige, der eben wirklich sinnlich-übersinnliches Schauen besitzt, der wird intuitiv einen Zusammenhang schauen zwischen dem Bau und namentlich den Bewegungen, wie sie aus dem ganzen Muskelsystem heraus sich offenbaren, sagen wir bei den Raubtieren und ihrem Brüllen. Oder man wird einen intimen Zusammenhang intuitiv entdecken zwischen der Art, wie der Vogel auf den Wellen der Lüfte hinsegelt und demjenigen, was an innerlich intensiver Bewegung in seiner Tongebung und Tonwandlung zum Vorschein kommt. Studiert man nach und nach in der Natur diesen geheimnisvollen Zusammenhang zwischen Bewegung und Tongebung, so kann man ein solches Studium auch auf den Menschen ausdehnen. Und man dringt dann immer weiter und weiter ein in das, was wirklich weit unter der Schwelle des gewöhnlichen Bewusstseins lebt: in den Zusammenhang zwischen menschlicher Bewegung und zwischen menschlichem hörbaren Sprechen. Man kann studieren die Bewegungsanlagen des Kehlkopfes, der Zunge, des Gaumens und so weiter und so weiter. Man kann studieren, wie diese Bewegungsanlagen sich übertragen den Schwingungen der Luft – während ich spreche hier, ist die Luft in Bewegung. Man kann dann studieren, wie alles, was sonst der Mensch an Bewegungen ausführen kann, zu einem Ausdrucke ähnlicher Art werden kann, wie der Ton zum Ausdruck der menschlichen Seelenerlebnisse wird.

In unserer hörbaren Sprache fließen zwei Dinge zusammen: die Gedanken gleichsam von der Kopfseite her und der Wille vom ganzen Menschen her. Dadurch, dass die Gedanken von der Kopfseite herkommen, ist unsere Sprache etwas Unkünstlerisches. Denn das Künstlerische ist umso tiefer, je weniger es Gedankeninhalt hat, je mehr wir unmittelbar – ohne durch die Vermittlung des Gedankens – in die Geheimnisse der Dinge eindringen. Lassen wir aber das Gedankenelement aus der hörbaren Sprache weg, so kommen wir immer mehr und mehr darauf, wie der Sprache dasjenige unterliegt, was an Bewegungsanlagen im menschlichen Stimmorgan enthalten ist. Dann können wir das übertragen auf die Anlagen, die im ganzen menschlichen Organismus für Beweglichkeit vorhanden sind. Dadurch wird gewissermaßen – wenn wir den Menschen in solche Bewegungen und Beweglichkeit bringen, dass diese Bewegungen des ganzen Leibes in einer Art eben solche Offenbarungen [sind], wie sonst die Bewegungsanlagen des Kehlkopfes und seiner Nachbarorgane –, dadurch wird der ganze Mensch, oder eine Menschengruppe zu einem lebendig sich bewegenden Kehlkopf.

Sehen Sie, das ist dasjenige, was in der Eurythmie versucht wird: nicht in willkürlicher Weise etwa Gebärden erfinden, die irgendwie zugeordnet sind irgendwelchen Seelenstimmungen oder Seelenempfindungen – dadurch würde man nur eben Willkürliches zustande bringen –, sondern innerlich gesetzmäßige Bewegungen, die gebärdenartig allerdings zum Ausdrucke kommen, aber solche Gebärden, die nicht vom menschlichen individuellen Bewusstsein abhängen, sondern tief aus dem Unterbewussten heraus das allgemein Menschliche, nicht das individuell Menschliche geben. Deshalb wird auch, wenn an zwei Orten von zwei Menschen oder Menschengruppen dargestellt wird ein und dieselbe Sache eurythmisch, die individuelle Auffassung nur soweit Bedeutung haben können, wie wenn zwei Klavierspieler an verschiedenen Orten ein und dieselbe Musik spielen. Alles Willkürliche, alles Pantomimische, Mimische ist hier ausgeschlossen. Wie das Musikalische selbst auf innerem Fortgange des Melodiösen oder auf den Harmonien beruht, so beruht hier alles auf einer inneren Gesetzmäßigkeit der Bewegungen, die herausgeholt sind aus der menschlichen Natur selbst, indem die Bewegungsmöglichkeit eines Organs – des Kehlkopfes oder seiner Nachbarorgane – auf den ganzen Menschen übertragen werden und an die Stelle der hörbaren Sprache eine gesetzmäßige stumme Sprache tritt.

Alles das macht möglich, dass Sie hier sehen werden auf der einen Seite bühnenmäßig dargestellt in stummer Sprache, in Eurythmie, Dichterisches oder Musikalisches. Musikalisches wird parallel gehen dem Eurythmischen – oder auch Dichterisches in Rezitation. Dazu ist allerdings nötig, dass das Rezitieren ganz besonders eingerichtet wird. Und deshalb wird sich heute noch eben soviel Widerspruch gegen die Art des begleitenden Rezitierens erheben wie gegen die Eurythmie selbst.

Denn man hat heute eine besondere Vorliebe, ich möchte sagen für eine Art prosaischen Rezitierens, das man zum schönen Rezitieren gestalten will, wobei man die innere wortwörtliche Bedeutung beim Rezitieren besonders hervorhebt. Das ist nicht das eigentlich Künstlerische, dieses Prosaische des Inhaltes. Das eigentlich Künstlerische der Dichtung ist gerade die innere intensive Bewegung, die in der Eurythmie äußerlich für das Auge abgebildet wird. Dann muss aber auch in der Eurythmie die begleitende Rezitation dieses Element des Taktmäßigen, des Rhythmischen besonders zur Geltung kommen. Dass das berechtigt ist gegenüber der Dichtung, das kann Ihnen daraus hervorgehen, dass zum Beispiel solch ein wirklicher Dichter noch wie Schiller – heute wird ja von den Dichtern neunundneunzig Prozent zu viel gedichtet in Wirklichkeit, das wird man später schon einsehen –, ein wirklicher Dichter wie Schiller hatte nicht zunächst bei dem Entstehen seiner Gedichte den wortwörtlichen Inhalt in der Seele, sondern er hatte eine Art melodiöses Erlebnis in der Seele, und das Wortwörtliche ergab sich dazu erst. Nur weil man glaubt, heute recht künstlerisch zu sein – in Wahrheit aber ist das heute doch nicht in unserer Geistesbildung sehr vertreten –, die wirklich künstlerische Empfindung beruht bei der Dichtung nicht auf dem Inhalte einer Dichtung, sondern beruht auf dem Taktmäßigen, auf dem Formellen, was dahinter steht. Goethe hat seine «Iphigenie» mit dem Taktstock einstudiert, so wie sonst ein Orchester einstudiert wird, trotzdem es sich um ein Drama, nicht um Lyrik handelte.

So wird gerade die Eurythmie wiederum befruchtend wirken auf die künstlerische Empfindung auch anderer Gebiete. Wir werden heute versuchen, eine Reihe von Dichtungen Ihnen in einer eurythmischen Darstellung zu zeigen, die vielleicht gerade diese eurythmische Darstellung besonders vertragen aus dem Grunde, weil sie zum Teil schon durchaus so empfunden sind, dass innere Eurythmie drinnen ist oder weil sie so, wie zum Beispiel Goethes «Metamorphose der Pflanze» treu der Natur nachgebildet sind, sodass die Eurythmie wie von selbst sich ergibt. Das ist nämlich das Eigentümliche: Bei schlechten Dichtungen wird man nicht leicht mit der Eurythmie nachkommen, bei Dichtungen, die von vornherein künstlerisch empfunden sind – für die allerdings unsere Zeit recht wenig Empfindung hat –, bei denen wird man gerade mit der Eurythmie nachkommen können. Insbesondere, wenn sie das sind, was ich Natur-Impressionen nennen möchte, was im Schaffen voraussetzt ein wirkliches Mitgehen der menschlichen Seele mit der Natur.

Und so versuchte ich Ihnen die Quellen unserer Eurythmie darzulegen. Es wird, was ich auseinandergesetzt habe, anschaulich machen, wie das eigentliche Instrument der Darstellung bei der eurythmischen Kunst der Mensch selber ist, ein musikalisches, ein sprachliches Instrument ganz außerordentlicher Art. Denn man erreicht damit dasjenige, was als künstlerische Grundempfindung Goethe so schön in seinen Betrachtungen Winckelmann gegenüber ausgedrückt hat: Wenn der Mensch auf den Gipfel der Natur gestellt ist, so sieht er sich wieder als eine ganze Natur an, die in sich abermals einen Gipfel hervorzubringen hat. Dazu steigert er sich, indem er sich mit allen Vollkommenheiten und Tugenden durchdringt, Wahl, Ordnung, Harmonie und Bedeutung aufruft und sich endlich zur Produktion des Kunstwerkes erhebt.

Wie kann der Mensch erst zur Produktion des Kunstwerkes sich erheben, wenn er seinen eigenen Organismus als ein künstlerisches Instrument betrachtet! Aber alles dasjenige, was damit gewollt wird, ist erst im Anfange. Und so sehr wir überzeugt sind, dass dieser Anfang eine wesentliche Vervollkommnung immer mehr und mehr erfahren wird, so sind wir doch selbst heute die strengsten Richter und wissen, dass wir durchaus am Anfange stehen. Und deshalb darf ich Sie bitten, dasjenige, was wir Ihnen heute schon darbieten können, mit Nachsicht aufzunehmen, trotzdem wir der Überzeugung sind, dass sich die eurythmische Kunst, wenn sie einmal durch uns oder wahrscheinlich durch andere vervollkommnet sein wird, als eine vollberechtigte Kunstform neben andere, ältere Kunstformen wird hinstellen können.

DORNACH, 24. UND 25. JANUAR 1920

Von diesen Aufführungen bzw. Proben dazu wurden erstmals Fotos erstellt, siehe Anhang, S. 643–645.

Zeitungsannonce für die Aufführung Dornach, 24. Januar 1920

Basler Vorwärts, 23.1.1920

Goetheanum Dornach

Zwei Darbietungen:
Samstag, 24. Januar, 5 Uhr abends
Sonntag, 25. Januar, 5 Uhr abends

Eurythmische Darstellung

von Imaginationen u. anderem

(Das Quellenwunder von R. Steiner. Weltseele.
Der Fischer von Goethe etc.)

Karten zu Fr. 3.-, 2.- und 1.- bei HH. Hug & Co.,
Freiestrasse, bei Frl. Kessler, Arlesheim, und an
3471   der Abendkasse.   Bl. 5135 a.

Programm zur Aufführung Dornach, 24. und 25. Januar 1920

Das Märchen vom Quellenwunder von R. Steiner mit Musik von Leopold van der Pals
«Der Fischer» von J. W. v. Goethe, anschließend aus «Poissons d'or» von C. Debussy
«Der vergessene Donner» von Christian Morgenstern
«Schwalben» von Christian Morgenstern
Spruch aus dem Seelenkalender (41.) von Rudolf Steiner
Spruch aus dem Seelenkalender (42.) von Rudolf Steiner
Spruch aus dem Seelenkalender (43.) von Rudolf Steiner
«Mahomets Gesang» von J. W. v. Goethe
«Weltseele» von J. W. v. Goethe mit Musik von Max Schuurman
Auftakt «Planetentanz»

Notizen zur Ansprache Dornach, 24. Januar 1920

Am 24. Januar 1920 wurde das «Märchen vom Quellenwunder» vermutlich erstmals mit der eurythmischen Choreographie Rudolf Steiners dargestellt. In diesem Zusammenhang entstanden wohl die folgenden, undatierten Notizen Rudolf Steiners.

NZ 6233

Das Märchen vom Quellenwunder ist besonders / gut wiederzugeben in Eurythmie, weil es / schon ge-eurythmisch in Gedanken und / Gefühlen dichterisch gestaltet ist. Bei der / Conception schwebten Steiner die Gestalten / in eurythmischen Formen vor. –

Ansprache zur Eurythmie, Dornach, 24. Januar 1920

Meine sehr verehrten Anwesenden!
Gestatten Sie, dass ich auch heute – wie immer vor diesen eurythmischen Darbietungen – einige Worte vorausschicke. Es soll dieses aus den zwei Gründen geschehen: Erstens, weil ja in der Tat eine neue Kunstform, die durchaus erst im Anfange ihrer Arbeit steht, einer gewissen Rechtfertigung bedarf, und andererseits, weil es notwendig ist, bei dieser durchaus neuen Kunstform von den Quellen des künstlerischen Schaffens, die hier zugrunde liegen, etwas zu sprechen. Ich werde durchaus nicht etwa die Worte, die ich voraussenden will, in dem Sinne halten, dass sie eine Erklärung etwa sein sollten für das Darzubietende. Das wäre natürlich Künstlerischem gegenüber durchaus nicht angebracht, denn Künstlerisches soll kei-

ner Erklärung bedürfen, sondern durch den unmittelbaren Anblick und unmittelbaren Eindruck wirken. Nur also, um über die Quellen desjenigen zu sprechen, was hier als eurythmische Kunst auftritt, seien diese Worte vorausgeschickt.

Wie alles dasjenige, was wir schließlich hier in diesem Goetheanum treiben wollen, um es dem modernen Geistesleben einzuverleiben, so können wir auch dasjenige, was mit der eurythmischen Kunst versucht wird, als Goetheanismus bezeichnen, Goetheanismus in dem Sinne, dass es herausgeschöpft ist aus wirklicher Goethe'scher Kunstauffassung und Kunstgesinnung. – Dasjenige, was versucht wird, es könnte bezeichnet werden, wenn man es in allgemeinen Umrissen charakterisieren wollte, als eine Art von stummer Sprache. Eine Sprache ist es, um die es sich hier handelt, welche nicht zustande kommt wie die gewöhnliche, gehörte Sprache durch den Kehlkopf und seine Nachbarorgane, sondern welche zustande kommt durch den ganzen menschlichen Organismus, durch die im Menschen vorhandenen Bewegungsanlagen, die einfach aus dem Organismus herausgeholt werden. Aber nicht in willkürlicher Weise geschieht das, nicht etwa in der Weise, dass jene Zufallsgebärden und jene Zufallsmimik, die der Mensch so oftmals offenbart, verwendet werden, sondern aus dem Wesen des Menschen selbst heraus – allerdings aus dem Wesen des ganzen Menschen heraus – ist versucht, eine neuartige Sprache zu holen, eine Sprache, die durch ihre besondere Eigenart zum Künstlerischen eben erhoben werden kann.

Wir wissen ja, dass in der Dichtkunst die Sprache, die gehörte Sprache, zunächst als Ausdrucksmittel dient. Allein, wenn unser heutiges Zeitalter nicht so unkünstlerisch empfinden würde, so würde man bei all dem, was die Dichtkunst an Großartigem durch die Sprache schaffen kann, empfinden, dass die Sprache als solche – die ja ganz andere Aufgaben im Leben hat, als Künstlerisches zu verwirklichen –, dass die Sprache als solche das unmittelbar Künstlerische eigentlich beeinträchtigt.

Die Sprachen, namentlich unsere gebildeten Kultursprachen, sie sind vielfach durchsetzt von dem, was konventionelles Element ist; sie sind auch durchsetzt von dem, was nur aus der Egoismus-Natur des Menschen stammt. Dasjenige, was wir durch die Mitteilung an andere Menschen kommen lassen wollen oder empfangen wollen und was immer zugleich Ausdrucksmittel für ein Egoistisches ist, für eine unmittelbar egoistische, menschliche Impulsierung, das ist ebenso viel von dem, was an Künstlerischem von dem eigentlichen Motiv weggenommen wird, das der Dichter durch die Sprache zum Ausdruck bringen will. Derjenige, der unmittelbar künstlerisch empfindet, er kann eigentlich das Folgende sagen. Er kann sich sagen: In jeglicher Dichtung ist eigentlich nur so viel wirklich Künstlerisches, als auf der einen Seite Musikalisches durch die Sprache noch durchtönt und als auf der anderen Seite gestaltetes, plastisches Element durch die Sprache durchklingt. Denn niemals ist eigentlich das Künstlerische in der Region zu finden, wo die Gedanken wirken, und unsere konventionelle Sprache ist ja im Grunde Gedankenausdruck. Daher wird das dichterische Element umso künstlerischer, je mehr es auf der einen Seite nach dem Pol des Musikalischen hinneigt, Musikalisches, Rhythmisches, Taktmäßiges, Melodiöses durch die Sprache durchtönt, sodass der eigentliche Inhalt der Sprache eigentlich das Interesse weniger beansprucht als dasjenige, was als musikalische Welle den Inhalt der Sprache durchpulst, durchtönt. Auf der anderen Seite: Bei solchen Dichternaturen wie Goethe kommt das plastische Element der Sprache mehr zum Ausdruck, das Gestaltende, dasjenige, was wir eben im Eurythmischen herausheben wollen.

Alles Künstlerische, meine sehr verehrten Anwesenden, geht ja im Grunde genommen über das gewöhnliche Seelenerlebnis hinaus. Man möchte sagen: Es liegt eine Schicht über dem gewöhnlichen Seelenerlebnis oder eine Schicht unter dem gewöhnlichen Seelenerlebnis. Dasjenige, was in der eurythmischen Kunst zum Ausdrucke kommt, das verhält sich zu dem gewöhnlichen, alltäglichen Seelenerlebnis – wenn ich einen Vergleich gebrauchen darf – etwa in umgekehrter Weise, wie sich der Traum zu diesem gewöhnlichen Seelenverhältnisse verhält.

Nehmen Sie den Traum, ich meine den gesunden Traum, wo man nicht tobt, wo man nicht die Glieder bewegt, sondern wo man in den Vorstellungen, in den Bildern lebt. Alles Bewegungsmäßige, das man im Traume erlebt, ist ja nur Schein, ist ja nur bildhaft, ist in Wirklichkeit nicht da. Der Mensch ist in voller Ruhe, und ihm stellt sich nur das bewegte Leben vor. Ich möchte sagen: Alles ist herausfiltriert im Traum aus dem gewöhnlichen Leben und ist in das Vorstellungsmäßige, in das Bildliche hinüber übertragen. Dadurch liegt das Traumleben *unter* dem höheren Seelenleben als in einer Unterschicht drinnen. Der Mensch ist nicht völlig auf seiner menschlichen Höhe, wenn er träumt. Er ist am wenigsten auf seiner menschlichen Höhe, wenn er im wachen Tagesleben herumträumt. Aber er wird umso mehr Träumer – so paradox das klingt –, je egoistischer er wird. Gerade gewisse raffinierte Egoismen in der Menschennatur, die gefallen sich darinnen, das Leben in eine Art von Traum zu verwandeln, das Leben durch zu träumen. Und falsche mystische Richtungen, die sehen ja etwas Besonderes darinnen, wenn sie den Traum ins Leben hereinführen können. Sie ahnen gar nicht, dass sie dadurch den Menschen ins Untermenschliche hinunter drängen: Der Traum und auch das Träumen im gewöhnlichen wachen Tagesleben, ist eine Herabstimmung des Lebens.

Das Umgekehrte findet statt im Eurythmischen: Da findet – statt eines Einschlafens, eines Träumens – ein stärkeres Aufwachen statt. Da wird gerade dasjenige, was im Traume seine höchste Blüte treibt, das Namengeben des Lautlichen, das wird unterdrückt und das aufweckende Bewegungsmäßige, wodurch der Mensch sich ohne seine Subjektivität, ohne seinen Egoismus geltend zu machen in das Leben hineinstellt und mitmacht dasjenige, was einem mit dem allen zusammenhält. In diesem aufweckenden Bewegen, was im Traume nur Scheinbild ist, wird gerade das Eurythmische gesucht. – Daher kann man sagen, während das Traumleben und alles Träumerische eine Herabstimmung des Lebens ins Untermenschliche ist, wird der Mensch heraufgehoben in ein lebendigeres, in ein vitaleres Element: Er wird zusammengeführt mit dem ganzen Weben und Treiben des Weltenalls, wenn er ins Eurythmische hinein sich lebt.

Daher hat diese eurythmische Kunst noch eine andere Seite: Sie hat erstens eine bedeutsame hygienisch-therapeutische Seite. Die eurythmischen Bewegungen sind solche, dass sie unmittelbar aus der Harmonie des Menschen mit dem Weltenall abzulesen sind. Sie stellen daher den Menschen harmonisch ins Weltenall hinein und sind daher gesundende Bewegungen, wenn sie selbstverständlich nicht übertrieben werden. Aber sie haben auch noch das, dass sie auf die ganze Menschennatur hingerichtet, hinorientiert sind. Das gewöhnliche Turnen – und das ist nun die pädagogische Seite des Eurythmischen –, das gewöhnliche Turnen, es soll nicht etwa unterdrückt werden durch das Eurythmische. Allein man darf hoffen, dass das gewöhnliche Turnen durch das Eurythmische gerade befruchtet werde. Im gewöhnlichen Turnen hat man es nur mit dem Physiologischen der Menschennatur zu tun. Da wird hauptsächlich darauf gesehen, was physiologisch aus dem Körperlich-Bestimmten heraus an Bewegungen zu machen ist. Bei der Eurythmie handelt es sich darum, den menschlichen Organismus, den man als künstlerisches Instrument verwendet, so in Bewegung zu bringen, dass der ganze Mensch nach Geist und Seele mit dem Körperlichen zusammengestimmt ist.

Das alles, was ich jetzt gesagt habe, drückt sich gerade beim Handhaben der eurythmischen Kunst aus. Es ist für das Eurythmisieren für diejenigen, die selbst eurythmische Kunst ausbilden wollen, alles schläfrige Element im Menschen immer zu überwinden, alles Egoistische des Menschen aus dem Leben herauszustellen. Und diejenigen, die eurythmisieren wollen, sie müssen ihre Lebenskraft aufwecken, sie müssen dahin wirken, den Egoismus zu überwinden und sich harmonisch ins ganze All hineinzustellen. Dadurch ist die eurythmische Kunst dasjenige, von dem man hoffen kann – wie gesagt, wir denken sehr bescheiden über das, was wir heute erst leisten können –, aber von dem man hoffen kann, dass sie sich zu etwas immer Höherem und Höherem entwickelt, weil sie ja den Menschen, dieses vollkommenste Ausdrucksmittel des ganzen Weltenalls, als ihr Instrument betrachtet.

Und so werden Sie sehen, wie dasjenige, was sonst nur durch die hörbare Sprache – die aber zum Künstlerischen sich nur erheben kann, wenn sie musikalisch oder plastisch wird –, wie dasjenige, was sonst durch die hörbare Sprache zum Ausdrucke kommt, von gewissermaßen dem ganzen Menschen, der als ganzer Mensch zum Kehlkopf geworden ist, in einer stummen Sprache hier auf der Bühne vor ihnen zum Ausdrucke kommt. Begleitet wird das auf der einen Seite sein vom Musikalischen, das ja nur eine andere Art des Künstlerischen ist. Das Musikalische hat das Eigentümliche, dass es alles Gestaltende unterdrückt und in der Verinnerlichung des Tones zum Vorschein bringt. Das Eurythmische hat die Eigentümlichkeit, dass es den Ton unterdrückt und alles in der Gestaltung aufgehen lässt.

Auf der anderen Seite werden Sie begleitet finden durch [Rezitation] dasjenige, was im Eurythmischen neu zur Darstellung gebracht wird. Aber auch die Rezitation wird genötigt sein, zurückzugreifen zu den früheren guten Kunstformen des Rezitierens. Heute, in einer unkünstlerischen Periode, wird ja der besondere Wert beim Rezitieren auf das Betonen desjenigen gelegt, was eigentlich der Prosainhalt der Dichtung ist. Hier, wo man durch die Dichtung die Eurythmie begleiten muss, ist es nötig, die rezitatorische Kunst auch in einer besonderen Art wiederum auszubilden, sodass in ihr das Musikalische und Plastische, das Rhythmische, das Taktmäßige, das Melodiöse vor allen Dingen in den Vordergrund gestellt wird. Dadurch ist auch unsere Rezitationskunst, wie sie hier als Begleiterin der Eurythmie auftritt, selbstverständlich heute noch Missverständnissen ausgesetzt.

Aber man wird dazu kommen, einzusehen erstens die künstlerische Seite, zweitens die hygienisch-therapeutische Seite, drittens die pädagogische Seite desjenigen, was hier als eurythmische Kunst dargeboten werden will. Und man wird dann sehen, dass wirklich eine Art Kunstgipfel und Erziehungsgipfel erreicht werden kann durch dasjenige, was heute erst im Anfange hier ist, was aber ausgebildet werden kann zu immer größerer Vollkommenheit. Es ist Goethe'sche Kunstgesinnung, die einen eigentlich beseelt, wenn man diese Eurythmie ausbildet.

Diejenigen, die ihren eigenen menschlichen Organismus in den Dienst dieser Kunst stellen, sie merken wohl, wie alles abfallen muss, was nur der einzelne Mensch zum Ausdrucke bringt in der gehörten Sprache, wie sie sich hingeben müssen an dasjenige, was im Grunde genommen die Natur durch die besondere menschliche Organisation selbst zum Ausdrucke bringt. Sodass man sagen kann: Wenn der einzelne Mensch lautlich spricht oder singt, wenn der einzelne Mensch zu Mimik und Gebärde übergeht, so ist immer etwas von der einzelmenschlichen Subjektivität drinnen, vom menschlichen Egoismus. Hier in der Eurythmie wird wirklich das angestrebt, was Goethe als den höchsten Gipfel der Kunstoffenbarung betrachtet, indem er sagt: Wenn die gesunde Natur des Menschen als ein Ganzes wirkt, wenn der Mensch sich in der Welt als eine große und würdige Ganzheit fühlt, wenn das harmonische Behagen ihm ein freies Entzücken gewährt, wird er die Natur als an ihr Ziel gelangt betrachten und den Gipfel ihres Werdens und Wesens bewundern. – Das ist eben die Sprache nicht des einzelnen Menschen, die durch die Bewegungen des Eurythmischen sich offenbart, es ist die Sprache der Natur selber, die zum Vorschein kommen kann, wenn man den Menschen als ihr Instrument benützt.

Und so kann einem, wenn man richtige künstlerische Empfindung hat, dasjenige, was durch die Eurythmie zum Vorschein kommt, wirklich wie eine Enträtselung von Welträtseln vorkommen. Das lässt sich durchaus in unserer Lautsprache nicht ausdrücken. Was in den bewegten Formen des Eurythmischen zum Ausdruck kommen kann, dasjenige, was der einzelne Mensch durch die Bewegung seiner Glieder ausführt, indem sie in Bewegung oder in ein Verhältnis zueinanderkommen, das ist durchaus den Gesetzen der Natur abgelauscht.

Wenn an zwei verschiedenen Orten ein und dieselbe Gruppe oder von zwei Menschen ein und dieselbe Sache ausgeführt würde eurythmisch, so läge darin nicht mehr Willkür, als individuelle Willkür darinnen liegt, wenn zwei Klavierspielern an zwei verschiedenen Orten ein und dieselbe Sonate verschieden spielen, nach ihrer Auffassung wiedergeben. Das Gesetzliche liegt zugrunde dem Eurythmischen, wie es zugrunde liegt dem melodiösen Elemente der Musik. Und das bloße Gebärdengeben, die bloße Mimik ist in ihr ebenso verbannt, wie aus dem Musikalischen verbannt ist die entsprechende Tonsprache oder dergleichen.

So kann man hoffen, dass auch für die weitere künstlerische Erziehung [durch] dieses eurythmische Element wieder etwas durchaus Wohltätiges sich entwickeln kann. Allein, ich bitte durchaus dasjenige, was wir Ihnen bieten können – heute sind es in der Hauptsache einige Natur-Imaginationen, einige derselben sind so gestaltet, namentlich das «Quellenwunder», das zur Aufführung kommt, dass eigentlich schon die Dichtung selbst eurythmisch gefühlt ist. Denn wenn die Dichtung schon nicht auf den wortwörtlichen Inhalt, sondern auf dasjenige, was im Eurythmischen selbst liegt, abgestimmt ist, dann erscheint die Eurythmie wie ein selbstverständlicher Ausdruck desjenigen, was die Dichtung gibt.

Aber bei alledem bitte ich Sie doch eben zu berücksichtigen, was ich des Öfteren gesagt habe: Wir denken selbst mit aller Bescheidenheit noch über dasjenige, was wir heute schon bieten können. Wir stehen am Anfange; aber wir glauben auch, dass, wenn die Zeit uns Interesse entgegenbringt, wird dasjenige, was wir mit der eurythmischen Kunst wollen – entweder noch durch uns selbst, aber wahrscheinlich durch andere –, im Laufe der Zeit [wird] diese eurythmische Kunst zu etwas ausgebildet werden, was sich als eine vollberechtigte Kunstform neben die anderen, aber schon älteren Kunstformen wird hinstellen können.

Ansprache zur Eurythmie, Dornach, 25. Januar 1920

Gestatten Sie, meine sehr verehrten Anwesenden, dass ich dem Versuche unserer Eurythmie-Aufführung auch heute einige Worte voranschicke, da ja nicht anzunehmen ist, dass alle verehrten Anwesenden, die verehrten Zuhörer, die heute da sind, auch in manchen früheren Veranstaltungen schon waren. Und diese paar Worte sende ich immer voraus, aus dem Grunde, weil es sich ja hier handelt um die Erforschung einer neuen Kunstquelle, und nicht um dasjenige, was vorgeführt wird, zu erklären. Denn alles Künstlerische soll ja nicht einer Erklärung bedürfen, sondern im unmittelbaren Anschauen, für den unmittelbaren Eindruck wirken. Aber zum ersten Male wird hier – anders als das bei gewisse Nachbarkünsten der Fall ist, mit denen man diese Eurythmie leicht verwechseln kann, aber nicht verwechseln sollte –, zum ersten Male wird hier *der Mensch selber* als Instrument benützt. Der Mensch selber stellt sich in den Dienst des Künstlerischen als ein Ausdrucksmittel.

Sie werden auf der Bühne den bewegten Menschen sehen, Bewegungen der einzelnen menschlichen Glieder als solche, Bewegungen der Menschen, in Gruppen angeordneter Persönlichkeiten zueinander und dergleichen mehr. Alle diese Bewegungen sind durchaus nicht etwa willkürlich, sind nicht einmal insoweit willkürlich, als etwa Wiedergaben wären von Gebärden, wie sie in der Anlage der Mensch auch als Begleitung der Lautsprache macht, sondern all dasjenige, was Sie hier an Bewegungen sehen, ist wirklich eine stumme Sprache, ist herausgeholt aus den Bewegungsanlagen, die im ganzen menschlichen Organismus sind so, wie die Bewegungsanlagen im menschlichen Kehlkopf und seinen Nachbarorganen sind.

Mit einem gewissen sinnlich-übersinnlichen Schauen – um diesen Goethe'schen Ausdruck zu gebrauchen – ist versucht zu erkennen, welche Bewegungsanlagen der Lautsprache zugrunde liegen. Dann ist versucht, in dieser stummen Sprache der Eurythmie dieselben Bewegungsanlagen zur äußerlichen Offenbarung zu bringen. Damit steht man ganz auf dem Boden Goethe'scher Kunstanschauung und Goethe'scher Kunstgesinnung. Und gegenüber dem, was man zum Beispiel durch die dichterische Kunst mit Hilfe der gewöhnlichen Lautsprache erreichen kann, wird in dieser Eurythmie etwas weit Künstlerischeres erreicht werden können deshalb, weil in der Lautsprache sich immer mischt – sonst wäre sie ja nicht jenes dienstbare Glied unseres Verkehres, das sie sein muss –, sich immer einmischt das gedankliche, das ideelle Element. Aber das gedankliche, das ideelle Element ist der Tod des Künstlerischen.

Daher ist die Dichtung, welche die gewöhnliche Lautsprache verwendet, ja nur insoferne künstlerisch, als in der dichterischen Sprache zwei Elemente anklingen, von denen eigentlich eines unter dem gewöhnlichen Seelenleben – ich möchte sagen eine Schichte tiefer liegt als das gewöhnliche Seelenleben und ein anderes Element eine Schichte höher liegt. Hinein mischt sich in die gewöhnliche Sprache, wenn der Dichter dasjenige, was er in der Seele erlebt, gestaltet, erstens ein musikalisches Element, zweitens ein gestaltendes ästhetisches Element. Schiller ist mehr ein musikalischer Künstler, Goethe mehr ein plastischer Künstler als Dichter.

Man kann sagen: Je weniger man im künstlerischen Empfinden der Dichtung hinhorcht auf den wortwörtlichen Inhalt, je mehr man auf das Musikalische, das im Rhythmus, im Takt, auch im Melodiösen die Sprache trägt und begleitet und durchklingt, sich einstellt, je mehr man auf der anderen Seite sich einstellen kann – wenn es vorhanden ist – auf das Plastische, auf das Gestaltende der Sprache, desto mehr kommt man zu dem eigentlich Künstlerischen der Dichtung. Denn der wortwörtliche Inhalt ist nicht der Kunstgehalt der Dichtung. Der Kunstgehalt der Dichtung ist das Musikalische oder Plastisch-Gestaltende der Sprache, das gewissermaßen wie ein mitklingendes Element begleiten muss das Wortwörtliche.

Wie in der Musik selber herausgenommen ist die bloße Bewegung, aber übersetzt ist in [die Verinnerlichung] des Tones, so ist nun in der Eurythmie herausgenommen aus der Sprache alles dasjenige, was nun mit der ganzen Entfaltung des menschlichen Willens zusammenhängt, sodass der ganze Mensch gewissermaßen zum Kehlkopf wird, und Menschengruppen sich als Sprachorgane offenbaren auf der Bühne. Und dadurch erreicht man etwas, was wirklich sich als ein neues künstlerisches Element in unsere Kulturentwicklung einfügen kann. Man wird vielleicht am besten auf dasjenige hinweisen können, was erreicht wird, wenn man sagt: In unserer Sprache ist etwas enthalten, auf dessen Entstehung ja am besten dadurch hingewiesen wird, dass man aufmerksam macht, wann von dem Menschen die Sprache gelernt wird. Man bedenke nur einmal, meine sehr verehrten Anwesenden, die Lautsprache ist von dem Menschen gelernt als Kind, wenn der Mensch noch nicht vollständig zum Dasein seelisch erwacht ist, wenn der Mensch sich noch in das Leben hereinträumt.

Und tatsächlich liegt in dem sprachlichen Elemente etwas von Hineinträumen ins Leben. Wir denken ebenso wenig, indem wir die Bedeutung der Sprachlaute und ihre Zusammensetzung entwickeln, daran, wie das zusammenhängt mit der Realität, wie wir schließlich beim Träumen an den Zusammenhang mit der Realität denken. Dieses träumerische Element ist ja eine Seite des menschlichen Seelenlebens. Es ist gewissermaßen ein unterseelisches Element. Je mehr der Mensch das egoistische Empfinden ausbildet, desto mehr träumt er sich auch ins gewöhnliche Leben hinein. Und in einer der heutigen Zeitaufgabe durchaus nicht angemessenen Weise ist es, wenn man im Künstlerischen nach diesem Traumhaften hinarbeitet.

Dieses Traumhafte ist ein abgetanes Element des Künstlerischen. In der Eurythmie wird zu etwas hingestrebt, was ein künstlerisches Zukunftselement unserer Kultur ist. Wenn man sagen kann: Je mehr man ausbildet in der Sprache das eigentlich lautlich-gedankliche Element, desto mehr kommt man in das Traumhafte hinein, desto mehr wird das Bewusstsein herabgestimmt, so muss man sagen: Die Eurythmie ist dasjenige, was das Gegenteil von allem Traumhaften in sich schließt. Die Eurythmie ist gerade dasjenige, was erzielt wird dadurch, dass der Mensch mehr aufwacht, als er im gewöhnlichen Leben aufgewacht ist. Es ist ein intensiveres Wachen, als dasjenige ist, was im gewöhnlichen Leben als Bewusstseinszustand vorhanden ist. Gewissermaßen ist das Eurythmie-Treiben das Gegenteil des Träumens. Das Träumen ist ein Einlullen des Menschen, das Eurythmie-Treiben ist ein Aufwecken, ein Aufgeweckt-Sein der ganzen Menschennatur. Im Traume bewegen wir uns nicht, wenn der Traum ein gesunder ist, wir liegen still; und die Bewegungen, die der Mensch im Traume ausführt, sind nur Schein. Dagegen ist das bildhafte Element, das Vorstellungselement im Traum das vorwiegende.

Hier in der Eurythmie ist das Gegenteil der Fall: Alles Traumhafte ist unterdrückt, dagegen tritt hervor das Willenselement, dasjenige, das im Traume unbewusst bleibt, aber hier hervorgeholt wird. Dadurch aber wird möglich, dass der Mensch alles Egoistische abstreift und solche Bewegungen ausführt, die gewissermaßen sich harmonisch hineinstellen in die ganze rätselvolle Weltgesetzmäßigkeit.

Und man kann sich bei der Eurythmie denken, meine sehr verehrten Anwesenden, dass, wenn man den bewegten Menschen mit dieser stummen eurythmischen Sprache anschaut, man die Ahnung von Enträtselung von Naturgeheimnissen empfindet, die sich auf eine andere Weise nicht offenbaren können, auch da Rechnung tragend jener Goethe'schen Kunstgesinnung, die so schön sich in jenen Goethe'schen Worten ausdrückt: Wem die Natur ihr offenbares Geheimnis zu enthüllen beginnt, der empfindet die tiefste Sehnsucht nach ihrer würdigsten Auslegerin: der Kunst. – Wenn man nun den ganzen Menschen als ein [die] stumme Sprache der Eurythmie sprechendes Element betrachtet, um durch seine in ihm veranlagten Bewegungen zum Ausdruck zu bringen das, was als Gesetzmäßigkeit der ganzen Welt zugrunde liegt – denn der Mensch ist ein Kompendium der ganzen Welt, ein Mikrokosmos –, so erreicht man geradezu ein höchstes Künstlerisches.

Daher ist auch alles Willkürliche, alles bloß Pantomimische oder Mimische in der Eurythmie verbannt. Dasjenige, was hier zum Vorschein kommt, ist ein allgemein Menschliches. Es spricht gewissermaßen nicht der einzelne Mensch aus seinem gewöhnlichen Empfinden heraus – wie in der gewöhnlichen Gebärdensprache oder Tanzkunst –, es spricht sich dasjenige, was in der Natur selber ist, aus. Das soll erreicht werden, was Goethe so schön in seinem Buche über Winckelmann – wo er ein Höchstes seiner Kunstoffenbarung ausgesprochen hat – sagt: Wenn die gesunde Natur des Menschen als ein Ganzes wirkt, wenn er sich in der Welt als in einem großen, würdigen und werten Ganzen fühlt, so möchte das Weltall, als an sein Ziel gelangt, aufjauchzen und den Gipfel des eigenen Wesens und Werdens bewundern.

Das Weltenall selbst kann durch den Menschen sprechen. Daher ist eben nichts Willkürliches in den Bewegungen der Eurythmie, sondern sie sind durch sinnlich-übersinnliches Schauen aus den Bewegungsanlagen des ganzen menschlichen Organismus hervorgerufen. Wenn zwei Menschen oder zwei Menschengruppen an ganz verschiedenen Orten zum Beispiel ein und dasselbe Motiv eurythmisch darstellen, so ist nicht mehr Subjektives, Individuell-Willkürliches darinnen, als wenn zwei Klavierspieler ein und dasselbe Tonstück nach ihrer Auffassung wiedergeben. Wenn Sie noch Pantomimisches in den Dingen finden, so rührt das davon her, dass wir mit der Eurythmie noch im Anfange stehen. Das wird eben mit der Zeit überwunden werden.

So werden Sie sehen, wie zum Beispiel auf der einen Seite Motive eurythmisch dargestellt werden, diese Motive musikalisch begleitet werden; denn das Musikalische in seiner fortlaufenden Gesetzmäßigkeit ist nur ein anderer Ausdruck desjenigen, was plastisch-beweglich durch Eurythmie erreicht wird. Aber Sie werden auch sehen, dass dieses selbe Motiv, das durch die stumme Sprache der Eurythmie zum Ausdrucke kommt, begleitet werden kann in der Rezitation und Deklamation als dichterisches Motiv. Dabei werden Sie bemerken, dass gerade diese Rezitationskunst in Anlehnung an die Eurythmie wiederum zurückgehen muss zu den guten alten Formen des Rezitierens und Deklamierens.

Daher wird hier die Rezitationskunst nicht so ausgebildet [wie heute üblich] – das ruft sehr leicht Missverständnisse und Verkennung in der Gegenwart hervor. In der Gegenwart empfindet man das Rezitieren, das hier gepflegt wird, durchaus als unkünstlerisch, indem man eben das Wesentliche des Rezitierens darin sieht, dass namentlich das Betonen des wortwörtlichen Inhaltes herauszubringen sei, also des Prosagehaltes der Dichtung. Hier wird ganz anders rezitiert und deklamiert, denn man könnte sonst nicht das Eurythmische mit Deklamation oder Rezitation begleiten. Das Musikalische, der Takt, das Rhythmische, das Melodiöse, also dasjenige, was schon wiederum eurythmisch ist in der Sprachbehandlung, in der Sprachgestaltung, das wird in der intensivsten Sprachdurchdringung mit dem Musikalischen zum Wesentlichen der rezitatorischen Kunst. Daher wird ebenso, wie heute ja noch die Eurythmie selbst Anfechtung erfährt, auch die Art des Rezitierens – die aber so sein muss, wie sie hier geschieht, wenn sie die Eurythmie begleiten soll – noch Anfechtungen erfahren.

Dies ist unsere Absicht, und so versuchen wir gerade dasjenige, was man nur außerhalb des Gedankens erreichen kann an Enträtselung der Weltengeheimnisse, durch Eurythmie darzustellen, durch diese eurythmischen Darstellungen zu erreichen. Denn die Weltengeheimnisse – zuletzt enthüllen sie sich doch nur durch dasjenige, was der Mensch aus sich heraus offenbaren kann. Goethe sagt so schön empfunden: Was wären schließlich alle Millionen von Sonnen, von Sternen und Planeten wert, wenn nicht zuletzt eine menschliche Seele das alles aufnehmen würde? und sich an all dem erfreuen, es genießen würde? Wenn man sagen kann: Dasjenige, was in der Welt webt und wirkt, kann dargestellt werden durch menschliche Gestaltung, so enträtselt sich, ohne den Umweg durch den Gedanken zu nehmen, vieles von den Weltengeheimnissen. Und das ist dasjenige, was gerade durch die Eurythmie angestrebt werden soll.

Nun, Sie werden sehen, dass gerade bei den Gedichten, die heute zur Darstellung kommen, von denen einzelne schon in der dichterischen Veranlagung eurythmisch empfunden sind, dass gerade von diesen Dingen leicht eine eurythmische Darstellung gegeben werden kann, zum Beispiel von solchen Naturimaginationen, wie sie das «Quellenwunder», das hier zur Darstellung kommt, darstellt.

Drei Aspekte, möchte ich sagen, hat unsere Eurythmie: Erstens soll sie als Künstlerisches sich vor die Welt hinstellen. Zweitens hat sie aber auch im Wesentlichen ein hygienisches Element, ein gesundheitliches Element. Wenn die Eurythmie Interesse gewinnen wird in weitesten Kreisen, so wird man finden, dass durch das Hineinstellen des Menschen auf unegoistische Weise in die ganze Weltgesetzlichkeit, wie dies in der Eurythmie der Fall ist, ein gesundendes Element in dem Menschen geltend gemacht wird. Und drittens hat sie eine pädagogische Seite.

Das gewöhnliche Turnen – das durchaus nicht beseitigt, sondern nur ergänzt werden soll durch die Eurythmie –, dieses gewöhnliche Turnen, wo nur auf die Physiologie, nur auf die körperliche Gestaltung gesehen wird, ist einseitig auf das Körperliche gerichtet. Die Eurythmie, die den ganzen Menschen ansieht, ist darauf gerichtet, dass sie dasjenige, was durch Leib, Seele und Geist wirkt, in der Bewegung äußert. So ist dasjenige, was sich durch die Eurythmie zum Ausdrucke bringt, gegenüber dem bloßen physiologischen Turnen, das auf den Körper wirkt, ein durchseeltes, ein durchgeistigtes Turnen, neben dem, was die Eurythmie künstlerisch ist.

So wird die Eurythmie wirklich ein befruchtendes Element unserer Zeitentwicklung sein können. Aber glauben Sie nicht, dass wir deshalb unbescheiden denken darüber, was wir heute schon können in der Eurythmie. Wir sind selbst unsere strengsten Kritiker und Richter, wir wissen, dass wir heute noch um Nachsicht zu bitten haben für unseren Anfang. Wir wissen, dass es vielleicht nur der Versuch eines Anfanges genannt werden kann. Aber wir sind auch der festen Überzeugung, dass, wenn der Eurythmie Interesse von den Zeitgenossen entgegengebracht wird, dieser Eurythmie eine ungeahnte Entwicklungsmöglichkeit vorbehalten ist und dass sie, wenn sie entweder noch durch uns, aber wahrscheinlich durch andere, noch weiter ausgebildet sein wird, [dass] die Eurythmie sich als eine vollberechtigte jüngere Kunst neben die voll berechtigten älteren Schwesterkünste wird hinstellen können.

DORNACH, 31. JANUAR UND 1. FEBRUAR 1920

Ankündigungsentwurf und Zeitungsannonce für die Aufführungen Dornach, 31. Januar und 1. Februar 1920

NZ 7326

Goetheanum Dornach. / Eurythmische Kunst / Zwei Darbietungen in / teilweise erneutem Programm / Samstag, 31. Januar 5 Uhr / Sonntag, 1. Februar 5 Uhr / Impressionen und Imaginationen (nebst Anderem) / (Ernstes und Heiteres).

Basler Nachrichten 30.1.1920

*Plakat für die Aufführungen
Dornach 31. Januar und 1. Februar 1920*

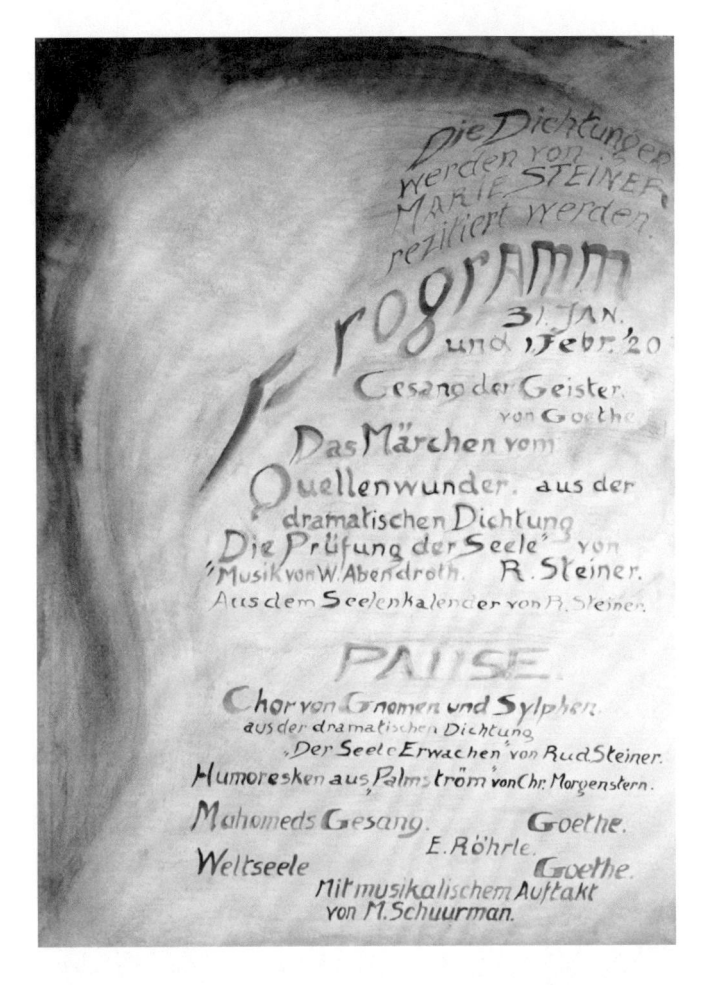

Louise van Blommestein KSaG, M.3204)

Notizen zur Ansprache Dornach, 31. Januar 1920

NB 120,
S. 84

Die gesprochene Sprache ist nicht mehr musikalisch; / sie ist auch nicht mehr gestaltend – sie ist / künstlerisch, insofern sie musikalisch und / gestaltend ist, d. h. sich selbst verleugnet.
Der Traum stösst den Namen ab; er macht / nur die Bewegung im Vorstellen zum / Wesentlichen – im Traume ist die / Willensbewegung – Bild; in der /

Eurythmie wird der Traum verflüchtigt / und die Willensbewegung wird real / gemacht – dem menschlichen Körper wird / sein Hineingestelltsein in die Welt gegeben.
Alles, was im Traume gelähmt ist, / wird in der Eurythmie befreit –
In der Sprache ist noch kein vollständiges / Erwachen; in der Eurythmie wird das Erwachen

vervollständigt –; ob ein Mensch den / Egoismus opfern kann, das kommt in / der Eurythmie zum Vorschein – schön wird / die eurythmische Bewegung erst, wenn der / sie ausführende Mensch nicht mehr egoistisch / fühlt – Eurythmie – lernen ist Kampf / gegen den Egoismus =
Die Welt spricht durch den Menschen; / die Sprache ist die Auflehnung dagegen; die / Eurythmie ist die Zurechtrückung dieser / Auflehnung –

Die Sprachen der ungebildeten Völker / die vollkommenere Grammatik.
Eurythmisch hinuntersteigen in die / Region, in welcher der Mensch selbst / in dem Geiste der Dinge lebt – / in der gesprochenen Sprache ist losgelöst / der Inhalt von dem Geiste der Dinge; / der Mensch kommt da zwar zu seinem / Selbstbewusstsein, aber nicht zu seinem / Bewusstsein als Weltwesen – in der / Eurythmie bleibt Name und Bild weg; / dafür wird das Erleben eingesetzt – / Kunst ist das Musikalische und Kunst / ist das Plastische (Gestaltende) – das / Musikalische, das sein Gestaltendes verbirgt; / das Plastische, das sein Musikalisches verbirgt.

Ansprache zur Eurythmie, Dornach, 31. Januar 1920

Gestatten Sie, meine sehr verehrten Anwesenden, dass ich auch heute, wie immer vor diesen Vorstellungen, ein paar Worte über den Charakter unsrer eurythmischen Kunst vorausschicke. Es geschieht das gewiss nicht, um eine Art Erklärung abzugeben über die eurythmische Kunst als solche; das wäre ein unkünstlerisches Beginnen, denn alles Künstlerische muss ja wirken nicht durch irgendeine theoretische Anschauung, sondern durch den unmittelbaren Eindruck, [durch] dasjenige, was sich unmittelbar in der Kunst offenbart. Allein, es kann ja unsere eurythmische Kunst sehr leicht verwechselt werden mit allerlei Nachbarkünsten. Es wäre wirklich eine Verwechslung, wenn man sie gleichstellen würde mit Tanzkunst, Gebärdenkünsten und dergleichen, denn was Sie hier als Eurythmie vorgeführt bekommen werden, ist aus ganz bestimmten neuen Kunstquellen herausgeschöpft. Und wie alles, was hier getrieben wird, wofür dieser Bau – das Goetheanum – der Repräsentant sein soll, wie alles durchtränkt ist von dem, was man nennen kann Goethe'sche Weltanschauung, so ist auch unsere eurythmische Kunst durchtränkt von Goethe'scher Kunstgesinnung und Goethe'scher Kunstauffassung.

Natürlich muss dabei Goethe nicht so genommen werden, wie die Goethegelehrten ihn nehmen: Als diejenige Persönlichkeit, die 1832 gestorben ist und deren Lebenszeit man äußerlich studieren kann. Sondern Goethe muss so genommen werden: als ein fortwirkender Kulturfaktor der Menschheit, der auch jetzt noch mit jedem Jahre ein anderer wird. Wenn von Goethe gesprochen wird, von Goetheanismus, so wird nicht von dem Goetheanismus des Jahres 1832 gesprochen, sondern von dem Goetheanismus des 20. Jahrhunderts, vom Jahre 1920. Und da handelt es sich darum, dass ja Goethe an die Stelle der toten, auch unsere heutige Anschauung noch beherrschenden Orientierung über die Welt, eine lebendige setzen wollte. Diese lebendige Anschauung namentlich von dem Wirken der Lebewesen selbst bis herauf zum Menschen, wie sie sich bei Goethe findet, sie ist noch lange nicht genug gewürdigt, lange nicht irgendwie verstanden. Sie wird ein Einschuss der ganzen geistigen Entwicklung der

Menschheit werden müssen. Diejenigen, die heute glauben schon etwas zu verstehen von Goetheanismus in seiner Richtung, die missverstehen gerade das Allerintimste, das Allergewichtigste.

Dasjenige, was hier als eurythmische Kunst dargeboten wird, es ist aus Goethe'schem sinnlich-übersinnlichem Schauen herausgeholt, aus dem ganzen Menschen. So, wie Goethe in der ganzen Pflanze nach seiner lebendigen Weltauffassung ein komplizierter ausgestaltetes Blatt sieht, so ist in der Tat nicht nur der Form nach, sondern allen Bewegungen nach, die er machen kann, der Mensch nur eine komplizierte Ausgestaltung eines einzelnen seiner Organe, und insbesondere eine Ausgestaltung in komplizierterer Art des hervorragendsten, eigentlich menschlichsten Organes – des Kehlkopfes und seiner Nachbarorgane, wenn sie die Werkzeuge abgeben für die Lautsprache.

Nun aber handelt es sich darum, dass man erstens, um Eurythmie hervorzubringen durch sinnlich-übersinnliches Schauen, sich in die Lage versetzt – was eine langwierige seelisch-geistige Arbeit ist – zu erkennen, welche Bewegungen, namentlich aber Bewegungsanlagen zugrunde liegen dem Kehlkopf, der Lunge, dem Gaumen, der Zunge und so weiter, wenn sie hervorbringen die Lautsprache. Da liegt zugrunde – das kann schon abgenommen werden daraus, dass ja die ganze Luftmasse eines Raumes, in welchem ich spreche, in Bewegung ist –, da liegt zugrunde eine gewisse Bewegung. Auf diese Bewegung wenden wir die Aufmerksamkeit nicht, wenn wir dem Ton zuhören, wenn wir der Lautsprache zuhören.

Aber diese Bewegung kann eben abgesondert erkannt werden, und dann kann sie übertragen werden auf Bewegungen des ganzen Menschen. Und so werden Sie sehen, wie der ganze Mensch vor Ihnen hier auf der Bühne gewissermaßen zum Kehlkopfe wird und dadurch in der Eurythmie tatsächlich eine stumme Sprache entsteht, eine stumme Sprache, die nicht irgendwie willkürlich auszudeuten ist, sondern die ebenso gesetzmäßig aus den Organanlagen des menschlichen Organismus hervorgeholt ist wie die Lautsprache. Aber dadurch, dass so dasjenige, was sonst unsichtbar bleibt, beim Sprechen sichtbar gemacht wird – teils durch den bewegten Menschen, teils durch die Menschengruppen in ihren gegenseitigen Bewegungen und

Stellungen –, dadurch kann man das Künstlerische des Sich-durch-die-Sprache-Offenbarens besonders herausheben.

Denn in unserer Sprache ist, auch wenn dichterische Kunst sich durch sie ausdrückt, in der Tat nur so viel wirkliche Kunst, als in dieser Sprache Musikalisches auf der einen Seite ist, und Plastisch-Gestaltetes auf der anderen Seite ist. Dasjenige, was der wortwörtliche Inhalt ist, worauf man gewöhnlich, wenn man unkünstlerisch die Dichtungen betrachtet, den größten Wert legt, das gehört eigentlich gar nicht zum Wirklichen der Kunst. Die Werke der wirklichen Kunst sind viel seltener, als man denkt. Schiller hatte, bevor er den wortwörtlichen Inhalt eines Gedichtes in der Seele sich vergegenwärtigte, immer eine Art wortloses melodiöses Element zugrunde liegend, ein rhythmisches, taktmäßiges, melodiöses Element, und daran reihte er erst das Wortwörtliche auf. Goethe, der mehr ein plastischer Dichter war, er hatte etwas Gestaltendes in seiner Sprache. Und dieses Gestaltende, das kann man durchschauen, wenn man wirkliche Goethe'sche Dichtung empfinden kann.

So ist dasjenige, was eigentlich der Dichtung zugrunde liegt, selbst schon ein verborgenes Eurythmisches. Es wird studiert und auf die Bewegungen des ganzen Menschen übertragen. Dann ist nichts Willkürliches in diesen Bewegungen, dann ist in diesen Bewegungen etwas, was so gesetzmäßig nacheinander verläuft, wie die melodiöse Gesetzmäßigkeit oder die Gesetzmäßigkeit der Harmonie nebeneinander in der Musik selber sich offenbaren. Dadurch erreicht man es aber, dass man gerade in der Eurythmie etwas besonders Künstlerisches zustande bringen kann, denn in unserer Lautsprache ist viel Konventionelles, Nützlichkeitsgemäßes eingeschaltet. Wir haben ja unsere Sprache zur menschlichen Verständigung. Was ihr anhaftet von dieser Seite her, das ist gerade das Unkünstlerische, sodass das Künstlerische immer mehr zum Vorschein kommt, je mehr das Unbewusste der Sprache hervordringt.

Man darf nicht vergessen, dass die Sprache eigentlich auch im einzelnen Menschen aus dem Unbewussten, Traumhaften heraus geboren wird. Das Kind ist noch nicht zum vollen Bewusstsein seiner selbst erwacht, während es sprechen lernt. So, wie die Bilder des

Traumes sich hineinstellen in das menschliche Bewusstsein als ein Dunkles dieses Bewusstseins, so ist noch das Bewusstsein des Kindes dunkel, wenn die Lautsprache von ihm gelernt wird. Das deutet auf der einen Seite darauf hin, wie die Lautsprache etwas enthält, was aus dem Unbewussten des Menschen heraufquillt. Auf dieses Unbewusste muss man bei allem Sprachlichen Rücksicht nehmen. Ich bitte Sie nur, vor allen Dingen zum Beispiel das eine zu bedenken: Grammatik, also der innerlich logische Aufbau der Sprache, der dann in Künstlerisches übergeht, wenn die Sprache eben künstlerisch behandelt wird, der ist nicht etwa bei den sogenannten zivilisierten Sprachen der vollkommnere oder das Ausgebaute, sondern gerade bei den unzivilisierten Sprachen ist gewöhnlich die kompliziertere *[Lücke im Text]* Grammatik vorhanden.

Also nicht aus dem, was aus dem zivilisierten Bewusstsein heraus stammt, kommt dasjenige, was die Sprache als ihre Gesetzmäßigkeit durchzieht. Dieses gesetzmäßige, unterbewusste Element, das ist es, was herausgeholt wird aus dem Menschen. Dadurch wird die Eurythmie allerdings das Gegenteil des Träumerischen. Während der Traum ein Herabstimmen des Bewusstseins bedeutet, vor allen Dingen ein Herabstimmen des Willens, wird in Eurythmie der Wille, wie er in der Sprache entsteht, [der] als ein Element [sich] hineingestaltet, herausgeholt; willensmäßig [wird] ein Sich-Offenbaren des Menschen durch eine stumme Sprache herbeigeführt. Dadurch aber gelangen wir geradezu bewusst in das unbewusste Schöpferische des Menschen hinein, und wir kommen dazu, den Menschen selber in seiner ganzen organischen Gestaltung und Bewegungsmöglichkeit als ein künstlerisches Werkzeug zu benützen.

Und wenn man bedenkt, dass der Mensch das vollkommenste Wesen ist, sagen wir, das wir in dieser Welt kennen, so muss auch, wenn man sich seiner bedient als eines künstlerischen Werkzeuges, etwas wie eine Verkörperung des künstlerischen Ausdruckes, der sonst möglich ist, überhaupt herauskommen. So sehr ist alles aus der Gesetzmäßigkeit der menschlichen Natur bei dieser Eurythmie herausgeholt, dass durchaus nichts Willkürliches – also nicht Zufallsgebärden oder dergleichen – drinnen sind. Wenn zwei Menschen oder zwei Menschengruppen an zwei ganz verschiedenen Orten ein und dieselbe Sache eurythmisch darstellen würden, so würde die Darstellung nicht mehr Unterschiede aufweisen, als wenn ein und dieselbe Sonate nach einer subjektiven Auffassung gegeben würde. Es ist immer eine Gesetzmäßigkeit im Eurythmischen da, so wie im Musikalischen selbst. Daher kann durch diese stumme Sprache der Eurythmie, die aus derselben Naturgesetzmäßigkeit hervorgeholt worden ist wie die Lautsprache, gerade ein tiefer Künstlerisches erreicht werden, indem das Gedankenmäßige, das sonst in der Sprache wirkt, zur Ausschaltung gekommen ist.

Und so werden Sie sehen, wie auf der einen Seite Ihnen Dichtungen oder auch selbst musikalisch Ausdrückbares durch die stumme Sprache der Eurythmie dargestellt werden. Parallel gehend werden Sie dann in einigen Fällen Musikalisches sehen, das ja nur eine andere Ausdrucksart gibt desjenigen, was eurythmische Darstellung ist. Auf der anderen Seite werden Sie Dichtungen durch die Lautsprache rezitiert hören, und dabei werden Sie sehen, dass man ja gerade gezwungen ist, wenn man dieselbe Dichtung, die auf der Bühne durch die Eurythmie plastizierend dargestellt wird, wenn man sie rezitierend begleitend darstellt, [dass] man gezwungen ist, abzugehen von dem heutigen Unkünstlerischen des Rezitierens, das auf der besonderen Hervorhebung des Inhaltes allein beruht. Dass es vielmehr hier darauf ankommt im Rezitieren, auszu[drücken] dasjenige, was in der Dichtung selbst schon eurythmisch ist. Was als plastische Gestaltung, Rhythmus, Takt, Musikalisches der eigentlichen Dichtung zugrunde liegt und wofür dasjenige, was als bewegtes Element in der Dichtung lebt taktmäßig, rhythmisch, dasjenige, was im Gestalteten geahnt werden kann hinter den Worten – das muss in der Rezitation, die besonders diese Eurythmie begleiten soll, ganz besonders ausgearbeitet werden. Daher wird wieder zurückgegangen werden hier auf diejenige Form der Rezitationskunst, die geübt wurde, als man noch ein Gefühl hatte von der eigentlichen Rezitationskunst. Heute ist das sehr selten vorhanden, heute nimmt man mehr den Prosainhalt, nur das eigentlich Unkünstlerische selbst in der Dichtung wahr und rezitiert danach.

So wird heute natürlich noch missverstanden werden die Eurythmie selbst, weil sie etwas durchaus Neues in den Quellen darstellt, aus denen sie hervorgeholt ist, und missverstanden werden wird vielleicht auch die begleitende Rezitation. Allein, darauf kommt es nicht an. Alles dasjenige, was sich als ein Ursprüngliches hineinstellt in die menschliche Zivilisationsentwicklung, das wird ja zumeist mit scheelen Augen angesehen. Dennoch darf ich aber bitten, zu berücksichtigen, dass wir selbst die strengsten Kritiker sind und sehen, was wir heute noch nicht können. Wir betrachten das, was wir heute schon leisten können, als nichts anderes als einen Anfang, der gar sehr der weiteren Ausbildung, der weiteren Vervollkommnung bedarf. Sie werden zwar sehen, dass Dichtungen, die selbst schon als Impressionen gedacht sind wie das «Quellenwunder», die also schon Eurythmisches in sich haben, dass diese Dichtungen sich besonders, ich möchte sagen wie selbstverständlich in Eurythmie umsetzen lassen. Sie werden aber auch sehen, dass, wo wirkliche innere Beweglichkeit und Plastik in einem Gedichte ist wie in so vielen Goethe'schen Gedichten, dass da in der Tat die Eurythmie manches leisten kann.

Auch in den Humoresken, die wir Ihnen heute vorführen werden, werden Sie sehen, wie man nachkommen kann, ohne dass man Pantomime und Mimik, die nur Zufallsgebärden sind, zu Hilfe nimmt, wie man nachkommen kann durch eurythmisch-musikalische Raumformen diesen Dingen, also durch eurythmisch in den Raum umgesetztes Musikalisches nachkommen kann dem, was als Komisches, Groteskes in der Dichtung auftritt. Gerade dieses Unterliegende wird ja ganz besonders getroffen.

Ich bitte Sie also, unsere Vorstellung mit Nachsicht aufzunehmen. Wir können Ihnen heute nur den Anfang bieten, können aber dennoch sagen, dass die Eurythmie – weil sie sich bedient des Menschen, der ein wirklicher Mikrokosmos ist, als ihres Instrumentes, als ihres Werkzeuges – vielleicht auf sich anwenden lässt das Wort, mit dem Goethe das eigentlich Künstlerische charakterisieren wollte: Wenn der Mensch auf den Gipfel der Natur gestellt ist, so sieht er sich wieder als eine ganze Natur an, die in sich abermals einen Gipfel hervorzubringen hat. Dazu steigert er sich, indem er sich mit allen Vollkommenheiten und Tugenden durchdringt, Wahl, Ordnung, Harmonie und Bedeutung aufruft und sich endlich zur Produktion des Kunstwerkes erhebt. Oder das andere schöne Wort: «Wenn die gesunde Natur des Menschen als ein Ganzes wirkt, wenn er sich in der Welt als in einem großen, schönen, würdigen und werten Ganzen fühlt, wenn das harmonische Behagen ihm ein reines, freies Entzücken gewährt – dann würde das Weltall, wenn es sich selbst empfinden könnte, als an sein Ziel gelangt aufjauchzen und den Gipfel des eigenen Werdens und Wesens bewundern.»

Es soll durch den Menschen in der Eurythmie eine Sprache gesprochen werden nicht wie in der Lautsprache, wo der individuelle Mensch, der einzelne Mensch aus seinen Emotionen heraus spricht, sondern es soll so gesprochen worden, als wenn der Mensch in der ganzen Menschenwesenheit eingeschaltet wäre und durch sie, aus ihr heraus sprechen würde.

Das ist, wie gesagt, alles noch im Anfange, aber wir sind auch überzeugt, dass – eben weil wir selbst unsere strengsten Kritiker sind und obwohl wir um nachsichtige Beurteilung bitten –, wir sind überzeugt, dass diese Eurythmie immer weiter ausgebildet werden wird, durch uns oder wahrscheinlich durch andere. Und wenn sie Interesse findet in weitesten Kreisen, so wird sie sich einstmals als eine vollberechtigte Kunstform neben andere, ältere vollberechtigte Kunstformen hinstellen können.

[Vor der Pause:]
Wir werden Ihnen nach der Pause, meine sehr verehrten Anwesenden, eine Gnomen- und Sylphenszene vorführen können. In derselben ist versucht, die geheimnisvollen Kräfte der Natur, die sich im Zusammenleben des Menschen mit der Natur offenbaren können, zur Offenbarung zu bringen, und zwar dasjenige im Naturwalten, was nicht erreicht werden kann durch ein Eingehen auf die Natur in bloß abstraktem Denken oder auf das sogenannte Naturgeschehen. Es wird vielleicht noch lange nicht zugegeben werden, dass in der Natur ein Wirken und Walten, ein Weben und Leben ist, das eben durch Abstraktion und durch Naturgesetze nicht zu erreichen

ist, sondern das nur dann erreicht werden kann, wenn sich unsere Naturauffassung durch wirkliche künstlerische Formen belebt. Die Natur sagt uns so viel und so Intensives, dass, was sie uns sagt, wohl in umfangreicheren und intensiveren Formen gesagt werden muss, als durch abstrakte Naturgesetze geschehen kann.

So etwas ist versucht worden, herauszuholen aus jenen Naturgesetzen: Was wir dann erleben, wenn wir das Menschenwesen so recht in ein reines, ich möchte sagen in ein intimes Bild mit dem bringen, was durch die Natur wallt und webt, so etwas ist also in diesem Gnomen- und Sylphenchor einmal versucht worden. Und auch da liegt Goethe'sche Kunstgesinnung zugrunde. Denn Goethe hat durchaus die Kunst mit dem Erkennen in ein sehr nahes Verhältnis gebracht, und er sieht in der Kunst dasjenige, was zu gleicher Zeit ein höheres Erkennen des Menschen- und Welträtsels vermittelt, als es das bloße Naturerkennen kann. Deshalb sagt auch Goethe: «Wem die Natur ihr offenbares Geheimnis zu enthüllen anfängt, der empfindet eine unwiderstehliche Sehnsucht nach ihrer würdigsten Auslegerin, der Kunst.» Und man wird schon einmal noch einsehen, wenn das auch heute noch als irgendetwas Laienhaftes oder Dilettantisches angesehen wird gegenüber der sogenannten strengen Wissenschaft, man wird schon auch einsehen, dass durch ganz andere Mittel, als diese strenge Wissenschaft bieten kann, dasjenige erkannt werden muss, was in der Natur als Geheimnis waltet, namentlich, dass man gerade durch ein künstlerisches Eingehen auf dasjenige, was die Natur aus sich heraus offenbart, wenn man nur sich auf sie einlässt, ihre Geheimnisse erkennen kann.

Ansprache zur Eurythmie, Dornach, 1. Februar 1920

Meine sehr verehrten Anwesenden!
Nicht etwa um dasjenige, was wir nun versuchen wollen auf der Bühne vor Ihnen darzustellen, zu erklären, sondern um auf die Quellen der eurythmischen Kunst hinzuweisen, möchte ich diese paar Worte, die ich nun sprechen werde, unserem Versuch einer eurythmischen Aufführung voranstellen. Denn selbstverständlich wäre ein künst-

lerischer Versuch nicht wirklich künstlerisch, wenn dasjenige, was dargeboten wird, erst einer Erklärung bedürfte – denn die Kunst muss durch ihren unmittelbaren Anblick selber für sich sprechen. Hier handelt es sich darum, dass diese eurythmische Kunst, ich darf sagen aus neuen Kunstquellen geschöpft wird und dass sie sich auch des besonderen Werkzeuges des Menschen selbst in einer Weise bedient, wie das bisher in der Kunst noch nicht geschehen ist. Wie alles dasjenige, für das dieser Bau, das Goetheanum, eine Art Repräsentation darstellt, zuletzt zurückführt auf Goethe'sche Weltanschauung, so führt auch unsere Eurythmie zurück auf Goethe'sche Kunstanschauung, Goethe'sche Kunstgesinnung; und zwar so, dass diejenige Anschauung vom Lebendigen, die Goethe zu der seinigen gemacht hat und die wahrhaftig noch lange nicht genügend verstanden und gewürdigt wird, zugrunde gelegt wird der Ausbildung einer besonderen Bewegungskunst.

Diese Bewegungskunst oder Eurythmie kann nicht verwechselt werden – oder sollte wenigstens nicht verwechselt werden – mit allerlei Ähnlichem wie Tanzkünsten, Gebärdenkünsten, mimischen Künsten und dergleichen. Denn gerade alles das, was Gebärde, Mimik ist, das ist im Grunde genommen bei unserer Eurythmie vermieden. Es handelt sich bei dieser Eurythmie um eine wirkliche stumme Sprache als Ausdrucksform.

Die dichterische Kunst, sie bedient sich ja zunächst der Lautsprache. Allein, die Lautsprache ist ein Zusammenfluss von zwei Elementen: Von der Verstandesseite her fließt in die Lautsprache hinein dasjenige, was vorstellungsmäßig, ideenmäßig ist. Aber derjenige, der das Sprachliche, insbesondere wenn es dichterisch, künstlerisch gestaltet wird, empfindungsgemäß verfolgen kann, der wird gewahr, dass aus dem ganzen Menschen heraus die Sprache durchdrungen ist von einem Willenselemente, sodass Vorstellungselement und Willenselement in der gesprochenen Sprache zum Ausdrucke kommt auch dann, wenn sich die dichterische Kunst dieser gesprochenen Sprache bedient.

Nun kann man aber sagen: Künstlerisch ist alles dasjenige nicht, was durch die Vorstellung, durch die Idee, durch die Gedanken vom

Menschen erfasst wird. Künstlerischer Eindruck entsteht nur dadurch, dass wir gewissermaßen in das schaffende Weben der Welt uns versenken mit Ausschluss des abstrakten, des intellektuellen Elementes, sodass wir in der Sprache, deren sich gerade die Kunst bedienen muss, gewissermaßen die Notwendigkeit haben, nicht ganz künstlerisch zu wirken. Der wirklich künstlerische Mensch empfindet daher auch, dass in der Sprache nur so viel wirklich künstlerisch sein kann, als auf der einen Seite in diese Sprache ein musikalisches Element hineinfließt, auf der anderen Seite ein plastisches, ein gestaltendes Element hineinfließt.

Man kann ja sagen: Unser Zeitalter ist nicht ein sehr künstlerisches Zeitalter, unser Zeitalter empfindet auch die Dichtung prosaisch, dem Inhalte nach. Andere Zeitalter, die durch eine gewisse Naivität der Menschen mehr im künstlerischen Auffassen drinnen stecken, die sahen in der Dichtkunst nicht den wortwörtlichen Inhalt an, sondern sie sahen das rhythmische, das taktmäßige, das melodiöse Element, das dem wortwörtlichen Inhalt nur zugrunde liegt, als das Wesentliche an – oder auch das plastische, das gestaltende Element.

In der Eurythmie ist versucht worden zu studieren – durch dasjenige, was man im Goethe'schen Sinne sinnlich-übersinnliches Schauen nennen könnte – alles das, was in dem menschlichen Kehlkopf, in seinen Nachbarorganen an Bewegungsanlagen vorhanden ist, wenn der Mensch die Lautsprache ertönen lässt. Bei der Lautsprache ist es allerdings so, dass der Mensch unmittelbar den Luftwellen mitteilt dasjenige, was er aus den Bewegungsanlagen des Kehlkopfes und seiner Nachbarorgane heraus offenbaren kann. Aber studiert man die wirkliche Organisation des Menschen gerade durch Geisteswissenschaft, dann kommt man darauf, dass der Kehlkopf und dasjenige, was ihn umgibt zur Entstehung der Sprache, im Grunde genommen im Kleinen eine Wiederholung ist des ganzen menschlichen Organismus. Und wenn man herausbekommt, welche Bewegungsanlage hinausfließt in die Bewegung der Luft – die ja vorhanden ist, wenn wir die Lautsprache zur Geltung bringen –, dann kann man nicht die Bewegung selbst, aber die Bewegungsanlagen durch den ganzen Menschen zum Ausdrucke bringen.

Und so werden Sie sehen – ohne dass irgendwie etwas Willkürliches zugrunde liegt – vor Ihnen auf der Bühne den ganzen Menschen oder Menschengruppen gewissermaßen zum Kehlkopfe werden, sodass in dem, was der Mensch durch seine Glieder ausdrückt oder in dem, was dann die Gruppen durch ihre Stellungen, durch ihre Bewegungen im Verhältnisse zueinander ausdrücken, dasselbe angeschlagen wird, was sonst wirkt vom Kehlkopfe aus in die Luftschwingungen hinein.

Für denjenigen, der für solche Dinge Verständnis hat, möchte ich sagen: Wie sich das Licht als kleine Schwingung zu den größeren, ausgebreiteten Schwingungen der schwingenden Elektrizität, die der drahtlosen Telegraphie zugrunde liegt, verhält, so verhält sich dasjenige, was im Kehlkopfe vorgeht, zu dem, was ausgebildet wird für die ganze menschliche Beweglichkeit in der Eurythmie. Es ist also nicht etwa so, dass versucht wird durch Zufallsgebärden, durch irgendwelche bloße Mimik etwas auszudrücken, sondern so, wie gesetzmäßig Laut an Laut sich schließt in der menschlichen tönenden Sprache, so schließt sich Bewegung an Bewegung in dieser stummen Sprache der Eurythmie. Dadurch aber, dass ausgeschlossen ist das Gedankenelement, dass nur das Willenselement in Bewegung gebracht wird, dadurch wird die Auffassung desjenigen, was eurythmisch dargestellt wird, eben von vornherein eine künstlerische. Das Gedankenelement, das ideelle Element, wird ausgeschlossen. Und indem man den Menschen selbst als Instrument für die Eurythmie-Darstellung benützt, sieht man, wie sich in diesem Menschen, in seinen Bewegungsmöglichkeiten, alle Welträtsel anschauen lassen. Das ist das Wichtige, dass sich die Welträtsel in den Bewegungen, die hier eurythmisch ausgeführt werden, anschauen lassen.

Deshalb aber ist es wirklich so, dass entweder Musikalisches, das Sie ja selber auf der einen Seite hören werden, begleitet werden kann, illustriert, möchte ich sagen, werden kann durch das Eurythmische oder dass Sie Dichterisches, das in Begleitung der eurythmischen Darstellung rezitiert wird, zugleich mit der Rezitation empfangen. Durch die Rezitation lebt die Dichtung in der Lautsprache. Aber der Dichtung liegt schon das plastische oder das musikalische Element zugrunde – wenn die Rezitationskunst nicht so getrieben wird, wie sie vielfach in der Gegenwart getrieben wird, wo sie nicht auf ihrer Höhe steht, sondern so, [dass] sie von vornherein Künstlerisches bewirkt. Nicht so, dass Rezitationskunst betrieben wird, wo man auf den wortwörtlichen Inhalt Rücksicht nimmt, sondern auf das melodiöse, taktmäßige, rhythmische Element. Dieses liegt zugrunde der Eurythmie, und dies muss zur Geltung gebracht werden in der Rezitation, die die Lautfolge begleitet. So wie die Tonfolge durch das Musikalische begleitet wird, so muss die stumme Kunst der Eurythmie durch die Rezitationskunst begleitet werden von dem, was man auf der anderen Seite anhört als Dichtung.

Das alles, was Eurythmie heute schon bieten kann, ist aber eigentlich nur ein Anfang, und in dieser Beziehung bitte ich Sie auch, mit der Vorstellung Nachsicht zu haben, denn wir wissen genau, dass wir von dem, was uns als eurythmische Kunst vorschwebt, heute nur einen Anfang erst geben können. Man wird besonders dann sehen, wenn die Dinge, welche dichterisch ausgestaltet sind, durch Eurythmie wiedergegeben werden, dass sich diese eurythmische Wiedergabe besonders für diejenigen Dichtungen eignet – wie zum Beispiel das «Quellenwunder», das Sie heute sehen werden –, die schon von vornherein nicht auf den wortwörtlichen Inhalt, sondern auf den Rhythmus, auf den Rhythmus der aufeinanderfolgenden Gedanken, auf den Rhythmus in Bezug auf den Sinninhalt hin gebildet sind. Das lässt sich besonders gut eurythmisch ausdrücken, was gewissermaßen toneurythmisch empfunden ist, indem es hingeschrieben wird.

Und so werden Sie sehen, wie dadurch, dass der Mensch selbst für diese stumme eurythmische Sprache als Instrument benutzt wird, wie die Goethe'sche Kunstgesinnung wirklich erfüllt wird, jene Goethe'sche Kunstgesinnung, die besonders schön zum Ausdrucke kommt, wenn Goethe in seinem Buch über Winckelmann sagt: «Wenn die gesunde Natur des Menschen als ein Ganzes wirkt, wenn er sich in der Welt als in einem großen, schönen, würdigen und werten Ganzen fühlt, wenn das harmonische Behagen ihm ein reines, freies Entzücken gewährt – dann würde das Weltall, wenn es sich selbst empfinden könnte, als an sein Ziel gelangt, aufjauchzen und den Gipfel des eigenen Werdens und Wesens bewundern.» – In der Tat wird das versucht in der Eurythmie, dass überwunden werde alle bloß subjektive Willkür, die ja selbstverständlich unser Sprechen durchdringen muss, dass dasjenige, was zum Ausdrucke kommt, mit einer inneren Notwendigkeit zum Ausdrucke kommt, wie wenn der Mensch ein Ausdrucksmittel der ganzen Natur selber wäre, in die er eingeschaltet ist.

Daher empfindet man auch, wenn man eurythmisch darstellt, besonders stark so etwas, wie wir dann nach der Pause im zweiten Teil des Programmes versuchen wollen darzustellen. Da werden wir versuchen, eurythmisch wiederzugeben dasjenige, was wir einen Gnomen- und Sylphen-Chor nennen. Heute glaubt man ja, dass die Wahrheit der Natur nur in abstrakten Gedanken und in abstrakten Naturgesetzen sich offenbart. Es wird eine Zeit kommen, wo man wissen wird, dass die Natur in sich, die schaffende Natur in sich viel reicher ist, viel innerlich inhaltsvoller ist als dasjenige, was der abstrakte Gedanke und das abstrakte Naturgesetz geben kann, und dass in der Tat eine tiefe Wahrheit ist in einem solchen Ausspruche wie dem Goethe'schen: «Wem die Natur ihr offenbares Geheimnis zu enthüllen anfängt, der empfindet eine unwiderstehliche Sehnsucht nach ihrer würdigsten Auslegerin, der Kunst.» – Das kann nicht bloß aus abstrakten Gedanken, aus dem Experiment, aus dem Naturgesetz heraus kommen. Was man braucht, um die Natur zu verstehen, das ist dasjenige, was allmählich gefühlt werden muss: Es muss sich ergeben das Verständnis der Natur vom bloß abstrakten Gedanken zum wirklichen Erfassen, zum künstlerischen Erfassen, zum künstlerischen Durchschauen der Naturrätsel und Naturgeheimnisse. Dann findet man sich hinein in jenes Wechselgespräch zwischen dem Menschen und der Natur, wie ich es versucht habe, in dem Gnomen- und Sylphen-Chor zum Ausdrucke zu bringen.

Aber wie alles, was hier durch diesen Bau sich darstellen will, ja eigentlich eine Zukunftssache ist, so möchte ich noch einmal betonen, dass ich Sie bitte, unsere Vorstellung mit Nachsicht aufzunehmen. Denn wir wissen genau, heute können wir nur einen Anfang, vielleicht nur [einen] Versuch eines Anfanges unserer eurythmischen

Kunst schon geben. Aber wir sind auch überzeugt, dass, wenn dasjenige weiter ausgebildet wird, was als Impetus zugrunde liegt diesem Wollen der eurythmischen Kunst, dann werden – namentlich wenn die Zeitgenossen der Sache ihr Interesse entgegenbringen – entweder noch durch uns selbst oder wahrscheinlich durch andere diese eurythmischen Versuche zu einer vollständigen Kunst ausgebildet werden, die sich dann neben die anderen Kunstformen wirklich als etwas Berechtigtes, als etwas Gleichberechtigtes wird hinstellen können.

DORNACH, 7. UND 8. FEBRUAR 1920

Ankündigungsentwurf und Zeitungsannonce für die Aufführungen Dornach, 7. und 8. Februar 1920

NZ 7325

Goetheanum Dornach / Eurythmische Kunst / Zwei Darbietungen / mit teilweise erneutem Programm / Samstag, 7. Februar 5 Uhr / Sonntag, 8. Februar 5 Uhr / Imaginationen, Impressionen, Phantasien / (Ernstes und Grotesken).

Basler Vorwärts, 4.2.1920

361

Programm zur Aufführung Dornach, 7. und 8. Februar 1920

«Gesang der Geister über den Wassern» von J. W. v. Goethe
Das Märchen vom Quellenwunder von R. Steiner mit Musik von Walther Abendroth
Aus den Davidsbündlertänzen von Schumann
Spruch aus dem Seelenkalender (44.) von Rudolf Steiner
«An Schwager Kronos» von J. W. v. Goethe
Spruch aus dem Seelenkalender (45.) von Rudolf Steiner
«Gedichte» aus «Parabolisch» von J. W. v. Goethe
«Die Metamorphose der Pflanzen» von J. W. v. Goethe
«Der Fischer» von J. W. v. Goethe, danach ein Stück aus «Poissons d'or» von Claude Debussy
Aus «Der Seelen Erwachen» von Rudolf Steiner
«Professor Palmström» von Christian Morgenstern
«Der Rock» von Christian Morgenstern
«Die Mausefalle» von Christian Morgenstern
«Die Behörde» von Christian Morgenstern
«Die Oste» von Christian Morgenstern
«Ein modernes Märchen» von Christian Morgenstern

Ansprache zur Eurythmie, Dornach, 7. Februar 1920

Meine sehr verehrten Anwesenden!
Gestatten Sie auch heute, dass ich, wie ich es immer tue vor diesen Darbietungen, einige Worte vorausschicke – gewiss nicht, um die Vorstellung zu erklären, das wäre ein ganz unkünstlerisches Beginnen. Künstlerisches muss durch seinen eigenen Eindruck wirken und bedarf keiner Erklärung. Da es sich aber hier um eine neue Kunstform handelt, die aus besonderen neuen Kunstquellen geschöpft ist, so mag es gestattet sein, auf diese neue Kunstquelle mit einigen Worten hinzuweisen. Was Sie sehen werden auf der Bühne, wird in allerlei Bewegungen bestehen, welche ausgeführt werden von den Gliedern des menschlichen Leibes selbst, Bewegungen einzelner Personen oder Bewegungen in Gruppen, die dann in einer bestimmten Beziehung stehen zu dem Verhältnisse der einzelnen Personen, die in den Gruppen sind, und so weiter.

Was ist das alles, was da als Bewegung des Menschen und der Menschengruppen auftritt? Nun, das ist nichts anderes als einer Art stummer Sprache, eine wirkliche Sprache, aber eine Sprache, die nicht etwa willkürlich beschaffen ist, nicht etwa so beschaffen ist, dass man Zufallsgebärden oder Pantomimisches genommen hätte, um daraus eine kompliziertere Art von Gebärdensprache zu bilden. Nein, das ist nicht der Fall, sondern es handelt sich darum, im Sinne Goethe'scher Kunstanschauung und Goethe'scher Kunstgesinnung etwas zu schaffen, welches ganz in dem Charakter der menschlichen inneren Bewegungen – man möchte sagen *selber* gelegen ist. Sodass sich die Eurythmie, die Sie hier sehen werden, tatsächlich des ganzen Menschen, ja der Menschengruppen als Ausdrucksmittel so bedient, wie sich sonst die Lautsprache bedient als Ausdrucksmittel des Kehlkopfes und seiner Nachbarorgane.

Wenn man nämlich in geeigneter Weise durch, um diesen Goethe'schen Ausdruck zu gebrauchen, sinnlich-übersinnliches Schauen sich Kenntnis verschafft, vorausgesetzt natürlich, dass man dieses sinnlich-übersinnliche Schauen anwenden kann – wenn man sich dadurch Kenntnis verschafft von den Bewegungen, namentlich den Bewegungs*anlagen,* welche vorhanden sind beim Sprechen der Tonsprache und auch beim Singen im Kehlkopf und seiner Nachbarorganisation, wenn man eine genaue Vorstellung sich verschafft von diesen, wie gesagt hauptsächlich Bewegungsanlagen, dann kann man diese Bewegungsformen, die man auf diese Weise studieren kann, auf den ganzen Menschen übertragen. Sodass Sie tatsächlich sehen werden, wie gewissermaßen der ganze Mensch, ja die Menschengruppe vor Ihnen zu einem sich bewegenden Kehlkopfe wird. Die Bewegungen, die Sie da ausgeführt sehen, sind eben nicht willkürlich erfunden, sondern sind ganz und gar nachgebildet den Bewegungsimpulsen, den Bewegungsantrieben, welche beim Tonsprechen in dem Kehlkopf und seinen Nachbarorganen zu finden sind.

Es ist dasjenige, was der großen, gewaltigen Goethe'schen Anschauung von der Metamorphose alles Lebendigen zugrunde liegt, hier auf das Künstlerische angewendet. Goethe ist ja der Anschauung, dass zum Beispiel die ganze Pflanze nur ein kompliziertes ausgestaltetes Blatt sei, sodass derjenige, der die ganze Pflanze in ihrer Form versteht, in ihr sieht ein kompliziertes ausgestaltetes Blatt, und in dem Blatte nur eine elementare, einfache Pflanze, aber eine ganze Pflanze.

So ist es aber mit allem Lebendigen. Man kann sagen: Gerade in dem bewegten Kehlkopf – seine Bewegungen liegen ja den Bewegungen der Luft zugrunde, die hier geschehen, indem ich zu Ihnen spreche –, in dem bewegten Kehlkopf hat man in der Tat im Kleinen vor sich alles dasjenige, was der Wille aus dem bewegten menschlichen Organismus hervorzaubern kann. Dadurch, dass man dann diese Bewegungen, die man auf diese Weise durch [Studieren] der naturgemäßen Bewegungen des Kehlkopfes und seiner Nachbarorgane erhält, dass man diese auf den ganzen Menschen übertragen kann, bekommt man wirklich etwas heraus, was viel mehr dem Künstlerischen entspricht als unsere gewöhnliche Lautsprache. [In unsere gewöhnliche Lautsprache mischen sich] – sogar, wenn sie sich künstlerisch zur Dichtung formt oder zum Gesange formt – ja zwei Elemente hinein: das eine ist das Gedankenelement, ich möchte sagen: das vom Kopfe herkommt. Dieses Gedankenelement, das ist in unseren zivilisierten Sprachen schon etwas durchaus nach dem Konventionellen Hinneigendes, etwas, das allmählich immer mehr und mehr verloren hat alles elementare Herauskommen aus der Menschennatur und das daher wenig noch Künstlerisches in sich hat. Denn das Künstlerische beruht ja gerade darauf, dass ausgeschaltet werde das Verstandesmäßige, das Begriffliche, das Ideenhafte, dass man sich unmittelbar ohne Begriffe, ohne Vorstellungen in die Geheimnisse, in die Rätsel des bewegten Daseins hineinversenke. Das kann man, wenn man den Menschen selber, so wie wir es hier tun, als ein Instrument, als ein Ausdrucksmittel benützt. Das kann man dann, wenn man eine Sprache hat, welche von sich abstreift alles Gedankenmäßige und rein das Willenselement zu ihrer Offenbarung benützt.

Damit erreicht man aber noch ein anderes. Unsere Lautsprache, wann lernen wir sie denn? Wir lernen sie im zartesten Kindesalter, das heißt in derjenigen Zeit, in der wir uns eigentlich noch nicht bei ganz vollem Menschenbewusstsein befinden, in einer Zeit, in der wir uns gewissermaßen in das Leben hereinschlafen. Und ebenso hat die Menschheit ihre Sprache gelernt in einer Zeit, als das Bewusstsein noch nicht so hell war, als es in den historischen Zeiten war. Das Sprechenlernen, insofern die Sprache von Gedanken durchsetzt ist, fällt durchaus in unbewusste Stadien der Menschheitsentwicklung zurück, und dadurch liegt in der gesprochenen Sprache etwas Traumhaftes, etwas Unbewusstes. Man liebt ja heute das Unbewusste. Aber hier wird das Entgegengesetzte angestrebt mit unserer Eurythmie: Hier wird gerade das Vollbewusste, ja geradezu das Überbewusste als menschliche Bewegung angestrebt.

Wenn Sie auf den Traum sich besinnen, so werden Sie sich sagen, ist im Traum, wenn auch verworrene Gedankenform. Aber Bewegungen werden, wenigstens wenn der Mensch nicht krankhaft träumt und tobt im Traume, Bewegungen werden im Traume eben auch nur in der Vorstellung ausgeübt. Man stellt sich vor, man mache diese oder jene Bewegungen, man bewege sich; aber man bewegt sich im Traume nicht wirklich, man hat im Traume nur Ideen, nicht wirkliche Bewegungen.

Das Entgegengesetzte ist hier bei der Eurythmie der Fall. Da werden die Gedanken unterdrückt und die Bewegungen treten auf. Gerade das Willenselement – im Gegensatze zum Gedankenelement – tritt auf. Daher ist – ich möchte sagen, während alles dasjenige, was mehr in die gesprochene Sprache hinein sich versenken will, wiederum zum traumhaften Element zurückführt – hier bei der Eurythmie ein vollständiges Aufwachen, ein Über-Aufwachen geradezu eigentlich vorhanden. Daher ist nichts *mehr* zu bekämpfen auch bei dieser Eurythmie, als alles Hinneigen zum Mystisch-Verschwommenen, zum Träumerischen. Das Gegenteil vom Träumerischen, das vollbewusste Bewegen in künstlerischen Formen wird hier gerade angestrebt. Es darf nichts Willkürliches sein. Sodass Sie nicht etwa denken könnten, dasjenige, was Sie, während ein Gedicht hier rezitiert wird, als die stumme Sprache der Eurythmie sehen, das seien zufällig erfundene Formen oder Gebärden. Wenn zwei Gruppen oder zwei Menschen eurythmisch ein und dasselbe an verschiedenen Orten darstellen, so kann der individuelle Unterschied nicht anders sein, als wenn ein und dieselbe Sonate an verschiedenen Orten dargeboten wird. Es beruht nichts auf irgendeinem willkürlich Pantomimischen, nichts auf willkürlichen Gesten, sondern wie die Musik in ihrem melodiösen Elemente eine gesetzmäßige Aufeinanderfolge hat, so hier alles in der Aufeinanderfolge der Bewegungen. Es ist eine stumme, in sich bewegte Musik, diese Eurythmie.

Daher bitte ich Sie auch, besonders zu beachten, wie wir uns herausarbeiten aus dem Anfange. Aber wir sind heute eigentlich noch im Anfange, wenn auch schon ein bisschen weiter, als das vor einem halben Jahre war. Im Anfange, da stach noch immer da oder dort irgendetwas Mimisches durch unsere Darbietungen. Jetzt werden Sie selbst in Grotesken, die wir zur Darbietung bringen, sehen, wie alles Pantomimische bei unseren Darbietungen vermieden wird, wie tatsächlich die Formen gefunden werden aus ähnlichen Seelenantrieben heraus wie irgendein Text zu einer harmonischen oder melodiösen Musik sogar gefunden wird.

Das bitte ich besonders auch zu berücksichtigen bei der die Eurythmie begleitenden Rezitation. Sie werden auf der einen Seite sehen, wie man musikalisch begleiten kann das Eurythmische. Aber hauptsächlich werden Sie sehen, wie dasjenige, was Ihnen in der stummen Sprache der Eurythmie entgegentritt, zu gleicher Zeit von uns dargestellt wird in der Rezitation. Heute ist Rezitationskunst eigentlich in der Dekadenz. Wir suchen wiederum zurückzuführen die Rezitationskunst auf Goethe'sche Kunstanschauung. Goetheanismus [und Goethe'sche Kunstgesinnung] wird ja heute in vielem missverstanden. Allerdings erst gestern erhielt ich wiederum einen Brief, worinnen sich der Betreffende, ein Rechtsanwalt, aufregt über den Ausdruck Goetheanum. So etwas, behauptet er, sei nicht Deutsch, man solle wenigstens diesen Bau hier nicht Goetheanum nennen, denn das sei nicht Deutsch. Man solle ihn Goethe-Bau oder Goethe-Tempel nennen – Goethe-*Tempel* wird dann besonders Deutsch sein! Diesen Vorschlag macht der betreffende Herr nämlich. Man stößt auf die sonderbarsten Dinge in der Gegenwart. Aber die Leute treten sehr selbstbewusst auf in der Gegenwart, insbesondere, wenn sie Chorstudent oder Reserveleutnant gewesen sind.

Sehen Sie, meine sehr verehrten Anwesenden, die Rezitationskunst, sie muss tatsächlich wiederum etwas werden, dem zugrunde liegt so etwas, wie es war, als Goethe wie ein Kapellmeister mit dem Taktstock zum Beispiel seine «Iphigenie» mit seinen Schauspielern einstudierte. Das heißt: Nicht auf das Wortwörtliche kommt es in der Rezitation an, das Wortwörtliche ist in der Dichtung nicht das eigentliche Künstlerische. Das eigentlich Künstlerische ist entweder das Musikalische oder das Plastische, das Gestaltende. Schiller hatte bei seinen wichtigsten Gedichten niemals zuerst den wortwörtlichen Inhalt in der Seele; der kam erst dann hinzu, er hatte ein melodiöses, unbestimmtes melodiöses Gebilde, von dem er ausging. Und so viel ist eigentlich nur in einem Gedicht vom Künstlerischen vorhanden, als abgesehen vom wortwörtlichen Inhalt als innerer Rhythmus, innerer Takt und an Musikalischem ist. Oder auch kann man sagen: Das Musikalische ist mehr bei Schiller vorhanden, das Gestaltete, das Plastische ist mehr bei Goethe vorhanden. Wobei man sich versucht fühlt, durch die Worte hindurch zu schauen auf ganz bestimmte Formen. Wenn die Dichtung in dieser Weise nicht gerade hin orientiert ist bloß auf das Wortwörtliche, den wortwörtlichen Inhalt, sondern hin orientiert ist auf Takt, auf Rhythmus, auf Gestaltung, dann ist das Eurythmisieren ganz besonders leicht.

Sie werden bei der Märchendichtung «Quellenwunder» sehen, wie eine Dichtung, die schon vom Ursprung aus eurythmisch gedacht ist – wenn auch in einem inneren Seelenrhythmus, der immer wieder und wieder zu demselben Motiv zurückkommt –, innerlich formt, jeden einzelnen Absatz innerlich formt, [so]dass dann tatsächlich auch die Formen des Eurythmischen wie selbstverständlich zu der Sache hinzugefügt werden können. – Aber es kann auch bei so etwas wie zum Beispiel Goethes Metamorphosengedicht, wo alles auf der Anschauung der plastischen Naturformen beruht, ganz besonders wie selbstverständlich alles in Eurythmie umgesetzt werden.

Im zweiten Teile dann, nach der Pause, wollen wir Ihnen zeigen an dem Versuch, den ich gemacht habe, in einem Gnomen- und Sylphen-Chor etwas bildhaft darzustellen von dem, was man sonst in der Natur nur dargestellt findet durch abstrakte Begriffe, durch

Ideen. Das, um was es sich handelt, das ist etwas, was heute der Menschheit noch paradox vorkommt: Die Natur in ihrem Werden und Wesen, in ihrem Weben und Sein ist so innerlich reich, dass unsere Begriffe, wie wir sie in Naturgesetzen zum Ausdruck bringen, eben [etwas] viel zu Armes sind, um das auszudrücken, was der Reichtum der Natur ist. Man wird langsam und allmählich erst verstehen, dass man von den Begriffen zu Bildern übergehen muss, zu Bildern, die dann auch das gemüthafte Element aufnehmen, wo, indem man das Werden und Weben der Natur verstehen will, man auch aufnehmen muss dasjenige, was in der Menschenseele sich abspielt als Humor, als Komik neben dem Seriösen. Die abstrakten Naturgesetze, die selbstverständlich fern von aller Komik, von allem Humor sind, die gar nicht an unser Innerliches pochen, sie stellen nur das ärmste Werden und Weben der Natur dar. Aber das Aufschwingen zum Künstlerischen, zur Plastizität, das Aufschwingen zum Musikalischen, das führt uns auch tiefer in die Rätsel der Natur hinein.

Alles dasjenige selbstverständlich, was Sie hier sehen werden, ist nichts weiter als ein Anfang, denn die eurythmische Kunst ist eben durchaus erst ein Versuch. Aber wir haben die Überzeugung, dass, wenn unsere Zeitgenossen diesem Anfang ein gewisses Interesse entgegenbringen, er einer immer größeren Vervollkommnung fähig sei. Denn in der Tat: Das menschliche Willkürliche, das durch unsere Sprache hindurchwirkt, das hört auf in der Eurythmie, und es kann sein, indem man sich des Menschen selbst, der in seinem ganzen Organismus veranlagten Bewegungen, als eines Instrumentes bedient, es kann sein, [dass man] dadurch die Goethe'sche Kunstgesinnung so [erfüllt], wie es Goethe in den schönen Worten aussprach, als er den großen Winckelmann charakterisieren wollte: «Wenn die gesunde Natur des Menschen als ein Ganzes wirkt, wenn er sich in der Welt als in einem großen, schönen, würdigen und werten Ganzen fühlt, wenn das harmonische Behagen ihm ein reines, freies Entzücken gewährt – dann würde das Weltall, wenn es sich selbst empfinden könnte, als an sein Ziel gelangt, aufjauchzen und den Gipfel des eigenen Werdens und Wesens bewundern.»

Solche Kunstgesinnung kann am besten erfüllt werden, wenn man sich nicht des Abstrakten, sondern des Menschen selbst, der ein Mikrokosmos ist, als eines Ausdrucksmittels, als eines Werkzeuges für das Künstlerische bedient. Aber das alles ist, wie gesagt, im Anfange nur. Wenn die Zeitgenossen und die Nachwelt dem Interesse entgegenbringen, dann wird sich unsere Überzeugung erfüllen, dass unsere Eurythmie immer vollkommener und vollkommener werden kann. Jetzt muss ich Sie noch um Nachsicht bitten auf diesem Gebiete, denn es ist wirklich nur ein Anfang, vielleicht nur ein Versuch eines Anfanges. Aber dieser Anfang wird – entweder durch uns selbst noch oder wahrscheinlich durch andere, das letztere wohl mehr – einmal doch so ausgebildet werden können, dass sich die Eurythmie als eine vollberechtigte Kunstform neben die anderen vollberechtigten, aber älteren Kunstformen wird hinstellen können.

Ansprache zur Eurythmie, Dornach, 8. Februar 1920

Meine sehr verehrten Anwesenden!
Wie immer, so möchte ich auch heute für diejenigen der verehrten Zuhörer, die noch nicht bei einer solchen Darbietung waren, einige Worte unserer Vorstellung vorausschicken. Glauben Sie nicht, dass ich das tue, um etwa dasjenige, was künstlerisch dargeboten werden soll, zu erklären. Das wäre natürlich von vornherein ein ganz unkünstlerisches Beginnen, denn alles dasjenige, was Kunst sein will, muss ja wirken durch den unmittelbaren Eindruck. Aber hier handelt es sich bei dieser eurythmischen Kunst um die Eröffnung wirklich neuer Kunstquellen, und um die Verwendung, möchte ich sagen, eines neuen Kunstwerkzeuges. Und über diese beiden Dinge muss ja wohl einiges zum Verständnis der Eröffnung der Darstellung selbst vorangeschickt werden.

Was hier angestrebt wird, Sie werden es zunächst sehen auf der Bühne in Form von allerlei scheinbar unverständlichen Bewegungen, die ausgeführt werden von einzelnen Menschen, indem diese einzelnen Menschen ihre Glieder – namentlich die Arme und die Hände – bewegen, sich als Ganzes bewegen, Bewegungen auch, die ausgeführt werden von zusammengestellten Menschengruppen und so weiter. Das alles, was da versucht wird, das ist nicht etwa bloß irgendwie weiter ausgebildet eine Summe von, sagen wir Zufallsgebärden, nicht irgendetwas Pantomimisches, sondern es handelt sich tatsächlich um die künstlerische Ausgestaltung einer ganz bestimmten Art von Gesetzlichkeit, die im menschlichen Organismus selbst begründet ist.

Wie alles, was ausgehen soll von derjenigen Bewegung, für die dieser Bau hier der Repräsentant ist, so geht auch unsere Eurythmie in ihrem Wollen zurück auf Goethe'sche Weltanschauung, auf Goethe'sche Kunstanschauung und auf Goethe'sche Kunstgesinnung – wobei ich Sie allerdings bitte, wenn ich hier von Goetheanismus spreche, das nicht so aufzufassen, als ob für uns nur Goethe in Betracht käme, insoweit er im 18. Jahrhundert und im ersten Drittel des 19. Jahrhunderts gelebt hat, sondern für uns ist Goethe ein lebendig fortwirkender Kulturfaktor. Und der Goethe, der uns heute überall lebendig ist, der Goethe von 1920, er ist eben etwas durchaus anderes als der Goethe, der im Jahre 1832 gestorben ist.

Dasjenige, um was es sich handelt, ist nun, dass eben alle Willkür von der Ausgestaltung unserer eurythmischen Kunst ausgeschlossen ist. Wenn ich den Goethe'schen Ausdruck gebrauchen darf, so möchte ich sagen: Durch sinnlich-übersinnliches Schauen ist zuerst erforscht worden, welche Bewegungsanlagen – ich sage ausdrücklich Bewegungs*anlagen* – im menschlichen Kehlkopf und seinen Nachbarorganen vorhanden sind, wenn durch diesen menschlichen Kehlkopf, Gaumen, Zunge und so weiter, die äußere Luft in Bewegung gesetzt wird und die Lautsprache zustande kommt. Da macht man erstens wirklich die merkwürdige Entdeckung, dass alles dasjenige, was sich an den Kehlkopf als Ausdrucksorgane für die Sprache angliedert, dass das in gewissem Sinne eine metamorphosierte Wiederholung der Organisation des ganzen Menschen ist, in dem Sinne, wie Goethe seine Metamorphosenlehre, die ja wirklich heute durchaus noch nicht richtig gewürdigt ist, als eine Erkenntnismethode für das Lebendige ausgestaltet hat. Sodass er sagte: Die ganze Pflanze ist im Grunde genommen nichts anderes als ein kompliziert ausgestaltetes Blatt, und jedes Blatt ist eine elementar gestaltete ganze Pflanze. So kann man sagen: Alles dasjenige, was Funktionen des Kehlkopfes sind, sind eigentlich metamorphosierte Funktionen des ganzen menschlichen Organismus.

Dasjenige, was nun gestaltet werden kann als jene Bewegungsanlage, welche erregt die Bewegungen der Luft in der Tonsprache, das kann übertragen werden auf den ganzen Menschen. Sodass Sie hier auf der Bühne gewissermaßen den einzelnen Menschen oder ganze Menschengruppen mit allem, was dazu gehört, wie einen großen wandelnden Kehlkopf in der stummen Sprache, die diese Eurythmie spricht, haben. Daher ist Eurythmie eine stumme Sprache, die nach denselben Gesetzmäßigkeiten gebildet ist wie die Lautsprache. Nur muss dabei berücksichtigt werden, dass, wenn die Bewegungsanlagen des Kehlkopfes und seiner Nachbarorgane auf die Luft übertragen werden, so setzen sich die Bewegungserregungen in Bewegungen mit kleinster Geschwindigkeit um, sodass nicht die einzelne Bewegung wahrgenommen wird. Merkwürdigerweise – man kann ja selbstverständlich ein glücklicheres Wort dafür finden, für das, was ich sagen will –, merkwürdigerweise kann man nun finden, dass das Willenselement, das im Menschen wirkt, so sich erregend verhält zu den Bewegungen der einzelnen Glieder des menschlichen Organismus, die ja natürlich einen größeren Widerstand entgegensetzen, daher langsamer sich bewegen müssen – und nicht, um, sinnlich für die Augen unwahrnehmbar, nur zu hörende Bewegungen hervorzurufen, sondern *sichtbare* Bewegungen hervorrufen können. Diesen Umschwung, diese Metamorphosierung desjenigen, was in den menschlichen Lautorganen vorgeht, in Bewegungen des ganzen menschlichen Organismus, das ist unsere Eurythmie.

Daher ist nichts Willkürliches in dieser eurythmischen Kunst enthalten. Im Gegenteil, es ist alles zu suchen in der regelmäßigen, in der gesetzmäßigen Aufeinanderfolge der Bewegungen, wie im musikalischen Elemente selber alles zu suchen ist in der gesetzmäßigen Aufeinanderfolge des melodiösen Elementes. Es ist eine sichtbar gewordene Musik oder eine sichtbar gewordene Sprache namentlich.

Man kann nun sagen, dass man gerade dadurch, dass solches angestrebt wird, ein stärkeres Künstlerisches erreiche als durch die

Lautsprache, wenn diese Lautsprache zum Ausdrucke der Dichtung wird. Die Dichtung leidet ja ihrem künstlerischen Elemente nach in unseren zivilisierten Sprachen schon darunter, dass zum großen Teil in unsere Sprachen einfließt ein konventionelles Element, dasjenige, was nur dient zur sozialen Verständigung von Mensch zu Mensch. Das alles muss natürlich vom Dichter verwendet werden, aber es ist schon ein unkünstlerisches Element der Sprachbildung, und es wird insbesondere unkünstlerisch in dem Maße, als sich das Gedankenelement, das Ideenelement dadurch in das Sprachliche hineinmischt. Im Sprachlichen fließen zusammen das gedankliche Element und das Willenselement, die beide aus der menschlichen Seele hervor sich offenbaren. Aber nun kann man ja sagen: Etwas ist umso mehr künstlerisch, je mehr das Gedankenelement zurücktritt. Je mehr wir in der Lage sind, uns in einen Gegenstand oder Vorgang so hineinzuversetzen, dass wir das tun mit Ausschluss des Ideellen, mit Ausschluss des Abstrakten, mit Ausschluss des Gedankenelementes, umso mehr ist der Eindruck ein künstlerischer, was in der Eurythmie besonders dadurch erreicht wird, dass ja das Gedankenelement ganz ausgeschlossen ist und nur die sonst das Gedankenelement begleitenden Willensimpulse in die Bewegungen der Glieder übergehen.

Ich könnte Ihnen die Sache auch noch von einer anderen Seite her charakterisieren. Sie brauchen nur daran zu denken, wie das Gedankenleben – es ist das in unserer Zeit so, dass in unsere gewöhnlichen [Träume] Vorstellungen hineinspielen. Unsere gewöhnlichen [Träume], wenn man nicht direkt pathologisch ist, sind ja von Bewegungsvorstellungen begleitet. Wir bewegen uns im Traume, aber die Bewegungen sind nur Vorstellungen. Das Bewegungselement tritt da ganz zurück im Element des Traumes. Das Umgekehrte ist bei der Eurythmie der Fall. Da tritt das Gedankenelement ganz zurück, und das Willenselement tritt hervor. Daher kann man sagen: Im gewöhnlichen Traum ist ein herabgestimmtes Bewusstsein da; in der Eurythmie ist ein Überbewusstsein da, ein stärkeres Aufwachen, als das alltägliche Bewusstseins-Aufwachen ist. Das ist das Wesentliche, dass durchaus nichts Traumhaftes in der Sprache, die als stumme Sprache in der Eurythmie gegeben wird, drinnen ist.

Sie wissen ja, dass eigentlich [die Menschheit die Sprache entwickelt hat in der Zeit, als die Menschen noch nicht zum vollen Bewusstsein erwacht sind] – die Menschen entwickelten in ihrer Kindheitsperiode das Element der Sprache, und der einzelne Mensch entwickelt auch bei dem noch traumhaft kindlichen Bewusstsein, bevor das eigentliche Abstrakte erwacht, die Sprache. So wächst die Sprache wirklich aus einer Art Unterbewusstsein heraus. Das kann man ja auch daran sehen, dass nicht die zivilisierten Sprachen die ausgebildetste logische Grammatik haben, sondern gerade die weniger zivilisierten Sprachen. Daher kann man sehen, wie der Sprachorganisation sich aus dem Unterbewussten herauf offenbart dasjenige, was als das Sichtbare der Eurythmie sich offenbart, als durchaus bewusstes, aber nicht weniger künstlerisches Element.

Daher bitte ich Sie, Wert darauf zu legen, zu wissen, dass in der Eurythmie alles Pantomimische, alles Gebärdenartige, alles Tanzartige ausgeschlossen ist und man daher in der Eurythmie eine wirkliche, der inneren Gesetzmäßigkeit abgelauschte stumme Sprache zu sehen hat. Daher wir diese Eurythmie auf der einen Seite auch begleitet sein lassen vom musikalischen Instrumente, das ja im Grunde genommen mit anderen Mitteln dasselbe ausdrückt, was andererseits auf der Bühne dargestellt wird, und auf der anderen Seite die Eurythmie begleitet sein lassen von der dichterischen Kunst.

Dabei werden Sie sehen, dass wir genötigt sind, wenn wir dasjenige, was eurythmisch dargestellt wird auf der Bühne, durch Rezitation und Deklamation begleitet sein lassen, dass wir genötigt sind, wiederum zu den alten, besseren Formen der Rezitation und Deklamation zurückzugreifen, wie sie in einem weniger unkünstlerischen Zeitalter, als es das unsrige geworden ist, üblich waren, wo die Menschen heraus arbeiteten – nicht nur das alltägliche Handwerksleben, sondern auch fast alles künstlerische Auffassen von Natur und Welt – aus dem Rhythmus, aus dem Takt heraus. Man kann empfinden und fühlen, wie durchaus schon eine Eurythmie in primitiven Kulturen allem Künstlerischen zugrunde lag.

Bei wirklichen großen Dichtern, sagen wir zum Beispiel bei Schiller, wird man finden, dass er bei seinen gerade bedeutsamsten Gedichten nicht den wortwörtlichen Inhalt zuerst in der Seele hatte – der fand sich erst später dazu ein –, sondern eine Art unbestimmtes, melodiöses Element, das wie eine Leiter da war, zu dem sich die Worte dann erst hinzufanden. Und Goethe hat ja, wie man weiß, seine «Iphigenie» mit seinen Schauspielern selbst mit dem Taktstock in der Hand wie ein Kapellmeister einstudiert.

Dieses eigentlich künstlerische Empfinden ist heute ganz verloren gegangen. Wir wissen heute eigentlich nur wenig davon, dass in der Dichtung nur so viel Kunst ist, als Musikalisches in ihr ist oder als in ihr Takt, Rhythmus, Melodiöses anklingt – alles Wortwörtliche ist unkünstlerisch im Grunde genommen –, oder auch [davon, dass] das gestaltende Element schon bewegungsgestaltend zu denken [ist], so wie es uns übrigens in der Eurythmie vorgeführt wird.

Daher müssen wir auch absehen von der heute noch so beliebten Rezitationskunst, die auf den Prosainhalt den Hauptwert legt, auf den Prosainhalt der Dichtung, auf seine Betonung, seine Gestaltung den Hauptwert legt, sondern wir müssen Wert darauf legen, dies in der Rezitationskunst zu überwinden und wiederum zurückzukehren im Rezitieren und Deklamieren auf das Auffassen von Rhythmus, Takt – das eigentlich Künstlerische, das dem wortwörtlichen Inhalt zugrunde liegt und was eben in Wirklichkeit doch das ästhetische Element in der Dichtung ist.

Von diesem Gesichtspunkte aus betrachtet, wird es Ihnen auch durchaus noch begreiflich sein, sehr verehrte Anwesende, dass sowohl unserer Rezitationskunst und Deklamationskunst, wie wir sie hier in Begleitung der Eurythmie gebrauchen müssen, als auch unserer eurythmischen Kunst selbst, heute noch Missverständnisse entgegengebracht werden. Aber das ist ja schließlich bei jeder neuen Kulturerscheinung – insbesondere bei geistigen Kulturerscheinungen – so der Fall gewesen. Diese Missverständnisse, sie werden schon mit der Zeit überwunden werden.

Im ersten Teil des Programmes werden wir Ihnen allerlei Naturimaginationen vorführen. Sie werden zunächst sehen, wie das, was schon hauptsächlich eurythmisch gedacht ist – wenn auch gerade dem seelischen Verlauf der Vorstellung nach eurythmisch –, was also eurythmisch schon gedacht ist wie das nachher zur Darstellung kommende «Quellenwunder» aus meinen «Mysteriendramen», wie [das] von selbst sich in Eurythmie umsetzen lässt.

Im zweiten Teil soll dann gezeigt werden, wie dasjenige eurythmisch dargestellt werden kann, was ich versucht habe als eine Art Gnomen- und Sylphen-Chor zu geben, um einmal zu zeigen, wie es notwendig ist – es ist das ein Teil aus einem meiner «Mysteriendramen» –, wenn man wirklich die Natur begreifen will, zu noch etwas anderem überzugehen als zu den abstrakten Vorstellungen, welche die heutige Erkenntnismethode allein liefert und die eigentlich viel zu arm [sind], um den ganzen Wesens- und Werde-Reichtum der Natur zu umfassen. Das klingt den meisten Menschen heute noch paradox, aber es wird im Laufe der Zeit eingesehen werden müssen, dass man mit den Verstandesabstraktionen, die dann in Naturgesetzen sich ausleben, das innere Weben und Wesen der Natur nicht erfassen kann.

Gewiss, so etwas ist heute in unserer eurythmischen Darbietung noch sehr, sehr unvollkommen dargestellt, wie es zum Beispiel da ist als Sylphen- und Gnomenchor. Aber man wird – anstelle des bloß abstrakten Vorstellens der Naturgesetze – die Dinge im lebendig Künstlerischen sehen, [man wird sehen,] dass sie sich dann auch darstellen lassen. Und so paradox es dem heutigen Menschen noch erscheint – namentlich dem wissenschaftlichen Menschen der heutigen Zeit –, dass man um des vollständigen Begreifens willen der Natur wird anstreben müssen, die abstrakten Vorstellungen umzuwandeln in künstlerische, bildhafte Auffassung des natürlichen und anderen Weltgeschehens, so wird das doch durchaus eintreten müssen.

Und so sehen Sie, dass sein muss für die Eurythmie das Instrument der Mensch selber. Wie man in den anderen Künsten das oder jenes Instrument verwendet – die Eurythmie verwendet den Menschen selber als Instrument. Und begleitet sein lassen wir heute noch dasjenige von Musik und Rezitation, was als stumme Sprache da erscheint. Aber den Menschen verwenden wir so, dass durch ihn, der ja in Wirklichkeit ein Mikrokosmos ist, dasjenige zum Ausdrucke kommt, was, ich möchte sagen die Welt selbst als ihre Rätsel, als ihre Geheimnisse aussprechen will und was man niemals durch bloße Ideen oder abstrakten Verstand aussprechen kann. Man erreicht dadurch etwas, was, wie ich glaube, eine Goethe'sche Kunstgesinnung ist, die er in seinem schönen Buch über Winckelmann ausspricht, wenn er sagt: «Wenn die gesunde Natur des Menschen als ein Ganzes wirkt, wenn er sich in der Welt als in einem großen, schönen, würdigen und werten Ganzen fühlt, wenn das harmonische Behagen ihm ein reines, freies Entzücken gewährt – dann würde das Weltall, wenn es sich selbst empfinden könnte, als an sein Ziel gelangt aufjauchzen und den Gipfel des eigenen Werdens und Wesens bewundern.»

Und in der Tat: Wenn man dasjenige, was der Mensch, der auf den Gipfel der Natur gestellt ist, durch die Umgestaltung seines sonstigen Wesens in künstlerisches Wesen erreichen kann, wenn man das wirklich zur Darstellung bringt, so ist etwas von dem erreicht, das man bezeichnen kann damit, dass man sagt: Es spricht sich dann nicht der einzelne Mensch in seiner egoistischen Einheit aus, sondern es macht sich der Mensch zum Werkzeug, zum Ausdrucksmittel desjenigen, was uns Natur und Welt übermitteln will. Insoferne kann tatsächlich in dem Sinne Goethe'scher Kunstauffassung Eurythmie als der Anfang von, wie wir glauben, etwas Verheißungsvollem gelten.

Goethe sagt ja so schön: «Wem die Natur ihr offenbares Geheimnis zu enthüllen anfängt, der empfindet eine unwiderstehliche Sehnsucht nach ihrer würdigsten Auslegerin, der Kunst.» Wirkliche Kunst kann ja nicht gesucht werden in dem bloß Willkürlichen, sondern wirkliche Kunst kann nur gesucht werden in Darstellungen desjenigen, was der Natur abgelauscht ist von ihren Rätseln. Aber all das, was wir Ihnen heute schon bieten können durch unsere stumme Sprache, die wir als Eurythmie bezeichnen, das bitte ich Sie, doch mit Nachsicht aufzunehmen. Denn es ist nur ein Anfang, vielleicht sogar der Versuch nur eines Anfangs. Es muss alles noch weiter ausgebildet werden. Aber wir haben die Überzeugung, dass, wenn unsere Zeitgenossen der Sache Interesse entgegenbringen – wir sind selbst die strengsten Kritiker und können die Sache heute nur als einen schwachen Anfang betrachten, [aber] wenn man aus diesem Interesse heraus Anregungen empfangen kann für weitere Gestaltung, so wird noch durch uns selbst – oder wahrscheinlich durch andere – diese eurythmische Kunst so ausgebildet werden können, dass sie sich vollberechtigt – vielleicht erst nach längerer Zeit – neben andere vollberechtigte, aber ältere Kunstformen wird hinstellen können.

Wie gesagt, wir sind selbst unsere strengsten Kritiker, wir wissen, dass wir es bis jetzt nur mit einem Anfange zu tun haben in dem, was wir in dieser Kunstform schon darbieten können. Das ist nicht nur als eine Redensart gemeint, sondern in ehrlicher und aufrichtiger Weise ausgesprochen.

DORNACH, 14. UND 15. FEBRUAR 1920

Ankündigungsentwurf und Zeitungsannonce für die Aufführungen Dornach,14. und 15. Februar 1920

NZ 7328

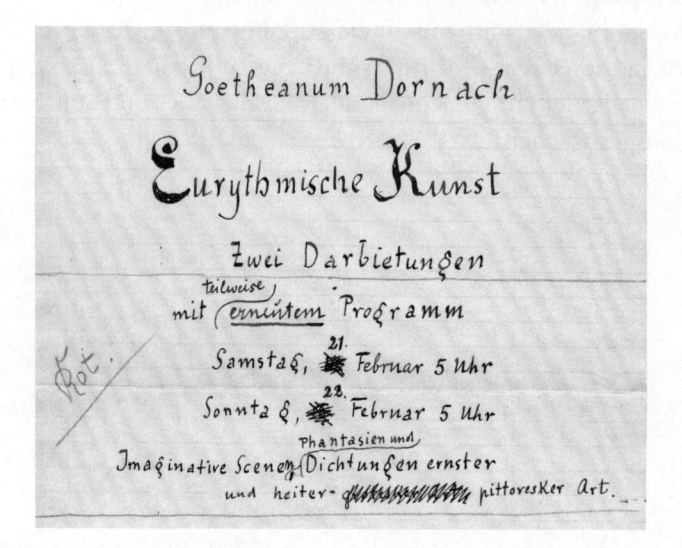

Goetheanum Dornach / Eurythmische Kunst / Zwei Darbietungen / mit teilweise erneutem Programm / Samstag, ~~14~~ 21. Februar 5 Uhr / Sonntag, ~~15~~ 22. Februar 5 Uhr / Imaginative Scenen, Phantasien und Dichtungen ernster / und heiter ~~grotesker Art~~ pittoresker Art. // Rot.

Basler
Vorwärts
11.2.1920

Plakat für die Aufführungen Dornach, 14. und 15. Februar 1920

Louise
van Blom-
mestein
KSaG,
M.4760

Eintrittskarte für die Aufführung Dornach, 14. Februar 1920

Notizen zur Ansprache Dornach, 14. Februar 1920

NB 82, S. 78

Eurythmie:
Sie ist eine Kunst, die sich des / Menschen als Instrument, seiner / Bewegungsanlagen als Ausdrucks- / mittel bedient.
Die Sprache nimmt die Gedanken auf. / Aber sie bringt sie in den Willen hinein.
Künstlerisch aber nur, was aus dem / Willen stammt –

(Bild rechte Seite:)
Das Künstlerische ist entweder:
Aus der Beobachtung — mit Umgehung / des Begriffes.
Oder aus dem Erlebnis — / ohne dass es zur Vorstellung / kommt. –
Eurythmie macht das innere Erlebnis / am Menschen zur äusseren / Bewegung.

NB 82, S. 79

Das Künstlerische ist entweder:
Aus der Beobachtung — mit Umgehen
des Begriffes.
oder / aus dem Erlebnis —
ohne dass es zur Vorstellung
kommt. —

Eurythmie macht das innere Erlebnis
am Menschen zur äusseren
Bewegung.

Man hat impressionistische Kunst
gesucht; aber die Natur
kann nicht so erfasst werden,
denn schon die Sinne gestatten
bloße Impressionen nicht.
Man kann die Expressionen nicht
malerisch oder musikalisch
festhalten, weil die Ausdrucksmittel nicht die Expression
offenbaren.

Man hat impressionistische Kunst / gesucht; aber die Natur / kann nicht so erfasst werden, / denn schon die Sinne gestatten / bloße Impressionen nicht. Man kann die Expressionen nicht / malerisch oder musikalisch / festhalten, weil die Ausdrucks- / mittel nicht die Expressionen / offenbaren.

Ansprache zur Eurythmie, Dornach, 14. Februar 1920

Meine sehr verehrten Anwesenden!
Wer die Kunstentwicklung unserer Tage beobachtet, der wird finden, dass aus einer ganzen Reihe jüngerer kunststrebender Leute gewisse neue Ziele für die Kunstentwickelung angestrebt [werden], und Sie wissen ja, dass unter den verschiedensten Schlagworten diese neuen Kunstbestrebungen auftauchen. Wenn man nach den Gründen, nach den tieferen Gründen dieser oftmals außerordentlich bedenklichen Bestrebungen forscht, so findet man, dass eigentlich auf allen Kunstgebieten von künstlerischen Naturen selber heute empfunden wird: Die Ausdrucksmittel, deren sich die Künste in den verschiedensten Epochen bedient haben, sie seien eigentlich erschöpft, und es müsse ein neuer Quell des Künstlerischen auf verschiedenen Gebieten gesucht werden, es müsse gewissermaßen wiederum appelliert werden an das elementarische, an das primitive künstlerische Erleben des Menschen.

Dann aber, wenn solch ein Bestreben auftritt, dann muss man wenigstens ausgehen von einer ganz bestimmten Empfindung gegenüber dem Künstlerischen. Nun hat ja *alles* Künstlerische, soweit es überschaut werden kann in der Weltentwicklung, wesentlich zwei Quellen. Die eine ist die äußere Beobachtung. Diese äußere Beobachtung kann nur dann der Kunst etwas liefern, was sie verarbeiten kann, wenn sie als Naturbeobachtung nicht erst durch Begriffe, durch Ideen, durch Vorstellungen durchgeht. Man hat in der neueren Zeit auf dem Gebiete verschiedener Künste versucht, nach dem unmittelbaren ersten Eindruck – den, sagen wir zum Beispiel eine Landschaft machen kann – etwas Künstlerisches zu schaffen. Man fand, dass in dieser Beziehung auch die alten Mittel der Malerei erschöpft seien, dass man viel zu sehr gemalt hat nach Ideen, nach bereits verarbeiteten Natur-Eindrücken, dass man, ich möchte sagen im Augenblicke festhalten müsse, bevor man zum Nachdenken kommt, dasjenige, was einem in der Natur sich offenbart durch Licht und Luft und so weiter. Kurz: Das Bestreben liegt da zugrunde, einmal etwas künstlerisch hinzustellen, das das Ergebnis einer äußeren Beobachtung ist, aber einer Beobachtung, die es nicht bis zum denkenden Erfassen bringt, denn das denkende Erfassen ist das Gegenteil alles Künstlerischen, ist der Tod alles Künstlerischen eigentlich. Wo viel symbolisiert, wo viel spintisiert, wo viel in Ideen ausgeheckt wird, wo man Formen anordnen, Farben anordnen soll und dergleichen, da wird die Kunst getötet. Daher hat man versucht, unmittelbare Eindrücke festzuhalten. Man nannte diese «Impressionen» und strebte nach einer impressionistischen Kunst.

Aber es stellt sich vorläufig für Malerei, für Plastik ein gewichtiges Hindernis entgegen. Wir können in der Gegenwart nur schwer finden – hier in diesem Bau ist es versucht worden –, plastisch und malerisch mit Ausschluss alles Symbolistischen, alles Vorstellungsmäßigen, Form und Farbe nach dem unmittelbaren Eindrucke so festzuhalten, dass man das Künstlerische auf sich wirken lassen kann mit Ausschluss alles Ideellen, mit Ausschluss alles Gedanklichen. Und wenn einmal dieser Bau fertig sein wird, dann wird sich zeigen, dass hier nicht irgendwelche vertrackten mystischen Ideen durch plastische oder malerische Formen zu verkörpern gesucht worden sind, wenigstens in der Hauptsache nicht, dass hier keine Symbole verkörpert werden sollten, sondern dass unmittelbar in Form und in Farbe mit Überspringung des Vorstellungsmäßigen der Eindruck – sowohl der architektonisch-plastische wie der plastisch-malerische – gesucht worden [ist].

Auf der anderen Seite ist ein anderer Quell des Künstlerischen das innere Erlebnis des Menschen, das Künstlerische, das sich zum inneren Anschauen erhebt, und auch an diesen Quell des Künstlerischen hat man in der [heutigen] Zeit, in der Gegenwart, von verschiedenen Seiten wiederum appelliert. Man versuchte dasjenige, was man innerlich bloß empfinden, innerlich erleben kann, bis zur Expression zu bringen. Man versuchte es zum Beispiel auf dem Gebiete der Malerei. Aber man kann sagen: In den Kreisen jüngerer Künstlerschaft, welche sich in dieser Richtung bemüht haben, sind denn doch bis jetzt nur bedenkliche Formen zum Ausdrucke gekommen – aus dem einfachen Grunde, weil alles, was Linie ist, was Farbe ist, was Form ist, in einer wirklich außerordentlich starken Weise, wenn man es handhaben will technisch, widerstrebt demjenigen, was inneres menschliches Erlebnis ist.

Nun gibt es ja zwei Künste, die unmittelbar inneres menschliches Erlebnis ausdrücken wollen: Es sind die musikalische Kunst und die dichterische Kunst. Aber auch bei diesen Künsten zeigt sich, dass der Quell, den das neuere Kunstempfinden eröffnen möchte, im Grunde genommen in weiteren Kreisen, wo man ihn sucht, noch nicht gefunden werden kann. Das Musikalische, das ist in seiner Form im harmonischen, im melodischen Element zunächst nicht dazu geartet, unmittelbar das volle Innere, wie es der Mensch erlebt, auszusprechen, sodass das Musikalische dem Expressionistischen, dem Visionären außerordentlich stark widerstrebt, und sogar in das Musikalische etwas Ungesundes hineinkommt, wenn es sich zum Visionären hinbegeben will.

Das Dichterische auf der andern Seite ist furchtbar stark abhängig von der Entwicklung der menschlichen Sprache. Und da muss man sagen, dass unsere zivilisierten Sprachen bereits so weit gekommen sind, dass sie außerordentlich viel von dem konventionellen Gedankenelement in sich haben. Sodass der Dichter heute genötigt ist, eigentlich auf Kosten des ursprünglichen elementarischen künstlerischen Empfindens sich wortwörtlich auszudrücken, damit aber in das Gedankenelement hineinkommt, das von vornherein eben der Tod alles wirklich Künstlerischen ist. Sodass man sagen kann, dass durch einen großen Teil des Dichterischen, welches heute entsteht, eigentlich die Kunst nicht einmal gefördert wird, sondern die Kunst sogar zurückgedrängt und ertötet wird. Und man sieht das ganz besonders an dem, was heute den Leuten an den Dichtungen gefällt. Sie nehmen die Dichtungen auch oftmals hin wie Prosaisches, wie dasjenige, das durch seinen wortwörtlichen Inhalt wirken soll. Das wirklich Dichterische aber ist nur in dem musikalischen und in dem formal-plastischen Elemente gelegen.

Nun, wenn man sich wirklich vertieft in dasjenige, wovon ausgehen will diese unsere Geistesströmung, für die hier dieser Goetheanum-Bau der äußere Repräsentant ist, wenn man sich wirklich in das vertieft, kommt man zur Ausgestaltung des Goetheanismus.

Bei Goethe ist ja, meine sehr verehrten Anwesenden, in seinem ganzen künstlerischen Wirken *eines* das Auffällige. Ich glaube, ich darf das sagen, denn ich habe sieben Jahre in Weimar am Goethe- und Schiller-Archiv selbst gearbeitet, teilgenommen an all dem, was da mehr oder weniger wie das Beste der Gegenwart einem größeren Publikum unbekannt geblieben ist. Man kann sagen: Was da veröffentlicht worden ist von Weimar aus, das macht Goethe heute zu einem außerordentlich wirksamen Schriftsteller. Man lernt heute von Goethe manches kennen durch dasjenige, was er *nicht* gemacht hat. Auf mich hat den größten Eindruck alles dasjenige gemacht, was Goethe im Laufe seines Lebens unternommen hat, was er nicht zu einer solchen Vollkommenheit gebracht hat wie seine [dramatischen] Werke, wie «Iphigenie», wie «Faust» und so weiter, sondern was liegengeblieben ist, was in den ersten Anfängen steckengeblieben ist. Gerade das beweist auch äußerlich, dass man im Goetheanismus nicht etwas hat, was mit Goethe selbst gestorben ist, sondern im Goetheanismus, meine sehr verehrten Anwesenden, etwas haben kann, was noch in unserer Zeit wirkt und in unserer Zeit erst recht fruchtbar gemacht werden kann. Goethe hat einfach so große Kunstintentionen in sich getragen, dass er selbst als sterblicher Mensch nicht mehr fähig war, diese Dinge zu etwas anderem als zu Fragmenten zu bringen, sodass das Unvollendete in Goethes Schaffen eigentlich eine ungeheuer große Rolle spielt. Daher hat man heute immer das Gefühl, dass aus Goetheanismus noch viel, viel herauszuholen sei. Nun, herausgeholt aus dem Goetheanismus ist diese Eurythmie, die des Menschen selber sich bedient als eines neuen künstlerischen Instrumentes und die eine besondere neue Kunstquelle eröffnen will.

Man kann nämlich sagen: Alles dasjenige, was Sie hier sehen werden auf der Bühne ausgeführt von Bewegungen der menschlichen Arme, der anderen menschlichen Glieder, ausgeführt sehen von Menschengruppen, das ist durchaus nichts Willkürliches, das sind nicht Zufallsgebärden, die zu irgendeiner Dichtung oder einem musikalischen Motiv hinzu erfunden sind, das ist etwas innerlich in einer solchen Gesetzmäßigkeit Komponiertes und auf solche Gesetzmäßigkeit aufgebaut wie das Musikalische selber, wenn es sich auslebt im Harmonischen oder sich offenbart in der Zeitfolge im melodiösen Elemente. Wie in Musik nichts Willkürliches ist, sondern etwas innerlich Gesetzmäßiges, so ist es auch bei dieser sichtbaren, aber stummen Sprache der Eurythmie, die ganz besonders gestattet, künstlerisch sich zu offenbaren, sich zu offenbaren durch das vollkommenste künstlerische Instrument: durch den Menschen selber.

Es ist also eine stumme Sprache, die Sie hier von der Bühne aus durch Bewegungen der menschlichen Glieder oder durch Bewegungen von Menschengruppen sehen werden. Und diese stumme Sprache ist entstanden durch ein – ich gebrauche diesen Goethe'schen Ausdruck: sinnlich-übersinnliches Schauen, durch eine übersinnliche Beobachtung desjenigen, was eigentlich vorgeht, wenn wir die gesprochene Sprache, die der gewöhnlichen Dichtung zugrunde liegt, zur Offenbarung bringen, als menschliches Ausdrucksmittel verwenden. Da liegt etwas sehr Eigentümliches vor. Diese gesprochene Sprache ist ein Zusammenfluss desjenigen, was aus dem Gedanken des Menschen kommt, und desjenigen, was aus dem Willen kommt.

Nun liegt beim Kehlkopf und seinen Nachbarorganen die Sache so, dass, indem da die Bewegungsantriebe ausgeführt werden, stoßen sie nicht an Muskeln, sondern sie teilen sich unmittelbar dem äußeren Elemente der Luft mit. Das ist ja die wunderbare Einrichtung unseres Kehlkopfes, dass er unmittelbar in seiner knorpeligen Konstitution angrenzt an das äußere Luftelement. Dadurch ist erst die Möglichkeit gegeben, dass dasjenige, was vom menschlichen Willen aus in den Kehlkopf und seine Nachbarorgane hineinwirkt, dass das durchströmt wird von den Impulsen des gedanklichen Elementes. Aber dadurch kommt gerade auch in der Dichtung, die sich der Sprache bedienen muss, etwas Unkünstlerisches zustande. Es kommt das Gedankenelement hinein. Aber auf dem Grunde dieses Gedankenelementes ist aus dem ganzen Menschen herauskommend das Willenselement. Ich möchte sagen: Der Gedanke, er schwimmt im Sprechen auf den Wellen des Willens.

Nun wird bei der eurythmischen stummen Sprache das Gedankenelement vollständig unterdrückt. Nur dasjenige, was der dichterischen Sprache als Takt, als Rhythmus, als Gestaltung, kurz als plastisches und musikalisches Element zugrunde liegt, das wird in die Bewegungen übertragen. Und das kann dadurch geschehen, dass, wenn man nicht lautlich sprechen lässt, sondern wenn man diejenigen Bewegungen, die sonst nur veranlagt sind im Kehlkopf und seinen Nachbarorganen, durch den *ganzen* Menschen oder durch Menschengruppen so regelmäßig ausführen lässt, wie sie sonst der Kehlkopf an die Luft überträgt, dass man dann das Willenselement hat – ihm widerstrebend die Muskelorganisation des Menschen.

Es ist etwas anderes, ob die Bewegungsanlagen des Kehlkopfes und seiner Nachbarorgane mit Aufnahme des gedanklichen Elementes an die Luft übertragen werden und da die Bewegungen der Luft also der Lautsprache entsprechend hervorrufen oder ob der Wille des Menschen aus dem ganzen Menschen heraus unmittelbar an den Muskelapparat stößt und die Glieder in Bewegung bringt. Dadurch wird ein ganz anderes hervorgerufen. Die kleinen, nicht mehr als Bewegung wahrgenommenen Vibrationen, die der Sprache zugrunde liegen, die kommen dadurch zustande, dass dem Kehlkopf nicht das muskulöse Element entgegensteht. Aber bei der stummen Sprache der Eurythmie wendet sich der Wille unmittelbar an das Muskelelement, an das ganze Bewegungselement des Menschen, an Muskelsystem und Knochensystem – und es bringt der ganze Mensch, der zum Kehlkopf wird, in der stummen Sprache der Eurythmie das zum Vorschein, was sonst nur die Lautsprache zum Vorschein bringt.

Dadurch wird die Eurythmie für das künstlerische Element, das immer nur aus dem Rhythmischen, aus dem Taktmäßigen besteht, das ganz besonders aus dem Dichterischen und Musikalischen her[vor]geht, ein neues künstlerisches Element vor die Gegenwart hinstellen.

Daher muss auch das rezitatorische Element – das mit dem Musikalischen oftmals abwechselnd, aber als Hauptsächlichstes begleitend dasjenige, was als stumme Sprache auftritt –, dieses Rezitatorische muss in anderer Weise gehandhabt werden, als heute die Rezitation oftmals gehandhabt wird. Und wird man schon missverstehen dasjenige, was eigentlich gewollt wird mit dem eurythmischen Elemente, so wird man die Begleitung der Rezitation heute auch noch vielfach missverstehen können, weil sie nicht auf den wortwörtlichen Inhalt gehen kann – so würde sich die Eurythmie nicht rezitatorisch begleiten lassen –, sondern gehen muss auf das eigentlich Künstlerische, das in unserer heutigen, unkünstlerischen Zeit gar nicht mehr an der Dichtung empfunden wird: an das Rhythmische, Taktmäßige, das erst dem wortwörtlichen Inhalt zugrunde liegt. Die Rezitationskunst selbst muss wiederum zu guten alten Formen des Rezitierens zurückkehren, die heute noch wenig verstanden werden.

Aber Sie werden sehen: Gerade dann, wenn etwas schon als Dichtung eurythmisch gedacht ist, dann lässt sich das mit einer Sprachform der stummen Sprache der Eurythmie ganz besonders zum Ausdrucke bringen. Wir werden heute außer einigen anderem zur Darstellung bringen eurythmisch eine Szene aus einem meiner Mysterien, worinnen Weltengesetzmäßigkeiten so ausgedrückt werden, dass nicht Gedanken genügen, um zu diesen Weltgesetzmäßigkeiten vorzudringen, sondern dass man andere Ausdrucksmittel anwenden muss, um dasjenige, was eigentlich in der Natur webt und lebt, zum Ausdruck zu bringen. Da steht dann der Mensch der Natur und der Welt überhaupt schon ungemein viel näher, als er steht in dem bloßen abstrakten Begreifen der sogenannten Naturgesetze, die eigentlich immer nur ein Äußeres der Natur ausdrücken.

Nun kann aber auch das Künstlerische, wenn es das innere Erlebnis ausdrücken will, nicht in der Gegenwart zurechtkommen, weil, wenn wir Farben, wenn wir Formen verwenden – gleichgültig, ob wir den Griffel verwenden oder den Pinsel verwenden –, diese Ausdrucksmittel widerstreben noch mit äußerster Sprödigkeit dem inneren Erlebnis. Und deshalb nehmen sich die expressionistischen Bilder der heutigen jüngeren Maler so kurios aus, weil einfach die Mittel noch nicht gefunden sind, um dasjenige auszudrücken, was innerlich erlebt wird, aber noch nicht getrieben wird bis zum inneren Element, wo es Gedanke wird, weil es [dann] unkünstlerisch wird.

Aber auf der anderen Seite lässt sich die Natur nicht impressionistisch auslegen, die Natur macht es gewissermaßen selber notwendig, wenn wir uns ihr menschlich gegenüberstellen, dass wir den Gedanken nicht ausschließen; sie lässt sich nicht impressionistisch auslegen. Der eigentliche Eindruck von der Natur lässt sich nicht künstlerisch wiedergeben. Wenn man aber den Menschen als höheres Instrument nimmt, dann hat man das innere Erlebnis, das nicht bis zur gesprochenen Sprache kommt, also auch nicht bis zum gedanklichen Element, und man nimmt den Menschen selber, indem man [durch] seine Bewegungen – also das, was beobachtet werden kann – zur Anschauung bringt das innere Erleben mit Ausschluss des Gedankenelementes. Die Expression im unmittelbaren impressionistischen Eindruck, das ist dasjenige, was in der Eurythmie durchaus Möglichkeit werden kann.

Nun behaupte ich durchaus nicht, dass Eurythmie die einzige Kunst ist, die andere Kunstformen ersetzen soll, aber ich behaupte, dass die Eurythmie anschaulich machen kann, wohin mit den anderen Ausdrucksmitteln diejenigen streben sollen, die heute aus einem guten, aber noch unvollkommenen, ich möchte sagen kindlichen Empfinden nach neuen Kunstquellen suchen. Das auf der einen Seite. Auf der anderen Seite wissen wir gut – wir sind selbst unsere strengsten Kritiker –, dass unsere eurythmische Kunst noch im Anfange steht. Aber wir sind durchaus der Ansicht, dass dieser Anfang der Vervollkommnung fähig ist. Ich bitte Sie daher, dasjenige, was wir heute schon bieten können in unserer eurythmischen Kunst, mit Nachsicht aufzunehmen. Denn alles, was im Anfange ist, unterliegt zunächst dem Missverständnis sehr leicht. Aber wir sind auf der anderen Seite wohl davon überzeugt, dass mit diesem noch sehr unvollkommenen Anfang etwas gegeben ist, was, wenn es weiter ausgebildet werden wird – durch uns oder durch andere, wahrscheinlicher das Letztere – und wenn es Interesse findet bei den Zeitgenossen, sich als eine vollberechtigte junge Kunst den älteren vollberechtigten Künsten wird entgegenstellen können und mit ihnen in der Zukunft zusammengehen wird.

Ansprache zur Eurythmie, Dornach, 15. Februar 1920

Meine sehr verehrten Anwesenden!
Wer heute sich etwas umsieht in künstlerischen Kreisen, der wird finden, dass in zahlreichen künstlerisch-schöpferischen Menschen die

Empfindung vorhanden ist, die alten Kunstmittel seien in einer gewissen Weise erschöpft, man könne nicht mehr mit den alten Kunstmitteln an ursprüngliche Quellen künstlerischen Schaffens heran.

Sie alle, meine sehr verehrten Anwesenden, werden ja gesehen haben die manchmal außerordentlich zweifelhaften, aber von einem gewissen Gesichtspunkte aus doch nicht uninteressanten Versuche einer jüngeren Künstlerschaft, etwas Neues auszudrücken. Da kommt zuweilen etwas heraus, was der Mensch, der nicht hinhorchen will auf die tieferen Schwingungen der Zeit, als etwas ganz Paradoxes, ja vielleicht Verrücktes ansehen kann. Das ist es ja oftmals auch. Aber hinter all dem steckt heute eben doch gerade in einer jüngeren Künstlerschaft etwas außerordentlich Berechtigtes. Es steckt darinnen das Streben, wiederum mehr an die Quellen menschlichen künstlerischen Schaffens überhaupt heranzudringen, als das in der unmittelbar abgelaufenen Zeitperiode der Fall war.

Sie wissen ja, wie eine Zeitlang in den sogenannten impressionistischen Versuchen etwas angestrebt worden ist, was noch weitere Kreise haben akzeptieren können. [Sie wissen auch, wie in den neueren Versuchen, die sich in allerlei komischen Namengebungen kundtaten, vor allen Dingen aber in den expressionistischen Versuchen bemerkt werden können, wie in diesen neueren Versuchen – die auch gewisse Erfolge aufwiesen – angestrebt wurde, mit neuen künstlerischen Ausdrucksmitteln etwas zu erreichen.]

Nun handelt es sich bei dieser Eurythmie, von der wir Ihnen heute Proben vorführen wollen, darum, in einer gesunden Weise anzustreben dasjenige, was mit vielfach unzulänglichen Mitteln und von vielen Seiten sogar in der Gegenwart in einer krankhaften Weise angestrebt wird. Dasjenige, was wir versuchen, ist, ein neues Ausdrucksmittel zu schaffen für Künstlerisches, und ein neues Instrument, ein neues Werkzeug. Ein neues Ausdrucksmittel ist unsere Eurythmie dadurch, dass sie in Wirklichkeit eine stumme Sprache, aber eine wirkliche Sprache ist. Sie werden auf der Bühne mannigfaltige Bewegungen der Arme und der anderen Körperglieder des Menschen sehen, Sie werden sehen, wie sich die einzelnen Persönlichkeiten, die in Gruppen zueinander angeordnet sind, gegeneinander, umeinander und so weiter bewegen. Das alles sind nicht Zufallsgebärden. Das alles ist nach sorgfältiger Beobachtung der menschlichen Organisation auf eine solche Gesetzmäßigkeit gebracht, wie sie zum Beispiel in dem harmonischen und in dem melodiösen Elemente der Musik selbst als eine Gesetzmäßigkeit vorliegen.

Wenn wir in der Dichtung uns bedienen müssen der gesprochenen Lautsprache, so kommt ja gerade in die Kunst der Dichtung heute etwas hinein, was jede Kunst, wenn es in reichlichem Maße hineinkommt, eigentlich zersetzt, lähmt: Das ist das gedankliche Element. Unsere gesprochene Sprache ist ja der Zusammenfluss desjenigen, was auf der einen Seite aus dem menschlichen Kopfe kommt, des Gedankenelementes, und desjenigen, was dann aus dem ganzen Wesen des Menschen – wir sagen gern: vom Herzen als seiner Zusammenfassung – kommt: das Willenselement. Aber in der gesprochenen Sprache ist es so, dass sich das Willenselement fügen muss dem Gedankenelemente. Die Gedanken schwimmen gleichsam auf dem bewegten Willenselement. Das ist durchaus in einem tieferen Sinne zu beobachten bei der menschlichen Sprache.

Wenn man von dem ausgeht, wovon bei allem ausgegangen werden soll, für das dieser Goetheanum-Bau hier der Repräsentant ist, so kann man eben – ausgehend von Goethe'scher Kunstgesinnung, von Goethe'scher Kunstauffassung – aus den Bewegungsmöglichkeiten des menschlichen Organismus etwas herausholen, was wirklich eine eurythmische, stumme Sprache ist, was nicht Zufallsgebärden sind, sondern was so mit Notwendigkeit herausgeholt wird aus der ganzen Organisation des menschlichen Organismus, wie aus dem Kehlkopfe und seinen Nachbarorganen herausgeholt wird die Lautsprache.

Da aber trifft man mit dem, was ich in Goethes Sinne das sinnlich-übersinnliche Schauen nennen möchte und natürlich auch das höhere Erstreben nennen möchte, dabei trifft man auf eine merkwürdige Einrichtung der menschlichen Gesamtorganisation und der menschlichen Sprachorganisation im Besonderen. Die menschliche Sprachorganisation, der Kehlkopf und seine Nachbarorgane, sie sind so eingerichtet, dass dasjenige, was an Bewegungsanlagen zu wirklichen Bewegungen sich entwickelt, unmittelbar an die äußere Luft stößt und hervorruft, indem es das Gedankenelement aufnimmt, Luftbewegungen. Indem ich hier spreche, bewegt sich ja in regelmäßiger Weise die Luft. Dadurch aber, dass der Kehlkopf und seine Nachbarorgane anstoßen mit ihren Energien, ihren Kräften unmittelbar an das äußere Luftmittel, dadurch kommen feine, schwingende Bewegungen zustande, die nicht als Bewegungen, sondern als Töne wahrgenommen werden.

Nun versuchen wir mit Hilfe der Eurythmie, das Gedankenelement ganz auszuschalten [und] nur dasjenige in Anlehnung an die Dichtung und an die Musik aus dem Menschen hervorzubringen, was das Willenselement ist. Wo allein der Wille nicht durch Vermittlung des Kehlkopfes auf die Luft wirkt, sondern wo der Wille unmittelbar an den Muskelapparat anstößt, da ist ein Widerstand da. Die Luft setzt keinen solchen Widerstand den Bewegungen, den Antrieben des Kehlkopfes und seiner Nachbarorgane entgegen. Dadurch kommen die kleinen, feinen Vibrationen zustande, die gehört werden können. Wenn wir aber unmittelbar auf uns die anderen Äußerungen des menschlichen Wesens in uns wirken lassen, dann setzt der Organismus Widerstand entgegen; und dann kommen statt der schnellen, kleinen Bewegungen, langsame und volle Bewegungen zustande, die aber ganz dasselbe ausdrücken – nur eben leichter im künstlerischen Sinne zu verwenden sind – [wie] die heutige Lautsprache, die ja im Wesentlichen in der zivilisierten Welt zu etwas Konventionellem, das heißt Unkünstlerischem geworden ist.

Dasjenige, was elementar, ursprünglich im Menschen liegt und was in der Dichtung wirkt als Rhythmus, als Takt, als melodiöses Element, als plastisches Element, das kann aus der Dichtung herausgeholt werden durch diese stumme Sprache der Eurythmie. Dadurch aber wird eurythmische Kunst etwas, was dem dunklen, ungelenken, manchmal paradoxen Streben mancher Künstler in der Gegenwart entgegenkommt. Das Künstlerische beruht ja darauf, dass man sich auf der einen Seite in die Natur versenken kann, um da die künstlerischen Auftriebe zu finden, aber so, dass man bei dieser Naturbeobachtung, die dem Künstlerischen zugrunde liegt, das abstrakte Gedankenelement ganz ausschaltet, dass man gewissermaßen die Natur auffasst, ohne dass man erst über sie nachdenkt. In dem Momente, wo man nachdenkt über die Natur, in dem Momente geht die Kunst verloren. Man muss in unmittelbarem Anschauen die Natur erfassen. Man muss sie in Bildern erfassen.

Das hat man in der neueren Zeit, in der man eben, wie ich angedeutet habe, nach neuen Ausdrucksmitteln für das Künstlerische suchte, im Impressionismus ja in höchstem Maße anzustreben versucht, indem man den unmittelbaren Eindruck einerseits nun malerisch, bildnerisch festzuhalten versuchte, gewissermaßen den Eindruck, den die Natur macht, oder den Eindruck, den die Vorgänge machen, die in ihr liegen, [den] Farbe, Luftwirkungen machen. [Und zwar] so schnell der Beobachtung gegenüber, dass man der Schnelligkeit der Beobachtung gegenüber gar nicht darauf kommt, die Dinge erst gedanklich zu verarbeiten. Die Impression und ihre Wiedergabe durch die Malerei oder sonstige Kunst sollte etwas werden, was eben durchaus mit Ausschluss des Gedankens künstlerisch etwas zur Offenbarung bringt. Aber bei der Naturbeobachtung versagen sehr leicht gegenüber einem solchen Ideale die Mittel. Denn wenn wir versuchen, die Natur mit Ausschluss des Gedankens zu beobachten, dann wirkt die Natur auf unsere niedrigeren menschlichen Fähigkeiten zu stark ein. Die Natur macht es gewissermaßen selber notwendig, wenn wir uns ihr menschlich gegenüberstellen wollen, dass wir den Gedanken nicht ausschließen. Daher sah sich auch immer mehr und mehr zur Ohnmacht gezwungen diese impressionistische Kunst, die auf der Naturbeobachtung des unmittelbaren Eindruckes beruhen wollte.

Auf der anderen Seite kann dasjenige, was künstlerisch ist, aus dem Inneren des Menschen selbst, aus dem Erlebnis des inneren Menschen hervorgeholt werden. Aber auch dann muss der Gedanke ausgeschlossen werden. Das versuchen ja die Expressionisten der Gegenwart. Aber indem sie sich dann allerlei solcher Ausdrucksmittel, wie der Zeichnung, der Farben bedienen, zeigen sie eben, dass sie noch nicht dahin gekommen sind, die künstlerischen Ausdrucksmittel und die künstlerische Technik in entsprechender Weise zu einem Mittel zu machen, zu einem *wirklichen* Mittel zu machen, um dasjenige auszudrücken, was innerlich erlebt wird. Denn dieses innere Erlebnis muss dann *so* sein, dass es noch nicht bis zum klaren, abstrakten Gedanken herangekommen ist, dass es noch ein gedanken*leeres* Erlebnis ist. Denn das Gedankliche tötet eben das Künstlerische.

Wir versuchen auf den verschiedensten Gebieten – und diejenigen der verehrten Zuhörer, die öfters sich schon angesehen haben diesen Bau in seinen einzelnen Teilen, werden es gesehen haben in der Formengebung, in der Plastik, in der Malerei, wie wir versuchen dasjenige zu erreichen, was sonst aus einer gewissen Ohnmacht heraus gerade vielleicht [von] den Best-Strebenden der Gegenwart versucht wird. Dasjenige aber, was hier mit der Eurythmie versucht wird, das wird sich einmal zu etwas ausbilden können, was in der Tat das expressionistische Element der Kunst mit dem impressionistischen Element der Kunst in gesunder Weise verbindet. Denn nur in der Verbindung wird man das, was man hier erreichen will, wirklich haben können, indem wir den ganzen menschlichen Körper, den ganzen menschlichen Organismus in dieser stummen Sprache der Eurythmie so in Bewegung bringen, dass in den Bewegungen nicht das wirkt, was in der Lautsprache wirkt – der Gedanke –, sondern nur der menschliche Wille. Es bleibt alles vom Gedanken noch befreit.

Aber wir rufen dasjenige, was wir so aus dem menschlichen Seelenleben hervorholen, in ganz gesetzmäßiger Weise aus dem Organismus hervorholen, wir versetzen das in unmittelbare Anschauung. Wir stellen den Menschen und die Menschengruppe selbst hin so, dass an den Bewegungen, die da ausgeführt werden, es nicht zum gedanklichen Elemente kommt, aber dass es zu gleicher Zeit zu dem doch kommt: zum unmittelbaren Eindrucke eines nicht vom Gedanken durchsetzten inneren menschlichen Erlebnisses. Das wird also das, was die Natur nicht geben kann – gedankenleere Eindrücke – da wird es dadurch hervorgerufen, dass wir das innere menschliche Erlebnis unmittelbar vor das Auge in einer stummen Sprache, sichtbaren Sprache hinstellen, da wird dadurch, dass der sich bewegende Mensch vor uns steht, die Impression gegeben, die man doch der Natur gegenüber vergeblich sucht. Und dadurch, dass der Mensch mit dem differenziert gestalteten inneren Erlebnis es ist, wird zu gleicher Zeit die Expression gegeben, das innere Erlebnis als äußere Anschauung hinzustellen.

Ich will nicht sagen, meine sehr verehrten Anwesenden, dass damit schon irgendetwas Abschließendes gegeben ist für die bestehenden Ideale der heute oftmals aus solcher künstlerischen Ohnmacht heraus Strebenden. Aber es kann Ihnen an diesen Beispielen gezeigt werden, dass, wenn nur sich diese eurythmische Kunst weiter entwickeln kann und so vorgehen kann, wie man in anderen Künsten vorgehen kann, einiges davon erreicht werden kann. Gewiss ist es auch nur ein Anfang heute, was wir zu zeigen haben an den Formen unseres Goetheanum hier und desjenigen, was seine einzelnen Seiten sind, was erreicht worden ist. Und ich bitte Sie, die künstlerischen Darbietungen so zu nehmen, dass nun wirklich zu neuen Kunstquellen geschritten werden kann, wenn man in dieser stummen Sprache der Eurythmie hier unsere Versuche darbieten kann.

Ich bitte Sie, durchaus erstens zu berücksichtigen, dass das Ganze, was wir versuchen mit unserer Eurythmie, noch ein Anfang ist. Diejenigen der verehrten Zuhörer, die öfter bei diesen Darbietungen gewesen sind, werden gesehen haben, wie wir uns bemühen, von Monat zu Monat immer weiterzukommen. Aber es liegen viele Entwicklungsmöglichkeiten in dieser Eurythmie, und wenn wir auch durchaus das Gefühl haben: Seit fünf bis sechs Monaten sind wir wesentlich weiter gekommen, indem wir zu einer Komposition von Formen vorgeschritten sind, die wir früher noch nicht bewältigen konnten, so wissen wir – wir sind selbst unsere strengsten Kritiker –, dass die Eurythmie im Anfange steht und deshalb vielen Missverständnissen ausgesetzt werden kann.

Viele Missverständnisse werden auch sicher sein. Denn Sie werden auf der einen Seite diese Eurythmie musikalisch begleitet haben, was dann eine andere Ausdrucksform für diese stumme Sprache bedeutet, Sie werden aber auch zu sehen bekommen – oder hauptsächlich zu hören bekommen – dichterisch diejenige Rezitation und Deklamation, die so, wie sie heute beliebt wird in einer unkünstlerischen Zeit, nicht geschehen kann, weshalb unsere eurythmische Kunst von einer neuen Form der Rezitation und Deklamation begleitet werden muss. An dem Dichterischen ist eigentlich nur so viel wirkliche Kunst, als nicht berücksichtigt wird das prosaische, wortwörtliche Element, das man heute auch in der Rezitation besonders herausstellen will, sondern berücksichtigt wird das zugrunde liegende Musikalische, Rhythmische, Taktmäßige, das Melodiöse oder das Geistenthaltende, dasjenige, was unmittelbar durch das Anhören des dichterischen Wortes die Gestaltung vor unser inneres Auge hinzaubert. Und so muss auch die Rezitation so gehalten werden, dass nicht auf das Betonen des besonders wichtigen Wortes oder eines logischen Satzzusammenhanges, [dass] auf jene Äußerlichkeit, mit der man heute spricht, die eigentlich der Kunst gegenüber eine Äußerlichkeit ist, [dass] darauf nicht der Hauptwert gelegt ist, sondern darauf, dass eine Rezitation eintritt als Begleiterin der Eurythmie, die auf das eigentlich Künstlerische in der Dichtung Rücksicht nimmt. Es ist also nicht das Wortwörtliche, auf das hier der Hauptwert gelegt wird – kurz, es wird auf das formhafte Element in der dichterischen Kunst das Hauptgewicht gelegt.

Sie werden insbesondere sehen, dass diejenigen Dichtungen in der stummen Sprache der Eurythmie leicht umgesetzt werden können, die von vornherein schon ihrem ganzen inneren Empfinden nach, von dem sie ausgegangen sind, eurythmisch gedacht sind. Sie werden das sehen, sehr verehrte Anwesende, bei dem Versuch, den ich gemacht habe, gewisse innere Naturzusammenhänge, gewisse innere Weltzusammenhänge in einer dramatischen Szene aus einem meiner Mysterienspiele wiederzugeben. Da werden Sie sehen, dass ganz wie selbstverständlich die eurythmische Kunst ein Ausdruck sein kann für dasjenige, was schon voraus in solchen Bewegungen gedacht ist.

Ebenso habe ich versucht, in dem im zweiten Teil nach der Pause zur Darstellung kommenden Szenenhaften – den Bildern der Gnomen- und Sylphen-Szene mit dem, was dazugehört – etwas zu geben, was von solcher Art ist [und] was heute noch vielfach missverstanden wird. Denn man sieht heute in einer Zeit der Verstandeskultur nicht ein, dass die Natur innerlich so reich ist, dass man sie nicht mit den Abstraktionen, die zu den Naturgesetzen führen, die man ausdenken kann, erschöpfen kann. Es klingt heute für manche noch paradox, vielleicht mehr, als Sie zugeben wollen, wenn man Ihnen sagt: Zur vollen Erfassung der Geheimnisse der Natur wird etwas gehören, was von dem abstrakten Gedanken aufrückt zu einem gewissen künstlerischen Gestalten, zu einem Runden, zu einem Vertiefen des bloßen abstrakten Denkens, wo dann aber die Gedanken ganz ausgeschlossen sind. Es muss etwas Neues werden. Man wird zu Hilfe nehmen müssen, wenn man das enträtseln will, was den Naturwirkungen zugrunde liegt, Ironie und Humor.

In unserer heutigen Naturwissenschaft ist nicht viel von Ironie und Humor bei der Kontrastierung der Naturkräfte mit dem, wovon man spricht, enthalten. Daher ist es auch, ich möchte sagen ein abstraktes Netz, das uns heute als Naturerkenntnis, als Naturanschauung enthüllt wird. Sodass man also doch zu dem wird vorschreiten müssen, wenn man die Natur vollständig wird verstehen wollen – das wollte schon Goethe –, dass man fortschreiten wird müssen in der Kunst der Interpretation des wirklichen und daher so schönen Wortes: Wem die Natur ihr offenbares Geheimnis zu enthüllen beginnt, der empfindet die tiefste Sehnsucht nach ihrer würdigsten Auslegerin, der Kunst. Kunst ist für Goethe etwas, was die Natur mit enträtselt.

Und alledem gegenüber bitte ich Sie eben durchaus, Nachsicht zu üben. Wir wissen, wir sind an einem Anfange. Allein wir glauben, [dass] in dieser Kunst, die sich des Menschen als eines Instrumentes, als eines Werkzeuges bedient, des Menschen, der zu gleicher Zeit wie ein Kompendium der ganzen Naturwirkungen dasteht, dass in dieser Kunst eben etwas ausgebildet werde in einer immer größeren Vervollkommnung, als heute schon möglich ist – entweder durch uns oder wahrscheinlich durch andere. Wenn die Möglichkeit besteht, dass durch die Zeitgenossen auch nur einiges Interesse dieser Kunst entgegengebracht wird – denn man braucht gerade, um Künstlerisches der Zivilisation einzufügen, das Interesse der Zeitgenossen –, so wird ohne Zweifel durch diese Kunst mit der Zeit etwas Bedeutendes erreicht werden können. Und so bitte ich um Ihr Interesse, aber auch zugleich um Ihre Nachsicht. Denn wir sind durchaus überzeugt, dass – wenn es auch noch lange dauern wird –, dass in dieser eurythmischen Kunst, die wie gesagt heute in ihrem Anfange steht, etwas liegt, was vervollkommnungsfähig ist, sodass sich diese eurythmische Kunst einmal als eine vollberechtigte Kunst neben die älteren vollberechtigten Künste wird hinstellen können.

DORNACH, 21. UND 22. FEBRUAR 1920

Plakatentwurf für die Aufführungen, 21. und 22. Februar 1920

Der folgende Entwurf für die Gestaltung von Plakaten für Eurythmie-Aufführungen stammt von Rudolf Steiner und entstand am 19. Februar 1920. Nähere Mitteilungen zum Entstehungsprozess finden sich von der Hand Louise van Blommesteins auf der Rückseite; siehe dazu S. 693f.

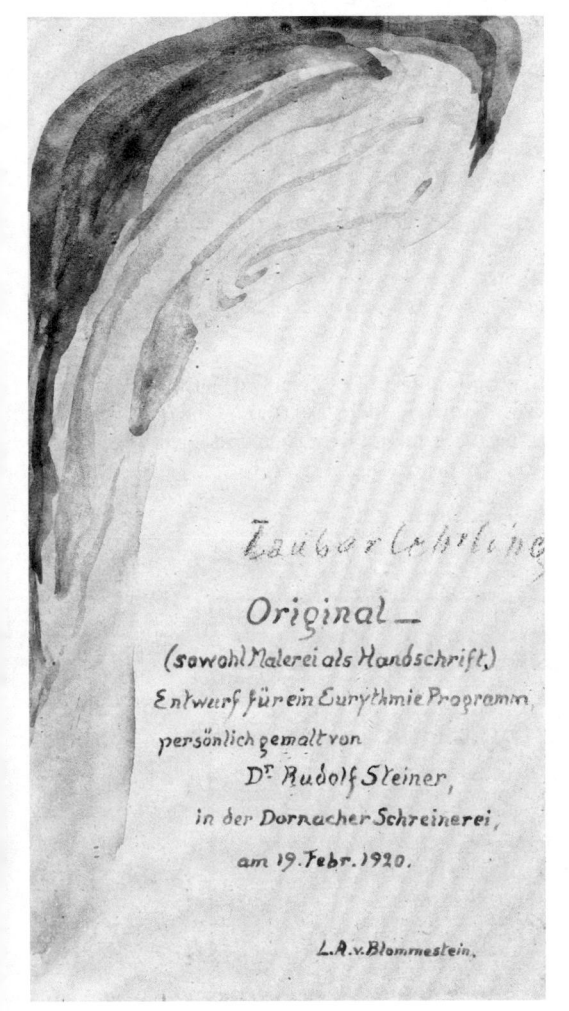

Rudolf Steiner KSaG, 108_56.1

Zauberlehrling [in der Handschrift von Louise van Blommestein:] Original – / (sowohl Malerei als Handschrift.) / Entwurf für ein Eurythmie Programm, / persönlich gemalt von / Dr. Rudolf Steiner, / in der Dornacher Schreinerei, / am 19. Febr.[uar] 1920. / L.[ouise] A.[lexandrine] v.[an] Blommestein.»

*Ankündigungsentwurf und Zeitungsannonce für die Aufführungen,
21. und 22. Februar 1920*

NZ 7328

Goetheanum Dornach / Eurythmische Kunst / Zwei Darbietungen / mit teilweise erneutem Programm / Samstag, ~~14~~ 21. Februar 5 Uhr / Sonntag, ~~15~~ 22. Februar 5 Uhr / Imaginative Scenen, Phantasien und Dichtungen ernster / und heiter- ~~grotesker Art~~ pittoresker Art. // <u>Rot.</u>

*Basler
Vorwärts*
18.2.1920

400

Programm zur Aufführung Dornach, 21. und 22. Februar 1920

«Wanderers Sturmlied» von J. W. v. Goethe
Musik aus der 4. Sinfonie von Anton Bruckner
Aus dem 6. Bild «Hüter der Schwelle» von Rudolf Steiner
Musik aus der 4. Sinfonie von Anton Bruckner
Spruch aus dem Seelenkalender (46.) von Rudolf Steiner
«Parabase» von J. W. v. Goethe
Spruch aus dem Seelenkalender (46.) von Rudolf Steiner
«An die Cicade» von J. W. v. Goethe
«St. Expeditus» von Christian Morgenstern
«Amor und Psyche» von J. W. v. Goethe
Satirischer Auftakt mit Musik von Leopold van der Pals
Humoresken von Christian Morgenstern: «Korfs Verzauberung»; «Die unmögliche Tatsache»; «Die Schuhe»; «Der Ästhet»; «Die Behörde»; «Die Mausefalle»
Heiterer Auftakt mit Musik von Leopold van der Pals
«Seance» von J. W. v. Goethe
«Die Freude» von J. W. v. Goethe
«Der Zauberlehrling» von J. W. v. Goethe

Ansprache zur Eurythmie, Dornach, 21. Februar 1920

Meine sehr verehrten Anwesenden!
In der Eurythmie, von der wir Ihnen auch heute hier eine Probe vorführen wollen, wird eine besondere Kunstform gepflegt, eine Kunstform, die gewissermaßen in der Art, wie sie hier auftritt, mit einem neuen Kunstinstrumente, Kunstwerkzeug rechnet, nämlich mit dem bewegten Menschen selbst, mit seinen inneren organischen Bewegungsmöglichkeiten, und die aus ganz besonderen Quellen geschöpft ist.

Wenn man sie äußerlich benennen sollte, diese Kunstform, so würde man sagen: Sie soll sein eine Art stummer Sprache. Aber trotzdem Sie sehen werden Menschen in Bewegungen – Bewegungen sowohl ihrer Glieder als auch Bewegungen, die von einzelnen Menschen, die zu Gruppen zusammengeordnet sind, ausgeführt werden –, wenn Sie auch das sehen werden, so kann man doch nicht sagen, dass etwa hier angestrebt werde eine Art allgemeiner unter den Menschen verbreiteter Gebärdensprache oder eine Art mimischer Sprache. Alles dasjenige, was die bloße Augenblicksgebärde geben würde, oder was das Pantomimische, Mimische geben würde, das wird hier vermieden. Vielmehr wird versucht, eine durchaus gesetzmäßige stumme Sprache zu geben, eine solche stumme Sprache, die nach denselben Gesetzen aus dem ganzen menschlichen Organismus herausgeholt wird wie die Lautsprache selbst, [wie] die hörbare Sprache aus einem bestimmten Organsystem, aus dem Kehlkopf und seinen Nachbarorganen herausgeholt wird.

Die ganze Eurythmie ist eigentlich entsprungen aus Goethe'scher Kunstanschauung und Goethe'scher Kunstgesinnung, aber so, dass nicht irgendwie etwas Willkürliches festgelegt wird, sondern dass die Wesenheit, die Natur des menschlichen Organismus durch dasjenige sorgfältig studiert wird, was man nennen kann mit dem Goethe'schen Ausdruck: sinnlich-übersinnliches Schauen.

Man muss, wenn man auf so etwas verfällt, wie diese Eurythmie ist, wohl angeregt sein von jenen Bestrebungen, die in der Gegenwart deutlich sichtbar sind und die auf neue künstlerische Ausdrucksmittel hingerichtet sind. Man kann ja heute, wenn man sich mit den künstlerischen Bestrebungen der Gegenwart befasst, überall sehen, wie gerade bei künstlerischen Naturen ein Bestreben ist, über die alten künstlerischen Ausdrucksmittel hinaus zu kommen, Man kann das sehen in der Malerei, sogar in der Plastik. Man kann es auch sehen, obwohl es da weniger bemerkt wird, in der Dichtung.

Was wird da eigentlich angestrebt? Aus welchen Untergründen heraus wird es angestrebt? Man nehme nur das Beispiel der Malerei. Diejenigen, die noch, weil sie heute schon so alt sind, jene Malerei als eine gegenwärtige miterlebt haben, die noch nichts wusste von dem sogenannten «Freilicht» und dergleichen, die sahen ja, dass die alten künstlerischen Ausdrucksmittel der Malerei darinnen bestanden, etwas, was traditionell vorhanden war, eben einfach zu verarbeiten mit gewissen Mitteln, die man eben schulmäßig lernen konnte, um auszudrücken dasjenige, was nun auch mehr oder weniger traditionell geworden war. Nun bekam man die Empfindung: Diese Ausdrucksmittel allein sind eigentlich schon zu stark durch den menschlichen Gedanken durchgegangen. Wenn man die Malerei aus der ersten Hälfte des 19. Jahrhunderts noch empfand – wenigstens die landläufige, [die] gang und gäbe [war] –, so konnte man sich sagen: Einfach in der Behandlung der Ausdrucksmittel lag schon etwas stark vom menschlichen Gedanken Verarbeitetes. Es ist ja nur natürlich, dass, wenn man mit irgendwelchen Ausdrucksmitteln längere Zeit arbeitet, so kommt das menschliche Denken darüber, weiß nun, wie man das eine besser oder weniger gut macht. Und man merkt dann in der Wirkungsweise, in die das menschliche Denken hineinspielt, *dass* hier das Denken hineingespielt hat.

Aber wenn eine solche Behandlungsweise auch durchaus noch künstlerisch sein kann in ihrem Ausgangspunkte, so wird sie doch als unkünstlerisch empfunden nach einer bestimmten Zeit, wenn nämlich über die Behandlung der Ausdrucksmittel der menschliche Gedanke gekommen ist. Denn alles eigentlich Gedankliche, alles Ideenhafte tötet im Grunde genommen jedes Künstlerische. Beim Künstlerischen darf man weder im Schaffen vom Gedanken ausgehen, noch darf man beim künstlerischen Genießen veranlasst werden, verführt werden, mit Hilfe des Gedankens ein Kunstwerk aufzufassen.

Man strebte deshalb bei der Malerei nach Ausdrucksmitteln die weder im künstlerischen Schaffen noch im künstlerischen Genießen eigentlich dem Gedanken irgendeinen Raum gaben. Und man strebte danach, den unmittelbaren Eindruck festzuhalten, wie sich irgendein Abschnitt der Natur ergibt unter dem Einfluss des Lichtes, der Luft und so weiter. Man versuchte den Augenblick festzuhalten, sodass man gewissermaßen in der Sache, sagen wir *malerisch* dasjenige zu geben versuchte, was so rasch vorüberhuscht, dass man gar nicht zum Denken kommt. Das wurde eine Zeitlang versucht. Allein man merkte doch mit der Zeit, dass man auf diesem Wege nicht eigentlich zu einem befriedigenden Ergebnisse kommen könnte, auf keinem Gebiete der Kunst. Denn wenn man nur dasjenige festhalten will, was mit Ausschluss des Gedankens die Natur offenbart, dann bekommt man nicht die volle Natur, dann bekommt man irgendetwas, was nicht wie ein gelöstes Rätsel dasteht, sondern wie eine Frage. Kurz, man bekam etwas Unbefriedigendes. Man fand, dass die Natur sich eigentlich künstlerisch nicht bezwingen lässt, wenn man nicht den Gedanken einmischt.

Nun verfiel man auf die entgegengesetzte Richtung. Man sagte sich: Das Künstlerische kann auch ausgehen von dem unmittelbaren inneren menschlichen Erlebnis, von demjenigen, was der Mensch erlebt so, dass er noch nicht darüber nachdenkt, dass er es nicht heraufkommen lässt bis in den Gedanken. Da arbeitete man also gewissermaßen mit dem, was noch mehr oder weniger Bild blieb, nicht vom Gedanken ergriffen wurde, aber doch innerliches Erlebnis war. Man versuchte auch zum Beispiel durchaus in der Malerei solche Dinge darzustellen. Derjenige, der sich nicht gerne einlässt auf solche künstlerische Experimente, der empfindet vieles von dem, was durchaus ernst in der Gegenwart angestrebt wird, als eine bloße Narretei. Denn wenn irgendjemand ein paar Farben hinwirft oder wenn er versucht irgendetwas festzuhalten, was er innerlich erlebt hat, dann hat der Künstler versucht, vielleicht auf eine Fläche zu malen – sagen wir ein erlösendes inneres Erlebnis, eine innere erlösende Empfindung, eine Erleichterung in den Empfindungen. Er hält dasjenige, was ihm, ohne dass er auf den Gedanken eingeht, als Bild entsteht, für diese innerliche Befreiung, das hält er mit Farben auf irgendeiner Fläche fest, wirft es hin, und der andere, der sieht ein aufgetakeltes Schiff oder so irgendetwas in seiner Malerei und kann sich gar nicht zurecht finden darin, was das eigentlich bedeutet. – Man hat auch da keine befriedigenden Ergebnisse erlebt aus dem Grunde, weil man nun wiederum doch empfunden hat, mit dem künstlerischen Ausdrucksmittel: Die Farbe, die Linie, sie geben das nicht her, was man eigentlich innerlich erleben will.

Nun merkt man, worauf diese Sache hinauskommt, insbesondere der Dichtung gegenüber. Die Dichtung hat ja fortwährend, indem sie künstlerisch schaffen will, mit dem Gedanken – insbesondere in unseren zivilisierten Sprachen – zu kämpfen. Geht man in Urzustände von Sprachen zurück, so ist das nicht so: Da empfand man noch an der Sprache, wenn einer dies oder jenes sagte, da empfand man noch in der Sprache entweder das musikalische oder das plastische Element. Ich will Ihnen ein Beispiel geben. Nehmen Sie an: Ein sehr charakteristisches Wort der österreichischen Mundart, also ein Wort, das noch nahesteht den mehr ursprünglichen Formen des Sprechens, das hat man in dem Worte «Himmlitze[r]», der Himmlitze[r]. Wer dieses Wort so ausspricht, wie es der österreichische Bauer tut, der merkt daran den dreizackigen Blitz. Denn Himmlitze[r] ist auch etwas, was eben Wetterleuchten und den [drei]zackigen Blitz beschreibt. Man merkt dem Worte noch an, dass das so ist. Aber in unseren zivilisierten Sprachen hat das Sprechen, selbst das Sprechen des Lautlichen, einen durchaus konventionellen Charakter angenommen. Wir haben unsere Sprachen so hergerichtet, gerade die zivilisierten Sprachen so hergerichtet, dass sie zum Verständnisse, zum äußersten prosaischen Elemente der Verständigung unter den Menschen führen. Alles dasjenige aber, was dazu führen soll, Verständigung unter den Menschen herbeizuführen, führt natürlich auf Gedanken zurück.

Muss der Dichter dann eine gebildete Sprache verwenden, wie es ja selbstverständlich ist, so nimmt der Zuhörer oder der Leser der Gedichte dann den Prosainhalt wahr. Und daher ist das dichterische Empfinden – namentlich der Genießenden – heute in hohem Grade ein höchst Unkünstlerisches. Man geht auf den Inhalt der Gedichte ein. Aber künstlerisch an einem Gedichte ist eigentlich nur dasjenige, was als Rhythmus, was als Takt, als innere Form zugrunde liegt, dasjenige, was uns als musikalisches oder als gestaltendes Element sogleich aufsteigt, wenn wir irgendetwas Dichterisches anhören. Daher empfindet man gerade gegenüber der zeitgenössischen Dichtung – von der man übrigens sagen kann, dass heute von all demjenigen, was gedichtet wird, neunundneunzig Prozent zu viel ist –, gegenüber der zeitgenössischen Dichtung empfindet man das ganz besonders Unkünstlerische unseres Zeitalters.

Alle diese Dinge führen dahin, etwas aufzusuchen, was nun nicht den unmittelbaren Eindruck der Natur zu geben braucht, weil sich das nicht fassen lässt ohne Gedanken. Da kommt man in die Symbolik oder dergleichen hinein, was erst recht klotzig unkünstlerisch ist. Oder aber es lässt sich auch nicht mit den gewöhnlichen künstlerischen Ausdrucksmitteln dasjenige fixieren, was als inneres Erlebnis erfasst wird, das noch nicht zum Gedanken gekommen ist. Der Expressionismus hat es versucht – aber bis jetzt noch nicht zu genügenden künstlerischen Ausdrucksmitteln gebracht.

Es wurde ja versucht – auf einem engbegrenzten Gebiete zunächst, wo es gewissermaßen abgeleitet ist – [in] unsere[r] Eurythmie diesem modernen künstlerischen Streben Rechnung zu tragen. Denn die Bewegungen, die Sie sehen werden, sind nicht gewöhnliche Gebärden. Dasjenige, was der Mensch als gewöhnliche Gebärde ausführt, lässt sich eigentlich nicht für unsere Eurythmie machen. Man versuche die Gebärden wiederzugeben, mit denen sonst der Mensch sein Sprechen, seine Konversation begleitet, damit würde man zu nichts kommen, man würde nur zu irgendetwas sehr Trivialem kommen, das keine künstlerische Bedeutung hätte. Aber hier in unserer Eurythmie ist versucht, aus dem, was der Sprache zufließt aus dem Willenselement – das aus dem gedanklichen Element und Gedankliche ganz herauszuschälen [und dieses Gedankliche] wegzulassen. Dadurch, dass man studiert, welche Bewegungsanlagen im Kehlkopf und seinen Nachbarorganen vorhanden sind, wenn man spricht, lernt man erkennen, welche Bewegungen im Kehlkopf und seinen Nachbarorganen in der gesprochenen Sprache vorhanden sind. Dann kann man diese sinnlich-übersinnlich erschaubaren Bewegungen übertragen auf den ganzen Menschen.

Nur stellt sich dann etwas ganz Besonderes heraus. Der Kehlkopf, er steht mit der unmittelbaren Luft in Verbindung. Wenn wir nun den ganzen Menschen anspannen, so geht dasjenige, was als Bewegungsanlagen aus ihm herausfließt, über zunächst in den Muskelorganismus. Und wenn wir bei dem Überführen in äußere Leibesbewegungen der Gruppen es machen, so geht es auch über in die äußere Raumbewegung. Dasjenige, was da nebenbei in Bewegung gesetzt wird, ist der menschliche Muskelapparat oder ist der ganze Mensch in Menschengruppen. Da stößt der Mensch, der diese Bewegungen hervorruft, zunächst auf den Muskelapparat. Dieser Muskelapparat bildet zunächst einen gewissen Widerstand. Auf diesen Widerstand muss man achten. Wenn der Kehlkopf sich in Bewegung setzt, um die Lautsprache hervorzubringen, dann steht er in unmittelbarer Beziehung – durch Knorpel und dergleichen – mit der Luft. Dadurch werden die Bewegungsanlagen so der Luft mitgeteilt, dass in ihnen dasjenige, was nun nicht in ihnen eigentlich pulsiert, nicht, [was die] Bewegungsanlagen sind, in der Luft sich ausdrückt, sondern es wird umgesetzt durch diese besondere Einschaltung des Kehlkopfes in den ganzen Luftkreis, es wird umgesetzt dasjenige, was Bewegungsanlagen sind, in kleine, zitternde Vibrierungen, die man dann nicht wahrnimmt, sondern man nimmt wahr den Ton, der auf den Wellen dieser vibrierenden Bewegungen durch die Luft getragen wird und der an unser Ohr anstößt.

Dagegen, wenn man [nun] nicht nimmt dasjenige, was im Kehlkopf unmittelbar geschieht, sondern nur veranlagt ist, und [wenn man das anschaut] nun durch den ganzen Menschen, [dann] kommen nicht jene schnellen Zitterbewegungen zustande, die bei der unmittelbaren Bewegung des Kehlkopfes und seiner Nachbarorgane hervorgerufen werden, [die] mit der Luft zustande kommen, sondern langsame Bewegungen, diejenigen Bewegungen, die dadurch langsam werden, dass eben der Widerstand des ganzen Muskelapparats da ist, sodass wir also Anschauungen haben, aber in einer ganz anderen Weise. Der Muskelapparat ist nur das Werkzeug des menschlichen Willens, und der ganze Mensch wird zum Ausdrucke als Werkzeug desjenigen gebraucht, was der Willensteil ist in der Lautsprache.

Dadurch, sehen Sie, gewinnt man die Möglichkeit, die Bestrebungen, die ich charakterisiert habe, die also nicht willkürlich aufgestellt sind von mir hier, sondern die eigentlich aus dem modernen künstlerischen Streben entnommen sind, ich möchte sagen zu einem gewissen Ziele, an ein gewisses Ziel zunächst zu führen. Dadurch, dass man die Bewegungen nicht bis in den Kehlkopf kommen lässt, sondern bis in den Muskelapparat, dadurch kommt es nicht bis zum Gedanken, sondern die Dinge bleiben menschliches Seelenerlebnis, ausgedrückt aber in einer Form, die der Mensch selbst ausführt.

Also man hat das nicht in der künstlerischen Offenbarung, was der Tod aller wirklichen Kunst ist, das gedankliche Element. Und man hat aber zu gleicher Zeit doch dasjenige, was im Menschen Erlebnisse sind. Die Natur gibt uns nicht irgendetwas Befriedigendes, wenn wir es nicht bis zum Gedanken bringen. Daher konnte der bloße Impressionismus zu keinen befriedigenden Ergebnissen kommen. Wenn man aber den Menschen in Bewegung bringt, dann hat man in dem, was vorliegt, inneres Erlebnis; aber man hat zu gleicher Zeit die Möglichkeit, dieses innere Erlebnis mit Umgehung der Gedankensprache äußerlich auszudrücken. Man hat also vor sich, indem man auf das Künstlerische der Eurythmie hinweist, indem man das Künstlerische der Eurythmie genießt, hat man ein inneres Menschenerlebnis, das aber unmittelbar in dem, was der bewegte Mensch ist, aufgefasst werden kann. Man hat eine Impression, die unmittelbar auch eine Expression ist. Und dadurch wird zunächst auf einem bestimmten, eng begrenzten künstlerischen Gebiete etwas angestrebt, was Sie sehen durch dasjenige in der verschiedensten Weise, was in unseren Bauformen ist, was auch in der Malerei ist. Denn dort ist überall angestrebt, gerade diejenigen künstlerischen Mittel zu gewinnen, welche von dem modernsten künstlerischen Streben wirklich versucht werden, aber die durchaus sonst zu sehr geringen Ergebnissen geführt haben.

Nun will ich nicht etwa behaupten, dass dasjenige, was wir hier als Eurythmie geben können – wo der unmittelbare Eindruck nur nicht bis zum Gedanken erhoben wird, weil das, was hier gegeben wird, als Ausdruck, gar noch nicht bis zum Gedanken gekommen ist –, ich will nicht behaupten, dass diese Eurythmie gleich für sich etwas ist, was an die Stelle der anderen Künste treten soll. Aber ich möchte hinweisen darauf, dass in der Tat mit dieser Eurythmie etwas gegeben wird, woran man studieren kann, wie man auch in anderen Künsten – Malerei und sonstigen Künsten heute, auch in der Baukunst – suchen kann, die künstlerischen Ausdrucksmittel so zu stellen, dass sie mit Umgehung des die Kunst tötenden Gedankenelementes wirklich dasjenige sind, was eben aus dem Unbewussten heraus heute angestrebt wird. Deshalb müssen wir auch die Rezitation so einrichten, dass wir nicht rezitieren, wie es heute üblich ist – den Prosainhalt –, sondern dass wir in dieser Rezitation hervorheben Rhythmus, Takt, das melodiöse Element selber. Man könnte nicht so, wie man das heute versucht, es als schön finden in der Rezitation, wenn sie die Eurythmie begleitet.

Das alles aber, was ich Ihnen da angegeben habe, ist also – bei einem engbegrenzten Gebiete geschaffen – zunächst ein Versuch, zu neuen künstlerischen Ausdrucksmitteln dadurch zu kommen, dass man zuerst den Menschen selbst mit seinen inneren Erlebnissen sich offenbaren lässt als einen unmittelbaren Ausdruck des menschlichen Inneren. So ganz und gar kann es die Natur doch nicht geben, wie man unmittelbar in der äußeren Gestaltung auffassen kann Natur und Menschenseele zugleich, weil das Menschen-Seelische sich naturhaft in der künstlerischen Bewegung der Eurythmie zur Darstellung bringt.

Aber alles das ist durchaus noch im Anfange, und Sie werden sehen, dass mancherlei, was hier auf Sie einen Eindruck zu machen versucht, [dass] vielleicht noch das eine oder das andere ein etwas unbefriedigendes Gefühl zurücklässt. Diejenigen der verehrten Zuschauer aber, die vor einem halben Jahre etwa da waren oder die sich angesehen haben unsere eurythmische Kunst gelegentlich und die jetzt wiedergekommen sind, sie werden sehen, sie werden bemerken, wie wir in diesen letzten Monaten gestrebt haben, weiter zu kommen, weil wir durchaus heute das Schwergewicht schon in den musikalisch empfundenen Bewegungen, in den ganzen Formen haben.

Aber niemand empfindet dasjenige, was eigentlich Eurythmie ist, richtig, der von der Voraussetzung ausgeht, dass bei diesen Formen sich irgendetwas soll erklären lassen, dass diese Formen so oder so sind, weil sie ein mimischer oder pantomimischer Ausdruck sein sollen. Gerade die großen Formen, die Ihnen entgegentreten, sie sind alle mit Ausschluss des gedanklichen Elementes aus der unmittelbaren Empfindung heraus geformt. Man kann nicht sagen, sie seien so oder so. Und derjenige, der etwas Ausgeklügeltes dahinter sieht, der nicht die rein künstlerische Empfindung dabei zugrunde legen kann, sondern *[Lücke im Text]*, der ist von vornherein auf dem Holzwege.

Aber trotzdem darf ich Sie bitten, unsere Aufführungen mit Nachsicht anzusehen. Wir sind selbst unsere strengsten Kritiker, wissen sehr gut, was wir zunächst nur zu bieten in der Lage sind. Es ist zunächst ein Anfang, und es muss gestrebt werden, weiter zu kommen. Aber Sie werden auf der anderen Seite sehen, dass dann, wenn etwas schon in Eurythmie gedacht ist, etwas, was schon mit Ausschluss des Gedankenelements gestaltet ist, [so] wie es die eine Szene ist, die ich versucht habe in meinem Mysteriendrama mit den beiden einander widerstrebenden Mächten: Wo auf der einen Seite die Kräfte vorgeführt werden, die im Menschen wirksam sind und die ihn so beeinflussen, dass er eigentlich immer mehr und mehr über seinen Kopf hinausmöchte in Mystik, Phantasie, Schwärmerei, Theosophie; wie auf der anderen Seite es ihn in Irrtum und Geflunker hineinführt, die anderen Dinge, die ihm entgegenstehen, die ihn immerfort unter sich hinunter[drückt], wo der Geist der Schwere sich bewegen möchte, wo das Nüchterne, prosaisch Nüchterne ausgedrückt wird und so weiter. Wo das alltäglich wird [?], ist der Mensch immer im Gleichgewicht drinnen, wenn so etwas, was mit dem menschlichen Seelenleben im Einklange [ist], dem menschlichen Seelenleben abgelauscht wird, aufgeführt wird, in Eurythmie umgesetzt. Selbstverständlich werden in der Zukunft auch unsere Versuche, Dramatisches darzustellen, allmählich in der Eurythmie immer mehr und mehr ausgebildet werden. Davon ist heute noch wenig vorhanden; aber auch für die eigentliche Dramatik wird versucht werden, die Eurythmie auszubauen.

Für die heutige Vorstellung bitte ich, sie mit Nachsicht aufzunehmen. Unser Versuch ist ein Anfang. Aber alle diejenigen, die eingehen können auf dasjenige, was gewollt wird, die können doch glauben, dass mit dieser Eurythmie einmal – vielleicht durch ganz andere Leute als wir sind, die nun den Anfang damit gemacht haben – etwas geschaffen wird, was sich neben die anderen, älteren Kunstformen als eine neue, vollberechtigte Kunstform wird hinstellen lassen.

Ansprache zur Eurythmie, Dornach, 22. Februar 1920

Meine sehr verehrten Anwesenden!
Nicht um dasjenige, was wir versuchen werden als eurythmische Kunst in einer Probe Ihnen auch heute wiederum vorzuführen, etwa zu erklären, möchte ich diese Worte vorausschicken; denn

eine Kunst, die erst eine Erklärung notwendig machen würde, wäre selbstverständlich keine Kunst. Kunst muss durch den unmittelbaren Eindruck wirken und muss auch im unmittelbaren Eindruck verständlich sein. Allein – gerade das wird bei unserer eurythmischen Kunst, wie es meine Überzeugung ist, im hohen Grade dann der Fall sein. Diese eurythmische Kunst darf nicht verwechselt werden mit irgendwelchen scheinbaren Nachbarkünsten. Sie ist keine Tanzkunst oder etwas Ähnliches, sie will sein eine ganz neue Kunstform. Und gerade aus diesem Grunde möchte ich wie sonst auch heute bei unseren Vorführungen diese paar Worte vorausschicken.

[Eurythmie ist] eine Kunstform, die sich zunächst des Menschen selbst als ihres Ausdrucksmittels bedient und die aus ganz besonderen Quellen schöpft. Wie alles dasjenige, was durch die Geistesbewegung kommen soll, für welche dieser Bau hier der Repräsentant sein will, entspringt auch diese eurythmische Kunst Goethe'scher Kunstanschauung und namentlich Goethe'scher Kunstgesinnung. Sie werden, meine sehr verehrten Anwesenden, allerlei Bewegungen sehen des menschlichen Organismus selbst, Bewegungen namentlich der Gliedmaßen des menschlichen Organismus. Sie werden aber auch sehen Bewegungen, welche die Persönlichkeiten, die in Gruppen zusammengeordnet sind, gegeneinander und miteinander ausführen. Alle diese Bewegungen, die in ihrer Gesamtheit eine Art von stummer Sprache darstellen sollen, sind auf eine ganz besondere Weise gewonnen, und ich kann vielleicht über die Art, die Gesetzmäßigkeit, von der diese Kunst gewonnen ist, nicht anders sprechen, als indem ich darauf aufmerksam mache, dass schließlich der Grundantrieb zu dieser eurythmischen Kunst – der ja allerdings im Zusammenhang steht mit all den Kunstformen, die man sonst an unserem Bau hier schaut –, dass der Grundantrieb zu dieser eurythmischen Kunst mitten drinnen steht in den Bestrebungen gerade der strebsamsten künstlerischen Elemente der Gegenwart.

Wer sich ein wenig bekannt macht mit dem, was heute bei jeder künstlerischen Bestrebung lebt – übrigens sich schon zeigte seit Jahrzehnten –, der wird sich sagen müssen: Überall ist zu bemerken die Überzeugung, dass in den alten Bahnen des Künstlerischen auf keinem Gebiete der Kunst eigentlich fortgefahren werden könne, dass überall es notwendig sei, nach neuen künstlerischen Ausdrucksmitteln zu greifen, und dass es auch notwendig sei, die Quellen, welche das Künstlerische darstellen, in einer neuen Form zu suchen. Man hat die Überzeugung gewonnen, schon vor Jahrzehnten, dass zum Beispiel die Malerei in den alten Bahnen – selbst nicht, wenn sie Raffael'sche oder Michelangelo'sche Kunst sind – nicht fortfahren könne. Und aus welchem Grunde hat man das gefunden? Ganz gewiss ist dasjenige, was zu Raffaels, Michelangelos oder irgendeiner Epigonen-Zeit aus ihren Kunstquellen hervorgegangen ist und mit ihren Kunstmitteln ausgeführt worden ist, etwas ganz außerordentlich Großartiges, Gewaltiges gewesen. Aber wenn irgendeine künstlerische Richtung, eine künstlerische Strömung innerhalb der Menschheitsentwicklung eine Zeitlang dauert, dann werden die Ausdrucksmittel in einer gewissen Weise abgebraucht. Dann tritt insbesondere bei künstlerischen Naturen das Bedürfnis auf nach neuen Ausdrucksmitteln. Denn die Ausdrucksmittel selbst werden nach einiger Zeit durchaus in Anspruch genommen von der menschlichen Gedankenwelt, von der Ideenwelt.

Nehmen wir nur die Malerei. Die Art und Weise, wie gewisse Maler im 19. Jahrhundert gemalt haben, die Verwendung der Farben, die Art und Weise der Pinselbehandlung und so weiter, sie waren eingefasst in Ideen. Man hatte die Vorstellung, das Gefühl: So und so muss man malen. Das alles war schon ideell, gedanklich geworden. Nun ist das Gedankliche eigentlich der Tod einer jeden wirklichen Kunst. Man kann sagen: So viel vom Gedanken, der immer etwas abstrakt nuanciert ist, Irdisches in das Künstlerische eingedrungen [ist], soviel ist Unkunst in der Kunst drinnen. Das Künstlerische muss durchaus mit Umgehung des Gedankens, mit Umgehung namentlich aller abstrakten Ideen und abstrakten Vorstellungen angestrebt werden. Daher ist man zum Beispiel in der Malerei darauf verfallen, den unmittelbaren Eindruck, die Impression, wie man es nannte, durch Farbe und Form festzuhalten.

Aber nun hat die Kunst eine andere Anforderung noch. Wenn man irgendetwas durch Kunstmittel ausdrücken will, so muss es sich zum

Bilde runden. Gewiss, es ist in der sogenannten Freilicht-Malerei, in der impressionistischen Malerei, manches außerordentlich Bedeutungsvolles geleistet worden. Aber auf der anderen Seite hat sich gezeigt, dass, wenn der Mensch sich der Natur so gegenüberstellt, wie es da versucht worden ist, doch die Natur zuletzt sich nicht dem Bilde ergibt. Man hat nämlich versucht, den augenblicklichen Eindruck, wie man eben sagte, die augenblickliche Impression festzuhalten, die unmittelbare Anschauung, dasjenige, was das über die Gegenstände flutende Licht, die vor dem Gegenstande flimmernde oder auch ruhige Luft macht, das als unmittelbaren Eindruck festzuhalten, ich möchte sagen so schnell festzuhalten, es aufzufassen, dass man nicht dazu komme, über die Sache zu denken, sodass in die künstlerische Wiedergabe nichts vom Gedanken einfließe. – Da hat sich allerdings die Schwierigkeit ergeben, dass die künstlerischen Ausdrucksmittel, wenn man auf *diese* Art den Gedanken ausschließt, dennoch versagen. Man kommt mit Farbe und Form dann nicht zurecht, sodass sich Farbe und Form *wirklich* zum Bilde runden. Und so hat der Impressionismus eigentlich das nicht erreichen können, was er erreichen wollte.

Auf der anderen Seite hat man nun versucht, das unmittelbare menschliche Innenerlebnis zu geben, dasjenige, was der Mensch innerlich erlebt, möchte man sagen. Weil ich nicht in falsche, phantastische Mystik verfallen möchte, möchte ich [nicht] sagen, was der Mensch *visionär* erlebt, aber was der Mensch immer gemütsmäßig erlebt, ohne dass er es bis zu der abstrakten Klarheit des Gedankens hinauf verarbeitet. Etwas, was man eine Expression nennen kann, [das hat man nun versucht] wiederzugeben in der Farbe und in der Form.

Dadurch sind Dinge herausgekommen, die für den, der die Sache artistisch betrachtet, außerordentlich interessant sind. Für denjenigen, der die Sache laienhaft oder dilettantisch betrachtet oder sie betrachtet nach dem gewöhnlichen Rezept, mit dem oftmals unkünstlerische Naturen das Künstlerische betrachten, indem sie sagen: Was bildet das ab? Was bedeutet das? – was das Allerunkünstlerischste ist –, bei solchen Leuten entstand dann das Gefühl, dass da mit solchen neueren Versuchen doch nichts erreicht sei, als dass irgendjemand, sagen wir ein innerlich befreiendes, erlösendes Gefühl durch das Mittel der Malerei zum Ausdrucke bringen will. Und was er dann auf die Leinwand malerisch bringt, na, das ist – sagen wir irgendwie ein aufgetakeltes Schiff oder es sind auf Stricke gehängte Wäschestücke oder dergleichen. Wie gesagt, derjenige, der diese Dinge nicht im rechten Lichte betrachtet, der fragt eben: Was bedeutet das? Er lässt sich nicht tragen von dem, was da ist, in das innere Erlebnis hinein. Und so hat man bis jetzt die Erfahrung machen müssen, dass auch da die künstlerischen Ausdrucksmittel, die Behandlung der Farben zum Beispiel in der Malerei, nicht ausreichen, um das innere Erlebnis unmittelbar zum Bilde zu runden, es hinzustellen als Bild.

Das alles muss man einmal empfunden haben, dieses Ringen nach neuen Kunstmitteln und vor allen Dingen dieses Ringen nach einem Zugang zu den Kunstquellen, nach einem solchen Zugang, der eben als solcher etwas Neues darstellt gegenüber den alten ausgefahrenen Bahnen. Dann kommt man dazu, vielleicht das zu versuchen, was wir zum Beispiel hier im Bau versucht haben: Aus den Formen selbst heraus dasjenige zu holen und auch aus den Farben – ohne nachzubilden, ohne Modellgedanken – dasjenige zu holen, was *Bild* sein soll. Aber ich glaube, dass eine Art Beispiel, nur ein *Beispiel* für die Verwendung von besonderen Kunstmitteln, die dann eben etwas, was möglicherweise ausgedrückt werden kann, ausdrücken können, dass dies durch die Eurythmie erreicht werden kann, durch diese stumme Sprache, die auf folgende Weise entstanden ist.

Ich darf dabei den Goethe'schen Ausdruck gebrauchen: sinnlich-übersinnliches Schauen. Wer in der Lage ist, dieses sinnlich-übersinnliche Schauen anzuwenden, der kann studieren, in welchen Bewegungstendenzen der Kehlkopf und seine Nachbarorgane – also ein einzelnes Organsystem des menschlichen Organismus – bei der gewöhnlichen gehörten Tonsprache oder beim Gesang in Tätigkeit versetzt wird. Und man kann dann, so wie Goethe in der ganzen Pflanze nur ein kompliziertes Blatt sieht, man kann dann in dem ganzen Menschen etwas sehen, was nur eine Metamorphose, ein metamorphosiertes Kehlkopforgan ist. Nur muss man diese Dinge nicht gefühlsmäßig abstrakt betrachten, ideell betrachten, sondern eben gerade mit künstlerischem Gefühl durchziehen.

Dann stellt sich nämlich die folgende Möglichkeit heraus: In der Tonsprache haben wir immer den Zusammenfluss von Gedanke mit menschlichem Willen. Jeder, der diese Dinge kennt, weiß, dass von der einen Seite her, vom ganzen Menschen aus, in die Tonsprache – namentlich wenn sie sich künstlerisch durch die Dichtung gestaltet –, hineinfließt der ganze Mensch, der menschliche Wille; dass aber vom Kehlkopfe her, auf den Wellen, möchte ich sagen des Willens hinfließen, hinschwimmen die Gedanken. In allen unseren zivilisierten Sprachen haben nun die Gedanken selber schon einen sehr konventionellen Charakter angenommen und zeigen in ihrer Eigenart, dass sie eigentlich, indem sie sich zu Worten gestalten, nur da sind, damit sich die Menschen im prosaischen Leben miteinander verständigen. Daher ist es auch so, dass alles dasjenige, was gerade in die Dichtung hineinfließt von der gedanklichen Seite her, heute schon von einer künstlerischen Natur empfunden werden muss als etwas Unkünstlerisches. Und es entsteht die Frage: Wie kann man loslösen das reine Willenselement, das sonst bloß die Dichtung durchdringt in Takt, in Rhythmus, in melodieartiger Gestaltung, in plastischer Bildgestaltung, wie kann man das eigentlich festhalten?

Da kommt einem das Folgende zu Hilfe: Der Kehlkopf und seine Nachbarorgane mit ihren verschiedenen knorpeligen und so weiter Organen, sie stehen in unmittelbarer Beziehung, in unmittelbarem Verhältnis zur äußeren Luft. Dadurch setzt sich die Bewegungsanlage um in die kleinen Zitterbewegungen, die dann in die Luft übergehen, was wir mit dem gewöhnlichen Anschauen nicht sehen, die aber zugrunde liegen dem Gehörten der Sprache. Die Bewegungsanlagen, die da im Kehlkopf und seinen Nachbarorganen sich geltend machen, die kann man mit sinnlich-übersinnlichem Schauen beobachten. Und man kann dann, wenn ich mich dieses paradoxen Ausdrucks bedienen darf, den ganzen Menschen wie einen umgeformten, metamorphosierten Kehlkopf ansehen. Sodass die Menschen, die hier auf der Bühne Eurythmie vor Ihnen entwickeln werden, eigentlich [als] ganze Menschen wie Kehlköpfe vor Ihnen auftreten werden.

Aber wenn man dann die sonst im Kehlkopf und seinen Nachbarorganen befindlichen Bewegungsanlagen ausführen lässt durch die anderen menschlichen Glieder, dann kommt nicht dasselbe heraus, was bei der Tonsprache herauskommt. Man hat dann als Widerstand *nicht* die äußere Luft, sondern den Muskelapparat zunächst. Dadurch wandeln sich nicht um die Bewegungstendenzen, die Bewegungsanlagen in die Vibrationsbewegungen des Schalles, des Tones, sondern es verlangsamen sich diese Bewegungen. Die Muskeln leisten ihr den entsprechenden Widerstand, und man bekommt etwas heraus, was äußerlich aussieht wie eine Gebärdensprache, was aber so, wie es gestaltet ist, nicht eine Gebärdensprache ist.

Würde man Mimisches, Pantomimisches zugrunde legen, so würde doch eigentlich nur Prosaisches möglich, es würde nicht eigentlich direkt Künstlerisches durch diese Eurythmie zum Ausdrucke kommen können. Aber das ist auch gar nicht anzustreben. Alles dasjenige, was bloße pantomimische Augenblicksgesten sind, ist hier ausgeschaltet. Alles beruht auf einer inneren Gesetzmäßigkeit wie das melodiöse Element in der Musik auf innerer Gesetzmäßigkeit in der Zeitenaufeinanderfolge beruht, [es ist] eine bewegte Musik, eine Musik, die statt in Tönen in Bewegungen sich zum Ausdrucke bringt. Sodass, wenn man zwei verschiedene Darstellungen an zwei verschiedenen Orten hätte und ein und dieselbe Sache eurythmisch dargestellt werden würde, so würde keine Willkür darinnen sein, sondern gerade nur so viel Unterschied in der individuellen Darbietung, wie ein und dieselbe Sonate an zwei verschiedenen Orten individuell verschieden gespielt werden könnte.

Daher müssen Sie auch dasjenige, was wir wirklich nur als einen Anfang zunächst bieten können, mit einer gewissen Nachsicht aufnehmen. Es werden ja wohl diejenigen, die schon öfter unsere Darbietungen gesehen haben, vielleicht vor Monaten schon, dasjenige, was wir heute bieten können – die es heute wieder sehen, die werden sich sagen können, wie wir gestrebt haben, in den letzten Monaten gerade etwas vorwärts zu kommen. Also wir sind mit dieser eurythmischen Kunst durchaus erst im Anfange. Und bei diesem Anfange werden Sie zu berücksichtigen haben, dass überall, wenn versucht ist – namentlich, wo heute schon die Form, die wir nun in die Eurythmie hineinbringen, wo diese Formen in Angriff genommen worden sind –, da werden Sie sehen, dass überall das gedankliche Element ausgeschlossen ist, dass unmittelbar die Formen empfunden werden. Und zwar nicht so, wie sie als Gebärdenformen empfunden werden, sondern wie sie als Ausdrucksformen empfunden werden für den inneren Rhythmus, für das Musikalische und Plastische der Dichtung selber.

Wie gesagt, ich will durchaus nicht diese Eurythmie hinstellen als eine Kunst, die nun auf alle übrigen Künste, auf Malerei und dergleichen gleich ein Licht werfen kann, sondern nur als ein Beispiel, wo vielleicht gerade dasjenige, was in den geistig künstlerischen Bestrebungen versucht wird, am weitesten erreicht werden kann. Denn man kann mit dieser Eurythmie wirklich ein inneres Erlebnis gestalten, ein inneres, das man der Dichtung nachgestaltet – so wie etwa die Musik auch auf der einen Seite als Begleiterin auftritt zur Eurythmie –, aber dieses innere Erlebnis wandelt sich unmittelbar um in Bewegungen des menschlichen Organismus selber.

Man hat also eine unmittelbare Bewegung des Elementes, das zunächst aus der Dichtung genommen ist, und wandelt das um in innere menschliche Bewegungen, die sich zum Bilde runden. Solche Bewegungen, die können dann als Impressionen genommen werden, während man in der Naturbehandlung nicht zurechtkommt mit den gewöhnlichen Ausdrucksmitteln, es künstlerisch in den unmittelbaren Eindruck, ins Bild zu runden. Wenn man allerdings ins Bild rundet dasjenige, was als inneres Erlebnis zugleich umgewandelt in inneren Sinnenschein zum Vorschein kommt, eine Expression, die erlebt ist, die aber unmittelbar durch Impression wirkt, [dann] ist [das] dasjenige, was unmittelbar durch diese Eurythmie angestrebt wird, was heute versucht worden ist und was ja natürlich, wie es mir sehr begreiflich ist, zahlreichen Missverständnissen noch ausgesetzt sein wird. Allein das ist nicht zu ändern, wenn man einen solchen Versuch, wie wir ihn in unserer eurythmischen Darbietung geben wollen, zur Darstellung bringt. Während wir auf der einen Seite vom Musikalischen begleitet sehen dasjenige, was wir als stumme Sprache auf der Bühne vorführen, sehen wir auf der anderen Seite von Rezitation und Deklamation dasjenige begleitet, was dargestellt wird.

Gerade dieser Eurythmie gegenüber muss die Kunst der Rezitation und Deklamation eine besondere Stellung einnehmen. Es muss immer wieder und wiederum erinnert werden, dass dasjenige, was heute gerade als Rezitations-, als Deklamationskunst gilt, der begleitenden Rezitation der Eurythmie gegenüber nicht recht standhält. Eigentlich wird ja heute auf die Betonung des wortwörtlichen Inhaltes in der Rezitation das Hauptgewicht gelegt, aber das ist ein Unkünstlerisches. Künstlerisch ist es zu versuchen, auch bei der Rezitationskunst das über den wortwörtlichen Inhalt hinausgehende Rhythmische, Gestaltende, Plastische der Sprache in den Vordergrund zu stellen. Auch das ist ein Versuch, wiederum auf die alte Form des Rezitierens zurückzugehen. Ich erinnere nur daran, dass Schiller, indem er gerade seine bedeutsamsten Gedichte aus seiner Seele hervorgehen ließ, nicht den wortwörtlichen Inhalt zunächst hatte. Das ging ihn zunächst gar nichts an, sondern er hatte zunächst die melodiöse Gestalt, an die er dann erst die Worte anhängte. Oder Goethe studierte zum Beispiel seine «Iphigenie» mit seinen Schauspielern mit dem Taktstocke in der Hand ein. Da hatte man ein Gefühl gegenüber dem einer Dichtung zugrundeliegenden taktmäßigen, melodiösen Element oder auch dem plastisch-bildhaften Element, dass das die Hauptsache sei auch als Offenbarung beim Vorbringen der dichterischen Gestaltungen.

Sie werden nun sehen, dass dasjenige, was schon von vornherein dichterisch gedacht ist, wenn es auch noch unvollkommen, in sehr unvollkommener Darstellung hier auftreten wird, was aus meinen «Mysteriendramen» genommen ist, wo die geistigen inneren Kräfte des Menschen auftreten, [dass das schon ganz gut dargestellt werden kann]: Auf der einen Seite diejenigen Kräfte, durch die der Mensch über sich hinaus will, das Mystische, Phantastische, Schwärmerische, das Theosophische, wobei er aufhört, Mensch zu sein, wo er gern Engel sein möchte, was auf der einen Seite einen Trieb über das Menschliche hinaus bedeutet – wenn das kontrastiert wird auf der anderen Seite nach dem früheren Spiritistischen *[?]*, dem Materialistischen. [Sie werden sehen:] Wenn mit dem kontrastiert das schon eurythmische Denken, und dann wie selbstverständlich in einer Form umschlossen werden kann, dass das schon ganz gut dargestellt werden kann. Es ist mir nun gelungen, den Versuch zu machen.

Man wird schon nach und zugeben müssen, dass man die Natur auch nur durch imaginative Bilder erfassen kann. Wer darnach strebt, dass zur Erscheinung, zur Offenbarung komme das tiefere Gesetzliche, das Wirkensgemäße in der Natur, der strebt über das Abstrakte hinaus zu der imaginativen Gestaltung der in der Natur und im Weltendasein vorhandenen wirksamen imaginativen Kräfte, insbesondere derjenigen Kräfte, in die das menschliche Fühlen eingespannt ist. So ist es versucht worden von mir in derjenigen Szene meiner «Mysteriendramen», wo die Seelenkräfte auftreten – nicht als Personifikation, sondern als wirkliche Menschen, aber so, dass in ihnen unmittelbar das sinnlich-übersinnliche Element zum Ausdrucke kommt. Auch da ist nichts symbolisierend, sondern [es ist] unmittelbar in das Lebendige einzudringen versucht worden.

Besonders für dasjenige, was dem lebendigen Schaffen der ganzen Natur in der Welt unmittelbar zugrunde liegt überhaupt, lässt sich ganz besonders gut das Eurythmische verwenden. Denn die eurythmische Kunst hat eben das Eigentümliche, dass sie dasjenige, was die Malerei sucht, wenn sie innere Seelenerlebnisse zur Anschauung bringen will, wofür aber heute noch kein Ausdrucksmittel da ist, zur Anschauung bringen kann. Ich will nicht sagen, dass dieses Element sich nicht finden ließe, aber dass dies dadurch schon heute gut ausgedrückt werden kann, dass der Mensch selber mit seinen Bewegungen in der ganzen Anlage seines Organismus zum lebendigen Kehlkopf gemacht wird. In der stummen Sprache der eurythmischen Kunst zeigt [es] sich dadurch, dass der Mensch in seinem beseelten Element auftritt, sodass das Sinnliche auch übersinnlich ist: Der Mensch, der darstellt das Sinnliche, aber zu gleicher Zeit auch das Übersinnliche.

Aber so ist es gar nicht, dass wir einen Zwiespalt zwischen Inhalt und Form empfinden; denn es ist, indem die Beseelung hineingelegt wird, diese Beseelung erhöht, wie [wenn das, was] Sie sonst vokalisieren in der Sprache hörbar erhöht zum Ausdruck kommt, nun stumm zum Ausdruck kommt in den Bewegungen des Menschen. Sodass man sagen kann: Es wird nicht ein Unnatürliches hervorgerufen, sondern gerade erst dasjenige, was Goethe nennt: Dass man das Höhere der Natur aufsucht.

Auf der anderen Seite werden wir Ihnen nach der Pause Kinderdarbietungen bringen. Es soll selbstverständlich nicht [gegen das gewöhnliche Turnen] polemisiert werden, es hat seine Bedeutung für den physischen Körper, aber es kommt doch das in Betracht, dass dieses Turnen bloß auf den physiologischen Kenntnissen des menschlichen Organismus aufgebaut ist und ihm Rechnung trägt, sodass dadurch zwar aus dem Menschen eine gewisse Stärke herausgeholt wird, eine gewisse physische Gesundheit gepflegt wird, dass aber Initiative des Willens aus dem Menschen heraus kommen kann nur dann, wenn er so erzogen wird, dass nicht nur die physiologische, sondern die psychologische Bewegung veranlagt wird, um zu demjenigen zu kommen, was beseelte Bewegungen sind. Daher musste zu unserer Pädagogik in der Stuttgarter Waldorfschule hinzukommen zu diesem bloß physiologischen Turnen diese beseelte Kunst für die Kinder. Und man kann jetzt schon die Erfahrung machen, dass dieses beseelte Turnen, diese beseelte Eurythmie, auf das kindliche Leben angewendet, weil es beseelte Anwendung des Körpers ist, auch die Initiative des Willens hervorbringt. Sodass nicht so wie beim Turnen zwar der Körper, aber nicht die Initiative des Willens gepflegt wird – das ist nur eine Illusion, wenn man [das] glaubt. Es ist tatsächlich der Erziehungskunst durch diese beseelte Kunst – lassen Sie mich diesen Ausdruck gebrauchen – eine große Wohltat erwiesen, und [wird] immer mehr erwiesen werden können.

Es ist ja so, dass wir heute mit unserer Eurythmie erst im Anfange stehen. Diejenigen der verehrten Besucher unserer Veranstaltungen, die öfters schon hier waren, werden sich überzeugen können, dass wir in den letzten Wochen ein gutes Stück vorangekommen sind, insbesondere im Ausbau des Satzbaues, der hier in Anschauung an den Formen zum Ausdruck kommt – des künstlerischen Aufbaues, des Rhythmus, des Reims und so weiter, in der ganzen inneren Formung der Strophen. Wir werden uns sehr bemühen, von Monat zu Monat vorwärtszukommen. Aber es ist eben doch alles noch im Anfange. Und deshalb bitte ich Sie, mit Nachsicht solch eine Probe der eurythmischen Kunst ansehen zu wollen, wie wir sie heute vorführen werden.

Aber dennoch sind wir der Überzeugung, dass dasjenige, was hier als sinnlich-übersinnliche Kunstform zutage tritt, einer Vervollkommnung fähig ist, die schon kommen wird, entweder noch durch uns oder wahrscheinlicher noch durch andere. Und dann wird diese eurythmische Kunst doch so vor die Welt hintreten als etwas, was auf der einen Seite etwas wirklich Künstlerisches ist, auf der anderen Seite von sehr starkem erzieherischem Wert ist. Und man wird dieser Eurythmie zuerkennen, dass sie eine gewisse Aufgabe hat und sich neben die anderen, anerkannten Schwesterkünste und älteren Künste als eine würdige, vollberechtigte Kunst wird hinstellen können. – Also ich bitte Sie, sehr verehrte Anwesende, diese paar Proben eurythmischer Kunst heute noch mit Nachsicht aufzunehmen.

DORNACH, 21. MÄRZ 1920

Nach einer kurzen Besprechung Rudolf Steiners mit Medizinern, die für eine Tagung angereist waren, gab es eine Aufführung mit Kinderdarbietungen.

Louise van Blommestein KSaG, M.3198

Plakat für die Aufführung Dornach, 21. März 1920

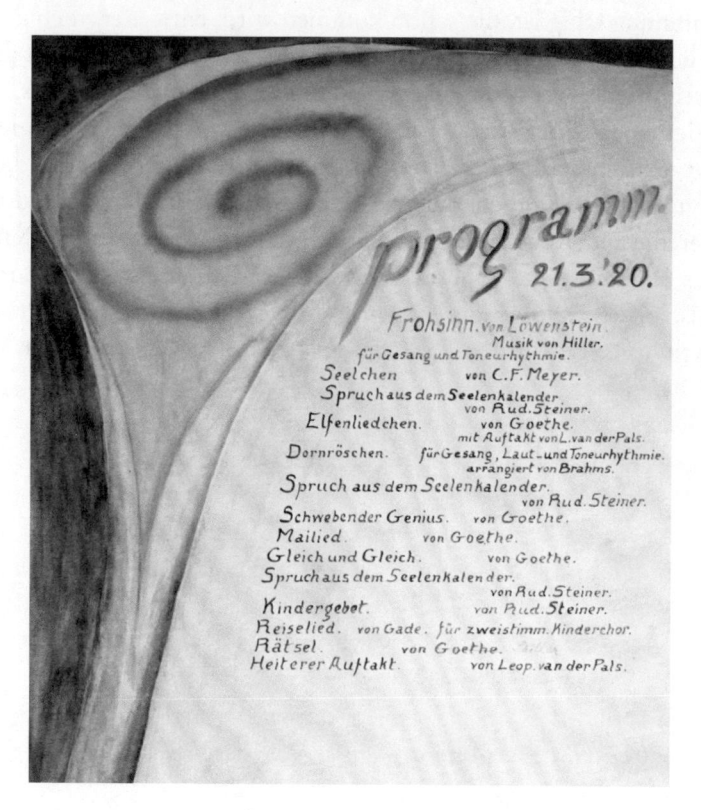

> programm
> 21.3.'20.
>
> Frohsinn. von Löwenstein.
>   Musik von Hiller.
>   für Gesang und Toneurhythmie.
> Seelchen   von C. F. Meyer.
> Spruch aus dem Seelenkalender
>   von Rud. Steiner.
> Elfenliedchen.   von Goethe.
>   mit Auftakt von L. van der Pals.
> Dornröschen.   für Gesang, Laut-und Toneurhythmie.
>   arrangiert von Brahms.
> Spruch aus dem Seelenkalender.
>   von Rud. Steiner.
> Schwebender Genius.   von Goethe.
> Mailied.   von Goethe.
> Gleich und Gleich.   von Goethe.
> Spruch aus dem Seelenkalender.
>   von Rud. Steiner.
> Kindergebet.   von Rud. Steiner.
> Reiselied.   von Gade. für zweistimm. Kinderchor.
> Rätsel   von Goethe.
> Heiterer Auftakt.   von Leop. van der Pals.

Ansprache zur Eurythmie, Dornach, 21. März 1920

Für diejenigen Freunde und heutigen Teilnehmer, die früher nicht Eurythmie *[Textlücke]*, möchte ich nur ganz kurz ein paar Worte vorausschicken, angesichts dessen, dass ja unsere mitwirkenden Kinder nicht zu lange ungeduldig gemacht werden dürfen. Ich möchte nur bemerken, dass das, was wir als eurythmische Kunst bezeichnen, nicht irgendwie willkürlich erfundene Gesten sind, sondern dass sie hervorgeholt sind aus den Bewegungsanlagen des menschlichen Kehlkopfes und seiner Nachbarorgane, aller der Organe, die sonst beim [Lautesprechen] tätig sind. Sodass einfach übertragen ist dasjenige, was Tendenz ist im Kehlkopf und seiner Nachbarorgane, auf den übrigen Menschen. Gewissermaßen tritt der ganze Mensch in dieser stummen Sprache der Eurythmie, die dann begleitet wird von der Rezitation oder der Musik, als, ich möchte sagen *Kehlkopf* auf. Der ganze Mensch wird zum Kehlkopf in dem, was Ihnen vorgeführt wird. Ebenso werden Menschengruppen zum Kehlkopf.

Das ist dasjenige, wodurch man sich etwas schwerer hineinfindet in diese Eurythmie – nicht dadurch, dass sie etwas Willkürliches ist, nicht ein Zusammenstellen von Augenblicksgesten, sondern die Fortsetzung ist dessen, was der Lautsprache als unbemerkte Bewegung zugrunde liegt und dass diese abgebildet, in eine sichtbare Sprache umgesetzt ist. Nur das möchte ich zur Rechtfertigung für die Kunstrichtung der Eurythmie, die wir hier pflegen, sagen für die Freunde, die noch nichts davon gesehen haben [bis] heute, nur das möchte ich erwähnen.

Und ich möchte noch sagen, dass unsere Herren und Damen Ärzte kaum sehen werden dasjenige, was ich heute morgen bezeichnet habe als die hygienische Seite unserer eurythmischen Kunst, weil ja nur einiges vorgeführt werden konnte, was vorbereitet war bei unserer Ankunft. Frau Doktor Steiner konnte aber einiges von dem, was geübt worden war, aufnehmen. Und es konnte kaum heute, in den wenigen Tagen, seit wir aus Stuttgart zurück sind, ein objektives Programm geformt werden.

So bitte ich diejenigen, die etwas mehr wissen wollen von dieser Eurythmie, sich bis später zu gedulden. Ich werde, wenn wir nächstens eine Vorstellung in der Eurythmie haben, in einer etwas ausführlicheren Einleitung Ihnen das ganze Wesen der Eurythmie auseinandersetzen. Heute bitte ich, durchaus vorlieb zu nehmen mit dem Wenigen, das wir Ihnen nach so kurzer Zeit, nachdem wir von Stuttgart zurückgekommen sind, bieten können. Und so möchte ich denn nichts weiter erörtern, sondern Sie eben verweisen auf dasjenige, was ich noch in der Zukunft über diese eurythmische Kunst sagen werde.

Fräulein Hollenbach hat sich die Aufgabe gestellt, Kinder im Chorgesang unter dem Hüpfen der Töne auszubilden. Sie werden eine Probe davon vorgeführt bekommen. Diese Aufgabe hat sie sich als Eurythmielehrerin der Kinder also gestellt. Wir beginnen mit einem Lied «Frohsinn», [mit Musik] von Hiller [nach einem Gedicht] von Löwenstein. [Sie hat den Kindern das Hüpfen der Töne und die Bewegungen in der Eurythmie beigebracht. Es handelt sich um eine durch und durch beseelte Turnkunst, die sich dem gewöhnlichen Turnen wird an die Seite stellen können. Und es wird durchaus dem gewöhnlichen Turnen kein Abbruch getan durch die eurythmische Kunst. Aber gerade dadurch, dass man auch der Kinderwelt beseelte Bewegungen beibringen kann, wird sich zeigen, dass diese eurythmische Kunst auch eine pädagogisch-hygienische Bedeutung haben wird. Wenn das Turnen auch eine Stärkung des Körpers ist, weniger des ganzen Menschen, so wird namentlich die Initiative des Willens durch diese Eurythmie gestärkt werden können. Hinzugefügt also wird zu dem gewöhnlichen Turnen das in beseelten Bewegungen Spielen des Kindes, wozu die eurythmische Kunst werden kann.]

DORNACH, 27. UND 28. MÄRZ 1920

Ankündigungsentwurf und Zeitungsannonce für die Aufführungen Dornach, 27. und 28. März 1920

NZ 7341

<u>Goetheanum Dornach</u> / <u>Eurythmische Kunst</u> / Vorstellungen / Samstag, den ~~27. März~~ 10. April 5 Uhr / Sonntag, den ~~28. März~~ 11. April 5 Uhr / ~~Natur- und Lebensimaginationen~~ / ~~und ähnliches~~ / ~~auch~~ ~~Kinderdarbietungen~~ / Natur- und Seelenbilder eurythmisiert – / Kinderdarbietungen: humoristisch-satirische / Bildscenen, Musikalisches.

Basler Vorwärts 26.3.1920

425

Programm zur Aufführung Dornach, 27. und 28. März 1920

«Himmelsnähe» von C. F. Meyer mit musikalischem Auftakt von Leopold van der Pals

«An die Cicade» von J. W. v. Goethe

Spruch aus dem Seelenkalender (48.) von Rudolf Steiner

Spruch aus dem Seelenkalender (49.) von Rudolf Steiner

«Die Harzreise im Winter» von J. W. v. Goethe

«Huttens Kerker» von C. F. Meyer mit musikalischer Beigabe von Leopold van der Pals

«Howards Ehrengedächtnis» von J. W. v. Goethe

«Stratus, Cumulus, Cirrus und Nimbus» von J. W. v. Goethe

Stabübungen mit musikalischer Begleitung von Leopold van der Pals (Kindergruppe)

Ballen und Spreizen, dazu Musik von Max Schuurman (Kindergruppe)

«Gleich und Gleich» von J. W. v. Goethe (Kindergruppe)

Taktieren (Kindergruppe)

«Frohsinn» von Louise van Blommestein mit Musik von F. Hiller (Kindergruppe)

«Die Freude» von J. W. v. Goethe

Auftakt «Frage und Antwort» mit Musik von Max Schuurman

«Das Göttliche» von J. W. v. Goethe

Spruch aus dem Seelenkalender (50.) von Rudolf Steiner

Spruch aus dem Seelenkalender (51.) von Rudolf Steiner

Hymnus zum Eingang der Vesper am Palmsonntag von Friedrich Wolters mit musikalischen Auftakt Tiaoait von Leopold van der Pals

Ansprache zur Eurythmie, Dornach, 27. März 1920

Meine sehr verehrten Anwesenden!

Das Ihnen heute auch wiederum als eurythmische Kunst Vorgeführte ist nicht etwa eine Summe von willkürlichen, ausgedachten Gebärden und Bewegungen des Menschen, sondern es ist tatsächlich der Ausdruck einer wirklichen stummen Sprache, einer Sprache, die durch Bewegung zur Offenbarung kommt. Sodass diese Bewegungen, ob sie nun auftreten als Bewegungen der Glieder des einzelnen Menschen oder als Bewegungen dieses einzelnen Menschen im Raume oder als Bewegungen von Menschengruppen in ihrem Verhältnisse zueinander – immer sind diese Bewegungen streng gesetzmäßig geregelt, genau so streng gesetzmäßig geregelt, dass sie mit einem Sinn, zum Beispiel einem Gedichtsinn oder einem musikalischen Inhalt, so zusammenfallen, wie das gesungene oder gehörig gesprochene Lautwort – also eine wirkliche stumme Sprache im Gegensatz zu einem willkürlichen Gebärdenspiel.

Die Grundlage zu einer solchen stummen Sprache kann nur auf dem Wege gewonnen werden, den man bezeichnen könnte als eine Fortführung dessen, was Goethe sinnlich-übersinnliches Schauen nennt. Sie wissen ja, dass, wenn wir die Lautsprache hervorbringen, unser Kehlkopf und seine Nachbarorgane in gewisse Bewegungen kommen. Wir wenden die Aufmerksamkeit auf das Gehörte, sehen ab von den Bewegungen des Kehlkopfes und seiner Nachbarorgane. Aber diese Bewegungen übertragen sich auch auf die Luft. Sie sind in einem Raum, in dem gesprochen wird, durchaus vorhanden. Durch sinnlich-übersinnliches Schauen kann man nun erstens diese Bewegungen sich zum Bewusstsein bringen, zweitens aber namentlich die Bewegungsanlagen. Und diese Bewegungsanlagen, sie kann man nach dem Prinzip der Metamorphose – im Goethe'schen Sinne gedacht – nun anwenden; wie sie in der Lautsprache aber eben angewendet sind auf das Spezialorgan des Kehlkopfes, [so kann man sie] anwenden auf den ganzen Menschen. So, wie beim lautsprechenden Kehlkopf und seinen Nachbarorganen Bewegungen wirken, so bringen wir in der Eurythmie nach demselben Prinzip der Sprache bewegte Menschen, den ganzen Menschen in Bewegung.

Was Sie also auf der Bühne hier sehen werden, sei es eben Bewegung des einzelnen Menschen in sich oder im Raume oder Bewegungen, die wechselweise durch die Personen der einzelnen Gruppen ausgeführt werden: Es sind immer solche Bewegungen, dass sie darstellen gewissermaßen Bewegungen eines Menschen oder einer Menschengruppe wie ein eben zum Menschen oder zur Gruppe gewordener Kehlkopf. Sie haben einen Vorgang ganz analog dem

Sprachvorgang vor sich, nur dass Sie diesen Vorgang statt mit dem Ohre mit dem Auge beobachten.

Ich hatte sonst, wenn ich mir erlaubte, diese einführenden Worte für die Vorstellungen zu sprechen, namentlich immer die künstlerische Seite dieser unserer Eurythmie hervorgehoben. Ich werde diese künstlerische Seite wiederum bei einer anderen Gelegenheit betonen. Heute, wo wir eine ganze Anzahl von Ärzten unter uns haben, möchte ich eben mehr die hygienische Seite unserer Eurythmie betonen.

Gewiss, das Künstlerische ist daran zunächst die Hauptsache. Eurythmie stellt eine neue Kunstform dar, und sie wird als Kunstform tatsächlich befruchtend wirken können auf manches, das heute gesucht wird von ernstzunehmenden Künstlern, aber außerordentlich schwer gefunden werden kann, was gesucht wird unter den verschiedensten Masken, Expressionismus und so weiter, was immer eine Art von Stammeln ist, weil man zunächst mit unzulänglichen Materialien oder mit unzulänglichen Ausdrucksmitteln arbeitet. Also das Künstlerische will befruchtend wirken gerade auf den verschiedenen Sehnsuchten, die heute in der künstlerischen Entwicklung sehr gut wahrzunehmen sind und ein Suchen wahrnehmen lassen.

Aber es hat diese Eurythmie noch eine wichtige pädagogische und eine wichtige hygienische Seite. Man könnte sagen: vom pädagogisch-hygienischen Standpunkte aus ist diese Eurythmie ein beseeltes Bewegungsspiel des Menschen, im Gegensatze zu dem mehr physiologischen Bewegungsspiel des Menschen, das vorliegt bei den verschiedensten Arten des Turnens. Nun wird man ja selbstverständlich heute noch schwer aufkommen, wenn man auseinandersetzt, dass solche bewegten, beseelten Bewegungsspiele, wie sie in der Eurythmie vorliegen, für die Entwicklung des ganzen Menschen vorzuziehen sind dem bloßen physiologischen Turnen.

Aber man muss das Wahre ja doch aussprechen, und man muss nicht zurückscheuen, sich nicht zurückhalten lassen, dasjenige, was den Menschen mehr angeht, auch wirklich in die Praxis umzusetzen. Wenn auch viele Vorurteile hervorgerufen werden für das Eingewöhntsein in dasjenige, was ja durch lange Zeiten sich gerade in unserer pädagogischen Kunst und auch in unseren Volksbildungen, Volksentwicklungskunst so eingenistet hat wie das gewöhnliche physiologische Turnen. Dieses physiologische Turnen beruht ja gerade im Wesentlichen darauf, dass es ausgeht von dem menschlichen Leib und dass es den menschlichen Leib in solche Bewegungen, Stellungen, Handhabungen bringt, welche eben der Physiologie und ihren Forderungen entsprechen.

Nun will ich durchaus nicht dasjenige, was nur einseitig gedacht ist *[Lücke in der Textvorlage]* – Eurythmie soll auch von dieser Seite her nicht etwa das Turnen ersetzen, sondern nur dem Turnen an die Seite treten, gewissermaßen halbpart machen auch in den Schulen mit dem, was durch das Turnen angestrebt wird. Es soll also angestrebt werden, dass künftig etwa die Hälfte der Zeit, die heute dem Turnen gewidmet wird, diesem gewidmet werden soll, was wir in der Eurythmie geben – also die Hälfte der Zeit nur müsste der Eurythmie gewidmet sein. Denn diese Eurythmie strebt an, dass in jeder Bewegung, die der Mensch ausführt, die das Kind ausführt, dass in jeder Bewegung das Beseelte liegt, dass also keine Bewegung ausgeführt wird, ohne dass das seelische Erleben in diese Bewegung hineingelegt wird. Geradeso wenig, wie ja die Lautsprache gesprochen werden kann, ohne dass das seelische Element überall in den Lauten darinnen ist, die Laute selbst hervorbringt oder den Zusammenhang der Laute konfiguriert und so weiter – dasselbe muss eintreten für diese bewegte stumme Sprache der Eurythmie. Jede einzelne Bewegung, jeder Bewegungszusammenhang, also alles dasjenige, was die einzelne Bewegung, auch die Bewegungsartikulation ist, was gewissermaßen der Satz in der Bewegung ist, das muss durchseelt sein. Es liegt seelisches Erleben zugrunde.

Wenn nun für den Menschen angestrebt wird gewissermaßen eine Loslösung seiner Körperbewegungen von dem seelischen Erleben, so wird ja ganz gewiss zunächst in rein körperlicher, in physiologischer Beziehung vielfach eine Stärkung des menschlichen Leibes hervorgerufen. Allein, meine sehr verehrten Anwesenden, diese Stärkung des menschlichen Leibes ist nicht überall auch eine Stärkung des ganzen Menschen. Eine Stärkung des ganzen Menschen bedeutet nämlich durchaus, dass der Mensch in die Lage komme, in seinen Bewegungen immer mehr einen Ausdruck seines eigenen Willens zu schaffen, dabei zu sein bei allem, was in seinen Bewegungen liegt.

Und man kann schon sagen, wenn man unbefangen genug dazu ist und sich nicht vor wichtigen Tatsachen, die eine soziale Psychologie bedeuten, verschließt, man kann schon sagen: Gewiss, in der neueren Zeit ist viel geturnt worden und auch viel dem Turnen Ähnliches getrieben worden, aber ob man die Frage unmittelbar bejahen kann, dass dadurch – wenn vielleicht auch Einzelnes am Menschen physisch stärker geworden ist und vielleicht auch in physiologischer Beziehung manches gesund geworden ist –, ob man auch bejahen kann, dass dadurch der Mensch als ganzes Wesen, als physisch-seelisch-geistiges Wesen stärker geworden ist, mehr mit Initiative ausgerüstet ist, mehr dabei ist bei den Weltangelegenheiten als in den ersten turnlosen Zeiten, das kann nicht unmittelbar behauptet werden. Diese Frage wird man nicht bejahen können. Denn schließlich zeigt ja doch gerade unsere Zeit, dass wir in der Epoche der schlafenden Seelen leben, dass wir zwar viel getrieben haben von Turnen, auch noch manches andere, was über das Turnen hinausgeht – was hat der Sport nicht alles hervorgebracht! Dass aber das Ergebnis von dem allem eine Erkraftung des ganzen Menschen wäre, namentlich eine Erkraftung der Initiative der Menschen, das darf nicht bejaht werden. Denn es ist nur allzu deutlich, dass die Menschen immer mehr und mehr in sich verschlossen geworden sind, immer innerlich träger und träger geworden sind und dass mit diesem Innerlich-verschlossen-Sein und mit diesem Träge-geworden-Sein, mit diesem Verschlafensein der Seelen das Unglück, das sich so gräulich ausgedrückt hat in den letzten fünf bis sechs Jahren, zusammenhängt. Herauskommen wird man aus dem, worauf da hingedeutet werden muss, erst dann, wenn man die Erkraftung des Menschen nicht nur anstrebt durch das physiologische Turnen, sondern durch die psychologische Eurythmie, durch das beseelte Sich-Bewegen.

Daher werden wir einfügen in die heutige Vorstellung neben dem Künstlerischen, auf das ich dann morgen in ein paar einleitenden Worten noch besonders zurückkommen möchte, wir werden insbesondere Kindereurythmie einfügen, durch die Sie sich überzeugen können, wie schon im Kinde dadurch, dass überall beseelte Bewegungen vorliegen, etwas angestrebt wird, was dann mit vollem Nutzen für den ganzen Menschen in diese menschliche Entwicklung eingefügt werden kann.

Es kommt ja überhaupt etwas, was gesundend ist für den Menschen, durch diese Eurythmie zum Vorschein. Ich brauche nur daran zu erinnern, dass wir ja finden, wie am Ausgangspunkte aller menschlichen Arbeit der Rhythmus liegt, nicht die ungeordnete, chaotische Arbeit, sondern der Rhythmus liegt: Primitive Arbeiten werden im Rhythmus ausgeführt. Das ist natürlich in der hastenden neueren Zeit, in der Zeit des Industrialismus, vollständig zurückgegangen. Dieser Rhythmus wird nun wieder eingeführt durch die Bewegungsspiele des Menschen.

Daher werden Sie sehen, dass herauskommt alles dasjenige, was im Menschen schon veranlagt ist, allerdings innerlich zusammenhängt mit den seelischen Anlagen, an innerlichem Rhythmus, innerlichem Takt und so weiter. Wenn ich anführen darf: In Bezug auf das künstlerische Auffassen zeigt sich ja das in einem Mangel der ästhetischen Gegenwartsauffassung sehr deutlich. Die Gegenwart hat zum Beispiel eine Art von Rezitierkunst ausgebildet, welche namentlich auf den Prosainhalt des zu Rezitierenden den großen Wert legt. Diese Rezitationskunst, die man gerade in der Gegenwart als etwas besonders Beliebtes hat, die ließe sich in der Eurythmie ja nicht verwenden. Die Eurythmie muss begleitet werden von einem Rezitieren, das wiederum zurückgeht auf alles dasjenige, was das eigentlich Künstlerische, auch in Bezug auf Poesie ist, auf das Taktmäßige, Rhythmische, auf das Musikalische oder Plastische in der poetischen Kunst zurückgeht. Während man heute auch in der Rezitation den größten Wert darauf legt, dieses wirklich Poetische ganz zurücktreten zu lassen und nach dem Prosainhalt zu rezitieren, sodass die Form, auf die es in der Kunst eigentlich ankommt, in dem heutigen Rezitieren gar nicht zur Geltung kommt. So muss auch zurückwirken dasjenige, was die Eurythmie fordert, wiederum auf die Kunst der Rezitation.

Das alles, was wir da anstreben, ist selbstverständlich so, wie wir es Ihnen heute als Probe darbieten können, erst im Anfange; doch werden diejenigen, die immer von Zeit zu Zeit sich dasjenige anschauen, was wir hier als eurythmische Kunst bieten, schon sehen, dass wir tatsächlich etwas vorwärtsgekommen sind, verglichen mit demjenigen, was wir vor sechs Monaten leisten konnten. Diejenigen Beobachter, die beides miteinander vergleichen – das vor sechs Monaten Vorgeführte und das Heutige – werden einen Fortschritt vielleicht doch bemerkbar finden. Und wir glauben eben durchaus, dass, trotzdem wir mit dieser eurythmischen Kunst noch am Anfange stehen, mit ihr aber ein Anfang zu etwas gegeben ist, was sich als Kunst und auch als Menschheitserziehungsimpuls neben andere, ältere Kunst- und Erziehungsimpulse vollberechtigt wird hinstellen können. Aber ich bitte um Ihre Nachsicht dahingehend, eben unsere Vorführungen, unsere Proben mit Nachsicht zu behandeln, weil sie ja zunächst ein Versuch sein sollen. Wenn diese eurythmische Kunst weiter ausgebaut sein wird – entweder durch uns selbst, aber wahrscheinlich durch andere –, so wird sich allerdings sehr wahrscheinlich diese menschliche Erziehungs- und Kunstmethode vollwertig neben andere, ältere Schwesterkünste hinstellen können.

Ansprache zur Eurythmie, Dornach, 28. März 1920

Sehr verehrte Anwesende!
Gestatten Sie mir, einige Worte vorauszuschicken zu den Darbietungen, die wir Ihnen vorführen wollen. Es handelt sich um einen Versuch, nach einer neuen Kunstform zu suchen, und zwar nach einer neuen Kunstform schon aus dem Grunde, weil angestrebt wird, aus einer ganz bestimmten Quelle heraus diese Kunstform zu gestalten. Sie wird gegeben durch Menschen und an Menschen auf der Bühne gezeigt. Diese Bewegungen, die ausgeführt werden entweder dadurch, dass sich des Menschen Glieder bewegen oder dass sich der ganze Mensch im Raume bewegt oder dass Gruppen sich bewegen und es zu wechselseitigen Stellungen bringen. All das, was so angestrebt wird, ist nicht etwa bloß eine Zusammenstellung von

Zufallsgebärden oder von Gebärden, die augenblicklich gesucht werden für irgendwelche Seelenempfindungen oder innere Seelenerlebnisse, sondern alles dasjenige, was da in Bewegungen auftritt, ist im echtesten Sinne des Wortes eine stumme Sprache, eine Sprache aber, die so wenig Willkürliches hat, wie die Tonsprache im gesprochenen oder gesungenen Wort.

Es ist zunächst darauf aufmerksam zu machen, wie diese stumme Sprache zustande kommt. Ich darf da den Ausdruck gebrauchen, den Goethe öfter gebraucht. Es kommt zustande dasjenige, was da an Bewegungen auftritt, durch sinnlich-übersinnliches Schauen, durch ein Schauen, welches den Menschen in die Lage versetzt, im Sinnlichen das Übersinnliche nach seiner Bedeutung, nach seinem Wesen zu erkennen. Man muss, wenn man diese eurythmische stumme Sprache ausbildet, eine sinnlich-übersinnliche Beobachtungsgabe haben für das, was eigentlich geschieht, wenn die Lautsprache im Sprechen oder Singen ertönt. Wir wissen ja, wie da Bewegung zustande kommt, wie alle Stimmorgane in einer bestimmten Bewegung begriffen sind und wie sich diese Bewegung dann auf die äußere Luft überträgt. Wir sind aber aufmerksam, wenn wir dem Sprechen oder Singen zuhören, auf dasjenige, was wir durch den Sinn des Gehöres wahrnehmen, und es entzieht sich unserer Wahrnehmung dasjenige, was da an Bewegungserscheinungen vorhanden ist. [W]enn man es studiert, würde man allerdings nicht damit zurechtkommen, wenn man bloß das nehmen würde, was an Bewegungserscheinungen, an wirklichen Bewegungserscheinungen vorhanden ist während des Sprechens oder Singens, sondern man muss die Bewegungstendenzen nehmen. Denn dadurch, dass im Kehlkopfe, in den anderen Sprachorganen, die zum Sprechen in Betracht kommen, das Vibrierende des Tones in unmittelbarem Zusammenhange steht mit der äußeren Luft, dadurch kommen eben Bewegungen in der schnellsten Art zustande. Alle diese Bewegungen, die da in schneller Weise eine Vibration darstellen, alledem liegen aber Bewegungstendenzen zugrunde. Und diese gewissermaßen Hauptrichtungen der Bewegung – bei einem Laute oder sonst, wenn gesprochen wird –, die kann man nun übertragen nach dem Goethe'schen Metamorphoseprinzip auf den *ganzen* Menschen.

Für Goethe ist ja die ganze Pflanze nichts anderes als ein komplizierter ausgestaltetes Blatt. In diesem Prinzip bei Goethe liegt etwas, was für die zukünftige Weltenbetrachtung noch eine große Bedeutung haben wird, was heute noch auch von denjenigen nicht hinlänglich gewürdigt wird, welche sich mit Goethe intim beschäftigen. Aber dasjenige, was Goethe für die Formen gesehen hat, also sagen wir für die ganze Pflanze im Verhältnis zum ganzen Pflanzenorgan, das kann man nun ausdehnen auf die Tätigkeit des lebendigen Wesens, insbesondere des vollkommensten lebendigen Wesens, des Menschen.

Man kann dasjenige, was an Bewegungsimpulsen vorhanden ist im Kehlkopf und seinen Nachbarorganen, auf Menschen übertragen oder auf Menschengruppen, sodass Sie, wenn Sie hier Bewegungen sehen des einzelnen Menschen oder auch von Menschengruppen, Sie wirklich einen getreuen Abdruck desjenigen sehen, was an Bewegungstendenzen in den menschlichen Stimmorganen beim Sprechen oder Singen vorhanden ist. Sodass also nichts Willkürliches in dieser Eurythmie liegt, sondern alles dasjenige, was in der Eurythmie liegt, ist so wenig willkürlich, wie etwa dasjenige willkürlich ist, was in Harmonie und Melodie in musikalischer Gesetzmäßigkeit zustande kommt.

Geradeso, [wie] wenn zwei Klavierspieler ein und dasselbe Stück nur innerhalb ganz bestimmter Grenzen ihrer individuellen Auffassung zur Vorführung bringen und das Stück zur Geltung kommt, so komm[t] auch durch die verschiedenen Darstellungen an verschiedenen Orten mit speziellen Personen oder Gruppen nur in individueller Auffassung, in ganz bestimmten Grenzen der Auffassung dasjenige zur Darbietung, was das Wesentliche ist, und das ist *dasselbe*. Denn es besteht ein rhythmischer, taktmäßiger, voller Zusammenhang auch in der Aufeinanderfolge der Bewegungen, der dadurch zustande kommt, dass das Ganze eben nach dem angedeuteten Prinzip regulär durchgebildet ist.

Nun steht aber diese eurythmische Kunst selbstverständlich erst im Anfange ihrer Entwicklung, und daher wird man sich heute noch schwer hineinfinden. Allein dieser Anfang, er kann ja schon bezeichnet werden als auf einem gewissen Gebiete des künstlerischen Wirkens gelegene Lösung von vielem, was gegenwärtig gesucht wird in der Kunst. Sehen wir doch, wie gerade die Menschen, die sich heute künstlerisch betätigen wollen, nach neuen Weisen suchen, wie sie da zum Beispiel den expressionistischen, den impressionistischen Weg, wie sie manches Karikaturhafte hervorbringen auf diesem Wege. Man muss nicht auf dasjenige sehen, was heute schon von uns hervorgebracht werden kann, sondern man muss auf das sehen, was da gewollt wird.

Da kann man allerdings sehen – sagen wir, wenn zum Beispiel auf dem Gebiete der Malerei oder auch der Plastik uns heute diese Versuche nach neuen künstlerischen Versuchen aufgetischt werden –, dass da überall die Künstler noch daran leiden, dass die Mittel heute noch unbrauchbar erscheinen, oder dass die Ausdrucksformen nicht gleich geschaffen werden können. Es ist da wichtig, dass man einsieht, dass in jeder solchen Zeit, in der namentlich auf dem Gebiete der Kunst nach einem Neuen gesucht wird, gewissermaßen zurückgegriffen wird zu dem, was aller Kunst, aller wirklichen Kunst zugrunde liegen muss, was aber etwas abhanden kommt dem künstlerischen Schaffen, wenn das Epigonenhafte, die Nachahmung in der Kunst gegenüber den genialen Epochen, zu stark in den Vordergrund tritt. Alles wirkliche Kunstschaffen beruht nämlich darauf, dass in unserem Verhältnis zur Welt – ob wir nun ästhetische Genießer oder künstlerische Schöpfer sind –, alles Kunstschaffen beruht in unserem Wahrnehmen, in unserem ganzen Vorstellen. Das Gedankenmäßige, das Ideenhafte entreißt eigentlich der Kunst, das Ideenhafte, das wirkt eigentlich ertötend, lähmend auf alles Künstlerische. Entweder müssen wir, wenn wir künstlerisch betrachten wollen zum Beispiel die Natur oder die Natur nachschaffen wollen, wir müssen unsere Aufmerksamkeit der Natur so zuwenden, dass wir in der Anschauung noch nicht fortschreiten zum erfassenden Denken, sondern dass wir mit unserem ganzen Hingegebensein an die Natur bei der Anschauung verbleiben, aber die sinnlichen Formen so anschauen, so rein anschauen, als wären sie selber schon Gedanken.

Das versuchte eine Zeitlang der Impressionismus. Er hatte es auf dem Gebiete der Malerei durchaus nicht zu entsprechenden künstlerischen Ausdrucksformen bringen können. Als Expressionismus versuchte er dann die andere Seite des Vermeidens des Ideellen zu ergreifen, indem er einfach seelische Erlebnisse, die in einer Art kräftig visionärer Gestalt im Menschen zur Geltung kommen, die aber nicht bis zum lichtklaren Gedanken heraufkommen, der alles Künstlerische lenkt, indem er solche visionenhafte künstlerische Erlebnisse in Formen und Farben zu bringen versucht. Diejenigen, die leicht hinneigen zur Philistrosität, die können diesen Anfang nicht würdigen. Sie sehen an dem, was da versucht wird, durch Farben und Formen festzuhalten von inneren Erlebnissen, nur irgendetwas, wovon sie dann sagen: Wir können nicht unterscheiden, ob das aufgehängte Wäsche ist, oder ob es Schiffsegel sind oder dergleichen. Dass es darauf nicht ankommt, das will der philisterhafte Sinn nicht zugeben. Nicht darauf kommt es an, dass man einfach irgendetwas an die Wand hinge, was ein inneres Erlebnis wiedergibt; aber wie gesagt, künstlerische Ausdrucksmittel waren noch nicht da. Daher ist man auch, wenn man mit allem guten Willen diesen Dingen gegenübersteht, gerade gegenüber diesen Versuchen in der Malerei heute oftmals genötigt zu sagen: Ja, es beruht auf etwas Visionärem, ist eine Illusion, ist eine Expression, aber ist noch keine gesunde Expression, ist noch nicht dasjenige, was wirklich die *gesunde* Seele erleben kann.

In der Eurythmie ist wenigstens ein Weg zunächst – wenn auch auf eine sehr unvollkommene Weise heute noch – eröffnet. Es handelt sich da um spezielle andere Ausdrucksmittel, [um] in anderer Weise sowohl impressionistisch wie expressionistisch zu werden. Wir haben es da ja zu tun mit dem Menschen, mit dem sich bewegenden Menschen, also mit etwas, was sinnlich angeschaut werden kann von dem Betrachter, mit etwas, was im Medium des Sinnlichen dargestellt wird. Aber dasjenige, was dargestellt wird, diese Bewegungen, sie sind nicht etwas, was bloß angeschaut zu werden braucht, sondern dem in einer gewissen Weise zugeschaut werden kann, wie zugehört werden kann der Lautsprache oder dem Ton, dem Gesange, wo man etwas Seelisches darinnen vernimmt. Dasjenige, was zum Beispiel der Expressionist möchte, dass in seinen Formen und Formengebilden die Seele, die er hineingemalt hat, drinnen ist – man kann es leicht erreichen, wenn man eurythmisch darstellt. Denn es ist diese eurythmische Kunst, die ich dargestellt habe, überall ebenso wie die menschliche Sprache der Ausdruck des Seelischen, des Geistigen.

Man kann auch das erreichen, was der Impressionist, der unmittelbar festhalten will das äußere Bild, bevor er zum Gedanken gekommen ist, [erreichen will], kann auch das gerade im Eurythmischen zum Ausdruck bringen, weil man es eben gar nicht mit irgendetwas zu tun hat, was da erst künstlich ausgeformt wird. Nicht einmal wird erst die Gebärde künstlich ausgeformt, sondern es wird der menschliche Organismus studiert, inwieferne er durch die natürliche Bewegung seiner Arme, durch die natürliche Bewegung seiner ganzen Umgebung etwas abgibt, was gleichkommt den Bewegungstendenzen, die so natürlich wie im Kehlkopf zu vollführen sind, wenn wir sprechen.

Natürlich muss man so etwas im richtigen Sinne doch erfühlen, wie es in der eurythmischen Kunstform gegeben ist. Es muss wiederum der Weg zurückgegangen werden zu dem wahrhaftig künstlerischen Empfinden, auch zum Beispiel in der Dichtung, [von der] die [Eurythmie] ja begleitet werden soll. Sie werden sehen, wie sie heute begleitet wird, wie auf der einen Seite die Dichtung, auf der anderen Seite die Musik die künstlerischen eurythmischen Darbietungen begleiten.

Es muss auch da zurückgegangen werden zum Beispiel in der Dichtung beim Rezitieren auf dasjenige, was in der Dichtung das eigentlich Künstlerische ist. Wir sind ja vielfach in unserer unkünstlerischen Zeit abgekommen von einem Verständnisse des Künstlerischen in der Dichtung. Dieses Künstlerische ist, was an Rhythmus darinnen ist, was plastisch darinnen ist, das Formale, während der heutige Mensch zuerst Rücksicht auf das Prosaische nimmt und dann auch einen großen Wert darauflegt, dass mit viel Gefühl der Rezitator gerade dasjenige herausbringt, was nicht rhythmusgemäß, kunstgemäß, sondern sinngemäß ist. Sodass eigentlich unsere heutige Rezitationskunst eine prosaische Sache ist und nicht eine wirklich künstlerische. So würde man dasjenige gar nicht brauchen können in der Rezitation zu der Eurythmie, zu der stummen Sprache der

Eurythmie, was im äußeren Leben heute unter Rezitationskunst verstanden wird. Die Rezitation muss wieder zurückgehen zu den alten Formen des Rezitierens.

Man muss in allen diesen Gebieten einen Anfang sehen, aber doch einen Anfang, der in eine gewisse Vollkommenheit hineinführen muss. Man braucht sich ja nur zu erinnern, dass denn doch der Mensch das vollkommenste Kunstwerk sein müsse. Goethe sagt so schön: Wenn der Mensch auf den Gipfel der Natur gestellt ist, bringt er in sich selbst wiederum einen Gipfel hervor, nimmt Maß, Harmonie und Bedeutung zusammen und erhebt sich zum Schlusse zum Kunstwerk.

Diejenigen, die ihren eigenen menschlichen Organismus in den Dienst dieser Kunst der stummen Sprache, der Eurythmie, stellen, die merken wohl, wie alles wegfallen muss, was in der gehörten Sprache nur der einzelne Mensch zum Ausdrucke bringt, und wie sie sich hingeben müssen an dasjenige, was im Grunde genommen die Natur durch die besondere menschliche Organisation selbst zum Ausdrucke bringt. Sodass man sagen kann: Wenn der einzelne Mensch lautlich spricht oder singt, wenn der einzelne Mensch zu Mimik oder Gebärden übergeht, so ist immer etwas von der einzelmenschlichen Subjektivität darinnen, von menschlichem Egoismus. Hier in der Eurythmie wird wirklich das angestrebt, was Goethe als den höchsten Gipfel der Kunstoffenbarung betrachtet, indem er sagt: Wenn die gesunde Natur des Menschen als ein Ganzes wirkt, wenn der Mensch sich in der Welt als eine große und würdige Ganzheit fühlt, wenn das harmonische Behagen ihm ein freies Entzücken gewährt, wird er die Natur als an ihr Ziel gelangt betrachten und den Gipfel ihres Werdens und Wesens bewundern. – Das ist eben die Sprache der Natur selber – nicht die des einzelnen Menschen –, es ist die Sprache, die durch die Bewegungen des Eurythmischen sich offenbart, die Sprache der Natur selber, die zum Vorschein kommen kann, wenn man den ganzen Menschen als ihr Instrument benützt.

Und so kann einem, wenn man eine richtige künstlerische Empfindung hat, das, was durch die eurythmische Kunst zum Vorschein kommen kann, wirklich wie eine Enträtselung von Welträtseln erscheinen. Das lässt sich durchaus in der gewöhnlichen Lautsprache nicht ausdrücken, was in den bewegten Formen des Eurythmischen zum Ausdrucke kommen kann. Was in den Bewegungen des einzelnen Menschen auf der Bühne, oder in den Bewegungen von Menschengruppen, oder auch im Verhältnis zueinander auf der Bühne zum Ausdrucke kommt, das ist durchaus den Gesetzen der Natur abgelauscht.

So kann man hoffen, dass auch für die weitere künstlerische Erziehung dieses eurythmische Element sich als etwas durchaus Wohltätiges entwickeln kann. Bei alledem bitte ich Sie aber doch zu berücksichtigen, was ich des Öfteren schon gesagt habe: Wir denken selbst noch mit aller Bescheidenheit über dasjenige, was wir heute schon bieten können. Wir stehen mit dieser eurythmischen Kunst im Anfange. Aber wir glauben auch, dass, wenn die Zeit uns ihr Interesse entgegenbringt, so wird dasjenige, was wir mit dieser Eurythmie wollen, entweder noch durch uns selbst, aber wahrscheinlich durch andere im Laufe der Zeit zu etwas ausgebildet werden, was sich als eine vollberechtigte, jüngere Kunstform neben die älteren, vollberechtigten Schwesterkünste wird hinstellen können.

DORNACH, 4. UND 5. APRIL 1920

Ankündigungsentwurf und Zeitungsannonce für die Aufführungen Dornach, 4. und 5. April 1920

NZ 7335

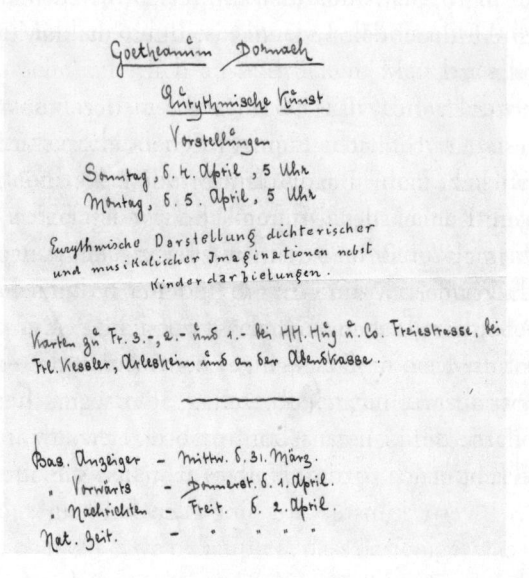

<u>Goetheanum Dornach</u> / <u>Eurythmische Kunst</u> / Vorstellungen / Sonntag, d. 4. April, 5 Uhr / Montag, d. 5. April, 5 Uhr / Eurythmische Darstellung dichterischer / und musikalischer Imaginationen nebst / Kinderdarbietungen. / Karten zu Fr. 3.–, 2.– und 1.– bei HH. Hug u. Co, Freiestrasse, bei / Frl. Kessler, Arlesheim und an der Abendkasse. / Bas. Anzeiger – Mittw. d. 31. März. / " Vorwärts – Donnerst. d. 1. April. / " Nachrichten – Freit. d. 2. April. / Nat. Zeit. – " " " "

Basler Vorwärts 1.4.1920

440

Plakat für die Aufführungen Dornach, 4. und 5. April 1920

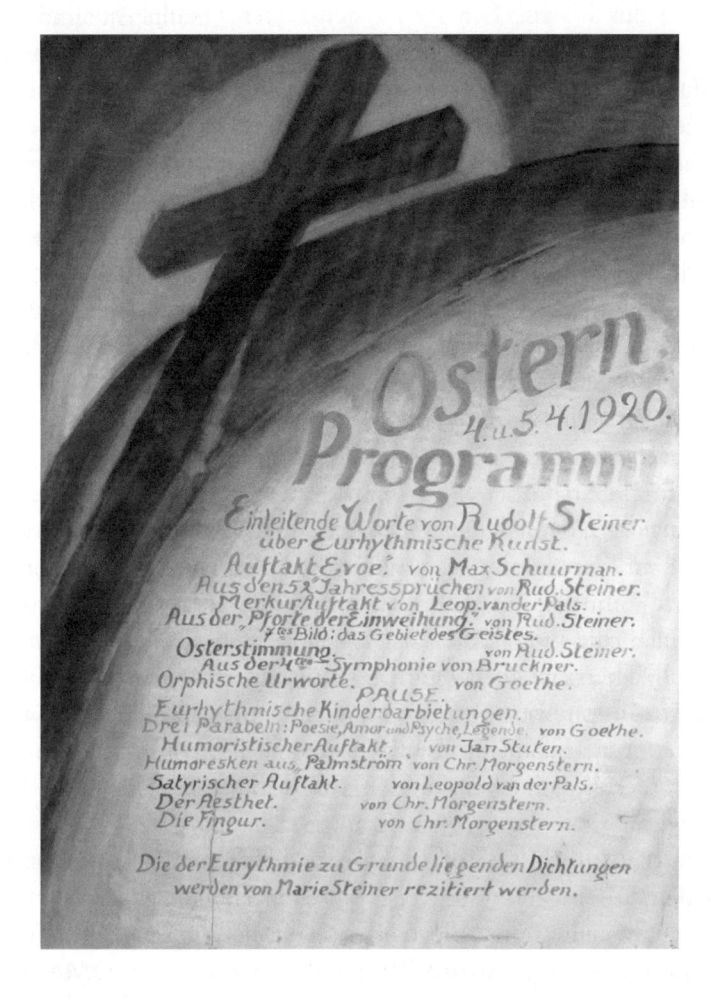

Louise
van Blom-
mestein
KSaG,
M.3203

Ansprache zur Eurythmie, Dornach, 4. April 1920 (Ostersonntag)

Meine sehr verehrten Anwesenden!
Gestatten Sie, dass ich auch heute, wie immer vor diesen eurythmischen Darstellungen, ein paar Worte vorausschicke. Dasjenige, was wir als Eurythmie auch heute wiederum in einer Probe uns gestatten Ihnen vorzuführen, das ist der Versuch einer neuen Kunstform.

Sie werden auf der Bühne allerlei Bewegungen sehen, die der Mensch durch seine Glieder an sich selber ausführt oder die ausgeführt werden von Menschen im Raume, von einzelnen Menschen im Raume, oder auch Wechselbewegungen, Wechselstellungen von Menschengruppen. Diese Bewegungen, die da vorgeführt werden, sie sollen der Ausdruck sein für Dichterisches oder auch wohl für Musikalisches. Nun könnte man diese Bewegungen ja zunächst einfach als Gebärden deuten. Das sind sie nicht. Denn alles dasjenige, worinnen Sie eurythmische Kunst finden sollen, sind nicht willkürliche Gebärden, die mit irgendetwas Dichterischem in Verbindung gebracht werden, sondern es sind durchaus gesetzmäßige Ausdrücke des von der Seele Erlebten – wie die Sprache selbst.

Es ist versucht [worden], in dieser Eurythmie eine wirkliche stumme Sprache zu geben, eine Sprache, die in menschlichen Bewegungen besteht. Die Art und Weise, wie das versucht wird, ist ganz gelegen im Sinne der Goethe'schen Weltanschauung. Nur muss man dasjenige, was an Mannigfaltigem in dieser Goethe'schen Weltanschauung liegt, nicht missverstehen und auch es weiter auszubilden verstehen. So recht ist die Eurythmie das, was Goethe die Ausdrucksform des Sinnlich-Übersinnlichen nennt. Denn zugrunde liegt das Studium der Bewegungsimpulse und Bewegungstendenzen, die bei der Lautsprache im menschlichen Kehlkopf und all denjenigen Organen, die mit dem Kehlkopf sich verbinden, für die Sprache in Bewegung versetzt werden, die darinnen gelegen sind.

Die Lautsprache, sie dient ja als dichterisches Ausdrucksmittel. Allein, man kann gerade sagen: Je weiter irgendeine Kultur vorrückt, desto mehr nähert sich die Lautsprache in ihrem ganzen Charakter dem Prosaischen als Ausdrucksmittel. Gerade wenn man an das Dichterische früherer Zeiten zurückgeht, so kann man sehen: Das Dichterische wurde in früheren Zeiten durchaus noch gesehen in dem, was eigentlich hinter dem eigentlich Prosaischen der Sprache liegt, in den Rhythmen, in der rhythmischen Bewegung der Sprache, auch in der plastischen Bildergestaltung, die durch die Sprache zum Ausdruck kommt. Dieser g[esang]artige und plastische Charakter der Sprache, die werden immer mehr und mehr abgestreift, je mehr die Sprache annimmt den Charakter, der ihr verliehen wird durch das Vorrücken der geistig unbelebten Bewegung. Insbesondere auch dadurch, dass ja die Lautsprache da ist zum Menschenverständnis, da ist also zur Konversation, dadurch fließt immer mehr und mehr in die Lautsprache ein unkünstlerisches Element hinein.

In dieser unkünstlerischen Lautsprache kann man aber dasjenige aufsuchen, was in ihr als das eigentlich Künstlerische zugrunde liegt. In ihr – in dieser Lautsprache – fließen ja zwei menschliche Offenbarungen zusammen, von zwei ganz verschiedenen Seiten her: Auf der einen Seite die Offenbarung der Gedanken, alles Gedanken- und Vorstellungsmäßige, gewissermaßen alles dasjenige, was aus dem Kopfe des Menschen in den Kehlkopf fließt, das ist das eine Element der Lautsprache. Das andere Element ist alles dasjenige, was aus dem ganzen Menschen kommt: Es ist das Willenselement in der Sprache. Man kann schon sagen: Die Gesetzmäßigkeit des Willens, das innere im Willen sich offenbarende seelische Leben, sie fließen zusammen, wenn man die Lautsprache künstlerisch gestaltet, ganz besonders.

Aber wie in jeder Kunst umso weniger wirklich Künstlerisches vorhanden ist, je mehr Ideelles gedankenmäßig in sie einfließt, so ist eigentlich auch in dem, was dichterisch dargeboten wird, umso weniger wirklich Künstlerisches, als der Gedanke – der ja ein prosaisches Element ist – einfließt in dieses Künstlerische. Das eigentlich Dichterische ist im Willenselement gegeben, das sich eben auslebt in Rhythmus und Takt, in der ganzen Formung, das sich auch auslebt in den Bildern, die zugrunde liegen.

Nun handelt es sich gerade bei der Eurythmie darum, abzustreifen dasjenige, was Gedankenelement ist. Es kommt dann zur Geltung in der die Eurythmie begleitenden Rezitation, die aber auch in einer besonderen Weise für die Eurythmie gestaltet werden muss, wie ich gleich erwähnen werde. Dagegen in den Bewegungen der Eurythmie selber wird man abstreifen alles Gedankenmäßige. Der ganze Mensch [wird] zum Subjekt des Ausdruckes gemacht: Alles dasjenige, was an Bewegungen, als stumme Sprache sich vollzieht, ist der Ausdruck jetzt nicht der Gedanken, sondern des Willenselementes, das sich durch den ganzen Menschen – namentlich durch alles dasjenige, was zusammenhängt, was sich eingliedert auch in das rhythmische System, in das Herzsystem und so weiter –, was da zum Ausdrucke kommt.

Dazu aber, dass man das könne, dass man wirklich das Willenselement durch Bewegungen wie eine stumme Sprache zur Offenbarung bringen kann, dazu ist notwendig, dass man studiere die Bewegungstendenzen des Kehlkopfes und der anderen Sprachorgane. Wenn wir sprechen, das ist ja klar, sind unser Kehlkopf und die Sprachorgane in Bewegung. Man braucht nur daran zu denken, dass, während ich hier spreche, ja die Luft in gewisse gesetzmäßige Bewegungen kommt, welche Bewegung ja einfach eine Fortsetzung desjenigen ist, was der Kehlkopf und seine Nachbarorgane an Bewegungen einleiten. Aber nicht so sehr *diese* Bewegungen, die ja auch schon – weil wir beim gewöhnlichen Sprechen unsere Aufmerksamkeit dem Gehörten zuwenden –, die also als Nichtgehörtes schon zu dem Sinnlich-Übersinnlichen gehören, nicht so sehr diese Bewegungen sind es, die für die Eurythmie in Betracht kommen, sondern die Bewegungen, übersinnlich gesehen, die Bewegungsanlagen sind. Und man kann nach dem Goethe'schen Metamorphosengesetz, nach dem der ganze Organismus nur eine kompliziertere Ausgestaltung eines einzelnen Organes ist, man kann den ganzen Menschen in solche Bewegung bringen, wie sie eigentlich der Kehlkopf in der Lautsprache entwickeln will.

Das ist das Studium, welches zugrunde liegen muss dieser stummen Sprache, die in der Eurythmie zum Vorschein kommt. Sie sehen gewissermaßen den ganzen Menschen zum bewegten Kehlkopf geworden. Die Bewegungen sind nur andere, als sie bei der Lautsprache funktionieren, aus dem Grunde, weil bei der Lautsprache die Knorpel des Kehlkopfes unmittelbar mit der äußeren Luft zusammenschlagen, während wir bei der Eurythmie zusammenschlagen lassen desjenige, was sich aus dem Willenselement ergießt, zusammenschlagen lassen mit den Muskeln, die einen wesentlich stärkeren Widerstand entgegensetzen demjenigen, was da durch den Willen zum Vorschein kommt. Daher treten in verlangsamter Form diese Bewegungen in der Eurythmie auf, die in schwingenden Oszillationsbewegungen beim Lautsprechen zum Vorschein kommen, gleichsam summiert die schwingende Bewegung zu einer Hauptform. Und das ist ausgedrückt durch das Ganze der menschlichen Persönlichkeit, durch das Ganze der Muskelorganisation. Das ist diese stumme Sprache der Eurythmie.

Daher ist sie etwas, was in der Aufeinanderfolge der Bewegungen etwas so notwendig Gesetzmäßiges darstellt wie das Musikalische selber in der Aufeinanderfolge des melodiösen Elementes oder in der Nebeneinanderstellung, was etwas so Gesetzmäßiges darstellt wie das harmonische Element in der Musik. Und ebenso wenig, wie, wenn ein und dieselbe Sonate zwei Klavierspieler unabhängig voneinander spielen, mehr als nur bis zu einem gewissen Grade von der subjektiven Auffassung hineinkommt, so ist es auch in der Eurythmie, wenn ein und dieselbe Sache, ein und dieselbe Dichtung von zwei Persönlichkeiten dargestellt wird oder von zwei Gruppen. So ist dasjenige, was durch Individuelles hineinkommt, nicht stärker verschieden als die individuelle Auffassung zweier Klavierspieler von ein und derselben Beethovensonate. Es ist also nichts Willkürliches in diesem eurythmisch Künstlerischen drinnen, sondern es ist alles ebenso innerlich gesetzmäßig wie bei der Musik selbst.

Dadurch ist dieses Eurythmische, diese stumme Sprache auch besonders geeignet – weil es das Prosaische, das Gedankenelement loslöst von der Dichtung und das *unter* der Dichtung liegende, eigentlich Künstlerische in anschaubare Bewegung übersetzt –, so ist es möglich, gerade damit der Forderung Goethes zu dienen, ein sinnlich-übersinnliches Element hineinzubringen in die künstlerische Darstellung. Plastik in Bewegung, so könnte man auch sagen, Gebärde, die den ganzen Menschen ergreift, als Sprache, als wirkliche Sprache aufgefasst, als eindeutige Sprache aufgefasst, das soll in der Eurythmie zum Vorschein kommen.

Daher werden Sie sehen, dass diese stumme Sprache begleitet werden kann auf der einen Seite von dem musikalischen Element und auf der anderen Seite von dem dichterischen Elemente in der Rezitation, die aber als solche, als Rezitationskunst, auch wiederum zurückkehren muss zu den früheren guten Formen des Rezitierens, wo man rezitierte nach Takt und Rhythmus, nicht nach dem Prosagehalt der Dichtung, nach dem man gerade heute besonders die Rezitationskunst hin gebildet hat und in dieser prosaischen Ausgestaltung der Rezitationskunst gerade etwas Vollkommenes sieht.

Wie große Dichter durchaus nicht dieses prosaische Element, auf das heute in unserem unkünstlerischen Zeitalter so viel Wert gelegt wird, gerade das nicht für die Hauptsache gehalten haben, das geht daraus hervor, dass zum Beispiel Schiller niemals zuerst den wortwörtlichen Inhalt einer Dichtung im Sinne gehabt hat oder in der Seele gehabt hat, wenigstens bei seinen großen Dichtungen nicht. Er hatte da immer mehr ein Unbestimmt-Melodiehaftes in der Seele, und an das gliederte er erst den wortwörtlichen Inhalt an. Goethe studierte sogar seine «Iphigenie» mit seinen Schauspielern wie der Kapellmeister ein Musikstück so mit dem Taktstock ein, nicht auf den Prosainhalt bei der Rezitation das Wesentliche legend, sondern auf die künstlerische, rhythmische, taktmäßige Gestaltung, auf das plastische, musikalische Element im Dichterischen, was ja im Dichterischen das eigentlich Künstlerische ist.

Dann werden wir sehen, wie dasjenige, was nun schon in der Phantasie eurythmisch gestaltet ist, wie zum Beispiel meine [Mysteriendramen-]Szenen, die heute auch zur Darstellung kommen, die ausdrücken Gesetzmäßigkeiten innerhalb des menschlichen Seelenlebens selber, Wege, die dieses Seelenleben machen kann, wie dasjenige, was schon innerlich gestaltet ist in der Empfindung, wie das ganz natürlich sich auch eurythmisch äußerlich darstellen lässt. Bei solchen Szenen wird man sehen, wie wir uns entwickeln müssen hin nach einer Auffassung auch des Natur- und Weltlebens, sodass wir nicht mehr bloß Verstandesabstraktionen zugrunde legen, wenn wir das Natur- und Weltenleben wirklich durchschauen wollen, sondern Imaginationen – Imaginationen, wie ich sie versucht habe in meinen Mysterienszenen, von denen eben auch heute eine Probe gegeben wird. Denn dass nach dieser Richtung die menschliche Entwicklung gehen muss, das entspricht einer tiefen Überzeugung, die man gewinnt, wenn man überhaupt etwas hineinschaut in das Getriebe der menschlichen und der außermenschlichen Natur. Was nützt es denn, wenn man schon philosophiert, sehr verehrte Anwesende, darüber zum Beispiel, dass wirkliche Erkenntnis, wirkliches Wissen nur bestünde in dem Verstandesmäßigen, klar Analysierbaren, wenn die Natur eben ihr Wesen nicht hergibt dem Analysierbaren, dem Diskursiven, dem Verstandesmäßigen allein. Wenn die Natur in Bildern wirkt, die nur als Bilder das innere Wesen der Natur enthüllen, dann ist es notwendig, dass wir auch durch Bilder, durch Imaginationen in das innere Wesen des Weltendaseins eindringen.

Dass die Menschen begreifen wollten nur mit dem *Verstande* die Natur, das führte sie eigentlich dazu, kleinmütig zu sagen:

> In's Innere der Natur dringt kein erschaffener Geist
> Glückselig, wem sie nur die äußre Schale weist.

Goethe sagte aus seiner Kunst- und Weltanschauung heraus gegenüber diesen Haller'schen Worten – «In's Innere der Natur dringt kein erschaffener Geist / Glückselig, wem sie nur die äußre Schale weist» –, Goethe sagte im hohen Alter, wo er über solche Dinge wirklich klarer dachte als viele, die verstandesmäßig philosophieren, Goethe sagte:

> «Ins Innre der Natur» –
> O du Philister! –
> «Dringt kein erschaffner Geist.»
> Mich und Geschwister
> Mögt ihr an solches Wort
> Nur nicht erinnern:
> Wir denken: Ort für Ort
> Sind wir im Innern.
> «Glückselig! wem sie nur
> Die äußre Schale weist!»
> Das hör' ich sechzig Jahre wiederholen,
> Ich fluche drauf, aber verstohlen;
> Sage mir tausend tausendmale:
> Alles gibt sie reichlich und gern;
> Natur hat weder Kern
> Noch Schale,
> Alles ist sie mit einem Male;
> Dich prüfe du nur allermeist
> Ob du Kern oder Schale seist.

So ist es: Derjenige, der nicht selber Schale sein will mit seiner Seele, das heißt ein Bündel von intellektuellen Vorstellungen, der muss zu Bildern aufrücken. Dann verbindet sich aber Erkenntnis mit der Kunst. Und dann kann man dasjenige sagen, verständnisvoll sagen, was Goethe auch von der rechten Kunst forderte: Dass sie eine Manifestation geheimer Naturgesetze sei, die ohne sie niemals an die Offenbarung treten könnten. Und man versteht das andere, was Goethe empfand gegenüber Natur und Kunst: Wem die Natur – so sagte er – ihr offenbares Geheimnis zu enthüllen beginnt, der sehnt sich nach ihrer würdigsten Auslegerin, der Kunst.

Solch eine Weltanschauung, solcher Goetheanismus liegt dem zugrunde, was wir hier eurythmisch darstellen wollen. Sie werden im zweiten Teile nach der Pause sehen, dass in der Vorführung unserer Kindereurythmie – Vorführung von eurythmischen Gedichten durch Kinder –, welch eine sehr stark hygienisch-pädagogische Seite diese Eurythmie hat. Das gewöhnliche Turnen, dessen Einseitigkeit man ja heute noch nicht in der Öffentlichkeit einsieht, das wird ergänzt werden müssen, weil es bloß auf das Physiologische im Menschen Rücksicht nimmt, von dem Beseelten der Bewegungen, die der Mensch ausführt als Kind. Und die beseelte Bewegungskunst, die Eurythmie, sie wird erst den Menschen wirklich willensstark machen, während ihn das bloße Bewegungs-Turnerische zwar als Leib stark macht, aber nicht eben auch gleichzeitig als Seele stark macht, namentlich nicht seine Willensinitiative herausholt aus seinem Inneren. Das Herausholen der Initiative des Willens aus dem Inneren des Menschen, das wird zustande gebracht werden durch die Eurythmie.

Aber alles in allem müssen wir Sie doch bitten um Nachsicht, weil dasjenige, was versucht wird als eine neue Kunstform, eben durchaus am Anfange steht. Es ist ein Versuch eines Anfanges zu dem, was ich mehr oder weniger als das Ideal dieser Kunst Ihnen vor Augen gestellt habe. Aber diejenigen, die als Zuschauer dieses Eurythmische vor Monaten hier gesehen haben und es jetzt wieder sehen werden, werden sehen, dass wir immerhin gearbeitet haben, dass wir namentlich in der Formung der Gruppen und auch in der Formung der Bewegungen des Einzelnen gegenüber früher manches erreicht haben. Wir sind selbst die strengsten Kritiker unserer Darbietungen und wissen genau, die eurythmische Kunst steht im Anfange. Aber wir glauben auch, die Überzeugung hegen zu dürfen, dass, wenn sie entweder durch uns oder wahrscheinlich durch andere weiter vervollkommnet sein wird, sie einstmals als jüngere vollwertige Kunst neben andere, ältere, vollberechtigte Kunstformen wird hintreten können.

Notizen zur Ansprache Dornach, 5. April 1920

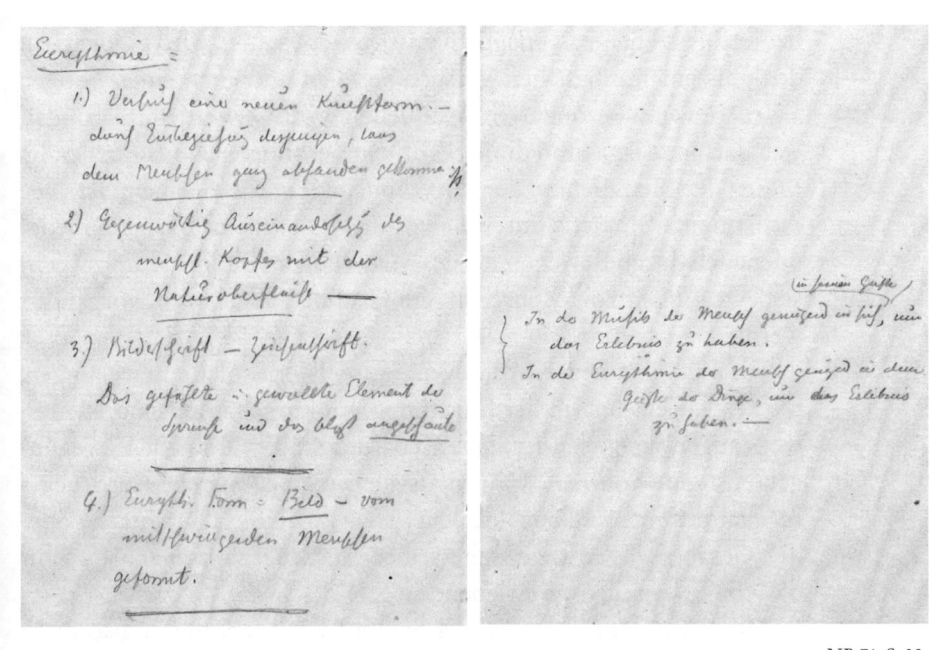

Eurythmie:
1.) Versuch einer neuen Kunstform. – / durch Einbeziehung desjenigen, was / dem Menschen ganz abhandengekommen ist.
2.) Gegenwärtig Auseinandersetzung des / menschl.[ichen] Kopfes mit der / Naturoberfläche —
3.) Bilderschrift – Zeichenschrift.
   Das gefühlte u. gewollte Element der / Sprache und das bloß <u>angeschaute</u>
   In der Musik der Mensch genügend in sich, in seinem Geiste, um / das Erlebnis zu haben.
   In der Eurythmie der Mensch genügend in dem / Geiste der Dinge, um das Erlebnis / zu haben. —
4.) Euryth. Form = <u>Bild</u> – vom / mitschwingenden Menschen / geformt.

Ansprache zur Eurythmie, Dornach, 5. April 1920 (Ostermontag)

Meine sehr verehrten Anwesenden!
Gestatten Sie, dass ich auch heute wieder vor dieser eurythmischen Darstellung ein paar Worte vorausschicke. In dieser eurythmischen Kunst, von der wir Ihnen heute hier eine Probe vorführen wollen, liegt das Bestreben vor, aus gewissen neuen Kunstquellen heraus und aus bestimmten Ausdrucksmitteln etwas zu schaffen, was man in gewissem Sinne doch nennen kann eine neue Kunstform. Und derjenige, der berücksichtigt, wie gerade bei den künstlerisch Schaffenden heute ein Streben nach neuen Kunstformen ist, der wird es vielleicht doch als einen möglichen Versuch ansehen und auch einen nötigen Versuch, wenn besondere Kunstquellen eröffnet werden. Es handelt sich darum, dass durch dieses Eröffnen besonderer Kunstquellen im Wesen des Menschen in der Eurythmie, wie sie hier gemeint ist, eine Art stummer Sprache durch Bewegungen der menschlichen Glieder oder auch durch Bewegungen des Menschen im Raume, durch Wechselbewegungen von Menschen, die Gruppen angehören, vorgeführt werde.

Ich möchte nur darauf hinweisen, inwiefern solche Bewegungen, die keineswegs hier in der Eurythmie Willkürgebärden sind, keineswegs augenblicklich erfundene Gebärden sind, wie solche Bewegungen zustande kommen können als ebenso gesetzmäßige Ausdrucksformen des menschlichen Seelenerlebens, wie die Lautsprache oder der Gesang, das Musikalische selber Ausdrucksmittel schaffen für das vom Menschen zu Erlebende.

Man kann sagen, dass in der Sprache des Menschen umso mehr die Elemente des Künstlerischen liegen, die diese Sprache als Grundlage, als Offenbarungen für Dichterisches ausdrücken, je mehr man zurückgeht in der Entwickelung der Sprache. Es ist ja das Eigentümliche, dass, je mehr die Sprachen innerhalb der Menschheitszivilisation vorgerückt sind, immer mehr und mehr sie sich dadurch gestalteten zu einem konventionellen Ausdrucksmittel für den äußeren menschlichen Verkehr, dass in demselben Masse dem künstlerischen Auffassen gegenüber die Sprache die Kraft verliert zu wirklich künstlerischer, dichterischer Gestaltung. Und auf die Ursache dieser eigentümlichen Erscheinung, die man zunächst ja nur mit dem Künstlerischen durchdringen kann, auf die Ursache dieser eigentümlichen Erscheinung muss man kommen. Man wird nämlich dann finden, wenn man diese Ursache sucht, dass je mehr man zurück geht in der Entwickelung der Sprache, dass umso mehr die Sprache, indem er sie ausfüllt, den ganzen Menschen in Anspruch nimmt, die Lautsprache den ganzen Menschen in Anspruch nimmt, und zwar so, dass man sagen kann: In verschiedener Weise nimmt die Lautsprache den ganzen Menschen in Anspruch.

Je weniger die Lautsprache prosaisch geworden ist als bloße Verkehrssprache, als bloße Umgangssprache, umso mehr, je weiter man zurückgeht in noch ursprünglichere Sprachelemente, umso mehr nimmt sie den ganzen Menschen in Anspruch und umso mehr fließen in der Lautsprache zusammen in ihrem vokalischen, in ihrem Selbstlauter-Element ein musikalisches, und in ihrem Mitlauter-, in ihrem konsonantischen Element ein plastisches, ein bildergestaltendes Vermögen des Menschen. Sodass eigentlich in den Sprachen – es war das zum Beispiel in den mitteleuropäischen Sprachen, in der deutschen Sprache noch bis ins 17., 18. Jahrhundert deutlich zu spüren –, sodass in den ursprünglichen Sprachen eben ein Zusammenfluss stattfindet des Musikalischen und des Bildhaft-Plastischen.

Das Musikalische, das vorzugsweise in der Vokalisierung beim Sprechen liegt, dieses Musikalische, das hängt nun innig zusammen mit dem Ergreifen des Geistigen in der eigenen Menschenseele. Wenn der Mensch gewissermaßen mit seinem Geiste zusammenwächst und erlebt *in sich* dasjenige, was draußen in der Natur auf ihn einen Eindruck machen kann, dann kommt im Vokalisch-Musikalischen Ausdrucke ein Miterleben, ein innerliches Miterleben des Menschen mit dem äußeren Vorgang oder der äußeren Sache zustande. Man braucht nur zu erinnern sich, wie gewisse äußere Erlebnisse hervorrufen durch Staunen das *a*, Bewunderung das *o* und so weiter in der Seele wachrufen, und man wird die musikalische, vokalisierende Tendenz des menschlichen Sprechens durchfühlen. – Auf der anderen Seite haben wir das konsonantische Element, jenes Element, wo der Mensch weniger in sich hineingeht, dafür aber untertaucht, sich hingibt an die äußeren Vorgänge und äußeren Dinge. Das ist das plastische, das ist das innerlich malerische Element. Tatsächlich fließen zwei, ich möchte sagen unbewusst schaffende künstlerische Elemente im Menschen in der Lautsprache zusammen.

Eurythmie ist nun die Ausgestaltung desjenigen, was da vom Menschen erlebt wird durch das Bild selber. Wiederum kann man sagen, meine sehr verehrten Anwesenden, wie die Schrift ursprünglich ausgegangen ist vom Bild. Bilderschriften haben wir da, wo die Schrift noch eine innere Verwandtschaft hat mit den Dingen, die der Mensch wahrnimmt; dann verabstrahiert sich, intellektualisiert sich die Schrift. Sie wird zum bloßen Zeichen. Und unsere heutige Schrift hat wenig mehr in dem, was sie der unmittelbaren Anschauung darbietet, von dem Erlebnis, das man haben kann, wenn man Bilderschrift in ihrer Verwandtschaft mit der Umgebung ins Auge fasst.

Nun, in Bezug auf die Schrift sind wir Zivilisationsmenschen eigentlich in einer Sackgasse. Wir sind ausgegangen von dem erlebten Bezug des Menschen in der Bilderschrift zu den äußeren Sinnen und sind angekommen bei dem prosaischen, unkünstlerischen, abstrakten Schreiben, und es hat etwas Gequältes, Unnatürliches, wenn wir wieder zurückführen wollen – derjenige, der das selber versucht hat, darf darüber schon ein Urteil haben –, wenn wir wieder zurückführen wollen die heutige Schriftform auf irgendwelches Künstlerische.

Aber mit Bezug auf die Sprache sind wir nicht in derselben Sackgasse. Wir können das Wort, das Lautwort, den Satz, kurz alles dasjenige, was durch die gesprochene Sprache zum Ausdrucke kommt, zum Bilde umfassen, sodass in der Bewegung des ganzen Menschen stumm dasjenige zum Ausdrucke kommt, was sonst durch die Lautsprache zum Ausdrucke kommt. In die Lautsprache lässt der Mensch hineinfließen, ich möchte sagen etwas, was wie unterbewusstes Bewegen, wie unterbewusstes Fühlen ist. Aber je mehr die Sprache in die Zivilisationsepoche, in den Verkehr übergeht, desto weniger fühlt man das Mitklingen und Mitschwingen des ganzen Menschen mit den Dingen in der Sprache. Und wenn man durch Anwendung desjenigen, was Goethe das sinnlich-übersinnliche Schauen nennt, dem Kehlkopf und all den Organen, die beteiligt sind an dem Zustandekommen der Lautsprache, ablauscht, was sie für Bewegungstendenzen haben, kommt man dazu einzusehen, [was für veranlagte Bewegungen in dem Kehlkopf und seinen Nachbarorganen in der Lautsprache eigentlich enthalten sind]. – Und überträgt man das dann auf den ganzen Menschen, auf seine Glieder, und überträgt man es auf äußere Raumbewegungen des Menschen, dann kommt diese stumme Sprache der Eurythmie zustande, die aber ebenso notwendig gesetzmäßig ist wie die Lautsprache.

Daher kann man auf der einen Seite [durch die Begleitung] von dem Musikalischen, das ja gewissermaßen eingeflossen ist in den Vokalisationen – in die Eurythmie und in die Lautsprache auch –, und auf der anderen Seite durch die Begleitung mit der Rezitation kann man, sagen [wir] voller zur Geltung bringen, was in der stummen Sprache der Eurythmie zum Ausdrucke kommt. So werden Sie sehen auf der Bühne die stumme Sprache der Eurythmie, die aber nicht, wie gesagt, auf Willkür beruht, sondern ein gesetzmäßiger Ausdruck der Vokalisierung und Konsonantisierung ist, des Satzbildens ist, der Grammatik ist. Aber es ist das doch so, dass es nicht heraufkommt bis zum verstandesmäßigen Auffassen, sondern aus dem impulsiven Willenselement des Menschen hervorkommt, sodass man in dem Ausdrucksmittel selbst das Ich geltend macht, einen Ausdruck der ganzen Menschenwesenheit in Eurythmie hat.

Verständlich wird einem das – oder wenigstens: zur Hilfe kommt einem bei dem Verstehen die musikalische Begleitung, die Rezitation. Das Rezitieren allerdings muss heute etwas anders geübt werden als gewöhnlich. Heute rezitiert man eigentlich prosaisch; das würde die Eurythmie nicht vertragen, die Eurythmie, die zurückgeht auf das, was dem eigentlich Künstlerischen zugrunde liegt, auf Rhythmus, auf das Taktmäßige, [auf] die Hervorhebung des eigentlich Künstlerischen, Taktmäßigen, Rhythmischen gegenüber dem bloßen prosaischen Ausdruck in der Rezitation.

So wird versucht, in der Eurythmie tatsächlich zu schaffen eine Art Sprache, die aber – gerade dadurch, dass sie noch nicht den Gedanken in sich fasst – nicht das Abstrakte in sich fasst, also das

Unkünstlerische, die gerade dadurch zu künstlerischen Wirkungen gestaltet werden kann.

Dabei hat diese Eurythmie noch eine andere Seite, eine wesentlich pädagogisch-hygienische Seite bei Kindern. Das gewöhnliche bloße Turnen der Kinder kann beseelt werden. Während das Turnen eigentlich nur herausgeholt ist aus der Gesetzmäßigkeit des menschlichen Leibes, sozusagen nur eine Physiologie zur Grundlage hat, soll in der Kinder-Eurythmie – von der Sie eine Probe nach der Pause im zweiten Teil unseres Programmes sehen werden –, soll gerade ein beseeltes Bewegendes geschaffen werden. Das wird man einmal wahrnehmen, wenn man über diese Dinge objektiver denken wird: Dass durch dieses beseelte Turnen, das zu gleicher Zeit aber Künstlerisches ist, dass zu gleicher Zeit die Willensinitiative in dem Kinde in dem Augenblicke des Lebens, in dem Lebensabschnitte gestärkt wird, in dem sie gestärkt werden muss, wenn sie nicht eine Schwächung erfahren soll durch das ganze Leben.

Deshalb ist Eurythmie auf der einen Seite als Kunst aufzufassen, auf der anderen Seite zugleich ist zu berücksichtigen ihre wichtige erzieherische und pädagogisch-didaktische Seite. Auch von dieser Seite wollen wir heute Abend etwas vorbringen, wo dichterisch selbst schon eurythmisch gefühlt, eurythmisch angeschaut ist, wie in dem Stück, das Ihnen heute vorgeführt wird, wo versucht wird, die Vorgänge der Welt in Bildern zu fassen, die man sonst bloß durch abstrakte Begriffe fasst. Da zeigt sich die Eurythmie als besonders brauchbares Instrument für den künstlerischen Ausdruck. Und man wird erst einsehen, wie notwendig es nach und nach für das menschliche Verständnis der Welt werden wird, die ganze Natur und auch das Übersinnliche in Bildern, nicht in abstrakten Begriffen zu fassen. Man kann ja lange philosophieren, dahingehend, dass man sagt: Ja, der Mensch muss diskursiv denken, der Mensch muss analysieren, der Mensch muss im logischen abstrakten Urteil die Naturgesetze erforschen. Die Natur *entzieht* sich diesem Erforschen! Wir kommen der Natur nicht nahe. Wir *glauben* nur, mit dem heutigen Naturerkennen der Natur nahe zu kommen; in Wahrheit entfernen wir uns umso mehr von ihr, je mehr wir diesen heutigen abstrakten Erkenntnistrieb befriedigen, der in der Naturwissenschaft solche Triumphe gefeiert hat. Die Natur ergibt sich dem Verständnis nur, wenn wir sie bildhaft erfassen, wie das bei den Weltenvorgängen überhaupt der Fall ist. Dann aber sehen wir, wie der Mensch ein rechter Ausdruck wird für ein solches bildhaftes Erfassen der Natur und des Übersinnlichen.

Da kommt man wirklich darauf, auch den Goetheanismus wieder zu verstehen, der sich manchmal in ganz kurzen Sätzen bei Goethe ausdrückt, so, wenn Goethe sagt: Wem die Natur ihr offenbares Geheimnis enthüllt, der empfindet die tiefste Sehnsucht nach ihrer würdigen Auslegerin, der Kunst. Und für Goethe war in einer gewissen Weise die Kunst ein Erkenntnismittel, allerdings nicht ein physisch-prosaisches, sondern ein künstlerisches Erkenntnismittel. So wird auch solchen Dingen der Goetheanismus Rechnung tragen, indem wir die Eurythmie ausbilden. Aber so, wie wir sie Ihnen heute vorführen können, so ist sie eben durchaus erst ein Versuch, ein Anfang.

Aber man kann auch die Überzeugung haben, da sie auf echten Quellen des allerkünstlerischsten Instrumentes, des Menschen selber beruht, dass sie entweder noch durch uns oder durch andere in der Zukunft weitere Ausbildung erfahren wird und dass dann in der Tat die älteren Kunstformen, die schon in, wenn ich so sagen darf eingeschliffenen Bahnen gehen, an ihre Seite werden treten sehen eine vollwertige neue Kunst in dieser Eurythmie, der man vielleicht heute noch mit Misstrauen entgegenkommen wird. Wir sind selbst die strengsten Kritiker; wir wissen, dass dasjenige, was wir heute geben können, nur ein Anfang ist, aber wir wissen auch, dass sie vervollkommnet werden kann und dass sie einstmals eben wirklich angesehen wird als dasjenige, dass sie als eine vollberechtigte Kunstform sich neben andere, ältere Kunstformen wird hinstellen können.

DORNACH, 10. UND 11. APRIL 1920

Ankündigungsentwurf und Zeitungsannonce für die Aufführungen Dornach, 10. und 11. April 1920

NZ 7341

Goetheanum Dornach / Eurythmische Kunst / Vorstellungen / Samstag, den 27. März 10. April 5 Uhr / Sonntag, den 28. März 11. April 5 Uhr / Natur- und Lebensimaginationen / und ähnliches / auch Kinderdarbietungen / Natur- und Seelenbilder eurythmisiert – / Kinderdarbietungen: humoristisch-satirische / Bildscenen, Musikalisches.

Basler Vorwärts 7.4.1920

Plakat für die Aufführungen Dornach, 10. und 11. April 1920

Louise
van Blom-
mestein
KSaG,
M.3206

Eurythmie
Programm
10. und 11. April '20

Einleitende Worte
von Rud. Steiner über Eurythmische
Kunst
Aus den 52 Jahressprüchen von R. Steiner.
Der Wolkendurchleuchter. von Rud. Steiner.
Musik von W. Abendroth.
Epirrhema. und Antepirrhema. von Goethe.
Mercur Auftakt. von Leop. van der Pals.
7te Scene aus „Die Pforte der Einweihung. Das Gebiet des Geistes."
Aus der 4ten Symphonie von Bruckner. Rud. Steiner.
Die Urworte. von Goethe.
Aus den 52 Jahressprüchen. von Rud. Steiner
PAUSE.
Kinderdarbietungen.
Poesie. und Legende (aus den Parabeln) von Goethe.
Humoristischer Auftakt. von Jan Stuten.
Satyrisch-Humoristisches. von Chr. Morgenstern.
Satyrischer Auftakt. von Leop. van der Pals.
Satyrisch-Humoristisches. von Goethe.
Allerdings. von Goethe.
Die der Eurythmie zu Grunde liegenden Dichtungen werden
von Marie Steiner rezitiert werden.

Notizen zu den Ansprachen Dornach, 10. und 11. April 1920

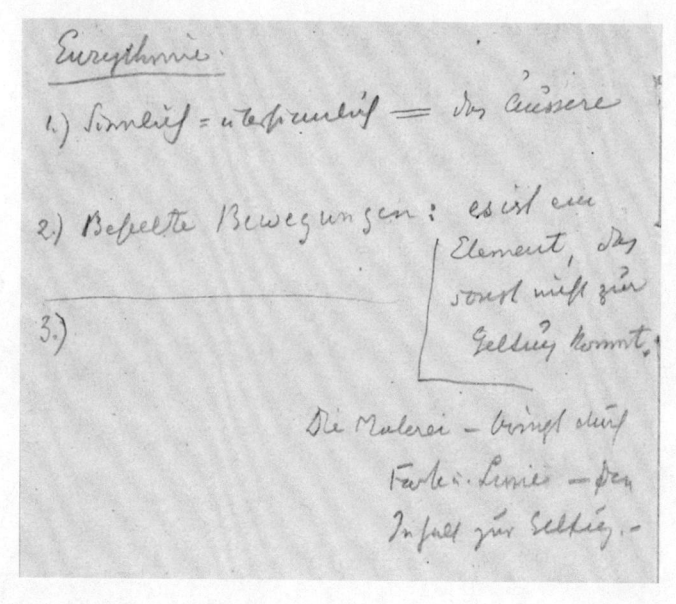

Eurythmie:
1.) Sinnlich = übersinnlich = das Äussere
2.) Beseelte Bewegungen: es ist ein / Element, das / sonst nicht zur / Geltung kommt.
3.)
    Die Malerei – bringt durch / Farbe u. Linie – den / Inhalt zur Geltung. –

Ansprache zur Eurythmie, Dornach, 10. April 1920

Meine sehr verehrten Anwesenden!
Gestatten Sie, dass ich auch heute wie sonst immer vor diesen eurythmischen Darbietungen einige Worte über die Bedeutung der eurythmischen Kunst vorausschicke. Ein Versuch dieser eurythmischen Kunst liegt vor, ein Anfang, könnte man sagen, eines Versuches zu einer Art stummen Sprache. Sie werden diese stumme Sprache ausgeführt sehen auf der Bühne in Bewegungen, die durch die menschlichen Glieder vollzogen werden – auch durch Bewegungen des

ganzen Menschen im Raume – oder durch die Wechselbewegungen, durch die Wechselstellungen von Persönlichkeiten in Gruppen und dergleichen.

Alles das könnte man zunächst als eine bloße Gebärdenkunst ansehen, wo versucht wird, für einen dichterischen Inhalt, der da gerade zugrunde liegt und der auch dabei rezitiert wird, oder für etwas Musikalisches, das ebenso der Darbietung zugrunde liegen kann und das dabei gespielt wird, gesungen wird – es könnte so aussehen, als ob man durch Bewegungen Gebärden, eine gewisse Mimik hinzufüge zu dem, was als dichterischer Inhalt, wortwörtlicher Inhalt oder musikalischer Inhalt das Leitmotiv [bildet]. So ist es nicht, sondern mit dieser eurythmischen Kunst wird in der Tat versucht, eine neue Kunstquelle zu eröffnen und auch ganz besondere Kunstausdrucksmittel zu bringen. Das ist hier der Mensch selber. Und die Quelle, die eröffnet sich durch eine besondere Fortbildung desjenigen, was man im Sinne des Goetheanismus nennen kann: das Streben nach dem sinnlich-übersinnlichen Elemente in der Kunst.

Wir sehen, meine sehr verehrten Anwesenden, heute die mannigfaltigsten Bestrebungen, aus den alten traditionellen Kunstformen herauszukommen, aus der alten Kunstsprache herauszukommen, und irgendetwas Neues als künstlerisches Ausdrucksmittel zu finden. Wir sehen das auf dem Gebiete der Plastik, der Malerei, auch auf dem Gebiete der Dichtung; auf dem Gebiete der Musik ist es seit lange bemerkbar und so weiter.

Es ist immer, wenn eine gewisse Zeit erfüllt ist, so, dass für die Kunst dieser Zeit die Formen zu stark intellektuell werden. Dasjenige, was im Anfange einer Kunstepoche noch intuitiv-instinktiv ist, was aus den elementarsten Emotionen des Menschen hervorgeht, das wird im Laufe der Zeit studiert, durch den menschlichen Verstand durchgehend, [wird] künstlerische Technik, die aber von dem Verstande durchdrungen ist. Und es nimmt sich dann das immer mehr als Epigonenkunst aus, als etwas, das wiederum eine junge Generation dann anwenden [ablehnen?] wird.

Heute sehen wir ganz besonders im Impressionismus und Expressionismus Versuche, zu einer neuen künstlerischen Formensprache zu kommen. Allein, trotzdem hier gar nichts gegen manche außerordentlich bedeutsame Anfänge in dieser Richtung eingewendet werden soll, muss doch auch gesagt werden, dass gerade die ernsthaftesten künstlerisch Schöpfenden und Genießenden auf diesem Gebiete eine gewisse Unbefriedigtheit haben. Zum Beispiel das Gebiet der Malerei genommen, wird es nicht möglich, gewisse elementare Erlebnisse bloß heraufzuholen – ich möchte sagen halb Diener der menschlichen Natur, die auf die Leinwand gebracht werden soll –, wirklich in Farben und in Linien sachgemäß auszudrücken. Dasjenige, was bei jeglicher Kunst als besondere Schwierigkeit vorliegt, ist ja, dass ertötend, erlähmend wirkt auf alles Künstlerische das intellektuelle Element in dem Maße, als Gedanken, als Vorstellungen, überhaupt Intellektuelles in das Künstlerische hereinkommt. Das Künstlerische wird ertötet. Deshalb meinte auch Goethe gerade für das Künstlerische besonders, dass der Ausdruck Sinnlich-Übersinnliches angemessen ist. Unmittelbar muss da sein irgendetwas, was in der Außenwelt als Ausdrucksmittel dienen kann. Aber in dem Augenblicke, wo diesem Ausdrucksmittel eingeprägt wird irgendeine Idee, hört das künstlerische Genießen auf. Und ich habe das Gefühl, dass man am leichtesten dann etwas Sinnlich-Übersinnliches zustande bringen kann, wenn man den Menschen selbst als Werkzeug für den künstlerischen Ausdruck benützt.

Dazu aber muss die menschliche Lautsprache eben auch sinnlich-übersinnlich studiert werden. Dann, wenn der Mensch sich hörbar macht auch künstlerisch, nicht nur dichterisch, sondern zum Beispiel auch im Gesange, durch seine Stimmorgane, durch seine Lautorgane, dann liegen ja immer dem Ausdrucke dieser Lautorgane Bewegungen zugrunde, deren Tendenzen man untersuchen kann, wenn man die Möglichkeit hat, sich über die bloße sinnliche Beobachtung des Hörens zu erheben und hineinzudringen in dasjenige, was nicht unmittelbar gehört wird, sondern was als eine Bewegung zugrunde liegt, eine Bewegung des Kehlkopfes, eine Bewegung der sonstigen Organe, die es mit dem Sprechen oder mit dem Singen zu tun haben. Das Beseelte der menschlichen Sprache beruht ja darin, dass der Mensch seinen Muskelapparat lokalisiert auf den Kehlkopf, ihn dazu benützen kann, um Bewegungen hervorzubringen, die einfach durch ihre Eigentümlichkeit dann die Lautsprache werden. Diese Bewegungen kann man sinnlich-übersinnlich studieren. Man muss nur dann dasjenige, was durch die Organisation des Kehlkopfes und der anderen Lautorgane in Vibrationen der Luft übergeht, also ich möchte sagen auseinandergelegt wird in lauter kleine, vibrierende Bewegungen, das muss man in [sein]em großen Verlaufe studieren. Man muss intuitiv erfassen, welche Bewegungstendenzen da zugrunde liegen.

Dann lässt sich dasjenige, was man da studieren kann, was ganz gesetzmäßig der Sprache zugrunde liegt, das lässt sich übertragen auf den ganzen Menschen, auf die Bewegung aller seiner Glieder. Sodass Sie in der Eurythmie durch eine solche Übertragung auf der Bühne gewissermaßen den ganzen Menschen wie einen menschlichen Kehlkopf, möchte ich sagen, funktionieren sehen. Man könnte sagen: Würden nicht diejenigen Bewegungen, die da ausgeführt werden für Vokale, Konsonanten, Satzzusammenhänge, für das innere Gepräge, für die Struktur des Satzes, dem diese Bewegungen entsprechen, nicht durch den ganzen Menschen ausgedrückt, sondern würde man das, was man da sieht, unmittelbar in den Kehlkopf hineinlegen, so würde eben im Kehlkopf nichts anderes zum Ausdruck kommen, als was Sie als begleitende Rezitation hören.

Allerdings dadurch ist das, was eurythmische Kunst ist, durchaus nicht etwas Willkürliches, sondern etwas so innerlich Gesetzmäßiges, wie das melodische oder harmonische Element in der Musik innerlich gesetzmäßig ist. Wenn irgendetwas zunächst an Gebärde oder Mimik zugrunde liegt, so ist das noch etwas nicht Überwundenes, [denn] in der Eurythmie lebt etwas so Gesetzmäßiges wie in der Musik selber. Und in dem, was gleichzeitig gehört wird, liegt etwas wie ein harmonisches Element in der Musik. [Das ist aber nur dadurch möglich, dass] man auch in der Dichtung zurückgeht auf dasjenige, was eigentlich Dichterisches ist. Dichtung ist ja nicht eine Kunst durch ihren wortwörtlichen Inhalt, gewissermaßen durch das Prosaische, das ihr zugrunde liegt, sondern die Dichtung ist Dichtung durch den Rhythmus, durch den Takt, durch alles dasjenige, was in den wortwörtlichen Inhalt erst als Form einverleibt wird.

Das ist es, was durch Eurythmie zum Ausdrucke kommt. Das muss aber auch in der die Eurythmie begleitenden Rezitation zum Ausdrucke kommen. Daher muss auch, um die Eurythmie rezitierend begleiten zu können, zurückgegangen werden zu den guten alten Formen der Rezitation, die man heute gerade da, wo man glaubt gut zu rezitieren, vermeidet: auf das Rhythmische, auf das Taktmäßige des Rezitierens [muss zurückgegangen werden], nicht auf die Betonung des Prosainhaltes, auf die heute ein so großer Wert gelegt wird in dem, was man gerade in unserer sehr unkünstlerischen Zeit gute Rezitation nennt. Auch da muss eben berücksichtigt werden, dass dieses Zurückgehen der Eurythmie auf ein neues künstlerisches Element ganz besondere Anforderungen auch an die Rezitationskunst stellt. Dadurch, dass mit dieser Eurythmie versucht wird, dem Menschen selbst einzuprägen dasjenige, was ihm sonst für das Hören eingeprägt wird in der Sprache, dadurch wird der Mensch selbst zum sinnlichen Ausdrucksmittel der Kunst. Und dadurch, dass die Bewegungen nicht verstandesmäßig in Gebärden gestaltet werden, sondern dass die Bewegungen so verlaufen, dass sie dem Menschen natürlich sind wie die Bewegungen des Kehlkopfes selber, dadurch wird der bloße abstrakte Gedanke, das Intellektuelle umgangen und man sieht unmittelbar für den künstlerischen Eindruck auf der Bühne in der stummen Sprache der Eurythmie etwas Sinnlich-Übersinnliches: die beseelten Bewegungen des Menschen.

Daher werden Sie sehen, dass diese eurythmische Kunst auch besonders gut zu gebrauchen ist [für den] Versuch, den ich gemacht habe in meinen «Mysterien[dramen]», wo an vielen Stellen das Geistige selbst zum Ausdruck kommen soll. Was da eigentlich gemeint ist, das wird ja in der Gegenwart noch viel Missverständnis finden, [da] man noch nicht einsieht, dass die Natur und also der Mensch durch seinen Verstand in abstrakte Naturgesetze hineingezwängt wird. Man wird eben die Natur entsprechend dem verstehen lernen müssen, was Goethe meint, wenn er sagt: Wenn der Mensch an den Gipfel der Natur gestellt ist, sieht er sich wieder als eine ganze Natur an, die in sich abermals einen Gipfel hervorzubringen hat. Dazu steigert er sich, indem er sich mit allen Vollkommenheiten und Tugenden durchdringt, Zahl, Ordnung, Harmonie und Bedeutung aufruft und sich endlich zur Produktion des Kunstwerkes erhebt. – Also der Mensch schafft in sich selbst einen neuen, bedeutsamen Gipfel und erhebt sich dann zur Produktion des Kunstwerkes.

Wie muss dieses Kunstwerk sein? Man kann es sich nur als Ideal vorstellen. Vielleicht darf man sagen: Wenn der Mensch sich nun selber mit seinem ganzen Organismus als Werkzeug, als das Instrument zur Hervorbringung dieses Kunstwerkes betrachtet, so ist es doch so, dass tatsächlich dadurch, dass diese Eurythmie in dieser besonderen Form auftritt, etwas vorhanden ist, das vielleicht – ich will durchaus nicht sagen, dass sie schon diese Idealkunst *ist* –, dass sie etwas liefert, aus dem man ersehen kann, wie man Formen schaffen muss, um zu Sinnlich-Übersinnlichem zu kommen.

Das ist das Wesentliche: Weder allein das Sinnliche noch das Übersinnliche, sondern das Sinnlich-Übersinnliche – Sinnlich-Übersinnliches, das uns so erscheint, als hätten schon die Formen der Idee oder des Ideellen in uns gelebt, und das mit solcher Anschaulichkeit uns gegenüber auftritt, dass wir die Idee selber wie etwas in der Sinneswelt Sich-Abspielendes finden. Die Idee bis zum Sinnlichen gebracht, oder die sinnliche Welt in Form der Idee dargestellt: Das ist dasjenige, was wohl am anschaulichsten hervorgebracht werden kann gerade durch dieses besondere Kunstgebiet der Eurythmie.

Aber ich bitte Sie auch heute, Nachsicht zu üben gegenüber dem, was wir Ihnen heute schon bringen können, denn wir sind, wie gesagt, erst im Anfange. Diejenigen der verehrten Zuschauer, die öfter unsere Darbietungen besucht haben, werden vielleicht bemerken können, wie wir gesucht haben in der letzten Zeit, einen Fortschritt zu erzielen, der aber noch weiter und immer weiter sich ergeben muss. Es wird entweder durch uns oder durch andere dasjenige, was heute im Anfange ist – wahrscheinlich [durch] andere – zu größerer Vollkommenheit erhoben werden können. Seien Sie überzeugt, meine sehr verehrten Anwesenden, dass mit der Eurythmie aber ein Anfang gegeben ist zu etwas, was sicher einmal als vollkommene Kunst neben andere, ältere Kunstformen wird hintreten können.

Ansprache zur Eurythmie, Dornach, 11. April 1920

Meine sehr verehrten Anwesenden!
Gestatten Sie, dass ich auch heute wie sonst vor diesen eurythmischen Vorführungen ein paar Worte vorausschicke über die Art, wie versucht werden soll, innerhalb dieser eurythmischen Kunst erstens eine Art neuer künstlerischer Form zu suchen, neue Ausdrucksmittel zu suchen, und dann in einer gewissen Weise auf die Quelle des künstlerischen Wirkens in der menschlichen Natur selbst zurückzugehen.

Sie werden hier auf der Bühne vorgeführt sehen Bewegungen der menschlichen Glieder, Bewegungen des ganzen Menschen im Raume, Wechselbewegungen und Wechselstellungen von Menschen in Gruppen. Das alles soll eine Art von stummer Sprache sein. Aber nicht eine stumme Sprache, die etwa aus Zufallsgebärden bestünde, sodass man zu den Dichtungen, die gleichzeitig rezitiert werden, oder zu dem Gesanglichen, Musikalischen jeweilig Gebärden suchte. Ebenso wenig werden hier Zufallsgebärden gesucht zu dem, was ausgedrückt werden soll, wie der Sprachlaut selbst oder das Wort irgendetwas ist, was «zufällig» hinzukommt zu dem Sinn, wie es etwas ist, was sich durch die menschliche Organisation selber mit dem Sinn, den der Laut ausdrücken soll, verbindet.

Um eine solche Kunst zu schaffen, musste wirklich das in Anspruch genommen werden, was man nach Goethe nennen kann die sinnlich-übersinnliche Anschauung.

Wenn wir die Lautsprache des Menschen verfolgen, dann wenden wir unsere Aufmerksamkeit zunächst dem gesprochenen Laute zu oder der Lautfolge. Wir werden nicht aufmerksam – es liegt das in der ganzen Organisation der Sprache –, wir werden nicht aufmerksam darauf, dass unsere Organe, die mit der Hervorbringung der Sprache etwas zu tun haben, Bewegungen ausführen. Diese Bewegungen werden allerdings rhythmisch kleine Bewegungen, aber ihnen liegen Bewegungstendenzen zugrunde. Diese Bewegungstendenzen kann derjenige, der in der Lage ist, die Sprache in einem gewissen Sinne zu verfolgen, wirklich schauen. Er kann ein Bild bekommen von dem im Kehlkopf und seinen Nachbarorganen vorhandenen Bewegungstendenzen, während die Sprache lautlich an uns klingt.

Nun kann man dasjenige, was man da beobachtet, was ein einzelnes Organglied darstellt oder ein System von Organgliedern beim Sprechen ausführt, das kann man auf den ganzen menschlichen Organismus übertragen. Allerdings, wie ich gleich darstellen werde, nicht ohne Weiteres, sondern in einer gewissen metamorphosischen Umstellung. Geradeso wie Goethe zu seiner Anschauung von der Metamorphose gekommen ist als dem, was einer wirklichen Organik zugrunde liegen müsse, so muss man auch sich aufschwingen zu einer solchen Anschauung der menschlichen Funktionen, die uns erkennen lässt, wie eine einzelne Funktionsgruppe – also dasjenige, was der Sprachbewegung zugrunde liegt – mit einer eventuellen Bewegung des ganzen Menschen zusammenhängen kann, geradeso wie Goethe die ganze Pflanze nur als ein komplizierteres metamorphosiertes Blatt oder Blumenblatt [oder] auch als Staubgefäße angesehen hat. Diese Anschauung, die Goethe nur für das Morphologische angewandt hat, man kann sie auf das Funktionelle ausdehnen, man kann sie künstlerisch durchdringen. Aber ebenso, dass man dasjenige, was sich dadurch, dass der Kehlkopf beim Sprechen in unmittelbare Berührung mit der äußeren Luft kommt und sich da in rhythmische kleine Bewegungen umsetzt, dass man das gewissermaßen seiner Haupttendenz nach verfolgt, dadurch kommt ein anderes Element mehr zur Geltung bei dieser Übertragung der Lautbewegung auf den ganzen Menschen, als es in der Lautbewegung zur Geltung kommt, nämlich das Element des Wollens, auch das Element des wollenden Fühlens.

In unserer Sprache fließt ja ineinander der Gedanke, die Vorstellung, und der Wille, das Fühlen, das wollende Fühlen, das fühlende Wollen. Wir brauchen diese Dinge nicht zu unterscheiden, denn es stehen sich eben gegenüber eigentlich auch nur die Vorstellungen und der Wille. Und wir haben ja bei der künstlerischen Anschauung immer, ich möchte sagen zu kämpfen dagegen, dass nicht allzu viel einfließe in das Kunstwerk von dem, was die Vorstellung, was die Idee ist, in das unmittelbare Wahrnehmen des Bildes – aber des Bildes nicht so, wie wir es sonst in der Natur wahrnehmen, sondern des durchgeistigten Bildes. Das ist es, was ja eigentlich im Kunstempfinden und im Kunstschaffen wirken soll.

Nun aber, wenn wir im gewöhnlichen Leben oder auch in der Wissenschaft die Natur betrachten, so verwandeln wir durch den Gedanken das Bild in dasjenige, was es dann als durchgeistigtes Bild ist. Dadurch heben wir es heraus aus der Sphäre des bloßen Künstlerischen. Im Künstlerischen soll das Bild unmittelbar geistig wirken. Es soll gewissermaßen als Bild schon in derselben Weise auf uns wirken, wie sonst der Gedanke wirkt. Sobald aber der Gedanke als Gedanke wirkt, hört das Künstlerische auf, wird das Künstlerische gelähmt, ist in unserer Sprache tatsächlich umso weniger die Möglichkeit zu künstlerischer Gestaltung – auch in der Dichtung –, als die Sprache fortschreitet mit der Zivilisation. Sie wird immer mehr und mehr als Lautsprache konventionell, sie wird Ausdrucksform für dasjenige, was wir eben abstrakt intellektualistisch darstellen wollen. Dadurch verarmt eigentlich unsere Dichtung in Bezug auf ihre Ausdrucksmittel. Aber es ist im Grunde in der Dichtung ja nur soviel wirklich Künstlerisches, als in ihr Musikalisches auf der einen Seite ist oder Bildhaftes, Plastisches auf der anderen Seite.

Bildhaftes, Plastisches ist hier so gemeint, dass man, indem man der Sprache, der dichterisch gestalteten Sprache zuhört, man unmittelbar auch im Tone eine Art Bild wahrnimmt. Von all dem, was von dem Gedanken in die Dichtung einfließt, entledigen wir nun die Dichtung dann, wenn wir anfangen, wie sonst anfangen, Bewegungstendenzen, die der Kehlkopf und seine Nachbarorgane ausführt, auf den ganzen Menschen zu übertragen. Dadurch, dass wir diese Metamorphose der Funktion des Sprechens vornehmen und von dem ganzen Menschen jetzt – es kann ja natürlich nicht zur Lautierung kommen, weil wir die makrokosmischen Bewegungen, die Bewegungstendenzen statt den Mikrokosmos ins Auge fassen –, dasjenige, das wir da herausholen aus dem Gesprochenen, das ist das Willenselement, jenes Willenselement, das an den ganzen Menschen gebunden ist. Daher, wenn der Mensch als Ganzer gewissermaßen – ich darf das Bild gebrauchen hier – wie ein lebendig bewegter Kehlkopf erscheint, so haben wir das ausgedrückt, die Ausdrucksform durch den Menschen selbst gegeben.

Wir haben aber auch zugleich die Möglichkeit, das, was uns im Menschen selbst als Bild entgegentritt, ohne dass wir darüber spintisieren, dieses erst durchseelt, durchgeistigt zu empfinden. Das durchgeistigte Bild entsteht dadurch, dass der Mensch, der eben selber durchgeistigt ist in seinem Sich-Bewegen, eben zu diesem Bilde wird, daher wir unmittelbar im Anschauen das durchseelte Bild haben können. Durch dieses durchseelte Bild, das in ebenso gesetzmäßiger Weise in einer stummen Sprache zum Ausdrucksmittel der Dichtung werden kann, haben wir eigentlich viel von dem erreicht, das gerade von der Kunst angestrebt werden muss: Das durchseelte Bild zu schaffen, ohne dass man erst den Umweg durch den Intellekt, durch das Denken zu machen hat, was auf die Kunst ertötend wirkt.

Natürlich muss die Rezitation, welche die Eurythmie begleitet, dann durchaus darauf Rücksicht nehmen, dass gerade dasjenige herausgeholt wird, was das eigentlich Künstlerische, nicht der Prosainhalt der Dichtung ist. Heute legt man im Rezitieren, weil wir in einer unkünstlerischen Zeit leben eigentlich, dem Prosainhalt, der Konvention des Wortwörtlichen die größte Bedeutung bei. Der künstlerische Mensch empfindet nicht in diesem Hervorheben des Wortwörtlichen der Dichtung das Wesentliche, sondern in dem Herausheben der Rhythmen, des Taktmäßigen, des Musikalischen oder auch des Bildmäßig-Plastischen, Gestaltenden. Daher wird die Rezitation, insofern sie die Begleitung der Eurythmie sein soll, wiederum zurückkehren müssen zu den guten alten Formen des Rezitierens, an die ja auch Goethe selbstverständlich sich gebunden fühlte. Er, der künstlerisch empfand, hat wie ein Kapellmeister mit dem Taktstock in der Hand selbst seine «Iphigenie» auf die *Form* hin, nicht auf den Inhalt, mit seinem künstlerischen Personal einstudiert. Und Schiller hatte immer, bevor er den wortwörtlichen Inhalt – wenigstens bei vielen seiner Gedichte – in der Seele hatte, er hatte noch einen unbestimmten melodiösen Zusammenhang, der so in ihm summte und zu dem er dann den wortwörtlichen Text, den Inhalt hinzusuchte.

Wenn Sie sehen werden auf der einen Seite dasjenige, was als stumme Sprache gesetzmäßig aus dem Menschen hervorgeholt wird, sodass ebenso willkürlich wie die Lautsprache Sie werden begleitet finden auf der einen Seite diese Eurythmie von der Rezitation, auf der anderen Seite vom Musikalischen. Es ist ja nur eine andere Seite desjenigen, was in diesen beiden Künsten auftritt. Außerdem glaube ich, dass man in der Eurythmie erst dasjenige schaffen kann, was sich tatsächlich als eine Art neuer Kunstform neben unsere älteren Kunstformen hinstellt.

Wir haben da nötig, wenn wir zu den bildenden Künsten greifen, gewissermaßen dasjenige, was im Menschen bewegt ist, erst zur Ruhe zu bringen. Das Musikalische und das Dichterische, das allerdings bewegt ist, muss zu gleicher Zeit wirken mit einer so starken Kraft der Verinnerlichung, dass der äußere Sinneseindruck oftmals zurücktritt. Auch beim rein Musikalischen, beim absolut Musikalischen tritt der äußere Sinneseindruck gegenüber einer Verinnerlichung entgegen. Aber gerade dadurch, dass die Musik eben, wenn sie als reine Musik auftritt, noch zu den reinen Sinnen sprechen kann, *bewahrt* sie das rein Künstlerische. Dagegen finden wir gerade innerhalb derjenigen Kunstgebiete, mit denen man als den traditionellen rechnet, nicht dasjenige, was ich nennen möchte plastische Bewegung. Künstlerisch gestaltete Plastik, die nun nicht angewiesen darauf ist, bloß in Ruhe, im Formellen, im ruhig Formenhaften dazustehen, sondern Plastik, die mit der menschlichen Bewegung rechnen kann: Das wird zu gleicher Zeit ganz von selbst diese Eurythmie, die darauf beruht, dass abgelauscht wird die Bewegungstendenz den menschlichen Sprachorganen und auf den ganzen Menschen übertragen wird.

Sie werden sehen an dem Versuch, der gemacht worden ist von mir gerade mit der Darstellung des der Welt geistig Zugrundeliegenden, das dann in Verbindung steht mit der Wesenheit des Menschen – was also schon dichterisch so gedacht ist, dass man darauf rechnet, dass mehr vorhanden ist in der Wirklichkeit, als was die bloßen, abstrakten, in intellektueller Form gestalteten Naturgesetze geben –, dass das am leichtesten sich eigentlich eurythmisch darstellen lässt.

Da wird man ja wie mit der ganzen Eurythmie in der Gegenwart in unserer Zeit noch auf Missverständnisse und Gegnerschaften stoßen, wahrscheinlich stoßen müssen, weil man einfach heute glaubt, dasjenige, was wesenhaft den Dingen zugrunde liegt, das müsse sich in intellektualistischer Form fassen lassen. Allein, die Natur schafft eben in Bildern, und daher können wir auch der Natur in ihrem eigentlichen Schaffen und Weltenweben überhaupt nur beikommen, wenn wir uns auf Bilder einlassen. Und so wird sich schon das bewahrheiten, was Goethe gemeint hat, als er sagte: Wem die Natur ihr offenbares Geheimnis enthüllt, der sehnt sich nach ihrer würdigsten Auslegerin, der Kunst.

Goethe war die Kunst etwas, was sich – ich möchte sagen in fortlaufender Metamorphose – mit dem auch bloß wissenschaftlich Erkennenden verband. Sodass man wirklich vielleicht da, wo der ganze Mensch in Bewegung gerät, in gesetzmäßige Bewegung gerät, die zu gleicher Zeit der Ausdruck ist wie die Lautsprache selbst, dass man da am besten bewahrheitet findet das Goethe-Wort: Im Künstlerischen habe man eine Manifestation geheimer Naturgesetze, die ohne diese künstlerische Manifestation niemals offenbar würden.

Das ist wohl die eine Seite, die für die Außenwelt zunächst wichtigere Seite, die künstlerische Seite. Allein, es ist darauf hinzuweisen, dass über das Künstlerische hinaus in dieser Eurythmie auch noch eine wichtige hygienisch-therapeutische Seite steckt, das beseelte Bewegen. Und dass dieses beseelte Bewegen auch schon bei Kindern, in der Kindererziehung hinzugekommen ist, sodass zu dem eigentlich bloß auf die physiologische Anschauung des Menschen begründete Turnen dieses beseelte Turnen hinzukommt. Wenn man einmal etwas unbefangener urteilen wird, wird man schon einsehen, dass das Turnen zwar die Muskeln stark macht, aber nicht zu gleicher Zeit beiträgt, die Initiative aus der Seele herauszuholen und den Willen zu gestalten, dass dazu aber die beseelte Bewegung, das seelenvolle Turnen, das in der Eurythmie an die Kinder herangebracht werden kann, gerade dienen kann. Daher glaube ich, dass, wenn in den Unterrichtsplänen einmal diese Eurythmie eingeführt werden kann, wie wir es bei der Waldorfschule in Stuttgart, die auf diesen wichtigen pädagogischen Prinzipien gebaut ist, schon getan haben, dass da sich herausstellen wird, dass die Kinder mitnehmen werden ins Leben ein sehr Wesentliches, eine gewisse Willenskultur, auf deren Pflege es ja in der Gegenwart so sehr ankommt: beseelte Willenskultur, eine solche Willenskultur, die nicht bloß ein Kind der physiologischen Anschauung des Menschen ist, sondern ein Kind ist der psychologischen Anschauung des Menschen.

Deshalb werden wir Ihnen auch nach der Pause etwas nur von Kindern Ausgeführtes vorführen, also gewissermaßen auch eine Probe von Kindereurythmie geben. Gerade das aber bitte ich Sie durchaus zu beachten: dass unsere Darbietungen noch mit Nachsicht angesehen werden müssen. Wir sind selbst die strengsten Kritiker gegenüber diesen unseren Anfängen, denn es ist nur ein Anfang. Es ist zunächst ein Versuch. Aber so, wie wahrscheinlich diejenigen der verehrten Zuschauer, welche früher schon einmal da waren, werden sehen können, dass wir uns bemüht haben, von Monat zu Monat wirklich weiterzukommen, so wird man sich weiter bemühen, diesen Anfang eben zu etwas Vollkommeneren zu machen. Und man darf sich der Überzeugung hingeben, dass, obzwar wir heute noch beim spärlichsten Anfang dieser eurythmischen Kunst stehen, sie einer Vervollkommnung fähig ist, durch die sie sich als eine heute noch junge Kunst wird hinstellen können neben die älteren Künste – als eine vollberechtigte neben andere vollberechtigten Kunstformen.

DORNACH, 17. UND 18. APRIL 1920,
ENTWURF FÜR DIE ANKÜNDIGUNG

*Ankündigungsentwurf und Zeitungsannonce für die Aufführungen
Dornach, 17. und 18. April 1920*

NZ 7324

Goetheanum Dornach. / Eurythmische Kunstdarbietung /
Vorstellungen / Samstag, 17. April 5 Uhr / Sonntag, 16. [18.?] April 5 Uhr /
Dichterisches (z. B. Vorspiel des 2. Teiles des Faust). Natur- und Weltinspirationen eurythmisiert, Musikalisches / (Kinder-Mitwirkung).

*Basler
Vorwärts
15.4.1920*

Programm zur Aufführung Dornach, 17. und 18. April 1920

    «Allerdings» von J. W. v. Goethe
    «Epirrhema» von J. W. v. Goethe
    «Antepirrhema» von J. W. v. Goethe
    Spruch aus dem Seelenkalender (52.) von Rudolf Steiner
    Spruch aus dem Seelenkalender (1.) von Rudolf Steiner
    «Arielszene» (Anmutige Gegend, «Faust II») von J. W. v. Goethe
       mit musikalischer Beigabe von Jan Stuten
    «Die Schwalben» von Christian Morgenstern
    Spruch aus dem Seelenkalender (2.) von Rudolf Steiner
    Spruch aus dem Seelenkalender (3.) von Rudolf Steiner
    «Hymnus an die Natur» von J. W. v. Goethe
    «Erzählung einer antiken Gemme» von J. W. v. Goethe
    «Ihr schmähet meine Dichtung» von J. W. v. Goethe
    «Eins ums Andere» von J. W. v. Goethe
    «Den Originalen» von J. W. v. Goethe
    «Das Leben ist ein Gänsespiel» von J. W. v. Goethe
    «Kläffer» von J. W. v. Goethe
    Humoristischer Auftakt mit Musik von Jan Stuten

Ansprache zur Eurythmie, Dornach, 17. April 1920

Sehr verehrte Anwesende!
Wie sonst immer vor diesen Proben unserer eurythmischen Kunst, möchte ich auch heute mir erlauben, einige Worte vorauszuschicken über die Quellen dieser eurythmischen Kunst und über die neuen Ausdrucksformen, in denen versucht wird, dasjenige zum Ausdruck zu bringen, was sonst nur durch Gesang, Musik oder durch das dichterische Wort künstlerisch zum Ausdrucke gebracht werden kann.

    Eurythmie stellen wir uns vor als eine Art von stummer Sprache. Aber allerdings wird damit eine Kunstform geschaffen, welche in einer gewissen Weise Wege eröffnen könnte, die, wie mir scheint, heute von den verschiedensten künstlerisch denkenden und empfindenden Leuten gerade gesucht werden. Es ist ja nicht zu leugnen, dass bei einem großen Teil unserer Zeitgenossen die berechtigte Überzeugung vorhanden ist, dass die alten Wege des künstlerischen Schaffens einer Erneuerung bedürfen. Überall – auf dem Gebiete der Malerei, des Musikalischen, auf dem Gebiete des Plastischen – wird nach einer neuen Formensprache in einer gewissen Weise gesucht.

Nun wird man sich aber auch nicht verhehlen können, dass all das, was heute erscheint auf diesen Gebieten als ein Streben nach einer neuen künstlerischen Formensprache, dass das doch zum großen Teil noch unbefriedigt lässt, einfach aus dem Grunde, weil zum Beispiel dasjenige, was man in neuartiger Weise ausdrücken will, mit dem Pinsel und der Farbe nicht zu Wege zu kriegen ist heute. Ebenso wenig gelingt es der Plastik, durch ihre Formen dasjenige zum Ausdruck zu bringen, was gewollt wird. Wenn ich ein Wort gebrauchen sollte für dasjenige, was vielleicht mehr oder weniger unbewusst heute viele anstreben, so möchte ich das Goethe'sche Wort von dem Sinnlich-Übersinnlichen gebrauchen. Denn in der Kunst ist es ja wirklich so, dass durch die Ausdrucksmittel angestrebt werden muss, das Sinnliche zur Darstellung zu bringen. Denn dasjenige, was nicht sinnlich wahrgenommen werden kann, was nur etwa in der Idee erfasst werden kann, das kann, auch nicht dem äußeren Zeichen nach, nicht irgendwie als künstlerisch gelten. Daher ist alles Symbolische unkünstlerisch, auch alles Allegorische unkünstlerisch. Das Künstlerische muss sinnlich sich vor den Menschen hinstellen, aber es muss zu gleicher Zeit das Sinnliche als übersinnlich wirken. Man muss von dem Sinnlichen einen solchen Eindruck bekommen, wie man sonst nur von dem Übersinnlichen erhält. – Schiller hat in einer großartigen, heute noch nicht gewürdigten Weise diese Anschauung, die ja auch die des Goetheanismus ist, in seinen *Briefen über die ästhetische Erziehung des Menschengeschlechtes* zum Ausdruck gebracht.

Nun, wenn wir von der Sprache des Menschen ausgehen, so fließen da in der Sprache zusammen erstens das lautliche Element, hervorgebracht durch einen bestimmten Teil der menschlichen Körperorganisation mit dem gedanklichen Element, von dem in der Dichtung das lautliche Element durchdrungen ist; im Gesang weniger, aber es ist doch auch das menschliche Innere durch Gesang und Musik nach Ausdruck drängend. Und so wahr als hier ein sinnliches Element vorliegt, so wahr ist es, dass namentlich in der Dichtung, indem sie sich der Sprache bedienen muss, je mehr vorgeschritten eine Sprache ist, um so schwieriger wird es, dichterisch-künstlerisch Ausdrucksformen zu schaffen, einfach aus dem Grunde, weil die zivilisierten Sprachen sich allmählich dem gedanklichen Elemente nähern, auch dem konventionellen Elemente nähern – sie werden Verkehrssprachen, sie dienen dem menschlichen sozialen Zusammenleben und so weiter, und so weiter. Je mehr die Sprache Ausdrucksmittel wird für das soziale Zusammenleben, je mehr sie Ausdrucksmittel wird für die Gedanken, desto weniger eignet sie sich zur Offenbarung des eigentlich Dichterischen.

Das eigentlich Dichterische ist dasjenige, was man in der Seele erlebt entweder mit dem Charakter des Musikalischen, oder mit dem Charakter des Plastisch-Bildhaften. Indem sich der Gedanke hineinmischt – wie überhaupt es bei der Kunst ist –, indem sich der Gedanke hineinmischt, wird der Rhythmus, das Taktmäßige, das Formhafte, das in der Dichtung zum Ausdrucke kommen soll, das wird überwuchert von dem Gedanken. Und dann wird eine Dichtung von vornherein nicht mehr durch das rein Künstlerische wirken. So paradox es klingt, meine sehr verehrten Anwesenden, so muss man doch sagen: Das wesentlich Künstlerische an einer Dichtung kann man eigentlich auch empfinden, ganz künstlerisch empfinden, wenn es in einer Sprache vorgebracht wird, die man gar nicht wortwörtlich versteht, die man gar nicht beherrscht. Denn das Künstlerische ist dasjenige, was nicht im wortwörtlichen Inhalte liegt. Natürlich braucht man es im wortwörtlichen Inhalte, um gewissermaßen eine Leiter zu haben, auf der eigentlich dichterisch man hinaufsteigt.

Aber es war doch nicht so ganz töricht noch, als in der Zeit, in der man vor etwa einem Jahrhundert wirklich wiederum strebte, namentlich in Mitteleuropa danach strebte, in der Dichtung das Künstlerische so recht zu empfinden, es war gar nicht so töricht, dass da Menschen sich zusammensetzten, schöne Dichtungen in Sprachen sich anhörten, die sie nicht beherrschten, sodass sie nur Tonfall, Rhythmus, Takt und so weiter auf sich wirken ließen, also das gestaltende, das bildliche, das musikalische Element der Sprache. Gerade das aber, was so als das eigentlich Künstlerische dem Sprachlichen zugrunde liegt, das kann man herausholen aus der Dichtung durch diese stumme Sprache, die wir hier mit der Eurythmie anstreben und die nicht etwa besteht in Willkürgebärden, die erfunden werden zu dem, was dichterisch zugrunde gelegt wird oder auch zu dem, was musikalisch zugrunde gelegt wird, sondern die beruht auf einem sorgfältigen Studium desjenigen, was im abgesonderten Organe des Kehlkopfes, im Gaumen und so weiter beim Sprechen vor sich geht. Natürlich kann man nicht die kleinen Zitterbewegungen, die sich übertragen auf die Luft und die dann die Grundlage des Ton-Hörens bilden, nicht ausdrücken auf eine andere Weise als durch die Lautsprache selbst; aber die Tendenzen, die darinnen liegen, die Bewegungstendenzen, die lassen sich nach dem Prinzip der Goethe'schen Metamorphosenlehre auf den ganzen Menschen übertragen.

Man kann den Menschen in seinen Armen oder als ganzer Körper oder auch Menschengruppen in ihren gegenseitigen Wechselverhältnissen sich so bewegen lassen, dass die Bewegungen darstellen die Bewegungstendenzen, die sonst nur im Sprachorgan zum Ausdruck kommen. So wird auf der Bühne hier vor Ihnen der ganze Mensch zum Kehlkopf. Nichts ist dabei willkürlich. Ebenso, wie man an irgendeiner Stelle, wo man in der Sprache zu sprechen hat *oh,* auch *oh* hört, wie man da eben statt *o* oder *[h]* nichts anderes als die gesetzmäßigen Bewegungen des Kehlkopfes vollführen kann, so kann man hier, wenn etwas anderes ausgeführt wird, im Wesentlichen – natürlich kann man ja auch mit der Sprache individuell gestalten den Ton und so weiter –, aber im Wesentlichen kann man keine anderen Bewegungen ausführen als Bewegungen, die der Lautsprache selber abgelesen und auf den ganzen Menschen übertragen sind, sodass auch, wenn an zwei verschiedenen Orten dieselbe Sache eurythmisch dargestellt wird, die individuelle Verschiedenheit nicht größer sein kann, als wenn zum Beispiel zwei verschiedene Klavierspieler ein und dieselbe Sonate nach individueller Art darstellen.

Nun ist die Eurythmie eigentlich tatsächlich eine Kunst, die sich des ganzen Menschen als Ausdrucksmittel bedient, die also durch die Formensprache der ganzen menschlichen Organisation schafft und die dadurch gerade zu den Quellen des Sinnlich-Übersinnlichen vorschreiten kann. Denn wir haben ja den Menschen als die vollkommenste sinnliche Gestalt vor uns, und wir haben im Sprechen so vor uns diese Gestalt, dass überall das Beseelte zum Ausdruck kommt. Indem wir da das Beseelte zugrunde legen, so werden Sie also auf der einen Seite diesen Menschen durchseelt in seinen Bewegungen – oder Menschengruppen in ihren Bewegungen – auf der Bühne sehen, begleitet von der Rezitation oder Musikalischem, die ja nur ein anderer Ausdruck desselben sind, ein Ausdruck in anderer Form.

Dabei muss allerdings die Rezitationskunst wiederum zurückkehren zu dem, was eigentlich Rezitationskunst in künstlerischeren Zeiten war, als die unsrige ist. In unserer Zeit legt man einen großen Wert beim Rezitieren gerade auf das Hervorheben des Inhaltlichen und auf das Betonen desjenigen, was wortwörtlicher Inhalt ist. Das nennt man «Innerlichkeit» beim Rezitieren. Das ist eine Abirrung von dem eigentlich Künstlerischen des Rezitierens, das auf Takt, das auf Musikalisches, das auf Bildhaft-Plastisches sehen muss. Zu dieser alten Rezitationskunst, die zum Beispiel Goethe verwendete, wenn er seine «Iphigenie» wie ein Kapellmeister mit dem Taktstock in der Hand einstudierte – auf Tonfall, auf den Jambus hin und so weiter –, zu dieser Rezitationskunst muss wiederum zurückgekehrt werden.

Sie werden heute sehen gleich im ersten Teil eine mit Zuhilfenahme der Eurythmie dargebotene Darstellung des ersten Bildes vom zweiten Teil des Goethe'schen «Faust». Dieses erste Bild des zweiten Teiles von Goethes «Faust» ist ja vielfach missverstanden worden. Man hatte ja eingewendet, dass Goethe sich den Übergang von seinem ersten Teil des «Faust» zum zweiten Teil viel zu leicht gemacht habe. Faust hat schwere Schuld auf sich geladen, hat Menschen ins tiefste Unglück gebracht, muss unendlich schwere Gewissensbisse haben. Und so wird er uns ja aus dem ersten Teil, wenn ich so sagen darf, entlassen. Nun steht er wieder vor uns. Er soll den Lebensweg weiterverfolgen. So wie Goethe das darstellt, ist es nicht eigentlich symbolisch gemeint, sondern es ist so gemeint, dass in der Tat der Mensch, wenn er auch in einer so furchtbaren Lebenslage wie der Faust in diesem Falle sich befindet, dass er von innen heraus gesunden muss. Dieses Gesunden-von-innen-heraus kann man natürlich nicht anders darstellen, als indem man Bezug nimmt auf die Beziehungen des Menschen zur geistigen Welt. Es ist ganz und gar missverstanden, wenn einzelne Menschen diesem ersten Bild des zweiten Teiles von Goethes «Faust» entgegengehalten haben: Ja, Goethe habe sich die Sache leicht gemacht. Da braucht man ja nur, nachdem man eine schwere Schuld auf sich geladen hat, einen erfrischenden Morgenspaziergang der aufgehenden Sonne gegenüber zu machen – und man sei wiederum dem Menschtum zurückgegeben. Das ist allerdings mit diesem ersten Bild des zweiten Teils des «Faust» nicht gemeint, sondern mit diesem Bilde ist gemeint, dass der Mensch, wenn er so gründlich sich sein Gewissen ruiniert hat, eigentlich nur durch einen besonderen Bezug zur geistigen Welt wiederum gesunden kann.

Das kann natürlich nur dargestellt werden, indem man die geistige Welt selber in ihrer Einwirkung auf den Menschen darstellt. Das hat denn Goethe auch versucht. Aber gerade so etwas wie das Hereinragen der geistigen Welt in die sinnliche Welt, das lässt sich gut eurythmisch darstellen. Und überall da, wo in der dramatischen [Dichtung] – sonst stellen wir ja lyrisch dar, und Sie werden auch heute sehen, wie wir lyrisch darstellen werden –, aber in der dramatischen Welt, wo die übersinnliche Welt ins Menschenleben hereinragen muss, da eignet sich eurythmische Kunst ganz besonders. Es ist mir ja noch nicht gelungen, für die übrige Dramatik eine entsprechende eurythmische Form schon zu finden, daran arbeite ich, das muss sich noch finden. Es muss sich auch die Möglichkeit finden, den dramatischen Gang als das eigentlich Künstlerische des Dramatischen und des Tragischen auch noch eurythmisch darzustellen.

Bis jetzt haben wir, wenn wir solche Darstellungen des Dramatischen versucht haben, immer dasjenige, was einfach den Menschen in seinem Leben in der physischen Welt darstellt, das so dargestellt, wie es sonst auf der Bühne dargestellt wird. Nur das Hereinragen des Übersinnlichen stellen wir so dar, dass wir zu dem das Eurythmische zu Hilfe nehmen, wie Sie es auch heute sehen werden. Aber es wird auch noch gelingen, für den inneren Bau des Dramas, für die Plastik und das Musikalische in der dramatischen Handlung selbst bei

Weiterentwickelung der eurythmischen Kunst etwas zu erreichen. Denn wir stehen durchaus mit dieser eurythmischen Kunst im Anfange. Das bitte ich Sie auch heute zu berücksichtigen. Wir bilden uns durchaus nicht ein, schon etwas Vollkommenes zu bieten; aber diejenigen verehrten Zuschauer, die vielleicht schon einmal da waren und vor Monaten etwas gesehen haben, die werden ja bemerken, wie wir versucht haben gerade in den letzten Monaten – namentlich, indem wir die Formen über größere Satzstrukturen über den Bau eines Gedichtes versuchen auszudehnen, einzubeziehen die innere Form der Dichtung in die Raumesform der Bewegung –, wie wir dadurch wiederum um ein Stück vorwärtsgekommen sind in dieser eurythmischen Kunst.

Das soll immerfort unser Bestreben sein, vorwärts zu kommen. Dann aber ist es unsere Überzeugung, so strenge Kritiker wir demgegenüber sind, was wir jetzt schon bieten können, dass entweder noch durch uns, wahrscheinlich durch andere, diese eurythmische Kunst, wenn sie weiter ausgebildet werden wird, zu etwas werden wird, was tatsächlich die Wege wird leiten können in die anderen Künste, zum Beispiel in der Malerei: Man versucht mit der Farbe das innerliche Leben des Menschen zum Ausdruck zu bringen. *Hier* wird ein Weg eröffnet, wo der Mensch selber als Ausdrucksmittel, als Werkzeug verwendet wird. Der Mensch ist einmal das vollkommenste Werkzeug, das in der Kunst überhaupt ausgebildet werden kann.

Deshalb wird schon diese eurythmische Kunst soweit kommen, dass sie sich als eine vollberechtigte Kunst neben ihre anderen, älteren Schwestern wird hinstellen können, die ja das Alter vor ihr voraushaben. Sie aber hat, wie ich meine, das vor den anderen, älteren Künsten voraus, dass sie sich wirklich all dessen, was in der menschlichen Organisation selber veranlagt liegt als Ausdrucksmittel, sich all dessen auch zu bedienen. Und es ist immerhin doch richtig, was Goethe gesagt hat: Dass, wenn «der Mensch an den Gipfel der Natur gestellt ist, so sieht er sich wieder als eine ganze Natur an, die in sich abermals einen Gipfel hervorzubringen hat. Dazu steigert er sich, indem er sich mit allen Vollkommenheiten und Tugenden durchdringt, Wahl, Ordnung, Harmonie und Bedeutung aufruft und sich endlich bis zur Produktion des Kunstwerkes erhebt». Und wie sollte nicht am besten Ordnung, Maß, Harmonie und Bedeutung im Rhythmus und im Takt zusammengenommen werden können, um gewissermaßen bewegte Plastik und stumme Musik, stumme Dichtung geben zu können, wenn man sich des Menschen selber als eines Werkzeuges zur künstlerischen Formung bedient. Von diesem Gesichtspunkte aus bitte ich Sie, dasjenige, was allerdings erst im Anfang ist, was aber seiner Vervollkommnung entgegensteuert, mit Nachsicht auch in der heutigen Form aufzunehmen.

Es folgt eine kurze Pause. Und nach derselben wird Ihnen unter anderem vorgeführt werden Goethes «Hymnus an die Natur». Goethes Prosahymnus «An die Natur» ist wie eine Vorverkündigung seiner Weltanschauung. Goethe hat ihn etwa erdacht, kann man sagen, im Beginn der 80er Jahre des 18. Jahrhunderts. Und er ist so entstanden – ich habe versucht, die ganze Entstehungsgeschichte im siebenten Bande in den *Schriften der Goethe-Gesellschaft* vor vielen Jahren schon darzustellen –, er ist so entstanden, dass Goethe ihn nicht unmittelbar aufgeschrieben hat, sondern er hatte die Gedanken in seiner Seele und durchsprach sie mit dem damals in Weimar weilenden Schweizer Tobler. Offenbar mit Tobler im Freien sich ergehend, hat Goethe diesen Prosahymnus hingesprochen, und in der Schrift Toblers findet er sich auch im heute noch vorhandenen *Tiefurter Journal* in Weimar. Tobler schrieb ihn dann unmittelbar aus dem Gespräch nieder. Dass so die Entstehungsgeschichte ist, versuchte ich dazumal nachzuweisen. Sie finden, wie gesagt, eine Abhandlung davon im siebenten Bande der *Schriften der Goethe-Gesellschaft.* Und ich konnte in dieser Anerkennung der Entstehungsgeschichte durch nichts, auch nicht durch dasjenige irgendwie erschüttert werden, was jetzt – in der letzten Zeit namentlich – hier geschrieben worden ist. Goethe hat ja selbst anerkannt, dass er von dem, was er in diesem Prosahymnus niedergeschrieben hat, ausgegangen ist, indem er alles das dann fortgebildet hat, dasjenige, was in seiner Metamorphose und so weiter enthalten ist. Und er nannte alles Spätere eine Art Komperativ seiner Weltanschauung – im Gegensatz zu diesem Positiv. Sodass man also sagen kann: In diesem Prosahymnus ist enthalten alles dasjenige, was dann im höchsten Grade metamorphosisch gesteigert als Goethe'sche Weltanschauung uns entgegentritt.

Dann werden wir in diesem zweiten Teil außer diesem Prosahymnus Goethes «An die Natur» noch einiges – namentlich Goethe'sches – vorzubringen haben, auch solches, in dem sich eben der, wie ich glaube, gerade großartige Humor der Goethe'schen Weltanschauung, in der alles wirklich mit tiefster Seele erlebt ist, auch alles Weltanschauliche, offenbaren kann.

Ansprache zur Eurythmie, Dornach, 18. April 1920

Meine sehr verehrten Anwesenden!
Wie sonst vor diesen Proben aus unserer eurythmischen Kunst möchte ich auch heute mir gestatten, einige einleitende Worte vorauszuschicken. Es handelt sich ja hier nicht um etwas schon Fertiges, sondern um den Anfang einer gewissermaßen neuartigen Kunst, um einen Versuch, mit dem vollkommensten Werkzeuge, das man für die Kunst überhaupt haben kann – mit dem Menschen selbst und den Gesetzen seiner Organisation –, künstlerisch zu arbeiten. Es handelt sich darum, zu den Kunst-Quellen wiederum in einer ganz besonderen [Weise] zurückzugehen, um auch denjenigen Bestrebungen Rechnung zu tragen, die ja heute gerade in den künstlerischen Kreisen vielfach anzutreffen sind – den Bestrebungen, die Elemente aus alten Kunstformen, eine[r] alten Formensprache in der Kunst, [hervorzuholen, die] es ja gewiss bis zum Höchsten gebracht hat. Aber es wird auch von vielen eingesehen, dass diese Formensprache heute überwunden werden muss. Wir sehen aber wie – sagen wir in der Malerei, Plastik oder auch im Musikalischen – versucht wird, die mannigfaltigen künstlerischen Wege zu gehen, wie aber auch vieles, was aus ganz ehrlichen Untergründen heraus heute versucht wird, unter dem Namen Expressionismus usw., Futurismus, wie das doch in weiteren Kreisen […] *[unleserliches Wort]* kann. *[Lücke?]*

Nun soll mit der Eurythmie etwas erschaffen werden, was – wie alles hier bei uns – herausgeboren ist aus echt goethescher Weltanschauung und Kunstgesinnung, aus wirklichem Goetheanismus.

Ich brauche nur auf ein einzig[es] Wort hin[zu]weisen, das Goethe gebraucht hat, und es ist zu gleicher Zeit dasjenige Wort, welches, möchte ich sagen, die ganze Wesenheit des künstlerischen Schaffens und des künstlerischen Drängens charakterisiert. Es ist der Begriff, das Wort sinnlich-übersinnliche [Anschauung]. Gewiss, die Kunst muss anstreben, durch sinnliches Bild oder auch durch das Hörbare Sinnliches zu wirken, ja es muss in der Kunst nicht nur dasjenige wirken, was unmittelbar sinnlich ist, sondern es muss durch das Sinnliche dereinst sprechen das Übersinnliche, daher das Goethe'sche Wort für alles Künstlerische zu gebrauchen ist: «Sinnlich-übersinnlich».

[Die] Quelle nun des Sinnlich-Übersinnlichen möchte gerade diese eurythmische Kunst versuchen wiederzufinden in ihrer Ursprünglichkeit, und zwar auf folgende Weise: Sie werden sehen auf der Bühne, wie von den einzelnen Menschen, die auftreten, Bewegungen ihrer Leibesglieder ausgedrückt werden, wie vom ganzen Menschen Bewegungen ausgeführt werden, wie von Menschengruppen Bewegungen [ausgedrückt werden]. Diese Bewegungen – man könnte sie sehr leicht ansehen für willkürliche Gesten, für eine willkürliche Mimik, die äußerlich hinzu erfunden wären zu dem, was einem musikalisch auf der einen Seite, rhetorisch auf der anderen Seite entgegentritt. Aber es ist nicht solches Willkürliches in unserer eurythmischen Kunst enthalten. Sie ist wirklich durch sorgfältiges Studium des menschlichen Sprechens und Singens selber entstanden.

Dann möchte ich, um verständlich zu machen, wie das Menschen machen, auf das Gebiet der Goethe'schen Metamorphosenlehre hinweisen, jenes Prinzip, durch das Goethe es wagte, in die Wissenschaft vom Lebendigen, in die Erkenntnis vom Lebendigen etwas hinein[zu]bringen, wobei man dem Verständnis dieses [Lebendigen] wirklich näherkommen kann. Diese Goethe'sche Metamorphosenlehre ist trotz aller Bemühungen heute noch – auch von gelehrten Kreisen und künstlerischen Kreisen – viel zu wenig gewürdigt. Es sieht einfach aus, aber es steckt viel [in] dem Impulse, den Goethe [be]schreibt, indem er sagt: Schaue ich eine Pflanze an, so ist jedes einzelne Blatt, ob es nun [in einfacherer Gestalt] tief unten am Stängel sitzt oder kompliziert an einer normalen Stelle des Stängels sitzt, durch eine Metamorphose unmittelbar aus dem anderen hervorgegangen zu denken, aber auch das gefärbte Blütenblatt oder auch das Staubgefäß und Stempel sind nur metamorphosierte, umgeformte Blätter und die ganze Pflanze ist ein komplett[es] Blatt, wie jedes einzelne Blatt eine vereinfachte ganze Pflanze ist.

So aber kann man auffassen nicht nur die Form des Lebendigen, so auffassen [kann man] auch die [Bewegung] des Lebendigen. Wenn der Mensch spricht, so kommt sein Kehlkopf, kommen die Nachbarorgane dieses [Kehlkopfs] in Bewegung. Sie wissen ja alle: Indem ich hier spreche, teile ich die Bewegung, die der Kehlkopf ausführt, der Luft mit und gerade [von] diese[r] bewegten Luft werden übertragen meine Laute an Sie. Dann, wenn man allerdings auf diese Bewegung sieht, hat man es mit kleinen Zitterbewegungen zu tun, man achtet auf das nicht, was da als Bewegung im Kehlkopf und in den [Nachbarorganen] ist, weil man bei der Lautsprache und beim Gesange die Aufmerksamkeit eben auf das Gehörte hinwendet. Derjenige, der nun Sinne für sinnlich-übersinnliches Schauen hat, der kann durch eine gewisse Intuition hineintreten nun nicht in die kleinen Zitterbewegungen, sondern in die Bewegungst[endenzen] des Kehlkopfs und der anderen Sprachorgane. Die lassen sich dann übertragen auf die Bewegung des ganzen Menschen und von Menschengruppen, sodass Sie gewissermaßen den ganzen Menschen so bewegen können und Menschengruppen so bewegen können, wie sich der Kehlkopf und [die anderen Sprachorgane] beim Sprechen bewegen. Das ist versucht, jede Willkür ist vermieden. Gesetzmäßig ist versucht, den ganzen Menschen gewissermaßen auf der Bühne zum Kehlkopf werden [zu lassen], sodass eine Art stumme Sprache, bestehend in Bewegung oder in bewegter Plastik, vor Ihnen stehen wird.

Daher ist auch nicht irgendeine Willkür in einer solchen Darstellung zu suchen, sondern es ist so, dass, wenn zwei Menschen oder drei zu ganz verschiedenen Zeiten [an ganz verschiedenen] Orten ein und dasselbe eurythmisch darstellen. die unterschiedliche Auffassung nicht vermeidbar ist, [genauso wenig], als wenn zwei Klavierspieler ein und [dieselbe] Sonate an zwei verschiedenen Orten oder [zu verschiedenen] Zeiten spielen. Es ist alles in der Eurythmie [wie eine Reihe] aufeinanderfolgender Bewegungen eine[r] bewegten Musik innerlich gesetzmäßig aufgebaut: So, wie das Musikalische im melodiösen Gesetzmäßigen lebt und im Harmonischen, so legt hier diese stumme Sprache dar all ihren Ausdruck, lebt in den bewegten Formen. Allerdings, wir müssen heute begleiten dasjenige, was eurythmisch dargestellt wird – wenigstens zeitweise, obwohl wir auch stumme Formen darstellen, ganz [stumme Formen], die man nur zu empfinden hat –, [wir] müssen es machen begleitet von der Rezitation und von dem musikalischen Element. Aber das sind nur andere Ausdruckskräfte ein und derselben Sache. Daher werden Sie insbesondere bei der Rezitation sehen, wie wir zurückgehen müssen beim Rezitieren hier auf die guten alten Formen des Rezitierens, die einer unkünstlerischen Welt, [wie] die unsere ist, mehr oder weniger schon verloren gegangen sind. Ich möchte unter [anderem] erinnern [an] das, [was] ein Hinweis darauf ist, was in der Dichtung eigentlich das Künstlerische ist. Es ist nicht, [was] der wortwörtliche Text sagt. Goethe hat zum Beispiel selbst [seine] «Iphigenie» einstudiert mit [dem Taktstock], dieses Einstudieren gemacht wie ein [Kapellmeister] dasteht.

Nicht darauf, worauf man heute besonders beim Rezitieren sieht, beim *[unleserliches Wort]* Deklamieren, dass der Prosa-Inhalt mit der sogenannten richtigen innerlichen Betonung herauskommt, sondern dass Rhythmus, Takt, dass die formelle Anmutung, dass die, also das eigentlich Künstlerische, in der richtigen Weise herauskommt. [Die] Zeit der Romantik, die, in der sich zum Beispiel Rückert und seine Freunde sich der Dichtung hingegeben haben, diese Zeit hat bei [vielen] viel mehr künstlerische Empfindung gehabt als die heutige. Man hat sich da und [dort] zusammengesetzt und auch Gedichten zugehört in Sprachen, die man nicht verstanden hat; man hat eben, wenn das auch heute für den Menschen paradox klingt, an dem Tonfall, an der Tongestaltung, an dem Plastisch-Bildlichen und an dem Musikalischen – also an dem eigentlich Künstlerischen der Dichtung – hat man eigentlich sein Wohlgefallen gehabt. Und Schiller hatte immer eine Art allgemeiner Melodie zuerst in seiner Seele, dann erst fasste er die Worte, wenigstens bei einer großen Anzahl seiner bedeutenden Gedichte. Heute fasst man das Wortwörtlich[e], [den] Prosa-Inhalt als das Wesentlichste in der Dichtung auf. Hier müssen wir [im] Einzelnen gerade nicht das anstreben, dass [das] gedankenhafte Element durch unsere stumme Sprache der Eurythmie zum Ausdruck kommen kann; auch in der Rezitation, die begleitet, müssen wir Hörer nur rhythmisch das tätig fassen, die Gestaltung, das Bildhafte. Daher wird auch die Rezitationskunst selbst eine Reform erleben müssen, indem sie als Begleiterin des Eurythmischen auftritt.

Sie werden verschiedene *[unleserliches Wort]*-Einheiten eurythmisch dar[ge]stellt [sehen]. [Ich mache] besonders aufmerksam darauf, dass in der heutigen Vorstellung der Versuch gemacht wird mit einer Goethe'schen Szene, mit dem ersten Bild des zweiten Teiles des Goethe'schen «Faust». Während wir sonst lyrische Darstellungen [zeigten] oder Episches [dargestellt] wurde, [...] *[unleserliches Wort]* [wagen wir uns daran], Kunst dramatisch dar[zu]stellen. Nun, [das ist] etwas, [meine] ich, was mir bis heute nicht gelungen ist, dass auch [solche] eurythmische Formen sich noch ergeben wie [die] für den eigentlichen dramatischen Aufbau, für die dramatische Gestaltung. Die eurythmische Kunst ist eben durchaus erst im Anfange – sie wird schon mit der Zeit vervollkommnet werden.

Aber wir haben es mit dem Goethe'schen «Faust» wiederholt versucht, dasjenige, was wir schon an Eurythmie haben, so zu verwenden, dass da, wo die Dichtung das innerliche Entwicklungsgesetz berührt, wo also das Geistig-Übersinnliche in einer dramatischen Dichtung, irgendeinem Drama auftritt, dass wir da die Eurythmie zu Hilfe rufen. Alle Szenen, die sich nur, ich möchte sagen in der physischen Welt abspielen, die [lassen wir] darstellen wie andere Szenen auf dem Theater, dagegen dasjenige, was in die übersinnliche Welt weist, das kommt besonders zum eurythmischen Darstellen. Das werden Sie sehen bei diesem ersten Bild aus dem zweiten Teil des Goethe'schen «Faust». Es ist die eine Szene, wo Goethe entschieden dadurch sich ausdrücken wollte, dass er [aus] dem Sinnlichen ins Über[sinnliche] hinüberführte. Faust hat ja sein Leben bereits zu demjenigen Punkt durchlebt, der uns eben dargestellt wird am

Ende des ersten Teiles als ein Mensch, der schwerste Schuld auf sich geladen hat. [...] *[unverständliche Passage, siehe Hinweise]*

Dasjenige, was über einen so mit schwerer Schuld [Beladenen] kommen muss, das ist das Hereinragen der geistigen Welt und [ein] Gesunden aus der geistigen Welt heraus. Das braucht man, nicht symbolische[s] oder allegorische[s] Darstellen, was unkünstlerisch wäre. Das hat Goethe auch nicht getan, aber [er] hat dasjenige, was das Hereinragen einer übersinnlichen Welt ist, in dieser Ariel-Szene mit den Elfen dar[gestellt], wie der Mensch [ver]suchen kann, zu Neuem [zu] streben – wenn er auch dabei die Schuld nicht in sich ertilgen kann –, wenn er mit der übersinnlichen Welt in eine rechte Berührung kommt. Das eignet sich ganz besonders für eurythmische Darstellungen. Goethe hat ja den zweiten Teil seines «Faust» ganz besonders bühnengerecht denken wollen – und was die Übersinnlichkeit [betrifft], wenn es zu seiner Zeit schon die eurythmischen Kunstmittel gegeben, hätte er ganz zweifellos an diese [eurythmischen Kunstmittel sich gewendet] *[unleserliche Passage]*, hätte dasjenige dargestellt, was sonst immer, wenn der zweite Teil des «Faust» auf Bühnen dargestellt wird, unbefriedigend bleibt.

Es wird durch die Eurythmie wirklich die ganze Innerlichkeit desjenigen zum *[unleserliches Wort]*, während Goethe *[Lücke?]* meinte: In so etwas wie? *[unleserliches Wort]* den dem zweiten [Teil] des «Faust» kann ich mit *[unleserliches Wort]* dieser ersten Szene, die wir hier heute im ersten Teil vor der Pause wiederum zur Darstellung bringen. So werden auch an solchem Bilde die verehrten Zuschauer, die schon öfter da waren, sehen, wie wir uns bemühen, [...] *[unleserliche Passage]* Vortragsweise zu kommen. Wir dürfen sagen, dass wir insbesondere in der Ausgestaltung der Form[en] doch einen ganzen [Schritt] in der [Gestaltung?], [der] Darstellung, [dass wir] es in den letzten Monaten schon wieder weitergebracht haben. Aber [wir] sind uns wohl dessen bewusst, dass die ganze eurythmische Kunst erst im Anfange ihrer Entwicklung steht [und] haben dadurch die Überzeugung, obwohl [die] strengste Kritik [von uns] selber [kommt], *[Lücke]* einer Vervollkommnung *[unleserliches Wort]* [in] diese Eurythmie, dass andere oder wir selber, ohne aber *[unleserliches Wort] [Lücke]* ist, sie zu [einer] höheren Form noch bringen werden.

Gerade diese eurythmische Kunst zeigt, wie der Mensch, wenn er als Ausdrucksmittel benutzt wird, selbst vollkommenster Ausdruck sein kann. Goethe ist es wieder, der da sagt: «Wem die Natur [ihr offenbares Geheimnis zu enthüllen anfängt, der empfindet eine unwiderstehliche Sehnsucht nach ihrer würdigsten Auslegerin,] der Kunst.» Und die Kunst, wenn sie den Menschen selbst als Instrument gebraucht, sie befriedigt das, was Goethe so schön in seinem Künstlerbuch über Winckelmann sagt: Indem der Mensch [auf den Gipfel der Natur gestellt ist, bringt er in sich selbst wiederum einen Gipfel hervor, nimmt Maß, Harmonie und Bedeutung zusammen und erhebt sich zum Schlusse zum Kunstwerk].

[Der Rest der Ansprache ist sehr lückenhaft und schwer zu entziffern, siehe Hinweise]

DORNACH, 24. UND 27. APRIL 1920

Ankündigungsentwurf und Zeitungsannonce für die Aufführungen Dornach, 24. und 27. April 1920

NZ 7334

Goetheanum Dornach, / Eurythmische Kunst / Vorstellungen / Samstag, d. 24. April, 5 Uhr / Dienstag, d. 27. April 5 Uhr / Dramatisches Weltbild aus Goethes Faust eurythmisiert; Welt- und Naturbilder, / humoristisch-satirisches in eurythmischer Darstellung. Musikalisches. / Karten zu Fr. 3.–, 2.– u. 1.– Fr. bei HH. Hug u. Co, Freiestrasse, / bei Frl. Kessler, Arlesheim u. an der Abendkasse. –

Basler Vorwärts, 22.4.1920

Plakat für die Aufführung Dornach, 24. April 1920

Louise van Blommestein KSaG, M.3207

Ansprache zur Eurythmie, Dornach, 24. April 1920

Meine sehr verehrten Anwesenden!
Gestatten Sie, dass ich auch heute, wie sonst vor diesen eurythmischen Aufführungen, einige Worte voraussende, nicht um etwa die Darbietungen zu erklären, denn Erklärungen sind als solche Künstlerischem gegenüber unkünstlerische Beigaben, und eine Kunst, die erst einer Erklärung bedürfte, wäre ja eben auch etwas Unkünstlerisches. Aber es ist notwendig, über die Quellen und die besonderen Ausdrucksformen unserer eurythmischen Kunst doch einige Worte

zu sagen. Denn es handelt sich nicht um eine Modifikation irgendwelcher anderer Bewegungskünste, sondern es handelt sich um eine Bewegungskunst, die so, wie es hier geschieht, zum ersten Mal den Menschen als solchen verwendet als künstlerisches Werkzeug. Sie werden auf der Bühne Menschen in Bewegung sehen, menschliche Glieder, bewegt, Menschengruppen so bewegt, dass die einzelnen ihnen zugehörigen Menschen gegenseitig Bewegungen ausführen, dass die ganze Gruppe Formbewegungen ausführt und so weiter.

Nun ist es ja gewiss wahr, dass der Mensch auch im gewöhnlichen Leben durch irgendwelche Gebärden seine Sprache begleitet. Um solche Gebärden wird es sich hier nicht handeln, trotzdem alles dasjenige, was Sie auf der Bühne sehen werden, eine stumme Sprache ist, eine Sprache, die gleichsam durch eine bewegte Plastik sich zur Offenbarung bringt.

Dass wir es mit einer Sprache zu tun haben, das geht ja schon daraus hervor, dass wir auf der einen Seite begleitet hören werden das, was auf der Bühne zu sehen ist, von dem dichterischen Text begleitet, der auch durch die stumme Sprache der Eurythmie sich offenbaren soll. Oder dass wir auch Musikalisches zu gleicher Zeit eben musikalisch selbst und durch diese bewegte Musik, welche die Eurythmie auch ist, werden zur Darstellung bringen. Aber es handelt sich eben durchaus nicht um irgendwelche Zufallsgebärden. Es handelt sich vielmehr durchaus nicht um das Aufsuchen von Gebärden, die etwa im Augenblicke zu dem dichterischen Ausdruck oder zu dem musikalischen Ausdruck hinzuerfunden werden. Wir haben es nämlich nicht mit einer solchen Gebärdenkunst zu tun, sondern mit einer wirklichen Sprache, die sich nur anderer Ausdrucksmittel bedient als die Lautsprache. Dass durch eine solche stumme Sprache, die sich des Menschen selbst und seiner Bewegungen als Werkzeug bedient, gerade Künstlerisches zum Ausdrucke kommen kann, das mögen sie aus Folgendem ersehen.

Wenn wir sprechen – sei es, dass wir sprechen, um uns als Menschen zu verständigen, sei es, dass wir Dichterisches durch die Sprache zum Ausdrucke bringen –, so stehen wir immer gegenüber etwas im Grunde als individuelle Menschen Fremdem. Die Sprache haben wir mit einer ganzen Menschengemeinschaft eben gemein, und wenn wir eine künstlerische Empfindung gegenüber dem Sprechen haben, so darf diese vielleicht in der folgenden Weise zum Ausdruck kommen. Man darf sagen: Derjenige, der die volle Menschenindividualität – und die ist es ja, die eigentlich im künstlerischen Werke zum Ausdruck kommen soll –, wer die volle Menschenindividualität empfindet, der empfindet das Hingeben des menschlichen Wollens und des menschlichen Fühlens an die Sprache, an die Luftverbindung, an die Menschen, wie ein Sich-Entäußern des Menschlichen, ich möchte sagen: wie ein Hingeben unseres in fortwährender Lebendigkeit befindlichen Willens an etwas Erstarrtes, ein Festgewordenes.

Daher ist auch nicht dasjenige dichterisch-künstlerisch, was der wortwörtliche Prosainhalt einer Dichtung ist. Gerade große Dichter haben das gefühlt. Und man muss immer wieder hinweisen darauf, wie Schiller – gerade bei den bedeutsamsten seiner Gedichte – eine Art unbestimmter Melodiefolge, Melodiebild in seiner Seele fühlte und an dieses Melodiebild erst den wortwörtlichen Inhalt heranbrachte. Nur unkünstlerisch empfindende Menschen sehen in dem wortwörtlichen Inhalt, also in dem Prosagehalt eines Gedichtes, dasjenige, worauf es ankommt, sondern [er liegt] in dem, was eigentlich erst hinter diesem wortwörtlichen Inhalt, der seine Gesetzmäßigkeit durch die Lautsprache erhält, liegt. Sodass wir sagen können: Das eigentlich Künstlerische in der Dichtung ist der Rhythmus, der Takt, die ganze Form, wie aufeinanderfolgen Denken, Fühlen, Empfinden, wie ein Gedanke sich mit dem andern verbindet. Es kommt nicht auf den Inhalt des einen Gedankens an, sondern auf die Verschlingung der Gedanken. Das, was da eigentlich in dem Prosagehalt der Dichtung als das eigentlich Künstlerische zugrunde liegt, das ist etwas, was aus dem menschlichen Willen hineingeheimnisst wird in das, was sonst stärker beeinflusst ist von dem Intellekt, von den Ideen, wie es beim gewöhnlichen Sprechen der Fall ist.

Dasjenige, was irgendeine Kunst an Ideen enthält, macht eigentlich immer das unkünstlerische Element aus. Und indem wir gerade durch die Eurythmie herausbringen können das ideelle, das intellektuelle Element und hineinbringen können in die Sprache den ganzen

Menschen in seiner Offenbarung, wird die eurythmische Sprache eine im eminentesten Sinne künstlerische Sprache, eine künstlerische Ausdrucksform. Man möchte sagen: Wer richtig empfinden kann, wird in einer eurythmischen Bewegung, in einer eurythmischen Form etwas finden, was vielmehr an den individuellen Menschen gebunden ist als das Wort, als der Satz. Sodass man wieder zurückgeht in das Menschlich-Individuelle, indem man von der Lautsprache zur Eurythmie schreitet.

Und nichts Willkürliches ist drinnen, sondern es ist eben gerade das an der Lautsprache studiert, was man sonst nicht beachtet, wenn man der Lautsprache zuhört. Man beachtet die Tonfolge, den Inhalt der Worte, alles dasjenige, was in der Eurythmie unterdrückt wird. Weil es unterdrückt wird, müssen wir ja eben heute noch diese Eurythmie begleiten lassen von der Dichtung oder von der Musik. Aber dafür tritt etwas anderes ein. Der Mensch, der selber eurythmisiert, wird finden: Indem er eine eurythmische Bewegung macht, lebt er sich in diese mit seinem ganzen Menschen hinein, während er sich bei der Lautsprache hingibt an ein einzelnes menschliches Organ. Das ist eben studiert, was dieser Kehlkopf und seine Nachbarorgane an Bewegungstendenzen beim Lautsprechen entwickeln. Und das ist gesetzmäßig übertragen an die Bewegungen des ganzen Menschen.

Sodass Sie auf der Bühne sehen im ganzen Menschen oder in der Menschengruppe etwas wie bewegte Kehlköpfe. Sie würden einfach, wenn Sie könnten durch irgendein Instrument, die Bewegungsformen des Kehlkopfes, des Gaumens, der Zunge, der Lippen grafisch festhalten und würden loslösen können aus den Zitterbewegungen Linien, die durch die Zitterbewegungen als Bewegungstendenzen durchgehen, so würden Sie überall sehen die Bewegungen, die Sie hier von dem Menschen gemacht haben, sehen auf der Bühne. Sodass, wenn Menschengruppen oder zwei Menschen an verschiedenen Orten ein und dasselbe Musikstück eurythmisch darstellen, nicht mehr Unterschied darinnen ist, wie wenn zwei verschiedene Klavierspieler ein und dieselbe Sonate zu spielen haben. Wie die Musik in der gesetzmäßigen Aufeinanderfolge der Melodien besteht, so hier diese bewegte Musik in der gesetzmäßigen Aufeinanderfolge der Bewegungen, die abgelauscht sind den Bewegungstendenzen der menschlichen Sprachorgane. Man kann das durch dieses übersinnliche Schauen, weil man durch dieses Schauen gerade das Ausdrückbare am menschlichen Sprechen, was sonst nicht beachtet wird, zur Darstellung bringt.

So kann man sagen, wenn man Eurythmie richtig empfindet: Was ist sie denn? Sie ist das, was entstehen würde, wenn man die Bewegungsvorgänge des Kehlkopfes, des Gaumens, der Lippen, plötzlich vergrößern könnte so, dass sie die Größe des ganzen Menschen einnehmen würden, und dann vom ganzen Menschen das ausführen lassen würde, was so vergrößert ist. – Also es beruht auf einem wirklichen Beobachten desjenigen, was die Seele in den Laut gießt. Hier in der Eurythmie gießt die Seele das in die Bewegungen hinein.

Daher muss man, indem die Eurythmie rezitatorisch und deklamatorisch begleitet wird, wiederum zu den guten, alten Formen des Rezitierens und des Deklamierens zurückgreifen, damit nicht das zur Hauptsache gemacht wird, was die heutige unkünstlerische Zeit als die Hauptsache ansieht, wo man sagt, der rezitiere gut, der, der betone recht innerlich das Gefühl, das auf dem Worte liegt, der aber eigentlich nur auf den Prosagehalt der Dichtung sieht, nur den Prosagehalt eines Gedichtes in dieser Weise wiedergibt. Sondern man muss eingedenk sein desjenigen, was wirkliche Künstler gemeint haben, zum Beispiel Goethe, wenn er mit dem Taktstock wie ein Kapellmeister selbst seine Dramen mit den einzelnen Schauspielern einstudierte, um auf den jambischen Versfuß hin die Sprache seiner Schauspieler zu orientieren. Man muss wiederum zurückgehen zum Rhythmus, zum Takt, zur formellen, formalen Seite, desjenigen, was als wirklich Künstlerisches der Dichtung zugrunde liegt. Sonst würde man mit dem Rezitieren, das einhergehen soll neben der Eurythmie, nicht zurechtkommen. – Auch Musikalisches soll begleiten unsere Eurythmie.

Sie werden im ersten Teil der Vorführungen vor der Pause insbesondere sehen die sehr bedeutende Szene des Anfanges des zweiten Teils des «Faust» von Goethe. Und da zeigt sich, wie man gerade die Eurythmie verwenden kann, um dasjenige darzustellen, bühnenmäßig gerade zu machen, was sonst mit dem gewöhnlichen Naturalismus durchaus nicht bühnenmäßig gemacht werden kann. Wer viele «Faust»-Darbietungen in verschiedensten Bearbeitungen gesehen hat, der weiß, wie schwer gerade bei Goethe'schem «Faust» dasjenige auf der Bühne darzustellen ist, was von dem gewöhnlichen Prosagehalt des Lebens abführt und die Beziehungen der menschlichen Seele zur übersinnlichen Welt darstellt. Die haben wir in dieser ersten Szene des zweiten Teils ganz besonders gegeben. Man hat Goethe sogar den Vorwurf darüber gemacht, dass er, nachdem Faust die große, schwere Schuld des Mordes sogar auf sich geladen hat, von furchtbaren Gewissensbissen gequält ist, in eine solche Lage gebracht wird, wie im Beginne des zweiten Teils. Da treten ja diejenigen Mächte auf, die aus dem Übersinnlichen herein in die Menschenseele wirken, die natürlich, wenn sie dramatisch vorgeführt werden, personifiziert werden müssen, aber nicht als Personifikation gemeint sind, sondern als Anschauung der wirklichen übersinnlichen Welt.

Es hat zum Beispiel ein Herr Max Rieger, der ein Büchelchen geschrieben hat über den Goethe'schen «Faust», gemeint, Goethe wäre der Ansicht gewesen: wenn ein Mensch eine schwere Schuld auf sich geladen hat, so brauche er nur einen Morgenspaziergang zu machen im frischen Sonnenlicht, so wird er von diesen Gewissensbissen geheilt sein. So ist es allerdings hier bei Goethe nicht gemeint. Es ist vielmehr das gemeint, dass die Metamorphose der Seele, nachdem die Seele solches auf sich geladen hat wie Faust, nur durch eine Beeinflussung von Seiten der übersinnlichen Welt vor sich gehen könne.

Nun hat sich herausgestellt, dass man gerade durch die Zuhilfenahme der Eurythmie solche übersinnlichen Szenen sachgemäß auf der Bühne darstellen kann. Ich bin ja sehr damit beschäftigt, auch den Versuch zu machen, Dramatisches überhaupt noch weiter auszuarbeiten. Wir stellen ja heute vorzugsweise – weil wir nur das können – Lyrisches, Episches und dergleichen dar; aber ich bin auch sehr damit beschäftigt, vielleicht Formen einmal zu finden, durch die ausgedrückt und dargestellt werden kann das Dramatische als solches auch eurythmisch. – Aber auch ohne, dass das schon erreicht ist heute, das Dramatische im Gang der dramatischen Handlungen, die Spannungen und Lösungen eurythmisch darzustellen: Wenn man beibehält die gewöhnliche bühnenmäßige Kunst, die gewöhnliche Bühnentechnik für das im physischen Leben sich Abspielende, so kann die Eurythmie zu Hilfe gerufen werden da, wo die dramatische Dichtung sich von dem physischen Erleben erhebt zu dem überphysischen Erleben, zu dem geistigen Erleben bei so etwas, wie es bei dieser Szene der Fall ist.

Ich deutete darauf hin, wie ich hoffe, dass die Eurythmische Kunst auch auf das Dramatische, auf das allgemein Dramatische wird ausgedehnt werden können – ich hoffe dieses. Diejenigen, die als verehrte Zuhörer öfter dagewesen sind, werden ja sehen, dass wir uns bemüht haben, namentlich in den letzten Monaten zu immer Vollkommenerem und Vollkommenerem gerade in dieser eurythmischen Kunst zu kommen. Dennoch aber ist noch sehr vieles zu tun. Und ich darf daher auch heute die verehrten Zuhörer um Nachsicht bitten, denn wir stehen mit unserer eurythmischen Kunst am Anfange. Aber wir glauben, dass sie, da sie sich des Mittels des menschlichen Bewegens selbst bedient als eines Werkzeuges und da sie schöpft aus den allerursprünglichsten Quellen des künstlerischen Schaffens aus den Tiefen der menschlichen Seele und dafür neue Formen sucht, [dadurch] wird sich diese eurythmische Kunst einmal neben die älteren Künste, die sich schon ihre Stellung in der Welt erworben haben, als vollberechtigte Kunst in der Welt hinstellen können.

Wie gesagt, es ist darauf aufmerksam zu machen, dass wir es noch mit einem Anfange, vielleicht sogar mit dem Versuch eines Anfanges in der werdenden eurythmischen Kunst zu tun haben, die – vielleicht nicht mehr durch uns, aber durch andere wahrscheinlich – zu einer vollwertigen, jüngeren Kunst wird ausgebildet werden können.

Auch Goethe'schen Humor werden wir heute zur Darstellung bringen. Man wird ja gerade an der Darstellung des Goethe'schen Humors durch die Eurythmie sehen, wie eigenartig dieser Goethe'sche Humor ist: Ein Humor, der sich erheben kann bis in die Höhen des Weltanschauungs-Betrachtens und der doch ein elementarisch-gesunder Humor bleibt.

Ich mache Sie darauf aufmerksam, wenn Sie mir das gestatten, meine sehr verehrten Anwesenden, dass wir uns jetzt besonders bemühen, an solchen humoristischen Dichtungen, die wir in Eurythmie umsetzen, zu zeigen, wie der Hauptwert bei diesem Eurythmisieren nicht darinnen liegt, wie ich schon sagte, dass der Prosainhalt in den Formen oder Gesten zum Ausdrucke kommt, sondern dasjenige, was der Dichter künstlerisch gemacht hat. Sodass man in der Tat die künstlerische Sprachgestaltung wieder nachfühlen kann auch in der bewegten, der stummen Sprache der Eurythmie.

So soll sich also gerade daran zeigen, dass hier nicht versucht wird, mimisch oder pantomimisch nachzubilden die Humoresken, den humoristischen Inhalt, sondern zu zeigen, wie die künstlerische Lautform umgesetzt wird in eurythmische, stumme Bewegungsformen.

Aber auch das ist nur ein Anfang – mit dem lyrischen Teil oder demjenigen Teil des Dramatischen der Szenen, die ins Übersinnliche hinüberführen. Dagegen wird es mir eine Aufgabe für folgende Zeiten sein, das Dramatische selbst, die dramatische Darstellung durch die Eurythmie in einer gewissen Weise zu befruchten. Das muss natürlich ganz anders sein, als was Sie heute schon sehen können. Was wir jetzt schon bieten können, mögen Sie mit Nachsicht aufnehmen – wir sind selbst unsere strengsten Kritiker. Aber wir wissen auch, dass in dieser Eurythmie Entwicklungsmöglichkeiten sind, die vielleicht noch durch uns selbst – wenn die Zeitgenossen dem Interesse entgegenbringen – oder aber durch andere zu einem vollkommenen Kunstwerk diese Eurythmie ausgebildet werden [können] und [wir wissen,] dass diese eurythmische Kunst eben als eine vollberechtigte Kunst neben die anderen, älteren Kunstformen wird hintreten können.

Plakat für die Aufführung Dornach, 27. April 1920

Louise van Blommestein KSaG, M.3208

Ansprache zur Eurythmie, Dornach, 27. April 1920

Diese Aufführung richtete sich speziell an Besucher der Schweizer Mustermesse in Basel. Im Christlichen Volksboten für Basel *(Nr. 23/1920) wurde darüber von Pfarrer H. Nidecker-Roos am 9. Juni 1920 berichtet: «Auf großen Plakaten wurden die Besucher der Mustermesse in Basel eingeladen das seiner Vollendung entgegengehende Heiligtum der Vereinigung der sog. Anthroposophen zu besichtigen und den anschließenden ‹Eurythmischen Spielen› beizuwohnen. [...] Vor dem großen Hauptportal gruppierten sich die zirka 300 Besucher um die markante, lebhaft an einen Priester gemahnende Erscheinung Dr. Steiners, der den Bau bis in seine Details nicht nur entworfen, sondern, um mich seiner Ausdrucksweise zu bedienen, ‹empfunden› hat. Die Erklärung des Bauwerkes war zugleich eine Einführung in die Hauptideen des Anthroposophismus. [...] Nach dieser Erklärung folgten die ‹Eurhythmischen Spiele› (‹eurhythmisch› kann übersetzt werden mit ‹in wohlbelautendem Takt abgemessen›). Der Gedanke derselben ist folgender: Beim Sprechen vollführt der menschliche Kehlkopf gewisse Bewegungen, in denen sich der Wille zeigt, der in der Sprache zum Ausdruck kommt. Diese Bewegungen sollen sich durch eine ernstere Form des Einzel-Tanzes auf den ganzen Körper übertragen, und so soll der ganze Mensch ein einziger Ausdruck des gesprochenen Wortes sein. Etwa dreißig in Weiß gekleidete Töchter mit farbigen Schleiern tanzten so u. a. die von Frau Steiner rezitierte erste Szene des zweiten Teiles von Goethes Faust, ferner verschiedene Gedichte von Goethe, von Morgenstern und von Steiner. Bei verschiedenen Nummern gelang der Versuch wirklich gut. Die Tänze haben durchaus nichts theatermäßiges an sich. Es sind ernste Versuche, Sprach- und Seelenvorgänge zum Ausdruck zu bringen durch die Bewegungen des Körpers. Der Eindruck der Spiele hat etwas Ernstes, durchaus Geistiges.»*

Meine sehr verehrten Anwesenden!
Gestatten Sie, dass ich, wie sonst immer vor diesen Proben einer eurythmischen Darstellung, auch heute einige Worte voraussende. Diese einleitenden Worte sollen ja niemals dazu da sein, um etwa in richtigem Sinne zu kommentieren oder zu erklären etwa die eurythmische Kunst; das würde von vornherein unkünstlerisch sein. Denn alles dasjenige, was wirklich künstlerisch ist, muss sich durch sich selbst rechtfertigen vor der Anschauung, vor dem unmittelbaren Eindruck. Doch ist gerade mit der Eurythmie, wie sie hier gepflegt wird, wirklich sowohl hinsichtlich der künstlerischen Quellen, wie auch hinsichtlich der künstlerischen Formensprache etwas Neues versucht, was auch nicht unmittelbar verglichen werden kann mit irgendwelchen benachbarten Künsten, Tanzkünsten und dergleichen. Und deshalb ist es eben notwendig, dass über die Quellen und über die besondere Art der Ausdrucksweise dieses eurythmischen Kunstversuches einiges voraus gesagt wird.

Sie werden sehen, meine sehr verehrten Anwesenden, auf der Bühne allerlei Bewegungen, die ausgeführt werden von einzelnen Menschen durch ihre Glieder – und zwar absichtlich durch Arme, Hände in der Hauptsache, aber auch mit der anderen körperlichen Gliedlichkeit –, und Sie werden sehen Bewegungen des einzelnen Menschen im Raume, Bewegungen und wechselseitiges Stellungnehmen von Menschengruppen und so weiter. Das alles sind nicht etwa Willkürgebärden, Gebärden, die im Augenblicke gefunden werden aus irgendeiner willkürlichen Phantasie heraus. Zu dem, was da zugrunde liegt in der eurythmischen Darstellung, gehört immer ein Dichterisches oder ein Musikalisches, besonders bei dem, was Ihnen da als Eurythmie entgegentritt, wo man es wirklich zu tun hat mit einer stummen Sprache, mit einer Sprache, die sich nur anderer Mittel bedient als unsere gewöhnliche Lautsprache. Gar nichts Willkürliches kommt in derselben zum Ausdruck.

Ich darf, wenn ich charakterisieren will dasjenige, was hier versucht ist, wirklich von Goetheanismus sprechen, wie auch alles Goetheanismus ist in seiner Fortbildung, was hier mit der Geistesströmung zusammenhängt, die mit diesem Bau wieder erneuert wird. Denn ich brauche nur zu erinnern an das Wort, das Goethe öfter gebraucht hat und das gerade in dieser Art der künstlerischen Natur, die der Eurythmie zugrunde liegt, besonders bezeichnend ist, ich möchte erinnern an das Wort Goethes vom sinnlich-übersinnlichen Schauen. Sinnlich-übersinnliches Schauen ist es, durch das gewonnen werden die Bewegungsformen der stummen Sprache der Eurythmie.

Sie wissen ja, dass wir im gewöhnlichen Leben, auch im Genießen des Dichterischen oder Gesanglichen, unsere Aufmerksamkeit dem Tone und dem Lautlichen zuwenden, der Sprache oder des Gesanges, und dass wir naturgemäß keine Anschauung haben von den Bewegungen, welche der Kehlkopf und die anderen Sprachorgane ausführen, indem eben die Sprache zustande kommt. Nun handelt es sich zunächst darum, dass man ja allerdings durch sinnlich-übersinnliches Schauen auch deutliche Bilder von dem bekommen kann, was sich abspielt als Bewegung, während wir unsere Aufmerksamkeit dem Laute, dem Tönenden zuwenden. Aber das ist es zunächst nicht, was unmittelbar der Eurythmie zugrunde liegt, sondern in all diesen Bewegungen, die ja kleine Vibrationsbewegungen sind, die sich nicht durch die besondere Einrichtung des Kehlkopfes und der anderen Sprachorgane auf die Luft übertragen, all diesen kleinen Vibrationsbewegungen liegen zugrunde Bewegungstendenzen, und diese Bewegungstendenzen können angeschaut werden. Diese Tendenzen, die also durchaus nicht willkürlich sind, sondern gesetzmäßig verbunden sind mit unserem Organismus, indem dieser ein Sprachorganismus ist, diese gesetzmäßigen Bewegungen lassen sich übertragen von dem lokalisierten Sprachorgan auf den *ganzen* Menschen.

Das goethesche Prinzip der Metamorphose – es ist ja wirklich, trotzdem sich einzelne Denker schon im Laufe des 19. Jahrhunderts damit beschäftigt haben, hinter die ganze Tiefe dieses Metamorphosegedankens zu kommen, noch durchaus nicht in hinlänglicher Weise unserem Geistesleben einverleibt. Denn man wird sehen, während man es mehr oder weniger heute noch als ein formalistisches Prinzip annimmt, man wird sehen, wie durch eine richtige Belebung des Metamorphoseprinzips das Verständnis des Lebendigen sich eröffnet und wie man dann kann unmittelbar ins Künstlerische übertragen dasjenige, was dem Metamorphoseprinzip zugrunde liegt, wie Goethe es wirklich nicht als ein bloßes Bild, sondern als eine tiefes Naturgestaltungsprinzip aussprach, dass die ganze Pflanze ein kompliziertes Blatt darstelle, dass jede Pflanze eine umgewandelte, eine metamorphosierte Form der anderen Form, der Blattform ist.

Diese Formen ins Künstlerische umgesetzt, zeigt, dass der ganze Mensch Bewegungen ausführt, die sonst als Bewegungstendenzen im einzelnen Organ des Kehlkopfs und seiner Nachbarorgane sind; gewissermaßen dasjenige, was Sie auf der Bühne sehen, würde der ganze Mensch sein als bewegter Kehlkopf, möchte ich sagen. Nichts Willkürliches, nichts Pantomimisches, nichts Mimisches – so wenig die Sprache selbst mimisch oder pantomimisch ist. Natürlich, im Einzelnen geht sie in das eine oder andere über; aber so wenig sie im Ganzen mimisch oder pantomimisch ist, so wenig ist dasjenige, das hier als Eurythmie sich darbietet, etwas Pantomimisches oder Mimisches oder besteht in Zufallsgesten. So, wie das Musikalische selbst in seinem melodiösen Elemente eine gesetzmäßige Aufeinanderfolge von Tönen und Tonbildern ist, so besteht hier alles in der gesetzmäßigen Aufeinanderfolge der Bewegungen.

Man muss allerdings ein wenig hineinschauen in die ganze, ich möchte sagen künstlerische Strebensunruhe der Gegenwart, in das merkwürdige künstlerische Suchen, wenn man berechtigt finden will dasjenige, das gerade mit dieser Eurythmie angestrebt wird. Es wird zurückgegangen in gewissem Sinne zu den ursprünglichsten Quellen künstlerischen Gestaltens, indem der Mensch selber – aber der ganze Mensch – aufgerufen wird als ein künstlerisches Ausdrucksmittel, wirklich künstlerisches Ausdrucksmittel. Der Mensch selbst wird zum künstlerischen Werkzeug, und die in ihm liegenden Bewegungsmöglichkeiten, sie werden zur künstlerischen Formensprache.

Heute sucht man ja, weil vieles Künstlerische ins Konventionelle übergegangen ist, zu den ursprünglichen, elementaren künstlerischen Quellen wiederum zurückzugehen. Im Dichterischen ist ja die Neigung – sehr, sehr vieles [ist] eigentlich heute schon recht spürbar (?), und gerade die zivilisierten Sprachen müssen das sprachliche Element immer mehr und mehr überführen ins Prosaische, wir brauchen als Verkehrssprache das Konventionelle der Sprache, wir brauchen unsere sonstigen Erkenntnisse und so weiter –, [es ist die Neigung da,] die Formen unserer Technik zum Ausdruck zu bringen. Wir brauchen das Gedankliche, das Ideenmäßige in der Sprache – gerade, indem die Sprache sich weiterentwickelt, wird sie immer mehr und mehr zum Träger der Ideen, Gedanken, Vorstellungen, und dadurch entfernt sie sich von dem Künstlerischen. Denn der Tod alles Künstlerischen ist das Ideelle, das Gedankliche. Das Künstlerische muss unmittelbar – zwar als ein Tiefes, aber nicht als ein Gedankliches – empfunden werden aus dem Bilde heraus in der menschlichen Sprache. Indem sie aus dem Kehlkopfe dringt, da vereinigt sich aus der menschlichen Wesenheit heraus das Gedankenelement und das Willenselement, das aber jetzt aus dem ganzen Menschen, wenn ich mich jetzt des trivialen, aber doch treffenden, Ausdrucks bedienen darf, *schießt,* eben dasjenige, was der Kehlkopf vollbringt, sich dort vereinigt als Willenselement mit dem Gedanklichen.

Indem wir nun zur Eurythmie übergehen, lassen wir das gedankliche Element, auch der Dichtung, nur Begleiter sein. Und in dem, was auf der Bühne dargeboten wird, kommt bloß in den Bewegungen des Menschen und der Menschengruppen das Willenselement heraus. Der ganze Mensch geht in die Bewegung über. Wer ein gewisses Gefühl hat dafür, wie in der Sprache sich unsere Individualität bilden muss – ich möchte sagen, sie ist etwas starr Werdendes. Wir fühlen ja alle, indem wir sprechen, wenn wir ein Gefühl dafür haben, wir fühlen ja alle, wenn wir sprechen, dass wir uns in eine Sprache hineinsprechen müssen, die nicht bloß aus unserer Individualität kommt. Das, was individuell aus uns entspringt, das muss sich fortbewegen auf den Wellen der Volkssprache und so weiter. Das empfindet man. Man empfindet, wie das Individuelle nicht hinein will immer. Und wer das nicht empfindet, der ist eben kein ganzer Mensch, jedenfalls keine künstlerische Natur; denn die künstlerische Natur, die will das Individuelle gestalten.

Wir halten gewissermaßen, indem wir eurythmisch dasjenige, was künstlerisch darzustellen ist, wiedergeben, wir halten dasjenige, was da lebt im Menschen, früher an, als es die Lautsprache anhalten kann. Indem zum Beispiel Schiller gerade bei den bedeutsamsten seiner Gedichte immer zuerst eine Melodie im Sinne hatte – oder eine unbestimmte, nebulöse Melodienfolge – und dann erst das Wortwörtliche daran machte, zeigte er, wie er das Musikalische, das doch eigentlich das Künstlerische der Sprache ist, empfand. Oder aber man kann sagen: Das Plastische, das hinter dem Sprechen liegt, das ist wiederum das Künstlerische.

Heute legt man einen großen Wert eigentlich bei einem unkünstlerischen Zeitalter auf das Wortwörtliche, auch der Dichtung. In der Zeit der deutschen Romantik haben sich die Leute zusammengesetzt, und namentlich gern auch Gedichte gehört, die ganz bestimmt gestaltete Strophen in Sprachen [hatten], die sie nicht verstanden haben oder die sie wenigstens schwer verstanden haben, weil man dazumal in einem mehr künstlerischen Zeitalter *mehr* Empfindung hatte für den Rhythmus, Takt, für alles dasjenige, was das eigentlich Künstlerische in der Sprache ist. Und Goethe stand noch mit dem Taktstock wie ein Kapellmeister da, wenn er seine «Iphigenie» einstudierte, viel mehr als auf den wortwörtlichen Inhalt, auf das richtige Sprechen der Jamben und so weiter Wert legend. Diese Dinge kommen uns heute abhanden.

In der Eurythmie sucht man gerade dieses hinter dem gesprochenen Worte stehende plastische und musikalische Element auf und kommt dadurch gerade auf das künstlerische Element, geht also zurück gewissermaßen wieder zu dem Quell des künstlerischen Schaffens, sucht besonders nicht ins Abstrakte, ins verwässerte, abgetönte Lautliche, sondern sucht hineinzukommen in das Rhythmisch-Taktmäßige, in ein solches Sprechen, wie wir es immer mehr und mehr finden, je mehr wir zu den ursprünglichen Epochen irgendeiner Sprache vordringen.

Darüber wäre natürlich sehr viel zu sagen. Ich will nur noch hinzufügen, dass ja auf der einen Seite entweder unsere eurythmischen Darbietungen begleitet werden von dem musikalischen Elemente oder auf der anderen Seite von dem Rezitationselemente. Und gerade in der Rezitationskunst sind wir dabei – wie Sie hören werden –, wiederum genötigt, abzugehen von dem, was heute eben in einem unkünstlerischen Zeitalter als das Hauptsächlichste in der Rezitationskunst gepflegt wird: das Wortwörtliche, der prosaische Inhalt. Wir sind genötigt, von dem prosaischen Inhalt und dem Wortwörtlichen zurückzugehen zu dem Taktmäßigen, Rhythmischen, demjenigen, was das eigentlich Künstlerische in der Dichtung ist. Und so darf wohl gesagt werden: Dieser eurythmischen Kunst entspricht so wenig Willkürliches, dass, wenn zwei Menschen oder zwei Menschengruppen ein und dieselbe Sache darstellen, so wird die individuelle Ausgestaltung nicht verschiedener sein, als wenn eine Beethovensonate oder etwas anderes von zwei verschiedenen Darstellern dargeboten wird.

Sie werden sehen, meine sehr verehrten Anwesenden, dass man auch das Dramatische heute schon unterstützen kann durch die Eurythmie. Lyrisches und Episches, Humoristisches, Satirisches und so weiter werden Sie dargestellt finden; überall durchaus unter Ausschluss des Pantomimischen wird versucht, den Inhalt nachzubilden durch dasjenige, was in der künstlerischen Gestaltung liegt. Diejenigen, die uns öfter besucht haben, werden sehen, wie sehr wir daran gearbeitet haben, gerade im Laufe der letzten Monate, in der Formbildung etwas vorzugreifen.

Obwohl wir selbst die strengsten Kritiker sind und ganz gut wissen, dass wir vielleicht heute noch nicht einmal vor einem Versuche, sondern nur vor dem Anfang eines Versuches stehen, denken wir aber doch, dass es auch einmal gelingen wird – was mir bis jetzt durchaus nicht gelingen wollte, aber woran gearbeitet werden soll –, dass auch das Dramatische eurythmisch-künstlerisch bezwungen werden kann, sodass die dramatischen Formen selber ins Eurythmische einmal übergeführt werden können. Bis jetzt haben wir nur durch unsere immer wiederkehrenden Proben von Szenen aus Goethes «Faust» versucht, dem Dramatischen durch das Eurythmische zu Hilfe zu kommen in der Darstellung, indem wir überall da, wo Goethe – wie er es ja zahlreich für seinen «Faust» und in seinen übrigen Dichtungen tut, wo er das bloß im Physischen sich abspielende Menschliche ins Übersinnliche hinaufweist –, wo er darstellt diese Szenen, was uns abbildet den Zusammenhang der menschlichen Seele mit dem Übersinnlichen, wie es bei dieser ersten Szene aus dem zweiten Teil des «Faust» ist, in welcher Goethe ja so vielfach angegriffen worden ist.

Es würde interessant sein, wenn ich erzählen könnte – aber dazu reicht die Zeit nicht aus –, wie sehr man gerade diese Szene aus dem «Faust» missverstanden hat. Sie ist ja auch schwer zu verstehen, wenn Faust – das ist das Ergebnis des ersten Teiles – dasteht mit schwersten Gewissensbissen, offenbar beladen, [er hat] furchtbare Schuld auf die Seele geladen, er soll das Leben weiterleben, er soll «zum höchsten Dasein immerfort» streben. Ja, da ist es nötig, dass in intimster Weise hingedeutet wird auf dasjenige, was heilend in die menschliche Seele hereinziehen kann aus der geistigen Welt. Das versuchte Goethe in dieser Szene, die wir hier mit Hilfe der eurythmischen Kunst darstellen wollen.

Bis jetzt haben wir immer so dargestellt, dass wir die eigentlichen, im physischen Leben verlaufenden Szenen dramatisch geben, wie sonst es gewöhnlich geschieht. Wo das Sinnliche ins Übersinnliche übergeht, muss man zur eurythmischen Kunst greifen. Hoffentlich wird es uns eben schon noch gelingen, das Dramatische, die eigentlich dramatische Form ins Eurythmische zu übersetzen. Aber, wie gesagt, die eurythmische Kunst ist noch im Anfange, und ich bitte auch heute wiederum durchaus, dasjenige, was wir Ihnen schon darbieten können an Proben, als einen solchen Anfang zu betrachten.

Wir sind aber der Überzeugung, dass dieser Anfang vervollkommnet werden kann – wahrscheinlich durch andere, teilweise werden wir es ja selbst noch leisten können –, aber wir sind aus dem Wesen dieser eurythmischen Kunst heraus des Glaubens, dass sich diese eurythmische Kunst einstmals als vollwertige Kunst neben die anderen vollwertigen Schwesterkünste wird hinstellen können.

DORNACH, 1. UND 2. MAI 1920

Ankündigungsentwurf und Zeitungsannonce für die Aufführungen Dornach, 1. und 2. Mai 1920

NZ 7340

<u>Goetheanum Dornach</u> / <u>Eurythmische Kunst</u> / Vorstellungen: / Samstag, den 1. Mai, 5 Uhr / Sonntag, den 2. Mai, 5 Uhr / Lebens- und Weltbilder eurythmisiert. Humoristisch-/ Paradoxes in eurythmischer Darstellung. Musikalisches.

Basler Nachrichten 30.4.1920

Programm zur Aufführung Dornach 1. und 2. Mai 1920

 Spruch aus dem Seelenkalender (3.) von Rudolf Steiner
 «Antepirrhema» von J. W. v. Goethe
 Spruch aus dem Seelenkalender (4.) von Rudolf Steiner
 Spruch aus dem Seelenkalender (5.) von Rudolf Steiner
 «Zum neuen Jahr» von Eduard Mörike
 Musikalischer Auftakt mit Musik von Leopold van der Pals
 «Die Harzreise im Winter» von J. W. v. Goethe
 Musik aus der 4. Sinfonie von Anton Bruckner
 «Urworte, Orphisch» von J. W. v. Goethe
 Elegischer Auftakt mit Musik von Leopold van der Pals
 Stummer Auftakt «Flammen»
 «Napoleon im Kreml» von C. F. Meyer
 «Das Göttliche» von J. W. v. Goethe
 «Mailied» von J. W. v. Goethe
 «Gleich und Gleich» von J. W. v. Goethe
 Heiterer Auftakt mit Musik von Leopold van der Pals
 «Fünf Dinge» von J. W. v. Goethe
 «Fünf andere Dinge» von J. W. v. Goethe
 Heiterer Auftakt mit Musik von Leopold van der Pals
 Humoresken von Christian Morgenstern: «Das Problem»;
  «Das Perlhuhn»; «Den Originalen»; «Ein modernes Märchen»

Ansprache zur Eurythmie, Dornach, 1. Mai 1920

Meine sehr verehrten Anwesenden!
Gestatten Sie, dass ich auch heute – wie immer vor diesen eurythmischen Darbietungen – einige Worte voraussende. Es geschieht das nicht, um den Inhalt der Vorstellungen selbst etwa zu erklären, denn Künstlerisches muss selbstverständlich durch den unmittelbaren Eindruck wirken und die Voraussendung einer Erklärung wäre eigentlich etwas Unkünstlerisches. Allein, es wird versucht mit dem, was wir hier Eurythmie nennen, aufzufinden neue Möglichkeiten des künstlerischen Wirkens, neue Möglichkeiten der Bewegungen, [nämlich] dass in der Eurythmie angestrebt wird eine Art von wirklicher stummer Sprache.

Sie werden auf der Bühne Bewegungen des einzelnen Menschen sehen, Bewegungen gegenseitiger Positionen von Menschengruppen. Dasjenige, was durch den einzelnen Menschen oder durch Menschengruppen zum Ausdrucke kommt, das ist nicht so gemeint, dass Gebärdenspiel oder Pantomimisches oder irgendetwas anderes Mimisches im Spiele wäre, das zufällig gefunden wäre, um auszudrücken das begleitende Dichterische oder das begleitende Musikalische. Sondern dasjenige, was hier als Bewegungen sich darbietet, ist so gesetzmäßig aus der ganzen Organisation des Menschen herausgeholt, wie die Lautsprache selbst herausgeholt ist. So wie nicht der einzelne Laut mimisch gedeutet werden kann, so kann auch nicht die einzelne Gebärde, die in der Eurythmie auftritt, mimisch oder tänzerisch gedeutet werden, sondern es handelt sich darum, dass – wenn ich den Goethe'schen Ausdruck gebrauchen darf – durch sinnlich-übersinnliches Schauen gewissermaßen die Gesetzmäßigkeiten der Lautsprache gefunden werden können.

Wenn ich zu Ihnen hier spreche, so überträgt sich ja der Luft die Bewegung. Diese Bewegungen sind allerdings zunächst kleine Zitterbewegungen. Sie sind nur die Fortsetzung desjenigen, was als Bewegungen die Lautsprache bewirkt aus Kehlkopf und den übrigen Sprachorganen. Aber diesen zunächst wirklichen Bewegungen des Kehlkopfes und der übrigen Sprachorgane liegen zugrunde Bewegungstendenzen.

Man kann gewissermaßen zusammenfassen, wie man, sagen wir die Windungen einer Schraubenlinie zusammenfassen kann, indem man die Achse der Schraube als Bewegungstendenz in Anspruch nimmt, – so kann man zusammenfassen dasjenige, was der Lautsprache an Bewegungen zugrunde liegt, in Bewegungstendenzen. Und diese Bewegungstendenzen kann man übertragen nach dem Goethe'schen Metamorphoseprinzip auf den ganzen Menschen; sodass gewissermaßen der ganze Mensch oder auch Menschengruppen vor Ihnen wie ein lebendiger Kehlkopf, ein stummer Kehlkopf auftritt.

Das ist das Eigentümliche der Eurythmie, dass sie nicht aus irgendwelchen Zufallsphantastereien herausgewachsen ist, sondern aus einer Gesetzmäßigkeit, die ebenso innerliche Notwendigkeit enthält, wie die Gesetzmäßigkeit der Lautsprache oder des Gesanges selbst. Sodass, wenn wir die Eurythmie begleiten hören von der Rezitation und die Lautsprache das Rezitatorische, das Gedicht zum Ausdrucke bringt – oder irgendetwas Musikalisches durch das Instrument oder auch durch den Gesang zum Ausdrucke gebracht wird, so ist die eurythmische Darstellung nur eine andere Form, nur eine andere Sprache. Aber allerdings eine Sprache, von der man sagen kann, dass sie in vieler Beziehung diejenigen künstlerischen Bestrebungen zustande kommen lässt, die von einem großen Teil gerade der heute künstlerisch Strebenden gesucht werden.

Man sucht ja heute, und alle möglichen künstlerischen Bestrebungen liegen vor – viele davon sind durchaus unbedeutend, weil man schon als Maler, als Bildhauer durchaus heute noch nicht in der Lage ist, die Formen aus Farben und Formen herauszufinden, welche in einer neuen Art sich annähern können den elementaren Quellen, aus denen für den Menschen überhaupt das Künstlerische fließt.

In der Eurythmie haben wir das Merkwürdige, dass wir den Menschen selber als das Werkzeug verwenden, durch das ausgedrückt wird. Und wie der Mensch auch sonst der ganzen Welt gegenüber erscheint als eine Zusammenfassung, als ein Mikrokosmos, als eine kleine Welt, so bietet er insbesondere dann, wenn man dasjenige, was sonst zur Befriedigung des egoistischen oder des sozialen Willens aus den Gliedern hervorgeht, wenn man das verwendet als Ausdrucksmittel für dasjenige, was die menschliche Seele erlebt, erlebt zum Beispiel durch die Dichtung, erlebt durch die Musik, dann erhält man dadurch, dass der Mensch selbst Ausdrucksmittel ist in dieser Darstellung, bei der man ja den Blick auf den Menschen selbst hinrichtet, man erhält dadurch ein sinnliches Bild.

Und dieses sinnliche Bild ist durch und durch, weil es eben vom Menschen selber gebildet wird, durchseelt, durchgeistigt. Es erscheint ja wirklich unmittelbar ein Sinnlich-Übersinnliches: ein Physisches – der Mensch in Bewegung – zu gleicher Zeit so, dass wir wissen, dasjenige, was da im Raume Bewegungen darstellt, ist geistig-seelisch belebt. Das gibt die Möglichkeit, Sinnlich-Übersinnliches vor uns zu entfalten. Und sinnlich-übersinnlich muss ja der Inhalt jeder wahren

Kunst sein. Wenn die Kunst sich durchtränkt von Ideen, von Gedanken, so wird sie eben unkünstlerisch. Je mehr das gedankliche Element vorliegt in der Kunst, desto weniger künstlerisch ist die Kunst.

Daher wird auch die Sprache, die Lautsprache – gerade indem sie sich immer mehr und mehr weiterbildet –, ungeeigneter und immer ungeeigneter zur Dichtung. Und vieles von dem, was man heute gegenüber der Dichtung empfindet, ist ja eigentlich nur die Empfindung des wortwörtlichen Prosainhaltes. Die Zeit liegt schon hinter uns, in der man im Beginne des 19. Jahrhunderts in gewissen Romantiker-Kreisen Gefallen gefunden hat im Anhören der Dichtungen, bei denen man gar nicht die wortwörtliche Sprache verstand, bei denen man sich nur ergötzte an Rhythmus und Takt, an dem, was in der Dichtung das eigentlich Künstlerische ist.

Wir müssen sogar, indem wir das Eurythmische begleitet sein lassen von der Rezitation, die Rezitation wiederum zu ihren guten alten Formen zurückführen. Heute sieht man in der Rezitation die Vollkommenheit darinnen, dass der Inhalt in der richtigen Weise, wie man sagt, recht innerlich herausgeholt wird aus dem Menschen. Goethe hat noch mit dem Taktstock wie ein Kapellmeister selbst seine «Iphigenie» einstudiert mit seinen Schauspielern, viel mehr Wert legend auf den jambischen Schritt und Vers als auf den wortwörtlichen Inhalt. Von diesem rein Künstlerischen ist man heute mehr oder weniger abgekommen.

Nun sehen Sie, man verspürt das auch, wenn man das individuell Menschliche wirken lassen will. Man verspürt es an der Sprache, wenn man dasjenige, was Inhalt des Willens ist, in die Wortformen gießen soll. Vielleicht erscheint es vielen der verehrten Zuhörer paradox, aber es ist doch so: Wer ein gewisses feines Mitfühlen hat für dasjenige, was man heute empfinden kann in einem vorgerückten Stadium der Menschheitsentwicklung, was man innerlich erleben kann, wenn man das ausdrücken will in der konventionellen Sprache, dann ist es so, wie wenn einem das, was man erlebt, mehr oder weniger in der Kehle stecken bleibt. Nur Menschen, die ein gewisses Talent dafür haben, im Konventionellen aufzugehen, auch wenn sie Dichter sind, die finden sich befriedigt an der Lautsprache im Ganzen. Man kann sagen: diese Lautsprache, die nötigt uns überall, unkünstlerisch zu werden, weil sie in das gedankliche Element, das beim Fortschreiten in der Zivilisation immer konventioneller und konventioneller wird, hineingeht, weil sie das gedankliche Element bevorzugt. Dieses gedankliche Element [haben wir] ja nur in der begleitenden Rezitation, die aber auch auf das Künstlerische zurückgehen muss, sonst könnte sie gar nicht einhalten den parallelen Gang zur eurythmischen Darbietung. Dagegen in der eurythmischen Darbietung haben wir ganz und gar das menschlich Willensmäßige einer Dichtung oder ein Musikalisches, da haben wir ganz und gar – wenigstens die Möglichkeit haben wir, das *rein Künstlerische* zum Ausdrucke zu bringen.

Daher hat die Eurythmie, die ja zunächst eine stumme Sprache ist, gerade die Möglichkeit, recht im unmittelbaren Darstellen künstlerisch zu werden, indem das Dargestellte ganz sinnlich und zugleich ganz geistig ist. Das ist da das Erfordernis an etwas, das im *wirklichen* Sinne künstlerisch wirken soll.

So glauben wir gerade mit unserer Eurythmie auf *einem* Gebiete entgegenzukommen dem, was heute auf den verschiedensten Kunstgebieten – und schon seit längerer Zeit – angestrebt wird. Man kann wiederum durch die Eurythmie zurückgehen auf das tiefste menschliche Empfinden, das man nicht durch die Sprache, das man wohl aber durch die stumme Sprache der Eurythmie ganz individuell menschlich zum Ausdrucke bringen kann.

Man möchte sagen: Wenn der Mensch träumt, so ist er gewissermaßen im untermenschlichen Bewusstsein. Wenn der Mensch träumt, dann ist er selbst als ganzer Mensch ruhig. Bewegungen sind es nicht, die er ausführt. Vorstellungen sind es nur, die den Traum erfüllen, und die Bewegungen stellen wir im Traum auch nur vor. – Das eurythmische Spiel ist der Gegenpol des Träumens, ist ein stärkeres Aufwachen des Menschen. So wie im Traume die Bewegungen unterdrückt werden und nur das Vorstellungsmäßige ins Bild schießt, so ist es beim eurythmischen Spielen so, dass das Vorstellungsmäßige zurücktritt und gerade die Bewegung herauskommt. Das ist ein stärkeres Aufwachen, das ist eine Erhöhung des Bewusstseins. Das ist etwas, wonach unsere Zeit gerade hinstreben muss.

Es ist wahrhaftig bei einer ernsten geisteswissenschaftlichen Bewegung nicht richtig, wenn man den Menschen einlullen will in ein mystisches Träumen. Das ist eine Abirrung. Alles Traumhaft-Mystische ist eine Abirrung von dem, was heute gewollt werden muss aus den wahren Aufgaben der Zeit heraus. Und aus den wahren Aufgaben der Zeit heraus ist gerade diese Kunstrichtung der Eurythmie auch hervorgeholt. Sie ist nicht eine Abdämpfung, nicht ein Herabdämpfen des menschlichen Bewusstseins ins Träumen, sie ist eine Heraufentwicklung des menschlichen Bewusstseins in ein starkes Wachsein. Daher wird sie eine Bedeutung für die Pädagogik haben.

Diese Eurythmie als Kindereurythmie, von der Sie heute auch Proben sehen sollen, wird gerade erzieherisch wirken auf die Initiative des menschlichen Willens, was das gewöhnliche, rein physiologische Turnen nicht tut. Und so wird man auch über dieses didaktische Moment in der Zukunft anders urteilen gegenüber der Eurythmie als heute.

Aber wir sind selbst die strengsten Kritiker, und auch heute wiederum bitte ich Sie wie immer um Nachsicht. Wir stehen erst im Anfange einer Entwicklung, wissen ganz gut, dass vieles noch zu tun ist. Diejenigen der verehrten Zuhörer, die vor Monaten da waren und sich unsere Leistungen angesehen haben, werden schon sehen können, wie wir namentlich in dem Herausbilden der Formen und dem künstlerischen Gestalten der Formen vorgerückt sind. Nach und nach wird alles Mimische verschwinden, und das Künstlerische wird in den Vordergrund treten. Nichts Symbolisches darf bleiben, wie es vielleicht im Anfang geschah und vielleicht auch heute noch nicht ganz und gar verschwunden ist. Wir werden aber die Möglichkeit finden, Symbolisches, Allegorie ganz auszuschalten, und das schöpferische Gewahrwerden, das die bewegte Sprache der Eurythmie ist, künstlerisch zum Ausdrucke bringen. Dann wird sich zeigen, dass zwar jetzt noch diese Eurythmie im Anfange ihrer Bestrebung ist, wie die Zuhörer, die früher schon da waren, sehen werden, aber schon vorwärtsgekommen ist, und dass wir der Überzeugung sind, dass dasjenige, was heute noch unvollkommen ist, einer größeren Vervollkommnung fähig ist. Sodass Eurythmie als Kunst einmal so dastehen wird – vielleicht wird es nicht mehr durch uns, sondern durch andere in dieser Weise weitergebildet –, dass sich die Eurythmie als eine vollkommene Kunst neben ihre älteren vollberechtigten Schwesterkünste wird hinstellen können.

Ansprache zur Eurythmie, Dornach 2. Mai 1920

Meine sehr verehrten Anwesenden!
Wenn wir hier versuchen, den Proben der Eurythmie, die wir Ihnen darbieten, einige Worte vorauszuschicken, so handelt es sich nicht darum, eine Erklärung desjenigen, was dargeboten wird, zu geben. Das wäre unkünstlerisch. Kunst muss durch sich selbst im unmittelbaren Eindrucke wirken. Es handelt sich vielmehr darum, darauf aufmerksam zu machen, aus welchen Quellen und mit welchen Ausdrucksmitteln gerade diese hier getriebene eurythmische Kunst arbeitet.

Es wird in der Tat versucht, die Quellen des künstlerischen Schaffens durch Anwendung des Menschen selbst als eines künstlerischen Werkzeuges, die Quellen künstlerischen Schaffens in einer besonderen Weise dadurch zu eröffnen. Wenn wir einen Ausdruck haben wollen für das, was als Kunst angestrebt werden muss, so können wir den Ausdruck gebrauchen, den Goethe selber schon geprägt hat: sinnlich-übersinnliches Schauen. Allem Künstlerischen muss zugrunde liegen sinnlich-übersinnliches Schauen. Das fließt schon ein, dass im Kunstempfinden keine bemerkenswerte Rolle spielen darf der abstrakte Gedanke oder die Idee, die Vorstellung. Aber es wäre natürlich völlig falsch, wenn man glauben wollte, dass deshalb nicht der Geist in der Kunst seine Rolle spielen soll, dass das Übersinnliche nicht der Inhalt der Kunst sein soll. Nur muss die Kunst so wirken, dass alles in ihr sich ergibt aus dem unmittelbar sinnlichen Anblick. Aber der sinnliche Anblick selber muss als Geistiges wirken ohne Vermittlung der Idee, ohne Vermittlung der Vorstellung.

Nun haben wir ja die dichterische Kunst, die sich des Lautwortes bedient, um ein Ausdrucksmittel in diesem Lautworte zu haben. Aber gerade, wenn die Sprache im Laufe der Zivilisation vorschreitet, so wird sie immer, ich möchte sagen gedankenhafter und gedankenhafter, die Sprache. Dasjenige, was Inhalt der Sprache ist, das wird immer mehr und mehr von dem Konventionellen des menschlichen Verkehrs abhängig oder es wird Ausdrucksmittel dessen, was wir im Wissenschaftlichen, im sonstigen menschlichen Verkehre einander mitzuteilen haben. Dadurch aber wird der Lautsprache immer mehr und mehr die Möglichkeit genommen, wirkliche, unmittelbare Offenbarung zu sein für dasjenige, was künstlerisch aus der menschlichen Seele quellen kann.

Die Eurythmie nun – Sie werden Bewegungen sehen, Bewegungen auf der Bühne, die ausgeführt werden entweder von einem einzelnen Menschen, namentlich von menschlichen Armen und Händen, aber auch von den anderen menschlichen Gliedern, Sie werden sehen die Bewegungen von Menschengruppen, Formen von Menschengruppen, durch ihre Stellungen zueinander gebildet und so weiter. Alles das sind nicht Willkürgebärden, sondern das ist eine stumme, durch Bewegung zustande gekommene wirkliche Sprache. Und sie kommt selbst zustande durch sinnlich-übersinnliches Schauen.

Man kann dahinterkommen, was die menschlichen Sprachorgane, Kehlkopf, Gaumen und so weiter, Lippen für Bewegungstendenzen haben, während wir die Lautsprache ertönen lassen. Dann kann man diese Bewegungstendenzen, die nur, während wir sprechen, zum Ausdrucke kommen durch den Laut, den sie hervorbringen, durch den Ton, diese Bewegungstendenzen kann man übertragen auf den ganzen Menschen. Und dadurch entstehen nicht eine Summe von Willkürgebärden, sondern dadurch entsteht eine wirkliche Sprache, nur eine Sprache, die – statt an die Bewegungstendenzen des Kehlkopfes und seiner Nachbarorgane sich zu halten – sich umsetzt in kleine Zitterbewegungen, die sich auf die Luft übertragen. Das entspricht Bewegungstendenzen unmittelbar durch den Willen, die der Mensch schießen lässt in seine Glieder, indem er Bewegungen ausführt, dass diese Bewegungstendenzen unmittelbar sichtbar werden. Eine sichtbare Sprache ist die Eurythmie. Und so wenig ist [in der] Eurythmie etwas Willkürliches wie in der Sprache selbst, wenn zwei Menschen oder zwei Menschengruppen an verschiedenen Orten Gedichte oder musikalischen Inhalt eurythmisch darstellen. So, wie kein größerer Unterschied besteht, wenn zwei Klavierspieler ein und dieselbe Beethoven-Sonate nach ihrer subjektiven Auffassung an zwei verschiedenen Orten spielen, so liegt auch eben dasjenige, was eurythmisch zutage tritt, nicht in der Einzelfolge der Gebärde, sondern in der Aufeinanderfolge der Gebärde.

Diejenigen der verehrten Zuschauer, welche schon öfter hier waren, werden sehen gerade, dass wir vorwärtskommen. Es war in unseren Versuchen noch viel Pantomime, mimisches Wirken – das alles sind sozusagen die Kinderkrankheiten der eurythmischen Darstellungen. Dagegen wird immer mehr und mehr in den Formen, die wir jetzt ausbilden, dasjenige in der Eurythmie leben, was der Dichter selbst oder der Komponist hereinbringt in die Gestaltung, in die taktmäßige, rhythmische, reimhafte Gestaltung des Dichterischen – also in das eigentlich Künstlerische – oder auch bei den Musikern in der Aufeinanderfolge der Melodie und so weiter.

Es handelt sich also darum gerade, dass wir im gewöhnlichen Prosainhalt der Sprache *nicht* herankommen können an das Wie, wodurch der Dichter künstlerisch erreicht dasjenige, was einen Prosainhalt zu einem Gedichte macht – *das* gerade durch die Eurythmie zum Ausdrucke zu bringen. Dadurch haben wir erstens den Menschen als das künstlerische Werkzeug statt der Violine, statt des Klaviers, statt irgendeiner Form von Instrument, wir haben eben den Menschen selbst. Aber wir haben den *beseelten* Menschen. – Der Mensch in all seinen Bewegungen ist unmittelbar sinnlich-anschaulich; aber keine Bewegung ist, ohne dass sie beseelt und durchgeistigt ist, gewissermaßen in größter Unmittelbarkeit.

Allerdings, es wird sich gerade, weil diese eurythmische Kunst, so wie ich sie geschildert habe, versucht wird, es wird sich diese Kunst erst allmählich gerade in unserer Zeit vielleicht sehr langsam ein größeres Publikum erwerben. Warum? Weil unsere Zeit eigentlich liebt, allem, was Kunstgenuss ist, sich ganz passiv hinzugeben, überhaupt am liebsten alles Künstlerische passiv hinnehmen möchte.

Sehen Sie, ich wurde einmal eingeladen in einer Gesellschaft Vorträge über Goethes «Faust» zu halten. Die Leute haben sich diese

Vorträge über Goethes «Faust» angehört, recht willig. Aber nachher sagten einige Leute – sie glaubten Praktiker zu sein, weil sie einem sogenannten praktischen Berufe angehörten –: Ja, aber Goethes «Faust» ist doch eigentlich kein Bühnenwerk! Denn Bühnenwerk – das ist ein Lustspiel, Blumenthal und so weiter. Oder [sie sagten] so etwas: Goethes «Faust», das ist eine Wissenschaft, da muss man denken, wenn man zuhört. Das will man doch nicht, man hat doch den ganzen Tag im Geschäft gedacht. Geht man nun abends ins Theater, so will man nicht denken. Man will nicht mitmachen, man will am liebsten heute, auch wenn man sich schon abends irgendeinem geistigen Genusse hingibt, man will keineswegs wachen, will nicht nachdenken, nur sehen. Wenn man Vorträge hört, am liebsten mit Lichtbildern, nur nicht denken. Man will passiv sich alles ansehen können, man will nicht innerlich mitarbeiten.

Allerdings: Diejenigen Menschen, deren Ideal es ist, sich so hinzusetzen auf den Stuhl und in aller Passivität das aufzunehmen, was da von der Bühne herunter über sie ergossen wird, die werden niemals ein richtiges Publikum werden für die Eurythmie. Denn die Eurythmie ist wie die Sprache selbst – man muss die Sprache lernen. Man lernt sie als Kind, und da ist man noch williger als später. Aber so muss auch klar sein, dass die Eurythmie nicht etwas ist, was unmittelbar so wie irgendeine Pantomime hingenommen werden kann, sondern die Eurythmie ist etwas, was wirkt wie eine wirkliche Sprache. Gerade darum aber, weil sie zurückdrängt das Verstandeselement, das Ideenelement, und unmittelbar aus dem ganzen Menschen herauskommt und den *ganzen* Menschen in Bewegung bringt, dadurch ist sie auch aus der Individualität des Menschen heraus. Und daraus stammt ja alles Künstlerische. Dadurch sind wir imstande, heute den künstlerischen Gehalt einer Dichtung durch die stumme Sprache der Eurythmie in viel höherem Sinne hervorzubringen als durch die Lautsprache.

Wir sind sogar genötigt – weil das ja notwendig ist heute noch, begleiten zu lassen dasjenige, was auf der Bühne in der Eurythmie dargestellt wird, von der Rezitation auf der einen Seite, von dem Musikalischen auf der anderen Seite –, in der Rezitation aber sind wir gedrängt, wiederum zurückzugehen zu den guten alten Formen des Rezitierens. Man könnte nicht, wie man es heute im Rezitieren liebt, wo es auf den wortwörtlichen Inhalt, auf den Prosainhalt ankommt, man könnte nicht mit dieser Rezitation unsere eurythmische Kunst begleiten. Denn bei der Eurythmie handelt es sich um den künstlerischen Gehalt der Dichtung, um das Rhythmische, um das Taktmäßige, Musikalische, Plastische, das in der Dichtung liegt. Das muss auch bei der begleitenden Rezitation berücksichtigt werden. Man muss wirklich verstehen, warum Goethe mit dem Taktstock wie ein Kapellmeister mit seinen Schauspielern die «Iphigenie» einübte, weniger auf den wortwörtlichen Prosainhalt sehend als auf den Schwung der Dichtung, auf den Schritt des Jambus, auf all dasjenige, was die Dichtung als Dichtung, als Kunstwerk erscheinen lässt dadurch, dass die Worte auf den Flügeln des Taktes, des Rhythmus einherfließen oder -schweifen.

Das ist dasjenige, was wiederum herauskommen soll durch die Eurythmie: Echtes, wahres künstlerisches Element, wie es zugrunde liegt allem echt Künstlerischen. Alles das allerdings macht, dass Eurythmie langsam vielleicht sich einbürgern wird. Aber wer ihr nicht mit Vorurteil entgegenkommt, [wird sich klar darüber sein], dass wir ja auch, wenn wir ein Gedicht anhören in der Lautsprache, einen Kunstbau vor uns haben können. Denn was ist diese Sprache für ein Kunstbau? Was setzt sie voraus an künstlerischer Einrichtung des Kehlkopfes und der anderen Sprachorgane?

Wenn wir hinnehmen dasjenige, was die Eurythmie als einen zweiten solchen Kunstbau doch entfaltet – aber nicht ein Teil der Sprachorgane, sondern der ganze Mensch aufgerufen wird –, wenn wir hinnehmen, dass er in gewisser Weise zum Kehlkopf, zum Sprachorgan gemacht wird, der ganze Mensch, dann wird man, wenn man sich so dem hingibt, sehen: Was man vor sich hat, das kommt aus dem ganzen Menschen hervor – alles das, was in einer Dichtung liegt von tieferen Empfindungen, alles das, was heute an schon stark konventionell Gewordenem liegt in der Sprache.

Aber alles, was Sie heute sehen werden, liegt im Grunde genommen noch in den allerersten Anfängen. Wir sind selbst die strengsten Kritiker, wissen, dass der Versuch unserer Darbietungen heute noch gar sehr [der] Vervollkommnung bedarf. Wir haben ja selbst schon versucht in Bezug auf zum Beispiel das Humoristisch-Satirische – das Sie im zweiten Teil nach der Pause sehen werden – alles Pantomimische zu vermeiden, was beim Satirisch-Humoristischen, beim Komischen noch schwieriger ist als beim Ernsten. Man wird sehen, wie wir wiederzugeben versuchen in den eurythmischen Formen nicht Prosagehalt, sondern dasjenige, was aus dem stammt, was der Dichter macht, indem er Verse baut, indem er Symmetrie und Kongruenzen der Empfindungen und Gedanken schafft, [wie wir versuchen, das] aus dem bloßen prosaischen Gedankeninhalt herauszuholen. Aber alles das ist im Anfange. Und deshalb muss ich immer bitten die verehrten Zuhörer, Zuschauer, dasjenige, was Sie sehen, eben als einen ersten Versuch zu betrachten, mit Nachsicht zu behandeln. Aber wir sind zu gleicher Zeit überzeugt davon, dass diese eurythmische Kunst, die zurückwirkt auf die ursprünglichsten Quellen aller Kunst im menschlichen Empfinden, im menschlichen seelischen Erleben, und zu gleicher Zeit das umfassendste, universellste Werkzeug verwendet, den Menschen selbst, wir sind überzeugt, dass diese eurythmische Kunst sich als eine neue schöpferische Kunst neben die älteren vollberechtigten Schwesterkünste wird allmählich vollberechtigt hinstellen können.

DORNACH, 8. UND 9. MAI 1920

Ankündigungsentwurf und Zeitungsannonce für die Aufführungen Dornach, 8. und 9. Mai 1920

NZ 7332

Samstag, den 8. Mai, 5 Uhr / Sonntag, den 9. Mai, 5 Uhr / Eurythmische Darstellung von Seelenhaltungen und Naturgestaltungen / von ~~Humoresken~~ Humoresken und Bizarrerieen. Musikalisches.

Basler Vorwärts 6.5.1920

Goetheanum Dornach
Eurhythmische Kunst.
1920 Vorstellungen
Samstag, den 8. Mai, 5 Uhr
Sonntag, den 9. Mai, 5 Uhr
Eurhythmische Darstellungen von Seelenhaltungen und Naturgestaltungen; von Humoresken u. Bizarrerien. Musikalisches.
Karten zu Fr. 3.–, 2.– und 1.– bei HH. Hug & Co., Freiestrasse, bei Frl. Kessler, Arlesheim, und an 5261 der Abendkasse. Bl. 5947 a.

Programm zur Aufführung Dornach, 8. und 9. Mai 1920

    Spruch aus dem Seelenkalender (4.) von Rudolf Steiner
    «Grenzen der Menschheit» von J. W. v. Goethe
    Auftakt «Schau um dich»
    «An den Mond» von J. W. v. Goethe
    Spruch aus dem Seelenkalender (5.) von Rudolf Steiner
    Spruch aus dem Seelenkalender (6.) von Rudolf Steiner
    Auftakt «Wir wollen suchen»
    «Die Harzreise im Winter» von J. W. v. Goethe
    Auftakt Schicksalsfrage mit Musik von Max Schuurman
    Elegischer Auftakt mit Musik von Leopold van der Pals
    Stummer Auftakt «Flammen»
    «Napoleon im Kreml» von C. F. Meyer
    «Das Göttliche» von J. W. v. Goethe
    «Mailied» von J. W. v. Goethe
    Heiterer Auftakt mit Musik von Leopold van der Pals
    «Häschen» von Christian Morgenstern
    Humoristischer Auftakt mit Musik von Jan Stuten
    Humoresken von Christian Morgenstern: «Das Einhorn»; «Der Rock»; «Das Perlhuhn»; «Korfs Verzauberung»; «Nach Norden»; «West-östlich»
    Heiterer Auftakt mit Musik von Leopold van der Pals

Ansprache zur Eurythmie, Dornach, 8. Mai 1920

Meine sehr verehrten Anwesenden!
Gestatten Sie, dass ich auch heute, wie immer vor diesen eurythmischen Versuchen, ein paar Worte voraussende. Nicht zur Erklärung desjenigen, was dargestellt werden soll – Kunst muss für sich selbst sprechen, sonst wäre es ein unkünstlerisches Unternehmen –, aber weil gerade mit unserer Eurythmie versucht wird, etwas Neues wenigstens zu versuchen, so sei es mir gestattet, über die Quellen und über die Ausdrucksmittel dieser eurythmischen Kunst einiges hier vorzubringen.

Es gibt einen interessanten Vers von Ludwig Tieck, der heißt:

> Süße Liebe denkt in Tönen,
> Denn Gedanken stehn zu fern
> Nur in Tönen mag sie gern
> Alles was sie will verschönen.

Ludwig Tieck hat also geltend machen wollen, dass dasjenige, was der liebende Mensch erlebt, sich nicht in abstrakten Gedanken aussprechen lässt, sondern besser in Tönen, wobei er durchaus nicht gemeint hat, dass es bloß musikalisch gegeben werden soll, sondern dass es durch die ganze Form der Dichtung, durch den Ton der Dichtung gegeben werden soll. Der große Dichter Ludwig Uhland, der außerdem, dass er ein großer Dichter war, auch ein außerordentlich großer Pedant war, der hat diese Tieck'schen Verse mit Folgendem als eine Art Erwiderung gebracht:

> Liebtet ihr nicht, stolze Schönen,
> Selbst die Logik zu verhöhnen,
> Würd' ich zu beweisen wagen,
> Dass es Unsinn ist, zu sagen:
> «Süße Liebe denkt in Tönen.»

Und ein Logiker, ich möchte sagen selbstverständlich ein Logiker, hat in einer Abhandlung, die mir hier gerade vorliegt, streng zu beweisen versucht, dass außer dem Widerspruch in dem Uhlandschen Zitat noch viel anderer Unsinn in dem Ausspruch von Tieck liege.

Nun, so möchte ich sagen, muss auch Eurythmie aber geltend machen, dass sie das innerlich menschlich Erlebte ausdrücken will einmal nicht durch die Lautsprache, sondern durch eine Art von *bewegter* Sprache, durch eine Art von Sprache, welche in Bewegungen besteht, in Bewegungen der menschlichen Glieder selbst, in Bewegungen von Menschengruppen, in Wechselverhältnissen, Stellungen, die bei Menschengruppen hervorgerufen werden, und so weiter.

Das alles, was da vor Ihnen auf der Bühne auftreten wird, ist aber durchaus nicht irgendwie bloß, ich möchte sagen ein Sammelsurium von Zufallsgesten, die hinzuerfunden wurden zu einem Inhalte, sondern es liegt eine Gesetzmäßigkeit zugrunde dieser stummen, sichtbaren Sprache, wie der Lautsprache selbst eine Gesetzmäßigkeit zugrunde liegt. Nicht wahr, wenn man irgendetwas, was man innerlich erlebt, durch die Lautsprache auszudrücken hat, so kann man ja nicht beliebige Laute für irgendetwas erfinden, sondern man muss sich an die Gesetzmäßigkeit der Sprache halten. So liegt auch dem, was hier als Einzelnes vorgeführt wird, eine völlige Gesetzmäßigkeit zugrunde, eine Gesetzmäßigkeit in den Bewegungen menschlicher Glieder, die so innerlich notwendig ist, wie die Gesetzmäßigkeit der Lautsprache selbst notwendig ist. Alles dasjenige, was bis ins einzele hinein in diesen Bewegungen ausgeführt wird, ist durch sinnlich-übersinnliches Schauen so gewonnen, dass konstatiert wurde, welche Bewegungstendenzen die menschlichen Sprachorgane haben, wenn sie einen Laut, oder einen Lautzusammenhang hervorbringen. Das, was sonst bloß von den Sprachorganen ausgeführt wird, aber jetzt so, dass die Sprachorgane ihre Bewegungstendenzen umwandeln in kleine ondulierende Bewegungen, das ist unmittelbar als Bewegungstendenz genommen und wird ausgeführt durch die menschlichen Glieder selbst, sodass also in dem, was Sie ausgeführt sehen, nichts Willkürliches liegt. Jede einzelne Bewegung wird so ausgeführt, wie die Sprachorgane die Bewegung – wenn ich so sagen darf – ausführen wollen. Sodass der einzelne Mensch, den Sie hier auf der Bühne sehen, und die ganze Menschengruppe eigentlich nichts anderes ist als eine Art lebendig gewordener Kehlkopf, ein lebendig gewordener Kehlkopf und seine Nachbarorgane.

Dadurch kommt vor allen Dingen die Möglichkeit, unmittelbar künstlerisch Empfundenes, willensgemäß auszudrücken. Gerade in unseren zivilisierten Sprachen ist ja die Lautsprache konventionell geworden. Sie ist auf der einen Seite dasjenige geworden, was namentlich dem menschlichen Verkehr dient, dann aber auch dasjenige, was dem Ausdruck der Gedanken dient. Gedanken aber sind in der Kunst eigentlich dasjenige, was alle Kunst unterdrückt. Die Kunst beruht gerade darauf, dass man von dem sinnlich Gegebenen den Eindruck schon hat, den man sonst nur auf dem Umwege des Gedankens zum Beispiel von der Natur empfängt: Es muss dasjenige, was sinnlich angeschaut wird, unmittelbar geistig wirken.

Niemals ist das schöner und bedeutsamer ausgesprochen worden als in Schillers *Briefen zur ästhetischen Erziehung des Menschen,* wo gerade darauf hingewiesen worden ist, wie alles Künstlerische darauf beruht, dass ein Sinnliches so angeschaut werde, wie es sonst nur bei einem Übersinnlichen der Fall ist. Sinnliches, das mit dem Schein des Übersinnlichen auftritt. Das versuchen heute verschiedene neuere Kunstbestrebungen – auf dem Gebiete der Malerei, auf dem Gebiete der Plastik – zu erreichen. Da sind wir noch nicht so weit, dass wir wirklich eine Art Formensprache schon hätten.

In diesem Bau hier ist manches versucht worden, um eine solche Formensprache zu gewinnen. Die Eurythmie kann in gewissem Sinne, ich möchte sagen als eine Art Modell dienen, eine solche Formensprache zu gewinnen, denn das künstlerische Werkzeug bei der Eurythmie ist ja der Mensch selber, und der Mensch ist schon von Natur aus ganz durchseelt und durchgeistigt. Wenn man also ganz systematisch dasjenige, was er als ganzer Mensch vollbringt, wenn man das durchseelt sein lässt so, wie sonst bloß die Laute der Lautsprache durchseelt sind, dann erreicht man durch eine solche Darstellung am allerehesten das, dass unmittelbar der sinnliche Eindruck selbst Seelisch-Geistiges offenbart.

Dadurch ist diese Eurythmie, die durchaus nur ein Anfang ist, vielleicht gerade dazu berufen, zu dienen dem Weg, der heute von vielen Künstlern gesucht wird: im unmittelbar Sinnlichen ein Übersinnliches zum Ausdruck zu bringen. Das kann nicht gefunden werden, weder auf die heute versuchte impressionistische noch expressionistische Art, sondern nur durch jene Vereinigung von Impressionismus und Expressionismus, die gerade durch die Eurythmie erreicht wird. In der Eurythmie haben wir den Ausdruck dessen, was ja im Menschen lebt, das seelische Erlebnis. Wir haben es aber auch so, dass dieses seelische Erlebnis so dargestellt wird wie sonst nur etwas dargestellt wird in Naturformen, wo wir das Seelische erst hineinfühlen müssen. Beim Menschen brauchen wir es nicht hineinzufühlen, weil es ganz selbstverständlich ist, wenn es drinnen ist, dass es in den Bewegungen des Menschen auch erschaut wird.

Also es ist möglich, aus solchen Quellen heraus die Kunst wirklich neu zu befruchten, und das ist zunächst versucht worden. Diejenigen, die als Zuschauer hier schon vor Monaten waren, werden gewahr werden, wenn sie heute wieder etwas sehen, dass wir seither uns wenigstens bemüht haben fortzuschreiten. Sie werden sehen, dass wir selbst bei Bizarrerien, die wir geben, nicht naturalistisch werden wollen, sondern dass wir durchaus künstlerisch dasjenige darstellen wollen, was zum Beispiel das Gedicht gibt. Wie der Dichter selbst versucht, über das bloß Sprachliche, Wortwörtliche hinauszukommen, suchen wir hier in unseren eurythmischen Formen nicht dasjenige, was Ausdruck sein soll für den Prosagehalt des Gedichtes, sondern dasjenige, was Ausdruck sein soll für das, was der Dichter aus dem Gedicht gemacht hat, aus dem Prosainhalte erst künstlerisch gestaltet hat.

Daher wird derjenige nicht zurechtkommen, der bei unserer eurythmischen Darstellung fragt: Ja, ist das durch diese oder jene Gebärde wirklich unmittelbar zum Ausdruck gekommen? Das wird niemals angestrebt, sondern es wird angestrebt dasjenige, wodurch ein Inhalt künstlerisch gestaltet ist, auch in der *Bewegung* künstlerisch zu gestalten.

Dadurch wird schon, weil ja parallel gehen muss auf der einen Seite das Musikalische, auf der anderen Seite die Rezitation – denn die Eurythmie ist nur eine andere Ausdrucksform für dasjenige, was dichterisch zum Beispiel gegeben wird –, dadurch muss schon in der Rezitation heute versucht werden, indem sie parallel der Eurythmie auftritt, die guten alten Formen des Rezitierens wieder aufzunehmen. Heute rezitiert man ja eigentlich Prosainhalt. Wir leben ja überhaupt durchaus in einem unkünstlerischen Zeitalter. Von einer solchen Zeit, aus der übrigens Ludwig Tieck heraus geschrieben hat, hat ja die heutige Welt keine rechte Vorstellung mehr, in welcher sich die Menschen zusammengesetzt haben, die Romantiker zum Beispiel, und besonders gern Gedichte angehört haben, deren *wortwörtlichen* Inhalt sie nicht verstanden haben, weil sie in einer ihnen unverständlichen Sprache waren. Sie haben sich gehalten an das Musikalische, an das, was im Rhythmus und Takt und namentlich im Thematischen lag. Das ist es, was ja als das wirklich Künstlerische auch der Dichtung zugrunde liegt. Der wortwörtliche Inhalt ist eigentlich nur, ich möchte sagen die Leiter, auf der sich das eigentlich Künstlerische in der Dichtung bewegt. Entweder ist es das Musikalische, das der Dichtung zugrunde liegt, oder es ist das Plastische, das also die unmittelbar gefühlten Bilder enthält. Das ist aber auch dasjenige, was einzig und allein durch die Eurythmie hervorgebracht werden kann, denn bei der Eurythmie verschwindet der gedankliche Inhalt, und die ganze Wesenheit des Menschen kommt zum Vorschein, namentlich das Willensmäßige im Menschen.

So also muss, wenn die Rezitation parallel geht, auch schon, möchte ich sagen, das Eurythmische in der Rezitation in den Vordergrund gestellt werden. Und man muss sich wiederum erinnern daran, wie Goethe, wenn er selbst Dramatisches, seine «Iphigenie» zum Beispiel, mit seinen Schauspielern eingeübt hat, er dies getan hat mit dem Taktstock wie ein Kapellmeister, auf den Gang des Jambus gesehen hat und so weiter, nicht auf den wortwörtlichen Inhalt.

Es ist eben heute notwendig, Quellen der Kunst wiederum zu eröffnen, die in unserem prosaischen Zeitalter fast ganz überschüttet worden sind. Das ist das Eine, das ich Sie bitte, gegenüber einer solchen Darstellung zu berücksichtigen. Denn man kann natürlich sehr leicht heute sagen: Ja, zunächst verstehe ich gar nichts von den Bewegungen, die da gemacht werden. O, man wird schon nach und nach verstehen! Geradeso, wie man, wenn man eine Sprache zum ersten Mal hört, sie nicht gleich versteht, man wird sie schon verstehen lernen. Aber es handelt sich darum, dass gerade durch diese sichtbare Sprache ein Künstlerisches wiederum aus den Menschen herausgeholt werden kann, was durch die Lautsprache, die ja heute sehr prosaisch geworden ist, nicht eigentlich aus den Quellen des menschlichen Empfindens herausgeholt werden kann.

So, möchte ich sagen, ist diese Eurythmie darauf angewiesen, zu sagen: Menschliches Seelenleben denkt auch in Bewegungen. Denn Gedanken führen zunächst in ein abstraktes Gebiet hinein; und man muss es dann dem Pedanten und Philister überlassen, durchaus jene wieder geklärt haben zu wollen in einer Darstellung, die ja heute eigentlich das beliebteste Element ist, die aber gerade überwunden werden muss durch dasjenige, was wiederum überführt unser Sinneswahrnehmen und unser Verstehen in ein Verstehen durch *alle* Kräfte des Menschen, nicht bloß durch die Verstandeskräfte oder durch die sinnlichen Anschauungskräfte. Es handelt sich darum, im Sinnlichen wiederum den Geist zu finden. Und dazu, wenn auch nur ein Kleines, möchte gerade die eurythmische Kunst beitragen.

Dennoch aber bitte ich Sie, meine sehr verehrten Anwesenden, das, was wir heute bieten können, als einen Anfang zu betrachten. Schon bin ich sehr damit beschäftigt, auch die innere Formung des Dramatischen durch die eurythmische Kunst wiedergeben zu können. Das bietet aber so große Schwierigkeiten, dass es bis heute durchaus nicht – nicht einmal ein nur noch nicht gelöstes, sondern nicht einmal ein recht angefangenes Problem genannt werden kann. Es müssen alle Stufen hier erst mit großer Mühe überschritten werden. Wir sind aber heute doch so weit, dass wir den Versuch machen können, selbst diese Bizarrerien wie die von Christian Morgenstern in eine Form hinein zu legen, ohne in Pantomime oder Mimik zu verfallen – die eigentlich nach und nach ganz ausgeschlossen werden soll aus unserem eurythmischen Gebiete. Vielleicht ist alles nur als Versuch eines Anfanges zu betrachten, aber wir halten uns davon überzeugt, dass diese eurythmische Kunst, wenn sie – wahrscheinlich nicht mehr durch uns, sondern durch andere – wird weitergebildet werden, dennoch etwas sein wird einmal, was sich als eine vollgültige Kunstform neben die älteren Schwesterkünste wird hinstellen können.

Ansprache zur Eurythmie, Dornach, 9. Mai 1920

Meine sehr verehrten Anwesenden!
Gestatten Sie, dass ich auch heute, wie sonst, mit einigen Worten diese eurythmische Darbietung einleite. Es ist dies vielleicht aus dem Grunde gestattet, weil es sich ja gerade bei dieser eurythmischen Kunst handelt um die Einrichtung von etwas wirklich Neuem, das nicht verglichen werden kann mit allerlei Nachbarkünsten, Tanz oder

anderen Bewegungskünsten, sondern das in ernster Weise aus den ursprünglichsten, elementarsten künstlerischen Quellen schöpfen möchte und auch sich einer besonderen künstlerischen Formsprache bedienen möchte. Allerdings darf vielleicht die zugrunde liegende Überzeugung ausgesprochen werden, dass gerade durch diesen eurythmischen Versuch manches, ich möchte sagen probeweise angestrebt werden kann, was in dem Wollen gerade künstlerischer Naturen der Gegenwart liegt. Man wird ja wissen, dass Künstler der Gegenwart neue Wege in der verschiedensten Weise suchen, da man mit einem gewissen Recht überzeugt ist, dass die traditionell überkommene künstlerische Formsprache in einer gewissen Weise erstorben ist und nichts Neues hervorbringen könne und dass man neue Wege suchen muss. Gewiss, es ist manches grotesk, was da gesucht wird als Expressionismus, Futurismus, Impressionismus und so weiter. Aber man mag noch so viel von dieser Sorte ablehnen, manches gutheißen mit außerordentlichem Recht, so weist doch die Tatsache dieses Strebens als solche darauf hin, dass aus ernst gemeintem, künstlerischen Gemüte nach neuen Wegen gesucht wird.

Nun muss man sagen, dass alle diese Versuche eigentlich das Gemeinsame haben, dass die Mittel – sei es auf dem Gebiete der Malerei dasjenige, was man an Farben- und Formgebung aufbringen kann, sei es auf dem Gebiete der Plastik –, dass alles das, was da versucht wird, an dem Mangel leidet, der einfach dadurch zu charakterisieren ist, dass man sagt: Es ist auf diese Weise heute noch nicht in befriedigender Weise gefunden, die künstlerischen Mittel richtig zu handhaben. Wir sind ja einmal in unserer Kultur dahin gekommen, ein gewisses abstraktes, gedankliches, ideelles Element zu etwas besonders Ausschlaggebendem zu haben. Aber alles Ideelle, Gedankliche, ist ja eigentlich der Tod jeder wahren Kunstbestrebung. Jede Kunstbestrebung muss, da darf das Goethe'sche Wort angewendet werden, hervorgehen aus sinnlich-übersinnlicher Anschauung. Aber sinnlich-übersinnliche Anschauung ist eben nur zu erreichen, wenn dasjenige, was den sinnlichen Eindruck macht, unmittelbar auch geistig-übersinnlich wirkt, ohne dass man es erst in Begriffe zu übersetzen hat.

Nun, selbstverständlich strebt ja auch die Dichtung als solche, strebt die Musik als solche dieses an; aber gerade da macht sich namentlich auf dem Gebiete der Dichtung das geltend, dass in unserer Zeit auch die Sprache von dem abstrakten Elemente durchzogen, durchsetzt ist und dass man eine gewisse Sehnsucht darnach empfindet, zu ursprünglicheren Quellen des künstlerischen Wirkens zu kommen, als diejenigen sind, die man heute mit der Sprache erreichen kann. Und – wenigstens auf einem allerdings eingeschränkten Gebiete – soll das gerade mit unserer eurythmischen Kunst versucht werden. Diese eurythmische Kunst mit der schwachen Probe, die wir Ihnen heute auch wiederum werden darbieten können – es sind ja alles noch schwache Proben, denn die eurythmische Kunst steht im Anfange ihrer Entwickelung –, diese eurythmische Kunst wird Ihnen darbieten Bewegungen des einzelnen Menschen, namentlich seiner Arme und Hände, aber auch der übrigen Glieder des menschlichen Organismus, Bewegungen, die durchaus schon veranlagt sind im menschlichen Organismus selbst, dann aber auch Bewegungen von Gruppen, Stellungen von Gruppen und so weiter.

All das könnte man zunächst ansehen als Willkürgebärden. Aber man hat es ja nicht zu tun bei aller Eurythmie, die hier gepflegt wird, hat man es nicht zu tun mit Willkürgebärden, niemals mit etwas, was man als Pantomime, als Mimik oder Zufallsgeste auffassen könnte. Geradeso wenig kann das, was in der Eurythmie als Bewegung aufgefasst ist, als Zufallsgebärde [aufgefasst werden], wie etwa die Sprache selbst als Zufallslaut oder als eine zufällige Zusammenstellung der Laute aufgefasst werden kann. Es handelt sich ja darum, dass jedes Mal, wenn man versucht – es *wird* ja vielfach versucht – mit bloßer Pantomime oder mit Mimik Gebärden als Ausdrucksmittel zu gebrauchen, dass man ja auch das Subjektiv-Persönliche des Menschen braucht.

Nun bedenken Sie, wie in dem Subjektiv-Persönlichen dasjenige liegt, was nicht einen wirklichen künstlerischen Eindruck machen kann, denn das Subjektiv-Persönliche ist eben ein Willkürliches. Die Sprache, sie hat sich nur dadurch losgelöst von dem Subjektiv-Persönlichen, dass man gezwungen ist, die Sprache als etwas Gegebenes hinzunehmen. Wenn man auch dies oder jenes Erlebnis hat, das man durch Dichtung ausdrücken will, man muss sich in einen gesetzmäßigen Sprachzusammenhang hineinversetzen, man muss hineingießen in den gesetzmäßigen Sprachzusammenhang dasjenige, was man als dichterisches Erlebnis hat.

Nun ist aber einmal unsere Sprache schon konventionell geworden. Unsere Sprache ist sehr stark der Ausdruck geworden, der prädestinierte Ausdruck für das Prosaische, für das Wortwörtliche. Das ist aber auch in der Dichtung nicht das eigentlich Künstlerische. Das eigentlich Künstlerische ist dasjenige, was im Außergedanklichen lebt und unmittelbar aus dem außergedanklichen Geistigen des ganzen Menschen hervorquillt, aus einem gewissen Willenselemente hervorquillt. So wurde versucht, um zu dieser Eurythmie zu kommen, zu erforschen durch sinnlich-übersinnlichen Schauen, welche Bewegungstendenzen die menschlichen Sprachorgane haben, Zunge, Lippen und der Kehlkopf selbst, welche Bewegungstendenzen sie haben, Bewegungstendenzen, die dann den Ondulationsbewegungen in den Tönen zugrunde liegen, umgewandelt werden aber. Und diese Bewegungstendenzen, die wurden nun ganz gesetzmäßig übertragen auf die Bewegung des ganzen Menschen, sodass man in einer gewissen Weise schon sagen kann: Wenn Sie die Bewegungen hier auf der Bühne von Menschen ausgeführt sehen, so sind es nicht die Zitterbewegungen, die den Tönen zugrunde liegen; aber Bewegungstendenzen, die Bewegungsrichtungen, die in den Sprachorganen im Menschen dann veranlagt sind, die sind auf den ganzen Menschen angewendet. Der ganze Mensch und Menschengruppen treten Ihnen als eine Art lebendiger Kehlkopf entgegen. Die Eurythmie ist eine sichtbar gewordene Sprache. Dadurch aber ist man in der Lage, indem man das gesetzmäßige Element, das im menschlichen Organismus veranlagt ist, in Bewegung umsetzt, dadurch ist man in der Lage, das *Persönliche* zu überwinden und dennoch dasjenige, was *seelisches* Erlebnis ist, aus dem ganzen Menschen herauszuholen, sodass man den Menschen eben als sinnliches Objekt vor sich hat, aber zu gleicher Zeit ist jede Bewegung durchseelt; also ein Übersinnliches ist in jeder Bewegung gegeben.

Es ist tatsächlich mit dieser Eurythmie ein sinnlich-übersinnliches Element gegeben, sodass man sagen kann: Einer langen künstlerischen Sehnsucht kommt diese Eurythmie auf einem eingeschränkten Gebiete entgegen. Man braucht sich nur zu erinnern, wie zartere, künstlerisch empfindende Menschen immer die Sehnsucht empfanden, dasjenige, was innerliches Erlebnis ist, das *so* zum Ausdruck zu bringen, dass es *nicht* gegossen wird in das Konventionelle der Sprache. Ein schöner Vers von Tieck, der besagt das mit Bezug auf die menschlichen Liebesempfindungen, dass man die menschlichen Liebesempfindungen eigentlich mit dem abstrakten Elemente des Gedankens nicht zum Ausdrucke bringen kann. Sehr schön drückt das der Romantiker Tieck aus. Er sagt sehr schön:

> Süße Liebe denkt in Tönen,
> Denn Gedanken stehn zu fern,
> Nur in Tönen mag sie gern
> Alles was sie will verschönen.

Es ist ein Vers, der wirklich eine tiefste menschliche Sehnsucht ausdrückt, der aber selbstverständlich den Abscheu jedes philiströsen Logikers, jedes Pedanten auch erregen muss. Und Ludwig Uhland, der – ich verkenne ihn durchaus nicht –, der ein großer Dichter war, aber trotzdem er ein großer Dichter war, ein noch größerer Pedant war, der korrigierte Tieck, indem er darauf den Vers machte:

> Liebtet ihr nicht, stolze Schönen,
> Selbst die Logik zu verhöhnen,
> Würd' ich zu beweisen wagen,
> Dass es Unsinn ist, zu sagen:
> «Süße Liebe denkt in Tönen.»

Der Pedant *kann* sich eben nicht vorstellen, dass etwas im denkerischen Elemente lebt und zu ursprünglich, zu elementar ist, um durch die abstrakte Sprache zum Ausdrucke gebracht zu werden. Diese Betrachtung – nicht des Dichters Uhland, sondern des *Pedanten* Uhland –, die hat dann noch ein Logiker, selbstverständlich ein guter Logiker, entsprechend fortgesetzt, indem er ganz logisch bewiesen hat, dass es eben ein Unsinn wäre, irgendetwas würde in *Tönen gedacht.*

Nun muss man sich schon auch, wenn es sich darum handelt, die Anforderung zu stellen, menschliche Erlebnisse durch solche Bewegungskunst zur Offenbarung zu bringen, wie es die Eurythmie ist, muss man sich schon gefasst machen, dass selbstverständlich auch die Pedanterie und die auf schiefen Wegen wandelnde Logik allerlei einzuwenden hat. Aber man muss auf der anderen Seite doch geltend machen, dass es eben seelische Erlebnisse gibt, die heute schon etwas Ursprünglicheres brauchen als dasjenige, was in der wortwörtlichen Sprache gegeben werden kann.

Es ist heute einfach mit der Eurythmie entgegengekommen dem *Sehnen* nach Ausdrucksformen, die so streng innerlich gesetzmäßig mit dem Menschen zusammenhängen wie die Ausdrucksform des organisierten Kehlkopfes und seiner Nachbarorgane. Aber, während die gewöhnliche Sprache eben mehr Gedankenausdruck geworden ist, handelt es sich darum, dass ja Eurythmie *Willensausdruck* wird. Daher muss auch – denn wir müssen ja begleiten lassen von der *Musik* auf der einen Seite das Eurythmische, von dichterischer *Rezitation* auf der anderen Seite das meiste, was in stummer, sichtbarer Sprache durch die Eurythmie dargeboten wird –, daher muss auch die rezitatorische Begleitung wiederum zu dem Wirklichen der rezitatorischen *Kunst* zurückkehren.

Heute empfindet man es – wir leben einmal in einem unkünstlerischen Zeitalter –, heute empfindet man es als besondere schöne Rezitation, wenn die Leute aus dem Inhalt herausholen, wie man sagt, und besonders verinnerlicht den Inhalt aus einer solchen Sache herausholen, die zu rezitieren ist. Aber das heißt ja nichts anderes, als den Prosagehalt zur Geltung bringen. Dann ist es denn doch viel künstlerischer in der Empfindung, wenn Romantiker vor einiger Zeit einen besonderen Gefallen daran gefunden haben, sogar zuzuhören, wenn ihnen Gedichte vorgelegt wurden, deren Sprache sie nicht verstanden. Sie haben hingehört auf Rhythmus, auf das musikalische Element, auf dasjenige, was sich zum Bilde formt. Das ist das Charakteristikon eines künstlerischen Zeitalters.

So muss auch die Rezitation heute – man könnte gar nicht anders die Eurythmie begleiten rezitatorisch – zurückkehren zu Rhythmus, zu Takt, zu dem, was als Musikalisches und Plastisch-Bildliches zugrunde liegt demjenigen, was dann gebraucht wird, ich möchte sagen als eine Leiter, um das eigentlich Künstlerische daran zu hängen, nämlich das Wortwörtliche des Inhaltes eines Gedichtes, was eigentlich *nicht* das Gedicht als Kunstwerk ausmacht, sondern seinen Prosainhalt ausmacht. Auf vieles Elementar-Menschliches kann mit der Eurythmie aber wiederum zurückgegangen werden.

Und zum Schluss ist es so, dass, wenn nur intensiv genug das Gefühl des Zuschauers ist, dass dann – gleichgültig in welcher Sprache die Rezitation geleistet wird – in der Eurythmie wird ein Internationales empfunden, eine universelle Menschensprache. Das ist auch etwas, was mit dieser Eurythmie auftreten kann, eine universelle Menschensprache. Denn dasjenige, was eigentlich geistig ist an einem Gedicht, das nicht im wortwörtlichen Inhalt liegt, das gar nicht aufgeht in dem, was in einer nationalen Sprache liegt, das wirklich Künstlerische, das ist etwas, was, wenn es insbesondere aufgefasst wird seiner inneren Beweglichkeit nach, was ganz international, ich möchte sagen eben gerade in *stummer* Sprache empfunden werden kann. Und ich glaube, wenn der Augenblick einmal gekommen sein wird, in dem man sich sagt: *Eigentlich* ist das Künstlerische an einem Gedichte nicht dasjenige, was uns dem Inhalte nach aus ihm entgegentönt, sondern dasjenige, was gerade die Eurythmie hervorholen kann – abgesehen von dem wortwörtlichen Inhalte. Wenn man sich das einmal sagen wird, dann wird man das Wichtige der Eurythmie für unsere ganze Zeitentwicklung vielleicht doch noch in einer anderen Weise ins Auge fassen, als das jetzt schon geschieht.

Abgesehen davon, dass diese Eurythmie noch viele andere Seiten hat – auch eine hygienische Seite, sie wirkt gesundend auf den menschlichen Leib und sie wird insbesondere als Kindereurythmie. von der wir Ihnen heute nur eine kleine Probe vorführen können, in der pädagogisch-didaktischen Auffassung eine gewisse Bedeutung erlangen, indem das rein physiologische Turnen, das von der reinen Körperlichkeit ausgeht, zwar den Menschen in einer gewissen Weise stark macht, aber nicht eigentlich bis in seine Willensinitiative hineinkommt. Dagegen das *beseelte* Turnen – das ist auch die Eurythmie neben dem, dass sie Kunst ist –, das beseelte Turnen, das wir neben dem gewöhnlichen Turnen in der Waldorfschule in Stuttgart als obligatorischen Unterrichtsgegenstand einführten für die kleinsten Kinder schon, das wird im richtigen Lebensalter des Menschen die richtige Anlage zur Willensinitiative, zu einer inneren Seelenaktivität bewirken. Und das ist für die heutige Menschheit, die so sehr nach dem Einschlafen über die wichtigsten menschlichen Angelegenheiten neigt, auch sehr sicher nötig.

Bei alledem, dass die Eurythmie solche hohen Ziele hat, muss aber immer gebeten werden in Bezug auf dasjenige, was heute schon geboten werden kann, dass Nachsicht geübt wird, denn wir stehen durchaus im Anfange der Entwickelung der eurythmischen Kunst. Zwar werden vielleicht die verehrten Zuschauer, die schon da waren vor Monaten, sehen, wie wir uns bemühen – namentlich in der elementar-künstlerischen Gestaltung, der Form, in den gefühlsmäßigen Formen der Bewegungen –, dass wir uns bemühen, die Sache weiterzubringen. Aber vieles ist noch zu tun. Zum Beispiel bemühe ich mich, werde mich in der nächsten Zeit mehr bemühen, gerade den Gang der dramatischen Kunst, das eigentlich Künstlerische des Dramas, irgendwie zur eurythmischen Offenbarung bringen zu können, was sehr schwierig ist. Aber es wird diese eurythmische Kunst schon vorschreiten, wenn ihr die Zeitgenossen einiges Interesse entgegenbringen können. Für dasjenige, was heute schon geboten werden kann, muss selbstverständlich noch die Nachsicht der Zeitgenossen in Anspruch genossen werden. Dennoch liegt die Überzeugung vor, dass mit dieser Eurythmie als einer ganz jungen Kunst durch wahrscheinlich andere als durch uns in späterer Zeit noch etwas geschaffen werden kann, was sich als vollgültige Kunst neben ältere Schwesterkünste wird hinstellen können.

DORNACH, 15. UND 16. MAI 1920

Zu diesen beiden Aufführungen waren die Teilnehmer des gleichzeitig stattfindenden pädagogischen Kurses – Die Erneuerung der pädagogisch-didaktischen Kunst durch Geisteswissenschaft (GA 301) – *eingeladen.*

Ankündigungsentwurf und Zeitungsannonce für die Aufführungen Dornach, 15. und 16. Mai 1920   NZ 7327

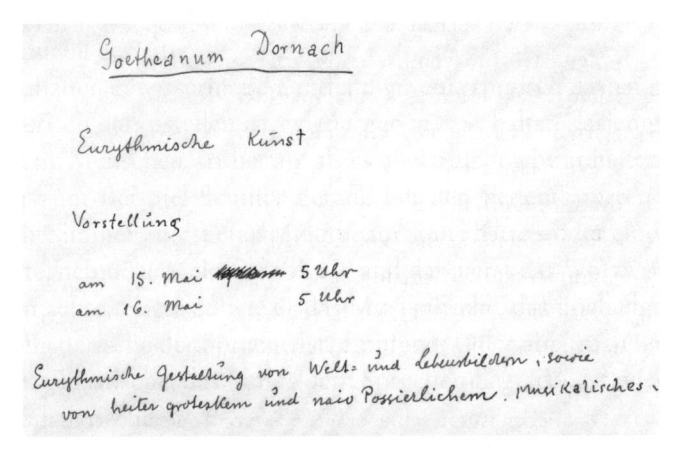

Goetheanum Dornach / Eurythmische Kunst / Vorstellung / am 15. Mai ~~1920~~ 5 Uhr / am 16. Mai 5 Uhr / Eurythmische Gestaltung von Welt- und Lebensbildern, sowie / von heiter groteskem und naiv Possierlichem. Musikalisches.

Basler Vorwärts 14.5.1920

Programm zur Aufführung Dornach, 15. und 16. Mai 1920

    Spruch aus dem Seelenkalender (5.) von Rudolf Steiner
    Spruch aus dem Seelenkalender (6.) von Rudolf Steiner
    «Grenzen der Menschheit» von J. W. v. Goethe
    Auftakt «Schau in dich» mit Musik von Leopold van der Pals
    «An den Mond» von J. W. v. Goethe
    Auftakt «Schau in dich» mit Musik von Leopold van der Pals
    Spruch aus dem Seelenkalender (7.) von Rudolf Steiner
    Auftakt «Wir suchen uns" mit Musik von Leopold van der Pals
    «Meine Göttin» von J. W. v. Goethe
    Elfenauftakt mit Musik von Jan Stuten
    «Erlkönigs Tochter» J. G. v. Herder
    Elegischer Auftakt
    Stummer Auftakt «Flammen»
    «Napoleon im Kreml» von C. F. Meyer
    Stummer Auftakt «Flammen»
    «Das Göttliche» von J. W. v. Goethe
    Kinderdarbietungen mit und ohne Gesang
    «Fünf Dinge» von J. W. v. Goethe
    «Das Leben ist ein schlechter Spaß» von J. W. v. Goethe
    «Beim Anblick einer Gans» von Fercher von Steinwand
    Kinderdarbietungen
    «Die Oste und die Weste» von Christian Morgenstern
    Aus den Davidsbündlertänzen von Robert Schumann
    Humoresken von Christian Morgenstern: «Das Einhorn»;
        «Die Elster»; «Anfrage»; «Antwort»; «Entwurf zu einem
        Trauerspiel»
    Humoristischer Auftakt mit Musik von Jan Stuten

Notizen zur Ansprache Dornach, 15. Mai 1920

Eurythmie 15. Mai 1920 =
Kunst / Didactik
1.) Wenn der Mensch spricht, so fügt er / sich einem sozialen Ganzen ein – / Sprache wird studiert = aus dem / kindlichen Element herausgebildet.
2.) Das Element, das der Künstler braucht, / ist Rhyt[h]mus – Bild etc. das geht / ein auf den Menschen selbst.
3.) keine Mimik –
4.) Die Recitation
5.) Beseeltes Turnen
6.)

Hygiene
Beim mimischen Spiel tritt / die Subjectivität auf = es tritt / ein, wenn man mit der Sprache / nicht zustandekommt.
abgesondert – Verständigung

Offenbarung des Innern: der Mensch / geht auf sich selbst zurück.
Formen: was der Künstler aus der / Sache macht. =
1.) Kunst: der Mensch selbst Werkzeug
2.) Didactische Seite: Beseeltes Turnen
3.) Hygienische Seite: Harmonie mit / dem Weltenwesen.

Ansprache zur Eurythmie, Dornach, 15. Mai 1920

Meine sehr verehrten Anwesenden!
Mit der eurythmischen Kunst, von der wir Ihnen auch heute wiederum eine Probe vorführen dürfen, möchten wir in die Geistesentwicklung der Menschheit etwas hineinstellen, das sich von drei Gesichtspunkten aus beurteilen lässt: erstens vom rein künstlerischen Gesichtspunkte aus, zweitens von einem pädagogisch-didaktischen und drittens von einem hygienischen Gesichtspunkte aus.

Als Kunst ist die Eurythmie etwas, was eine Art von stummer, sichtbarer Sprache darstellt, was aber als Sprache – trotzdem es auftritt in Form von Gebärden, in Form von Bewegungen des menschlichen Organismus in Gruppen oder in einzelnen Menschen –, was aber doch nicht verwechselt werden darf mit Mimischem oder etwas Pantomimischem, auch nicht mit einer bloßen Tanzkunst. Sondern als Sprache bedient sich die Eurythmie des ganzen Menschen als ihres Ausdrucksmittels, und zwar so, dass diese sichtbare stumme Sprache eben gewonnen worden ist durch das Studium der Gesetze der Lautsprache.

Die Lautsprache ist ja erstens eine Art von Ausdrucksmittel für dasjenige, was im Menschen selber liegt. Es ist zwar durchaus richtig, wenn Schiller gesagt hat: «*Spricht* die Seele, so spricht ach! schon die *Seele* nicht mehr.» In gewissem Sinn ist das richtig. Die Sprache ist neben dem, dass sie die Seele des Menschen an die Außenwelt heranträgt, herantragen soll, die Sprache ist zugleich ein Verständigungsmittel von Mensch zu Mensch und dadurch etwas Konventionelles, dadurch auch der Träger der Gedanken, durch die sich die Menschen verständigen sollen. Die Sprache ist in gewissem Sinne eine soziale Erscheinung. Und je mehr die Sprache als Verständigungsmittel und als Ausdrucksmittel der Gedanken dienen muss, desto weniger ist eigentlich die Sprache dann noch künstlerisches Ausdrucksmittel. Denn das Künstlerische muss ja aus dem Menschen, aus dem ganzen Menschen herauskommen, herausentspringen.

Die Sprache hat zwei Seiten. Erstens die soziale Seite: Der Mensch muss sich hingeben an die soziale Welt, indem er spricht. Und nur dadurch behält die Sprache etwas, was mit der ganzen menschlichen

Wesenheit eine intime, eine innerliche Beziehung hat, dass ja vom erwachsenen Menschen die Sprache nicht gelernt wird, [sondern sie wird gelernt,] ich möchte sagen aus den Kinderträumen heraus, aus der Zeit, in der der Mensch mit all dem, was er ist, sich anpassen will an die Umgebung. Und dadurch wird – durch dieses Sich-selbstverständliche-Anpassen an die Umgebung – die Sprache bewahrt davor, ein bloßes Verständigungsmittel zu sein.

Wenn aber dann der Dichter, der Künstler in Worten sich ausdrücken will, dann bedarf er [eines anderen] – ich möchte sagen all desjenigen, was hinter der Sprache dann immer schwebend ist: er bedarf des Bildes und vor allen Dingen des musikalischen Elements. Es ist gar nicht dasjenige das eigentlich Dichterische, das eigentlich Künstlerische des Gedichtes, was wortwörtlicher Inhalt ist, sondern es ist die Art der Gestaltung des Inhaltes das Wesentliche der Dichtung. Mehr als bei irgendetwas anderem muss man gerade bei der Dichtung darauf Rücksicht nehmen, was Goethe in das schöne «Faust»-Wort prägte: «Das *Was* bedenke, mehr bedenke *Wie*.» Die Art, wie der Dichter formt den Stoff, das ist es, worauf es ankommt, ganz besonders in der Dichtung.

Das kann man viel mehr herausbekommen, wenn man sich nicht desjenigen Ausdrucksmittels bedient, das eben zu stark den Gedanken aufnehmen muss, um rein kunstgemäß sich offenbaren zu können, sondern wenn man sich des *ganzen Menschen* bedient, des ganzen Menschen als eines Ausdrucksmittels. Zu diesem Zwecke wurde studiert durch sinnlich-übersinnliches Schauen, in welchen Bewegungstendenzen der menschliche Kehlkopf, die menschliche Zunge, die anderen Sprachorgane sind, wenn der Mensch in der Lautsprache sich offenbart. Diese Bewegungstendenzen, die sich dann beim wirklichen Sprechen umsetzen durch die Laute, in die Zitterbewegung, in die Schwingungsbewegung der Luft, diese Bewegungstendenzen, die werden studiert. Sie werden dann übertragen auf andere Organe des Menschen, vor allen Dingen auf diejenigen Organe des Menschen auch, welche am besten sich vergleichen lassen mit den primitiven Bewegungsorganen des Sprachorganismus: Sie werden übertragen auf Arme und Hände.

Es überrascht manchmal beim ersten Ansehen der eurythmischen Kunst, dass der einzelne Mensch sich mehr als anderer Glieder der Hände bedient, der Arme. Man würde verstehen, dass dies eine Selbstverständlichkeit ist, wenn man bedächte, dass ja schon im gewöhnlichen Sprechen dann, wenn der Mensch mehr als das Konventionelle geben will in der Sprache, wenn er seine Individualität, sein Empfinden, sein Gefühl mit der Sprache zugleich zum Ausdrucke bringen will, dass er ja dann schon sich genötigt fühlt, in diese frei beweglichen Organe, in diese geistigeren Organe, möchte ich sagen, hineinzugehen, sodass die Arme und Hände – gegenüber den anderen Organen *sind* sie geistiger, es sind die Arme und Hände Ausdrucksbewegungsmöglichkeiten. Nun wird natürlich in der Eurythmie ja der *ganze Mensch* – nicht bloß Arme und Hände – berücksichtigt. Es werden vor allen Dingen Ausdrucksbewegungen im Raume zu Hilfe gezogen, namentlich bei Gruppen, aber auch bei einzelnen Menschen.

Aber das Wesentliche dabei ist, dass diese Bewegungen am Menschen in Gruppen nichts Willkürliches sind, sondern dieselben Bewegungen an Linien, die sonst zugrunde liegen dem, was die Lautsprache hervorbringt, sind auf den ganzen Menschen übertragen. Ich muss daher immer wieder und wiederum sagen: Wir sehen auf der Bühne im Grunde genommen einen Gesamtkehlkopf, dargestellt durch den ganzen Menschen. Das gestaltet Ordnung, Rhythmus, Takt, das gestaltet das Musikalische, aber auch das Bildhafte sowohl als das eigentlich Dichterische, wo das Dichterische Kunst ist. Das wird wirklich aus der ganzen Menschengruppe herausgeholt.

Wir begleiten dann durch Musik oder durch Rezitation dasjenige, was in stummer und sichtbarer Sprache in der Eurythmie dargestellt wird. Dabei sind wir genötigt – Musik und Sprache sind ja nur andere Ausdrucksmittel für das menschliche Seelenleben als die Eurythmie –, dabei sind wir genötigt, insbesondere bei der Rezitationskunst wiederum zurückzugreifen zu dem guten, alten Rezitieren, das Goethe im Auge hatte, als er nicht bloß den wortwörtlichen Inhalt selbst im Drama einstudierte mit seinen Schauspielern, sondern wie ein Kapellmeister mit dem Taktstock in der Hand den Gang des Jambus mit dem Taktstock mit ihnen einstudierte.

Wir sind genötigt, abzusehen von dem, was eine unkünstlerische Zeit, wie es die unsrige ist, gewohnt ist als Bedeutsames anzusehen in der Rezitation, namentlich das Hervorkehren des wortwörtlichen Inhaltes, wir sind genötigt, zurückzugehen auf dasjenige, was ja noch im primitiven Rezitieren sich als das Künstlerische zeigt. Man sieht das heute kaum noch, insbesondere Stadtmenschen sehen das heute kaum noch – aber es hat sich noch manches erhalten an Lebendigem von Leuten meines Alters aus ihren Kinderjahren, an Erinnerungen an herumziehende Rezitatoren, die zu sehen waren, die solche «Moritaten» rezitierten; die hatten sie auf Tafeln aufgezeichnet, und dann sprachen sie den Text dazu. Sie sprachen ihn aber nie anders, als dass sie zugleich mit dem Fuße den Takt anklingen ließen, bei einer temperamentvollen Stelle hin und her marschierten, damit andeutend, dass es Ihnen gar nicht darauf ankam, bloß den Inhalt zu erklären, sondern dass es ihnen darauf ankam, den Schritt des Verses, die innere Gestaltung besonders ins Auge zu fassen.

Sie werden sehen, dass wir daher überall versuchen, dieses tiefer Künstlerische wiederum hervorzuheben, da, wo wir selbst im Humoristischen, im Grotesken, im Possierlichen das Dichterische wiederzugeben versuchen durch Eurythmie, geben wir nicht etwa in Gebärdensprache oder durch Pantomimen den wortwörtlichen Inhalt wieder, sondern in die Formen, die als musikalische Formen – nur eben im Raume, nicht in der Zeit – ausgebildet werden, da geben wir nicht den Inhalt des Gedichtes, sondern dasjenige, was der Dichter, der Künstler aus dem Inhalt gemacht hat.

Das sind so einige Andeutungen, die ich über das künstlerische Element in der Eurythmie geben möchte. Dadurch, dass der Mensch selbst Werkzeug ist – nicht die Violine, nicht das Klavier, nicht Farben und Formen und so weiter –, dadurch ist diese Eurythmie in ganz besonderem Maße geeignet, wirklich, ich möchte sagen aus den treibenden Weltenkräften heraus dasjenige zu gestalten, was im Menschen selbst wieder durch diese treibenden Weltenkräfte wie in einer kleinen Welt veranlagt ist.

Die zweite Seite der Eurythmie ist die didaktisch-pädagogische Seite. Es ist meine Überzeugung, dass das bloße Turnen, das sich in einer materialistischen Zeit herausgebildet hat in Bezug auf seine Gesetze, zu stark Rücksicht nimmt auf das bloße Anatomisch-Biologische im Menschen. Man wird später, wenn man einmal objektiver diesen Dingen gegenübersteht, erkennen, dass dadurch ja der Mensch in einer gewissen Weise gekräftigt wird, aber dass diese Kräftigung nicht zu gleicher Zeit eine Kräftigung ist der Seelen- und Willensinitiative.

In didaktisch-pädagogischer Beziehung wurde die Eurythmie zugleich ein beseeltes Turnen, ein beseeltes Bewegungsspiel. Und in den kleinen Anfängen, die wir Ihnen mit Kindern heute vorführen können, werden Sie sehen, wie jede Bewegung dann auch von den Kindern so ausgeführt wird, dass sie seelegetragen ist. Dadurch wird zu der Ausbildung des Körperlichen hinzu entwickelt dasjenige, was ich nennen möchte: Initiative des Seelenlebens, Initiative des Willens, dasjenige, was wir so sehr brauchen und was die bloße Turnerei nicht ausgebildet hat in dem heranwachsenden Menschen. – Es ist schon außerordentlich wichtig, dass das anerkannt wird. Wir haben Versuche in der Stuttgarter Waldorfschule durchgeführt: eine Stunde Turnen – eine Stunde Eurythmie. Es ist durchaus dann in das Turnen eingreifend.

Wir sind ja hier genötigt, wenn wir Ihnen Kinderübungen vorführen, dazu zu sagen: Die Kinder werden in den spärlichen Stunden, die ihnen übrigbleiben von der Schulzeit, zur Eurythmie angeleitet – aber das ist gar nicht richtig. Gerade jene Pädagogik, welche zugrunde liegt diesen Bestrebungen, die hier von Dornach ausgehen, die bis zu einem gewissen Grade in Stuttgart in der Waldorfschule verwirklicht werden konnten, diese Bestrebungen, die liefen alle gerade darauf hinaus, an die Kinder gerade nichts außerhalb der eigentlichen Schulzeit von Lernen an sie heranzubringen. Deshalb ist es von solcher Wichtigkeit, dass die Eurythmie in ihrer Bedeutung so durchschaut wird in Hinsicht auf ihre pädagogisch-didaktische Seite, dass man sie einfach in den Lehrplan der Schule hineinwebt. Dann wird es eben so sein, dass die Kinder alles dasjenige haben, was einer normalen geistig-seelischen-körperlichen Entwicklung dienstbar sein kann, gerade auch von diesem eurythmischen Gesichtspunkte aus.

Und das Dritte ist ein hygienisches Element. Der Mensch ist ja eine kleine Welt, der Mensch ist ein Mikrokosmos. Und im Grunde genommen beruht alles Ungesund-Sein darauf, dass sich der Mensch herausreißt aus den großen Gesetzen des Weltenalls. Alles Ungesund-Sein – man möchte es bildhaft darstellen, indem man sich sagt: Wenn ich meinen Finger von meinem ganzen Organismus wegnehme, ist es nicht mehr ein Finger. Er verdorrt; er hat nur seine innere Gesetzmäßigkeit im Zusammenhange mit dem ganzen Organismus. So hat der Mensch auch nur seine innere Wesenheit im Zusammenhange mit der ganzen Welt erlangt. Er hängt ja wirklich mit dem, was in ihm geschieht, mit der ganzen Welt zusammen. Bedenkt man nur das Alleräußerste, was zeigt, wie der Mensch mit der Welt zusammenhängt, wie er nicht bloß dieses Wesen ist, das innerhalb der Grenzen seiner Haut eingeschlossen ist, bedenken Sie nur einmal: Dieselbe Luft, die Sie jetzt unmittelbar in sich haben, war vorher noch außer Ihnen. Aber jetzt, nachdem Sie sie eingeatmet haben, bildet sie in ihrer Gesamtheit drinnen einen Teil Ihres Organismus. Und dasjenige, was Sie in sich haben, wird wieder ausgeatmet, ist wiederum draußen, sobald Sie es ausgeatmet haben. Sie können sich nicht herausschälen *[?]*, als ob wir bloß innerhalb unserer Haut lebten, nur das hätten, was innerhalb unserer Haut eingeschlossen ist. Wir leben in unserer Umgebung nicht bloß mit der Luft, sondern wir leben mit allem, was das Weltenall erfüllt.

Nun kann man alles Ungesunde im Menschen gerade daher leiten, dass dasjenige, was vom Menschen selbst getrieben wird, wenn es nicht angepasst wird, wenn es dem Zeitalter oder der ganzen menschlichen Wesenheit nicht angemessen ist, durchaus nicht beitragen kann zur Harmonie und Ergänzung, die zwischen dem Menschen und den ganzen übrigen Menschen und der ganzen übrigen Welt herrschen muss. Aber gerade dadurch, dass jede Bewegung in der Eurythmie so natürlich aus dem ganzen Menschenorganismus herausgeholt ist wie die Bewegungen des Kehlkopfes und seiner Nachbarorgane für das gewöhnliche Lautsprechen, für die Lautsprache, dadurch ist dasjenige, was in der Eurythmie ausgeführt wird, etwas, was den Menschen in einen Einklang bringen wird und bringen kann mit der ganzen Welt, mit dem ganzen Makrokosmos.

Es ist also im Wesentlichen ein gesundendes Element, das kann man schon so sagen, was der Mensch haben kann, was er erwerben kann auch als Kind von den eurythmischen Bewegungen, die nur natürlich sachgemäß und nicht dilettantisch ausgeführt werden dürfen. Das ist etwas, was durchaus unter einem solchen Gesichtspunkt – unter dem Gesichtspunkt einer seelisch-geistig-körperlichen Gesundheitspflege – betrachtet werden kann.

Das sind also die drei Gesichtspunkte, von denen aus man Eurythmie ins Auge fassen kann, und von denen aus sie sich in ehrlicher Weise hineinstellen wird in unsere Geistesbewegung. Trotzdem muss natürlich immer gesagt werden – wenn auch vielleicht Zuschauer da sind, die schon öfter da waren, gesehen haben werden, wie wir uns in der Formengebung, in der Raumesgestaltung der Gruppen in ihrem Verhältnis zueinander, wie wir uns bemüht haben in der letzten Zeit vorwärts zu kommen –, trotzdem muss betont werden, dass die Eurythmie trotz allem an die Nachsicht appellieren muss in Bezug auf alles das, was wir heute schon bieten können.

Die Eurythmie steht erst im Anfange, ist ein Versuch eines Anfanges, aber sie stellt einen Versuch dar, der nach unserer Überzeugung immer weiter wird vervollkommnet werden können, wenn auch vielleicht andere kommen müssen, um dasjenige, was wir mit unseren schwachen Kräften aufnahmen, weiter auszubilden. Trotz allem aber könnte man heute doch schon sehen bei dem, was dem Wollen nach gezeigt wird, dass diese Eurythmie, weil sie künstlerische Quellen in ihrer Ursprünglichkeit eröffnet, weil sie sich des ganzen Menschen als eines Ausdrucksmittels bedient und weil sie didaktisch-pädagogisch für die Entwicklung des Seelisch-Geistig-Körperlichen des Kindes arbeitet, weil sie den Menschen in eine Bewegung hineinversetzt oder in Bewegungssysteme hinein versetzt, was wesentlich ein Gesundendes ist, dass sie in der Tat als vollberechtigte Schwesterkunst neben die anderen, zum Teil älteren Schwesterkünste sich einmal vollberechtigt wird hinstellen können, besonders wenn die Zeitgenossen ihr Interesse der Eurythmie werden entgegenbringen. Unter Berücksichtigung alles dessen wird man auch heute schon sehen können, wie sehr wir uns bemühen, mit dieser Eurythmie vorwärts zu kommen, wenn wir auch heute immer noch um Nachsicht der Zuschauer für unsere Vorführungen bitten müssen.

Ansprache zur Eurythmie, Dornach, 16. Mai 1920

Meine sehr verehrten Anwesenden!
Gestatten Sie, dass ich auch heute – wie ich das immer vor diesen eurythmischen Versuchen getan habe – ein paar einleitende Worte voraussende. Dies geschieht hier nicht, um irgendetwas von dem Dargestellten zu erklären, denn natürlich muss Künstlerisches durch seine unmittelbare Offenbarung selbst wirken, und es wäre unkünstlerisch, einen solchen Versuch auf irgendeine theoretische Erklärung oder irgendeine ideelle Erklärung zu stützen. Aber [ich] darf wohl sagen, dass diese eurythmische Kunst ein Versuch ist, zu gewissen, im Menschen selbst liegenden Kunstquellen hinabzusteigen und nach gewissen künstlerischen Ausdrucksformen zu suchen, welche es besonders gut möglich machen, die Anforderungen aller Kunst zu enthüllen: das Künstlerische zu holen in das Sinnlich-Übersinnliche.

Dieser Ausdruck «sinnlich-übersinnliches Schauen» ist ja von Goethe geprägt, aus allen Tiefen seiner Weltanschauung und seiner künstlerischen Gesinnung heraus. Zum Beispiel liegt der ganzen Gestaltung unserer eurythmischen Kunst dieses Sinnlich-Übersinnliche zugrunde.

Sie werden auf der Bühne sehen allerlei Bewegungen, die durch den einzelnen Menschen ausgeführt werden, die ausgeführt werden durch Menschengruppen. Und man könnte zunächst den Eindruck haben, als ob da der Versuch gemacht würde, Dichterisches oder Musikalisches, von dem ja die eurythmische Darstellung begleitet werden muss, für die die eurythmische Darbietung nur ein anderer Ausdruck ist, man könnte den Eindruck haben, als ob Willkürgesten, erfundene Gesten, Mimisches zu dem Dichterischen, zu dem Musikalischen hinzu kämen. Das ist durchaus nicht der Fall, sondern es ist abgelauscht – eben durch ein sorgfältiges sinnlich-übersinnliches Studium – wirklich dem menschlichen Laut-Sprechen dasjenige, was als Bewegungstendenz zugrunde liegt den Sprachorganen selber.

Im gewöhnlichen Sprechen werden ja die Bewegungen, die Schiebebewegungen, die Bewegungstendenzen des Gaumens und so weiter, die werden ja unmittelbar auf die Luft übertragen und gehen da über in feine Zitterbewegungen, die dem Hören zugrunde liegen. Diese Zitterbewegungen sind es selbstverständlich nicht, um die es sich handelt, sondern dasjenige, was gewissermaßen als die Resultierende einem ganzen System von solchen Zitterbewegungen zugrunde liegt. Das ist studiert, und ist von den Sprachorganen übertragen auf den ganzen Menschen, richtig nach dem Goethe'schen Metamorphosenprinzip, wonach zum Beispiel die ganze Pflanze nur ein komplizierter ausgestaltetes Blatt ist.

So könnte man sagen: Dasjenige, was Sie auf der Bühne sehen, das sind Bewegungen, ganz und gar nicht willkürlich, sondern es sind Bewegungen streng gesetzmäßig, so gesetzmäßig namentlich auch in ihrer Aufeinanderfolge, wie die Bewegungen der Sprachorgane selbst beim Sprechen sind – durch Töne, durch Laute oder beim Singen und dergleichen. Dadurch ist diese bewegte Plastik in der Tat etwas, dem eine innere Notwendigkeit innewohnt, so wie der Aufeinanderfolge der Töne im musikalischen Schaffen. Und es handelt sich hier tatsächlich um eine sichtbare Sprache, um eine ganz gesetzmäßige sichtbare Sprache, die als Eurythmie dargeboten wird.

In diese sichtbare Sprache wird sich allerdings erst das gegenwärtige Zeitalter hineinfinden müssen. Denn das gegenwärtige Zeitalter, das hat ja wirklich sehr viel Unkünstlerisches in sich. Dasjenige, was zum Beispiel noch zur Zeit der Romantik üblich war – dass man auch mit einer großen Hingabe lauschte Dichtungen, die man gar nicht wortwörtlich verstand, sondern die man anhörte bloß auf den Rhythmus, auf den Takt, auf die innere Gestaltung des Lautwortes –, das ist ja wesentlich heute zurückgegangen.

Wir werden selbst bei der Rezitation, die ebenso, wie es musikalisch der Fall ist – und zwar in der Hauptsache –, zu begleiten hat die eurythmischen Darbietungen, wir werden sehen in der Rezitation, weil man das gar nicht anders könnte, hervorheben dieses künstlerische eurythmische Element, da das eigentlich künstlerische Element ja schon in der Dichtung selbst ist. Denn nicht der wortwörtliche

Prosainhalt ist ja das Wesentliche der Dichtung, sondern dasjenige, was die formale Gestaltung ist, die der Künstler eben selbst hervorbringt.

So werden Sie namentlich sehen, dass überall da, wo, wie wir das jetzt in ausgiebigem Maße versuchen, wo Formen, Raumformen durch Gruppen hervorgebracht werden, dass da überall etwas zum Ausdrucke kommt, was nicht etwa ein mimischer Ausdruck des Inhaltes der Dichtung ist, sondern was aus dem Charakter der Behandlung des Gedichtes folgt, die der Dichter dem wortwörtlichen Inhalte hat angedeihen lassen. Selbst wenn es in grotesker, possierlicher Weise [ist] – wie wir es ja versuchen zur Darstellung zu bringen im zweiten Teil heute, nach der Pause, gegen das Ende zu –, da werden Sie sehen, dass es uns wirklich nicht um eine naturalistische Darstellung, nicht um die Nachahmung von irgendeinem Inhalte geht, sondern darum handelt, den Zusammenhang, den harmonischen Zusammenhang zu gestalten, dass das Einzelne nicht will durch seinen Inhalt wirken, sondern dass das Ganze will durch die in sich zusammenstimmende Form wirken.

Im Ganzen darf man sagen, dass deshalb hier in der Eurythmie zurückgegangen wird auf die Quellen des Künstlerischen, weil ja dieses Künstlerische beruhen muss darauf, dass nicht etwa Gedanken auf uns wirken. Wenn wir Wissenschaft pflegen im heutigen materialistischen Sinne, dann wirken bloß Gedanken auf uns. Dadurch können wir aber auch nur in den sinnlichen Gehalt der Welt eindringen. Hier aber handelt es sich darum, dass in der Eurythmie das Künstlerische insoferne wirkt – zum Beispiel als sinnlich-übersinnlicher Charakter –, als ja der ganze Mensch das Werkzeug ist oder Gruppen von Menschen das Werkzeug sind für dasjenige, was zum Ausdrucke gebracht werden soll. Sodass man sagen kann: Der Mensch, der beseelte Mensch, der durchgeistigte Mensch legt Seele und Geist in jede Bewegung hinein, solche Seele und Geist, wie wir sie noch aus der wahr klingenden Dichtung heraushören.

Das alles zeigt uns, wie das Sinnliche – als das wir ja den Menschen in seinen Gliedern sehen –, wie das Sinnliche zugleich auf seinen Flügeln das Geistige trägt. Es ist also wirklich sinnlich-übersinnlich. Und es kommt so schön dann zum Ausdrucke, was Goethe im Grunde von jeder Kunst verlangt, indem er sagt: Wem die Natur ihr offenbares Geheimnis zu enthüllen beginnt, der empfindet eine tiefe Sehnsucht nach ihrer würdigsten Auslegerin, der Kunst.

Die Kunst ist für Goethe in gewissem Sinne ein Gemütserlebnis der Natur. Und wie könnte man dieser Natur besser entsprechen, als indem man die im Menschen liegenden Bewegungsmöglichkeiten selbst zur Offenbarung bringt, den ganzen Menschen aus seinem Willen heraus so sich bewegen lässt, dass durch ihn eine *sichtbare Sprache* zum Ausdrucke kommt. Das Gedankliche, das sonst die Kunst ablehnt, wird ja gerade dadurch ausgeschlossen: Es kommt nur Wille in den Bewegungen zum Ausdrucke. Und dadurch, dass die Persönlichkeit des Menschen – aber auf unpersönliche Art – in diese Bewegungen übergeht, dadurch kommt gerade auf diese Art und Weise ein eminent Künstlerisches, ein Sinnlich-Übersinnliches in den Darstellungen zum Ausdrucke.

Dann hat ja diese unsere Eurythmie auch einen bedeutsamen pädagogisch-didaktischen Effekt, indem ja tatsächlich sie zu gleicher Zeit ein beseeltes Turnen ist. Und wenn man einmal objektiver über diese Dinge denkt, dann wird man einsehen, dass dasjenige, was seit langer Zeit als Turnen jetzt geschätzt wird – was wir durchaus nicht missen wollen –, dass das aber eine besondere Förderung erfährt, wenn wir ihm an die Seite stellen, wie wir es in der Waldorfschule in Stuttgart tun, wenn wir diesem Turnen zur Seite stellen für die Kinder dieses beseelte Turnen. – Einiges von dieser Eurythmie werden Sie ja heute im zweiten Teil unserer Darbietungen auch sehen können.

Es ist das gewöhnliche Turnen allerdings körperstärkend; wir wollen es deshalb auch nicht entbehren für die Körperstärkung. Aber dasjenige, was durch das beseelte Turnen, das nicht bloß auf den Körper geht, sondern auf Leib, Seele und Geist geht, das ist insbesondere erzieherisch wirkend auf den Willen, für die Willensenergie. Und die Willensenergie, das ist etwas, was künftige Generationen in dem immer schwerer werdenden Leben wahrhaftig brauchen werden.

Dann hat unsere Eurythmie eine wichtige hygienische Seite. Es sind ja die Bewegungen des Menschen, wie sie hier hervorgeholt werden aus seinen Bewegungsmöglichkeiten, zugleich diejenigen, durch die sich der Mensch am besten einordnet in den ganzen Rhythmus, in die ganze Harmonie der Welt. Alles Ungesunde beruht ja im Grunde genommen darauf, dass der Mensch sich aus diesem Rhythmus herauslöst. Wenn wir unsere Zeit nehmen, wo wir so viele Veranlassung haben – hier wird nichts Reaktionäres getrieben, daher bitte ich, das nicht aufzufassen, was ich sage, wie wenn ich mich auflehnen wollte gegen notwendige Kulturerscheinungen, denn wir haben vieles in unserer Zeit, was selbstverständlich notwendig ist, was wir brauchen, [was] wir durchaus nicht beseitigen können, wenn wir dies ins Auge fassen, da müssen wir sagen: Da ist viel Veranlassung für die gegenwärtigen Menschen, sich heraus zu gliedern aus dem notwendigen Rhythmus, aus der notwendigen Harmonie der Welt, im Grunde genommen jedes Mal, wenn wir in der Eisenbahn fahren oder gar wenn wir im Auto sitzen oder gar nicht zu reden von anderen Dingen, die in unserer Zeit geschehen, uns herausbringen aus dem Rhythmus der Welt, und die sich nach und nach in des Menschen Gesundheit hineinschleichen, sie untergraben in einer Art, die gar nicht bemerkt wird. Nur von dem, der den intimeren Zusammenhang des Menschen mit der Welt kennt – wenn er dies alles ins Auge fasst, kann er sehen, wie die Welt drängt heute danach, dem Menschen wiederum etwas Gesundendes zu geben.

Wo sucht man oftmals das Gesunde? Ja, meine sehr verehrten Anwesenden, ich weiß, dass ich damit sehr vielem entgegenrede. Aber das sind Dinge, über die man schon objektiver denken wird. Man versuchte zum Beispiel – und das ist ja geschehen, schon bevor diese schreckliche Weltkatastrophe hereinbrach –, man versuchte zum Beispiel «Olympische Spiele» da oder dort aufzuführen. Das ist ein schrecklicher Gedanke, der ganz außerhalb jedes kindlichen Verständnisses steht. Olympische Spiele gehörten für den *griechischen* Körper. Man beachtet bei solchen Dingen nicht, dass ein jedes Zeitalter seine besonderen Anforderungen hat.

Das ist es aber, was wir gerade versuchen in unserer eurythmischen Kunst: Nicht aus der abstrakten Theorie heraus irgendetwas Altes wiederum vor die Menschheit hinzustellen oder für die Menschheit zu fordern, sondern dass wir müssen dasjenige, was das *gegenwärtige* Zeitalter fordert, aus der Menschennatur heraus bekommen, [um] für den Menschen etwas finden zu können, was gerade für die gegenwärtige Menschheitsorganisation geeignet ist. Gewiss, solche Dinge lassen sich nicht anatomisch oder physiologisch nachweisen, weil man heute nicht alte Griechen sezieren kann. Aber derjenige, der geisteswissenschaftliche Mittel hat, um in die Zeitentwicklung hineinzuschauen, der weiß, dass der heutige Mensch schon seiner physischen und dann besonders seiner seelisch-geistigen Organisation nach etwas anderes fordert. Die Anfänge solcher Forderungen, die das Zeitalter selbst stellt, sollen mit der Eurythmie aufgefunden werden; ihnen soll mit Eurythmie entsprochen werden.

Sie wissen, sehr verehrte Anwesende, was wir bieten können, dass dasjenige heute erst im Anfange steht, dass es ein Versuch ist, vielleicht nur der Anfang eines Versuches. Wir sind auch überzeugt davon, weil wir ehrlich bestrebt sind, aus den Anforderungen des Zeitalters heraus zu wirken, dass, wenn vielleicht nicht mehr wir, sondern andere dasjenige, was heute als ein Versuch hingestellt werden muss, ausbauen, dass eine vollkommenere Kunstrichtung entsteht, die sich würdig wird hinstellen können neben die älteren Schwesterkünste.

Für heute allerdings müssen wir eben um Nachsicht bitten, denn es handelt sich, wie schon gesagt, um einen Anfang, vielleicht nur um den Versuch eines Anfanges; aber dieser Anfang soll auch ausgebaut werden. – In diesem Sinne bitte ich Sie, mit Nachsicht diese unsere Vorstellung anzuschauen.

DORNACH, 23. UND 24. MAI 1920 (PFINGSTEN)

Ankündigungsentwurf und Zeitungsannonce für die Aufführungen Dornach, 23. und 24. Mai 1920

NZ 7322

Goetheanum Dornach. / Eurythmische Kunst / Vorstellungen / Sonntag, am 23. Mai ~~abends~~ 5 Uhr / Montag, am 24. Mai 5 Uhr / Eurythmisierung ernster und getragener Poesieformen; / sowie auch zierlicher und naiver dichterischer Koketterien; / Musikalisches. / Für hungernde ~~Gäste~~ Eurythmie-Besucher, die nach der Eurythmie- / Darbietung zu den Vorträgen bleiben wollen, wird / ein zartes und niedliches Buffet in der Schreinerei / vorfindlich sein. –

Zeitung und Datum unbekannt

Goetheanum Dornach

Eurythmische Kunst

1920 Vorstellungen

Sonntag, den 23. Mai, 5 Uhr,
Montag, den 24. Mai, 5 Uhr

Eurythmisierung ernster und getragener Poesieformen; sowie auch zierlicher u. naiver dichterischer Koketterien; Musikalisches.

Karten zu 3.—, 2.— und 1.— bei Hug & Co., Freiestr. bei Frl. Kessler, Arlesheim, und an der Abendkasse

Programm zur Aufführung Dornach, 23. und 24. Mai 1920

«Veni Creator Spiritus» von J. W. v. Goethe
Spruch aus dem Seelenkalender (7.) von Rudolf Steiner
«Alle» von C. F. Meyer
Spruch aus dem Seelenkalender (8.) von Rudolf Steiner
Aus der 8. Symphonie von Anton Bruckner
«An den Mond» von J. W. v. Goethe
Spruch aus dem Seelenkalender (9.) von Rudolf Steiner
«Waldkonzerte» von Christian Morgenstern
Aus der C-Dur Symphonie von Franz Schubert
«Meine Göttin» von J. W. v. Goethe
«Das Leben ist ein schlechter Spaß» von J. W. v. Goethe
Kinderdarbietungen
«Kleiner Tanz» von J. S. Bach (Kindergruppe mit Eurythmisten)
«An mein Kalb» von Fercher von Steinwand
Kinderdarbietungen (Anapäste; «Ein Rätsel» von Rudolf Steiner)
Humoresken von Christian Morgenstern: «Bildhauerisches»;
    «Palma Kunkel»; «Die Oste und die Weste»
Tropfenauftakt mit Musik von Leopold van der Pals
Humoresken von Christian Morgenstern: «Elster»; «Anfrage»;
    «Antwort»; «Entwurf zu einem Trauerspiel»
Tropfenauftakt mit Musik von Leopold van der Pals

Ansprache zur Eurythmie, Dornach, 23. Mai 1920 (Pfingstsonntag)

Meine sehr verehrten Anwesenden!
Diese einleitenden Worte erlaube ich mir auch heute wiederum wie sonst vor diesen eurythmischen Darbietungen vorauszuschicken, nicht aus dem Grunde, um etwa die Vorstellung selbst zu erklären; das wäre unkünstlerisches Beginnen, denn Eurythmie soll sein eine wirkliche Kunst. Die muss wirken durch dasjenige, was sie unmittelbar der Anschauung darbietet, darf nicht nötig haben irgendeine Erklärung hinterher. Aber dasjenige, was mit der Eurythmie versucht wird in der Tat – trotzdem es heute noch an seinem Anfange steht, im Anfange seiner Entwicklung steht –, [versucht wird] sowohl in Bezug auf die Aufsuchung von besonderen künstlerischen Quellen, wie auch mit Bezug auf die besonderen künstlerischen Formgebungen, die nötig sind und in Betracht kommen, ist etwas durchaus Neues, und darüber dürfen vielleicht einige Worte gesagt werden.

Sie werden auf der Bühne den bewegten Menschen, auch bewegte Menschengruppen sehen. Dasjenige, was da zum Ausdrucke kommt durch die Bewegung der Glieder, namentlich der Arme und Hände an dem Menschen oder auch der übrigen Glieder, was zum Ausdrucke kommt durch die besondere Stellung von Personen in Gruppen, durch die wechselnde Stellung, durch die Bewegung von Gruppen, das könnte ja zunächst aufgefasst werden wie eine Art von Gebärdengebung, die herausgeboren wäre aus dem Moment, also momentan aus dem, was gleichzeitig mit der Eurythmie unternommen wird, desjenigen, was gleichzeitig rezitiert wird, also die gesprochene Dichtung, oder auch die Musik, die da antönt. Es ist aber nicht so. Es handelt sich nicht um Zufallsgebärden. Es handelt sich überhaupt um nichts Mimisches, Pantomimisches, sondern um eine wirkliche sichtbare Sprache, die geradeso innerlich gesetzmäßig ist, so aus dem Wesen des Menschen selbst hervorgeholt ist wie die Lautsprache.

Ersichtlich wird das vielleicht, wenn ich hinweise auf die Art, wie diese sichtbare Sprache der Eurythmie gefunden wird. Indem ich zu Ihnen hier mit Hilfe der Lautsprache spreche, werden die Bewegungen, die hervorgerufen werden im menschlichen Kehlkopf und auch den anderen Sprachorganen, sie werden dann auf die Luft übertragen, und die Luft trägt gewissermaßen auf den Flügeln ihrer Wellen die Töne zu dem Ohr der Menschen hin. Man kann nun, wenn man diese besondere Fähigkeit in sich entwickelt, dasjenige wahrnehmen an dieser Lautsprache, auf das die Aufmerksamkeit im gewöhnlichen Leben selbstverständlich nicht gerichtet wird: Das sind die Bewegungstendenzen des Kehlkopfes und seiner Nachbarorgane. Nicht diejenigen Bewegungen, die der Kehlkopf selbstverständlich auch anregt, die sich dann als Vibrationsbewegungen, als Zitterbewegungen auf die Luft übertragen, sondern diejenigen Bewegungen, die als in viel, viel größerem Stile, möchte ich sagen, ablaufende Bewegungstendenzen vorhanden sind. Die lassen sich studieren, sodass man sagen kann: Jeder Formulierung der Lautsprache, jedem Laute, aber auch der besonderen Nuancierung und Akzentuierung und Modulierung des Gesprochenen entsprechen gewisse Bewegungstendenzen. Die lassen sich durch, wenn ich den Goethe'schen Ausdruck gebrauchen darf sinnlich-übersinnliches Schauen erkennen, und lassen sich dann auf den ganzen Menschen übertragen. Sodass dasjenige geschieht, was man nennen könnte: die Anwendung des Goethe'schen Metamorphoseprinzips auf die Betätigung des ganzen Menschen.

Das Goethe'sche Metamorphoseprinzip, das heute durchaus noch nicht hinlänglich gewürdigt ist, was ganz gewiss in der Weltanschauung der Zukunft eine große Rolle spielen wird, das beruht ja darauf, anzuschauen die Verwandlung der organischen Glieder an den Lebewesen. Wenn ich das Hauptsächlichste hier hervorheben will – aber eben nur das Hauptsächlichste –, so könnte ich ja sagen: Goethe sieht die ganze Pflanze an als eine Umwandlung des einzelnen Blattes. Das einzelne Blatt ist eine primitive ganze Pflanze; die ganze Pflanze ist nur ein kompliziertes gewordenes Blatt. So kann man es – aber auch das muss natürlich, wenn es Eurythmie werden soll, künstlerisch durchdrungen werden –, so kann man das Goethe'sche Metamorphosenprinzip auch anwenden auf dasjenige, was als Bewegungstendenzen des Kehlkopfes und seiner Nachbarorgane der gesprochenen Sprache zugrunde liegt. Und wenn man es verwandelt dann ausführen lässt durch den ganzen Menschen, so wird dadurch vor Ihnen hier auf der Bühne gewissermaßen der ganze Mensch zu einem sichtbaren Kehlkopf.

Sie sehen dasjenige als Bewegungen vor sich, was sonst als Bewegungstendenzen – unbemerkt bleibend – sich abspielt bei der Lautsprache. Dadurch aber sieht man ja gewissermaßen hinein in die tiefere Gliederung der menschlichen Organisation und holt heraus aus denjenigen Quellen, die der menschlichen Form, der menschlichen Bewegung, dem ganzen menschlichen Leben zugrunde liegen, diese sichtbare Sprache der Eurythmie. Man verwendet dabei den ganzen Menschen als ein künstlerisches Werkzeug.

Man erreicht dadurch – wie gesagt, das alles soll nur so aufgefasst werden, dass es in bescheidenstem Sinne gemeint ist, denn wir stehen durchaus noch im Anfange der Entwicklung der eurythmischen Kunst –, aber man erreicht durch diese eurythmische Kunst das, dass man wirklich den Menschen, der ein Abbild, ein Mikrokosmos der ganzen Welt ist – wie das selbst die trockensten Philosophen schon zugestanden haben –, dass man diesen Menschen auch künstlerisch zum Ausdrucksmittel macht für dasjenige, was sonst nur durch ein objektives Werkzeug oder durch objektive Mittel wie Farben und Formen und dergleichen zum Ausdrucke gebracht wird. [Man erreicht das, indem man] durch ein begrenztes Glied, den Kehlkopf und seine Nachbarorgane, nun diesen Menschen selbst, den ganzen Menschen zum Ausdrucksmittel macht, sichtbarlich vor die Welt hinstellt, damit erfüllend in einer gewissen Beziehung dasjenige, was Goethe so schön nennt: Das Wesen des Menschen, das sich dadurch offenbart, dass, wenn der Mensch sich sieht an den Gipfel der Natur gestellt, er sich wiederum als eine ganze Natur fühlt, Ordnung, Maß, Harmonie und Bedeutung zusammennimmt, und sich endlich zur Produktion des Kunstwerkes erhebt. – Wie könnte der Mensch zum eigentlich künstlerischen Ausdruck sich intensiver erheben, als wenn er dasjenige, was in ihm selber als einer Formensprache gesucht werden kann mit Hilfe seiner Organisation, wenn er sich selber als künstlerisches Ausdrucksmittel verwendet.

Das ist in Bezug auf die Formgebung gegenüber den Quellen gesagt. Sie werden daraus sehen, dass angestrebt wird – wenigstens als ein Ideal –, verschwinden zu lassen aus unserer eurythmischen Kunst alles dasjenige, was Mimisches, Pantomimisches ist. Wenn solches da oder dort noch darinnen ist, so ist es nur, weil sie eben noch sehr im Anfange ihrer Entwicklung ist, und es wird dies nach und nach ganz verschwinden. Aber auch alles Naturalistische soll verschwinden. Denn nicht darum handelt es sich zum Beispiel, dasjenige, was in der Dichtung zum Ausdrucke kommt, seinem wortwörtlichen Inhalte nach wiederzugeben naturalistisch in der Eurythmie, sondern es handelt sich darum, das gerade wiederzugeben, was der Dichter in der Dichtung aus seinem Stoffe gemacht hat.

Hierinnen empfindet unser heutiges, unkünstlerisches Zeitalter eben eigentlich außerordentlich unkünstlerisch, daher auch beim Rezitieren immer mehr auf den wortwörtlichen Inhalt, das heißt, auf den Prosainhalt Wert gelegt wird, Rücksicht nur darauf genommen wird – viel mehr als auf das eigentlich Künstlerische in der Dichtung. Das Künstlerische der Dichtung liegt niemals in dem wortwörtlichen Inhalte. Schiller hat in seinen bedeutendsten Gedichten, bevor er angefangen hat, immer etwas wie eine Art von unbestimmter Melodie in seiner Seele gehabt, gar nichts vom wortwörtlichen Inhalt, eine unbestimmte Melodie, sodass aus dieser selber unbestimmten Melodie «Der Taucher» oder irgendein anderes Gedicht werden konnte. Den Inhalt hat er erst dazu gefunden zu dem Musikalischen. Das eigentlich Künstlerische der Dichtung, das [ist] doch dasjenige, was als Musikalisches in Rhythmus, Takt, Harmonie und so weiter dem melodiösen Element in dem Thematischen der Dichtung zugrunde liegt oder auch in dem, was als plastisches Bilden der Dichtung zugrunde liegt. Das muss ja auch in der Eurythmie hervorgeholt werden. Daher muss auch die Rezitation und Deklamation zu den früheren künstlerischen Formen des Rezitierens zurückkehren: nämlich gerade zum Hervorheben des Rhythmischen, des Taktmäßigen und so weiter.

Und dieser Versuch der Eurythmie wird wohl einmal, wenn man objektiver über ihn denken wird, so aufgefasst werden, dass er ein Weg ist zurück zum eigentlich Künstlerischen, das ja in unserer Dichtung gar nicht mehr in vollem Maße zum Ausdrucke kommt, weil wir immer zu sehr das wortwörtliche Element, den Gedankeninhalt, die Prosa suchen. Nicht den Gedankeninhalt müssen wir suchen, nicht das [Was], sondern mehr das [Wie] muss gesucht werden. Durch die Eurythmie soll wieder mehr der Weg gesucht werden, über das Wie zum Was zu kommen; und dieser Weg wird gefunden werden. Es wird ja auch der Weg gefunden vom Gedanken- zum Willenselement des Menschen hin.

Ein Produkt ist umso mehr unkünstlerisch, je mehr also der Gedanke überwiegt. Der Gedanke in unserer Schriftsprache hat schon eine abstrakte Form angenommen in unseren zivilisierten Sprachen. Er ist entweder der Ausdruck des menschlichen ungestalteten, unbildlichen Inneren oder aber er ist da zum menschlichen Verkehr, er hat eine konventionelle Form erhalten. Dadurch dass wir dasjenige, was am Gedichte das eigentlich Dichterische ist, in diese sichtbare, bewegte Sprache übertragen, dadurch führen wir den Gehalt der Dichtung zurück vom Gedanken auf das zugrundeliegende, waltende Willenselement. Und in dem bewegten Menschen haben wir im Wesentlichen das Willenselement.

Das Willenselement ist nun dasjenige, das mit der ganzen Persönlichkeit zusammenhängt, nicht bloß mit dem abstrakten Wortwörtlichen. Das Willenselement haben wir da vor uns. Und wir können eigentlich viel mehr aus dem ganzen Menschen heraus etwas hinstellen, wenn wir es in dieser sichtbaren Sprache der Eurythmie geben, als wenn wir es in der Lautsprache geben, wo also der Gedanke zu sehr alles vermitteln soll.

Dann bitte ich Sie, zu berücksichtigen, dass – trotzdem wir uns bemühen, vorwärts zu kommen in dieser Eurythmie – sie noch im Anfange ihrer Entwicklung ist. Diejenigen der verehrten Zuschauer, welche öfter hier waren, werden ja sehen, wie wir namentlich in der Formgebung uns jetzt bemühen, über das Naturalistische und über das Mimische immer mehr hinauszukommen. Wir haben Fortschritte gemacht in Bezug auf die Formgebung in den letzten Monaten. Aber bei alledem muss doch gebeten werden am Ausgangspunkt einer jeden solchen Vorstellung eben um Nachsicht, aus dem Grunde, weil man es zu tun hat mit einem Anfang, vielleicht sogar nur mit dem Versuch eines Anfangs. Aber dem liegt auch die Überzeugung zugrunde, dass dieser Anfang sich wird vervollkommnen können und dass einstmals – vielleicht nicht mehr durch uns, aber durch andere – in der Zukunft noch Mannigfaltiges und Vieles hereingetragen wird werden können. Sodass in der Zukunft diese Eurythmie, diese eurythmische Kunst neben die anderen vollwertigen Künste als etwas Vollberechtigtes im menschlichen Kulturleben sich wird hinstellen können.

[Vor der Pause:]
Nach dieser Pause werden wir neben anderem noch etwas Humoristisches bringen und vor allen Dingen etwas Kindereurythmie. Ich darf vielleicht zu dieser Kindereurythmie noch bemerken, dass hierbei sich ausdrücken soll eine zweite Seite dieser unserer eurythmischen Kunst.

Gewiss soll zuerst vor allem anderen Eurythmie ein künstlerischer Ausdruck sein, eine künstlerische Sache sein. Dann aber wird sie sich trotzdem noch erweisen mit einem pädagogisch-didaktischen Element, indem dasjenige, was durch das Turnen erreicht werden kann, wobei man ja eigentlich nur das Physiologische des Menschen berücksichtigt, eine wesentliche Bereicherung erfährt durch dieses beseelte, durchgeistigte eurythmische Turnen, das zugleich ja Eurythmie sein kann. Es wird schon einmal auch über diese Dinge objektiver gedacht werden. Dann wird man sich sagen: Es ist zwar gut, dass die Kinder turnen lernen, es wird den Körper stählen, es ist etwas, das den Körper kräftiger macht. Allein, durch dieses durchseelte Turnen der Eurythmie wird gerade dasjenige, was das gewöhnliche Turnen nicht heranentwickeln kann und was in unserem Zeitalter so sehr fehlt, es wird das im Menschen heranentwickelt, was ich nennen möchte Willensinitiative. Es wird Willensinitiative in der Seele ausgestaltet.

Insofern ist dasjenige, was bei der Kindereurythmie in Betracht kommt, ein pädagogisch-didaktisches Element, ist etwas, was zum künstlerischen Element der Eurythmie noch hinzukommt.

DORNACH, 29. MAI 1920

Eurythmie-Aufführung für die Mitglieder des «Evangelischen Lehrervereins Baselland und Baselstadt», die Rudolf Steiner zuvor durch das Goetheanum geführt hatte.

Programm zur Aufführung Dornach, 29. Mai 1920

«Veni Creator Spiritus» von J. W. v. Goethe
Spruch aus dem Seelenkalender (8.) von Rudolf Steiner
«Alle» von C. F. Meyer
Spruch aus dem Seelenkalender (9.) von Rudolf Steiner
Auftakt «Schau in Dich» mit Musik von Leopold van der Pals
«An den Mond» von J. W. v. Goethe
Auftakt «Schau in Dich» mit Musik von Leopold van der Pals
«Die Freude» von J. W. v. Goethe
«Melodie» von Ludwig Jacobowski mit musikalischer Beigabe von Leopold van der Pals
«Schwalben» von Christian Morgenstern
Spruch aus dem Seelenkalender (10.) von Rudolf Steiner
«Waldkonzerte» von Christian Morgenstern
Kinderdarbietungen aller Art, mit Musik von Leopold van der Pals
«An mein Kalb» von Fercher von Steinwand
Kinderdarbietungen (Anapäste mit Musik von Max Schuurman; «Ein Rätsel» von Rudolf Steiner; «Lenz Triumphator» von C. F. Meyer)
«Kleiner Tanz» von J. S. Bach (Kindergruppe mit Eurythmisten)
«Den Originalen» von Christian Morgenstern
Kinderdarbietungen mit Musik von Max Schuurman
Die «Elster»-Serie von Christian Morgenstern
Tropfenauftakt mit Musik von Leopold van der Pals

Ansprache zur Eurythmie, Dornach, 29. Mai 1920

Meine sehr verehrten Anwesenden!
Lassen Sie mich erst die tiefste Befriedigung aussprechen – sowohl was mich selbst betrifft als auch, was den Vorstand unseres Goetheanums betrifft – darüber, dass Sie uns heute mit Ihrem Besuche beehren konnten. Es gereicht uns zur besonderen Freude, in Ihrem Kreise, in Ihrem Vereine für unsern schwachen Versuch, Sie etwas einzuführen in die moderne Geistesentwicklung, Interesse zu finden. Wir werden uns jetzt, da Sie nur noch wenig Zeit haben, erlauben, Ihnen kurz einiges nur von unserer Eurythmie vorzuführen.

Ich will nicht viele Worte [im] Voraus sagen, sondern nur sagen, dass diese eurythmische Kunst zwei Seiten hat. Besonders hat sie allerdings die künstlerische Seite, dann noch die pädagogisch-didaktische, die ich aber hier nicht berühren möchte im Besonderen, und sie hat noch eine hygienisch-therapeutische Seite. Als erstes möchte ich über die künstlerische Seite sprechen. Unsere eurythmische Kunst ist tatsächlich eine Art künstlerische Sprache, studiert an den Tonfolgen und Bewegungen, die der sichtbaren Sprache zugrunde liegen auf Grund der Goethe'schen Kunstanschauung und Kunstgesinnung. Diese eurythmische Kunst, diese stumme sichtbare Sprache der Eurythmie, das darf ich wohl heute bloß kurz andeuten, ist auch etwas, was in der Zukunft noch eine bedeutende Rolle spielen wird. Ebenso wird die pädagogisch-didaktische Richtung eine besondere Bedeutung erlangen. Diese Kunst wird, wenn man einmal über diese Dinge etwas objektiver denken wird, sicher viele Freunde finden und Interesse erregen bei den Zuschauern.

In Bezug auf den pädagogisch-didaktischen Teil können wir sagen, dass wir bereits die besten Erfahrungen damit gemacht haben, da wir die Eurythmie als obligatorischen Unterrichtsgegenstand dem Stundenplan der Stuttgarter Waldorfschule eingefügt haben, als eine Art seelisches Turnen. Nicht etwa, um sie anstelle des Turnens zu verwenden, sondern neben dem gewöhnlichen Turnen geht dieser Unterricht in der Eurythmie einher, gewissermaßen ein Turnen für Leib, Seele und Geist. Während das gewöhnliche Turnen mehr eine

Körperausbildung bewirkt, wirkt diese Eurythmie als beseeltes Turnen insbesondere auf die Initiative des Willens, auf die Herausgestaltung desjenigen, was menschliche Seeleninitiative ist. Das wollte ich nur vorausschicken in Bezug auf die Vorstellung.

Es ist mir nicht möglich wegen der Kürze der Zeit, die Ihnen noch gestattet ist, etwas Besonderes in Bezug auf die Kindereurythmie auszuführen. Wir können ihnen davon nur ein paar Nummern geben. Aber ich bitte Sie, dasjenige, was kommt in der Eurythmie und überhaupt dasjenige, was heute schon gegeben werden kann, wie alles Übrige hier als etwas zu betrachten, was im Anfange erst steht. Vieles ist noch in der Entwicklung begriffen. Wir sind selbst unsere strengsten Kritiker, aber wir wissen, dass sich diese Kunst immer weiter vervollkommnen kann. Und wenn sie das Interesse der Zeitgenossen finden wird, dann wird sich mit der Zeit diese eurythmische Kunst als eine besondere Kunst neben den älteren Schwesterkünsten hinstellen. Ebenso wird eine bedeutungsvolle pädagogisch-didaktische Seite zur Heranbildung der jungen Menschen einmal eine große Rolle spielen können in der Zukunft. Ich hoffe, dass Sie Ihr Interesse unseren Veranstaltungen zuwenden können und dass wir Sie mit unseren Darbietungen, die ja nur wenige sein können der Kürze der Zeit wegen, nicht ganz werden enttäuschen müssen.

DORNACH, 11. JULI 1920

Plakat für die Aufführung, Dornach, 11. Juli 1920

Louise van Blommestein KSaG, M.4761

Ansprache zur Eurythmie, Dornach, 11. Juli 1920

Meine sehr verehrten Anwesenden!
Die eurythmische Kunst, von der wir Ihnen auch heute hier eine kleine Probe vorführen wollen, versucht anders als gewisse Nach-

barkünste, die man leicht damit verwechseln kann – Tanzkünste oder sonstige mimische Künste –, anders als diese vorzudringen in einer gewissen Weise zu den Quellen des menschlichen künstlerischen Schaffens überhaupt. Sie sucht dies zu erreichen durch ganz besondere Kunstmittel. Und weil darüber notwendig ist, einige Worte zu sagen, damit das Wesen dieser künstlerischen Richtung ins Auge gefasst werden könne, sende ich diese Worte voraus – nicht etwa um die Vorstellung selbst zu erklären, was natürlich ein unkünstlerisches Unternehmen wäre. Denn Kunst muss durchaus durch sich selbst für den unmittelbaren Eindruck sprechen.

Dasjenige, was Sie auf der Bühne sehen werden, nimmt sich aus wie eine Art durch den ganzen Menschen vollzogener Gebärde. Das ist es aber nicht, und man würde die Eurythmie eben ganz falsch beurteilen, wenn man meinen würde, dass diejenige Bewegung, die entweder durch den einzelnen Menschen oder durch menschliche Gruppen zustande kommen, dass diese Bewegungen bloße Gebärden seien, die ausdrücken sollen dasjenige, was entweder auf der einen Seite musikalisch oder auf der anderen Seite dichterisch-rezitatorisch vorgetragen werden soll. Eurythmie will nämlich in Wirklichkeit sein eine richtige sichtbare Sprache, sie will in plastischer Bewegung genau dasselbe offenbaren, was offenbaren kann der menschliche Kehlkopf und seine Nachbarorgane durch den Laut.

Will man Eurythmie in ihrem Wesen verstehen, so muss man darauf eingehen, welches ihre Quellen sind. Es ist die sinnlich-übersinnliche Beobachtung jener Bewegungstendenzen, die der menschliche Kehlkopf und alles das, was mit den Sprachorganen zusammenhängt, ausdrückt, wenn die Lautsprache ertönt. Nicht diejenigen Bewegungen sind gemeint, die als unmittelbare Zitterbewegungen, als Schwingungen übergehen in die äußere Luft, sondern diejenigen Bewegungen sind gemeint, die diesen Zitterbewegungen als Bewegungstendenzen zugrunde liegen. Bewegungen, die sprachorganisch mehr ausführen wollen, als dass sie wirklich ausführen. Aber das sinnlich-übersinnliche Schauen – um diesen Goethe'schen Ausdruck zu gebrauchen – kann diese Bewegungen beobachten und sie dann nach dem Metamorphoseprinzip auf den ganzen Menschen übertragen.

So wie Goethe namentlich die ganze Pflanze in ihrer Kompliziertheit eben als ein in der einzelnen Gliederung vermannigfaltigtes Blatt, eigentlich nur ein komplizierter gewordenes Blatt sieht, so ist dasjenige, was Sie wie einen Kehlkopf als ganzen Menschen vor sich auf der Bühne sehen, eben umgewandelt dasjenige, was beim gewöhnlichen Zuhören der menschlichen Sprache natürlich nicht beachtet wird, was aber doch durch sinnlich-übersinnliches Schauen als Bewegungen, als eine innere Eurythmie der Sprachorgane beobachtet werden kann. Das ist übertragen auf den ganzen Menschen. Die einzelnen Bewegungen, die der Mensch ausführt oder die Menschengruppen ausführen, sind also genau so zu beurteilen, wie die menschliche Sprache selbst nach der inneren Gesetzmäßigkeit.

Nun müsste man ja, eben wenn man oberflächlich das anschaut, was dargestellt wird, glauben, man hätte es mit Pantomime oder Mimik zu tun. Dagegen ist zu sagen, dass ja, wenn wir sprechen, wir zuweilen auch uns veranlasst fühlen, durch Gebärden unsere Sprache zu unterstützen. Wann tun wir das? Wir tun das nur dann, wenn wir das Gefühl haben, etwas, was in der Sprache mehr oder weniger voll zum Ausdruck kommt, dem subjektiv nachzugehen. Aber das, was in der eigentlichen Eurythmie vorliegt, das ist eben geradeso objektiv wie dasjenige, was bei der Sprache zum Ausdrucke kommt; alle Gebärde ist davon ausgeschlossen, alles bloß Pantomimische und Mimische ist eben davon ausgeschlossen. Das kann nun so in Betracht kommen, wie es für die gewöhnliche Sprache in Betracht kommt.

Man wird gewiss auf der einen Seite zu sagen haben: Eurythmie ist so sehr eine innere gesetzmäßige sichtbare Sprache, dass, wenn zwei Menschen oder zwei Menschengruppen ein und dasselbe Gedicht an ganz verschiedenen Orten vortragen, so ist die individuelle Verschiedenheit nicht größer, als wenn zwei Klavierspieler eine und dieselbe Sonate spielen. Das ist auf der einen Seite so. Aber man kann auch sagen: Man unterscheidet ja, nicht wahr, zwei Klavierspielende in ein und demselben Stück, das sie spielen, ihrer individuellen Nuancierung nach – die wird sich auch beim einzelnen Eurythmisten oder der einzelnen Eurythmistengruppe finden. Da wird dann dasjenige, was subjektiv in die Gebärde übergeht, sich nuancierend verbinden mit demjenigen, was objektive Gesetzmäßigkeit ist.

Dann haben wir also in dieser sichtbaren Sprache der Eurythmie etwas vor uns, nicht in der einzelnen Gebärde, nicht den Ausdruck von irgendetwas, was als Wortwörtliches in der Seele lebt, sondern wir haben in der einzelnen eurythmischen Bewegungsform etwas vor uns, in dem sich der ganze Mensch drinnen so fühlt, wie er sich in einem einzelnen Lautbestande oder Worte oder Wortzusammenhängen fühlt, wie er sich in der gesprochenen Sprache fühlt. Und dasjenige, was wirkt, wirkt nicht dadurch, dass es als Einzelnes etwas ausdrückt, was in der Seele vorgeht, sondern dass sich die eine Bewegung an die andere angliedert und so eine Bewegungsfolge entsteht, wie im Sprechen eine Lautfolge entsteht. Genau ebenso, wie es im Musikalischen ist, wo wir auch in der Aufeinanderfolge der Töne eine innere gesetzmäßige Bewegung haben, so kommt bei der Eurythmie eine solche innere Bewegung gewissermaßen als innere plastische Musik zum Vorschein.

Dadurch sind wir in der Lage, durch die Eurythmie herauszuholen aus einem Gedicht – Gedichte werden es ja neben dem Musikalischen vorzüglich sein, die rezitatorisch die Eurythmie zu begleiten haben –, die Eurythmie drückt nur eben in stummer, in bewegter Sprache dasjenige aus, was durch die Rezitation in der Lautsprache zum Ausdrucke gebracht wird. Wir haben aber Gelegenheit, dasjenige, was den ganzen Menschen angeht, dasjenige, was nicht im Konventionellen oder in bloßem Gedankenausdruck zum Ausdrucke kommt – das Unkünstlerische an der Dichtung –, sondern wir haben Gelegenheit, das ganze Fühlen und Wollen, die ganze Persönlichkeit des Menschen wie in einem großen, bewegten Kehlkopfe zum Ausdruck zu bringen.

Dazu ist allerdings notwendig, und das muss immer wieder erwähnt werden, dass überhaupt zu dem eigentlich künstlerischen Elemente der Dichtung wiederum zurückgekehrt werden muss. Unsere Zeit ist eine im Wesentlichen unkünstlerische, und man empfindet sehr häufig heute deshalb als das Wesentliche an der dichterischen Kunst, was wortwörtlicher Inhalt ist. Dagegen muss immer wieder und wiederum gesagt werden, dass Schiller zum Beispiel eine unbestimmte Melodie in seiner Seele lebendig hatte, und aus dieser unbestimmten Melodie konnte nun alles Mögliche noch werden, ob es «Der Taucher» wurde oder «Der Kampf mit dem Drachen» oder irgendetwas anderes – das stellte sich erst später ein. Das Wesentliche für Schiller war nicht der wortwörtliche Inhalt, *[Lücke im Text]* nicht also die Prosa, die in dem Gedichte ist, sondern das Wichtige war der Rhythmus, der Takt, das Musikalische, das Plastische, das Bildhafte.

Heute liebt man eine Rezitationskunst, die eigentlich mit Künstlerischem nicht mehr viel zu tun hat, sondern manchmal mit menschlicher Sentimentalität, mit menschlichem guten Willen, das oder jenes recht innerlich auszudrücken – wobei es ja immer doch eine Phrase bleibt oder eine Sentimentalität bleibt. Dasjenige aber, was wirkliche Rezitation ist, man kann es ja noch aufsuchen in älteren Zeiten. Goethe hat mit dem Taktstock seine «Iphigenie» mit seinen Schauspielern einstudiert, nicht so sehr auf den Inhalt eingehend, sondern auf die Art und Weise, wie der Jambus seinen Schritt ging. Dieses Wortwörtliche als Rezitation könnte man gar nicht als Begleitungskunst der Eurythmie gegenüberstellen, sondern da muss man auch auf das Eurythmische im Sprechen selber eingehen. Und so muss hier so rezitiert werden, wie die guten alten Künstlerzeiten rezitiert haben.

Das alles zeigt, dass mit dieser Eurythmie etwas angestrebt wird, was durchaus sich als gewissermaßen Neues hineinstellen will in unsere ganze Geistesbewegung, ein Stück Goetheanismus. Goethe hat ja so schön gerade das charakterisiert, was die Eurythmie – wenn auch in sehr eingeschränktem Gebiete – verwirklichen kann. Goethe sprach davon, wie der Mensch, wenn er sich auf den Gipfel der Natur gestellt sieht, sich wiederum als eine ganze Natur empfindet und Harmonie, Maß und Bedeutung in sich hereinnimmt und sich endlich zur Produktion des Kunstwerkes erhebt.

Diese Produktion des Kunstwerkes lebt, ich möchte sagen am menschlichsten dann, wenn der Mensch auf dem Gebiet, in dem er die Eurythmie sieht, sich selber zum künstlerischen Werkzeug macht für dasjenige, was er darzustellen hat. Dann ist wirklich dieser Mikrokosmos, diese kleine Welt, wie der Mensch sie darstellt, wie er sie vor uns bringt, nicht aus einzelnem Willkürlichen zum Ausdruck des Subjektiven, das in der Gebärde, in der Mimik zum Ausdrucke kommt, [gedacht]. Sondern dasjenige, was in ihm veranlagt ist aus seinem ganzen Eingegliedert-Sein in die Welt, das ist im Wesentlichen mit Bezug auf das Künstlerische der Eurythmie zu sagen. Und in erster Linie soll ja die Eurythmie etwas Künstlerisches sein.

Aber daneben steht auch – und Sie werden eine kleine Probe in der Kindereurythmie sehen, die wir Ihnen im zweiten Teil neben einigem Humoristischen vorführen werden –, neben dem steht ja die didaktisch-pädagogische Bedeutung dieser eurythmischen Kunst. Es ist durchaus etwas Bedeutsames, wenn man schon an Kinder diese Eurythmie heranbringt, aus dem Grunde, weil man im pädagogisch-didaktischen Sinne diese Eurythmie auffassen kann als eine Art des seelischen Turnens. Es werden Zeiten kommen, die objektiver über diese Dinge denken als die unsrige.

In der neueren Zeit hat man ja – und zwar mit einem gewissen Recht, dagegen soll nicht kritisiert werden, nichts Besonderes eingewendet werden, dass das Turnen als eine besondere Wohltat für die heranwachsende Jugend angesehen werde –, dagegen hat man sich gewendet. Eine bedeutende Autorität sagte mir vor einiger Zeit, dass er das Turnen nicht als Erziehungsmittel, sondern als eine Barbarei betrachte. Soweit möchte ich nicht gehen. Aber es ist ganz deutlich in unserem Zeitalter angemessen und vom Leben gefordert, dass dieses seelische Turnen der Eurythmie für die Kinder von pädagogisch-didaktischer Bedeutung ist. Die Stärke des Seelischen, Willensinitiative, das ist dasjenige, was herangezogen werden kann durch dieses beseelte Turnen, während dem das gewöhnliche Turnen – nur aus dem Grunde, weil es aus der Physiologie den Menschen betrachtet, nur für den Körper, der gewisse Bewegungen ausführt – einiges an Hilfe für die Fertigkeit geben kann.

Es wird zum Beispiel gerade in der von Emil Molt begründeten Waldorfschule in Stuttgart dieses beseelte Turnen, die Eurythmie, eingeführt. Es wird dadurch ein wesentlich[es] didaktisch-pädagogisches Element gewonnen. Und noch in mancher anderen Beziehung wird man sehen, dass diese Eurythmie dasjenige vielleicht den

Menschen des gegenwärtigen Zeitalters geben kann, was von anderer Seite her nicht kommen kann. An was dachte man alles, bevor dieser Krieg entbrannt ist – da dachten die Leute daran, olympische Spiele aufzuführen. Es ist geradeso, wie wenn man dem Menschen in einem gewissen Lebensalter nicht dasjenige geben wollte, was für ihn gut ist, sondern etwas, was für ein ganz anderes Lebensalter gut ist. Man sieht eben heute alles nur abstrakt und intellektuell, aktuell ein, und nicht aus der Wirkung heraus. Die olympischen Spiele waren das Natürliche für dasjenige, was der Mensch in jenem Zeitalter brauchte. Heute brauchen wir etwas ganz anderes als olympische Spiele. Heute brauchen wir etwas, was den Menschen auch seelisch-geistig hineinstellt in den ganzen Weltzusammenhang. Und so sind die olympischen Spiele und alle die Gedanken, die auf Ähnliches hinzielen, nichts anderes als ein gewisser Dilettantismus gegenüber der menschlichen Kulturentwicklung.

Dasjenige, was in der Eurythmie versucht wird, ist allerdings heute nur erst ein bescheidener Anfang, worauf ich immer wieder hinweisen muss. Aber es ist dasjenige, was so recht aus den Forderungen der unmittelbaren Gegenwart, aus den Forderungen unserer Zeit herausgeholt ist. Und so darf man sagen: Auf der einen Seite müssen die verehrten Zuschauer gebeten werden, dasjenige, was wir jetzt darstellen können, wirklich nur als den Versuch eines Anfanges zu betrachten – es bedarf alles gar sehr der Vervollkommnung. Obwohl diejenigen Zuschauer, die schon früher da waren, sehen werden, wie wir uns bemühen gerade, von Monat zu Monat in der Ausbildung der Formen, der plastisch bewegten Formen von Gruppen weiter zu kommen – wie wir selbst auch unsere strengsten Kritiker sind und genau wissen, welche Vervollkommnung wir noch nötig haben.

Es ist noch zu bemerken, dass wir in der Kunst der Rezitation, die das besondere Künstlerische in dem Dichterischen hervorzuheben hat, dies nicht dadurch zustande bringen, dass wir den Prosagehalt besonders betonen und ihn zur Kunst zu erheben versuchen, sondern dass alles angestrebt werden muss, um nach der anderen Seite hin auch in der Eurythmie, die ja gewiss heute noch in ihrem Anfange vorliegt, eine entsprechend künstlerische Rezitationsform anzuwenden, die heute noch nicht überall verstanden werden wird. Was als ein Anfang vorliegt auf künstlerischem Gebiete, es kann, namentlich wenn es das Interesse unserer Zeitgenossen zulässt – vielleicht noch durch uns selbst, wahrscheinlich aber von anderen – vervollkommnet werden. Und dann wird sich schon aus dieser eurythmischen Kunst etwas herausentwickeln, was als eine vollberechtigte Schwesterkunst neben die älteren vollberechtigten Schwesterkünste die Eurythmie wird hinstellen können.

DORNACH, 17. UND 18. JULI 1920

*Ankündigungsentwurf und Zeitungsannonce für die Aufführungen
Dornach 17. und 18. Juli 1920*

NZ 7353

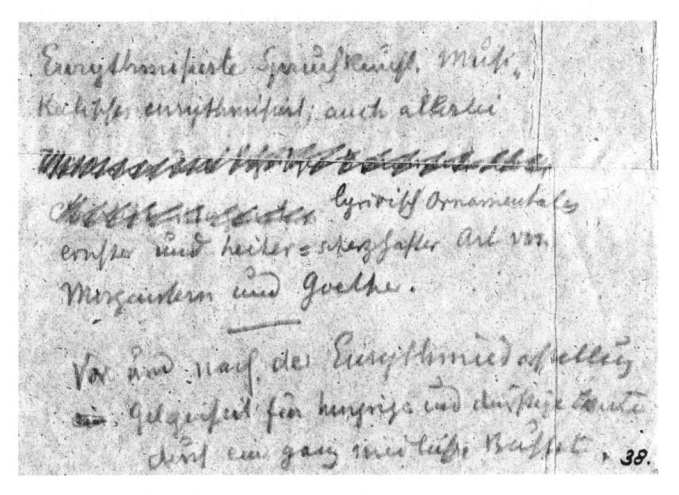

Eurythmisierte Spruchkunst. Musi= / kalisches eurythmisiert; auch allerlei / *[Gestrichenes unleserlich]* / lyrisch Ornamentales / ernster und heiter-scherzhafter Art von / Morgenstern und Goethe.
Vor und nach der Eurythmievorstellung / *[Gestrichenes unleserlich]* Gelegenheit für hungrige und durstige Leute / durch ein ganz niedliches Büffet.

*Basler
Vorwärts
14.7.1920*

Plakat für die Aufführungen Dornach 17. und 18. Juli 1920

Louise
van Blom-
mestein
KSaG,
M.4762

Ansprache zur Eurythmie, Dornach, 17. Juli 1920

Meine sehr verehrten Anwesenden!
Wir werden heute uns wiederum erlauben, Ihnen einige Proben aus der von uns inaugurierten eurythmischen Kunst vorzuführen, und es sei mir gestattet – so wie sonst vor diesen Aufführungen –, mit einigen Worten sie einzuleiten. Nicht geschieht das, weil ich dasjenige, was Sie auf der Bühne sehen sollen, irgendwie zu erklären gedenke,

570

denn dasjenige, was Sie sehen werden, will wirkliche Kunst sein. Wirkliche Kunst bedarf selbstverständlich keiner Erklärung, sondern muss durch sich selbst sprechen, muss unmittelbar den Eindruck machen, der mit [ihr] beabsichtigt ist, muss unmittelbar auftreten. Aber über die Quellen und über die ganze Art und Weise, wie diese Kunst gefunden worden ist, muss ich einiges vorausschicken. Denn es handelt sich ja um eine Kunst, die erst ganz im Anfange ist, die erst in weiterer Entwicklung gewissermaßen zu dem Stadium kommen wird, wo die Gesetze wie etwas Selbstverständliches – zum Beispiel bei der Musik – wirken. Wir geben uns keiner Täuschung darüber hin, dass wir mit dem, was wir heute schon versuchen können, eben durchaus einen Anfang erst haben.

Soll ich nun mit wenigen Worten das Wesentliche dieser Kunst zum Ausdrucke bringen, so möchte ich sagen: Es handelt sich um eine Art von Sprache, aber eine Sprache, die nur nicht auf die gewöhnliche Weise zustande kommt, wie der Mensch mit seinen Sprachorganen in der Lautsprache spricht, sondern es handelt sich um eine Sprache, die durch die sichtbare Bewegung wirkt, die entweder ein Mensch an sich ausführt oder die Menschengruppen zusammen im Raume ausführen und dergleichen, also um eine Art von stummer, sichtbarer Sprache, ausgeführt durch den ganzen Menschen.

Das alles beruht im Grunde auf einer Ausbildung eines Goethe'schen Kunstgedankens, wie alles dasjenige, was hier versucht wird, beziehungsweise innerhalb derjenigen Bewegung versucht wird, für welche dieser Dornacher Bau der Repräsentant, der äußere Repräsentant sein soll. Wie alles, so beruht auch das auf einer weiteren Ausgestaltung des Goetheanismus – wobei uns Goethe nicht dasjenige ist, als was er 1832 gestorben ist, sondern dasjenige, als was er in der lebendigen, geistigen Bewegung bis heute fortlebt, fortlebt in denjenigen Kunstprinzipien, in denjenigen Erkenntnis- und geistigen Prinzipien überhaupt, die in *seinem* Sinne gehalten sind.

Es sieht abstrakt aus, aber es ist sehr konkret und tatsächlich gemeint, wenn ich erinnere an dasjenige, was Goethe mit seiner Metamorphosenlehre eigentlich gemeint hat. Diese Metamorphosenlehre, die ist ja heute noch immer nicht genügend verstanden. Sie wird einmal – wenn man über wahre Wissenschaft andere Anschauungen haben wird als die heutigen, noch immer aus dem Materialismus gewordenen sind – erst in ihrem vollen Umfange, in ihrer vollen Tiefe gewürdigt werden. Es sieht einfach aus, wenn Goethe sagt: Nehme ich ein einzelnes Pflanzenblatt, so ist in diesem einzelnen Blatt alles dasjenige gegeben, was die ganze Pflanze ist, nur kommt Verschiedenes – Verästelung, Verzweigung der Pflanze, die Bildung des Blütigen, des Fruchthaften und so weiter – nicht sichtbarlich im Blatte zum Ausdruck, sondern es ist gewissermaßen im Blatte dem Gedanken nach drinnen. Das Sichtbare im Blatte ist viel weniger, als dasjenige, was dem Gedanken nach in jedem einzelnen Blatte vorhanden ist, sodass jedes einzelne Pflanzenblatt – einfach gestaltet – die ganze Pflanze ist. Und wiederum, dass die ganze Pflanze nichts anderes als ein kompliziertes gestaltetes Blatt ist. – Wie gesagt, wenn das einmal in seinem ganzen Umfange durchdacht, durchforscht sein wird, was da Goethe andeutet für das Pflanzenleben, was er in gewissem Sinne auch für das Tierreich ausgeführt hat, so wird das auf das ganze geistige Leben einen bedeutsamen Eindruck machen.

Wir versuchen hier umzusetzen dasjenige, was Goethe bloß auf die Form des organischen Wachstums, des Wachstums der Lebewesen angewendet hat, wir versuchen es anzuwenden – allerdings ins Künstlerische umgewandelt – in unserer eurythmischen Kunst, indem wir studieren. All dasjenige, was eurythmische Kunst ist, beruht wirklich auf einem tiefen geistigen Studium, indem studiert worden ist, welches die Bewegungstendenzen sind, die zugrunde liegen dem Kehlkopf und allen Nachbarorganen des Kehlkopfes, die beim Lautsprechen in Betracht kommen. Nicht die einzelnen Vibrationen, die dann in die Luft übergehen und den Ton vermitteln, den ich zum Beispiel jetzt zu Ihnen spreche und der an Ihr Ohr dringt, sondern die großen, zusammenfassenden Bewegungen, die aber deutlich veranlagt sind in der Konfiguration der Stimmbänder, in der Konfiguration der anderen Organe, die beim Sprechen in Betracht kommen. Das alles musste sorgfältig studiert werden. Diese Bewegungen, die man da kennenlernt, wenn ich mich des Goethe'schen Ausdruckes wiederum bedienen darf, durch sinnlich-übersinnliches Schauen, diese Bewegungen werden dann auf den ganzen Menschen übertragen, sodass der Mensch durch seine Armbewegungen, durch die Bewegung seines ganzen Leibes dasselbe im Grunde ausdrückt, was ausführen will der Kehlkopf und seine Nachbarorgane.

Es ist also, so wie Goethe die ganze Pflanze wie ein kompliziertes veranlagtes Blatt nimmt, so ist dasjenige, was hier auf der Bühne ein einzelner Mensch oder Menschengruppen vor Ihnen darstellen, es ist Umgewandeltes vom Kehlkopf und sonstigen sprachorganischen Bewegungen. In dem Menschen und in den Menschengruppen, die vor Ihnen auftreten, sehen Sie, ich möchte sagen einen bewegten Kehlkopf. Der ganze Mensch wird zum bewegten Kehlkopf. Nur natürlich, da diese Kunst am Anfange ist, so ist nicht alles gleich verständlich. Aber bedenken Sie nur, wenn Sie eine Ihnen unbekannte Sprache hören, so ist sie Ihnen auch nicht gleich verständlich. Und wenn Sie dann auch noch Künstlerisches in der Sprache, Dichterisches in der Sprache empfangen sollen, so ist es auch nicht gleich verständlich. Eurythmie wird sich also erst allmählich zum selbstverständlichen Eindruck durchringen. Aber derjenige, der künstlerisches Empfinden hat, wird schon heute diejenigen Bewegungen, die ausgeführt werden, wirklich als eine Art bewegter Sprache oder bewegter Musik ansehen können. Man braucht dazu nur einige künstlerische Intuition.

Allerdings, indem die Eurythmie so auftritt, muss in ihr angestrebt werden, ich möchte sagen in unserer ja wirklich kunstarmen Zeit, in der Zeit, in der so wenig *wirklich* künstlerischer Sinn vorhanden ist, es muss gerade angestrebt werden, diesen künstlerischen Sinn zu vertiefen. Hört man heute die Dinge, es ist ja wirklich so, meine sehr verehrten Anwesenden, dass man sagen muss, neunundneunzig Prozent alles desjenigen, was heute gedichtet wird, ist vollständig unnötig gedichtet, und nur ein Prozent davon ist wirklich aus künstlerischer Innerlichkeit heraus entsprungen. Denn an einem Gedicht ist ja nicht dasjenige Kunst, was prosaischer Inhalt ist, wortwörtlicher Inhalt ist, sondern an einem Gedicht ist nur so viel Kunst, als darinnen Form ist, entweder musikalischer Untergrund oder plastisch-bildhafter Untergrund.

Die Zeiten sind eigentlich vorüber, aber sie müssen wieder kommen, wo die Romantiker es als eine besondere Befriedigung empfanden, Gedichte in fremden Sprachen anzuhören, wo sie gar nicht den Inhalt verstanden, sondern nur den Rhythmus, nur das Musikalische verstanden, um sich so nur in das Musikalische, in das Formale des künstlerischen Schaffens, das der Dichtung zugrunde liegt, hinein zu vertiefen. Dazu müssen wir wiederum kommen, richtig zu verstehen wiederum, was es eigentlich heißt, wenn man aufmerksam darauf wird, dass Schiller bei den bedeutendsten seiner Gedichte zunächst gar nicht den wortwörtlichen Inhalt hatte – der war ihm zunächst höchst gleichgültig. Er hatte so etwas unbestimmt Melodiöses in der Seele liegen, und da konnte das eine oder andere Gedicht später noch daraus werden. Das kam erst später dazu, was der Prosainhalt ist – das ist das Unkünstlerische am Inhalt. Das eigentlich Künstlerische, also das Rhythmische, Taktmäßige, Melodiöse oder auch das Plastische, das ist dasjenige, was auch an der Dichtung das eigentlich Künstlerische ist. Sodass Sie bemerken werden: Wenn wir dichterische Eurythmie darstellen, so streben wir keine Pantomime, nichts Mimisches an, sind weit entfernt davon. Wenn es heute noch auftritt, so ist das nur, weil wir eben im Anfang der eurythmischen Kunst stehen und eben abstreifen müssen im Eurythmischen Physiognomisches, Mimisches und so weiter. Das ist noch eine Unvollkommenheit. Soweit es heute auftritt, wird es schon später abgestreift werden.

Es handelt sich gerade darum, dass dasjenige, was der Dichter selber als Künstlerisches in der Formung der Verse, in dem Rhythmus und so weiter macht, dass das auch aufgefasst wird in dem Fortströmen des Eurythmischen. Sodass es nicht darauf ankommt zu sehen: Wie drückt eine eurythmische Bewegung dies oder jenes aus? – sondern: Wie fügt sich die eurythmische Bewegung anständig an die vorausgehende Bewegung, wie die dritte an die zwei anderen und so weiter, sodass man wirklich eine im Raume vor sich gehende musikalische Kunst hat. Daher werden Sie auf der einen Seite sehen, dass dasjenige, was eurythmisiert werden soll, rezitiert wird, und auf der anderen Seite werden Sie Musikalisches hören. Und auf der Bühne werden Sie eben nur in menschlichen Bewegungen, in die Bewegungskunst umgesetzt entweder das Musikalische oder das Dichterische sehen.

Ich darf darauf aufmerksam machen, dass dabei auch die Rezitationskunst wiederum herausgehoben werden muss aus jener Unkunst, in der sie heute eigentlich drinnen steckt. Diese Rezitationskunst wird ja heute als besonders vollkommen angesehen, wenn der Rezitierende auf den wortwörtlichen Inhalt, auf die Prosa, auf dasjenige, was ausgesprochen wird durch die Dichtung, besonders sieht. Und man ist dann ganz besonders zufrieden, wenn der Rezitator, der Deklamator so, wie man sagt, recht innerlich den Prosainhalt zum Ausdruck bringt. Den kann man gar nicht zum Ausdrucke bringen in derselben Form, wie er in der heutigen Unkunst angestrebt wird. Wenn man nach dem Deklamierten die eurythmische Kunst ausüben will, da muss der Rezitierende auch durchaus eingehen auf das Rhythmische, auf das Musikalische oder auf das Plastisch-Malerische der Dichtung sogar. Sodass also gerade dasjenige, was heute vernachlässigt wird, auch in der Rezitation zum Vorschein kommen muss.

Sie werden im Verlaufe unseres heutigen Abends auch Kinder darstellen sehen. Da darf ich wohl besonders darauf aufmerksam machen, dass ja diese Kinderdarstellungen schon eine große Rolle im Lehrplan unserer Stuttgarter Waldorfschule spielen – als Ergänzungen des rein äußerlich mechanischen Turnens durch die eurythmische Kunst bei den Kindern. Da ist, ich möchte sagen dasjenige, das sonst als Kunst auftritt, *beseeltes Turnen*. Über diese Dinge wird ja eine spätere Zeit, die unbefangener als die heutige denkt, denken wird über geistige Fortschritte, geistige Menschheitserfordernisse und so weiter, durchaus anders denken, als man heute denkt. Heute wird ja zunächst so geturnt von den Kindern, wie es die physiologischen, die rein mechanischen Gesetze erfordern. Aber da wird nicht Rücksicht genommen auf den Menschen als *ganzes* Wesen, da kommt nur der Mensch als physisches Wesen in Betracht. Wenn bei uns die Kinder Bewegungen ausführen, die zu gleicher Zeit die Bewegungen der eurythmischen Kunst sind, so kommt der ganze Mensch nach Leib, Seele und Geist in Bewegung. Und das wirkt so, dass – wenn es im richtigen Alter an die Kinder ganz lehrplanmäßig herangebracht wird, wie wir das in der Waldorfschule in Stuttgart tun –, dass dann nicht nur dasjenige, was das Turnen heranerzieht, heranerzogen wird, sondern dass viel mehr heranerzogen wird. Heute glaubt man es nicht, weil eben heute der ganze Geist des Denkens materialistisch ist. Das Turnen hat ja gewiss mancherlei Gutes. Was aber die Eurythmie bei den Kindern schon hervorbringen kann und was das Turnen nicht kann, das ist *Willensinitiative*, das ist Selbständigkeit des Seelenlebens. Das kommt von der Beseeltheit der Bewegungen, die nicht da ist beim bloßen Turnen.

So hat dasjenige, was wir als Eurythmie treiben, erstens im Wesentlichen eine künstlerische Bedeutung, zweitens aber auch eine pädagogisch-didaktische Bedeutung. Und ich könnte noch von einer dritten Bedeutung reden, von einer hygienischen, will es aber heute nicht. Weil dasjenige, was in der Eurythmie von dem Menschen ausgeführt wird, etwas wesentlich Gesundendes hat, so kann diese hygienische Seite eine wesentliche praktische Unterstützung in Krankheitsfällen bilden. Um das Genauere auszuführen, reicht ja die Zeit in den paar einleitenden Worten, die mir hier zur Verfügung steht, leider nicht aus.

Jedenfalls soll in der Eurythmie das zutage treten, was man nennen könnte: Der Mensch versucht dasjenige, was in ihm an Bewegungsmöglichkeiten liegt, zur äußeren Darbietung zu bringen. Dadurch haben wir wirklich etwas Durchgeistigtes, Durchseeltes, etwas, was als Durchgeistigtes und Durchseeltes unmittelbar sinnlich anschaulich ist. Wir haben Natur, denn der ganze Mensch steht als Natur vor uns. Aber wir haben *durchseelte* Natur, denn der Mensch ist es, der diese natürlichen Bewegungen ausführt. Wir haben im eminentesten Sinne dasjenige, dass uns das Menschengeheimnis ausgedrückt wird in den Bewegungen des Willens, sodass wirklich, wenn der Mensch selber das Instrument in der eurythmischen Kunst ist, erfüllt ist das schöne Goethewort: Wenn der Mensch an den Gipfel der Natur gestellt ist, bringt er in sich selber wiederum eine ganze Natur hervor, nimmt Ordnung, Harmonie, Maß und Bedeutung zusammen und erhebt sich zur Produktion des Kunstwerkes. – Und in der

Eurythmie nimmt er aus seinen eigenen Bewegungsmöglichkeiten, aus seiner Gestalt, aus allem, was ihm zur Verfügung steht, Ordnung, Harmonie, Maß und Bedeutung zusammen, um auszudrücken, was sein Seelisch-Inneres ist.

Es kommt das, glaube ich, gerade bei einer eurythmischen Darbietung zum Ausdrucke, was Goethe von der Kunst so sehr ersehnte, dass sie zu gleicher Zeit eine Enträtselung ist der großen Naturgeheimnisse, denn Goethe sagt: Wem die Natur ihr offenbares Geheimnis zu enthüllen beginnt, der empfindet eine tiefe Sehnsucht nach ihrer würdigsten Auslegerin, der Kunst. Die Kunst ist etwas, was Goethe – wie jeder echte Mensch – in innigem Zusammenhange mit den Weltgeheimnissen denkt.

Das alles bitte ich aber, soweit wir das heute schon in Proben vorführen können, mit Nachsicht aufzunehmen; denn wir wissen selber sehr gut, dass alles noch im Anfange steht, vielleicht auch erst der Versuch eines Anfanges ist. Aber wer auf das Wesen dieser eurythmischen Kunst hinschaut und in ihr tätig ist, er muss die Überzeugung haben, dass dasjenige, was sie am Anfang jetzt erst ist, dass das einer Vervollkommnung fähig ist, die es einstmals – vielleicht noch durch uns selbst, aber wahrscheinlich durch andere – dahin bringen wird, dass diese eurythmische Kunst als die jüngste sich neben die älteren, eingebürgerten Künste voll ebenbürtig hinstellen kann.

Ansprache zur Eurythmie, Dornach, 18. Juli 1920

Meine sehr verehrten Anwesenden!
Gestatten Sie, dass ich – wie sonst vor diesen eurythmischen Versuchen – einige Worte auch heute voraussende. Es geschieht ja dies nicht, um etwa die Vorstellung als solche zu erklären, das wäre ein unkünstlerisches Unternehmen, Kunst muss ja im unmittelbaren Eindrucke wirken durch dasjenige, was sie ist, und bedarf einer Erklärung nicht. Dagegen erscheint es mir doch nötig, da wir es nicht zu tun haben mit etwas schon vollständig Fertigem in der Eurythmie, sondern mit einem Anfange, vielleicht könnte man sogar sagen: mit dem Versuch eines Anfanges. Es erscheint mir deshalb nötig, einiges

zu sagen über das, was Sie in dieser eurythmischen Kunst sehen und über die Quellen und Werkzeuge der eurythmischen Kunst.

Diese eurythmische Kunst will sein, indem sie ganz und gar herausgeholt ist aus Goethe'scher Weltanschauung und Goethe'scher künstlerischer Gesinnung, eine sichtbare Sprache. Wenn ich sage, sie ist herausgeholt aus Goethe'scher Weltanschauung, Goethe'scher Kunstanschauung, so muss ich auf der einen Seite bemerken, dass es sich, wenn wir hier sprechen von Goetheanismus, uns nicht darum handelt, irgendwie nur breiter auszugestalten dasjenige, was durch Goethe in die Welt getreten ist bis zum Jahre 1832, sondern dass für uns Goethe eine lebendige Macht ist, geistig fortwirkend, und dass wir heute nicht sprechen von dem Goethe, der 1832 gestorben ist, sondern von dem Goethe von 1920, das heißt von dem, was sich innerhalb der geistigen Weltanschauung, der ganzen geistigen Strömung, die durch ihn der abendländischen Kultur eingefügt worden ist, weiter ausgestalten, weiter entwickeln kann.

Auf der anderen Seite möchte ich darauf hinweisen, dass Goethe dasjenige, was er seine Metamorphosenlehre nannte, ausgestaltet hat für das Verständnis der lebendigen Form, namentlich der Pflanzenform. Dasjenige, was Goethe als eine so einzigartige Schrift 1790 veröffentlicht hat, das ist ja heute, trotz vieler Bemühungen auf diesem Gebiete, durchaus in weiteren Kreisen noch nicht hinlänglich gewürdigt. Wird es einmal gewürdigt, so wird man ganz sicher zu reichen Quellen zur Ausgestaltung gerade eines Verständnisses kommen der Lebewesen, das aus diesem Metamorphosegedanken zu gewinnen ist.

Für uns handelt es sich nun nicht um irgendeine theoretische Erkenntnis, die über diesen Metamorphosegedanken gewonnen werden soll, sondern für uns handelt es sich vor allen Dingen um die künstlerische Ausbeutung, Auswertung dieses Metamorphosegedankens. Goethe unterscheidet zunächst, indem er das einzelne Blatt an der ganzen Pflanze ansieht, Goethe unterscheidet zunächst äußerlich sinnlich einfach gestaltetes, aber der Idee nach, dem Unsichtbaren nach, was im Blatte webt und wirkt: Das Blatt ist eine ganze Pflanze. Die ganze Pflanze ist eigentlich auch nur ein in sich künstlerisch ausgestaltetes, gekerbtes, verästeltes Blatt; wiederum die Metamorphose in Blüte, Frucht und so weiter – sie ist für Goethe ein künstlerisch ausgestaltetes Blatt.

Dasselbe neben vielem anderen umgesetzt, gibt uns die Möglichkeit – wie gesagt, neben vielem anderen –, einen Pfad, den wir hier mit der Eurythmie betreten, eine sichtbare Sprache so zu schaffen, dass wir wahrhaftig nicht unabsichtlich durch Menschen, die zunächst als Werkzeug, als wirkliches Werkzeug dienen für die eurythmische Kunst, diese Kunst ausdrücken. So willkürlich auch sich solche Bewegungen ausnehmen mögen auf den ersten Anblick, lassen Sie mich das ausdrücken, so wenig entspricht dies etwa Tanzbewegungen oder dergleichen, die hervorgehen aus den Instinkten, aus den Trieben und so weiter. Sondern dasjenige, was Sie hier sehen werden auf der Bühne an Bewegungen des einzelnen Menschen, an Bewegungen von Menschengruppen im Raume, das ist alles vollständig studierte Bewegung – um mich nun wiederum des Goethe'schen Ausdruckes zu bedienen –, die durch sinnlich-übersinnliches Schauen durchdrungen [ist].

Was an Bewegungsanlagen im menschlichen Kehlkopf und in den anderen Sprachorganen vorhanden ist, wenn die Lautsprache zustande kommt, dem entsprechen diese Bewegungen. Dass da ein Bewegungselement zugrunde liegt, weiß ja jeder. Denn indem ich hier zu Ihnen spreche, übertragen sich die Bewegungen meiner Sprachorgane auf die Luft, und indem die Luft mit diesen Bewegungen an Ihr Gehörorgan dringt, hören Sie, was ich spreche. Diese Zitterbewegungen, diese Wellenbewegungen sind es zunächst nicht, die eigentlich interessieren, wenn es sich um Ausgestaltung der Eurythmie handelt, sondern mehr die Bewegungs*tendenzen*, welche dem Kehlkopf und seinen Nachbarorganen zugrunde liegen und welche sich dann erst mit einem [komplizierten] Vorgang umsetzen in die kombinierten Bewegungen der Ondulation, der Wellen, der Schwingungen der Luft und so weiter.

Diese Bewegungstendenzen, die werden nun sorgfältig studiert, inwiefern sie das Wesen, den Charakter desjenigen durch höhere Gebärdenhaftigkeit ausdrücken, als eigentlich die Lautsprache hervorbringen will. Und so, wie Goethe das einzelne Blatt als eine ganze

Pflanze ansieht, so kann man den Kehlkopf mit seinen Nachbarsprachorganen gewissermaßen als einen ganzen menschlichen Organismus im Kleinen auffassen. Und man kann dasjenige, was er ausdrücken will, was aber im «status nascendi», im Geborenwerden gehalten wird, damit es sich umsetzt in die Lautsprache, das kann man durch sinnlich-übersinnliches Schauen auffangen und kann es dann umsetzen in Bewegungen der menschlichen Hände, der menschlichen Gliedmaßen oder in Formen.

Das ist ja dasjenige, was wir insbesondere in der letzten Zeit reichlicher ausgebildet haben: Die Formen, die nun der ganze menschliche Körper im Raume oder Menschengruppen im Raume ausführen. Was Sie also sehen werden, ist übertragen auf den ganzen Menschen dasjenige, was sonst in den Sprachorganen als Bewegungstendenzen der Lautsprache zugrunde liegt.

Es ist möglich, gerade diese sichtbare Sprache künstlerisch zu behandeln, sodass dasjenige, was auf der einen Seite in der Dichtung zum Vorscheine kommt, auf der anderen Seite in der Musik zum Vorscheine kommt, sich durchaus auch umwandeln lässt in das, was man zur Offenbarung bringen kann in dieser sichtbaren Sprache der Eurythmie. Sie werden auf der einen Seite heute Musikalisches hören, auf der anderen Seite Rezitatorisches, und in der Mitte werden Sie den bewegten Menschen und bewegte Menschengruppen – geradezu den ganzen Menschen oder Menschengruppen – als großen Kehlkopf sehen, der ausführt eine bewegte Sprache. Es lässt sich das, was da als bewegte Sprache auftritt, nun künstlerisch behandeln.

Ich möchte sagen, es lässt sich dadurch sogar mitunter entgegenkommen gewissen künstlerischen Sehnsüchten, welche heute gerade in künstlerischen Kreisen leben und deshalb wenig Ausgestaltung finden, manchmal sogar karikaturhafte Ausgestaltung finden, weil es in den verschiedenen Gebieten der Kunstentwicklung noch nicht bis zu der Handhabung der Mittel gekommen ist. Expressionismus, Impressionismus sind da; aber die Behandlung der Mittel, das ist dasjenige, was durchaus noch nicht bis zu einem gewissen bedeutenden Abschlusse bei den alten Künsten gekommen ist. Da kann, wie ich glaube, sogar die eurythmische Kunst in gewissem Sinne eine Art Anregung bilden – ich will nicht sagen als Vorbild dienen.

Denn wenn wir es zum Beispiel [mit] der menschlichen Sprache, der sich die Kunst bedient, zu tun haben, da mischt sich ja insbesondere in unseren schon sehr stark vorgeschrittenen Sprachen immer ein unkünstlerisches Element in das Sprechen, in das Dichten dadurch hinein. Und wir dürfen sagen, ein großer Prozentsatz von dem, was heute gedichtet wird, ist eigentlich gar nicht wirkliche Kunst. Denn in der Dichtung ist wirkliche Kunst nur dasjenige, was entweder als das Musikalische zugrunde liegt oder als das Plastische, als das Bildhafte zugrunde liegt. Der wortwörtliche Inhalt ist eigentlich Prosainhalt, der nur dazu verwendet wird, im Rhythmus, Takt, im melodiösen Element und so weiter durch die Sprache zu offenbaren, was im Künstlerischen der eigentlichen Dichtung geschehen soll. Dass es so ist heute, das hat seinen Grund darinnen, dass ja gerade die gebildetsten Sprachen fast – wegen ihrer Verwendung zur Menschenverständigung, zu immer komplizierterer Menschenverständigung – ein außerordentlich starkes prosaisches Element bekommen haben, das nicht immer so ohne Weiteres, möchte ich sagen, zurückgehalten ist und zu gebrauchen ist zu jenem elementarisch Ursprünglichen, was man braucht, wenn man künstlerisch schaffen will. Auf der anderen Seite sind die gebildeten Sprachen in den gebildeten Kulturen und Zivilisationen der Ausdruck für hoch entwickelte Gedanken. Aber der Gedanke als solcher, der ist ein Bild, das, wenn es irgend[wie] – sei es als Wissen, sei es als zugrunde liegender Ausdruck – in der Kunst verwendet wird, die Kunst ertötet, die Kunst lähmt.

Nun haben wir gerade in der gesprochenen Sprache, in der Lautsprache, von dem eigentlich Intellektuellen, von dem Denkerischen, von dem Vorstellungsmäßigen und von dem Willensmäßigen eine Art Zusammenwirken. Wenn wir unseren Kehlkopf in Bewegung setzen, so wirken gewissermaßen zwei Strömungen der menschlichen Organisation in den Bewegungen des Kehlkopfes zusammen. Dasjenige, was durchdrungen ist von dem Vorstellungsmäßigen, vermischt sich mit dem, was von dem Willensmäßigen herrührt. Das Willensmäßige rührt aus den Tiefen der Persönlichkeit, die wiederum ein Ausdruck ist, ein Mikrokosmos von universaler Weltgesetzlichkeit. Darinnen kann Künstlerisches leben. Aber in der gesprochenen Sprache und daher auch in der Dichtung, die sich dieser bedient, wird dieses eigentlich Elementar-Künstlerische abgeschwächt, abgelähmt durch das abstrakte Gedankenelement, das doch eben mit dem Gedankenhaften in der Wortbildung zusammenhängt.

Nun haben wir in der Eurythmie gerade die Möglichkeit, dieses Gedankenelement abzustreifen, indem wir uns eben nicht der Lautsprache bedienen, sondern indem wir dasjenige, was aus dem ganzen Wesen des Menschen, das in seinen Tiefen die Gesetzmäßigkeiten der Welt birgt, im Mikrokosmos, das aus diesen Tiefen heraufrollt, das Willenshafte im Menschen, dass wir aufhalten dieses Willenshafte, bevor es zum Visionären wird, dass wir dieses Willenshafte ganz gesetzmäßig, so wie nur die Lautsprache selber gesetzmäßig ist, umsetzen in Bewegungen der menschlichen Glieder oder des ganzen Menschen. Da ist ebenso wenig in irgendeiner Einzelbewegung etwas Willkürliches, wie in der Lautsprache oder in den Tönen einer Melodie etwas Willkürliches ist. Alles beruht auf dem gesetzmäßigen, innerlich gesetzmäßigen Fortgang der Bewegungen. Und dasjenige, um was es sich handelt, ist weit entfernt, bloß Mimisches oder Pantomimisches zu sein. So viel da noch darinnen ist davon, ist eben noch ein Anfang vorhanden, muss nach und nach überwunden werden. Dasjenige, was in der Eurythmie zur Darstellung kommt – Sie werden das insbesondere bei den Formen sehen, die heute von uns angestrebt werden –, ist nicht ein pantomimisches Ausdrücken des Prosainhaltes der Dichtung, sondern ein Umsetzen desjenigen, was der wirkliche Künstler aus der Sprache gemacht hat, in diese sichtbare Sprache.

Daher muss auch die begleitende Rezitation anders gehalten werden als das, was man heute die Rezitation nennt. Gerade dann, wenn man sie gut findet heute, hebt man besonders im Rezitatorischen den Prosainhalt des Gedichtes hervor und sieht weniger auf den Rhythmus, den Takt und das melodiöse Element. Aber man könnte gar nicht mit der heutigen Unform des Rezitierens – was nur eine künstlerische Unart ist, die ein unkünstlerisches Element in sich hat –, man könnte gar nicht mit der zusammenwirken in der eurythmischen Kunst, sondern da handelt es sich darum, dass wirklich in dem Rezitieren, in dem Deklamieren auch versucht wird, das zugrunde liegende Melodiöse, Rhythmische zu finden. Ich muss immer bei einer solchen Gelegenheit daran erinnern, wie Schiller nicht den wortwörtlichen Inhalt eines Gedichtes bei manchen bedeutsamen seiner Gedichte in der Seele zunächst hatte, sondern etwas wie eine unbestimmte Melodie. Und dann konnte aus diesem melodiösen Elemente, das noch gar nichts wortwörtlich in sich enthielt, das eine oder andere Gedicht wortwörtlich werden. Der Prosainhalt, der dann verwendet wurde, ohne gewissermaßen der Träger des eigentlich Künstlerischen zu sein, das im Plastischen, im Musikalischen besteht, der war für Schiller erst das Sekundäre.

Alle diese wirklich künstlerischen Elemente, die suchen wir wiederum in dem Eurythmischen zur Darstellung zu bringen, indem wir sie zum Wesen der eigentlichen eurythmischen Kunst machen, und damit zum Wesen alles dessen, was wir damit in Zusammenhang bringen müssen und Ihnen darstellen werden.

Dann hat die Eurythmie noch eine wesentlich andere Seite: Sie hat auch eine hygienische Seite zum Beispiel – aber von der will ich heute nicht sprechen. Da sie unmittelbar Bewegungen bringt am Menschen, die aus der menschlichen Natur gesetzmäßig hervorgehen, ist sie etwas wirklich Gesundendes. Allein, das müsste ausführlich auseinandergesetzt werden, und das kann nicht mit diesen paar einleitenden Worten geschehen.

Nur auf das Eine soll noch hingewiesen werden. Sie werden heute auch Kindervorstellungen sehen, und da möchte ich betonen, dass diese eurythmische Kunst eine wesentlich pädagogische, didaktische Seite hat, und damit ein Element in sich hat, das wir auch schon in unserer Waldorfschule in Stuttgart, der durch Emil Molt gegründeten Freien Waldorfschule, neben dem rein physiologischen Turnen eingeführt haben. Diese Eurythmie ist zu gleicher Zeit neben ihrem Kunstwert für den heranwachsenden Menschen, für das heranwachsende Kind, von Bedeutung als ein beseeltes, durchseeltes Turnen.

Wenn man einmal über diese Dinge objektiver und unbefangener denken wird, als man das heute schon kann, dann wird man schon einsehen, meine sehr verehrten Anwesenden, dass jenes Turnen, welches ausgeht von der materialistischen Erfassung des menschlichen Wesens – das ja gewiss all das Lob verdient, das man ihm heute zuspricht, das aber wenigstens eines *nicht* kann, was nun das beseelte Turnen, die Eurythmie, kann: Da, wo das Kind genötigt ist, jede Bewegung bis ins Kleinste hinein, die es ausführt, zu durchseelen, da wird in der Seele ein Element herangezogen, das nicht lügen kann. Durch das aus dem Materialismus heraus erwachsene physiologische Turnen kann dies nicht erreicht werden. Es wird durch unser beseeltes Turnen, durch die Eurythmie, vor allen Dingen die Willensinitiative zur rechten Zeit, im rechten Lebensalter bei dem Kinde geweckt – und damit eben, unserer heutigen Zeit, der die Willensinitiative in dem großen weiten Umkreise so sehr fehlt, etwas gegeben, was von immenser Notwendigkeit ist.

Das alles sind noch Absichten, die zugrunde liegen der eurythmischen Kunst, wie ich schon im Eingange in meiner Begrüßung sagte. Es handelt sich darum, dass diese Kunst noch ganz am Anfange ist. Wir denken heute noch sehr bescheiden darüber und sind selbst unsere strengsten Kritiker. Allein, wir haben auch die Überzeugung, dass dieser Anfang vervollkommnungsfähig ist und dass, wenn – wahrscheinlich durch andere, nicht mehr durch uns selber – das, was heute als Anregung gegeben werden kann, ganz anfänglich als Anregung gegeben werden kann, wenn das weiter ausgebildet wird, dann diese eurythmische Kunst als die jüngste neben die älteren Schwesterkünste, die schon immer anerkannt sind, in würdiger Weise sich hinstellen wird.

DORNACH, 8. AUGUST 1920

Plakat für die Aufführung Dornach, 8. August 1920

Louise van Blommestein KSaG, M.4458.1

Notizen zur Ansprache Dornach, 8. August 1920

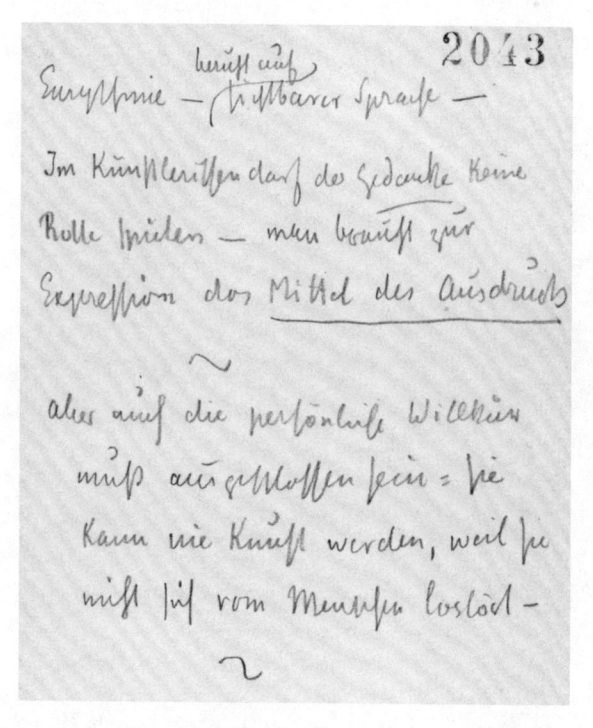

NZ 2043

Eurythmie – beruht auf sichtbarer Sprache –
Im Künstlerischen darf der Gedanke keine / Rolle spielen – man braucht zur / Expression das Mittel des Ausdrucks
Aber auch die persönliche Willkür / muß ausgeschlossen sein = sie / kann nie Kunst werden, weil sie / nicht sich vom Menschen loslöst –

Ansprache zur Eurythmie, Dornach, 8. August 1920

Meine sehr verehrten Anwesenden!
Wie es sonst üblich war vor diesen eurythmischen Aufführungen, so möchte ich auch heute die Darstellung mit ein paar Worten einleiten. Eurythmische Kunst bedient sich ja einer Ausdrucksweise, die als solche im Wesentlichen neu ist. Aber nicht darum handelt es sich, um etwa dasjenige, was auf der Bühne gesehen werden soll, zu erklären, was unkünstlerisch wäre – und Künstlerisches soll nicht eine Erklä-

rung nötig haben –, sondern es handelt sich darum, einiges zu sagen über dieses besondere Ausdrucksmittel, und deshalb nur möchte ich mir erlauben, ein paar Worte vorauszuschicken.

Es handelt sich darum, dass dieses Ausdrucksmittel, eine Art sichtbare Sprache, eine Sprache ist, welche dadurch wirkt, dass entweder der ganze Mensch in seinen Gliedern Bewegungen ausführt, die ebenso für den Anblick wirken sollen wie die hörbare Sprache für das Ohr, oder auch dadurch, dass Menschengruppen solche Bewegungen ausführen, die eine Art eben sichtbarer Sprache darstellen. Aber es ist nicht die Meinung, dass diese sichtbare Sprache dasjenige sein soll, was man Mimik oder Gebärdenspiel oder dergleichen nennen könnte, sondern es ist die Meinung, dass das unmittelbare Zusammenhängen von Gebärden, von Ausdruck mit dem, was innerlich in der Seele vorgeht, ebenso vermieden werden muss hier im Künstlerischen, wie es ja vermieden ist in der gewöhnlichen Sprache, die ja zwar aus unmittelbarem Ausdrücken des Empfindens und des äußeren Anschauens hervorgegangen ist, aber doch nicht sich in dem erschöpft, was man etwa als Gebärdenspiel auffassen könnte. Es ist ein sorgfältiges, intuitives Studium des Zustandekommens der Lautsprache, das gewissermaßen zur Ausgestaltung dieser sichtbaren Sprache führt.

Man kann, wenn man das entwickelt, was Goethe sinnlich-übersinnliches Schauen nennt, darauf kommen, welche Bewegungen, namentlich aber welche Bewegungs*tendenzen* zugrunde liegen, wenn der Mensch durch den Kehlkopf und die anderen Sprachorgane die hörbare Sprache hervorbringt. Auf einer Art von Bewegung beruht das Sprechen, das ist hinlänglich bekannt. Indem ich hier spreche, übertragen sich jene Bewegungen, die von meinen Sprachorganen ausgeführt werden, auf die Luft, und durch die Luft wird eben der Inhalt des Gesprochenen dem Ohr vermittelt. Aber nicht um diese unmittelbaren Vibrationsbewegungen handelt es sich, sondern um dasjenige, was gewissermaßen als Bewegungstendenz in diesen Vibrationen eben darinnen lebt, das nun sorgfältig studiert wird für jeden Laut, jede Lautbildung, für die Lautzusammenhänge, das studiert wird aber namentlich auch für den Satzbau, für die inneren

Gesetzmäßigkeiten der Sprache. Und das alles, was man so studieren kann und was unvermerkt bleibt als etwas der Lautsprache nur Zugrundeliegendes, weil man dabei die Aufmerksamkeit auf das zu Hörende lenkt und nicht auf das, was der Bewegung zugrunde liegt, alles das, was da unvermerkt bleibt bei der Lautsprache, das wird übertragen auf den ganzen Menschen. Sodass gewissermaßen der ganze Mensch vor dem Zuschauer wie ein lebendiger Kehlkopf erscheint, ausführt diejenigen Bewegungen, die sonst im Kehlkopf der Tendenz nach veranlagt sind, wodurch eben diese sichtbare Sprache zum Vorschein kommt.

Es darf schon bemerkt werden, dass in der Gegenwart diese eurythmische Kunst, die ja herausgeboren ist aus unserer anthroposophisch orientierten Weltanschauung, die ein weiterer Ausbau ist der Goethe'schen Kunstanschauung und Kunstgesinnung, dass diese eurythmische Kunst entgegenkommt gewissen Bestrebungen, die als Sehnsuchten, als künstlerische Sehnsuchten in unserer Zeit leben. Wer wüsste denn nicht, wenn er sich nur etwas vertieft hat in das künstlerische Streben und Wirken der Gegenwart, dass die Künste nach neuen Ausdrucksmitteln, nach einer neuen Formsprache hin ringen? Und wer wüsste nicht, wie verschieden die Wege sind, auf denen gerungen wird? Wie wenig befriedigend aber dasjenige ist, was man versucht, aus der Farbe, aus der Form heraus zu schaffen, auch aus dem Worte heraus zu schaffen, um ein neues Ausdrucksmittel zu gewinnen.

Wenn man bezeichnen will dasjenige, was da eigentlich waltet im neueren, im modernen künstlerischen Streben, so hat man zu gleicher Zeit dasjenige, was heute noch im unmittelbaren Anblick den Zuschauern es schwierig macht, die Darstellung der eurythmischen Kunst unmittelbar künstlerisch zu empfinden. Denn woraus gehen die heutigen Modernisierungen des künstlerischen Strebens denn hervor? Wir sehen, wie in der Entwicklung der neueren Zeit der Mensch mehr oder weniger die Fähigkeit verloren hat, aus seinem Inneren heraus Kräfte zu entwickeln, durch die er sich an die Außenwelt hingeben kann, durch die er ganz aufgehen kann in der Außenwelt.

Wenn wir die früheren Kunstepochen, die heute nicht einmal mehr von vielen ganz verstanden werden, zurückblicken, so müssen wir sagen: So etwas wie ein Raffael'sches, wie ein Michelangelo'sches Kunstwerk, sie gehen ja gerade hervor aus dem Vermögen des Künstlers, innerlich mitzuerleben dasjenige, was das Wesen, das er darstellt, erlebt. Dieses innerliche Miterleben mit der Natur, mit der Welt überhaupt, das ist ja in den letzten Jahrhunderten allmählich den Menschen verloren gegangen und geht in der Gegenwart immer mehr und mehr noch der äußeren Lebensempfindung verloren.

[Die Kunst versuchte ja gerade immer – man braucht sich nur an Goethe'sche Kunstdefinitionen zu erinnern –, dasjenige wiederzugeben, was man aus innerlichem Miterleben mit dem Andern, mit anderen Wesen, mit der äußerlichen Natur erfahren konnte. Man versuchte das zu ersetzen, sagen wir, durch den Schicksalseindruck, durch den Augenblickseindruck wie im Impressionismus, im impressionistisch bewussten Zustande die Kunst werden will, weil man nicht verwachsen konnte mit dem Objekt, wie man gewissermaßen herausfallen musste aus dem Objekte; deshalb gab man sich hin an den Augenblickseindruck.] Dieses impressionistische Hingeben dem Augenblickseindruck, es kann doch nicht zu einem wirklichen, echten künstlerischen Ausdrucksmittel führen, aus dem einfachen Grunde, weil dieser Augenblickseindruck ja nicht mehr verstanden werden kann, sobald er vorüber gegangen ist. Man muss gewissermaßen den Glauben haben, solch ein Augenblickseindruck, der im impressionistischen Kunstwerk festgehalten wird, der war einmal da. Es entfernt einen der Impressionismus, der gerade naturalistisch sein will, er entfernt einen von dem eigentlichen Wesen der Dinge. Der Mensch kann sein Inneres nicht heraustragen in die Welt. So wird er künstlerisch Impressionist.

Dann aber hat sich erhoben in der letzten Zeit wie eine Art Opposition gegen den Impressionismus das expressionistische Prinzip. Es trat gewissermaßen provozierend auf. Der Mensch wollte, weil er die Fähigkeit verloren hatte, sein Inneres in das Äußere zu vertiefen, unmittelbar dieses Innere als Expression, als Ausdruck des Seelischen hinstellen durch die gebräuchlichen künstlerischen Ausdrucksmittel.

Dadurch aber ist wiederum, ich möchte sagen die andere Gefahr sehr naheliegend, dass man dasjenige, was ganz subjektivistisch erlebt ist, im tiefsten Innern subjektiv erlebt, als einzelnes menschliches Erlebnis hinausstellt, und dadurch wieder eine Grenze für das Verständnis gegeben ist, dadurch, dass der Zuschauer ja wiederum tolerant eingehen müsste auf das, was ein einzelner Mensch als tiefstes Seelenerlebnis erlebt, [w]as er gar nicht kann, etwas zum Ausdruck bringen, über das man nur sagen kann – das kann der Philister sagen –: Der will irgendetwas Seelisches malen, zeichnen; Wasser, eine Anzahl Schiffssegel sehe ich, die ich ebenso gut für aufgehängte Wäsche halten kann und so weiter. Das sind Dinge, die im Expressionismus hervorgebracht werden, die das menschliche Innere zwar nach außen werfen, aber nicht verstanden werden, weil sie nicht erlebt sind, sondern bloß so sind, dass dieses einzelne menschliche Innere unmittelbar mit der Außenwelt, in einem unmittelbaren Zusammenhange mit der Außenwelt dargestellt ist.

Dennoch wird sich ja ein Weg zu wirklich künstlerischen Ausdrucksmitteln wiederum finden müssen, indem man gewissermaßen mit dem Expressionismus dem Impressionismus entgegenkommt, und umgekehrt. Aber man kann glauben, dass gerade so etwas, wie die Eurythmie dem Suchen, das in dieser Richtung liegt, entgegenkommen könne und dadurch gerade diese Eurythmie so recht wie von der Gegenwart gefordert wird – was ja bei allem Übrigen, was aus anthroposophischer Kultur und Weltanschauungsempfindung hervorgeht, auch der Fall ist.

Dadurch, dass der ganze Mensch gewissermaßen Kehlkopf wird, dass der ganze Mensch Ausdrucksmittel für eine sichtbare Sprache ist, dadurch kommt wirklich dasjenige, was der Mensch im Innerlichen erleben kann, was auch nacherlebt ist, in den rezitierten Gedichten oder der gespielten Musik, es kommt doch dasjenige, was seelisches Leben ist, Innerstes, Menschliches, unmittelbar als äußerer Sinnenschein am Menschen selbst zum Ausdruck. Dadurch aber ist es wiederum etwas, was nicht bloß Augenblickseindruck ist – eine Expression, die zu gleicher Zeit impressionistisch aufgenommen werden kann. Denn wenn durch irgendeinen Augenblickseindruck etwas in der Natur fixiert ist, so haben wir eben doch etwas, was wir seelisch ausdrücken wollen und können, dass wir uns in die Seele der Natur hineinvertiefen. Das können wir entwickeln, wenn wir jene Expression betrachten, die in eurythmischen Darstellungen durch den Menschen selbst sich darbietet. Da ist Geist und Seele unmittelbar in den äußeren Bewegungen vor die Augen hingestellt. Da ist zu gleicher Zeit Impression. Sodass durchaus – es soll [nicht etwa] behauptet werden, dass die eurythmische Kunst nun eine allumfassende Kunst nach dieser Richtung ist, aber es kann durchaus gesagt werden: Sie weist gewissermaßen den Weg, wie man künstlerische Ausdrucksmittel für dasjenige finden kann, was in breiten Kreisen künstlerischen Strebens als Sehnsucht heute zu merken ist.

Das als ein paar Worte über das im besten Sinne des Wortes Moderne in der Eurythmie, des von der Zeit Geforderten unserer Eurythmie als Kunst.

Dann aber hat diese Eurythmie eine weitere, eine pädagogisch-didaktische Seite, indem sie für das Kind eine Art beseeltes Turnen ist. In der Zeit unseres Materialismus hat ja das rein physiologische Turnen, dasjenige, was im Wesentlichen gebaut ist auf die materialistische Betrachtung des menschlichen Körpers, das hervorgebracht wurde durch diese Anschauungen, den Vorrang. Man ist heute durchaus noch einseitig eingestellt in dieser Beziehung, obwohl schon einige Geister, die nun überhaupt aufräumen möchten mit manchem, was in der Gegenwart als Vorurteil ist – wie zum Beispiel Spengler –, schon einsehen, wie einseitig auch dieses Turnen ist. Gewiss soll nichts gesagt werden gegen den pädagogischen Wert dieses Turnens, aber es muss ergänzt werden durch dasjenige, was nun nicht bloß den Körper ausbildet, sondern was vor allen Dingen von der Seele aus Willensinitiative bewirkt, die ja unserer Zeit so sehr fehlt, Willensinitiative in den Menschen hinein gießt. Das kann dadurch geschehen, dass das Kind nun nicht bloß die von der körperlichen Organisation geforderten Turnbewegungen macht, sondern dass es beseelte Bewegungen macht, dass in jeder Bewegung Seele lebt. Das wirkt auf den Willen. Das wird innerlich seelisch und stärkt den Menschen in der Willensinitiative, im Hervorbringen der Willensinitiative. Und dies braucht unsere Zivilisation, wenn sie vorwärtskommen will.

Die hygienisch-therapeutische Seite, die noch in unserer Eurythmie ist, will ich heute außer Acht lassen. Alles dasjenige, was Eurythmie entwickeln kann, ist ja heute noch ein Anfang. Und diejenigen der verehrten Zuschauer, die schon öfter da waren, werden sehen, wie wir uns bemühen, in der breiteren Form nun wirklich dem nachzukommen, was zum Beispiel Gebärdenbildung, Formbildung ist, wie wir immer mehr und mehr bemüht sind, alle mimischen, pantomimischen, alle Augenblicksgebärden herauszuwerfen und wirklich eine bewegte Sprache und Musik hervorzubringen und wie wir namentlich darauf bedacht sind, nicht dasjenige, was Prosainhalt des Gedichtes ist, wiederzugeben, sondern das, was der dichterische Künstler aus dem Inhalt gemacht hat.

Trotzdem wir uns bemühen, vorwärtszukommen, muss ich eben vor jeder eurythmischen Aufführung hier, die von Gästen besucht wird, es aussprechen, trotzdem wir uns bemühen, vorwärtszukommen, sind wir uns darüber doch ganz klar, dass diese eurythmische Kunst am Anfange erst steht, dass diese eurythmische Kunst ein allererster Versuch ist – vielleicht sogar ein Versuch mit unzulänglichen Mitteln ist heute noch. Aber wir sind uns auch klar darüber, dass, wenn dasjenige, was schon versucht worden ist, weiter auszubilden, durch uns oder wahrscheinlich durch andere immer mehr und mehr ausgebildet sein wird, dass die eurythmische Kunst einmal etwas werden kann, was als berechtigte Kunst neben andere, ältere Schwesterkünste sich wird hinstellen können.

DORNACH, 15. AUGUST 1920

Programm zur Aufführung Dornach, 15. August 1920

Spruch aus dem Seelenkalender (16.) von Rudolf Steiner
Spruch aus dem Seelenkalender (17.) von Rudolf Steiner
«Kinderlied» von Max Schuurman (Kindergruppe)
Spruch aus dem Seelenkalender (19.) von Rudolf Steiner
«Wind und Geige» von Christian Morgenstern, mit Musik von Leopold van der Pals
«Glückselig» von Christian Morgenstern
«Herbstgefühl» von Friedrich Hebbel
«Das Vermächtnis» von Robert Hamerling
Spruch aus dem Seelenkalender (20.) von Rudolf Steiner
«Die Spröde» von J. W. v. Goethe
«Die Bekehrte» von J. W. v. Goethe
«Andante grazioso» von Wolfgang Amadeus Mozart
Spruch aus dem Seelenkalender (21.) von Rudolf Steiner
Dreistimmiger Kanon (Kindergruppe)
«I. Urtrieb» von Fercher von Steinwand
«Prooemion» von J. W. v. Goethe
«II. Urtrieb» von Fercher von Steinwand
«Tanzliedchen» von Jan Stuten (Kindergruppe)
Humoresken von Christian Morgenstern mit Musik von Jan Stuten: «Ein Seufzer»; «Muhme Kunkel»; «Der Papagei»; «Lore»; «Lorus»; «Wortkunst»
«Der Rattenfänger» von J. W. v. Goethe mit Musik von Max Schuurman

Ansprache zur Eurythmie, Dornach, 15. August 1920

Meine sehr verehrten Anwesenden!
Gestatten Sie, dass ich heute wie sonst vor diesen Versuchen einer eurythmischen Darstellung einige Worte voraussende. Es geschieht nicht, um etwa die Vorstellung zu erklären. Künstlerische Versuche, welche erst Erklärungen nötig hätten, wären ja keine solchen. Kunst

spricht durchaus durch sich selbst, auch für den unmittelbaren Eindruck soll sie verständlich sein. Nun aber ist es bei dieser eurythmischen Kunst so, dass der Versuch gemacht wird, aus anderen Kunstquellen heraus, als die bisher gewohnten sind, und durch eine andere Formensprache etwas zu schaffen. Und über diese Quellen und über diese Formensprache sei es mir gestattet, einige Worte zu sagen, auch deshalb, weil ja der ganze Versuch der eurythmischen Kunst noch im Anfange ist und erst bei seiner weiteren Vervollkommnung das wird geben können, was in Wirklichkeit beabsichtigt ist eigentlich.

Sie werden auf der Bühne sehen die Bewegungen, die der Mensch ausführt durch seine Glieder – Bewegungen des ganzen Menschen, Bewegungen der Menschengruppen. Das alles ist nicht etwa durch eine Art von Pantomime oder Mimik zustande gekommen, sondern es beruht auf einem sorgfältigen Verfolgen desjenigen, was eigentlich im Menschen vor sich geht, wenn der Mensch durch die Lautsprache das Innere seiner Seele offenbart. Man kann sagen: [Wie] alles, was von diesem Dornacher Bau hier vor die Welt sich hinstellen will, so ist auch diese eurythmische Kunst aus dem Goetheanismus herausgeschöpft, aus Goethe'scher Kunstanschauung, Goethe'scher künstlerischer Gesinnung.

Goethe hat ja – wenn ich das scheinbar Theoretische, was aber wahrhaftig nicht theoretisch gemeint ist, voranstellen darf – es unternommen, aus der Gestalt eines Lebewesens das Wesen dieses Lebewesens zu erkennen. Nun, mehr als man heute schon glaubt, wird die menschliche Erkenntnis auf diesen Goethe'schen Versuch einer wirklichen Durchdringung des Wesens des Lebendigen noch zurückkommen, wenn manche Vorurteile abgestreift sein werden aus der Weltanschauung, die heute noch sehr stark innerhalb dieser Weltanschauung geltend gemacht werden. Es gilt einfach das, was Goethe in der so anschaulich und so tief bedeutsamen Abhandlung *Versuch, die Metamorphose der Pflanzen zu erklären* im Jahre 1790 veröffentlicht hat. Ich möchte davon nur herausheben, dass Goethe bemüht ist, das einzelne Blatt in seiner oftmals einfachen, oftmals komplizierteren Form für die ganze Pflanze zu erklären und wiederum die ganze Pflanze in ihrem inneren ideellen Wesen nur als ein komplizierteres

Blatt zu erklären: Die Pflanze als gewissermaßen eine Gemeinschaft von einzelnen, wieder sichtbaren Pflanzen, die als Blätter auftreten, die Verwandlungen, Metamorphosen durchmachen. Metamorphosen des Blattes sind auch die Blütenblätter, Kelchgefässe, Staubgefässe und so weiter. Diese lebendige Anschauung der Umformung des einen Organismus, dieses Anschauen des ganzen Lebewesens als eines komplizierteren Gebildes, das gewissermaßen schon ideenhaft in den einzelnen Organen vorgebildet ist, das ist dasjenige, was einmal das Rätsel des Lebendigen, wenn es weiter ausgebildet ist, lösen wird.

Was nun Goethe angewendet hat auf die Gestalt des Pflanzlichen, später auch ausgedehnt hat auf die Gestalt des Tierischen, hier soll es verwendet werden – aber allerdings ins Künstlerische heraufgehoben – zur eurythmischen Kunst. Vom Erkennen baut ja auch Goethe eine Brücke zum Können, zum künstlerischen Können. Und ein schönes Wort ist von Goethe, das eigentlich in jede künstlerische Gesinnung aufgenommen werden müsste: Wem die Natur ihr offenbares Geheimnis zu enthüllen beginnt, der sehnt sich nach ihrer würdigsten Auslegerin, der Kunst. – Damit rückt Goethe an wahres Erkennen, das nicht in Abstraktionen lebt, sondern das im unmittelbaren Anschauen lebt, das künstlerische Schaffen heran.

Nun versuchen wir hier dasjenige, was Goethe zunächst für die Gestaltung geschaut hat, auszudehnen auf das menschliche Betätigen. Sorgfältig wird studiert, welche künstlerischen Bewegungen der Kehlkopf – und seine Nachbarorgane – ausführt, wenn die Lautsprache zustande kommt. Nicht jene feinen Vibrationen, die sich von dem Organ des Menschen übertragen auf die Luft und dann fortschreiten bis zum Gehörorgan des Hörenden, nicht auf diese kommt es an, sondern auf dasjenige, was als Bewegungstendenzen zugrunde liegt, auf die dann gewissermaßen aufgefädelt sind diese Vibrationen. Ich möchte sagen, wenn wir uns einen langen Pflanzenstiel anschauen, wie etwa bei der unechten Akazie, sie bildet einen langen Stiel, dem einzelne Blättchen aufgeheftet sind. So könnten wir verfolgen Grundtendenzen, die sich schon im Kehlkopf und seinen Nachbarorganen geltend machen, Grundtendenzen für die Schwingungen der Sprache. Diese Grundtendenzen, sie werden, wenn ich das Goethe'sche Wort gebrauchen darf, durch sinnlich-übersinnliches Schauen erkannt. Und so, wie sich Goethe vorstellt, dass die gesamte Pflanze nichts anderes ist als ein komplizierter ausgestaltetes einzelnes Blatt, so lassen wir den ganzen Menschen in seinen Bewegungen dasjenige ausführen, was sonst in der Region des Kehlkopfes und seiner Nachbarorgane ausgeführt wird. Also verwandeln wir tatsächlich die Lautsprache, bei der die inneren Bewegungstendenzen nicht der Aufmerksamkeit unterliegen, weil das nur dem Laute hingegeben ist, wir verwandeln die Lautsprache in eine sichtbare Sprache: Der ganze Mensch – oder Menschengruppen auch – stehen vor Ihnen auf der Bühne und führen diejenigen Bewegungen aus, die sonst unsichtbar ausgeführt werden, wenn die Lautsprache zustande kommt. Dasjenige, was der Lautsprache, ich möchte sagen als ein *Untersinnliches* zugrunde liegt, das wird herausgeholt und der menschlichen Gestalt als Bewegung aufgeprägt oder auch Menschengruppen als Bewegung aufgeprägt.

Damit ist eine Möglichkeit geschaffen, zugleich manches, was jetzt gerade von schaffenden Künstlern sehr lebendig empfunden wird – wenigstens möchte man aus einer Ecke heraus darauf hinweisen, wie ja heute ein großer Teil der künstlerisch Schaffenden nach neuen Ausdrucksmitteln, neuen Ausdrucksformen lechzt, Impressionisten, Expressionisten oder wie diese sich sonst heißen, man nennt danach die verschiedenen Wege, die in ihrer Kunst eingeschlagen werden. Da sehen wir auf der einen Seite, wie der unmittelbare Eindruck festgehalten werden soll, die Impression wiedergegeben werden soll. Weil der Mensch heute ja eigentlich die Kraft verloren hat, unterzutauchen in das innere Wesen der Dinge, wie es die großen Künstler früherer Epochen gekonnt haben, das Vermögen also, ganz aus dem Inneren heraus zu schaffen, verloren haben, so wird gleichsam dasjenige, was übrigbleibt, in der Impression festgehalten. Oder auch, es wird dasjenige, was *[Lücke im Text]* durch falsche Worte und so weiter, festgehalten, was dann namentlich mehr philosophischen Naturen schwer verständlich erscheint, im Expressionismus. Aber es sind das alles Wege, welche eigentlich darauf hinauslaufen, in einer neuen Form die alte Kunstfrage zu beantworten: Wie gelangt man dazu, Eindrücke künstlerisch festzuhalten, ohne dass dabei Gedanken eine Rolle spielen?

Abstrakte Gedanken sind es ja immer, welche die eigentliche Kunst töten. Die Kunst muss ohne die abstrakten Gedanken verlaufen. Nun, hier haben wir die Möglichkeit. In der gewöhnlichen Lautsprache haben wir nicht so dieselbe Möglichkeit, denn da ist heute schon ins Konventionelle hinein, in die Nützlichkeit hinein das Mitteilungsbedürfnis zu sehr herabgestiegen. Und der Künstler muss ja zum Beispiel versuchen, durch das unter der Sprache Liegende – auch ein eurythmisches Element übrigens –, dasjenige zu erreichen, was ihn befriedigen kann.

Hier in der Eurythmie haben wir die Möglichkeit – außer dem einen Element, das in der Lautsprache vorhanden ist –, den Gedanken vollständig auszuschalten und unmittelbar aus dem ganzen Menschen, aus dem Willen heraus die Bewegung abzuleiten, sodass wir ein Unmittelbares vor uns haben, denn das Ausdrucksmittel wird an dem Menschen selber gemacht, kommt an dem Menschen selber zustande. Nebenbei spricht sich aus, weil der Mensch das Instrument dieser eurythmischen Kunst ist und dasjenige, was Anlage ist, unmittelbar zu den Sinnen spricht, wie alle Kunst zur Anschauung sprechen muss und alles das, was seelisch ist, unmittelbar in die Bewegungen übergeht, sodass also hier unter allen Umständen eine Vereinigung des Expressionistischen mit dem Impressionistischen erzeugt wird. Die Impression ist gegeben, indem alles das zum Sinn, zum Anschauen mit dem Auge spricht, das Expressionistische ist gegeben dadurch, dass das Innere des Menschen es ist, welches sich in diese Bewegungen hineinlebt. Dadurch ist alles Pantomimische, bloße Mimische vermieden, und man gelangt zu einer Gesetzmäßigkeit in den Bewegungen, welche zu vergleichen ist mit der inneren Verbindung des melodiösen und harmonischen Elementes in der Musik selber. So kommt man dazu, dasjenige, was Sie auf der einen Seite als Rezitation, auf der anderen Seite als Musik hören werden, umzusetzen in diese sichtbare Sprache.

Diejenigen der verehrten Anwesenden, die öfter schon hier waren, werden sehen, dass wir uns ja bemüht haben in der letzten Zeit etwas weiter zu kommen, insbesondere im Aufbau der Formen. Allein das sind Dinge, die durchaus trotzdem noch im Werden sind. Wir sind selbst die allerstrengsten Kritiker und wissen sehr gut, wieviel im Einzelnen noch fehlt. Es wird sich ja auch später im Großen und Ganzen noch darum handeln, das dramatische Element ins Eurythmische umzusetzen. Daran arbeite ich schon lange, aber es hat sich bis jetzt noch kein Weg gezeigt, während es im Lyrischen, auch im Humoristischen schon im hohen Maße in der letzten Zeit sich geltend machte als gut gelungene Darstellung. Das in neuer Art auszudrücken, nicht nur, was in dem Worte gelegen hat, sondern das wirkliche Formale, also dasjenige, was der Dichter aus dem Inhalte gemacht hat, das auch in der Rhythmik der Bewegungen zum Ausdruck zu bringen, das ist ja unser Ideal: Nicht die unmittelbare Empfindung, wie es auch beim Musikalischen ist, nicht dasjenige, was eine Zufallsverbindung zwischen Gebärde und innerem seelischen Erlebnis ist, zum Ausdruck zu bringen, sondern etwas so Gesetzmäßiges, wie es in der Lautsprache selbst vorliegt.

Das ist so einiges von dem, was ich Ihnen zu sagen habe mit Bezug auf die Gestaltung der eurythmischen Kunst. Sie werden dabei sehen, dass in dieser eurythmischen Kunst wiederum das eigentlich Künstlerische, das unserer Zeit so sehr verloren gegangen ist, zur Geltung kommt. Unsere Zeit betrachtet an einem Gedicht oftmals den Inhalt, nicht das Wie des Aufbaues, des Taktes, des Rhythmus, auf die es eigentlich ankommt. Ich möchte immer wieder daran erinnern, wie Schiller bei den bedeutsamsten seiner Gedichte nicht den wortwörtlichen Inhalt zunächst in der Seele hatte, sondern eine Art unbestimmter Melodie – ganz gleichgültig, zu welchen Worten die gehören sollte –, eine innere bewegte Musik in der Anlage in der Seele trug, dann ergaben sich erst die Worte.

Wer nicht durchschauen kann zu diesem eurythmischen Elemente, der gelangt auch nicht zu einem Verständnisse des eigentlich Künstlerischen auch in der Dichtung. Und diesem Trachten muss auch folgen die Rezitation, die auch nicht ihr Ideal hier darinnen sehen kann, wie besonders der wortwörtliche Inhalt hervorgehoben, gedämpft und dergleichen wird, was man gegenwärtig als das Ideal des Rezitatorischen ansieht, sondern dasjenige, was in dem *Wie* liegt, in dem formellen Elemente, in dem sich bewegen der Gedanke und Empfindungen, ganz abgesehen vom wortwörtlichen Inhalt, der mehr eine Leiter für das eigentlich Künstlerische ist und nicht dieses selbst. Das muss auch in der Rezitation zum Ausdruck kommen. Anders würde man in der Rezitation diese eurythmische Kunst gar nicht in Wirklichkeit begleiten können. Heutige Rezitationskunst, wie man sie im Allgemeinen betrachtet, ist etwas, was neben der Eurythmie nicht mehr gehen kann. Aber gerade dadurch wird sich Aussicht eröffnen, dass unsere unkünstlerische Zeit wiederum zu künstlerischem Empfinden zurückkehrt, wenn man sieht, dass etwas, was ja nur in dem eigentlich künstlerischen Sinne aufgefasst werden kann wie diese Eurythmie, auch ausstrahlen wird für die Schwesterkünste etwas an eigentlich künstlerischem Element über das bisher Künstlerische.

Dann hat diese Eurythmie, diese sichtbare Sprache, noch ein hygienisches Element. Über das möchte ich mich – der Kürze der Zeit wegen – heute nicht verbreiten. Ein anderes wesentliches Element aber ist das pädagogisch-didaktische, weswegen wir die Eurythmie als einen obligatorischen Lehrgegenstand in unserer Waldorfschule in Stuttgart bereits eingeführt haben, wo sie auch schon dasjenige zeigt für den, der es sehen will, was sie soll.

Meine sehr verehrten Anwesenden, gewiss, man schätzt mit einem gewissen Recht das Turnen, das in der neueren Zeit heraufgekommen ist in der Entwicklung der Menschheit. Aber Leute, die doch wieder etwas tiefer sehen – wie Spengler –, haben schon ihre Bedenken dem Turnen gegenüber geäußert. Und für den, der noch die Vorurteile in der heutigen Zeit kennt, die vorhanden sind, und der etwas voraus sehen kann, der weiß, dass das Turnen zwar, weil es vom Physiologischen des Menschen, vom Leiblichen des Menschen geleitet ist, gewissermaßen dieses Leibliche auch ausbilden kann, dass aber dasjenige, was der Mensch der Gegenwart gerade nicht hat, was er aber sehr dringend braucht – Initiative im Willen, Initiative in der Seele –, nur dadurch herangezogen werden kann, dass beseeltes Turnen – die Eurythmie – neben dem bisherigen Turnen eingeführt wird, das mehr auf das Körperliche geht. Durch dieses beseelte Turnen, das in die Didaktik, in die Pädagogik einbezogen wird, wird jede Bewegung, die das Kind ausführt als Eurythmie, so, dass darauf hingewirkt wird, dass der ganze Mensch, nicht bloß der leibliche Teil, in Anspruch genommen wird. Das ist etwas, was nach und nach berücksichtigt werden wird gerade dadurch, weil Willensinitiative, seelische Willensinitiative neben der Körperausbildung, die allein durch das Turnen kommen kann, angestrebt werden muss.

So werden Sie heute auch neben dem Übrigen, was das Künstlerische der Eurythmie zeigt, noch etwas von Kindern dargestellt sehen. Es ist das nur als eine Probe aufzufassen, wie Eurythmie in pädagogisch-didaktischer Weise auf das Kind wirken kann. Bei alledem aber darf ich auch heute wieder um Ihre Nachsicht bitten aus dem Grunde, weil es ja ganz ernsthaftig gemeint ist, dass wir selbst die strengsten Kritiker sind dieser unserer Anfänge, vielleicht des Versuchs unserer Anfänge in unserer eurythmischen Kunst und eurythmischen Didaktik. Sie werden weiter ausgebildet werden müssen, vielleicht sogar durch andere, denn es bedarf einer langen Entwicklung, wie andere Künste auch; dann aber wird diese eurythmische Kunst – das muss als Aussicht derjenige haben, der sich mit ihr ernstlich beschäftigt –, dann wird sie in würdiger Weise neben die älteren Schwesterkünste, die längere Zeit gehabt haben, auf die Menschen zu wirken, sich auch hinstellen können.

DORNACH, 22. AUGUST 1920

Plakat für die Aufführung Dornach, 22. August 1920

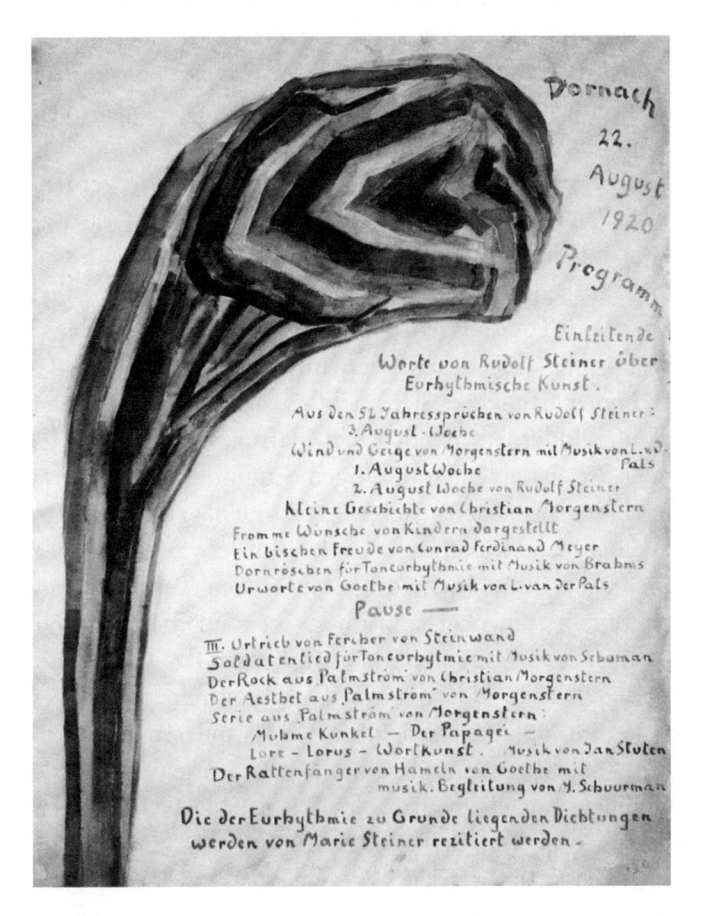

Louise van Blommestein KSaG, M.4464.1

Ansprache zur Eurythmie, Dornach, 22. August 1920

Sehr verehrte Anwesende!
Nicht etwa um zu erklären dasjenige, was nachher von der Bühne aus gesehen werden soll, wähle ich diese kurzen einleitenden Worte, um sie unserer Eurythmie vorauszuschicken, sondern darum, weil in der

Tat durch diese eurythmische Kunst versucht wird, aus besonderen Kunstquellen und in einer besonderen künstlerischen Formensprache etwas zu leisten.

Eurythmie soll sein eine Art sichtbarer Sprache, eine Sprache, ausgeführt durch Bewegungen an einzelnen Menschen, durch den Menschen im Raume oder auch durch Menschengruppen. Aber diese Bewegungen, die da ausgeführt werden, sie sollen nicht etwa bloß Pantomimisches oder Mimisches darstellen, gerade in Bezug auf dasjenige, was etwa ausgedrückt werden soll. Wir werden sehen, wie parallelgehend dieser Eurythmie auch die Rezitation verläuft, wenn Wortinhalt, dichterischer Inhalt in der sichtbaren Sprache der Eurythmie ausgedrückt werden soll. Auch musikalischer Inhalt kann so, wie er durch Töne ausgedrückt werden kann, auch in den eurythmischen Formen ausgedrückt werden.

Aber immer handelt es sich nicht darum, bloß einen Inhalt auszudrücken, sondern es handelt sich darum, dass diese Eurythmie entstanden ist aus einem sorgfältigen Studium desjenigen, was unserer hörbaren Sprache, unserer Lautsprache zugrunde liegt. Bei dieser Lautsprache kommen ja nicht bloß etwa jene Bewegungen in Betracht, die ausgeführt werden durch den Kehlkopf und andere Sprachorgane, die sich dann übertragen auf die Luft, sodass sie infolge dieser Übertragung dann anstoßen an das Gehörorgan und dadurch den Schall und Klang und Ton vermitteln, sondern es kommen Bewegungstendenzen in Frage. Diese inneren Bewegungstendenzen des Kehlkopfes und seiner Nachbarorgane, umgewandelt, sie können, wenn ich mich dieses Ausdrucks bedienen darf, wie durch sinnlich-übersinnliches Schauen studiert werden. Sie können dann übertragen werden von gewissen einzelnen Organen der Sprache auf den ganzen Menschen: Dann führt der ganze Mensch diejenigen Bewegungen aus, die auch von den Sprachorganen ausgeführt werden, aber bei den Sprachorganen sich sofort umsetzen in Luftschwingungen und dadurch den Ton vermitteln. Sie setzen sich [dabei] nicht um in Schwingungen, sondern verlaufen so, wie sonst nur die Bewegungstendenzen verlaufen der Sprachorgane. Indem wir gewissermaßen auf die Bühne hinstellen den ganzen Menschen oder auch Menschengruppen als einen lebendigen, beweglichen Kehlkopf, *sieht* man dasjenige, was man sonst hört.

Dadurch wird erreicht, dass auf tiefere künstlerische Quellen im Menschen zurückgegangen werden kann als bloß bei der Lautsprache, insbesondere dadurch, dass ja bei einer entwickelteren Lautsprache – und alle zivilisierten Lautsprachen sind heute schon entwickelte –, dass da das Konventionelle und das Gedankenmäßige in Betracht kommt. Wir müssen in unsere Worte dasjenige hineingießen, was die Gedanken als einen Gedankeninhalt oder konventionellen Inhalt [haben], der nötig ist zur Verständigung von Menschen untereinander. Beides sind Elemente, die das Künstlerische zerstören. Insbesondere dadurch, dass der Gedankeninhalt – alles Gedankliche als solches ist unkünstlerisch – hin[ein]gedrängt wird in die Laute, dadurch erhält die Lautsprache ein besonders unkünstlerisches Element.

Und der Dichter hat zu ringen damit, dass er trotzdem Künstlerisches zustande bringt in der Dichtung, trotzdem eigentlich die Lautsprache dem Künstlerischen widerstrebt. Davon rührt es ja auch her, dass in der allerschwierigsten Kunst, in der Dichtung, jeder glaubt, ein Dichter zu sein, wenn er nur Verse machen kann, während es im Wesentlichen darauf ankommt, eben da gerade zu sehen, wie in der wahren Dichtung das Wortwörtliche gar nicht die Hauptsache ist, sondern dasjenige, was das Formale der Dichtung ist, der Takt, der Rhythmus, das Musikalische, ganz und gar Bildhafte, das zugrunde liegt, *nicht* das Wortwörtliche.

Dasjenige aber, was der Dichtung schon als eine Art Eurythmisches zugrunde liegt, das wird dann umgegossen in sichtbar bewegte Formen, wenn man zur Eurythmie übergeht. Man gelangt dadurch zu einer Art von Sprache, die dann auch schon im unmittelbaren Eindruck vor dem unverdorbenen ästhetischen Sinn des Menschen, der nur nicht vorurteilsvoll ist, unmittelbar im Eindruck Bilder an Bilder reiht. Es ist ja allerdings heute dasjenige, was da als Gesetzmäßigkeit auftritt in der Eurythmie, wo es nicht darauf ankommt, zu sagen, das Einzelne der Form drückt das aus, das Einzelne der Bewegung drückt dieses aus, sondern wo es ankommt auf die Aufeinanderfolge der Bewegungen, wie der Organismus ja auch die Aufeinanderfolge der Töne auf sich wirken lässt im Musikalischen. Es ist das heute noch vielfach so angesehen, dass der Mensch nicht empfindet, was in dieser bewegten Musik oder Sprache der Eurythmie dargestellt sein will. Aber dafür ist ja auch die Eurythmie erst im Anfange ihres Werdens und wird sich schon einleben in das Allgemeine der Kunst.

Das aber kommt in Betracht, dass der Gedankeninhalt ja gerade zurücktritt, und dass der Willensinhalt, dasjenige, was also auch das Künstlerische ist in der Dichtung, der innerliche Gemütsinhalt, sich ausdrückt durch dasjenige, was bewegte Sprache ist. Sodass gewissermaßen in der hörbaren Sprache, [wenn] um ein Stück zurückgeschoben wird [der Gedankeninhalt, dadurch] das Ausdrucksmittel der künstlerischen Formensprache in der Eurythmie, dadurch umso mehr das eurythmische, künstlerische Element hervortreten [wird], dasjenige, was nicht durch die bloße Lautsprache produziert werden kann. Das ist das eine Element [des Eurythmischen], dass versucht wird eine sichtbare Sprache, und diese sichtbare Sprache dann künstlerisch behandelt wird.

Sie werden ja sehen – insbesondere, wenn solche verehrten Zuschauer und Zuhörer unter Ihnen sind, die schon öfter hier waren –, wie wir gerade in den letzten Monaten daraufhin gearbeitet haben, in den Formen, die früher noch nicht in solcher Vollendung da waren wie jetzt, überall zu unterdrücken das bloß Pantomimische oder Mimische – aus dem man ja natürlich doch herausarbeiten kann, wenn man es auch nicht will –, und wie versucht wird, gerade das zum Ausdrucke zu bringen, was der Dichter erst in Rhythmus, Takt, in dem inneren harmonischen und melodiösen Zusammenhang der Worte ausspricht, das in den Formen auszudrücken, also das eigentlich Künstlerische zu nehmen, nicht den Prosainhalt etwa einer Dichtung.

Heute kann man schwer unterscheiden zwischen dem eigentlich Künstlerischen und dem Prosainhalt einer Dichtung, weil man ja schon auch in der Rezitation anstrebt, dass rein gefühlvoll der Inhalt der Dichtung zum Vorscheine kommt. Aber darum kann es sich nicht handeln. Sondern man kann auch die eurythmische Kunst rezitatorisch nur begleiten, wenn man auch in der Rezitation die Vollkommenheit darin sieht, dass das der Dichtung unterliegende Melodiöse,

Harmonische, Rhythmische, Taktmäßige oder Bildhafte betont wird, *nicht* der Prosainhalt.

Schiller hat bei den bedeutsamsten seiner Gedichte – das muss immer wieder erwähnt werden – nicht den Prosainhalt zuerst im Seelenauge gehabt, sondern irgendeine unbestimmte Melodie, etwas Musikalisches. Dann erst hat er, wenn dieses Musikalische in ihm seelisch gewirkt hatte, einen Inhalt, der im Grunde genommen für dieses melodiös Hervorgebrachte gleichgültig ist, einen Inhalt in dieses Melodiöse hineingelegt. Und so könnten viele Beispiele angeführt werden gerade von den großen Dichtern, wie man aus der Form heraus den Inhalt gestalten kann.

Daher muss auch von uns betrachtet werden, für diese Eurythmie eine Form des Rezitierens zu finden, die schon das eurythmische Element in sich enthält. Dann werden Sie sehen, dass gerade durch diese Eurythmie dasjenige, was sonst – namentlich in solchen Dichtungen, die schon eurythmisch gedacht sind, wie zum Beispiel meine Sprüche, die sind schon durchaus in diesen eurythmischen Formen von vornherein in der Phantasie veranlagt –, dass gerade da das Eurythmische herauskommen kann, wenn erreicht wird das, was erreicht werden soll: Dass gerade da dann das Eurythmische wie ein selbstverständliches Ausdrucksmittel, man möchte sagen besser den Inhalt gibt, als das Prosawort den Inhalt geben kann. Das ist die künstlerische Seite.

Die Eurythmie hat dann auch eine wichtige therapeutisch-hygienische Seite, über die zu sprechen hier zu weit führen würde. Ich will nur noch sprechen über die bedeutende didaktisch-pädagogische Seite der Eurythmie, die auch schon Verwendung gefunden hat in der Freien Waldorfschule in Stuttgart, in der sie als obligatorischer Unterrichtsgegenstand neben dem Turnen eingeführt worden ist. Man wird in diesen Dingen in der Zukunft anders denken als heute.

Sie werden einige Proben von Kindern vorgeführt finden, aber es ist das alles noch im Anfange. Es wird die Welt einmal so urteilen: Gewiss, Turnen ist etwas ganz Schönes, aber es wird nicht so zu überschätzen sein, das Turnen, das rein physiologische Turnen, welches die Bewegungsformen heraus studiert aus der Körperhaftigkeit. Man wird wissen, dass wir zwar da starke Muskeln erreichen, aber was hat man, um die Stärke der Initiative der Seele zu erreichen? Das ist das, worauf es ankommt und was erreicht werden kann durch Eurythmie als beseeltes Turnen, wenn nicht nur physiologische Bewegungen ausgeführt werden, sondern in jeder Bewegung Seele lebt, wie in der Eurythmie es der Fall ist, also ein beseeltes Turnen.

Außerdem noch, dass sie eine besondere Art von Kunstform ist, ist da noch diese besondere pädagogisch-didaktische Seite, die dazu gehört in Bezug auf die Erziehung des Kindes zur Willensstärkung, zur inneren Willensinitiative. Wer die Gegenwart nur ein wenig nicht mit schlafender, sondern mit wachender Seele beobachten wird, der wird wissen, wie sehr man darauf hingeführt wird, Energie der Seele zu entwickeln. Denn das ist etwas, was uns in Wahrheit fehlt und was im Grunde genommen mit unseren sozialen Fragen in der allerschärfsten Weise zusammenhängt.

Es ist selbstverständlich, dass, was nach der einen oder anderen Seite geboten werden kann, noch sehr im Anfange ist. Wir sind selbst unsere strengsten Kritiker, und ich bitte Sie insofern, dasjenige mit Nachsicht aufzunehmen, was von uns durchaus künstlerisch gedacht ist. Die Eurythmie ist etwas, was in seinem Anfange zwar heute noch ist, aber sie wird sich vervollkommnen, vielleicht noch durch uns, wahrscheinlicher aber durch andere. Und dann wird sie als eine junge Kunst neben die älteren Künste, die sich schon in die Gewohnheiten, aber auch in den Geschmack und die Vorurteile der Menschen hineingelebt haben, sie wird als eine junge Kunst, als eine vollberechtigte junge Kunst neben die älteren Schwesterkünste sich hinstellen können.

DORNACH, 29. AUGUST 1920

Programm zur Aufführung Dornach, 29. August 1920

Spruch aus dem Seelenkalender (22.) von Rudolf Steiner
Spruch aus dem Seelenkalender (23.) von Rudolf Steiner
«Kinderlied» von Max Schuurman
«Glückselig» von Christian Morgenstern
«Frohsinn» von F. Hiller
«Zwei Segel» von C. F. Meyer (zwei Kinder)
«Die Spröde» von J. W. v. Goethe
«Die Bekehrte» von J. W. v. Goethe
«Andante grazioso» von Wolfgang Amadeus Mozart
Spruch aus dem Seelenkalender (24.) von Rudolf Steiner
«Urworte, Orphisch» von J. W. v. Goethe mit Musik von Leopold van der Pals
«IV. Urtrieb» von Fercher von Steinwand
Kinderdarbietungen: «Fromme Wünsche» von Graben–Hoffmann; «Kleine Geschichte» und «Aus dem Skizzenbuch» von Christian Morgenstern; «Tanzliedchen» von Jan Stuten
Humoristischer Auftakt mit Musik von Jan Stuten
Humoresken von Christian Morgenstern: «Physiognomisches»; «Die Nähe»; «Palmström»; «Das böhmische Dorf»
Satirischer Auftakt von Leopold van der Pals
«Bildhauerisches» von Christian Morgenstern

Ansprache zur Eurythmie, Dornach, 29. August 1920

Meine sehr verehrten Anwesenden!
Wie sonst vor diesen eurythmischen Aufführungen sei es mir auch heute gestattet, einige Worte vorauszusenden. Ich tue das immer nicht aus dem Grunde, um etwa die Aufführung zu erklären, was unkünstlerisch wäre, sondern um über die Quelle – die besonderen Ausdrucksformen, die in Betracht kommen bei unserer eurythmischen Kunst – einiges zu sagen. Es ist ja ein neuer Versuch. Diese Eurythmie ist ein Versuch, Künstlerisches zu schaffen durch eine

besondere Formensprache, die aber nicht ausgedacht ist, sondern die aus der menschlichen Natur, aus der menschlichen Wesenheit selber hervorgeholt ist. Die Eurythmie, so wie sie hier gedacht wird, ist eine sichtbare Sprache, ausgeführt durch Bewegungen, die der Mensch durch seine Organisation, durch seine Glieder hervorbringt oder auch, die einzelne Menschen durch Bewegungen im Raume oder Menschengruppen durch Bewegungen im Raume oder durch gegenseitige Verhältnisse hervorbringen.

Das alles könnte zunächst bei oberflächlicher Betrachtung wie eine Summe von Gebärden angesehen werden, und das Ganze der Eurythmie könnte verwechselt werden mit irgendetwas, was verwandt wäre mit Pantomime oder Mimik und dergleichen. Aber Eurythmie ist das Gegenteil von alledem. Wenn ich mich dieses Goethe'schen Ausdruckes bedienen darf: Es ist, um die Eurythmie zustande zu bringen, durch sinnlich-übersinnliches Schauen – Goethe hat diesen Ausdruck oftmals angewendet aus seiner Kunstgesinnung, aus seiner Kunstanschauung heraus –, es ist durch sinnlich-übersinnliches Schauen versucht zu erkennen, welche inneren Bewegungstendenzen der menschliche Kehlkopf und die anderen Sprachorgane in sich haben, wenn die zu hörende Lautsprache zustande kommt.

Gemeint sind nicht diejenigen Bewegungen, welche zustande kommen, damit zunächst der Sprachorganismus des Menschen die Luft bewegt und dann diese Vibrationen, diese Schwingungen sich fortpflanzen im Raume, in das Gehör dringen und dadurch das Hören von Tönen, das Hören des Lautes vermittelt wird. Gemeint sind nicht diese Bewegungen, sondern Bewegungen, die durch sinnlich-übersinnliches Schauen beobachtet sind, innere Bewegungs*tendenzen*, besser gesagt. Dadurch, dass der Kehlkopf und die anderen Sprachorgane unmittelbar mit der äußeren Luft in Beziehung stehen, dadurch übertragen sich die Bewegungstendenzen auf die äußere Luft und dadurch kommt die Sprache zustande. Aber dasjenige, was in der Sprache liegt, ist ja in einem gewissen Sinne der Ausdruck des ganzen Menschen. Und von dieser Erkenntnis geht anschauend künstlerisch aus dasjenige, was der Eurythmie zugrunde liegt. Es wird hervorgeholt aus dem ganzen Menschen *dasselbe* an

Bewegungstendenzen, was sonst bloß aus dem Kehlkopf und dem Sprachorganismus kommt. Der ganze Mensch wird so in Bewegung gebracht wie sonst nur der Kehlkopf und seine Nachbarorgane. Nur aber natürlich, wenn der ganze Mensch in Betracht kommt und in Bewegung gebracht wird, so übertragen sich die Bewegungen nicht in derselben Weise stumm auf die äußere Luft, sondern sie übertragen sich zunächst auf die menschlichen Bewegungsorgane selbst, auf das Muskelsystem. Und dadurch kommt dann nicht eine hörbare, sondern eine stumme, eine sichtbare Sprache zustande, eine sichtbare Sprache, in welcher der ganze Mensch in Bezug auf sein Seelen- und Geistesleben sich offenbaren kann. Daher kann auch dasjenige, was im Musikalischen sich auslebt und dasjenige, was man sonst hört, indem der Mensch spricht, das kann in die sichtbare Sprache der Eurythmie umgesetzt werden. Man möchte sagen: Der ganze Mensch wird zum Sprachorgan, wird zum Kehlkopf.

Hier auf der Bühne ist dasjenige, was man sonst hört, indem der Mensch spricht, anzusehen. Man sieht es, indem der Mensch oder Menschengruppen sich bewegen. Das alles ist aber entsprechend einer inneren Gesetzmäßigkeit des menschlichen Organismus. Sodass nicht gefragt werden kann: Wie ist der augenblickliche Zusammenhang irgendeiner Bewegung mit demjenigen, was etwa in einem parallelgehenden Gedichte rezitiert wird? Sondern man muss so wie im Musikalischen, wo man das eigentlich Künstlerische in dem fortlaufenden Strom des Tongebildes sieht, so muss man das Künstlerische in der Eurythmie sehen aus der Art, wie sich eine Bewegung aus der andern ergibt. Nicht dasjenige, was Inhalt, prosaischer Inhalt der Dichtung ist, soll in dieser Bewegung zum Ausdruck kommen, sondern gerade das Künstlerische.

Diejenigen der verehrten Anwesenden, die früher schon etwas von dieser Eurythmie gesehen haben, werden ja aufmerksam darauf geworden sein, dass wir gerade in den letzten Monaten einen Fortschritt versucht haben in Bezug auf diese eurythmische Kunst, werden gesehen haben, wie versucht worden ist, mehr und mehr alles Pantomimische und Mimische – Kinderkrankheiten in der Eurythmie, wir sind zunächst noch damit im Anfange, aber es sind Kinderkrankheiten, in die man in der Eurythmie damit verfallen ist, wenn es einmal vorkam –, das konnte alles mehr und mehr abgestreift werden, um lediglich dasjenige wiederzugeben, was nicht der Prosainhalt der Dichtung ist, sondern was an innerem Rhythmus, an innerem Takt, Formung der Gedanken und dergleichen, in der Dichtung zum Ausdrucke kommt. In unserer so unkünstlerischen Zeit kann einiges Künstlerische nun wiederum eingefügt werden. Denn es ist ja heute Mode geworden, zum Beispiel im Rezitieren lediglich den Prosainhalt einer Dichtung irgendwie «gefühlvoll» oder dergleichen, wie man das so schön nennt – in der Eurythmie heutzutage rezitatorisch eine Unmöglichkeit – wiederzugeben. Das ist dasjenige, was nicht begleiten könnte die Eurythmie. Die muss schon in der Rezitation den Hauptwert auf dasjenige gelegt bekommen, was das eigentlich Künstlerische der Dichtung ist. Heute ist es ja so, dass eigentlich neunundneunzig Prozent aller Gedichte, die geschrieben werden, am besten ungeschrieben blieben, weil sie ja im Grunde genommen doch nur in Verse gebrachte Prosa sind. Jene innere Gestaltung, die der wirkliche Dichter, entweder musikalisch oder plastisch, dem Prosainhalt gibt, das ist dasjenige, was eigentlich in der Eurythmie zum Vorschein kommen soll, was vor allen Dingen aber in der sichtbaren Sprache der Eurythmie zum Vorschein kommen muss.

Schiller – ich muss immer wiederum daran erinnern – hat, wie andere große Dichter, im Sinne gehabt, in der Seele gehabt, bevor er den Prosainhalt zu einem Gedichte suchte, eine unbestimmte melodiöse Gestaltung; dann suchte er erst dazu den Prosainhalt. Wenn man zurückgeht in gewisse Urzeiten des menschlichen Empfindens, so findet man überall, wie – ich möchte sagen eine Ur-Eurythmie vorhanden ist. Es wird nicht so rezitiert, wie heute rezitiert wird, sondern es wird vielfach in einer Art bewegender Begleitung rezitiert. Selbst noch hat man bei herumziehenden Rezitatoren, die allerdings in den letzten Jahrzehnten immer mehr und mehr abgekommen sind, ich möchte sagen diese primitive Eurythmie noch sehen können.

Wenn dasjenige, was wir als Eurythmie denken, sich wirklich dem künstlerischen Bestreben der Zeit in der Zukunft einfügt, dann ist dazu geholfen, dass wiederum ein gewisser Aufschwung im eigentlich künstlerischen Empfinden daraus hervorgeht. Denn je mehr die Sprache kultiviert wird, desto mehr wird sie auf der einen Seite der Ausdruck des Konventionellen, das im Menschenverkehr waltet, was ja eigentlich das Künstlerische vollständig ausschließt, oder sie wird der Ausdruck von Gedanken, von logisch geformten Gedanken, was wiederum das Künstlerische ausschließt. Alles Intellektualistische ist ja ein Unkünstlerisches. In der Lautsprache aber ist es ja selbstverständlich, und es wird selbstverständlich, je kultivierter sie ist, ein Zusammenfließen des Intellektuellen, des gedanklichen Elementes und des Willens- und Gefühlselementes. Dadurch ist die Lautsprache, möchte ich sagen, nur halb geeignet, wirklich zum Ausdruck eines Künstlerischen zu werden. Die Eurythmie lässt weg dasjenige also, was das Gedankenelement ist. Es geht alles dasjenige, was in Bewegung umgesetzt wird, aus dem Empfinden, aus dem Willenselement hervor, setzt sich um in Willensform, in die Bewegung. Daher kommt auch der ganze Mensch in dieser eurythmischen Bewegungsform zum Ausdrucke. Es wird gewissermaßen dasjenige, was sich da offenbart, mehr in den Menschen zurückgeschoben, dadurch aber auch im Wesentlichen mehr künstlerisch gemacht.

Selbstverständlich will ich nicht etwa behaupten, dass damit das Eurythmische nun schon irgendwie etwas ist, das wie ein Muster dastehen könne gegenüber heute schon vielfach vorkommenden künstlerischen Bestrebungen. Wir sehen, wie das alte Künstlerische wert ist, zugrunde zu gehen, wie ein neues künstlerisches Element tatsächlich durch die Zeit erfordert wird. Aber in einem gewissen Sinne wird doch diese Eurythmie gerade befruchtend wirken können auf diese Sehnsucht, die bei künstlerischen Naturen in der Gegenwart in so hohem Maße gerade vorhanden ist, namentlich auch in der Richtung, dass ja diese Eurythmie gewissermaßen den Menschen heraufhebt über dasjenige, was heute in die Zeit, ich möchte sagen als kulturverheerend hereinragt. Wir leben ja in einer Zeit, in der die wichtigsten Angelegenheiten der Welt von der weitaus größten Menge der Menschen mit einer Art schlafender Seele verfolgt werden; und in vieler Beziehung, wenn wir heute von Mystik, von Theosophie und dergleichen hören, so hören wir eigentlich von etwas, was den

Schlafzustand, den so viele verehren, der soviel Katastrophales in der letzten Zeit angerichtet hat, noch erhöht. Man muss bedenken, wie in dieser Beziehung eigentlich Eurythmie wirkt.

Nehmen wir den Gegenpol des Eurythmischen, das menschliche Träumen. Worin besteht es denn eigentlich? Die Tageszeit des Menschen, ich möchte sagen die Tagesverfassung des menschlichen Organismus wird herabgestimmt; der Mensch lebt, indem er träumt, nur in Gedanken. Wenn er Bewegungen ausführt in Gedanken, so sind es eben keine Bewegungen, an denen sein Organismus teilnimmt, sondern es sind gedachte Bewegungen. Der Mensch kann regungslos sein, er kann in einem von der äußeren Wirklichkeit getrennten, eben im Traumelemente sein. Dieses Traumelement, das den menschlichen Willen so abschwächt, das den Menschen so kulturschläfrig macht, das ist dasjenige, was gerade durch die Eurythmie völlig überwunden wird. Mit nichts müssen wir mehr kämpfen bei entstehenden Eurythmisten, die immer wiederum zurückfallen möchten in allerlei mystisches Träumen – selbst da, wo es sich um das Gegenteil handelt –, als mit diesem Zurückfallen in Bezug auf irgendwelche traumhaften Zustände. In der Eurythmie handelt es sich um den Gegenpol. Man wird gerade *[Lücke im Text]* das Gedankenleben als Element zurückdrängen, [man] wird dasjenige, was im Traum präponderiert, zurückdrängen und dasjenige, was im Traum still liegt, der bewegte Mensch, der ganz vom Willen durchströmte und durchfeuerte Mensch, der wird selber zum Kunstobjekte gemacht.

Dadurch gerade wird diese Eurythmie im Wesentlichen als dasjenige, was ich an zweiter Stelle nennen möchte neben dem eigentlich Künstlerischen der Eurythmie, dadurch wird sie zum Beispiel zum bedeutenden pädagogisch-didaktischen Element in unserer Zeit. Ich möchte sagen: Sie wird dadurch ein Element, das wirklich in die Schulen hineingehört – wie wir denn auch in der Stuttgarter Waldorfschule als einen obligatorischen Unterrichtsgegenstand diese Eurythmie eingeführt haben.

Zeiten, die ruhiger und objektiver über diese Dinge denken werden wie wir, die werden wissen, dass das Turnen zwar in Bezug auf das äußerlich Körperliche des Menschen sehr gesund ist, dass aber das Seelische gerade beim Turnen, so wie es gedacht wird als aus der physiologischen Beschaffenheit des Körpers hervorgehend, zu kurz kommt. Dasjenige, was – und Sie werden die Probe von Kinder-Vorstellungen heute in der Eurythmie auch dargestellt finden –, was die Eurythmie dem Kinde geben kann, ist, dass tatsächlich jede Bewegung, die ausgeführt wird, nicht unseelisch ausgeführt wird, nicht bloss physiologisch diktiert ist, sondern durchseelt ist, dass der ganze Körper in beseelter Bewegung ist. Das aber ist etwas, was gerade auf den Willen wirkt, was vor allen Dingen auf dasjenige wirkt, was zum Erziehen ein Haupterfordernis unserer Gegenwart und der nächsten Zukunft ist, ohne den wir in der Erziehung nicht weiterkommen können: Es wird das Willenselement, die innere Seeleninitiative befördert, wenn man diese Eurythmie als Unterrichtsgegenstand verwendet.

Von einem dritten Elemente, dem hygienisch-therapeutischen Elemente zu sprechen bei dieser Eurythmie, würde zu weit führen heute.

Dasjenige, was wir bieten können, wird natürlich in vieler Beziehung von Ihnen noch mit Nachsicht aufgefasst werden müssen, denn wir stehen ja mit dieser eurythmischen Kunst durchaus noch im Anfange. Man muss zwar sagen, wir selber sind die strengsten Kritiker. Wir wissen, wie sehr wir noch im Anfange stehen, aber wir haben uns bisher voll bemüht, die Sache weiter zu bringen, namentlich in Bezug auf die Ausgestaltung des Formellen, in der Ausgestaltung der Raumformen, die sich namentlich den Dichtungen einfügen. Wir versuchen immer mehr und mehr hineinzukommen in das eurythmische Element da, wo der Versuch, dichterisch zu gestalten, selbst schon im Eurythmischen verläuft wie zum Beispiel bei meinen «Wochensprüchen», wo zwar Gedanken zugrunde liegen, aber nicht das Gedankenelement, wie es meistens eben als das Wesentliche zu[grunde liegt], sondern wo durch die Verschlingung der Gedanken [die] fortströmende Folge der Gedanken, das Auftreten eines Gedankens bei einer bestimmten Stelle die Hauptsache ist – wo es nicht gleichgültig ist, ob ein Gedanke in der dritten oder in der vierten Zeile steht. Dieses Nachfolgen der dichterischen Gestaltung, des dichterischen Elementes in der Eurythmie – das ist dasjenige, wo wir versuchen, immer weiter und weiter zu kommen.

Aber die Eurythmie steht trotzdem im Anfange. Sie wird vervollkommnet werden müssen. Ob das durch uns selbst geschehen kann oder – wie es wahrscheinlicher ist – durch andere geschehen wird: Derjenige, der das Wesen des Eurythmischen in seinem Innersten erfasst hat, der wird aber der Überzeugung sein, dass einstmals, wenn dasjenige, was wir heute nur in einem ersten Versuch vorführen können, auf einem höheren Vollkommenheitsgrad angelangt sein wird, sich die Eurythmie als eine jüngere Schwesterkunst neben die älteren und daher heute noch vollkommeneren Schwesterkünste würdig wird hinstellen können als eine vollkommene Kunst, wie die älteren Schwesterkünste es waren.

DORNACH, 5. SEPTEMBER 1920

Programm zur Aufführung Dornach, 5. September 1920

    Spruch aus dem Seelenkalender (22.) von Rudolf Steiner
    Spruch aus dem Seelenkalender (23.) von Rudolf Steiner
    «Das Element des Lebens» von Friedrich Hebbel
    Spruch aus dem Seelenkalender (24.) von Rudolf Steiner
    «Kleiner Tanz» von J. S. Bach (Kindergruppe mit Eurythmisten)
    Spruch aus dem Seelenkalender (25.) von Rudolf Steiner
    «Sommerbild» von Friedrich Hebbel
    Spruch aus dem Seelenkalender (26.) von Rudolf Steiner
    «Scherzo» von Hendrika Hollenbach
    Kosmischer Auftakt mit Musik von Leopold van der Pals
    «V. Urtrieb» von Fercher von Steinwand
    «VI. Urtrieb» von Fercher von Steinwand
    «Soldatenliedchen» (Kindergruppe)
    Aus dem «Vormittags-Skizzenbuch» von Christian Morgenstern
    «Ein Rätsel» von Rudolf Steiner
    «Schwalben» von Christian Morgenstern
    «Zwei Wurzeln» von Christian Morgenstern
    Satirischer Auftakt mit Musik von Leopold van der Pals
    «Nach Norden» und «West-östlich» von Christian Morgenstern
    Tropfenauftakt mit Musik von Leopold van der Pals
    Die «Elster»-Serie von Christian Morgenstern

Ansprache zur Eurythmie, Dornach, 5. September 1920

Meine sehr verehrten Anwesenden!
Wie sonst vor diesen eurythmischen Versuchen, möchte ich mir auch heute erlauben, einige Worte vorauszusenden. Es geschieht das ja nicht in der Absicht, irgendwie künstlerische Darbietungen zu erklären, das wäre unkünstlerisch – Künstlerisches muss durch sich selbst sprechen –, sondern es geschieht darum, weil ja dasjenige, was hier als eurythmische Kunst dargeboten wird, zugrunde liegend hat

gewisse Quellen für ein künstlerisches Schaffen, die bisher nicht in derselben Weise benützt worden sind, und auch eine gewisse Formensprache, die ebenso bisher in der Kunst nicht in dieser Art angewendet worden ist. Zugrunde liegend ist dieser Eurythmie nämlich eine Art sichtbarer Sprache, aber nicht eine Gebärdensprache oder nicht irgendetwas Mimisches – alles Gebärdenhafte, Mimische muss ja gerade hier abgestreift werden.

Es handelt sich vielmehr darum, dass Sie [diese Sprache] ausgedrückt durch den einzelnen Menschen sehen werden, der sich in seinen Gliedern bewegt – oder durch die Bewegung des Menschen im Raume oder auch durch die Bewegung der gegenseitigen Stellungen von Gruppen. Sodass Sie dargestellt sehen werden Bewegungen, die in derselben Weise *sichtbarlich* sprachlicher Ausdruck sind, wie der Ausdruck in hörbarer Art die gewöhnliche Sprache ist. Also seelisches Leben, ausgedrückt in einer sichtbaren Sprache, das liegt der Eurythmie zugrunde.

Dasjenige, was Künstlerisches dann gestalten will, das ist selbstverständlich etwas, was erst aufgebaut wird auf dieser besonderen Sprache. Diese besondere Sprache ist nun nicht irgendwie durch willkürliche Festsetzung dieser oder jener Bewegung für den einzelnen Laut, für das einzelne Wort oder für irgendeinen Satz oder irgendeinen Rhythmus entstanden oder aus sonstigen Zusammenhängen, sondern es ist dasjenige, was der eurythmischen Kunst zugrunde gelegt wird, entstanden durch ein sorgfältiges Studium, aber auf Grundlage dessen, was Goethe nennt sinnlich-übersinnliches Schauen.

Unsere Sprachorgane – der Kehlkopf und die andern Sprachorgane – sind ja in einer fortwährenden Bewegung. Dass sie in Bewegung sind, wenn wir die Lautsprache ausführen, das weiß ja jeder, denn es wird einfach der Laut dadurch durch die Luft befördert, dass die Luft durch die Bewegung der Sprachorgane in Erschütterung kommt. Aber um diese Bewegung handelt es sich zunächst nicht, sondern um die Bewegungs*tendenz*, die dieser vibrierenden Bewegung erst wiederum zugrunde liegt. Und diese Bewegungstendenz, die man für jeden Laut, für jede Lautwendung, auch für dasjenige, was gemüt[haft] dem Sprachausdruck zugrunde liegt, studieren kann, das ist alles studiert worden und wird von einem einzelnen Organ oder einer Organgruppe, wie es der Kehlkopf und seine Nachbarorgane sind, übertragen auf Bewegungen des ganzen Menschen.

Es geschieht dies ganz aus Goethe'scher Weltanschauungsgesinnung heraus. Goethe sieht ja in der ganzen Pflanze nur eine komplizierte Ausgestaltung eines einzelnen Organes, des Blattes. Es ist das der Ausdruck der so bedeutsamen Goethe'schen Metamorphosenlehre, die ja wissenschaftlich noch lange nicht genug gewürdigt ist, die einen bedeutsamen Einfluss auf die Entwickelung des menschlichen Erkennens dann ausüben wird, wenn sie einmal wirklich durchgreifend gewürdigt werden wird. So, wie also Goethes Morphologie der Form nach also sieht die ganze Pflanze als ein kompliziertes ausgestaltetes Blatt, so versuchen wir gewissermaßen den ganzen Menschen wie einen veränderten, sich bewegenden Kehlkopf auf die Bühne hinzustellen. Und es ist dann das Weitere, dass umgestaltet wird das, was so begonnen wird, [im] Künstlerischen. Das Künstlerische fängt gewissermaßen erst an da, wo dasjenige gestaltet wird, was so durch Studium der Geheimnisse der menschlichen Sprache gewonnen ist.

Man kann ja allerdings, und man wird das sehr leicht vom heutigen Standpunkte aus tun, man kann sagen: Ja, was da an Bewegungen ausgeführt wird, das versteht man nicht. – Meine sehr verehrten Anwesenden, ein kleines Kind, wenn es geboren wird, versteht auch nicht die Sprache. Die Sprache muss auch erst angehört werden. Und für die Eurythmie liegt das nicht so einfach, wie es für die Sprache liegt. Wenn der Mensch sich einfach überlässt derjenigen Bewegungsform, die der eurythmischen Kunst zugrunde liegt, so hat er eine instinktive, intuitive Erkenntnis davon. In jedem Menschen ist die Veranlagung zum Verständnis der menschlichen Sprache vorhanden; aber man muss sich zum Beispiel auch klar sein darüber, dass die Dichtung erst entsteht aus der gewöhnlichen Lautsprache, indem man diese Lautsprache eben taktmäßig, rhythmisch, reimhaft und so weiter, in Alliterationen und dergleichen formal umgestaltet, ausgestaltet. So muss dasjenige, was eurythmisch erlernt werden kann als zugrunde liegende Formensprache, das muss erst künstlerisch ausgestaltet werden.

Diejenigen der verehrten Zuschauer, die öfter da waren, werden bemerken, wie wir seit Monaten doch wieder weitergekommen sind in Bezug auf gerade die Ausgestaltung des Künstlerischen der Eurythmie. Sie werden vielleicht gesehen haben, wie viel damals noch erinnerte an Mimisches, gewöhnliches Gebärdenhaftes, wie wir uns aber herausarbeiteten, sodass nach und nach tatsächlich in dem, was eurythmisch vollzogen wird, nichts anderes mehr liegt als dasjenige, was erst der Dichter macht aus dem sprachlichen Inhalte. Und je weiter man darinnen kommt, das auszugestalten, was erst der Dichter macht aus dem sprachlichen Inhalte, desto mehr wird die Eurythmie – deren Unvollkommenheiten wir am besten selber noch einzusehen imstande sind –, desto besser wird sich diese eurythmische Kunst ausgestalten. Geradeso verhält sich das Künstlerische in der Eurythmie zu dem, was als bewegte Sprache, als sichtbare Sprache zugrunde liegt, wie sich die dichterische Sprache verhält zu dem, was eben Sprache ist.

Nun handelt es sich darum, dass man dann durch die innere Gesetzmäßigkeit desjenigen, was im Eurythmischen liegt, ein in sich geschlossenes Kunstwerk darstellen kann, ebenso, wie man durch die Aufeinanderfolge der Töne ein musikalisches Kunstwerk oder durch die künstlerische Ausgestaltung des Wortschatzes der Sprache die dichterische Kunst schafft. Sie werden, weil das heute noch so sein muss, bis die Eurythmie dahin gelangt, sich gewissermaßen zu emanzipieren, eine ganz selbstständige Kunst zu sein – das wird aber vielleicht sehr lange, vielleicht Jahrzehnte dauern –, Sie werden heute noch sehen parallel dargestellt Musikalisches, wo durch den Ton, durch die musikalische Kunst irgendein Seelisches zur Offenbarung kommt – gleichzeitig dasselbe Seelische durch die eurythmische Kunst – oder Dichterisches hauptsächlich. Und dabei kommt in Betracht, dass ja, wenn durch Rezitation begleitet wird das Eurythmische, die Rezitation selbst gezwungen ist, wiederum zurückzukehren zu den früheren, mehr künstlerischen Formen des Rezitierens, die in unserer heutigen, durch und durch unkünstlerischen Zeit mehr oder weniger verloren gegangen sind.

Heute sieht man etwas Besonderes in einem solchen Rezitieren, das im Wesentlichen auf die Prosa des Gedichtinhaltes geht und eigentlich das wieder zurücknimmt, was der Dichter aus dem Stoff des Gedichtes gemacht hat. Darum handelt es sich, dass der Dichter in Reim, Rhythmus, Takt und so weiter etwas aus der Sprache herausgestaltet. Das muss man im Rezitieren nicht wieder zurücknehmen, indem man gewissermaßen nach dem Prosainhalt, nach der reinen Logik, die zugrunde liegt, rezitiert. Man hält das für ein sehr innerliches, gefühlvolles Rezitieren. Es ist aber ein unkünstlerisches Rezitieren geworden. Wir versuchen daher auch die Rezitationskunst wiederum eurythmisch zu gestalten, nämlich dasjenige, was in der dichterischen Sprache schon eurythmisch ist, auch in der Rezitation zu geben, das Taktmäßige, auch das Bildhafte, Imaginative, den Reim herauszuarbeiten und so weiter. Gerade in solchen Dingen wird die Eurythmie, in deren Gefolge ja solche Anschauungen auftreten müssen, befruchtend wiederum wirken können auf anderes Künstlerisches. Und das wird in unserer Zeit von einer ganz besonderen Wichtigkeit sein.

Es ist ja schon so, wie ich gesagt habe, dass die Eurythmie im Anfange ihrer Entwickelung ist. Wir kennen die Fehler, die wir heute noch machen, am allerbesten selber; aber sie wird sich schon vervollkommnen. Heute muss ja gesagt werden, dass diese eurythmische Kunst erstens das Künstlerische auf der einen Seite hat; auf der anderen Seite hat sie aber ein wesentlich pädagogisch-didaktisches, auch ein hygienisches Element in sich. Und in der Waldorfschule in Stuttgart haben wir ja die Eurythmie als einen obligatorischen Lehrgegenstand eingeführt.

Man wird einmal, wenn man über diese Dinge objektiver denken wird als heute, sehen, wie man, wenn man die Kinder eurythmisch bildet, in der Tat zu dem gewöhnlichen Turnen etwas hinzu bringt, was man ein beseeltes Turnen nennen kann, weil jede Bewegung zugleich aus dem Seelischen hervorgeht. Dadurch wird dasjenige, was bloß physiologisches Turnen ist – also herausgeholt bloß aus der physischen Gesetzmäßigkeit des menschlichen Körpers –, bereichert durch das, was an Bewegungen aus der Seele herauskommt. Das übt einen sehr starken Einfluss auf die ganze Entwickelung des heranwachsenden Menschen aus. Während das gewöhnliche Turnen eigentlich nur den Körper ausbildet, übt die Eurythmie – Sie werden einige Proben heute auch von Kindereurythmie sehen – auf das Kind und seine Entwickelung das aus, dass die Willenskraft, die seelische Initiative geweckt und entsprechend gefördert wird. Und das ist für unsere Zeit heute, die ja gerade ihre katastrophalen Ereignisse herbeigeführt hat dadurch, dass es den Menschen an geweckten Seelen fehlt, das ist für die heutige Zeit und für die nächste Zukunft von allergrößter, von der denkbar größten Wichtigkeit.

So also hat die Eurythmie verschiedene Seiten: eine künstlerische, eine pädagogisch-didaktische Seite. Aber alles das ist eigentlich heute erst im Anfange. Es wird hoffentlich weiter ausgebildet werden, wohl durch andere, nicht mehr durch uns. Denn derjenige, der die Weltenformensprache der Eurythmie wirklich durchschauen kann, weiß, was alles noch zu tun ist. Dann wird sich zeigen, dass sie als eine voll berechtigte Kunst neben die älteren Schwesterkünste wird hintreten können. In diesem Sinne eines Anfanges, vielleicht auch eines Versuches zu einem Anfange, bitte ich Sie, solche Vorstellungen aufzunehmen aus eurythmischer Kunst, wie wir sie Ihnen auch heute wiederum darbieten wollen.

DORNACH, 12. SEPTEMBER 1920

Programm zur Aufführung Dornach, 12. September 1920

Spruch aus dem Seelenkalender (24.) von Rudolf Steiner
Spruch aus dem Seelenkalender (25.) von Rudolf Steiner
«Prooemion» von J. W. v. Goethe
«I. Urtrieb» von Fercher von Steinwand
«Parabase» von J. W. v. Goethe
«II. Urtrieb» von Fercher von Steinwand
«Epirrhema» von J. W. v. Goethe
«III. Urtrieb» von Fercher von Steinwand
«Antepirrhema» von J. W. v. Goethe
«IV. Urtrieb» von Fercher von Steinwand
«Der Schatzgräber» von J. W. v. Goethe
Evoe mit Musik von Max Schuurman
Heiterer Auftakt mit Musik von Leopold van der Pals
Humoresken von Christian Morgenstern: «Die Lämmerwolke»; «Die Stationen»; «Der Salm» mit Musik von Jan Stuten

Ansprache zur Eurythmie, Dornach, 12. September 1920

Sehr verehrte Anwesende!
Die eurythmische Kunst, von der wir Ihnen auch heute wiederum eine Probe vorzuführen uns erlauben, geht aus von gewissen, neu zu eröffnenden Quellen, künstlerischen Quellen, und will eine Art neuer künstlerischer Formensprache werden. Aus diesem Grunde werden Sie mir gestatten, wie sonst vor diesen Aufführungen auch heute ein paar Worte vorauszusenden – nicht um die Vorstellung zu erklären, sondern es muss ja Künstlerisches durch sich selbst im unmittelbaren Eindruck wirken, aber um Formensprache und Quellen anzudeuten, aus denen dasjenige kommt, was Ihnen hier als eurythmische Kunst vorgeführt wird.

Das, was zugrunde liegt der eurythmischen Kunst, das ist eine Art sichtbare Sprache. Der ganze Mensch führt in seinen Gebärden

Bewegungen aus, oder auch: Er führt Bewegungen im Raume aus oder Menschengruppen führen Bewegungen aus im Raume. Das alles könnte aufgefasst werden als eine gewöhnliche, eben darstellende, gewöhnliche Tanzkunst, ist aber beides durchaus nicht, sondern beruht auf einem sorgfältigen Studium der gewöhnlichen Sprache des Menschen. Diese ist es, welche durch das Ohr des Menschen wahrgenommen wird. Aber zugrunde liegt eine gewisse Bewegungstendenz des Kehlkopfes und anderer Sprachorgane. Unter diesen Bewegungstendenzen ist zu verstehen, was als vibrierendes Weben der Luft mitgeteilt wird: Es ist nicht etwas Höhergestelltes, als sonst der Gedanke ist, sondern etwas Tieferliegendes zu verstehen, etwas, was sich in einer scheinbar einfacheren Weise abspielt als die Luftvibrationen, was aber durch die Luftvibrationen sich eben ausdrückt, wenn sich der Ton, der dieser Bewegungstendenz zugrunde liegt, ausdrückt.

Man kann studieren dasjenige, was der Kehlkopf, was die Sprachorgane bei einem Laute tun, wie sie sich verhalten bei einem ganzen Wort, bei einem Satzübergange, wie sie sich verhalten dann, wenn gewisse Lautfolgen sich abspielen und dergleichen. Das alles kann studiert werden – lassen Sie mich diesen Goethe'schen Ausdruck gebrauchen – durch sinnlich-übersinnliches Schauen. Dann kann man dasjenige, was sonst bloß veranlagt ist – deshalb sagte ich: Bewegungs*tendenzen* –, was sonst bloß veranlagt ist im Kehlkopf und den andern Sprachorganen, im Entstehen sich umwandelt in kleine Schwingungen, dann übertragen. Und dann bedeutet dasjenige, was die Sprache beschreibt, dasjenige, was der Mensch in seinen Bewegungen oder in Bewegungen im Raume ausführt oder auch was Menschengruppen ausführen, das bedeutet dann dasjenige, was erlebt werden kann, erlebt werden kann als ausgeführt auf der einen Seite durch die Sprache, auf der andern Seite durch die sichtbare Sprache der Eurythmie. Man kann ausdrücken durch diese Eurythmie dasjenige, was musikalisches Schaffen ist – Sie werden dann heute auch Proben zu sehen bekommen –, man kann ausdrücken auch dasjenige, was dichterisches Schaffen ist.

Nur muss, wenn die Rezitation, also die künstlerische Wiedergabe des Dichterischen, die Eurythmie begleitet, dann muss zum Beispiel die Rezitation das eurythmische Element aufnehmen. Heute ist unser Zeitalter in einer gewissen Weise unkünstlerisch, und man hat nicht das Gefühl, dass das eigentlich Künstlerische eines Gedichtes erst dann beginnt, wenn der prosagemäße, der bloße Inhalt, der wortwörtliche Inhalt eines Gedichtes überwunden ist. Es handelt sich ja niemals beim Dichter darum, *was* er sagt, sondern *wie* er es sagt, wie er es gestaltet in Takt und Rhythmus oder wie er es künstlerisch gestaltet und fähig ist, dem Bild durch das Wort Gestalt zu geben. Man kann zum Beispiel bei einem Dichter wie Goethe sehen, wie seine dichterische Sprache einen plastischen Charakter hat, wie er die Umwandlung des Bildhaften imaginativ vorstellte. Bei Schiller weiß man, dass er immer, bevor er irgendein Gedicht verfasste, in seiner Seele leben hatte eine Art Melodie. Es war ihm gleichgültig zunächst, was aus dieser Melodie als Dichtung entstehen sollte – «Der Taucher» oder «Der Kampf mit dem Drachen»: Er hatte sie als Melodie in der Seele leben, das andere reihte sich eben dann in der Dichtung auf. So kann man eben mit der melodischen, mit der plastischen Dichtung gestalten.

Das alles kommt bei einer richtigen Rezitation zum Vorschein. In unserem unkünstlerischen Zeitalter wird meist das herausgeholt, was auf den Prosainhalt geht, auf das Wortwörtliche. Was der Dichter künstlerisch gemacht hat aus dem Inhalt, ist das eigentlich Formal-Künstlerische auch in der Rezitation. Und dann stimmt dasjenige, was in der Dichtung geboten wird, auch mit der sichtbaren Sprache Eurythmie geboten wird, mit der Rezitation zusammen. Man weiß, wie man zu gestalten hat diesen oder jenen Laut, diese oder jene Wortbildung und dergleichen, dass dann so aus dem Ganzen etwas Künstlerisches zustande kommt, namentlich auch, dass das Künstlerische der eurythmischen Darbietung richtig parallel gebildet ist der Dichtung, der künstlerischen Bildung eines Gedichtes. Das ist eben eine rein künstlerische Tätigkeit. Und man muss unterscheiden zwischen dem Elementaren der eurythmischen Formensprache und dem, was da künstlerisch dabei zum Vorschein kommt. Aber es ist nicht so, dass die Eurythmie etwas Pantomimisches, Mimisches oder bloße Gesten- oder Tanzkunst wäre, sondern es ist alles so, dass eigentlich alles in der künstlerischen Aufeinanderfolge der Bewegungsformen liegt, sodass das Melodiöse, Musikalische in der Aufeinanderfolge, in dem Zusammenwirken der Töne liegt. So auch liegt eine innere Gesetzmäßigkeit im Raume und in der Zeit der Eurythmiedarbietung zugrunde.

Diejenigen der verehrten Zuschauer, die öfters schon da gewesen waren, werden bemerken, wie wir uns gerade in den letzten Monaten bemüht haben, dieses Element des künstlerischen Formengebens immer mehr und mehr in der Eurythmie herauszuarbeiten, und dahin kommen, dasjenige zu treffen in kunstvoll gestalteten Formen, was der Dichter aus dem wortwörtlichen Inhalt gemacht hat. Da kann man sich ganz genau anpassen dem Humoristischen oder dem Tragischen oder der balladenförmigen Sprache oder dem sonstigen Gang eines Gedichtes.

Durch diese Eurythmie wird also zunächst etwas Künstlerisches geboten. Der Mensch selber ist das Instrument für seine eurythmischen Darbietungen. Dadurch wird im eminentesten Sinne durch diese Eurythmie gerade dasjenige erreicht, was Goethe im Sinne hatte, als er den Ausspruch tat: Wenn der Mensch auf den Gipfel der Natur gestellt ist, sieht er sich wieder als eine ganze Natur an, die in sich abermals einen Gipfel hervorzubringen hat. Dazu steigert er sich, indem er sich mit allen Vollkommenheiten und Tugenden durchdringt, Zahl, Ordnung, Harmonie und Bedeutung aufruft und sich endlich zur Produktion des Kunstwerkes erhebt. Man bedenke, dass wiederum in seinem Wesen zusammenströmen sichtbare und unsichtbare Welten, dass alle Kräfte, die im Sichtbaren und Unsichtbaren wirken, in irgendeiner Weise in ihm sich spiegeln, in ihm im Kleinen gestaltet sind. Und wenn dann der Mensch sich selber als Instrument zum Ausdruck der Kunst macht durch seinen Organismus, so kommt dasjenige ganz besonders zum Ausdruck, was dann beim Menschen in seiner Seele zur Bewegung hinstrebt. Eurythmie ist eine Kunst, die, wenn sie ganz unmittelbar sich ergibt, in Wahrheit aus den Bewegungen des Menschen herausarbeitet.

Das ist die künstlerische Seite der Eurythmie. Auf der anderen Seite hat diese Eurythmie etwas, was – ganz abgesehen von manchem andern – als ein therapeutisch-hygienisches Element angesprochen werden kann, von dem ich aber jetzt nicht sprechen will. Aber ein anderes Element der Eurythmie ist das pädagogisch-didaktische Element, das sie in sich trägt. In unserer Freien Waldorfschule in Stuttgart, die von Emil Molt begründet [ist] und von mir selbst geleitet wird, hat es sich ergeben, dass wir gerade die Eurythmie eingeführt haben als einen obligatorischen Unterrichtsgegenstand neben dem Turnen.

Man wird als einen obligatorischen Unterrichtsgegenstand diese Eurythmie erst einmal schätzen, wenn man über gewisse Vorurteile herausgekommen sein wird – die ich von meinem Standpunkte aus gar nicht so arg bekämpfen möchte – bezüglich des Turnens. Das Turnen ist rein aus dem Körperlichen herausgeholt. Man mag über diejenigen Bewegungen, die der Physiologe aus der körperlichen Beschaffenheit des Menschen herausholt, seine eigene Meinung haben. Ich will sie nicht hier bekämpfen, aber es ist doch so, dass das gewöhnliche Turnen nur physiologische Bedeutung hat zur Harmonisierung für den physischen Körper des Menschen. Obwohl ich meiner Meinung nach nicht so weit gehen möchte, wie mir kürzlich ein Naturforscher gesagt hat, der sich meine Einleitungsworte angehört hat in dieser Beziehung und der meinte: Er würde gar nicht einmal so sehr das Turnen schätzen, wie ich es einschätze. Er würde es nicht für etwas physiologisch Wirksames halten, sondern einfach für eine Barbarei. Aber die Gegenwart, sehr verehrte Anwesende, wird dagegen schon viel einwenden, insbesondere, wenn man wegen der anderen Zweige seiner Tätigkeit manche Feindseligkeit heraufbeschwören muss, so möchte man nicht gerade gleich zu solchen Empfindungen übergehen.

Aber das ist dasjenige, was man besonders betonen muss – gleichgültig, ob das Turnen bloß physiologisch mehr den menschlichen Körper ausbildet oder ob es auch eine Barbarei ist: Die Kräfte der Seele, die Initiative des Willens wird jedenfalls – das betone ich ganz besonders – durch die Eurythmie bei den Kindern ausgebildet, wenn das Kind sich durch diesen obligatorischen Unterrichtsgegenstand so hineinlebt in diese eurythmischen Bewegungen, wenn die ausgeführt werden in rechter Weise, wie man sich sonst als kleines Kind in die Lautsprache selbstverständlich hineinlebt. Aktivität der menschlichen Seele wird geweckt durch Eurythmie, sodass die Schläfrigkeit, in der die Seelen befangen sind, überwunden werden kann. Sie würde sonst in der furchtbarsten Weise immer mehr und mehr überhandnehmen. Wenn Sie sich, sagen wir die nächste Generation vorstellen, so muss man sich gestehen, dass man doch nur über diese Dinge hinauskommen kann dadurch, dass dem gewöhnlichen äußeren unbeseelten Turnen wenigstens zur Seite tritt dieses beseelte Turnen in der Eurythmie.

Alles in der Eurythmie ist ja heute noch im Anfange, Sie können aber ganz sicher sein, wir sind selbst unsere strengsten Kritiker. Wir wissen, was uns noch fehlt, und sind bemüht, stets weiter und weiter darin zu kommen. Ich habe schon öfter erwähnt, dass wir zum Beispiel in der Formgebung – insbesondere eben der großen Formen – ein gutes Stück weitergekommen sind. Wir werden Ihnen heute diese großen Formen zeigen in einem Fercher[-Gedicht], «Chor der Urtriebe», der heute vorgeführt wird, der sich wirklich in einer merkwürdigen kosmischen Richtkraft bewegt, indem er – Fercher von Steinwand – dichterisch gestaltet. Indem Sie diesen Urtrieb-Chor sehen werden, werden Sie vielleicht bemerken, wie wir etwas versucht haben und weiter versuchen werden, um ein gutes Stück immer wieder vorwärts zu kommen. Die eurythmische Kunst wird mit der Zeit immer mehr und mehr vervollkommnet werden, entweder durch uns selbst oder aber wahrscheinlich durch andere, sodass sie sich als eine vollwertige neuere Kunst neben die älteren vollwertigen Künste wird hinstellen können.

STUTTGART, AUS DEM
VORTRAG VOM 21. SEPTEMBER 1920

Und wenn Sie nun die eigentliche Sprache, diesen wunderbaren, sich vom Menschen absondernden Organismus richtig verstehen, dann fühlen Sie, indem die Sprache aus dem Menschen erklingt, zu gleicher Zeit die ganzen Vibrationen des astralischen Leibes, die da drinnen sind in den farbigen Schwingungen, die unmittelbar in die Sprache übergehen. Sonst wirken sie ja auch im Menschen, aber sie kommen in eine sonderbare Aufregung, konzentrieren sich zum Kehlkopf hin, bekommen ihre Einschläge von Sonne und Mond, und das gibt etwas wie ein Spiel im astralischen Leib, das sich äußerlich offenbart in den Bewegungen des Kehlkopfes. Und jetzt haben Sie die Möglichkeit, wenigstens als ein Bild vor Ihnen stehend: Sie hören irgendeiner Sprache zu, schauen den astralischen Leib an, der dann seine Vibrationen sogleich auf den Ätherleib überträgt, wodurch das Ganze noch intimer wirkt; Sie zeichnen nun das Ganze, dadurch bekommen Sie nur Bewegungen, die im menschlichen Organismus begründet sind, und Sie erhalten jene Eurythmie, die immer ausgeführt wird gemeinsam vom astralischen Leib und Ätherleib, wenn der Mensch spricht. Es ist keine Willkür möglich, sondern es wird dadurch lediglich in die Sichtbarkeit heruntergeholt, was sonst fortwährend unsichtbar geschieht.

Warum tun wir das gegenwärtig? Ja, wir tun es, weil es in uns liegt, gegenwärtig bewusst diejenigen Sachen machen zu müssen, die wir früher unbewusst gemacht haben; denn alle Entwicklung des Menschen besteht darin, dass nach und nach das erst bloß geistig existierende Übersinnliche sich ins Sinnliche herunterbewegt. Die Griechen zum Beispiel haben noch eigentlich mit der Seele gedacht; es war ihr Denken noch ganz seelisch. Die modernen Menschen, besonders seit der Mitte des 15. Jahrhunderts, denken mit dem Gehirn. Der Materialismus ist eigentlich eine ganz richtige Theorie für den modernen Menschen. Denn was die Griechen noch in der Seele erlebten, das hat sich allmählich abgedrückt im Gehirn, das vererbt sich im Gehirn von Generation zu Generation, und die neueren Menschen denken schon mit den Abdrücken des Gehirns; sie denken schon durch materielle Vorgänge. Das musste so kommen. Man muss nur wieder hinauf; man muss nur zu diesen Vorgängen hinzufügen das Sich-Erheben des Menschen zu denjenigen Ergebnissen, die aus der übersinnlichen Welt kommen. Daher müssen wir dem Hineinprägen des früheren Seelischen in den Leib jetzt den Gegenpol entgegenstellen, das freie Ergreifen des Geistig-Übersinnlichen durch die Geisteswissenschaft. Aber damit die Menschheitsentwickelung fortgehe, müssen wir dieses Hinuntertragen des Übersinnlichen in das Sinnliche bewusst in die Hand nehmen. Wir müssen den Körper des Menschen, diesen sinnlichen Körper, so in die sichtbare Beweglichkeit bewusst versetzen, wie es bisher nur im Unsichtbaren, unbewusst für uns, geschehen ist. Damit setzen wir dann den Weg der Götter bewusst fort – indem wir die Arbeit der Götter noch übernommen haben, die Einprägung des Denkens in das Gehirn –: Indem wir aus dem Übersinnlichen der Eurythmie, aus der übersinnlichen Eurythmie die sinnliche machen. Würden wir das nicht machen, so würde die Menschheit allmählich in ein seelisches Träumen verfallen; sie würde schlafend werden. Es würde so werden, dass zwar aus den geistigen Welten heraus allerlei in das menschliche Ich und in den astralischen Leib hineinfluten würde, aber das würde immer im Schlafzustande geschehen, und beim Erwachen würde es sich niemals auf den physischen Organismus übertragen.

Wenn die Menschen Eurythmie treiben, so ist es so, dass Eurythmisten und Zuschauern im Leben gedient wird; beide haben etwas Wesentliches davon. Bei denen, die selbst Eurythmisten sind, wird der physische Organismus durch die Bewegungen der Eurythmie zu einem geeigneten Aufnahmeorgan für die geistige Welt gemacht, weil die Bewegungen herunter wollen aus der geistigen Welt. Es werden gewissermaßen die Eurythmisten Aufnahmeorgane für Vorgänge der geistigen Welt, indem sie ihren Körper dafür vorbereiten. Bei denen, die Zuschauer in der Eurythmie sind, wird gewissermaßen, was an Bewegungen in Bezug auf ihren astralischen Leib und ihr Ich lebt, durch die Bewegungen der Eurythmie intensiviert. Könnten Sie nach einer Eurythmie-Aufführung plötzlich in der Nacht aufwachen, dann würden Sie sehen, dass Sie noch viel mehr in sich haben als nach einer Sonate, wenn Sie ein Abendkonzert gehört haben und in der Nacht wieder aufwachen; das tritt bei der Eurythmie in noch stärkerem Maße auf. Das stärkt die Seele, indem es die Seele lebendig sich einleben lässt in das Übersinnliche. Es muss nur auch da eine gewisse Hygiene herrschen. Denn wenn es zu viel wird, so zappelt die Seele in der geistigen Welt des Nachts, wenn der Mensch schlafen soll, und dieses Zappeln würde im Seelischen drinnen das Gegenbild für die physische Nervosität sein.

Sie sehen, wie diese Dinge uns darauf hinweisen, immer realer und realer diesen wunderbaren Bau der menschlichen Organisation wahrzunehmen. Es zeigt sich uns auf der einen Seite herab ins Physische, wo alles darauf hinweist, dass nichts existiert in unserem Leibe, was nicht durchgeistigt ist, und auf der anderen Seite sehen wir das Geistig-Seelische, was darauf hinstrebt, dass nichts mehr im Menschen geistig-seelisch ist, was nicht das physische Erleben verarbeitet.

ANHANG

Undatierte Notizblätter aus den Jahren 1919 und 1920

Bewegungskunst
Fusst auf Goethescher Weltansch[auung]
Auf Bewegung von der Form / übertragen
Ganzer Mensch Kehlkopf.
Was. die Bewegung[en] / bedeuten = Einzelbewegung – / Gruppenbewegung und Gruppenstellung.
Mimik, Pantomimick / vermieden / V[er]b[indun]g mit Wort u. Ton

Croce:
„Der Mensch spricht in jedem / Augenblick wie der Dichter, weil er wie / der Dichter seine Eindrücke und seine / Gefühle zum Ausdruck bringt."
farbiges / tönendes / singendes / artikuliertes Bild.
1.) Verwiesen auf die Quelle im Goetheanismus.
2.) Der Ton hört auf; die Bewegung wird sichtbar. / Im Ton lebt die Bewegung geistig. / In der Eurythm. lebt das Geistige auf.
3.) In der Raum- und Gruppenbewegung.
4.) Das Künstlerische noch ein Besonderes.
5.) Die Recitation.

Die als Eurythmie bezeichnete Bewegungskunst ist / entstanden aus der Nachempfindung und Anschauung / der im menschlichen Sprechen und Singen wirksamen, aber / bei diesen nur im Laute und der Lautfolge wahrnehm- / baren Bewegung. Was am menschlichen Organismus im / Kehlkopf und seinen Nachbarorganen als Bewegung / geschieht, oder intendiert wird, das wird durch die / Eurythmie zur Erscheinung gebracht. Wie alle wahre / Kunst ist auch die Eurythmie eine Offenbarung / verborgener Naturgesetze, die ohne die Kunst nicht / zum Vorschein kämen.

Die Eurythmie ist nicht die willkürliche Erfindung / gewißer Bewegungen des Menschen durch seinen Organismus / oder im Raume, sondern die Umsetzung gewißer Verrichtungen, / die im Sprechen oder Singen durch den Kehlkopf und / seine Nachbarorgane ausgeführt oder intendiert / werden.

DORNACH, SOMMER 1918

Aus der Arbeit am Gedicht
«Die gefesselten Musen» von C. F. Meyer

Offenbar aus Anlass der Aufführung des Gedichtes «Die gefesselten Musen» von Conrad Ferdinand Meyer am 5. und 14. April 1918, in dem die neun Musen und die drei Grazien auftreten, besprach Marie Steiner mit Rudolf Steiner den Zusammenhang der von den Musen vertretenen Künsten mit den Farben. In diesem Kontext entstanden wohl die folgenden Notizblätter.

Conrad Ferdinand Meyer: *Die gefesselten Musen*

Es herrscht‹ ein König irgendwo
In Dazien oder Thrazien
Den suchten einst die Musen heim,
Die Musen mit den Grazien.

Statt milden Nektars, Rebenblut
Geruhten sie zu nippen,
Die Seele des Barbaren hing
An ihren selgen Lippen.

Erst sang ein jedes Himmelskind
Im Tone, der ihm eigen,
Dann schritt der ganze Chor im Takt
Und trat den blühnden Reigen.

Der König klatschte: «Morgen will
Ich wieder euch bestaunen!»
Die Musen schüttelten das Haupt:
«Das hangt an unsern Launen.»

«An euren Launen? ...» Der Despot
Begann zu schmähn und lästern.
«Ihr Knechte», schrie er, «Fesseln her!»
Und fesselte die Schwestern.

Der König wacht, um Mitternacht
Vernahm er leises Schreiten,
Geflüster: «Seid ihr alle da?»
Und Schüttern zarter Saiten.

Er fuhr empor. «Den hellen Chor
Ergreift, getreue Wächter!»
Die Schergen griffen in die Luft,
Und silbern klang Gelächter.

Am Morgen war der Kerker leer,
Der Reigen über die Grenze –

Drin hingen statt der Ketten schwer
Zerrissne Blumenkränze.

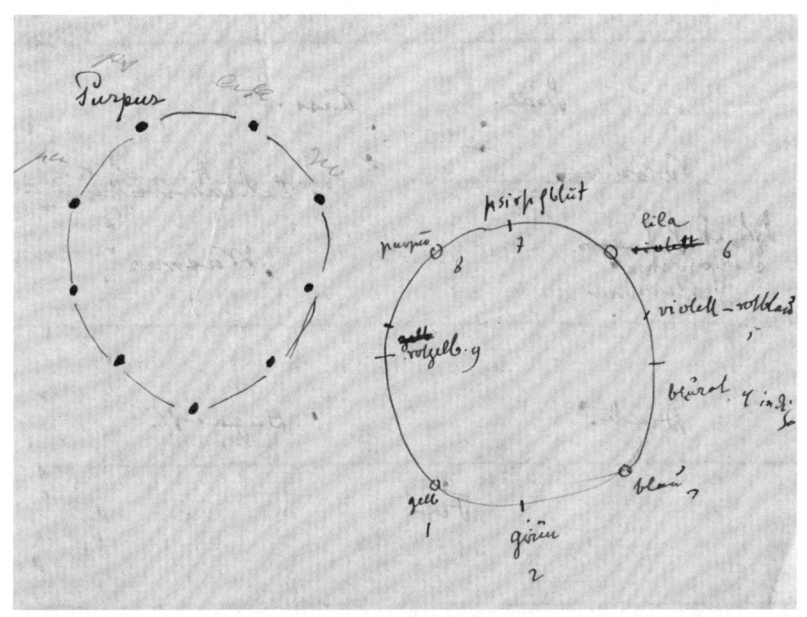

Rudolf Steiner, Marie Steiner NZ

[Handschrift Marie Steiner:] Purpur / lila /
[Handschrift Rudolf Steiner:] gelb 1 / grün 2 / blau 3 / blaurot 4 / indigo /
violett-rotblau 5 / lila violett 6 / psirsichblüt [pfirsichblüt] 7 / purpur 8 /
gelb rotgelb 9

Wir stammen / Grundfarben gelb blau u. blau gelb / (Musik 2 u. Tanz) 1 Euterpe Terpsychore
durch Verbindung (Vermischung der Enden des einfachen Gegensatzes) dieser beiden entsteht: grün 3 (Lyrik Erato)
durch Verdichtung dieser / beiden u. durch Aneinandersetzung / ihrer Teile entsteht. (Zusammentreten zweier entgegengesetzten Enden) rot 4 (Geschichte Klio)
Gesteigerte Erscheinungen von / gelb u. blau sind 5 orange u. violett 6 (Komödie / rotgelb / Thalia / Epos / Kalliope / Tragödie / Hymnos / Melpomene / Polyhymnia
Ihr[e] Verbindung: purpur 7 (/ (Tragödie / Melpomene
(zw. Orange u. Purpur / als Schattierung der allmählich / gesteigerten Enden: scharlach / karmin (gelbrot) (Komödie 8 / Thalia

Marie Steiner, Nz

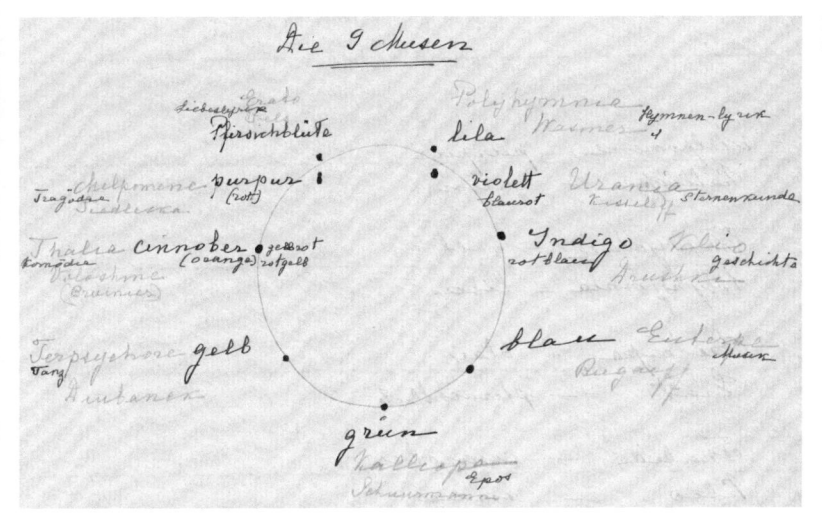

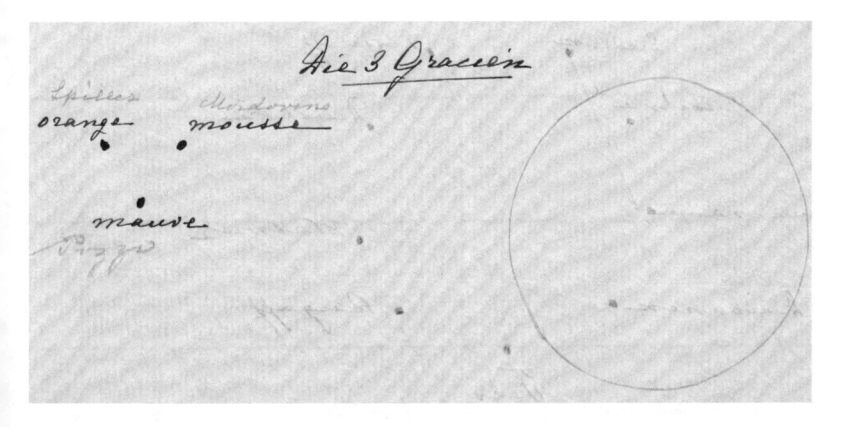

Die 9 Musen
gelb / Terpsychore / Tanz / Dziubanek [Dziubaniuk] // grün / Kalliope / Epos / Schurmann // blau / Euterpe / Musik / Bugaeff // Indigo rotblau / Klio / Geschichte / Druschki [Druschky] // violett blautrot / Urania / Sternenkunde / Kisseleff // lila Polyhymnia Wasmer Hymnen-lyrik // Erato / Liebeslyrik / Fels / Pfirsichblüt // purpur (rot) / Melpomene / Tragödie / Siedlecka // cinnober (orange) gelbrot rotgelb / Thalia / Komödie / Voloshine [Woloschina] (Bruinier)

Die 3 Grazien
Spiller orange / Mordowin mousse / Pozzo mauve

purpur verdichtet: Ernst u. Wurde [Würde] / verdünnt: Huld u. Anmut
grün (satte reale Mischung): reale Befriedigung / innerlicher kräftiger werden

Entwurf für einen Bühnenvorhang
zu Eurythmie-Aufführungen 1918/19

Der Entwurf für den Bildvorhang für Eurythmie-Aufführungen entstand sehr wahrscheinlich einige Jahre nach demjenigen für die «Mysteriendramen». In einer Kostenaufstellung des Johannesbau-Vereins vom Oktober 1917 findet sich der – im Singular formulierte – Eintrag «gemalter Bühnenvorhang», was nahelegt, dass bis dahin erst die Skizze für Letztgenanntes vorlag, mit dessen Ausarbeitung sich zwei Künstler nachweislich befassten. Im Gegensatz hierzu sind bisher keine Vorarbeiten für die Ausführung des Eurythmievorhangs bekannt geworden, doch lassen die am unteren Rand aufgezeichneten Beischriften die Beschäftigung eines Künstlers auch mit dieser Skizze vermuten – wenn vielleicht zunächst auch nur in gedanklicher Hinsicht. Die ab November 1919 als Raffvorhang realisierte Öffnungsart des Vorhangs im ersten Goetheanum dürfte dann aber schließlich zur gänzlichen Aufgabe der Idee, bemalte Bildvorhänge zu verwenden, geführt haben, da ein gerraffter Stoff schlecht mit einer Malerei bzw. ihrer Grundierung vereinbar gewesen wäre. Daneben wurde gemutmaßt, dass Rudolf Steiner es als künstlerisch unbefriedigend erachtet haben mag, einen motivisch bemalten Vorhang zu raffen. Nicht nur die Beischriften, auch die Motive selber deuten auf einen Zusammenhang mit den über dem Bühnenmund befindlichen Motiven des «I A O» in der Malerei der großen Kuppel hin. Neben der Bezugnahme in der Vertikalen hätten die torartigen Formen bei geschlossenem Vorhang die Reihe der Fens-

teröffnungen und Nischen der Rotundenwand horizontal ergänzt und zu den Fenstertriptychen eine weitere dreigliedrige Motivfolge hinzugefügt. Darüber hinaus führen die durchlässiger und lichter werdenden Torfüllungen den Betrachter auch in der Tiefendimension weiter und gleichsam in den Bühnenraum und das bevorstehende Geschehen der eurythmischen Raumbewegungskunst hinein. Durch die zwar deutliche Gliederung, doch in der oberen Zone auch transparente Überlagerung der Motive können sie zudem als Stufen eines zeitlichen Ablaufs gesehen werden – und somit besonders unterstützen, sich auf die Eurythmie einzustimmen.

Dino Wendlandt

[Beischriften vermutlich nachträglich von unbekannter Hand hinzugefügt:]
Felsenthor braun / i / Blumenstengeln inner[e]s Holz / rosa lila a / O Baumstengel / geronne[ne]s Wasser

KSaG 039
K 16

Vertrag zur ersten öffentlichen Aufführung, Zürich 24. Februar 1919

THEATER-AKTIENGESELLSCHAFT ZÜRICH

Teleph. N. 8920

ZÜRICH, den 11. Februar 1919.

V E R T R A G

zwischen

Frau Dr. Marie S t e i n e r , Dornach und der
Theater-Aktiengesellschaft Zürich.

----

1. Die Theater-A.G. überlässt Frau Dr. Marie Steiner das <u>Pfauentheater</u> für einen choreographischen Vortragsabend, der Montag, den 24. Februar 1919, abends 8 Uhr stattfinden wird.

2. Die Theater-A.G. stellt das Theater samt Heizung und Beleuchtung und dem nötigen technischen Personal zur Verfügung. Dekorationen (Vorhänge), soweit sie im Fundus des Theaters vorhanden sind, stehen Frau Steiner zur Verfügung. Die Kostüme werden von Frau Steiner gestellt. Flügelmiete geht zu Lasten von Frau Steiner, desgl. jede künstlerische Begleitung.

3. Das Theater besorgt die übliche Reklame; ausserordentliche Ankündigungen gehen zu Lasten von Frau Steiner. (Plakate und deren Anschlag, mit Ausnahme des Tagesplakats des Theaters, grössere Vor-Inserate u. ähnl.).

4. Die Programme sind die üblichen des Theaters, doch wird Frau Steiner für eine Beilage, die an einigen Tagen vor der Darbietung gratis beigelegt, am Tage der Vorstellung zu einem noch zu vereinbarenden Preise mit dem Programm verkauft wird, sorgen. Der Druck der Beilage geht ausschliesslich zu Lasten von Frau Steiner.

5. Am Vorstellungstag steht die Pfauenbühne zu einer ausreichenden Probe frei zur Verfügung; weitere Proben, deren eine am 10. Februar bereits stattfand, werden gegen Erdatz der Kosten, die etwa 50 Fr. betragen, eingerichtet. *Die Proben sind auf den 22. und 23. Feb. zu legen.*

6. Die Preise werden erhöht, in der Weise, dass sie 3, 4, 5, & 6 Fr. betragen.

7. Von der Brutto-Einnahme erhält die Theater-A.G. 50%, im Minimum aber 800 Fr.

Marie Steiner

Fotografien zur Aufführung
Dornach, 24. Januar 1920

Die folgenden Fotografien, die im «provisorischen Saal» der Schreinerei aufgenommen wurden, sind vermutlich die frühesten Bühnenfotos, die es von einer eurythmischen Darstellung gibt. Die Fotos stellen verschiedene Stücke dar. Wie einem Dokument «Photographische Aufnahmen eurythmischer Momente, 24. Januar 1920» zu entnehmen ist, wurden insgesamt 12 Aufnahmen gemacht, die aber nicht mehr alle vorliegen. Dank dieses Dokumentes weiß man, bei welchen Stellen aus den Texten die Aufnahmen gemacht wurden. Es wurden fotografiert: Rudolf Steiners «Märchen vom Quellenwunder» (Darsteller: Frauen: T. Kisseleff; M. Waller; I. Schuurman; Knabe: N. Bogojawlensky; Tropfen: E. Röhrle; A. Donath; A. Groh; A. Fels; I. de Jaager; A. Spiller; E. Dziubanjuk); Goethes «Weltseele» (T. Kisseleff, H. Geck, I. de Jaager, M. Waller, I. Schuurman, Frl. Kellermüller, N. Pozzo, A. Spiller, N. Bogojawlensky); Rudolf Steiners Wochenspruch 41; Goethes «Der Fischer» (nicht vorliegend) sowie Christian Morgensterns «Schwalben». (I. Bögel, A. Spiller, H. Geck, N. Pozzo, N. Bogojawlensky, I. de Jaager)

Das Märchen vom Quellenwunder

1. «durchscheinend fast war seine Haut»
(von links nach rechts: verdeckt Röhrle, Kisseleff, Donath, Spiller, verdeckt Geck, Waller, Fels (?), Schuurman, verdeckt de Jaager, halb sichtbar Dziubaniuk)

2. «Es schützten ihn vor jenem Drachen»
(vorne Kisseleff, Waller, Schuurman, hinten Röhrle verdeckt, sichtbar Donath, Spiller, verdeckt Geck, sichtbar Fels, verdeckt de Jaager, halb sichtbar Dziubaniuk)

Aus dem «Seelenkalender», Nr. 41

3. «zu rechtem Wirken zu entflammen»
(Waller, Röhrle, Geck, Kisseleff, Donath verdeckt)

Weltseele

4. Zwei Aufnahmen derselben Stellung: «schon schwebet ihr, in ungemessnen Formen den selgen Göttertraum»
(?, Waller, Spiller, Schuurman)

5.

Chr. Morgenstern: «Schwalben»

6. «kurze rasche Bogen schreibend»
(von links nach rechts: Bögel, Spiller, Geck, de Jaager, Bogojawlensky, Pozzo verdeckt)

DORNACH, 29. JANUAR 1920

Aus einem Brief Rudolf Steiners an Walter Johannes Stein

Walter Johannes Stein schrieb an Rudolf Steiner am 24. Januar 1920 über den Eurythmie-Unterricht seiner Frau Nora Stein-von Baditz: «Meine Frau Nora hat den Eurythmie-Unterricht der 1 bis 4. Klasse übernommen. Jede Klasse hat jetzt 2mal pro Woche Eurhythmie. Einmal in der Woche ohne Musik, da Herr Baumann der noch Gesang daneben gibt keine Zeit hat. In dieser Stunde möchte Nora, wenn Sie es für richtig halten, Märchenstoffe mit Eurythmie verbinden und bittet, daß Sie ihr in diesem oder einem andern Sinn noch Angaben für diese Stunde machen.»

Besten Dank für Ihre Nachrichten über die Waldorf-Schule. Alles, was ich von dort höre, ist mir wichtig. Bezüglich der Märchenstoffe rate ich: in Grimm und Ludw. Bechstein's nach geeigneten Märchenstoffen zu suchen; doch müßten Prosamärchen zuerst in versartige Sprache übertragen werden, wenn sie der Eurythmie zu Grunde gelegt werden sollen.

Zu dieser Ausgabe

Die vorliegende Ausgabe *Die Entstehung und Entwicklung der Eurythmie 1918–1920*, GA 277b, ist die erste in dieser Zusammenstellung. Sie umfasst die Eurythmie-Ansprachen vom August 1918 bis und mit September 1920 sowie ergänzendes Material. Teilweise waren diese in den früheren Ausgaben von *Eurythmie – Die Offenbarung der sprechenden Seele*, GA 277, sowie in *Die Entstehung und Entwicklung der Eurythmie*, GA 277a, 1.–3. Aufl., enthalten. Da sich naturgemäß viele Wiederholungen in diesen Ansprachen finden, haben die früheren Herausgeber, Eva und Edwin Froböse, nur eine Auswahl im Band GA 277 versammelt. Im Zuge der Herausgabe sämtlicher Ansprachen – verbunden mit der Aufnahme sämtlicher Notizen Rudolf Steiners und anderem Material zu den jeweiligen Ansprachen – mussten die Ausgaben nun ganz neugestaltet werden.

So ergab sich angesichts der Fülle des vorliegenden Materials die Notwendigkeit, die Ansprachen auf vier Bände aufzuteilen. Die folgenden Bände werden voraussichtlich die Ansprachen vom Oktober 1920 bis Ende 1922 (GA 277c) und die Jahre 1923 bis 1924 (GA 277d) umfassen. Im Anhang zum letzten Band GA 277d werden sich die von Rudolf Steiner gemalten farbigen Eurythmieplakate finden, die hier – wie auch die Plakate der anderen Künstler – nur in Schwarzweiß wiedergegeben sind.

Die in den früheren Auflagen enthaltenen Leseproben zur Walpurgisnacht sowie die Ansprachen zur Aufführung der Szene «Ägäisches Meer» aus dem zweiten Akt von Goethes *Faust II* wurden hier weggelassen. Denn obwohl die Darstellung dieser Szenen eine rein eurythmische war, ging Rudolf Steiner in den Leseproben und Ansprachen doch vor allem inhaltlich auf die Szenen ein. Die Leseproben und Ansprachen werden künftig in Band GA 85 zu finden sein.

Zum Anliegen der Ansprachen

Auch wenn, wie Rudolf Steiner immer wieder in den Ansprachen betont, es nicht darum gehen konnte, Kunst zu erklären, war es ihm doch ein Anliegen, auf die neuen Kunstmittel und Quellen der Eurythmie aufmerksam zu machen. Schon die Aufführungen der Dramatischen Gesellschaft in Berlin vor der Jahrhundertwende leitete Rudolf Steiner gelegentlich «durch eine kurze hinweisende Rede» ein, aber nur «wenn man für notwendig hielt, das Publikum in ein ihm ungewohntes künstlerisches Wollen einzuführen» (*Mein Lebensgang* [1923–1925], GA 28, 9. Aufl. Dornach 2000, S. 355f.). Auch für die Aufführungen der Oberuferer Spiele hielt Rudolf Steiner kurze, einleitende Ansprachen.

Seit der ersten öffentlichen Aufführung in Zürich am 24. Februar 1919 waren alle Eurythmie-Aufführungen – auch diejenigen, die am Goetheanum stattfanden – öffentlich. Wenn sich die Aufführungen an ein spezielles Publikum richteten – wie z. B. die Arbeiter der Waldorf Astoria oder an Besucher einer bestimmten Tagung –, ist dies entsprechend vermerkt.

Dass sich in diesen Ansprachen viele Motive wiederholen, liegt in der Natur der Sache. Da die Aufführungen öffentlich waren, war stets damit zu rechnen, dass sich unter den Zuschauern Menschen befanden, denen die Eurythmie noch völlig unbekannt war. So musste Rudolf Steiner immer wieder das Grundsätzliche entwickeln. Und doch versuchte er immer wieder neue Aspekte anzuführen, wodurch sich insgesamt ein reiches Bild davon entwickelt, was mit der neuen Bewegungskunst Eurythmie gewollt war. In der Lehrerkonferenz vom 31. Juli 1923 äußerte sich Rudolf Steiner einmal dazu: «Es ist schon notwendig, dass diese Dinge bei uns entwickelt werden, dieses Darstellen von verschiedenen Gesichtspunkten aus. Ich habe ein Musterbeispiel davon geben wollen, in diesen Einleitungen zu den verschiedenen Eurythmievorstellungen, wenn ich versuche, es immer umzugießen, immer dasselbe von den verschiedensten Punkten aus zu geben. Das habe ich mit diesen Eurythmie-Einleitungen versucht. Als ich neulich eine gehalten habe, da standen die Leute draußen und gingen nicht hinein dazu. Das war bei der Delegiertentagung.» (*Konferenzen mit den Lehrern der Freien Waldorfschule, Bd.3*, GA 300c, 5. Aufl. Dornach 2019, S. 125)

Die Aufführungen am Goetheanum fanden damals sämtlich im provisorischen Saal der Schreinerei statt. Erst nach der vorläufigen Eröffnung Ende September 1920 gab es bis zum Brand des Goetheanums Silvester 1922 Aufführungen im Kuppelsaal des Goetheanumbaues.

Marie Steiner rezitierte alle Texte, nur ausnahmsweise übernahmen dies – z. B. auf Reisen – andere Persönlichkeiten.

Materialien und Textanordnung

Außer den stenografischen Mitschriften und den Übertragungen in Langschrift haben sich noch andere Materialien zu den Eurythmie-Aufführungen erhalten: Entwürfe Rudolf Steiners zu den Ankündigungen, gemalte Plakate, Programmzettel oder Zeitungsinserate, Eintrittskarten sowie Rudolf Steiners Vorbereitungsnotizen zu den Ansprachen. Diese wurden – soweit noch vorliegend – sämtlich aufgenommen, da in den Bänden 277a–d die Entwicklung der Eurythmie 1912–1925 dokumentiert werden soll und durch die Hereinnahme der Materialien sich ein viel konkreterer und lebendigerer Kontext für die Ansprachen ergibt.

Oft gab es an einem Wochenende zwei Eurythmie-Aufführungen mit demselben Programm und Ankündigungsplakat, aber mit zwei verschiedenen, wenn auch in den Grundzügen ähnlichen Ansprachen Rudolf Steiners.

Im Brief vom 23. September 1923 an Willi Aeppli, der eine Eurythmie-Aufführung organisierte, schrieb Rudolf Steiner in Bezug auf die immer wieder etwas anders gestalteten Ankündigungstexte für die Zeitungen: «Ein Clichée haben wir nicht. Wir haben unsere Placate immer in gewöhnlichen Druck gegeben. Es ist mir leid, dass wir Ihnen nach dieser Richtung nicht dienen können. Wir geben auf die Inserate und Placate gewöhnlich eine kleine Inhaltsangabe des Programms; etwa so: Dichterisches, ernstes und heiteres, sowie Musikalisches eurythmisiert. Ich will Ihnen ein Beispiel einer solchen Anzeige umstehend aufschreiben: Eurythmie-Vorstellung / gegeben durch die Eurythmie-Künstler / vom Goetheanum Dornach / Sonntag, 28. October, 4 Uhr Nachm. / Dichterisches, ernstes und heiteres, sowie / Musikalisches eurythmisiert / Eintrittskarten - - - - - - - - / Doch soll dies weiter keinen Wunsch unsererseits ausdrücken. Wenn Sie eine andere Textierung wünschen, so ist uns das auch recht.» Gerade für das Jahr 1920 haben sich im Rudolf Steiner Archiv eine Reihe von Zeitungsinseraten erhalten, die belegen, dass diese identisch mit den Ankündigungstexten sind, die Rudolf Steiner eigenhändig konzipierte.

Teilweise befinden sich die Originale dieser Ankündigungen im Goetheanum-Archiv. Kopien davon sind im Rudolf Steiner Archiv jedoch in die dortige Notizzettelsammlung eingereiht und mit diesen Nummern im Folgenden angegeben. Es handelt sich um die Notizzettel 7324, 7328, 7332, 7334, 7335, 7340, 7341, 7346.

Die gemalten Plakate 1919 und 1920 stammen fast alle von der Malerin Louise van Blommestein (1882–1965), eines von Maria Strakosch-Giesler (1877–1970); die meisten dieser Plakate befinden sich in der Kunstsammlung am Goetheanum.

Da sich Rudolf Steiner öfters direkt oder indirekt auf aufgeführte Stücke bezieht, wurden die Programme auch abgedruckt – entweder in Form von Plakaten oder gedruckten Programmen (RSA 078/3) – oder, wenn solche nicht vorhanden waren, nach den sog. Garderobenbüchern im Goetheanum. Doch werden die Programme im vorliegenden Band nicht im Wortlaut der Garderobenbücher, sondern in einer standardisierten Form wiedergegeben (B.08.011.001.Garderobenbücher_Heft_2 und B.08.011.001.Garderobenbücher_Heft_3); die Programme werden nicht einzeln nachgewiesen. In seltenen Fällen werden auch Zeitungsrezensionen dokumentiert, wenn keine Aufzeichnung zur Ansprache vorliegt. Gelegentlich wurden Auszüge aus Vorträgen aufgenommen, wenn sie wichtige Aspekte zur Eurythmie enthalten.

Im Anhang finden sich einige Materialien, die sich entweder nicht genau datieren ließen oder vom Charakter her als sekundär einzuordnen sind: So undatierte Notizen Rudolf Steiners, die inhaltlich in die Jahre 1919/20 gehören, einige nicht genau zuordenbare Angaben aus dem Jahr 1918, der Entwurf zu einem Eurythmie-Bühnenvorhang, Fotos zu den Aufführungen am 24. und 25. Januar 1920 etc. sowie ein Brief Rudolf Steiners an Walter Johannes Stein über das Eurythmisieren von Märchen.

In den Hinweisen zum Text wurden nur in den Ansprachen und schriftlichen Texten genannte Persönlichkeiten berücksichtigt, nicht jedoch Dichter und Komponisten, die nur in den Eurythmieprogrammen erwähnt werden.

Titel

Mit sehr wenigen Ausnahmen, die den vorliegenden Band nicht betreffen, hatten die Ansprachen naturgemäß keinen Titel. Die inhaltlich orientierten Titel in den früheren Auflagen stammten von den Herausgebern Edwin und Eva

Froböse und wurden, da nicht von Rudolf Steiner gegeben, in der aktuellen Auflage weggelassen.

Zu den Textgrundlagen allgemein

Fast alle Eurythmie-Ansprachen wurden von der erfahrenen Stenografin Helene Finckh mitgeschrieben. Doch zeigte sich, dass manche Ausschriften der Ansprachen – angesichts der sonstigen Qualität ihrer stenografischen Mitschriften und deren Ausarbeitung – vergleichsweise wenig durchgearbeitet sind und teilweise sogar Lücken aufweisen. Auch hatte sie manche Stenogramme gar nicht selbst in Langschrift übertragen.

Dies ist verständlich angesichts der Arbeitsfülle Helene Finckhs; denn sie musste fast an jedem Tag, an dem eine Eurythmie-Ansprache gehalten wurde, auch noch mindestens einen weiteren Vortrag Rudolf Steiners mitschreiben. Zum anderen spielte es sicher auch eine Rolle, dass sich die wesentlichen Motive in den Ansprachen eben oft wiederholten, wogegen mindestens die internen Vorträge Rudolf Steiners immer Neuschöpfungen waren.

Die von Helene Finckh nicht selbst übertragenen Stenogramme wurden durch Gabrielle Tribelhorn transkribiert und durch Andrea Leubin und Martina Maria Sam weiter korrigiert und ergänzt. Trotzdem finden sich in diesen Ansprachen Textlücken und unleserliche oder nicht eindeutige Wörter. All dies ist in den Ansprachen und den Hinweisen nachvollziehbar dokumentiert.

Die Ansprachen wurden so zurückhaltend wie möglich redigiert; wo es Eingriffe durch die Herausgeber gab, sind sie durch eckige Klammern [ ] kenntlich gemacht und/oder in den Hinweisen nachgewiesen. Wörter, die in den Stenogrammen nicht eindeutig gelesen werden konnten, werden durch das Zeichen [?] gekennzeichnet. Offensichtliche Verschreiber in den Vorlagen wurden stillschweigend korrigiert. Die Gliederung der Absätze wurde gegenüber den Textgrundlagen zugunsten der besseren Lesbarkeit teilweise verändert.

Die spezifischen Quellenangaben und Textgrundlagen finden sich jeweils im folgenden Teil der «Hinweise zum Text» unter dem Datum der Ansprache; ebenso die bisherigen Veröffentlichungen, soweit die Herausgeber davon Kenntnis hatten.

Die zahlreichen Zitate in den Ansprachen sind in den Textgrundlagen meist nicht wörtlich wiedergegeben. Es ist nicht zu klären, ob sie nicht vollständig mitgeschrieben wurden oder ob Rudolf Steiner sie nicht ganz wörtlich vorgetragen hat. Letzteres ist zu vermuten, da es sich meist um ihm tief vertraute Goethe-Zitate handelt, die er mehr oder weniger auswendig kannte und deshalb wohl nicht extra für die Ansprachen notiert hatte. Gelegentlich sind die Zitate aber auch korrekt, vermutlich wurden sie von Helene Finckh nach dem Original korrigiert. Die Herausgeber haben sich dazu entschlossen, die Zitate nach den jeweiligen Textgrundlagen wiederzugeben, also meist mehr oder weniger frei; das vollständige Zitat findet sich mit nachgewiesener Quelle in den Hinweisen zum Text.

Manche Textgrundlagen wiesen zahlreiche Hervorhebungen einzelner Textpassagen auf, die wohl nur zum kleinsten Teil als Betonungen Rudolf Steiners zu lesen sind. Diese Hervorhebungen wurden als Kursivsetzungen nur da aufgenommen, wo sie zum besseren Verständnis dienen bzw. naheliegt, dass diese Worte auch im Vortrag akzentuiert wurden. – Ansonsten sind nur selbstständige Werke bzw. Bücher kursiv gesetzt.

Fehlende Mitschriften

Von den folgenden Ansprachen 1919 und 1920 liegen keine Stenogramme und Ausschriften vor:

1919
—Ansprache vom 19. Mai 1919, Stuttgart (Vortragsregister-Nr. 2729)
—Ansprache vom 22. Juni 1919, Stuttgart (Vortragsregister-Nr. 3758a)
—Ansprache vom 27. Juli 1919, Mannheim (Vortragsregister-Nr. 3784)
—Ansprache vom 10. August 1919, Dornach (Vortragsregister-Nr. 3791)
—Ansprache vom 21. Sept. 1919, Dresden (Vortragsregister-Nr. 3863)

1920
—Ansprache vom 24. Mai 1920 in Dornach (Vortragsregister-Nr. 4133)

Hinweise zum Text und Textgrundlagen

Dornach, 25. August 1918

Textgrundlagen: Maschinenschriftliche Übertragung des Stenogramms von Helene Finckh, Vortragsregister-Nr. 3548, mit Übernahme der Korrekturen der Stenografin. – Frühere Veröffentlichung: *Eurythmie – Die Offenbarung der sprechenden Seele*, GA 277. 3. Aufl. Dornach 1999, S. 30–34. *Eurythmie. Die neue Bewegungskunst der Gegenwart.* Dornach 1986, S. 13–16.

zu Seite

37 *Da ist Notwendigkeit, da ist Gott:* Goethe in seiner *Italienischen Reise* (6. Sept. 1787, Kap. 67): «Diese hohen Kunstwerke sind zugleich als die höchsten Naturwerke von Menschen nach wahren und natürlichen Gesetzen hervorgebracht worden. Alles Willkürliche, Eingebildete fällt zusammen, da ist die Notwendigkeit, da ist Gott.»

All: So von Helene Finckh korrigiert aus: «Leben».

38 *Kunst ist höhere Natur in der Natur:* Siehe dazu die Aufsätze «Über Wahrheit und Wahrscheinlichkeit der Kunstwerke» und «Winckelmann und sein Jahrhundert» in J. W. Goethe, *Werke.* Hamburger Ausgabe, Band XII, München 1981. In diesem Sinne kann man auch Goethes Sprüche lesen: «Das Schöne ist eine Manifestation geheimer Naturgesetze, die uns ohne dessen Erscheinung ewig wären verborgen geblieben», und «Wem die Natur ihr offenbares Geheimnis zu enthüllen anfängt, der empfindet eine unwiderstehliche Sehnsucht nach ihrer würdigsten Auslegerin, der Kunst» (in: *Goethes Naturwissenschaftliche Schriften*, Fünfter Band: Zur Farbenlehre, II. Teil, Sprüche in Prosa, GA 1e. Berlin und Stuttgart: 1887. Nachdruck Dornach 1982, S. 494). Vgl. dazu auch das Vorwort Rudolf Steiners zu Kompositionen von Leopold van der Pals, *Die Entstehung und Entwicklung der Eurythmie 1912–1918*, GA 277a, 4. Aufl. Basel 2022, S. 500–502

Dornach, 20. September 1918

Vorlagen: Rudolf Steiner NZ 5924 u. 5925. – Marie Steiner: Notizen in Rudolf Steiner: *Drei Gedichte.* Berlin 1916, RSB St 109. – Unbekannt: Notizzettel

Zürich, aus dem Vortrag vom 17. Oktober 1918

Textgrundlage: Die Ergänzung heutiger Wissenschaften durch Anthroposophie, GA 73, 2. Aufl. Dornach 1987, S. 367–369.

Dornach, aus der Ansprache vom 3. November 1918

Textgrundlage: Zur Geschichte des Johannesbau-Vereins und des Goetheanum-Vereins. GA 250, Dornach 2019, S. 205 f.

Ankündigungstexte zur geplanten Aufführung Zürich, 18. Oktober 1918

Vorlagen: Rudolf Steiner, Notizzettel 2859 u. 2859a. – Marie Steiner: Notizzettel

46 *Tatiana Kisseleff:* Tatiana Kisseleff-Povaliscina (Warschau, 15. März 1881 – 19. Juli 1970, Arlesheim) wuchs nach dem frühen Tod ihres Vaters bei den Großeltern in St. Petersburg auf. Nachdem sie Diplome als Lehrerin und technische Zeichnerin erworben hatte, studierte sie in Paris und Lausanne Jura. Zurückgekehrt nach Russland heiratete sie Nikolaj Kisseleff. Aufgrund ihres sozialen Engagements unschuldig ins Gefängnis gekommen, wurde sie aufgrund einer Erkrankung ins Ausland entlassen. Nach einem Aufenthalt in der Schweiz hörte sie in Paris von Rudolf Steiner. Sie fuhr Weihnachten 1911 nach Hannover, um ihm dort erstmals zu begegnen. Er wies sie schon früh auf die Eurythmie. Nachdem sie die Grundlagen 1913 in dem ersten Kurs in Haus Meer bei Lory Smits erlernt und Eurythmie-Unterricht in Berlin gegeben hatte, wurde sie 1914 nach Dornach berufen, um dort die Eurythmie-Arbeit aufzubauen. Bis 1926 blieb sie am Goetheanum, die Bühnenarbeit und die ersten Ausbildungskurse dort wesentlich mitprägend. 1927 ging sie nach Paris, um dort ein Eurythmie-Atelier zu eröffnen. 1937 wurde sie von Marie Steiner zurück nach Dornach berufen, wo sie jedoch nicht mehr so recht ihren Platz fand. In Dornach und Malsch gab sie in den nächsten Jahrzehnten Kurse und schrieb ihre Erinnerungen an die Eurythmie-Arbeit mit Rudolf Steiner nieder. Siehe dazu Tatiana Kisseleff, *Eurythmie-Arbeit mit Rudolf Steiner,* Basel 1982; *Tatiana Kisseleff – Ein Leben für die Eurythmie. Autobiographisches,* ergänzt von Brigitte Schreckenbach. Schloß Hamborn, 2., erg. Aufl. 2006; Martina Maria Sam, *Eurythmie. Entstehungsgeschichte und Porträts ihrer Pioniere.* Dornach 2014, S. 42–45.

van der Pals: Der russische Musiker und Komponist Leopold van der Pals (Petersburg, 4. Juli 1884 – 7. Febr. 1966, Dornach) lebte und wirkte nach seinen Studien zunächst in Berlin, dann in Dornach. Er schrieb viele Stücke für die Eurythmie und schuf auch die Musik zu den Oberuferer Weihnachtsspielen.

Schuurman: Max Schuurman (Arnhem, 20. Nov. 1889 – 28. Febr. 1955, Arlesheim), Violinist und Komponist. Studien in Utrecht und Köln, ab 1915 in Dornach lebend. Schuurman komponierte zahlreiche Stücke zur Eurythmie und wirkte in den ersten Jahren auch als Schauspieler.

46 *Stuten:* Jan Stuten (Nijmegen, 15. Aug. 1890 – 25. Febr. 1948, Arlesheim) studierte nach einer musikalischen Grundausbildung Bratsche, Komposition sowie Dirigieren und begegnete 1910 Rudolf Steiner. Als mit dem Bau des Goetheanums begonnen wurde, siedelte er nach Dornach über. In den ersten *Faust*-Inszenierungen 1915 spielte er den Faust und komponierte die Musik für einzelne Szenen; auch für weitere Bühnenwerke, für die Eurythmie und zu verschiedenen Feiern verfasste er Kompositionen. 1934/35 wurde seine Oper «Merlins Geburt» am Basler Stadttheater aufgeführt. Zusammen mit Rudolf Steiner suchte er nach einer neuen Art der «Lichtspielkunst». Für die erste *Faust*-Gesamtaufführung am Goetheanum 1938 entwarf er das Bühnenbild.

47 *Elisabeth Dollfuss:* Elisabeth Dollfus (Basel, 16. Juli 1895 – 12. Febr. 1947, Arlesheim) wirkte schon als Kind in den *Mysteriendramen* mit; 1913 stellte sie den «Geist von Johannes Jugend» dar. Sie besuchte den ersten Ausbildungskurs bei Lory Maier-Smits im Herbst 1913. Ab 1917 lebte die Familie in Dornach, und Elisabeth Dollfus nahm an der Eurythmie-Arbeit am Goetheanum teil. 1919 ging sie mit ihrem Ehemann, dem Musiker Paul Baumann nach Stuttgart, um dort an der neugegründeten Waldorfschule Eurythmie zu unterrichten. 1921 inaugurierte Elisabeth Baumann zusammen mit Erna und Henk van Deventer den Heileurythmiekurs Rudolf Steiners (siehe *Heileurythmie,* GA 315). 1937 übersiedelte die Familie wieder in die Schweiz und Elisabeth Dollfus widmete sich in ihren letzten Lebensjahren ganz der Heileurythmie. Siehe dazu Elisabeth Dollfus, *Aus der Praxis der Heileurythmie,* Dornach, 3. Aufl. 1983, sowie Martina Maria Sam, *Eurythmie. Entstehungsgeschichte und Porträts ihrer Pioniere.* Dornach 2014, S. 39–41.

48 *Anna Marie Groh:* Annemarie Groh (Berlin, 15. Sept. 1891 – 7. Juli 1976, Delsbo, Schweden) lernte 18-jährig die Theosophie kennen und wurde 1913 Mitglied des Berliner Zweiges. Schon im Sommer desselben Jahres wirkte sie eurythmisch in den Aufführungen der *Mysteriendramen* mit. Sie gehörte zu den Eurythmistinnen, die während des Ersten Weltkrieges mit Marie Steiner gelegentlich in Berlin arbeiteten. Später war sie am Goetheanum eurythmisch tätig und an *Faust*-Aufführungen sowie an der Erarbeitung der ersten Standardformen beteiligt. Sie ging 1920 zunächst nach Wien, dann nach Berlin, um dort Eurythmie zu unterrichten. Ab 1923 lebte sie in Oslo und unterrichtete dort an der Rudolf-Steiner-Schule. Nach dem Ende des Zweiten Weltkriegs arbeitete sie für die nächsten Jahrzehnte in Schweden – unterbrochen von einer kurzen Tätigkeit in England 1952. – Siehe dazu auch Martina Maria Sam, *Eurythmie. Entstehungsgeschichte und Porträts ihrer Pioniere.* Dornach 2014, S. 112 f.

Anna Marie Donath: Annemarie Donath (Berlin, 18. März 1895 – 27. Mai 1972, Dornach) ging auf Anraten Marie von Sivers' im Frühling 1913 nach Haus Meer bei Düsseldorf und wurde so erste Schülerin und Kollegin von Lory Smits. Ab August 1918 wirkte sie als Eurythmistin an der Goetheanum-Bühne mit. 1925/26 schrieb sie auf Bitten Marie Steiners das Buch *Grundelemente der Eurythmie*. Nach längerer Krankheit war ihr die Ausübung der Eurythmie als Bühnenkunst nicht mehr möglich. Angeregt durch ihren Mann, den russischen Bildhauer Oswald Dubach, widmete sie sich ab 1928 sieben Jahre der plastischen Kunst. In den 1950er Jahren entwickelte sie zum Thema Weltentwicklung große eurythmische Raumkompositionen mit völlig neuartigen Gebärden. Siehe dazu Annemarie Dubach, *Die Kunst der Eurythmie / Erinnerungen*. Dornach 1983, «Aus der eurythmischen Arbeit mit Rudolf Steiner» in E. Beltle, K. Vierl (Hrsg.): *Erinnerungen an Rudolf Steiner*, Stuttgart 2001, sowie Martina Maria Sam, *Eurythmie. Entstehungsgeschichte und Porträts ihrer Pioniere*. Dornach 2014, S. 33 f.

Zürich, 24. Februar 1919

Vorlagen: Walo von May: Plakatentwürfe KSaG, M.4577 u. KSaG, M.458; Plakat RSt R 31.

Textgrundlagen: Rudolf Steiner, Ankündigungsentwurf für die Zeitungen; frühere Veröffentlichung: *Die Entstehung und Entwicklung der Eurythmie*, GA 277a, 3. Aufl. Dornach 1998, S. 113. – Einführung für das Programmheft; frühere Veröffentlichung: *Die Entstehung und Entwicklung der Eurythmie*, GA 277a, 3. Aufl. Dornach 1998, S. 114f. – Entwurf für das Programmheft II (RSA 067). – Notizzettel 2860–61 (Entwurf für das Programmheft I). – Gedrucktes Programm; Frühere Veröffentlichung: *Die Entstehung und Entwicklung der Eurythmie*, GA 277a, 3. Aufl. Dornach 1998, S. 114f. – Maschinenschriftliche Übertragung des Stenogramms von Helene Finckh, Vortragsregister-Nr. 3663 I. Frühere Veröffentlichung: *Eurythmie – Die Offenbarung der sprechenden Seele*, GA 277, 3. Aufl. Dornach 1999, S. 47–51; *Die Entstehung und Entwicklung der Eurythmie*, GA 277a, 3. Aufl. Basel 1999, S. 113–115.

52 *Edith Roehrle:* Edith Röhrle (Gießen, 3. Dez. 1893 – 24. Mai 1965, Tübingen) begegnete nach einer Ausbildung als Hauswirtschafts-, Handarbeits- und Turnlehrerin bei den Sommerfestspielen 1913 in München der Eurythmie. Sie nahm Unterricht bei Lory Smits und gehörte zu der Gruppe, die um den Jahreswechsel 1913/14 in Köln und Berlin aufführte. 1914/15 lebte sie eine Zeitlang in Dornach und dann wieder ab 1918, sodass sie an der frühen Entwicklung der Eurythmie maßgeblich beteiligt war. Lory Smits zufolge verdanken wir Edith Röhrles individueller Arbeit mit Marie Steiner die Frage an Rudolf Steiner, die zu den ersten Standardformen führte. 1920 schickte Rudolf Steiner sie als dritte Eurythmielehrerin an die Waldorfschule nach Stuttgart. Nach ihrer Heirat mit dem Landwirt Dr. Walter Ritter verließ sie 1931 die Schule; sie

versuchte in den nächsten Jahren, soviel als möglich in ihrem jeweiligen Umfeld eurythmisch tätig zu werden. Siehe dazu Martina Maria Sam, *Eurythmie. Entstehungsgeschichte und Porträts ihrer Pioniere.* Dornach 2014, S. 65 f.

53 *Offenbarung geheimer Naturgesetze:* Nach Goethes «Sprüchen in Prosa»: «Das Schöne ist eine Manifestation geheimer Naturgesetze, die uns ohne dessen Erscheinung ewig wären verborgen geblieben.» Siehe *Goethes Naturwissenschaftliche Schriften,* Fünfter Band. GA 1e. Berlin u. Stuttgart: 1887. Nachdruck Dornach 1982, S. 494.

56 *ihren Ausgang:* Im gedruckten Programm: «ihren Ausgangspunkt».

dass alle Kunst die Offenbarung ist verborgener Naturgesetze: Siehe Hinweis zu S. 53.

wie – goethisch gedacht – das Pflanzenblatt eine Pflanze im Kleinen ist: Rudolf Steiner erläutert das Prinzip der Metamorphose in seinen *Einleitungen zu* Goethes Naturwissenschaftliche Schriften so: «Das, was die Pflanze zur Pflanze macht, *eine gewisse formbildende Kraft,* ist in jedem Organe auf gleiche Weise wirksam. Jedes Organ erscheint so als *identisch* mit allen anderen und auch mit der ganzen Pflanze. Goethe drückt dies so aus: ‹Es ist mir nämlich aufgegangen, dass in demjenigen Organ der Pflanze, welches wir als Blatt gewöhnlich anzusprechen pflegen, der wahre Proteus verborgen liege, der sich in allen Gestaltungen verstecken und offenbaren könne. Vorwärts und rückwärts ist die Pflanze immer nur Blatt, mit dem künftigen Keime so unzertrennlich vereint, dass man eins ohne das andere nicht denken darf.›» (*Einleitungen zu* Goethes Naturwissenschaftlichen Schriften, GA 1, 5. Aufl. Basel 2022, S. 98 f.; das Goethe-Zitat stammt aus der *Italienischen Reise,* 17. Aug. 1787)

57 *soll die Eurythmie:* Im gedruckten Programm: «soll sie».

dem Musikalischen: Im gedruckten Programm: «der musikalischen».

hat van der Pals geliefert: Im gedruckten Programm: «haben L. van der Pals, Max Schuurman und Jan Stuten geliefert». Siehe auch Hinweis zu S. 46.

eine weitere Entwickelung: Im gedruckten Programm: «Entwicklung».

58 *jedes einzelne Pflanzenorgan als eine Umwandelung der anderen Pflanzenorgane [...] anzusehen:* Siehe dazu Hinweis zu S. 56.

Winterthur, 27. Februar 1919

Textgrundlagen: Maschinenschriftliche Übertragung des Stenogramms von Helene Finckh, Vortragsregister-Nr. 3666 I.

62 *drückt [sie]:* In der Textgrundlage: «drückt es».

63 *Goethes große, bedeutsame Metamorphosenlehre:* Siehe Hinweis zu S. 56.

eines [Organs] ist: Sinngemäße Änderung durch die Hrsg.; in der Textgrundlage: «eines ganzen Wesens ist».

64 *Seelenstimmung dem:* In der Textgrundlage: «Seelenstimmung in dem»; grammatikalische Änderung durch die Hrsg.

65 *[Sonate]:* In der Textgrundlage: «Symphonie»; sinngemäße Änderung durch die Hrsg., entsprechend anderen Ansprachen.

Dornach, 13. und 14. März 1919

Vorlagen: Rudolf Steiner Notizzettel 6230. – Zeitungsannonce: *Basler Nachrichten* 13. März 1919.

Dornach, 13. März 1919

Textgrundlagen: Maschinenschriftliche Übertragung des Stenogramms von Helene Finckh, Vortragsregister-Nr. 3674 I. – Frühere Veröffentlichung: *Eurythmie – Die Offenbarung der sprechenden Seele,* GA 277. 3. Aufl. Dornach 1999, S. 52–57.

68 *Die Kunst ist eine Offenbarung:* Siehe den Hinweis zu S. 53.

bedeutungsvolle Abhandlung Goethes: «Zur Morphologie», insbesondere das Unterkapitel «Die Metamorphose der Pflanze», siehe *Goethes Naturwissenschaftliche Schriften,* Erster Band. GA 1a. Berlin u. Stuttgart 1884. Nachdruck Dornach 1982, S. 17–59.

69 *wie Goethe der Anschauung ist, dass jedes einzelne Glied eines Lebewesens [...] ist wie ein Ausdruck des ganzen Lebewesens:* Siehe Hinweis zu S. 56.

72 *Der Stil beruht auf den tiefsten Grundlagen:* Im Original: «Wie die einfache Nachahmung auf dem ruhigen Dasein und einer liebevollen Gegenwart beruht, die Manier eine Erscheinung mit einem leichten fähigen Gemüt ergreift, so ruht der Stil auf den tiefsten Grundfesten der Erkenntnis, auf dem Wesen der Dinge, insofern uns erlaubt ist, es in sichtbaren und greiflichen Gestalten zu erkennen.» Aus: «Einfache Nachahmung der Natur, Manier, Stil», in: *Goethes Werke,* Weimarer Ausgabe, I. Abt., Bd. 47, Weimar 1896, S. 80.

In seinem schönen Buche über Winckelmann: «Winckelmann und sein Jahrhundert», 1805, siehe den Hinweis zu S. 38. Johann Joachim Winckelmann (1717–1768), dt. Archäologe und Bibliothekar, Begründer der wissenschaftlichen Archäologie.

72 *die geheimsten Naturgesetze zur Offenbarung:* Siehe Hinweis zu S. 53.

Im Menschen spiegelt sich die ganze Welt: Siehe Goethes Abhandlung «Winckelmann und sein Jahrhundert»: «Dagegen tritt nun die Kunst ein; denn indem der Mensch auf den Gipfel der Natur gestellt ist, so sieht er sich wieder als eine ganze Natur an, die in sich abermals einen Gipfel hervorzubringen hat. Dazu steigert er sich, indem er sich mit allen Vollkommenheiten und Tugenden durchdringt, Wahl, Ordnung, Harmonie und Bedeutung aufruft und sich endlich bis zur Produktion des Kunstwerkes erhebt, das neben seinen übrigen Taten und Werken einen glänzenden Platz einnimmt.» In: *Goethes Werke,* Weimarer Ausgabe, I. Abth., Bd. 46, Weimar 1891, S. 29.

Dornach, 14. März 1919

Textgrundlage: Maschinenschriftliche Übertragung des Stenogramms von Helene Finckh, Vortragsregister-Nr. 3675 I.

74 *Wem die Natur ihr offenbares Geheimnis:* Im Original: «Wem die Natur ihr offenbares Geheimnis zu enthüllen anfängt, der empfindet eine unwiderstehliche Sehnsucht nach ihrer würdigsten Auslegerin, der Kunst», in: *Goethes Naturwissenschaftliche Schriften,* Fünfter Band: Zur Farbenlehre, II. Teil, Sprüche in Prosa, GA 1e. Berlin und Stuttgart: 1887. Nachdruck Dornach 1982, S. 494.

«Die Metamorphose der Pflanzen»: Unterkapitel in Goethes Schrift «Zur Morphologie», siehe *Goethes Naturwissenschaftliche Schriften,* Erster Band. GA 1a. Berlin u. Stuttgart: 1884. Nachdruck Dornach 1982, S. 1–87.

76 *beim musikalisch gestalteten Sprechen:* In der Textgrundlage: «beim musikalischen gestalteten Sprechen»; sinngemäße Änderung durch die Hrsg.

al[s] Empfindungswärme, durchleuchtet al[s] Seelenstimmung [das] Gesprochene und Gesungene: In der Textgrundlage: «alle Empfindungswärme, durchleuchtet alle Seelenstimmung des Gesprochenen und Gesungenen»; sinngemäße Änderung durch die Hrsg.

77 *dass jeder künstlerische Stil beruht auf den Grundfesten der Erkenntnis:* Siehe den Hinweis zu S. 72.

Er sagt, der Mensch sei auf den Gipfel: Siehe den Hinweis zu S. 72.

78 *einen Prolog, der sich in Shakespeares Werken findet:* Vermutlich ist hier der Prolog zu *Romeo und Julia* gemeint, wo es am Schluss heißt: «Das lehrt zwei Stunden euch die Bühne heut; / Wollt ihr geduldig euer Ohr dem leih'n / Woll'n wir's von Mängeln, wo's noch not, befrei'n.»

Dornach, 23. und 24. März 1919

Vorlagen: Rudolf Steiner Notizzettel 7346.

Dornach, 23. März 1919

Textgrundlage: Maschinenschriftliche Übertragung des Stenogramms von Helene Finckh, Vortragsregister-Nr. 3682 I.

81 *Man wird allerdings, wenn man:* Satzumstellung und Ergänzung durch die Hrsg.; in der Textgrundlage: «Man wird allerdings müssen, wenn man diese Goethe'sche Grundlage der eurythmischen Kunst will einsehen, auf die ganze große und gewaltige Art».

Ich werde, um: Satzumstellung durch die Hrsg. In der Textgrundlage: «Ich werde müssen, um den Grundimpuls unserer eurythmischen Kunst mit wenigen Worten zu charakterisieren, gerade auf das hinweisen».

82 *Diese Metamorphosenlehre beruht darauf:* Siehe Hinweis zu S. 56.

84 *Wem die Natur ihr offenbares Geheimnis:* Siehe Hinweis zu S. 74.

Die Kunst beruht auf einem gewissen Erkennen: Siehe Hinweis zu S. 72.

86 *Wenn der Mensch auf den Gipfel der Natur gestellt ist:* Siehe Hinweis zu S. 72.

Dornach, 24. März 1919

Vorlagen; Eintrittskarte zur Aufführung.

Textgrundlage: Maschinenschriftliche Übertragung des Stenogramms von Helene Finckh, Vortragsregister-Nr. 3684 I.

89 *wirken [muss]:* In der Textgrundlagelage: «wirken müssen».

Goethe'schen Metamorphosenlehre: Siehe Hinweis zu S. 56.

90 *Wem die Natur ihr offenbares Geheimnis offenbart:* Siehe Hinweis zu S. 74.

91 *Der Stil, der künstlerische Stil:* Siehe den Hinweis zu S. 72.

g[reif]lichen Gestalten: Sinngemäße Änderung der Hrsg. entsprechend anderen, ähnlichen Ansprachen; in der Textgrundlage: «geistlichen Gestalten».

92 *Winckelmann:* Johann Joachim Winckelmann (1717–1768), dt. Archäologe, Bibliothekar und Schriftsteller, der wesentlich die Epoche des Klassizismus beeinflusste. Goethe veröffentlichte 1805 eine Schrift über ihn: *Winckelmann und sein Jahrhundert in Briefen und Aufsätzen.*

Indem der Mensch auf den Gipfel der Natur: Siehe den Hinweis zu S. 72.

Dornach, 30. März 1919

Vorlagen: Rudolf Steiner, Notizzettel 2900.
Textgrundlage: Maschinenschriftliche Übertragung des Stenogramms von Helene Finckh, Vortragsregister-Nr. 3687 II. – Frühere Veröffentlichung (Auszug): *Eurythmie – Die Offenbarung der sprechenden Seele*, GA 277. 3. Aufl. Dornach 1999, S. 566f.

96 *Er hat das schöne Wort geprägt: Wem die Natur:* Siehe Hinweis zu S. 74.
97 *das Gebiet der Goethe'schen Metamorphosenlehre:* Siehe Hinweis zu S. 56.
98 *die Kunst [...] beruht auf einer Manifestation:* Siehe dazu Hinweis zu S. 38.
99 *dass man intensiv in ein Unendliches:* Satzumstellung durch die Hrsg.; in der Textgrundlage: «man in ein intensiv Unendliches».

Goethe sagt wiederum so schön: Siehe Hinweis zu S. 72.

100 *weil im Anfange die Dinge noch unvollkommen [sind]:* Umstellung durch die Hrsg.; im Original: «weil im Anfange sind die Dinge noch unvollkommen».

dass Goethe in Weimar für die Bühne die «Iphigenie» einstudiert hat mit dem Taktstock: Siehe hierzu beispielsweise Manfred Brauneck: *Die Deutschen und ihr Theater.* Bielefeld 2018, S. 62: «Goethe führte Regie mit dem Taktstock und hatte 1803 *Regeln für Schauspieler* herausgegeben, ein Konglomerat merkwürdiger Anleitungen, die wohl vornehmlich für Anfänger gedacht waren und alsbald auch – wohl zu Recht – parodiert wurden.»

101 *in seinem schönen Buch über Winckelmann:* Siehe Hinweis zu S. 38 und 72. *Wenn der Mensch an den Gipfel der Natur gestellt ist:* Siehe den Hinweis zu S. 72.

102 *die Szene um «Mitternacht» vorführen:* Im 5. Akt von *Faust II*.

dass man aus Faust, in den Goethe, wie er selbst sagte, so vieles hineingeheimnisst hat: Vermutlich bezieht sich dies auf Goethes Gespräch mit Eckermann vom 25. Jan. 1827: «Aber doch ist alles sinnlich und wird, auf dem Theater gedacht, jedem gut in die Augen fallen. Und mehr habe ich nicht gewollt. Wenn es nur so ist, dass die Menge der Zuschauer Freude an der *Erscheinung* hat; dem Eingeweihten wird zugleich der höhere Sinn nicht entgehen, wie es ja auch bei der Zauberflöte und anderen Dingen der Fall ist.»

[Devrient'sche-Lassen'sche]: Sinngemäße Ergänzung der Hrsg.; in der maschinenschriftlichen Ausschrift: «Winkelschadt-Krauss'sche(?)». Zu Ostern 1891 konnte Rudolf Steiner im Großherzoglichen Hoftheater Weimar die *Faust*-Aufführung unter Otto Devrient (1838–1894) «Goethe's

Faust als Mysterium in zwei Tagewerken» mit der Musik von Eduard Lassen (1830–1904) sehen.

102 *Wilbrandt'sche Darstellung:* Adolf Wilbrandt (1837–1911) war 1881 bis 1887 Direktor des Burgtheaters in Wien; 1882/83 war dort der *Faust* aufgeführt worden; vermutlich hatte Rudolf Steiner ihn dort zum ersten Mal auf der Bühne gesehen.

auf diese Art [Mysterieneinrichtung]: Sinngemäße Ergänzung der Hrsg. (vgl. dazu die Ansprache vom 5. Nov. 1919, S. 210). In der maschinenschriftlichen Ausschrift heißt es: «auf diese Art Dingelstadt(?)».

Dornach, 5. April 1919

Textgrundlage: Maschinenschriftliche Übertragung des Stenogramms von Helene Finckh, Vortragsregister-Nr. 3691 I. – Frühere Veröffentlichung (Auszug): *Eurythmie – Die Offenbarung der sprechenden Seele*, GA 277. 3. Aufl. Dornach 1999, S. 567 f.

104 *nichts so Vollkommenes wie diese Nachbarkünste [bieten können]:* Sinngemäße Ergänzung durch die Hrsg.

Goethe'schen Weltanschauung: Siehe dazu Rudolf Steiners Bücher *Grundlinien einer Erkenntnistheorie der Goetheschen Weltanschauung* [1886], GA 2, sowie *Goethes Weltanschauung* [1897], GA 6.

der Goethe'schen Kunstanschauung: Siehe Hinweis zu S. 53.

105 *Goethe'sche Metamorphosenlehre:* Siehe Hinweis zu S. 56.

Intuitiv ist [ge]sucht worden: Sinngemäße Änderung der Hrsg.; im Manuskript «Intuitiv ist versucht worden».

106 *Die Kunst beruht auf einer Manifestation geheimer Naturgesetze:* Siehe dazu Hinweis zu S. 38.

Wem die Natur ihr offenbares Geheimnis: Siehe Hinweis zu S. 74.

Stil – nach Goethes Wort beruhend auf den tiefsten Grundlagen der Erkenntnis: Siehe Hinweis zu S. 72.

107 *[und auf der anderen Seite]:* Sinngemäße Ergänzung durch die Hrsg.

108 *in dem schönen Buch über Winkelmann:* Siehe Hinweis zu S. 72.

Wenn der Mensch an den Gipfel der Natur gestellt ist: Siehe Hinweis zu S. 72.

Stuttgart, 6. Mai 1919

Textgrundlage: Maschinenschriftliche Übertragung des Stenogramms von Helene Finckh, Vortragsregister-Nr. 3718a III. Frühere Veröffentlichung (Auszug): *Eurythmie – Die Offenbarung der sprechenden Seele,* GA 277. 3. Aufl. Dornach 1999, S. 58–61.

111 *Sie machen [es] im Grunde genommen:* Sinngemäße Ergänzung der Hrsg.

[der sieht,]: Sinngemäße Ergänzung der Hrsg.

112 *[das Gesprochene,] wenn jetzt rezitiert werden wird:* Sinngemäße Ergänzung der Hrsg.

[Es muss] wiederum gefunden: Sinngemäße Ergänzung der Hrsg.

von der ich Ihnen [...] in Ihrer Fabrik kürzlich vom sozialen Standpunkte aus gesprochen habe: Vortrag vom 23. April 1919, in: *Neugestaltung des sozialen Organismus,* GA 333, 2. Aufl. Dornach 1983, S. 55–74.

Stuttgart, 25. Mai 1919

Vorlage: Rudolf Steiner, aus Notizbuch 45, S. 22–25; frühere Veröffentlichung: *Eurythmie – Die Offenbarung der sprechenden Seele,* GA 277. 3. Aufl. Dornach 1999, S. 62.

Textgrundlage: Übertragung des Stenogramms von Hedda Hummel durch Matthias Buser, bearbeitet durch Andrea Leubin, Vortragsregister-Nr. 3732.

118 *heute schon Vollendetes:* «Vollendetes» im Stenogramm nicht eindeutig; es könnte auch «Vollkommenes» heißen.

Probe, [...] um den Versuch einer Probe: Aus dem Zusammenhang erschlossene Stelle, nicht eindeutig im Stenogramm.

heute geboten: «heute» im Stenogramm nicht eindeutig; könnte auch «hier» heißen.

Nachbarbewegungskünste [...] Vollendung: Aus dem Zusammenhang erschlossene Stellen, nicht eindeutig im Stenogramm.

119 *andere eben Kunstgrundlagen und auch [unleserliches Wort] eine andere Kunstgesinnung:* «eben» und «Kunstgrundlagen» im Stenogramm nicht eindeutig.

«Wem die Natur ihr offenbares Geheimnis: Zitat ergänzt; siehe auch Hinweis zu S. 74.

Kunstüberzeugung [herausbilden]: Sinngemäße Einfügung durch die Hrsg., im Stenogramm unleserliches Wort.

Kulturentwicklung: «-entwicklung» im Stenogramm nicht eindeutig; könnte auch als «-wissenschaft» zu lesen sein.

Die ganze Pflanze, sie ist: Siehe Hinweis zu S. 56.

prinzipiell: Unsichere Lesung.

119 *Anschauung [Lücke im Text]:* Es folgen Zeichen, die entweder als Anführungs- oder Wiederholungszeichen gelesen werden können, d. h. Zeichen, die die Stenografen für wörtliche Wiederholungen einfügten.

was in ihm lebt: «lebt» im Stenogramm nicht eindeutig; könnte auch als «webt» gelesen werden.

120 *[zwischen dem Hörenden ... sich Offenbarenden]:* Unleserliche Passage im Stenogramm, ergänzt nach Rudolf Steiners Notizen zur Ansprache in Notizbuch 45.

erkennt er das ... und seine Bewegung übergegangener Kehlkopf: Aus dem Zusammenhang erschlossene Stelle, nicht eindeutig im Stenogramm.

[drückt er aus, was unterdrückt ist]: Schwer zu lesende Passage im Stenogramm, zu entziffern ist: «gehört er zu dem Unterdrückten»; sinngemäß ergänzt von den Herausgebern.

in der Prosa des Lebens: «Lebens» im Stenogramm nicht eindeutig.

[Darstellung]: Sinngemäße Einfügung durch die Hrsg., statt einer unleserlichen Stelle im Stenogramm.

[Unverständliche Passage siehe Hinweise]: Zu entziffern ist im Stenogramm: «sodass irgendeine Bewegung gebildet werden kann aus der bloß unmittelbaren Seelenempfindung heraus; aber ausgedrückt so, also ganz menschlich, das bildhaft Menschliche dieser Seelenempfindung».

[identische]: Sinngemäße Ergänzung der Hrsg.; unleserliches Wort im Stenogramm.

[bei zwei Aufführungen]: Nicht eindeutig im Stenogramm entzifferbar; eventuell könnte es gelesen werden als: «in der Gruppe von Aufführungen der Musik Beethovens», was aber keinen Sinn ergibt. Sinngemäße Ergänzung durch die Hrsg.

121 *[Wiedergabe dessen]:* Unleserliche Stelle im Stenogramm; sinngemäße Einfügung durch die Hrsg.

Schiller empfand [...] eine unbestimmte Melodie in seiner Seele: Siehe Hinweis zu S. 135..

[unverständliche Passage siehe Hinweise]: Im Stenogramm ist zu entziffern: «der ganze Mensch [...] [unleserlich] Prosa des Lebens, der aufge[unleserlich] werden soll in dem, was wir als eurythmische Kunst bezeichnen».

geboten werden [kann]: «kann» im Stenogramm nicht eindeutig; könnte auch «muss» bedeuten.

der Öffentlichkeit: Unsichere Lesung.

Die Menschen [...] [unleserlich]: Nur bruckstückhaft entschlüsselte Stelle im Stenogramm; zu entziffern ist: «*[unleserlich]* noch nicht von [etwas?] menschlich *[unleserlich]* Leben, das [neu entstanden?] ist, und Anthroposophie *[unleserlich]* [sagt?] die [künstlerische?] *[unleserliche Worte]* die [Dichterkunst?] wird [ins...?]».

Stuttgart, 19. Juli 1919

Vorlagen: Rudolf Steiner, Notizzettel 5085; frühere Veröffentlichung: *Eurythmie – Die Offenbarung der sprechenden Seele*, GA 277, 3. Aufl. Dornach 1999, S. 63.

Stuttgart, 24. Juli 1919, und Mannheim, 27. Juli 1919

Vorlagen: Rudolf Steiner, Notizzettel 3681 und Notizbuch 302, S. 78 u. 79; frühere Veröffentlichung: *Eurythmie – Die Offenbarung der sprechenden Seele*, GA 277, 3. Aufl. Dornach 1999, S. 64.

Mannheim, 27. Juli 1919

Textgrundlage: Abend-Ausgabe der *Neuen Badischen Landeszeitung*, Montag, 28. Juli 1919, Nr. 374.

129 *Walter Abendroth* (Hannover, 29. Mai 1896 – 30. Sept. 1973, Hausham), dt. Komponist und Musikkritiker, zeitweise in Stuttgart und in Dornach als Pianist und Komponist tätig. Ab 1948 Leiter des Feuilletons der Wochenzeitung *Die Zeit*.

L. van der Pals, M. Schuurman und Jan Stuten: Siehe Hinweise zu S. 46.

Natalie Papoff: Natalie von Papoff-Hunziker-Schukow (Poltawa, Russland, 1. Sept. 1881 – 24. Febr. 1970, Zürich) wandte sich zusammen mit ihrem ersten Mann, dem Pianisten Wladimir von Papoff, schon früh der Theosophie zu. Sie erzählt, dass sie von Rudolf Steiner aufgefordert wurde, am Ausbildungskurs von Lory Smits im Herbst 1913 teilzunehmen. Sie unterrichtete in Berlin, München und Prag und nahm gelegentlich an Eurythmie-Aufführungen teil. 1926 musste sie aufgrund einer Wirbelsäulenerkrankung die Eurythmie aufgeben. Siehe M. M. Sam, *Eurythmie. Entstehungsgeschichte und Porträts ihrer Pioniere.* Dornach 2014, S. 80f.

Dornach, 11. August 1919

Textgrundlage: Maschinenschriftliche Übertragung des Stenogramms von Helene Finckh, Vortragsregister-Nr. 3793 AI (Version 1); Übertragung eines

Stenogramms von unbekannter Hand, Vortragsregister-Nr. 3793 B (Version 2). Frühere Veröffentlichung: *Eurythmie – Die Offenbarung der sprechenden Seele,* GA 277, S. 64–69.

131 *liebe Kinder, Ihr habt dürfen hierherkommen aus Eurer Heimat:* Im Vortrag vom 23. Aug. 1919 für die angehenden Waldorflehrer blickte Rudolf Steiner auf diese Aufführung und seine Ansprache zurück: «Ich hatte an diejenigen Kinder ein paar Worte gerichtet, die als Münchener Ferienkinder in Dornach waren, 80 an der Zahl, und die bei Frau Kisseleff 12 Stunden Eurythmie gehabt haben und die dann das, was sie gelernt hatten, einem Teil ihrer Lehrerschaft und der Dornacher Anthroposophenschaft vorführen konnten. Die Kinder waren recht dabei, und nachdem die ganze Eurythmie-Aufführung, die außerdem auch noch aus Vorführungen unserer Dornacher Eurythmistinnen bestand, zu Ende war, kamen die Kinder heran und fragten: Hat denn auch unsere Vorstellung gefallen? Sie hatten wirklich den Drang, auch etwas darzustellen; es war eine recht schöne Sache. Nun hatte ich auf Ersuchen der Persönlichkeiten, die das Ganze arrangiert hatten, ein paar Worte an die Kinder zu richten. Es war am Vorabend des Tages, an dem die Kinder wieder in die Münchener Gegend zurückgebracht werden sollten. Da sagte ich ausdrücklich: Ich sage jetzt etwas, was ihr jetzt noch nicht versteht. Erst in der Zukunft werdet ihr es verstehen. Aber merkt es euch, wenn ihr jetzt in der Zukunft das Wort ‹Seele› hört, denn ihr könnt es jetzt noch nicht verstehen. Dieses Aufmerksammachen des Kindes auf etwas, was es noch nicht versteht, was erst ausreifen muss, das ist außerordentlich wichtig.» (in: *Erziehungskunst. Methodisch-Didaktisches,* GA 294, 7. Aufl. Dornach 2019, S. 54)

132 *Goethe sieht in der ganzen Pflanze:* Siehe Hinweis zu S. 56.

133 *Der Mensch ist auf den Gipfel der Natur:* Siehe Hinweis zu S. 72.

134 *«Iphigenie»:* Goethe schrieb dieses Drama zunächst 1779 in Prosa und wandelte es während seiner Italienreise 1786 in ein Versdrama um. In der ersten Fassung spielte er selbst den Orest, ab 1802 kam es in einer durch Schiller bearbeiteten Fassung auf die Bühne.

135 *Schiller schuf durchaus aus der musikalisch-bewegten Seele heraus:* Schiller beschreibt diesen Schaffensprozess in zwei Briefen. So an Gottfried Körner am 25. Mai 1792: «Das Musikalische eines Gedichtes schwebt mir weit öfter vor der Seele, wenn ich mich hinsetze es zu machen als der klare Begriff vom Inhalt, über den ich oft kaum mit mir einig bin.» und an Goethe am 18. März 1796: «Bei mir ist die Empfindung anfangs ohne bestimmten und klaren Gegenstand; dieser bildet sich erst später. Eine gewisse musikalische Gemütsstimmung geht vorher, und auf diese folgt bei mir erst die poetische Idee.» (Zitiert nach Hans Knudsen, *Schiller und die Musik,* Greifswald 1908, S. 61)

136 *heraufgekommen [seid]:* In der Textgrundlage: «heraufgekommen sind»; grammatikalische Änderung durch die Hrsg.

137 *(sie saßen vorne):* Einfügung durch die Stenografin.

Dornach, 16. August 1919

Textgrundlage: Maschinenschriftliche Übertragung des Stenogramms von Helene Finckh, Vortragsregister-Nr. 3796 III.

140 *dass für Goethe jedes einzelne Pflanzenblatt eine ganze Pflanze ist:* Siehe Hinweis zu S. 56.

in seiner großartigen Abhandlung über die Pflanze 1790: 1790 veröffentlichte Goethe als seine erste naturwissenschaftliche Schrift den *Versuch die Metamorphose der Pflanze zu erklären* (siehe *Goethes Naturwissenschaftliche Schriften,* Erster Band. GA 1a, Berlin u. Stuttgart 1884. Nachdruck Dornach 1982, S. 17–59). Die Elegie «Die Metamorphose der Pflanzen» entstand 1798; siehe J. W. Goethe: *Gedichte in zeitlicher Folge,* Frankfurt 1982, S. 494–496. Zu dieser gab Rudolf Steiner 1919 eine Form (in: *Eurythmieformen zu Gedichten von Johann Wolfgang von Goethe,* GA K 23/3, Dornach 1991, S. 41–52).

142 *greiflich:* In der Textgrundlage: «grifflich»; vgl. dazu Hinweis zu S. 72.

143 *ging eine unbestimmte melodiöse Tongestaltung durch seine Seele:* Siehe Hinweis zu S. 135.

Wenn er seine «Iphigenie» einstudierte, hatte er den Taktstock in der Hand: Siehe Hinweis zu S. 100.

144 *Indem der Mensch auf den Gipfel der Natur gestellt ist:* Siehe Hinweis zu S. 72.

145 *um zwei Nummern vergrößert:* Unklare Stelle, da Rudolf Steiner vorher ja nur von einem Gedicht spricht, das eingefügt werde.

Dornach, 17. August 1919

Textgrundlage: Maschinenschriftliche Übertragung des Stenogramms von Helene Finckh, Vortragsregister-Nr. 3798 II. Frühere Veröffentlichung: *Eurythmie – Die Offenbarung der sprechenden Seele,* GA 277, 3. Aufl. Dornach 1999, GA 277, S. 72–77

146 *in der ganzen Pflanze sah er nur ein kompliziert aufgebautes Pflanzenblatt:* Siehe Hinweis zu S. 56.

148 *wenn wir einem Menschen zuhören, in uns immer eine innere übersinnliche Nachahmungskunst steckt:* Siehe dazu auch den folgenden Auszug aus dem Vortrag vom 25. Aug. 1919.

149 *Das Gegenteil ist der Fall:* Handschriftliche Einfügung in der Textgrundlage.

150 *als Gel[egenh]eit:* In der Textgrundlage «Geleit»; sinngemäße Änderung durch die Hrsg.
dass Schiller bei vielen seiner Dichtungen: Siehe Hinweis zu S. 135.

151 *[sondern man kann ... gerichteten Turnen]:* Satzumstellungen durch die Hrsg.; in der Textgrundlage: «sondern wenn man sich auf der anderen Seite auch dem Glauben hingibt, dass sie als Pädagogisch-Didaktisches wirken kann in der Zukunft, als beseeltes Turnen neben dem rein auf Physiologie, auf die Körperlichkeit gebauten Turnen – was wir in der Pädagogik als beseeltes Turnen, das zu gleicher Zeit Kunst ist – es kann auch als Eurythmie aufgefasst werden –, allmählich in unsere Erziehung und Pädagogik der Waldorfschule einfügen werden: eine Bewegungskunst des menschlichen Organismus, die beseelt ist gegenüber dem seelenlosen, bloß auf die Körperkultur gerichteten Turnen.»
in der Pädagogik beseeltes Turnen: In der Textgrundlage: «in der Pädagogik als beseeltes Turnen».
Indem der Mensch auf den Gipfel der Natur gestellt ist: Siehe Hinweis zu S. 72.

Aus dem Vortrag Stuttgart, 25. August 1919

Textgrundlage: Erziehungskunst. Methodisch-Didaktisches, GA 294, 7. Aufl. Dornach 2019, S. 72 f.

Aus der Seminarbesprechung Stuttgart, 29. August 1919

Textgrundlage: Erziehungskunst. Seminarbesprechungen und Lehrplanvorträge, GA 295, 5. Aufl. Basel 2019, S. 110 f.

155 *Karl Stockmeyer* (1886–1963), von Rudolf Steiner berufener Waldorflehrer, der die Gründung der Stuttgarter Schule mit vorbereitete und dort Mathematik und Naturwissenschaften unterrichtete.

Aus der Lehrerkonferenz Stuttgart, 8. September 1919

Textgrundlage: Konferenzen mit den Lehrern der Freien Waldorfschule, Bd.1, GA 300a, 5. Aufl. Dornach 2019, S. 22 f.

Berlin, 14. September 1919

Textgrundlage: Notizen von unbekannter Hand, Vortragsregister-Nr. 3855
II. Frühere Veröffentlichung: *Eurythmie – Die Offenbarung der sprechenden Seele*, GA 277, 3. Aufl. Dornach 1999, GA 277, S. 80–85

159 *seine Ideenwelt:* In der Textgrundlage «bei der».
160 *die ganze Pflanze ist für ihn nur ein kompliziertes Blatt:* Siehe Hinweis zu S. 56.
162 *dass Schiller [...] eine allgemeine Melodie in der Seele hatte:* Siehe Hinweis zu S. 135.
163 *«Wem die Natur ihr offenbares Geheimnis:* Siehe Hinweis zu S. 74.
Die Kunst besteht in einer Art von Erkennen: Siehe Hinweis zu S. 72.
[I]ndem der Mensch auf den Gipfel: Siehe Hinweis zu S. 72.
164 *durch [uns] selbst:* In der Textgrundlage «durch sich selbst»; sinngemäße Änderung durch die Hrsg.

Berlin, 16. September 1919

Textgrundlage: Notizen von unbekannter Hand, Vortragsregister-Nr. 3858.

164 *Das einzelne Blatt ist die ganze Pflanze:* Siehe Hinweis zu S. 56.
165 *in seiner Seele zitterte etwas wie Musikalisches, Rhythmisches:* Siehe Hinweis zu S. 135.

Dresden, 21. September 1919

Vorlagen: Postkarte, RSA 078/3

Dornach, 11. Oktober 1919

Vorlage: Zeitungsannonce: *National-Zeitung,* 10. Okt. 1919.
Textgrundlage: Maschinenschriftliche Übertragung des Stenogramms von Helene Finckh, Vortragsregister-Nr. 3875 IV

170 *ein einziges Pflanzenblatt eine ganze Pflanze ist:* Siehe Hinweis zu S. 56.
172 *dass Schiller [...] zuerst etwas Melodiöses in seiner Seele hatte:* Siehe Hinweis zu S. 135.
dass Goethe, wenn er seine «Iphigenie» einstudiert hat, mit dem Taktstock: Siehe Hinweis zu S. 100.

172 *zuerst etwas Melodiöses in seiner Seele hatte:* Siehe Hinweis zu S. 135.
173 *Wenn der Mensch auf dem Gipfel der Natur:* Siehe Hinweis zu S. 72.
  die Kunst eine Manifestation geheimer Naturgesetze: Siehe dazu Hinweis zu S. 38.
174 *Wem die Natur ihr offenbares Geheimnis enthüllt:* Siehe Hinweis zu S. 74.

Dornach, 12. Oktober 1919

Textgrundlage: Maschinenschriftliche Übertragung des Stenogramms von Helene Finckh, Vortragsregister-Nr. 3877 II.

175 *was hier in unserer eurythmischen Kunst – allerdings erst in [ihren] Anfängen, in [ihrem] ersten Versuche:* Grammatikalische Änderungen durch die Hrsg.; in der Textgrundlage: «was wir hier in unserer eurythmischen Kunst – allerdings erst in seinen Anfängen, in seinem ersten Versuche».
  Wem die Natur ihr offenbares Geheimnis: Siehe Hinweis zu S. 74.
176 *was Pflanze ist, ist für Goethe ein umgestaltetes Blatt:* Siehe Hinweis zu S. 56.
179 *Etwas Melodiöses, etwas Musikalisches hatte er:* Siehe Hinweis zu S. 135.
180 *in primitiven Zeitaltern:* «primitiv» wird von Rudolf Steiner meist im Sinne von «ursprünglich» verwendet.
  Arbeit und Rhythmus gehörten in der Urkultur zusammen: Vgl. dazu den Vortrag «Beruf und Erwerb» vom 12. März 1908 in *Die Erkenntnis der Seele und des Geistes,* GA 56, 2. Aufl. Dornach 1985, S. 244 f.; siehe dazu auch den Hinweis zu S. 284.
181 *Denn indem der Mensch auf den Gipfel der Natur gestellt ist:* Siehe Hinweis zu S. 72.
182 *in sichtbarlichen und greiflichen Gestalten:* Anlehnung an ein Goethe-Wort; vgl. Hinweis zu S. 72.

Dornach, 19. Oktober 1919

Textgrundlage: Maschinenschriftliche Übertragung des Stenogramms von Helene Finckh, Vortragsregister-Nr. 3882 II. – Frühere Veröffentlichung (Auszug): *Eurythmie – Die Offenbarung der sprechenden Seele,* GA 277. 3. Aufl. Dornach 1999, S. 87 f.

185 *in einfacher Weise eine ganze Pflanze enthalten:* Siehe Hinweis zu S. 56.

186 *Im gewöhnlichen Leben lenken [wir unsere]:* Satzumstellung und Änderung durch die Hrsg.; in der Textgrundlage: «Wir im gewöhnlichen Leben lenken an».

187 *dass Schiller [...] etwas Musikalisches empfand:* Siehe Hinweis zu S. 135.

189 *Wem die Natur ihr offenbares Geheimnis:* Siehe Hinweis zu S. 74.

Dieser zweite Teil des Goethe'schen Faust – das ist ein Machwerk des Alters: Vor allem von Friedrich Theodor Vischer (1807–1887) sind solche Aussprüche bekannt. So heißt es in einem Brief an Julius Ernst von Günthert aus dem Jahr 1862: «Göthes Bild ist uns durch das altersschwache, unerquickliche allegorische Machwerk zweiter Teil Faust getrübt» (in: Julius Ernst von Günthert: *Friedrich Theodor Vischer. Ein Charakterbild.* Stuttgart 1889, S. 8). Vischer verspottete Goethes Werk auch durch sein Buch *Faust. Der Tragödie dritter Theil.* Tübingen 1886.

190 *vielleicht so etwas [aussprechen]:* In der Textgrundlage: «vielleicht so etwas, was»; sinngemäße Änderung durch die Hrsg.

«Natürliche Tochter»: Trauerspiel von J. W. Goethe, zwischen 1801 und 1803 entstanden.

191 *auch als «Faust»-Partien zum Beispiel –, gegenüber dem, [was] er später, nachdem er zu einer abgeklärten Kunstanschauung übergegangen war, [hervorbrachte]:* Sinngemäße Änderung durch die Hrsg. In der Textgrundlage heißt es: «auch als Faust-Partien zum Beispiel die das hervorbrachten, gegenüber dem er später, nachdem er zu einer abgeklärten Kunstanschauung übergegangen war».

Da l[ob]en: In der Textgrundlage: «Da lesen sie». Korrektur nach dem Originalgedicht von 1816. Siehe J. W. Goethe: *Gedichte in zeitlicher Folge,* Frankfurt 1982, S. 857.

[Es meint] das Lumpenpack: Korrektur nach Original, siehe vorigen Hinweis. In der Textgrundlage: «Und da glaubt das Lumpenpack».

Zürich, 31. Oktober 1919

Vorlage: Zeitungsannonce: *Tagblatt der Stadt Zürich,* 29. Okt. 1919.

Textgrundlage: Maschinenschriftliche Übertragung eines Stenogramms von unbekannter Hand, Vortragsregister-Nr. 3893 II.

195 *dass der Stil beruhe auf einer Art Erkennen:* Siehe Hinweis zu S. 72.

we[m] die Natur ihr offenbares Geheimnis zu enthüllen beginne: Sinngemäße Änderung der Hrsg.; in der Textgrundlage «wenn die Natur». Siehe Hinweis zu S. 74.

196 *eine Umgestaltung eines einfachen Pflanzenblattes:* Siehe Hinweis zu S. 56.

197 *das Vor[stellun]gsmäßige:* Sinngemäße Änderung der Hrsg.; in der Textgrundlage: «das Vortragsmäßige».

199 *Inszenierung von Wilbrandt:* Siehe Hinweis zu 102.

Aufführung von Devrient: Siehe Hinweis zu S. 102.

[Friedrich] Theodor Vischer: Siehe Hinweis zu S. 189.

die italienische Reise: Goethe reiste inkognito vom 3. September 1786 bis zum 18. Juni 1788 durch Italien. Es war eine Art Ausbruch aus seinem etwas erstarrten Leben als Minister in Weimar. Seine Erlebnisse sind festgehalten in dem Tagebuch *Italienische Reise.* Siehe J. W. Goethe, *Werke.* Hamburger Ausgabe, Band XI, München 1981.

Dornach, 2. November 1919

Textgrundlage: Maschinenschriftliche Übertragung des Stenogramms von Helene Finckh, Vortragsregister-Nr. 3895 II.

202 *nur ein komplizierter gewordenes umgewandeltes einzelnes Blatt ist:* Siehe Hinweis zu S. 56.

203 *Der Stil beruht auf einer Art von Erkennen:* Siehe Hinweis zu S. 72.

wem die Natur – so sagt er einst – ihr offenbares Geheimnis enthüllt: Siehe Hinweis zu S. 74.

Wenn der Mensch auf dem Gipfel der Natur gestellt ist: Siehe Hinweis zu S. 72.

205 *Schiller [...] hatte immer, bevor er wortwörtlich sein Gedichtetes hatte, er hatte eine Melodie:* Siehe Hinweis zu S. 135.

Der zweite Teil des «Faust» ist ja erst in Goethes Alter entstanden: Abgesehen von der Helena-Szene im dritten Akt von *Faust II,* an der Goethe schon zwischen 1797 und 1806 arbeitete, entstanden die Szenen des zweiten Teils zwischen 1825 und 1832.

seine «Iphigenie», seinen «Tasso», seine «Natürliche Tochter»: Dramen Goethes aus seiner klassischen Zeit: *Iphigenie* (1779–1786), *Torquato Tasso* (1780–1789), *Die Natürliche Tochter* (1801–1803).

207 *Da loben sie meinen Faust:* Goethes Originalfassung siehe die Ansprache vom 19. Okt. 1919, S. 183.

er hat ja ein gewaltiges Werk über Ästhetik geschrieben: Friedrich Theodor Vischer: *Aesthetik oder Wissenschaft des Schönen.* Sechs Teile. Reutlingen, Leipzig 1846/47.

Der V-Vischer hat dann selber einen dritten Teil des «Faust» geschrieben: Siehe den Hinweis zu S. 189.

208 *um «Mitternacht»:* Im 5. Akt von *Faust II.*

208 *der Sorge, dem Mangel, der Schuld, der Not: Faust II,* V 11378–11501.

im Wiener Burgtheater mit der liebenswürdigen Wilbrandt'schen Bearbeitung und Regie: Siehe Hinweis 102.

Devrient'sche Mysterien-Darstellung des «Faust»: Siehe Hinweis zu S. 102.

Bern, 5. November 1919

Textgrundlage: Maschinenschriftliche Übertragung des Stenogramms von Helene Finckh, Vortragsregister-Nr. 3898 III. – Frühere Veröffentlichung: *Eurythmie – Die Offenbarung der sprechenden Seele,* GA 277. 3. Aufl. Dornach 1999, S. 88–92. *Eurythmie. Die neue Bewegungskunst der Gegenwart.* Dornach 1986, S. 27–31.

211 *nichts anderes ist, als ein umgestülptes einzelnes Blatt:* Siehe Hinweis zu S. 56.

sieht man sinnlich-übersinnlich, wie er auch sagte: Siehe z. B. den Brief von Goethe an Karl Friedrich Reinhard vom 29. März 1821, wo er über den österr. Mediziner und Naturphilosophen Jan Evangelista Purkinje schreibt, er «ergeht sich in den physiologischen Erscheinungen und führt sie durchs Psychische zum Geistreichen so, daß zuletzt das Sinnliche ins Übersinnliche ausläuft» (siehe: *Goethes Naturwissenschaftliche Schriften,* Fünfter Band. GA 1e. Berlin u. Stuttgart: 1897. Nachdruck Dornach 1982, S. 317). In Goethes *West-Östlichen Divan* heißt es über den Dichter Dschami: «Nun versucht er alles, erscheint sinnlich und übersinnlich zugleich; die Herrlichkeit der wirklichen und Dichterwelt liegt vor ihm, er bewegt sich zwischen beiden.»

213 *Wem die Natur ihr offenbares Geheimnis zu enthüllen beginnt:* Siehe Hinweis zu S. 74.

Die Kunst beruht auf geheimnisvollen Naturgesetzen: Siehe dazu Hinweis zu S. 38.

214 *Schiller hatte bei den besten seiner Gedichte nicht den wortwörtlichen Inhalt zunächst in der Seele:* Siehe Hinweis zu S. 135.

215 *Wenn der Mensch auf den Gipfel der Natur gestellt ist:* Siehe Hinweis zu S. 72.

216 *dass sich diese eurythmische Kunst weiterentwickelt:* Grammatikalische Änderung durch die Hrsg.; in der Textgrundlage: «dass, wenn sich diese eurythmische Kunst weiterentwickelt».

liebenswürdige Regiekunst und Einrichtung von Wilbrandt oder der Mysterieneinrichtung von Devrient mit der Lassen'schen Musik: Siehe die Hinweise zu 102.

217 *mit seiner «Iphigenie», «Tasso» und später, wie er gemeint hat, mit seiner «Natürlichen Tochter»:* Siehe Hinweis zu S. 205.

218 *selbst einen zweiten Teil des «Faust» zu dichten:* Siehe den Hinweis zu S. 205.

ein zusammengeschustertes, zusammengeleimtes Machwerk des Alters: Siehe vorigen Hinweis.

um «Mitternacht»: Im 5. Akt von *Faust II.*

Mangel, Not, Sorge, Schuld: Faust, V 11378–11501.

Dornach, 8. November 1919

Vorlage: Rudolf Steiner: Notizbuch 129, S. 32.

Textgrundlage: Maschinenschriftliche Übertragung des Stenogramms von Helene Finckh, Vortragsregister-Nr. 3900 I. – Frühere Veröffentlichung: *Eurythmie – Die Offenbarung der sprechenden Seele,* GA 277, 3. Aufl. Dornach 1999, S. S. 92–112

220 *wenn es hier Licht gäbe:* Vor Beginn der Aufführung versagte die Beleuchtung in der Schreinerei auf längere Zeit.

wenn wir Gäste hier sehen können, auch schon jetzt in derjenigen Zeit, in der ja unser Bau eigentlich noch lange nicht fertig sein kann: Seit März 1919 waren so gut wie alle Eurythmie-Aufführungen öffentlich, obwohl sie nur im «provisorischen Saal» der Schreinerei stattfinden konnten. Im Kuppelsaal des Goetheanum-Baues fanden regelmäßige Eurythmie-Aufführungen erst ab dem Frühjahr 1921 statt, vorher wurden dort – nach der vorläufigen Eröffnung des noch unfertigen Baues am 26. Sept. 1920 – nur im Kontext größerer Feiern einzelne Stücke gezeigt.

221 *etwas sehr Allgemeines:* In den bisherigen Auflagen «etwas sehr Veraltetes»; Änderung nach Textgrundlage.

223 *um dieses Goethe-Wort zu gebrauchen, seine Geistesaugen, seine Seelenaugen aufgehen:* Von «Geistesaugen» spricht Goethe z. B. in dem kurzen Aufsatz «Wenige Bemerkungen» (in: *Goethes Naturwissenschaftliche Schriften,* Berlin u. Stuttgart 1883, Nachdruck Dornach 1982, GA Ia, S. 107) oder auch in seiner Autobiografie *Dichtung und Wahrheit,* 3. Teil, 11. Buch: «Ich sah nämlich, nicht mit den Augen des Leibes, sondern des Geistes, mich mir selbst denselben Weg zu Pferde wieder entgegenkommen».

Wie erlangt man Erkenntnisse der höheren Welten? [1904/05], GA 10.

226 *so klar und scharf […] wie dasjenige, wodurch ein Kopernikus, ein Galilei, ein Giordano Bruno […] gewirkt haben:* Rudolf Steiner weist öfters darauf hin, dass Geisteswissenschaft nichts Obskures ist, sondern «die echte, wahre Fortsetzerin der naturwissenschaftlichen Vorstellungsart [sein will], wie diese sich in der Morgenröte der neueren Kultur durch

Kopernikus, Kepler, Galilei, Giordano Bruno und andere dem Geistesleben der Menschheit einverleibt hat. Aus derselben Denkergesinnung heraus, aus der Galilei, Bruno und so weiter das Reich der Natur betrachteten, will Geisteswissenschaft das Reich des Geistes betrachten» (in dem Aufsatz «Ein Wort über Theosophie» in: *Philosophie und Anthroposophie*, GA 35, 3. Aufl. Basel 2014, S. 157). Siehe auch den Vortrag vom 13. Juli 1914 in *Christus und die menschliche Seele*, GA 155, Dornach 3. Aufl. 1994, wo Rudolf Steiner hervorhebt: «Kopernikus, Galilei, Giordano Bruno, sie hatten den Mut, den Sinnenschein zu durchbrechen und eine neue Denkungsweise zu begründen» (S. 239).

228 *waren sie glücklich:* In der Textgrundlage: «waren sie zu glücklich»; sinngemäße Änderung durch die Hrsg.

229 *Kant-Laplacesche Theorie:* Immanuel Kant (1724–1804) und Pierre-Simon Laplace (1749–1827) hatten unabhängig voneinander ähnliche kosmologische Hypothesen über die Entwicklung des Universums und die Entstehung des Planetensystems entwickelt. Kant schreibt 1755 in seinem Aufsatz «Allgemeine Naturgeschichte und Theorie des Himmels» (1755): «Ich habe, nachdem ich die Welt in das einfachste Chaos versetzt, keine andere Kräfte als Anziehungs- und Zurückstoßungskraft zur Entwicklung der großen Ordnung der Natur angewandt, zwei Kräfte, welche beide gleich gewiss, gleich einfach und gleich ursprünglich und allgemein sind.» Laplace entwickelte 1796 seine ähnliche «Nebularhypothese». Fast das ganze 19. Jahrhundert hindurch blieb die Hypothese allgemein anerkannt.

Herman Grimm, er hat einmal sehr schön über diese Kant-Laplacesche Theorie gesprochen: In der 23. seiner *Goethe-Vorlesungen*: «Längst hatte, in seinen (Goethes) Jugendzeiten schon, die große Laplace-Kantsche Phantasie von der Entstehung und dem einstigen Untergange der Erdkugel Platz gegriffen. Aus dem in sich rotierenden Weltnebel [...] formt sich der zentrale Gastropfen, aus dem hernach die Erde wird, und macht, als erstarrende Kugel, in unfassbaren Zeiträumen alle Phasen, die Episode der Bewohnung durch das Menschengeschlecht mit einbegriffen, durch, um endlich als ausgebrannte Schlacke in die Sonne zurückzustürzen; ein langer, aber dem Publikum völlig begreiflicher Prozess, für dessen Zustandekommen es nun weiter keines äußeren Eingreifens bedarf als die Bemühung irgendeiner außenstehenden Kraft, die Sonne in gleicher Heiztemperatur zu erhalten. – Es kann keine fruchtlosere Perspektive für die Zukunft gedacht werden, als die, welche uns in dieser Erwartung als wissenschaftlich notwendig heute aufgedrängt werden soll. Ein Aasknochen, um den ein hungriger Hund einen Umweg machte, wäre ein erfrischendes appetitliches Stück im Vergleich zu diesem letzten Schöpfungsexkrement, als welches unsere Erde schließlich der Sonne wieder anheimfiele, und es ist die Wissbegier, mit der unsere Generation dergleichen aufnimmt und zu glauben vermeint, ein Zeichen kranker Phantasie, die als ein historisches Zeitphänomen zu erklären, die Gelehrten zukünftiger Epochen einmal viel Scharfsinn aufwenden werden.» (In: Herman Grimm, *Goethe. Vorlesungen.* 5. Aufl. Berlin 1894, S. 418)

229 *Ein Aasknochen, um den ein hungriger Hund:* Siehe vorigen Hinweis.

232 *In Stuttgart haben wir die Waldorfschule eingerichtet:* Am 7. Sept. 1919 war die Schulgründung vollzogen worden; siehe die Eröffnungsansprachen in *Rudolf Steiner in der Waldorfschule*, GA 298, 2. Aufl. Dornach 1980.

232 *die Menschen, die darinnen fahren werden, die werden sich ihre Nerven ruinieren:* Nach einem Gutachten des Bayrischen Ober-Medizinal-Kollegiums 1835. Darin heißt es: «Ortsveränderung mittels irgendeiner Art von Dampfmaschinen sollte im Interesse der öffentlichen Gesundheit verboten sein. Die raschen Bewegungen können nicht verfehlen, bei den Passagieren die geistige Unruhe, *delirium furiosum* genannt, hervorzurufen. Selbst zugegeben, dass Reisende sich freiwillig der Gefahr aussetzen, muss der Staat wenigstens die Zuschauer beschützen; denn der Anblick einer Lokomotive, die in voller Schnelligkeit dahinrast, genügt, diese schreckliche Krankheit zu erzeugen. Es ist daher unumgänglich nötig, dass eine Schranke, wenigstens 6 Fuß hoch, auf beiden Seiten der Bahn errichtet werde.» (Aus: *Europäische Dokumente aus fünf Jahrhunderten*, hrsg. von Gerhard Geissler, Leipzig 1939, S. 493)

236 *Wem die Natur ihr offenbares Geheimnis enthüllt:* Siehe Hinweis zu S. 74.

Denn indem der Mensch an den Gipfel der Natur: Siehe Hinweis zu S. 72.

238 *Das Manuskript zum zweiten Teil des «Faust» ist kurz vor Goethes Tod erst fertig geworden:* 1831 vollendete Goethe den fünften Akt und schloss die Lücken im vierten Akt von *Faust II*.

dass die «Faust»-Dichtung Goethe eigentlich sein ganzes Leben hindurch begleitet hat: 1775 entstand der sog. *Urfaust*, 1831 die letzten Teile.

Ich habe nun die Kunst der Griechen kennengelernt: Goethe verzeichnet im Tagebuch der *Italienischen Reise* am 28. Jan. 1787 in Rom: «Die zweite Betrachtung beschäftigt sich ausschließlich mit der Kunst der Griechen und sucht zu erforschen, wie jene unvergleichlichen Künstler verfuhren, um aus der menschlichen Gestalt den Kreis der göttlichen Bildung zu entwickeln, welcher vollkommen abgeschlossen ist, und worin kein Hauptcharakter so wenig als die Übergänge und Vermittlungen fehlen. Ich habe eine Vermutung, dass sie nach eben den Gesetzen verfuhren, nach welchen die Natur verfährt und denen ich auf der Spur bin. Nur ist noch etwas anderes dabei, das ich nicht auszusprechen wüsste.»

seine «Iphigenie», seinen «Tasso» und seine «Natürliche Tochter»: Dramen Goethes aus seiner klassischen Zeit: *Iphigenie* (1779–1786), *Torquato Tasso* (1780–1789), *Die Natürliche Tochter* (1801–1803).

239 *dicke Bände einer Kunstgeschichte:* 1846 bis 1858 veröffentlichte Friedrich Theodor Vischer sechs Bände *Aesthetik oder Wissenschaft des Schönen.*

ein zusammengeschustertes, zusammengeleimtes Machwerk des Alters: Siehe Hinweis zu S. 189.

einen anderen Teil zu «Faust II» zu schreiben: F. Th. Vischer: *Faust. Der Tragödie dritter Theil.* Tübingen 1886.

240 *die Bearbeitung des zweiten Teiles des «Faust» von Wilbrandt im Wiener Burgtheater:* Siehe den Hinweis zu S. 102.

in der Devrientschen Mysterienbearbeitung des «Faust»: Siehe Hinweis zu S. 102.

Dornach, 15. und 16. November 1919

Vorlage: Maria Strakosch: Plakat KSaG, M.1444

Dornach, 15. November 1919

Textgrundlage: Maschinenschriftliche Übertragung eines Stenogramms von Unbekannt, Vortragsregister-Nr. 3904 II.

246 *Die Kunst beruht auf dem Durchschauen:* Vermutlich deutet Rudolf Steiner hier auf einen Ausspruch aus «Einfache Nachahmung der Natur, Manier, Stil», siehe Hinweis zu S. 72.

247 *sein Buch über Winckelmann [...]: Indem der Mensch auf den Gipfel der Natur:* Siehe Hinweis zu S. 38 und 72.

248 *Schiller [...] hatte etwas Musikalisches, etwas Melodiöses in seiner Seele:* Siehe Hinweis zu S. 135.

Goethe studierte mit seinen Schauspielern: Siehe Hinweis zu S. 100.

249 *die liebenswürdige Inszenierung durch Adolf Wilbrandt, wie etwa die Mysteriendarstellung von Devrient:* Siehe Hinweis zu S. 102.

Dornach, 16. November 1919

Vorlage: Rudolf Steiner, Notizbuch 129, S. 56.

Textgrundlagen: Maschinenschriftliche Übertragung des Stenogramms von Helene Finckh, Vortragsregister-Nr. 3906 I. – Frühere Veröffentlichung (Auszug): *Eurythmie – Die Offenbarung der sprechenden Seele,* GA 277, 3. Aufl. Dornach 1999, S. 113–115.

250 *Eugen von Österreich:* Der Erzherzog Eugen von Österreich-Teschen (Groß Seelowitz, 21. Mai 1863–30. Dez. 1954, Meran) trat nach dem Erlernen des Tischlerhandwerks in eine militärische Laufbahn ein und wurde Kommandierender General des XIV. Armeekorps in Innsbruck sowie Hochmeister des Deutschen Ordens, den er in einen rein geistigen Orden umwandelte. 1919 ging er ins Exil nach Basel und blieb dort bis 1934. Dann übersiedelte er ins Deutschordensschloss Gumpoldskirchen bei Wien und auf Druck der Nationalsozialisten nach Wien. Nach 1945 lebte er in Igls bei Innsbruck.

252 *jedes Blatt ist wiederum eine ganze Pflanze:* Siehe Hinweis zu S. 56.

254 *auf der einen Seite durch das musikalische Element:* In der Textgrundlage: «auf der einen Seite das Eurythmische durch das musikalische Element». Sinngemäße Kürzung durch die Hrsg.

dass Schiller [...] in der Seele hatte ein melodiöses Element: Siehe Hinweis zu S. 135.

Goethe, er hat mit dem Taktstock: Siehe Hinweis zu S. 100.

255 *[sie ergießen]:* In der Textgrundlage: «es ergießt».

Dornach, 22. November 1919

Vorlage: Louise van Blommestein: Plakat KSaG, M.3201.

Textgrundlage: Maschinenschriftliche Übertragung eines Stenogramms von Unbekannt, Vortragsregister-Nr. 3909 I. – Frühere Veröffentlichung: *Eurythmie – Die Offenbarung der sprechenden Seele,* GA 277, 3. Aufl. Dornach 1999, S. 116–122.

261 *dem Taktstock wie ein Kapellmeister:* Siehe Hinweis zu S. 100.

262 *er hat ja sechzig Jahre lang an der «Faust»-Dichtung gearbeitet:* In einem Brief an Wilhelm vom Humboldt schrieb Goethe am 17. März 1832: «Es sind über sechzig Jahre, daß die Conception des Faust bey mir jugendlich von vorne herein klar, die ganze Reihenfolge hin weniger ausführlich vorlag.» (In: J. W. Goethe: *Sämtliche Werke, Briefe, Tagebücher und Gespräche,* Band 22, Frankfurt 1985, S. 614.)

La Roche: Karl August La Roche (1784–1884) studierte zunächst Tiermedizin, bevor er sich der *Schauspielerei* zuwandte. Er spielte an Bühnen verschiedener Städte, bevor er 1823 nach Weimar kam. 1833 erhielt er ein lebenslanges Engagement am Burgtheater in Wien. Siehe auch den folgenden Hinweis.

Als Ende der zwanziger Jahre eine Deputation, an deren Spitze der Schauspieler La Roche stand, sich zu Goethe begeben hat: Vgl. dazu die nächste Ansprache vom 23. Nov. 1919, S. 257 im vorliegenden Band, wo Rudolf

Steiner berichtet, dass der Schauspieler La Roche dies selbst seinem Lehrer Karl Julius Schröer berichtet habe. K. J. Schröer schreibt darüber in der Einleitung seiner *Faust*-Ausgabe: «Es war im Winter vom Jahre 1828 auf 1829 [...], als der Kanzler v. Müller mit den Freunden Riemer, Eckermann und La Roche einen Besuch bei Goethe machte. Sie kamen mit der Mittheilung, daß sie eine ‹Faust›-Aufführung an der Weimarer Bühne beschlossen hätten. Es war dies bisher noch von keiner Bühne versucht worden. [...] Man war nun natürlich sehr gespannt, wie Goethe die Mittheilung dieses Vorhabens aufnehmen werde. Herr v. Müller brachte die Sache ruhig vor, wobei er aber, wie erwähnt, unter Andern sich des Ausdruckes bedient zu haben scheint, ‹man habe beschlossen –›. Darüber fuhr Goethe auf, wie von einer Bremse gestochen. Im höchsten Unmuthe brach er in heftige Reden aus, von denen nur der wesentliche Inhalt ohngefähr wiedergegeben werden kann. ‹Glaubt man denn, dass ich, wenn ich gewollt hätte, nicht selbst den ‚Faust' auf die Bühne bringen konnte? Ist es billig, über meine Werke zu verfügen, ohne zu fragen, was ich selbst damit vorhabe? Bin ich denn nicht mehr am Leben? *Beschlossen hat man?* Man hat demnach *beschlossen*, ohne mich auch nur zu fragen!› Voll Majestät in seinem Zorne ging er bei diesen Worten im Zimmer auf und ab. Die Freunde befanden sich in der peinlichsten Lage. Es ging damit aber doch den Weg, wie so manches andere, das anfangs auf seinen Widerspruch stieß und schließlich doch durchgeführt wurde. Goethe machte sich mit dem Gedanken vertraut und äußerte denn endlich eines Tages gegen seine vermittelnde Schwiegertochter Ottilie: ‹Wenn man denn durchaus den ‚Faust' zur Darstellung bringen will, so soll er mindestens nicht so zur Darstellung kommen, wie sie sich ihn etwa denken, sondern so, wie ich ihn haben will!› [...] *Die Rolle des Mephistopheles studirte er dann dem Schauspieler La Roche so sorgfältig ein, daß dieser zu sagen pflegte:* ‹In der Rolle des Mephistopheles, wie ich sie gebe, ist jede Geberde, jeder Schritt, jede Grimasse, jedes Wort von Goethe; an der ganzen Rolle ist nicht so viel mein Eigentum, als Platz unter dem Nagel!› Diese Worte hörte ich fast gleichlautend wiederholt aus dem Munde des verehrten Künstlers. So kam denn die erste Aufführung des ‹Faust› in Weimar zu Stande. Sie fand statt den 29. August 1829. Goethe selbst wohnte der Darstellung nicht bei. Er ließ sich darüber nur von den Seinigen Bericht erstatten.» (*Faust von Goethe*. Mit Einleitung und fortlaufender Erklärung hrsg. von K. J. Schröer, Erster Theil, Heilbronn, 2. Aufl. 1886, S. XCV u. XCVIII)

den Mysteriendarstellungen des Devrient bis zu der liebenswürdigen Regie des Wilbrandt: Siehe Hinweis zu S. 102.

263 *Goethe in seinen herrlichen «Wolkendichtungen»:* «Howards Ehrengedächtnis», «Stratus, Cumulus, Cirrus, Nimbus»; in: J. W. Goethe: *Gedichte in zeitlicher Folge*, Frankfurt 1982, S. 972 und 884f. Siehe dazu *Eurythmieformen zu Gedichten von Johann Wolfgang von Goethe*, GA K 23/3, Dornach 1991, S. 36–40.

263 *Howard:* Luke Howard (London, 28. Nov. 1772 – 21. März 1864, Tottenham), Apotheker in London und Begründer der modernen Wolkenkunde; auf ihn geht die Einteilung der Wolken in Klassen zurück. Goethe widmete ihm seine Wolkendichtungen als «Howards Ehrengedächtnis».

Kama Rupa: Nach H. P. Blavatsky im *Theosophischen Glossarium*, von Rudolf Steiner übersetzt: «Metaphysisch und in der esoterischen Philosophie wird die subjektive Gestalt so genannt, welche durch die verstandesmäßigen und physischen Wünsche und Gedanken in Verbindung mit den stofflichen Dingen geschaffen wird; es kommt dies bei allen empfindenden Wesen vor. Es ist eine Form, welche den Tod des Körpers überlebt.» (In: *Übersetzungen und freie Übertragungen verschiedener Werke*, GA 41b, Basel 2018, S. 413) – Im Vortrag vom 13. Okt. 1904 setzt Rudolf Steiner Kamarupa auch mit Astralleib gleich (siehe: *Ursprung und Ziel des Menschen*, GA 53, 2. Aufl. Dornach 1981, S. 56).

Dornach, 23. November 1919

Textgrundlage: Maschinenschriftliche Übertragung des Stenogramms von Helene Finckh, Vortragsregister-Nr. 3911 I.

264 *den großen, kunstverständigen Winckelmann:* Siehe Hinweis zu S. 72.

Wenn der Mensch auf den Gipfel der Natur: Siehe Hinweis zu S. 72.

267 *[und anderer Elemente]:* Grammatikalische Änderung durch die Hrsg.; in der Textgrundlage: «und anderen Elementes».

des menschlichen Sprachorganismus [selbst]: In der Textgrundlage: «selbst des menschlichen Sprachorganismus».

267 *Er studierte sie ein mit dem Taktstock in der Hand:* Siehe Hinweis zu S. 100.

268 *Schiller hat [...] ein melodiöses Element:* Siehe Hinweis zu S. 135.

dass man auch der dramatischen Kunst: Sinngemäße Umstellung und Kürzung des Satzes durch die Hrsg. In der Textgrundlage: «Allein wir haben uns überzeugt davon, meine sehr verehrten Anwesenden, dass man auch der dramatischen Kunst, insbesondere einer solchen dramatischen Kunst, durch die Eurythmie Geistesquellen der Darstellung zuführen kann, welche solcher dramatischen Kunst, die sich von dem bloß realistischen Menschlichen von dem bloßen physischen Erdendasein erhebt zu dem übersinnlich-geistigen Dasein.»

Goethe hat an seinem «Faust» 60 Jahre lang gearbeitet: Siehe Hinweis zu S. 262.

269 *Einer der größten deutschen Schauspieler, Laroche:* Siehe Hinweis zu S. 262.

269 *meinen alten Lehrer, Karl Julius Schröer:* Karl Julius Schröer (1825–1900), Prof. für deutsche Sprache und Literatur an der Technischen Hochschule Wien. Siehe Rudolf Steiners Ausführungen über Karl Julius Schröer in *Mein Lebensgang* [1923–1925], GA 28, 9. Aufl. Dornach 2000, S. 54–58; 89–97; 120–124.

Und Laroche schilderte: Siehe Hinweis zu S. 262.

270 *wo Faust die Bibel übersetzt:* Szene «Studierzimmer», *Faust I*.

Dornach, 29. und 30. November 1919

Vorlage: Louise van Blommestein: Plakat KSaG, M.1445

Dornach, 29. November 1919

Textgrundlage: Maschinenschriftliche Übertragung des Stenogramms von Helene Finckh, Vortragsregister-Nr. 3917 III.

273 *dieses Goethe'schen Ausdrucks zu bedienen: sinnlich-übersinnlichen Schauens:* Siehe Hinweis zu S. 211.

277 *wie zum Beispiel Schiller [...] eine Melodie im Sinne hatte:* Siehe Hinweis zu S. 135.

Wilbrandt mit seiner liebenswürdigen Regiekunst: Siehe Hinweis zu S. 102.

versuch[te] zu bringen: In der Textgrundlage: «zu versuchen zu bringen».

[die] Mysteriendichtung, die [Devrient] auf die Bühne brachte: In der Textgrundlage: «der Mysteriendichtung, die Laroche auf die Bühne brachte»; sinngemäße Änderung durch die Hrsg. Zu Devrients Inszenierung siehe auch den Hinweis zu S. 102.

278 *der Pudel stört den Faust beim Übersetzen der Bibel: Faust I*, V 1223–1258.

Karl Julius Schröer, war sehr befreundet mit Laroche: Siehe Hinweis zu S. 262.

«dicke Geheimrat mit dem Doppelkinn»: Nach Herman Grimm in seinen *Goethe Vorlesungen* (Winterbach, 21. Aufl. 1989, Bd. 2, S. 104).

Laroche kam an der Spitze einer Deputation zu Goethe: Siehe Hinweis zu S. 262.

279 *den Faust, erster Teil, erste Szene:* Es wurde nicht die erste Szene dargestellt, sondern die Studierzimmer-Szene nach dem Osterspaziergang.

Dornach, 30. November 1919

Textgrundlage: Maschinenschriftliche Übertragung des Stenogramms von Helene Finckh, Vortragsregister-Nr. 3919 I.

280 *und so weiter – all das, was zur Sprache gehört:* Sinngemäße Änderung durch die Hrsg.; in der Textgrundlage: «und so weiter und all das, was zur Sprache gehört».

282 *neunundneunzig Prozent von alledem, was gedichtet wird:* Wie Rudolf Steiner im Vortrag vom 12. September 1920 (in: *Kunst und Kunsterkenntnis,* GA 271, 3. Aufl. Dornach 1985, S. 196) ausführt, lehnt er sich mit diesem Ausspruch an ein Wort von Georg Christoph Lichtenberg (1742–1799) an, das lautet: «Ich glaube, wenn wir den Menschen genau kennten, so würden wir finden, dass [...], wenn wir diejenigen meiden wollten, die unter einem gewissen System von Umständen gefährlich werden können, wir neunundneunzig in hundert meiden müssten.» *(Georg Christoph Lichtenberg's Auserlesene Schriften,* Bayreuth 1800, S. 186). Vgl. dazu u. a. auch die Vorträge vom 2. Jan. 1920 (in: *Geisteswissenschaftliche Sprachbetrachtungen,* GA 299, 4. Aufl. Dornach 1981, S. 63); vom 20. Mai 1923 (in: *Das Künstlerische in seiner Weltmission,* GA 276, 4. Aufl. Dornach 2002, S. 148) und vom 17. Jan. 1920. Dort heißt es: «Es gibt heute Dichter, die dichten ungemein leicht, machen schöne Verse, die man bewundern kann. Dennoch gilt auch das: Es wird heute neunundneunzig Prozent zu viel gedichtet. – Andere aber gibt es, deren Verse sind wie ein Gestammel; aber diese Verse, die wie ein Gestammel klingen, können aus echtem Menschheitsfond, das heißt Geistesfond stammen, während dem die, die man bewundert, weil die Sprachen einfach soweit sind, dass jeder Tor heute aus der Sprache heraus etwas Bewundernswertes schaffen kann, wertloser Wortschall sein können.» (in: *Geistige und soziale Wandlungen in der Menschheitsentwicklung,* GA 196, 2. Aufl. Dornach 1992, S. 79)

Buch über Winckelmann: Wenn der Mensch an den Gipfel der Natur: Siehe Hinweis zu S. 72.

284 *wie Schiller [...] nicht den wortwörtlichen Inhalt in seiner Seele hatte, sondern etwas Melodienhaftes:* Siehe Hinweis zu S. 135.

[der Rezitation]: In der Textgrundlage: «des Rezitativs»; sinngemäße Änderung durch die Herausgeber.

die Arbeit stark mit dem Rhythmus verbunden war: In der Konferenz vom 23. Juni 1920 weist Rudolf Steiner in diesem Zusammenhang auf das Buch von Karl Bücher *Arbeit und Rhythmus* (Leipzig 1896) hin: «Ich empfehle Ihnen dazu ‹Arbeit und Rhythmus› von Karl Bücher. [Dieses Buch] soll da sein. Alles Arbeiten ging aus vom musikalischen Arbeiten, nicht wahr, [beim Dreschen, Schmieden, Pflastern]. Heute hören Sie es fast nicht mehr. Gingen Sie aber früher auf das Land hinaus und hörten dreschen, der Dreschflegel wurde im Rhythmus geführt. Ich meine, das können wir wiederum hineinkriegen. Ich meine das, dass wiederum Geist in die Sache hineinkomme.» *(Konferenzen mit den Lehrern der Freien Waldorfschule, Bd.1,* GA 300a, 5. Aufl. Dornach 2019, S. 151)

285 *a[uf] elementarische Stellen:* In der Textgrundlage: «an elementarische Stellen».

diese Deputation begab sich dann zu Goethe: Siehe Hinweis zu S. 262.

«dicke Geheimrat mit dem Doppelkinn»: Nach Herman Grimm in seinen *Goethe Vorlesungen* (Winterbach, 21. Aufl. 1989, Bd. 2, S. 104).

286 *wie der liebenswürdige Regisseur Adolf Wilbrandt oder Devrient mit seiner Mysterieneinrichtung des «Faust»:* Siehe Hinweis zu S. 102.

Der Schauspieler La Roche hat noch [...] Karl Julius Schröer, gekannt: Siehe Hinweis zu S. 262.

Dornach, 14. Dezember 1919

Textgrundlage: Maschinenschriftliche Übertragung des Stenogramms von Helene Finckh, Vortragsregister-Nr. 3927 I. Frühere Veröffentlichung: *Die Entstehung und Entwicklung der Eurythmie,* GA 277a, 3. Aufl. Dornach 1998, S. 116–119.

290 *von einem sinnlich-übersinnlichen Schauen:* Siehe Hinweis zu S. 211.

291 *das grüne Pflanzenblatt, der einfachere Ausdruck, die einfachere Offenbarung der ganzen Pflanze ist:* Siehe Hinweis zu S. 56.

292 *Wenn der Mensch an den Gipfel der Natur gestellt ist:* Siehe Hinweis zu S. 72.

295 *Schiller hatte [...] in der Seele [...] etwas unbestimmt Melodiöses:* Siehe Hinweis zu S. 135.

eigentlich um neunundneunzig Prozent zu viel gedichtet: Siehe Hinweis zu S. 282.

Goethes Wolkengedichte: Siehe Hinweis zu S. 263

296 *den Wolkenbeobachter Howard:* Siehe den Hinweis zu S. 263.

«Die Metamorphose der Pflanzen»: 1798 entstanden, 1799 erstmals veröffentlicht; siehe auch den Hinweis zu S. 140.

Aus der Konferenz, Stuttgart, 22. Dezember 1919

Textgrundlage: Konferenzen mit den Lehrern der Freien Waldorfschule, Bd.1, GA 300a, 5. Aufl. Dornach 2019, S. 86.

Dornach, 10. Januar 1920

Vorlage: Louise van Blommestein: Plakat KSaG, M.4759.
Textgrundlage: Maschinenschriftliche Übertragung des Stenogramms von Helene Finckh, Vortragsregister-Nr. 3965 II. Frühere Veröffentlichung des Programms: *Eurythmie – Die Offenbarung der sprechenden Seele*, GA 277, 3. Aufl. Dornach 1999, S. 125.

300 *Wenn der Mensch an den Gipfel der Natur gestellt ist:* Siehe Hinweis zu S. 72.

[sinnlich-]übersinnlicher Einblick: Sinngemäße Einfügung der Hrsg.

301 *Sprechen, [übertragen auf die] Beweg[ung]en der Gliedmaßen des Menschen in der Welt:* In der Textgrundlage: «was sonst an Bewegungen oder Bewegungsanlagen zugrunde liegt dem menschlichen Sprechen, dem Bewegen der Gliedmaßen»; sinngemäße Änderung durch die Herausgeber

302 *meinen verehrten Freund und Lehrer Karl Julius Schröer:* Siehe Hinweis zu S. 269.

303 *mit Weinhold zusammen:* Karl Weinhold (Reichenbach, 26. Okt. 1823 – 15. Aug. 1901, Berlin), Philologe und Mediävist. Professor für dt. Literatur in Graz, Breslau und Berlin. Weinhold stand in Korrespondenz mit Karl Julius Schröer. Seine Sammlung von Spielen findet sich in *Weihnacht-Spiele und Lieder auß Süddeutschland und Schlesien*. Mit Einleitung und Erläuterungen. Graz 1853.

diese Weihnachtspiele: Siehe dazu Rudolf Steiners Aufsatz «Von den volkstümlichen Weihnachtspielen» und «Zur Aufführung unserer volkstümlichen Weihnachtspiele» in *Der Goetheanumgedanke*, GA 36, 2. Aufl. Basel 2014, S. 113–120, sowie *Ansprachen zu den Weihnachtspielen aus altem Volkstum*, GA 274.

304 *wobei die Rede ist vom Rhein:* Im «Sterngsang» zu Beginn des Christgeburtspieles heißt es: «Grüeßen wir sie durch sonn und mandenschein, / der leucht't übers meer und über den Rhein» (in: Karl Julius Schröer, *Deutsche Weihnachtspiele aus Ungern*, Wien 1862, S. 59).

305 *das norwegische «Traumlied» von Olaf Åsteson:* Siehe dazu verschiedene Ansprachen von 1912 bis 1914 in: *Der Zusammenhang des Menschen mit der elementarischen Welt*, GA 158, 4. Aufl. Dornach 1993, S. 151–191, sowie den vollständigen Text in *Übersetzungen und freie Übertragungen verschiedener Werke*, GA 41b.

Statsmål [Riksmål] [...] Landsmål: In der Textgrundlage: «Statsmul» und «Landsmul», wohl nachdem, was die Stenografin gehört hatte. Gemeint ist aber wohl «Riksmål» (nach 1929: Bokmål), eine der offiziellen Schriftsprachen des Norwegischen, die ursprünglich aus dem als Verwaltungssprache verwandten Dänischen entstanden. Demgegenüber steht das «Landmål» (heute: Nynorsk), das auf ländlichen Dialekten Norwegens basiert. Mitte des 19. Jahrhunderts versuchte der Sprachwissenschaftler Ivar Aasen (1813–1896), daraus eine neue Schriftsprache zu bilden.

Dornach, 11. Januar 1920

Vorlage: Louise van Blommestein: Plakat KSaG, M.3199.
Textgrundlage: Maschinenschriftliche Übertragung des Stenogramms von Helene Finckh, Vortragsregister-Nr. 3967 II. Frühere Veröffentlichung: *Eurythmie – Die Offenbarung der sprechenden Seele*, GA 277, 3. Aufl. Dornach 1999, S. 125–130.

309 *[w]as:* Sinngemäße Änderung; in der Textgrundlage: «das».

310 *dasjenige [in hörbarer] Sprache ausdrückt:* Sinngemäße Änderung; in der Textgrundlage: «dasjenige, was die hörbare Sprache ausdrückt».

Statsmål [Riksmål] [...] Landsmål: Siehe Hinweis zu S. 305.

311 *Karl Julius Schröer:* Siehe Hinweis zu S. 269.

Weinhold für Schlesien: Siehe Hinweis zu S. 303.

312 *im sogenannten «Sterngesang», vom Meer und von dem Rhein hören:* Siehe Hinweis zu S. 304.

313 *[um]:* In der Textgrundlage: «und».

Dornach, 17. und 18. Januar 1920

Vorlagen: Rudolf Steiner, NZ 7329. – Zeitungsannonce: *Basler National-Zeitung*, 16. Jan. 1920

Dornach, 17. Januar 1920

Textgrundlage: Maschinenschriftliche Übertragung des Stenogramms von Helene Finckh, Vortragsregister-Nr. 3970 II. Frühere Veröffentlichung (Auszug): *Eurythmie – Die Offenbarung der sprechenden Seele*, GA 277, 3. Aufl. Dornach 1999, S. 132f.

318 *Wenn der Mensch an den Gipfel der Natur gestellt ist:* Siehe Hinweis zu S. 72.

Dornach, 18. Januar 1920

Textgrundlage: Maschinenschriftliche Übertragung des Stenogramms von Helene Finckh, Vortragsregister-Nr. 3972.

324 *neunundneunzig Prozent zu viel gedichtet:* Siehe dazu den Hinweis zu S 282.

Schiller [...] hatte eine Art melodiöses Erlebnis in der Seele: Siehe Hinweis zu S. 135.

Goethes Metamorphose der Pflanze: Siehe den Hinweis zu S. 56.

325 *Winckelmann gegenüber [...] «der Mensch auf den Gipfel der Natur:* Siehe Hinweis zu S. 72.

Dornach, 24. Januar 1920

Vorlagen: Rudolf Steiner, Notizzettel 6233. – Zeitungsannonce: *Basler Vorwärts,* 23. Jan. 1920.

Textgrundlagen: Maschinenschriftliche Übertragung des Stenogramms von Helene Finckh, Vortragsregister-Nr. 3975 I.

332 *durch [Rezitation] dasjenige, was im Eurythmischen neu zur Darstellung:* Satzumstellung durch die Hrsg. In der Textgrundlage: «durch dasjenige, was im Eurythmischen neu durch Rezitation zur Darstellung».

333 *Wenn die gesunde Natur des Menschen als ein Ganzes wirkt:* Aus Goethes Aufsatz «Winckelmann»; dort heißt es: «Wenn die gesunde Natur des Menschen als ein Ganzes wirkt, wenn er sich in der Welt als in einem großen, schönen, würdigen und werten Ganzen fühlt, wenn das harmonische Behagen ihm ein reines, freies Entzücken gewährt – dann würde das Weltall, wenn es sich selbst empfinden könnte, als an sein Ziel gelangt aufjauchzen und den Gipfel des eigenen Werdens und Wesens bewundern.» – In: J. W. Goethe, *Werke.* Hamburger Ausgabe, Band XII, München 1981, S. 98.

334 *[wird] im Laufe der Zeit diese eurythmische Kunst zu etwas ausgebildet werden:* Satzumstellung durch die Hrsg. In der Textgrundlage: «im Laufe der Zeit diese eurythmische Kunst zu etwas ausgebildet werden wird».

Dornach, 25. Januar 1920

Textgrundlage: Maschinenschriftliche Übertragung des Stenogramms von Helene Finckh, Vortragsregister-Nr. 3977 I; die Qualität der Textgrundlage ist stellenweise mangelhaft; spätere Korrekturen nach Stenogrammüberprüfung wurden berücksichtigt. Frühere Veröffentlichung (Auszug): *Eurythmie – Die Offenbarung der sprechenden Seele,* GA 277, 3. Aufl. Dornach 1999, S. 134–140.

336 *übersetzt ist in [die Verinnerlichung] des Tones:* Ergänzt nach der entsprechenden Stelle in der Ansprache vom 24. Jan. 1920. In der Textgrundlage: «aber übersetzt ist in der Intensive (?) *[überschrieben mit:* Zw ...] des Tones». Eventuell könnte es auch heißen: «aber übersetzt in die Intensivierung des Tones».

338 *Wem die Natur ihr offenbares Geheimnis:* Siehe den Hinweis zu S. 74.

ein [die] stumme Sprache: In der Textgrundlage: «ein eine stumme Sprache».

Wenn die gesunde Natur des Menschen als ein Ganzes wirkt: Siehe Hinweis zu S. 333.

339 *In der Gegenwart empfindet man das Rezitieren, das hier gepflegt wird:* Satzumstellung durch die Hrsg. In der Textgrundlage: «In der Gegenwart empfindet man das Rezitieren durchaus als unkünstlerisch, das hier gepflegt wird».

340 *Was wären schließlich alle Millionen von Sonnen:* Der Satz schließt in Goethes Aufsatz «Winckelmann» an den Satz «Wenn die gesunde Natur» an (siehe Hinweis zu S. 333. Es heißt dort: «Denn wozu dient alle der Aufwand von Sonnen und Planeten und Monden, von Sternen und Milchstraßen, von Kometen und Nebelflecken, von gewordenen und werdenden Welten, wenn sich nicht zuletzt ein glücklicher Mensch ... seines Daseins erfreut?» In: J. W. Goethe, *Werke.* Hamburger Ausgabe, Band XII, München 1981, S. 98.

«Quellenwunder»: Das Märchen vom Quellenwunder, in Rudolf Steiners Mysteriendrama «Die Prüfung der Seele», in *Vier Mysteriendramen* [1910–1913], GA 14, 5. Aufl. Dornach 1998, S. 196–200; siehe auch *Eurythmieformen zu Dichtungen von Rudolf Steiner,* GA K 23/1, 2. Aufl. Dornach 2000, S. 52–56.

Dornach, 31. Januar und 1. Februar 1920

Vorlage: Plakat: Louise van Blommestein KSaG, M.3204. – Rudolf Steiner: Notizzettel 7326. – Zeitungsannonce: *Basler Nachrichten,* 30. Jan. 1920

Dornach, 31. Januar 1920

Vorlage: Rudolf Steiner: Notizbuch 120, S. 84

Textgrundlage: Maschinenschriftliche Übertragung des Stenogramms von Helene Finckh, Vortragsregister-Nr. 3980 I. Frühere Veröffentlichung (Auszug): *Eurythmie – Die Offenbarung der sprechenden Seele,* GA 277, 3. Aufl. Dornach 1999, S. 141–147.

347 *[durch] dasjenige:* In der Textgrundlage: «und dasjenige».

348 *in der ganzen Pflanze [...] ein komplizierter ausgestaltetes Blatt:* Siehe Hinweis zu S. 56.

Schiller hatte [...] eine Art wortloses melodiöses Element zugrunde liegend: Siehe Hinweis zu S. 135.

350 *[der] als ein Element [sich]:* In der Textgrundlage: «nur als ein Element sein».

351 *auszu[drücken] dasjenige:* Ergänzung durch die Hrsg.; in der Textgrundlage Lücke im Text: «auszu ... dasjenige».

352 *das «Quellenwunder»:* Siehe Hinweis zu S. 340.

Wenn der Mensch auf den Gipfel der Natur: Siehe Hinweis zu S. 72.

353 *«Wenn die gesunde Natur des Menschen:* Siehe Hinweis zu S. 333.

eine Gnomen- und Sylphenszene: Im zweiten Bild in Rudolf Steiners Mysteriendrama «Der Seele Erwachen», in: *Vier Mysteriendramen* [1910–1913], GA 14, 5. Aufl. Dornach 1998, S. 427–430; siehe auch *Eurythmieformen zu Dichtungen von Rudolf Steiner,* GA K 23/1, 2. Aufl. Dornach 2000, S. 57–61.

354 *«Wem die Natur ihr offenbares Geheimnis ...»:* Siehe Hinweis zu S. 74.

Dornach, 1. Februar 1920

Textgrundlage: Maschinenschriftliche Übertragung des Stenogramms von Helene Finckh, Vortragsregister-Nr. 3982 I. – Frühere Veröffentlichung (Auszug): *Eurythmie – Die Offenbarung der sprechenden Seele,* GA 277, 3. Aufl. Dornach 1999, S. 141–147.

357 *dass entweder Musikalisches, das Sie ja selber auf der einen Seite hören werden, begleitet:* In der Textgrundlage: «dass man entweder Musikalisches, das Sie ja selber auf der einen Seite hören werden, das begleitet».

358 *[dass] sie:* In der Textgrundlage: «wo sie»; sinngemäße Änderung durch die Hrsg.

359 *dass Rezitationskunst:* In der Textgrundlage: «dass die Rezitationskunst».

«Quellenwunder»: Siehe Hinweis zu S. 340.

Sinninhalt: In der Textgrundlage «Sinneninhalt»; sinngemäße Änderung durch die Hrsg.

«Wenn die gesunde Natur des Menschen...»: Siehe Hinweis zu S. 333.

359 *Gnomen- und Sylphen-Chor:* Siehe Hinweis zu S. 353.

«Wem die Natur ihr offenbares Geheimnis...»: Siehe Hinweis zu S. 74.

vom bloß abstrakten Gedanken: In der Textgrundlage: «vom bloßen abstrakten Gedanken»; sinngemäße Änderung durch die Hrsg.

Dornach, 7. und 8. Februar 1920

Vorlage: Rudolf Steiner: Notizzettel 7325; frühere Veröffentlichung: *Die Entstehung und Entwicklung der Eurythmie,* GA 277a, 3. Aufl. Dornach 1998, S. 121. – Zeitungsannonce: *Basler Vorwärts,* 4. Febr. 1920.

Dornach, 7. Februar 1920

Textgrundlage: Maschinenschriftliche Übertragung des Stenogramms von Helene Finckh, Vortragsregister-Nr. 3985 I.

363 *sinnlich-übersinnliches Schauen:* Siehe Hinweis zu S. 211.

364 *die ganze Pflanze nur ein kompliziertes ausgestaltetes Blatt:* Siehe Hinweis zu S. 56.

durch [Studieren]: In der Textgrundlage: «durchstudieren»; sinngemäße Änderung durch die Hrsg.

zwei Elemente: In der Textgrundlage: «zwei Elemente hinein»; sinngemäße Änderung durch die Hrsg.

[In unsere gewöhnliche Lautsprache mischen sich]: Satzumgestaltung durch die Hrsg., in der Textgrundlage unvollständiger Satz. Dort heißt es: «die sogar, wenn sie sich künstlerisch zur Dichtung formt oder zum Gesange formt – denn in unserer gewöhnlichen Lautsprache mischen sich ja zwei Elemente: das eine ist das Gedankenelement, ich möchte sagen, das vom Kopfe her kommt.»

366 *Goetheanismus [und Goethe'sche Kunstgesinnung]:* Satzumstellung durch die Hrsg.; in der Textgrundlage: «Goetheanismus wird ja heute in vielem missverstanden und Goethe'sche Kunstgesinnung».

Allerdings erst gestern erhielt ich wiederum einen Brief: Von Justizrat Rudolf Suchsland aus Halle, der nach der Lektüre einer Nummer der Zeitschrift *Dreigliederung des Sozialen Organismus* am 2. Febr. 1920 an Rudolf Steiner geschrieben hatte. Die angeführte Stelle lautet im Original: «Mit Ihrem Goetheanum werden Sie keinen Hund vom Ofen locken. Goethe wäre der erste, der über solche Wortungeheuer u. Mißbildungen sich im Grabe herumdrehen würde. Warum nicht Goethehaus oder Goethebau oder Goethestiftung oder Goethetempel? Deutscher spricht Deutsch fordert sogar der ehrliche Jude Eduard Engel. Also ein wenig mehr Selbstzucht, Herr Doctor u. Herrn Fichte, Schelling u. Hegel wollen wir doch wohl nicht mehr anpreißen. Die Phänomenologie des Geistes hat völlig abgewirtschaftet.» (RSA 089)

367 *Schiller hatte [...] niemals zuerst den wortwörtlichen Inhalt in der Seele:* Siehe Hinweis zu S. 135.

Märchendichtung «Quellenwunder»: Siehe Hinweis zu S. 340.

Goethes Metamorphosengedicht: Siehe den Hinweis zu S. 140.

Gnomen- und Sylphen-Chor: Siehe Hinweis zu S. 353.

368 *[etwas] viel zu Armes sind:* In der Textgrundlage: «ein viel zu armes»; sinngemäße Änderung durch die Hrsg.

[dass man] dadurch die Goethe'sche Kunstgesinnung so [erfüllt]: In der Textgrundlage: «dadurch die Goethe'sche Kunstgesinnung so zu erfüllen»; sinngemäße Änderung durch die Hrsg.

«Wenn die gesunde Natur des Menschen...»: Siehe Hinweis zu S. 333.

Dornach, 8. Februar 1920

Textgrundlage: Maschinenschriftliche Übertragung des Stenogramms von Helene Finckh, Vortragsregister-Nr. 3987 III. – Die Ausschrift ist von vergleichsweiser schlechter Qualität und musste an manchen Stellen aufgrund vergleichbarer Ansprachen korrigiert bzw. ergänzt werden.

370 *jedes Blatt ist eine elementar gestaltete ganze Pflanze:* Siehe Hinweis zu S. 56.

372 *gewöhnlichen [Träume]:* In der Textgrundlage korrumpierter Satz; nach vergleichbaren Ansprachen korrigiert. In der Textgrundlage: «Sie brauchen nur daran zu denken, wie das Gedankenleben, es ist das in unserer Zeit so, dass in unsere gewöhnlichen Triebe Vorstellungen hineinspielen; unsere gewöhnlichen Vorstellungen, wenn man nicht direkt pathologisch ist, sind ja von Bewegungsvorstellungen begleitet.»

373 *eigentlich [die Menschheit:* In der Textgrundlage korrumpierter Satz; nach vergleichbaren Ansprachen korrigiert. In der Textgrundlage: «Sie wissen ja, dass eigentlich der Mensch sowie die Menschheit selbst die Sprache die Sprache entwickelt haben und entwickeln in der Zeit, als sie noch nicht zum vollen Bewusstsein erwacht sind».

374 *Schiller [...] nicht den wortwörtlichen Inhalt:* Siehe Hinweis zu S. 135.

375 *«Quellenwunder»:* Siehe Hinweis zu S. 340.

meinen «Mysteriendramen»: Rudolf Steiner, *Vier Mysteriendramen* [1910–1913], GA 14.

Gnomen- und Sylphen-Chor: Siehe Hinweis zu S. 353.

376 «*Wenn die gesunde Natur des Menschen:* Siehe Hinweis zu S. 333.
«*Wem die Natur ihr offenbares Geheimnis:* Siehe Hinweis zu S. 74.
Rätseln: In der Textgrundlage: «Rätseln, zu offenbaren».

Dornach, 14. und 15. Februar 1920

Vorlagen: Rudolf Steiner: Notizzettel 7328. – Louise van Blommestein: Plakat KSaG, M.4760. – Eintrittskarte für die Aufführung, RSA 078/3. – Zeitungsannonce: *Basler Vorwärts*, 11. Febr. 1920.

Dornach, 14. Februar 1920

Vorlage: Rudolf Steiner, Notizbuch 82, S. 78f.; frühere Veröffentlichung: *Eurythmie – Die Offenbarung der sprechenden Seele*, GA 277, 3. Aufl. Dornach 1999, S. 147

Textgrundlage: Maschinenschriftliche Übertragung des Stenogramms von Helene Finckh, Vortragsregister-Nr. 3991 I. Frühere Veröffentlichungen: *Eurythmie – Die Offenbarung der sprechenden Seele*, GA 277, 3. Aufl. Dornach 1999, S. 148–155; *Was ist und will die neue Bewegungskunst Eurythmie?*, Dornach 1972, S. 15–22. *Eurythmie. Die neue Bewegungskunst der Gegenwart.* Dornach 1986, S. 68–76.

382 *angestrebt [werden]:* In der Textgrundlage: «angestrebt haben»; grammatikalische Änderung durch die Hrsg.

383 *gesucht worden [ist]:* In der Textgrundlage: «gesucht worden sind»; grammatikalische Änderung durch die Hrsg.

in der [heutigen] Zeit: In der Textgrundlage: «in der heueren Zeit»; sinngemäße Änderung durch die Hrsg.

385 *nicht zu einer solchen Vollkommenheit gebracht hat:* In der Textgrundlage: «nicht etwa nur zu einer solchen Vollkommenheit nicht nur gebracht hat»; sinngemäße Änderung durch die Hrsg.

[dramatischen] Werke: In der Textgrundlage: «plastischen Werke»; sinngemäße Änderung durch die Hrsg.

386 *Konstitution angrenzt:* In der Textgrundlage: «Konstitution, er angrenzt»; sinngemäße Änderung durch die Hrsg.

387 *ihm widerstrebend:* In der Textgrundlage: «so ihm widerstrebend»; sinngemäße Änderung durch die Hrsg.

her[vor]geht: In der Textgrundlage: «herausgeht»; sinngemäße Änderung durch die Hrsg.

388 *einem meiner Mysterien:* Rudolf Steiner, *Vier Mysteriendramen* [1910–1913], GA 14.

von der Natur lässt sich nicht künstlerisch wiedergeben: In der Textgrundlage: «lässt sich nicht künstlerisch wiedergeben von der Natur»; sinngemäße Änderung durch die Hrsg.

389 *ihnen in der Zukunft zusammengehen wird:* In der Textgrundlage: «ihnen wird in der Zukunft zusammengehen»; sinngemäße Änderung durch die Hrsg.

Dornach, 15. Februar 1920

Textgrundlage: Maschinenschriftliche Übertragung des Stenogramms von Helene Finckh, Vortragsregister-Nr. 3993 I.

390 *[Sie wissen auch, ...]:* Versuch der Rekonstruktion eines unverständlichen Satzes durch die Hrsg. In der Textgrundlage: «wie in den neueren Versuchen, die sich in allerlei komischen Namengebungen, vor allen Dingen aber in den expressionistischen Versuchen bemerkt werden kann, wie angestrebt wird, mit neuen künstlerischen Ausdrucksmitteln etwas zu erreichen, die gewisse Erfolge aufwiesen, die gerade der künstlerisch Schaffende mit Bezug auf die alten Ausdrucksmittel und auch auf dasjenige, was durch diese geoffenbart werden sollte anwandte. Man wird insbesondere gegenüber der Dichtung, die sich ja in unserer Zeit der gesprochenen Sprache bedienen muss, diese Bemerkung machen können, vielleicht nicht so offensichtlich als sie bei den anderen Künsten sind; aber deshalb ist trotzdem für den, der sehen will, die Sache nicht weniger bemerklich.»

kommt: In der Textgrundlage: «aus kommt»; sinngemäße Änderung durch die Hrsg.

391 *das sinnlich-übersinnliche Schauen:* Siehe Hinweis zu S. 211.

392 *[wie]:* In der Textgrundlage: «als»; grammatikalische Änderung durch die Hrsg.

393 *Impressionismus:* Zu Impressionismus und Expressionismus siehe auch die Vorträge vom 15. und 17. Febr. 1918 in: *Kunst und Kunsterkenntnis,* GA 271.

394 *[von] den Best-Strebenden:* In der Textgrundlage: «aus den Beststrebenden»; es könnte eventuell auch «aus den Bestrebungen» heißen.

395 *seit fünf bis sechs Monaten sind wir wesentlich weitergekommen:* Im November 1918 hatte Rudolf Steiner begonnen, selbst Formen für Texte und Musikstücke zu geben. Verstärkt wurde dieser Impuls ab dem Herbst 1919 mit der Ausgestaltung der Formen für die Sprüche des *Anthroposophischen Seelenkalenders,* der sog. Wochensprüche; ab Januar

1920 kamen auch Formen für solistische Darstellungen und Vor- sowie Nachtakte für die Lauteurythmie dazu.

396 *[dass] auf:* In der Textgrundlage: «und derjenige, der»; sinngemäße Änderung durch die Hrsg.

in einer dramatischen Szene aus einem meiner Mysterienspiele: Das 6. Bild aus dem dritten Mysteriendrama, *Der Hüter der Schwelle,* in dem die luziferischen und ahrimanischen Wesen auftreten (siehe *Vier Mysteriendramen,* GA 14, 5. Aufl. Dornach 1998). Dieses Bild war erstmals mit einfachen geometrischen Formen 1912 in München aufgeführt worden.

Bildern der Gnomen- und Sylphen-Szene: Siehe Hinweis zu S. 353.

397 *Wem die Natur ihr:* Siehe Hinweis zu S. 74.

Dornach, 21. Februar 1920

Vorlage: Rudolf Steiner: Plakatentwurf, Aquarell auf Papier, 19,1 x 10,6 cm KSaG, 108_56.1; frühere Veröffentlichung: *Das malerische Werk,* GA K 13–16/ 52–56, Dornach 2007, S. 248f. – Zeitungsannonce: *Basler Vorwärts,* 18. Febr. 1920.

Textgrundlage: Maschinenschriftliche Übertragung des Stenogramms von Helene Finckh, Vortragsregister-Nr. 3996 I. Der Text scheint von der Stenografin nicht gründlich durchgearbeitet zu sein und enthält mehrere schwerverständliche Passagen und Sätze.

Plakatentwurf: Zum Entstehungsprozess schrieb Louise van Blommestein auf die Rückseite: «Erst die rosa Form. dann teilweise darüber das blau-grün u. auch damit in dem rosa hineingespielt. dann das Violet in der Gegenbewegung von rechts nach links, auch oben links vom grün – dann teilweise darüber das rot. zuletzt das gold-braun. – Dr. Steiner fragte im Laufe der Arbeit ob ich Orange hätte. Wie dieses nicht vorhanden war, hat er das braun genommen. – Als ich fragte ob ich bei der Ausführung im Grossen Format statt dem Braun ein Orange nehmen müsste, sagte er ‹nein, machen Sie es jetzt wie es es da ist.› Wie er dann das Programm fertig sah, strahlte er vor Freude und sagte zu Frau Dr. Steiner: ‹Haben wir das nicht schön gemacht?› Sie antwortete aber nichts. – Als ich zuletzt Dr. St.[einer] noch fragte, wie ich die Schrift malen sollte, da sagte er: «machen Sie das so, wie Sie das immer gemacht haben – und schrieb dann «Zauberlehrling» auf diesem Blatt (das war eine Nummer, die gerade aufgeführt wurden)» Dino Wendlandt teilt weiter dazu mit: «Louise van Blommestein war im Sommer 1919 nach Dornach übergesiedelt und hatte sich seit dem Herbst desselben Jahres an der Anfertigung von Programm-Malereien beteiligt. Es fanden zwar am 14. und 15. sowie 21. und 22. Februar 1920 öffentliche Eurythmie-Aufführungen mit Goethes ‹Zauberlehrling› im Programm statt, doch war der Entwurf nicht eigens für diese Aufführungen bestimmt – wie schon aus der Datierung hervorgeht, auch handelte es sich bei der Beischrift eher um ein Muster für die

Anordnung der Schrift. Vielmehr gab Rudolf Steiner mit dieser Skizze eine ganz generelle neue Anregung, wie mit einer besonderen Art von malerischer Graphik die richtige innere Gestimmtheit des Publikums für die Aufnahme der Eurythmie schon durch das Plakat erzeugt werden kann. Für die Aufführung zu Ostern am 4. und 5. April 1920 wurde der Entwurf erstmals großformatig ausgeführt. Nur ein weiteres, aus diesem Gestaltungsansatz entwickeltes Programm-Bild aus der Hand van Blommesteins ist bekannt; für die Aufführung vom 4. Juli 1920.»

401 *gewissermaßen in der Art:* In der Textgrundlage: «gewissermaßen sowohl in der Art».

402 *sinnlich-übersinnliches Schauen:* Siehe Hinweis zu S. 211.

dem sogenannten Freilicht: Bei dieser Malerei unter freiem Himmel wurde – im Gegensatz zur Ateliermalerei – versucht, echte «Natur», d. h. natürliche Licht- und Schattenverhältnisse und natürliche Farbigkeit, darzustellen. Schon 1892 hatte Rudolf Steiner das Buch Wilhelm Schölermann, *Freilicht! Eine Plein-air-Studie* (Düsseldorf 1891) besprochen, das sich mit der Frage beschäftigte, inwiefern «der Realismus in der Malerei, und zwar in jener Form, wie er sich am deutlichsten bei Liebermann und Uhde darstellt, künstlerisch gerechtfertigt» (in: *Methodische Grundlagen der Anthroposophie,* GA 30, 3. Aufl. Dornach 1989, S. 503) sei.

405 *Himmlitze[r]:* Korrigiert nach dem Vortrag vom 28. April 1920, in dem Rudolf Steiner über dieses Wort ausführt: «Wenn ich zum Beispiel als Knabe gehört habe: Himmlitzer – ich wusste gleich, das ist irgendetwas, was dem Laute ähnlich sein musste. Himmlitzer – versuchen Sie nun einmal zu fühlen das Wort Himmlitzer. Es ist in gewissen Dialekten der Blitz oder auch das Wetterleuchten; es liegt in dem Laute das durchaus drinnen, in der Lautfolge. Die Sprache zeichnet da. Sie zeichnet auf innerlich musikalische Art. Dieses enge Zusammenhängen des innerlichen Gefühlserlebnisses mit der Sprache ist eigentlich im Dialekte unendlich viel stärker als in unserer gebildeten Umgangssprache.» (in: Die Erneuerung der pädagogisch-didaktischen Kunst durch Geisteswissenschaft, GA 301, 4. Aufl. Dornach 1991, S. 100f.)

[drei]zackigen: In der Textgrundlage: «breitzackigen»; sinngemäße Änderung durch die Hrsg.

[nun] nicht: In der Textgrundlage: «nur nicht»; sinngemäße Änderung durch die Hrsg.

407 *[wenn man das anschaut]:* In der Textgrundlage: «anschauen»; sinngemäße Ergänzung der Hrsg.

409 *wie man unmittelbar:* In der Textgrundlage: «so, wie man ihn unmittelbar».

vor einem halben Jahre etwa: Siehe Hinweis zu S. 395.

410 *in meinem Mysteriendrama:* Siehe Hinweis zu S. 396.

Dornach, 22. Februar 1920

Textgrundlagen: Maschinenschriftliche Übertragung des Stenogramms von Helene Finckh, Vortragsregister-Nr. 3998 II.

412 *So viel vom Gedanken:* Satzumstellung durch die Hrsg.; in der Textgrundlage: «So viel ist vom Gedanken, der immer etwas abstrakt nuanciert ist, Irdisches in das Künstlerische eingedrungen».

413 *Freilicht-Malerei:* Siehe Hinweis zu S. 402.

in der impressionistischen Malerei: Siehe Hinweis zu S. 393.

414 *den Goethe'schen Ausdruck gebrauchen: sinnlich-übersinnliches Schauen:* Siehe Hinweis zu S. 211.

415 *eigentlich [als] ganze Menschen wie Kehlköpfe:* Bearbeitung des Satzes durch die Hrsg.; in der Textgrundlage: «eigentlich ganze Menschen, wie der ganze Mensch, als Kehlköpfe».

416 *in den letzten Monaten gerade etwas vorwärts zu kommen:* Siehe Hinweis zu S. 395.

417 *Wie gesagt, ich will:* In der Textgrundlage steht davor noch: «Dadurch scheint mir aber – wie gesagt, ich will [...]»; sinngemäße Kürzung durch die Hrsg.

[dann] ist [das] dasjenige: In der Textgrundlage: «das ist dasjenige».

418 *nicht den wortwörtlichen Inhalt zunächst:* Siehe Hinweis zu S. 135.

meinen «Mysteriendramen»: Rudolf Steiner, *Vier Mysteriendramen [1910–1913]*, GA 14.

419 *seines Organismus zum lebendigen Kehlkopf:* In der Textgrundlage: «seines Organismus indem er zum lebendigen Kehlkopf»; sinngemäße Änderung durch die Hrsg.

zeigt [es]: In der Textgrundlage: «es zeigt».

420 *was Goethe nennt: dass man das Höhere der Natur aufsucht:* Vermutlich ist damit auf Goethes Spruch gedeutet, der im Hinweis zu S. 72 nachgewiesen ist.

420 *nach der Pause Kinderdarbietungen:* Laut Plakat wurden nach der Pause keine Kinderdarbietungen, sondern humoristische Darbietungen gezeigt.

Es soll selbstverständlich nicht [gegen das gewöhnliche Turnen]: In der Textgrundlage: «Durch das gewöhnliche Turnen – es soll selbstverständlich nicht dagegen».

dass nicht nur: In der Textgrundlage: «dass er nicht nur».

Dornach, 21. März 1920

Vorlage: Louise van Blommestein: Plakat KSaG, M.3198
Textgrundlage: Maschinenschriftliche Übertragung des Stenogramms von Helene Finckh, Vortragsregister-Nr. 4037 I; spätere einzelne Korrekturen nach Stenogrammvergleich von unbekannter Hand. – Frühere Veröffentlichung (Auszug): *Eurythmie – Die Offenbarung der sprechenden Seele,* GA 277, 3. Aufl. Dornach 1999, S. 155f. *Eurythmie. Die neue Bewegungskunst der Gegenwart.* Dornach 1986, S. 77f.

422 *unsere mitwirkenden Kinder:* Es folgt hier in der Textgrundlage noch das Wort «Spuze» (?).

423 *[Lautesprechen]:* In der Textgrundlage: «laut Sprechen»; sinngemäße Änderung durch die Hrsg.

was ich heute morgen bezeichnet habe als die hygienische Seite unserer eurythmischen Kunst: Im Vortrag vom 21. März 1920 (in: *Geisteswissenschaft und Medizin,* GA 312, 8. Aufl. Dornach 2020) nicht nachweisbar. Möglicherweise erwähnte Rudolf Steiner dies erst in einem anschließenden Gespräch oder in einer Art Vorblick auf die Aufführung, der nicht mitstenografiert wurde.

424 *[mit Musik] von Hiller [nach einem Gedicht] von Löwenstein:* In der Textgrundlage: «von Hiller mit Musik von Löwenstein»; sinngemäße Änderung durch die Hrsg. Ferdinand Hiller (1811–1885), dt. Komponist und Musikpädagoge, Rudolf Löwenstein (1819–1891), dt. Dichter und Satiriker. Das Lied findet sich in *Auslese drei- und vierstimmiger Lieder für die obere Gesangklasse höherer Töchterschulen,* 2. Heft, hrsg. von Peter Stein, München 1860, S. 10.

[Sie hat den Kindern: Es folgt ein etwas unklarer, nicht dokumentierbarer Absatz mit zahlreichen, teilweise unverständlichen späteren Korrekturen. Hier wurde die von Edwin und Eva Froböse erstellte Textfassung aus den früheren Auflagen übernommen.

Dornach, 27. März 1920

Textgrundlage: Maschinenschriftliche Übertragung des Stenogramms von Helene Finckh, Vortragsregister-Nr. 4048 II. – Rudolf Steiner: Notizzettel 7341. – Zeitungsannonce: *Basler Vorwärts,* 26. März 1920.

427 *Metamorphose – im Goethe'schen Sinne:* Siehe Hinweis zu S. 56.

428 *Heute, wo wir eine ganze Anzahl von Ärzten unter uns haben:* Am 21. März 1920 hatte ein Kurs für Ärzte und Medizinstudenten begonnen, für die Rudolf Steiner bis zum 9. April 1920 den Kurs *Geisteswissenschaft*

und Medizin, GA 312, hielt. Am 24. März 1920 begann zudem der Kurs *Fachwissenschaften und Anthroposophie,* GA 73a, bei dem auch Ärzte einzelne Vorträge hielten.

428 *Expressionismus und so weiter:* Siehe Hinweis zu S. 393.

430 *das Unglück, das sich so gräulich ausgedrückt hat in den letzten fünf bis sechs Jahren:* Der Erste Weltkrieg 1914–1918 und seine umwälzenden politischen und sozialen Folgen.

431 *am Ausgangspunkte aller menschlichen Arbeit der Rhythmus:* Siehe Hinweis zu S. 284.

432 *dass wir tatsächlich etwas vorwärtsgekommen sind:* Siehe Hinweis zu S. 395.

Dornach, 28. März 1920

Textgrundlage: Maschinenschriftliche Übertragung des Stenogramms von Helene Finckh, Vortragsregister-Nr. 4051 I.

433 *sinnlich-übersinnliches Schauen:* Siehe Hinweis zu S. 211.

[W]enn man es studiert: In der Textgrundlage: «Dasjenige aber, was wenn man es studiert»; sinngemäße Änderung durch die Hrsg.

434 *die ganze Pflanze nichts anderes als ein komplizierter ausgestaltetes Blatt:* Siehe Hinweis zu S. 56.

komm[t]: In der Textgrundlage: «kommen»; grammatikalische Änderung durch die Hrsg.

435 *den expressionistischen, den impressionistischen Weg:* Siehe Hinweis zu S. 393.

438 *Wenn der Mensch auf den Gipfel:* Siehe Hinweis zu S. 72.

Wenn die gesunde Natur des Menschen: Siehe Hinweis zu S. 333.

Dornach, 4. und 5. April 1920

Vorlage: Rudolf Steiner, NZ 7335. – Zeitungsannonce: *Basler Vorwärts,* 1. April 1920. – Louise van Blommestein: Plakat KSaG, M.3203.

Dornach, 4. April 1920

Textgrundlage: Maschinenschriftliche Übertragung des Stenogramms von Helene Finckh, Vortragsregister-Nr. 4066 II – Frühere Veröffentlichung: *Eurythmie – Die Offenbarung der sprechenden Seele,* GA 277, 3. Aufl. Dornach 1999, S. 158–165

442 *g[esang]artige:* Sinngemäße Änderung der Hrsg.; in der Textgrundlage: «glanzartige».
443 *unbelebten:* Sinngemäße Änderung der Hrsg.; in der Textgrundlage: «unbeliebte».

sie fließen ganz besonders zusammen, wenn man die Lautsprache künstlerisch gestaltet: Satzumstellung durch die Hrsg.; in der Textgrundlage: «sie fließen zusammen, wenn man die Lautsprache künstlerisch gestaltet, ganz besonders».

444 *Aber nicht so sehr diese Bewegungen:* In der Textgrundlage: «Aber nicht so sehr auf diese Bewegungen».

dem Goethe'schen Metamorphosengesetz: Siehe Hinweis zu S. 56.

445 *nur bis zu einem gewissen Grade von der subjektiven Auffassung hineinkommende Unterschiede [da sind]:* In der Textgrundlage: «es sind nur bis zu einem gewissen Grade von der subjektiven Auffassung hineinkommende Unterschiede»; sinngemäße Änderung der Herausgeber

446 *Schiller niemals zuerst den wortwörtlichen Inhalt:* Siehe Hinweis zu S. 135.

447 *Haller'schen Worte:* Albrecht von Haller (1708–1777), Schweizer Naturwissenschaftler, Mediziner und Dichter; die zitierten Worte finden sich in seinem Gedicht «VII. Die Falschheit menschlicher Tugenden an Herrn Prof. Stähelin, April, 1730», in: Albrecht Hallers *Versuch Schweizerischer Gedichte,* Göttingen, 5. Aufl. 1749, S. 84.

«Ins Innere der Natur»: Die Stenografin Helene Finckh hatte laut Textgrundlage nur die folgenden Worte notiert: «In's Innere der Natur dringt kein erschaffener Geist hinein, das höre Ich sechzig Jahre wiederholen und fluche darauf, aber verstohlen. Natur hat weder Kern noch Schale, alles ist sie mit einem Male. Dich prüfe du nur zuallermeist, ob du selbst Kern oder Schale seist.» Doch da sie am Schluss der Ansprache das gesamte Gedicht wiedergab, ist anzunehmen, dass Rudolf Steiner es in Gänze vorgelesen hatte. Siehe J. W. Goethe: «Allerdings. Dem Physiker», in: *Gedichte in zeitlicher Folge,* Frankfurt 1982, S. 929.

448 *Dass sie eine Manifestation geheimer Naturgesetze sei:* Siehe dazu Hinweis zu S. 38.

Wem die Natur: Siehe Hinweis zu S. 74.

Dornach, 5. April 1920

Vorlage: Rudolf Steiner: Notizbuch 71, S. 31, 32; frühere Veröffentlichung: *Eurythmie – Die Offenbarung der sprechenden Seele,* GA 277, 3. Aufl. Dornach 1999, S. 165.

Textgrundlage: Maschinenschriftliche Übertragung des Stenogramms von Helene Finckh, Vortragsregister-Nr. 4069 II – Frühere Veröffentlichung: *Die Menschenschule,* Jg. 1944, Heft 11/12.

452 *zurückführen wollen die heutige Schriftform auf irgendwelches Künstlerische:* Zu diesem Thema vgl. den Vortrag vom 15. Okt. 1921 in: *Anthroposophie, soziale Dreigliederung und Redekunst,* GA 339, 3. Aufl. Dornach 1984, sowie den Vortrag vom 13. Jan. 1924 in: *Mysterienstätten des Mittelalters,* GA 233a, 6. Aufl. Basel 2013, insbesondere S. 96–98.

453 *[was für veranlagte Bewegungen in dem Kehlkopf und seinen Nachbarorganen in der Lautsprache eigentlich enthalten sind]:* Satzumstellung durch die Hrsg.; in der Textgrundlage: «was in der Lautsprache in dem Kehlkopf und seinen Nachbarorganen veranlagte Bewegungen eigentlich enthalten sind».

455 *Wem die Natur ihr offenbares Geheimnis enthüllt:* Siehe Hinweis zu S. 74.

Dornach, 10. und 11. April 1920

Vorlagen: Rudolf Steiner: Notizzettel 7341; Notizbuch 55, S. 132 (Notizen zur Ansprache); frühere Veröffentlichung; *Eurythmie – Die Offenbarung der sprechenden Seele,* GA 277, 3. Aufl. Dornach 1999, S. 165. – Zeitungsannonce: Basler Vorwärts, 7. April 1920. – Louise van Blommestein: Plakat KSaG, M.3206.

Dornach, 10. April 1920

Textgrundlage: Maschinenschriftliche Übertragung des Stenogramms von Helene Finckh, Vortragsregister-Nr. 4078. – Die Übertragung dieses Stenogramms ist undatiert, jedoch in einem Stenogrammblock (Nr. 192) von Helene Finckh, in dem sich auch andere Vorträge vom April 1920 befinden. Da in diesem Zeitraum nur von der Ansprache vom 10. April 1920 keine Unterlagen vorhanden sind, muss es sich hier um diese handeln.

459 *das Leitmotiv [bildet]:* In der Textgrundlage: «das Leitmotiv gebildet werde»; grammatikalische Änderung durch die Hrsg.

460 *der Ausdruck Sinnlich-Übersinnliches:* Siehe Hinweis zu S. 211.

461 *in [sein]em großen Verlaufe:* In der Textgrundlage: «in ihrem großen Verlaufe».

[denn] in der Eurythmie: In der Textgrundlage: «sondern in der Eurythmie»; sinngemäße Änderung durch die Hrsg.

[Das ist aber nur dadurch möglich, dass]: In der Textgrundlage: «Dadurch ist das aber nur möglich, wenn»; sinngemäße Änderung durch die Hrsg.

462 *[für den] Versuch:* In der Textgrundlage: «mit dem Versuch»

in meinen «Mysterien[dramen]»: Rudolf Steiner, *Vier Mysteriendramen,* GA 14 (1910–1913). In der folgenden Aufführung wurde das siebte Bild aus dem ersten Drama, der *Pforte der Einweihung,* gezeigt.

[da]: In der Textgrundlage: «dass».

Wenn der Mensch an den Gipfel der Natur gestellt ist: Siehe Hinweis zu S. 72.

463 *in der Sinneswelt Sich-Abspielendes:* Als alternative Lesemöglichkeit für «Abspielendes» gibt Helene Finckh den Begriff «Abspiegelndes» an.

Dornach, 11. April 1920

Textgrundlage: Maschinenschriftliche Übertragung des Stenogramms von Helene Finckh, Vortragsregister-Nr. 4080 I, mit berücksichtigten Korrekturen nach Stenogrammüberprüfung von Hedwig Frei. – Frühere Veröffentlichung: *Eurythmie – Die Offenbarung der sprechenden Seele,* GA 277, 3. Aufl. Dornach 1999, S. 166–172.

464 *die sinnlich-übersinnliche Anschauung:* Siehe Hinweis zu S. 211.

467 *Kapellmeister mit dem Taktstock in der Hand:* Siehe Hinweis zu S. 100.

er hatte noch einen unbestimmten melodiösen Zusammenhang: Siehe Hinweis zu S. 135.

469 *Wenn die Natur ihr offenbares Geheimnis:* Siehe Hinweis zu S. 74.

Im Künstlerischen habe man: Siehe dazu Hinweis zu S. 38.

Dornach, 17. und 18. April 1920

Vorlage: Rudolf Steiner, Notizzettel 7324. – Zeitungsannonce: *Basler Vorwärts,* 15. April 1920.

Dornach, 17. April 1920

Textgrundlage: Maschinenschriftliche Übertragung des Stenogramms von Helene Finckh, Vortragsregister-Nr. 4083 II. – Frühere Veröffentlichung (Auszug): *Eurythmie – Die Offenbarung der sprechenden Seele,* GA 277, 3. Aufl. Dornach 1999, S. 173 f.

473 *in seinen Briefen über die ästhetische Erziehung des Menschen:* Friedrich Schiller, *Über die ästhetische Erziehung des Menschen in einer Reihe von Briefen,* Erstveröffentlichung in der Zeitschrift *Horen* 1795.

474 *schwieriger wird es:* Umstellung durch die Hrsg.; in der Textgrundlage: «es wird».

475 *statt o oder [h] nichts anderes:* Undeutliche Stelle in der Textgrundlage; die Worte «statt o oder r nichts anderes» stehen zwischen den Zeilen.

476 *wie ein Kapellmeister mit dem Taktstock:* Siehe Hinweis zu S. 100.

dass Goethe sich den Übergang von seinem ersten Teil des «Faust» zum zweiten Teil viel zu leicht gemacht habe: Siehe dazu den Hinweis zu S. 493, sowie den Vortrag vom 22. Mai 1915, in: *Faust, der strebende Mensch,* GA 272.

477 *dramatischen [Dichtung]:* Sinngemäße Änderung; in der Textgrundlage: «dramatischen Bildung».

478 *Dass, wenn «der Mensch an den Gipfel der Natur:* Siehe Hinweis zu S. 72.

479 *die ganze Entstehungsgeschichte [...] vor vielen Jahren schon darzustellen:* Aus Anlass der Goldenen Hochzeit des Großherzoglichen Paares in Weimar am 8. Okt. 1892 widmete man den 7. Bd. der *Schriften der Goethe-Gesellschaft* dem von Herzogin Anna Amalia initiierten *Journal von Tiefurt,* das dort vollständig abgedruckt wurde. In diesem Band erschien auch der Aufsatz Rudolf Steiners «Zu dem ‹Fragment› über die Natur», das im 32. Stück des *Tiefurter Journal* 1784 erstmals erschienen war. Der Aufsatz Rudolf Steiners findet sich in *Methodische Grundlagen der Anthroposophie,* GA 30, 3. Aufl. Dornach 1989, S. 320–327.

Hymnus an die Natur: Der unter dem Titel «Fragment» erschienene Text über die Natur wurde dem Schweizer Pfarrer und Schriftsteller Johann Christoph Tobler (1757–1812) zugeschrieben, der sich 1781 in Weimar aufgehalten hatte und einiges für das Journal geschrieben hatte. Rudolf Steiner vermutet Goethe als eigentlichen Urheber, was er 1892 in einem Aufsatz ausführte (siehe vorige Anm.).

damals in Weimar weilenden Schweizer Tobler: Siehe vorige Anm.

was jetzt in der letzten Zeit namentlich hier geschrieben worden ist: Anmerkung von Helene Finckh: «Es war in einer Schweizer Zeitung in einer Sonntagsblatt-Beilage der Versuch gemacht worden, zu beweisen, dass der Prosa-Hymnus eigentlich nicht von Goethe, sondern von Tobler sei.»

Dornach, 18. April 1920

Textgrundlage: Übertragung des Stenogramms von Helene Finckh, Vortragsregister-Nr. 4080 I durch Gabrielle Tribelhorn, bearbeitet von Andrea Leubin. – Das Stenogramm von Helene Finckh ist überraschend lückenhaft. Da sich vieles aus anderen Ansprachen wiederholt, schrieb sie manchmal beim Aufzeichnen die Sätze offenbar nicht zu Ende bzw. ließ die Wiederholungen weg.

480 *Elemente:* Unsichere Lesung.

481 *sinnlich-übersinnliche [Anschauung]:* In der Übertragung: «Wesenheit»; Änderung nach vergleichbaren Ansprachen. Zum Terminus «sinnlich-übersinnlich» siehe auch Hinweis zu S. 211.

[in] dem Impulse: Im Stenogramm zu lesen als «von dem Impulse»; grammatikalische Änderung durch die Hrsg.

482 *die ganze Pflanze ist ein komplett[es] Blatt:* Siehe Hinweis zu S. 56.

[Bewegung]: Unleserliches Wort im Stenogramm; sinngemäße Ergänzung der Hrsg.

Intuition: Unsichere Lesung.

Bewegungst[endenzen]: In der Übertragung: «Bewegungstänze». Änderung nach vergleichbaren Ansprachen.

483 *[wie eine Reihe]:* Im Stenogramm unleserliches Wort; sinngemäße Ergänzung der Hrsg.

wenigstens zeitweise: Im Stenogramm eventuell auch zu lesen als «wenigstens teilweise».

ich möchte unter [anderem]: Im Stenogramm lesbar als: «ich möchte sagen unter *[unleserliches Wort]*».

Goethe hat zum Beispiel: «zum Beispiel» im Stenogramm nicht eindeutig zu lesen, könnte auch «schon» bedeuten. Die folgenden Ergänzungen erfolgen nach Parallelstellen in anderen Ansprachen.

die formelle Anmutung: «Anmutung» sinngemäß eingefügt, im Stenogramm nicht eindeutig; könnte auch als «Ahnung» gelesen werden.

[Die] Zeit: Unverständliche Passage. Lesbar ist: «Es hat in vielen Eurythmie geben, die Zeit».

Rückert: Friedrich Rückert (1788–1866), dt. Dichter und Universalgelehrter, der sich mit mehr als 40 Sprachen beschäftigte und zahlreiche Dichtungen aus aller Welt ins Deutsche übersetzte.

484 *[Ich mache] besonders darauf aufmerksam:* Sinngemäße Einfügung durch die Hrsg. für ein unleserliches Wort im Stenogramm.

485 *[unverständliche Passage, siehe Hinweise]:* Zu lesen ist im Stenogramm: «Wenn wir nicht mit dem schwersten Gewicht werden beladen an demjenigen Orte [?], der am Schlusse des 1. [Bildes] zur Darstellung kommt. Da will Goethe seinen Faust *[Lücke?]* [beschwören], und der kann dann *[Lücke?]* einen in einer aller äußeren Ereignisse darstellen.»

[eurythmischen Kunstmittel sich gewendet] [unleserliche Passage]: Die unleserliche Passage kann eventuell als «in den Gestalten gefunden» gelesen werden.

[unleserlich] [Lücke]: Vermutlich eine Wiederholungslücke; was wiederholt wurde, konnte nicht eruiert werden.

486 *«Wem die Natur:* Siehe Hinweis zu S. 74.

über Winckelmann sagt: Wenn der Mensch [auf den Gipfel: Nur lückenhaft stenografiert; hier ergänzt nach der Ansprache vom 28. März 1920, S. 425; für den Nachweis des Zitates siehe Hinweis zu S. 72.

[Der Rest der Ansprache ist sehr lückenhaft: Im Stenogramm folgen einige schwer zu entziffernde Sätze: «Am besten nimmt man Maß [...] *[unleserlich]* und baut zusammen, wenn man die Organisation des Menschen, die Gliedbewegungen, die abgelauscht sind den natürlichen Bewegungen des Kehlkopfes und seiner Nachbarorgane im Sprechen und Singen, wenn man, wenn man seinen Charakter durch Prinzipien der [Metamorphose] durch den ganzen Menschen zum Ausdruck kommen lässt tiefes Sein, [der] Mensch gewiss, die Bewegungen, die sich verbindet stetig mit dem Inneren. Wenn wir das Wundergebilde der menschlichen Sprache [eurythmisch] erobern, lassen [wir] diesem Rufe werden [in] Zukunft Offenbarung auf Offenbarung; [das] heilig Geheißen[e] wird nach außen hin sichtbar, möchte ich sagen, im Goetheschen Sinne. Das soll vor allen Dingen durch diese Eurythmie geschehen. Daher muss sich diese nach und nach, wenn an ihr weitergearbeitet wird, als eine Kunst hinstellen, die würdig ist, einen Rang ein[zu]nehmen neben ihren älteren Schwestern, älteren Künsten, die sich ihren Platz schon erobert haben, [ich möchte] heute allerdings um eine solche Gelegenheit bitten. [Wir] stehen an einem Anfange, aber dem Übersinnlichen, das *[Lücke?]* als eine stumme Sprache tatsächlich wiederum zur ursprünglichen künstlerischen Quelle der Menschheit zurückzeigt, dass sie sie *[unleserlich]* künstlerischen Form findet, um sich auszudrücken, dass sie an einem Beispiel des schönsten und edelsten künstlerischen Instruments gerade der Gegenwart und in die nächste Zukunft hinein entgegenkommen kann. In diesem Sinne bitte ich Sie, weil es ein Anfang ist, um Nachsicht, aber bitte zu gleicher Zeit auch [zu berücksichtigen], dass wir gar sehr nötig haben, dass *[unleserlich]* dereinst unsere Zeit [ge]kommen [ist], [und] sehen [in] dem Bestreben einen Anfang, [den es] immer mehr und mehr zu einem gewissen Vollkommenheitsgrad zu bringen [gilt], was wir von dieser eurythmischen Kunst ersehen und erhoffen möchten.» – Es folgt am Schluss in Klammern die Bemerkung: «In der Pause entspricht *[unleserlich]* den dem Tage vorher[?]». Es ist anzunehmen, dass ähnliche Worte folgten wie in der Ansprache vom 17. April 1920 ab «Es folgt eine kurze Pause», S. 471.

Dornach, 24. und 27. April 1920

Vorlagen: Rudolf Steiner, NZ 7334. – Zeitungsannonce: *Basler Vorwärts,* 22. April 1920.

Dornach, 24. April 1920

Vorlage: Louise van Blommestein: Plakat KSaG, M.3207.
Textgrundlage: Maschinenschriftliche Übertragung des Stenogramms von Helene Finckh, Vortragsregister-Nr. 4093 I. – Frühere Veröffentlichung (Auszug): *Eurythmie – Die Offenbarung der sprechenden Seele,* GA 277, 3. Aufl. Dornach 1999, S. 174–178.

490 *wie Schiller – gerade bei den bedeutsamsten seiner Gedichte:* Siehe Hinweis zu S. 135.

492 *Goethe, wenn er mit dem Taktstock:* Siehe Hinweis zu S. 100.

Anfanges des zweiten Teils des «Faust»: Die Szene «Anmutige Gegend».

493 *Max Rieger [...] ein Büchelchen:* Maximilian Rieger (1828–1909), dt. Germanist, Professor in Gießen und Basel, engagiert in der «Erweckungsbewegung» der evangelischen Kirche; er schrieb das Buch *Goethes Faust nach seinem religiösen Gehalt,* Heidelberg 1881.

Goethe wäre der Ansicht gewesen: Die entsprechende Stelle lautet: «Die Commentatoren wissen uns allerlei zu sagen, um dieses eigenthümliche Surrogat einer inneren Krise gerade hier begründet erscheinen zu lassen; aber ein einfaches, nicht verästhetisirtes sittliches Gefühl wird immer mit Erstaunen vor dem Recepte stehen bleiben, das bei Faust so glücklich anschlägt, und das in nüchterne Prosa übersetzt ohngefähr lauten würde: wenn du eine schwere, peinigende Schuld auf dein Gewissen geladen hast, so mache eine schöne Gebirgsreise, dann wird dir besser werden.» (Max Rieger, *Goethes Faust nach seinem religiösen Gehalt.* Heidelberg 1881, S. 57)

495 *wie der Hauptwert:* In der Textgrundlage verdoppelt: «wie der Hauptwert, wie der Hauptwert».

Dornach, 27. April 1920

Vorlage: Rudolf Steiner, NZ 7334. – Louise van Blommestein: Plakat KSaG, M.3208.
Textgrundlage: Maschinenschriftliche Übertragung des Stenogramms von Helene Finckh, Vortragsregister-Nr. 4100 IV.

498 *das Wort Goethes vom sinnlich-übersinnlichen Schauen:* Siehe Hinweis zu S. 211.

499 *die ganze Pflanze ein kompliziertes Blatt:* Siehe Hinweis zu S. 56.

501 *Schiller [...] immer zuerst eine Melodie im Sinne hatte:* Siehe Hinweis zu S. 135.

501 *Goethe stand noch mit dem Taktstock:* Siehe Hinweis zu S. 100.

502 *verwässerte:* In der Textgrundlage ist als alternative Lesemöglichkeit dieses Wortes «verbesserte» angegeben.

503 *diese Szene aus dem «Faust» missverstanden hat:* Siehe Hinweis zu S. 493.

«zum höchsten Dasein immerfort» streben: Aus *Faust II,* «Anmutige Gegend», V 4685.

Dornach, 1. und 2. Mai 1920

Vorlage: Rudolf Steiner, Notizzettel 7340; frühere Veröffentlichung: *Eurythmie – Die Offenbarung der sprechenden Seele,* GA 277, 3. Aufl. Dornach 1999, S. 178. – Zeitungsannonce: *Basler Nachrichten,* 30. April 1920.

Dornach, 1. Mai 1920

Textgrundlage: Maschinenschriftliche Übertragung des Stenogramms von Helene Finckh, Vortragsregister-Nr. 4104 I.

509 *Goethe hat noch mit dem Taktstock wie ein Kapellmeister selbst seine «Iphigenie» einstudiert:* Siehe Hinweis zu S. 100.

510 *Dieses gedankliche Element [haben wir] ja nur:* In der Textgrundlage: «Dieses gedankliche Element wird ja nur»; sinngemäße Änderung durch die Hrsg.

Dornach, 2. Mai 1920

Textgrundlage: Maschinenschriftliche Übertragung des Stenogramms von Helene Finckh, Vortragsregister-Nr. 4106 II. – Frühere Veröffentlichung (Auszug): *Eurythmie – Die Offenbarung der sprechenden Seele,* GA 277, 3. Aufl. Dornach 1999, S. 179.

512 *sinnlich-übersinnliches Schauen:* Siehe Hinweis zu S. 211.

514 *ich wurde einmal eingeladen in einer Gesellschaft Vorträge über Goethes Faust zu halten:* Siehe die Parallelstelle im Vortrag vom 14. Okt. 1921: «Ich wurde einmal von einer Anzahl Berliner Damen, die in einem Institute von mir Vorträge angehört hatten, dann eingeladen, einen Vortrag zu halten bei einer der Damen in ihrem Privatappartement, und die ganze Veranstaltung war eigentlich dazu da, dass die Damen entgegenarbeiten wollten einer gewissen, dazumal recht gutmütigen Stimmung bei ihren Männern. Nicht wahr, diese Damen kamen so etwa um zwölf Uhr in

das Unterrichtsinstitut, wo ich die Vorträge hielt. Und die Männer, wenn wiederum solch ein Tag kam – ich glaube, es war einmal in der Woche –, sagten dann: Na ja, da geht ihr halt in eure verrückte Anstalt heute wieder hin; da wird die Suppe wieder schlecht sein, oder es wird etwas anderes nicht in Ordnung sein! – Und da wollten denn diese Damen, dass ich einen Vortrag hielte über Goethes «Faust» – das wurde als Thema ausgesucht –, und dazu wurden auch die Männer eingeladen. Nun hielt ich eben einen Vortrag über Goethes «Faust» vor den Damen und Herren. Ja, die Herren waren nachher etwas verdutzt und sie sagten: ‹Ja, aber Goethes «Faust» ist halt eine Wissenschaft; Kunst ist ja Goethes «Faust» nicht. Kunst, das ist Blumenthal› – ich zitiere wörtlich –, ‹da braucht man sich nicht anzustrengen. Wenn man sich schon im wirtschaftlichen Beruf so anstrengt, will man sich doch im Leben nicht auch noch anstrengen!› Sehen Sie, was eingezogen ist als Ersatz des Enthusiasmus für die Freiheit im Geistesleben, das tritt uns im staatlichen Leben entgegen als bloßes leichtes Unterhaltungsbedürfnis.» (in: *Anthroposophie, soziale Dreigliederung und Redekunst*, GA 339, 3. Aufl. Dornach 1984, S. 73 f.) Siehe weiter die Vorträge vom 20. Juni 1916, in: *Weltwesen und Ichheit*, GA 169; vom 10. Juni 1920, in: *Die Krisis der Gegenwart und der Weg zu gesundem Denken*, GA 335; 16. Okt. 1920 in: *Grenzen der Naturerkenntnis*, GA 322; sowie den Diskussionsabend vom 9. Aug. 1920, in *Soziale Ideen, soziale Wirklichkeit, soziale Praxis*, GA 337b.

515 *Blumenthal:* Oskar Blumenthal (1858–1917), dt. Journalist, Schriftsteller, Gründer und Leiter des Berliner Lessing-Theaters; bekannt für seine leichtgewichtigen Lustspiele.

516 *Goethe mit dem Taktstock:* Siehe Hinweis zu S. 100.

[wird sich klar darüber sein]: In der Textgrundlage: «sondern einfach sich klar darüber ist»; grammatikalische Änderung durch die Hrsg.

Dornach, 8. und 9. Mai 1920

Vorlage: Rudolf Steiner, Notizzettel 7332. – Zeitungsannonce: *Basler Vorwärts*, 6. Mai 1920.

Dornach, 8. Mai 1920

Textgrundlagen: Maschinenschriftliche Übertragung des Stenogramms von Helene Finckh, Vortragsregister-Nr. 4116 I.

520 *Vers von Ludwig Tieck:* Ludwig Tieck (1773–1853), dt. Dichter, Kritiker, Übersetzer, führende Gestalt der deutschen Romantik. Die zitierten Verse finden sich als Beginn der zweiten Strophe in dem Gedicht «Liebe» (in Ludwig Tieck, *Gedichte*, 2. Teil, Dresden 1821, S. 31). Das Gedicht

wurde oft glossiert, teilweise von Tiecks Freunden – so von Friedrich Schlegel und seinem Bruder August Wilhelm Schlegel –, aber auch von August von Platen und Ludwig Uhland.

Der große Dichter Ludwig Uhland: Uhland (1787–1862) glossierte in seinem Gedicht «Der Rezensent» die vier von Rudolf Steiner zitierten Verse Tiecks; in: Ludwig Uhland, *Uhlands gesammelte Werke in sechs Bänden.* Erster Band, Stuttgart 1892, S. 122.

ein Logiker, hat in einer Abhandlung, die mir hier gerade vorliegt: Es handelt sich um das Buch von Adolf Dyroff (1866–1943): *Einführung in die Psychologie.* Leipzig, 4. Aufl. 1919, das in Rudolf Steiners erhaltener Bibliothek vorhanden ist (RSB P 256). Dort heißt es, nachdem Dyroff Uhlands Glosse zitiert hat: «Es ist auch unbegreiflich, wie man ‹in Tönen *denken*› könne, wenn ‹*Gedanken* zu ferne stehen›. Jedoch der geistreiche Berliner meinte wohl dies: Süße Liebe spricht sich unmittelbar in Liedern ohne Worte aus. Trockene Gedanken liegen ihr ferne; darum bedarf sie des blassen Wortes nicht. Wie so häufig verwechselt der Dichter, der das Recht dazu hat, ‹Vorstellungen› mit ‹Gedanken› und setzt darum ‹denken› statt ‹dichten›.» (S. 77)

522 *in Schillers Briefen zur ästhetischen Erziehung des Menschen:* Friedrich Schiller, *Über die ästhetische Erziehung des Menschen in einer Reihe von Briefen,* Erstveröffentlichung in der Zeitschrift *Horen* 1795. Rudolf Steiner hat hier wohl vor allem den neunten und zehnten Brief im Sinn.

524 *mit dem Taktstock wie ein Kapellmeister:* Siehe Hinweis zu S. 100.

wieder geklärt: In der Textgrundlage findet sich als alternative Lesemöglichkeit: «Wahrklarheit».

525 *Bizarrerien, wie die von Christian Morgenstern:* Zu den Humoresken Christian Morgensterns gibt es zahlreiche sog. Standardformen von Rudolf Steiner.

Dornach, 9. Mai 1920

Textgrundlage: Maschinenschriftliche Übertragung des Stenogramms von Helene Finckh, Vortragsregister-Nr. 4118. – Frühere Veröffentlichung (Auszug): *Die Entstehung und Entwickelung der Eurythmie,* GA 277a, 3. Aufl. Dornach 1999, S. 121; Prospekt der Eurythmieschule Dornach 1927.

526 *aus sinnlich-übersinnlicher Anschauung:* Siehe Hinweis zu S. 211.

528 *dann den Ondulationsbewegungen in den Tönen zugrunde liegen, umgewandelt werden aber:* In der Textgrundlage: «dann in den Ondulationsbewegungen in den Tönen zugrunde liegen, umgewandelt werden aber, welche da zugrunde liegen».

529 *Ein schöner Vers von Tieck:* Siehe Hinweis zu S. 520.

529 *Ludwig Uhland [...] der korrigierte Tieck:* Siehe Hinweis zu S. 520.

die hat dann noch ein Logiker: Adolf Dryoff; siehe Hinweis zu S. 520.

532 *in der Waldorfschule in Stuttgart:* Die erste Waldorfschule war in Stuttgart im September 1919 auf Initiative von Emil Molt (Schwäbisch Gmünd, 14. April 1876 – 16. Juni 1936, Stuttgart), Direktor der Waldorf-Astoria-Zigarettenfabrik für die Kinder seiner Arbeiter eröffnet worden; geleitet wurde sie von Rudolf Steiner.

Dornach, 15. und 16. Mai 1920

Vorlage: Rudolf Steiner: Notizzettel 7327; frühere Veröffentlichung: *Eurythmie – Die Offenbarung der sprechenden Seele,* GA 277, 3. Aufl. Dornach 1999, S. 223. – Zeitungsannonce: *Basler Vorwärts,* 14. Mai 1920.

Dornach, 15. Mai 1920

Vorlagen: Rudolf Steiner: Notizbuch 110, S. 40 f.; frühere Veröffentlichung: *Eurythmie – Die Offenbarung der sprechenden Seele,* GA 277, 3. Aufl. Dornach 1999, S. 180

Textgrundlage: Maschinenschriftliche Übertragung des Stenogramms von Helene Finckh, Vortragsregister-Nr. 4125 I; frühere Veröffentlichung: *Eurythmie – Die Offenbarung der sprechenden Seele,* GA 277, 3. Aufl. Dornach 1999, S. 181–187; *Die Erneuerung der pädagogisch-didaktischen Kunst durch Geisteswissenschaft,* GA 301, 4. Aufl. Dornach 1991, S. 249–255.

537 *wenn Schiller gesagt hat: Spricht die Seele:* Distichon von Friedrich Schiller mit dem Titel «Sprache»; es lautet in Gänze: «Warum kann der lebendige Geist dem Geist nicht erscheinen? / Spricht die Seele, so spricht ach! schon die Seele nicht mehr.»

538 *dann bedarf er [eines anderen]:* Satzumstellung durch die Hrsg.; in der Textgrundlage: «dann bedarf er, ich möchte sagen all dasjenige, was hinter der Sprache dann immer schwebend ist, eines anderen».

«Das Was bedenke, mehr bedenke Wie»: J. W. Goethe: *Faust II,* Szene «Laboratorium», V 6993 (Homunculus).

539 *wie ein Kapellmeister mit dem Taktstock in der Hand:* Siehe Hinweis zu S. 100.

540 *die solche «Moritaten» rezitierten:* Von sog. Bänkelsängern vorgetragene, meist schaurige oder rührselige Geschichten, die in einem eintönigen Singsang gegeben wurden. Das Wort Moritat soll sich von «Mordtat» ableiten, es könnte aber auch mit dem lat. mos, mores = Sitte, Brauch zu tun haben, im Sinne von: Eine Geschichte, die Moral lehren soll.

Dornach, 16. Mai 1920

Textgrundlage: Maschinenschriftliche Übertragung des Stenogramms von Helene Finckh, Vortragsregister-Nr. 4127 I; frühere Veröffentlichung: *Die Erneuerung der pädagogisch-didaktischen Kunst durch Geisteswissenschaft,* GA 301, 4. Aufl. Dornach 1991, S. 256–260.

544 *Aber [ich] darf wohl sagen:* In der Textgrundlage: «Aber sie darf wohl sagen»; grammatikalische Änderung durch die Hrsg.

«sinnlich-übersinnliches Schauen» ist ja von Goethe: So bei Goethe nicht nachweisbar; siehe Hinweis zu S. 211.

dasjenige, was: In der Textgrundlage: «dasjenige, dasjenige, was».

545 *die ganze Pflanze nur ein komplizierter ausgestaltetes Blatt:* Siehe Hinweis zu S. 56.

da das eigentlich künstlerische Element: In der Textgrundlage: «dass das eigentlich künstlerische Element»; sinngemäße Änderung durch die Hrsg.

547 *Wem die Natur ihr offenbares Geheimnis:* Siehe Hinweis zu S. 74.

548 *[was] wir durchaus nicht:* In der Textgrundlage: «die wir durchaus nicht».

diese schreckliche Weltkatastrophe: Der Erste Weltkrieg 1914–1918.

«Olympische Spiele»: Die ersten olympischen Spiele der Neuzeit fanden auf Betreiben von Pierre de Coubertin (1863–1937) 1896 in Athen statt.

549 *heraus bekommen:* In der Textgrundlage: «heraus zu bekommen»; grammatikalische Änderung durch die Hrsg.

Dornach, 23. und 24. Mai 1920

Vorlage: Rudolf Steiner, Notizzettel 7322; frühere Veröffentlichung: Die Entstehung und Entwicklung der Eurythmie, GA 277a, 3. Aufl. Dornach 1998, S. 151. – Zeitungsannonce: Zeitung und Datum unbekannt. Von der Eurythmie-Ansprache vom 24. Mai 1920 liegen keine Aufzeichnungen vor.

Dornach, 23. Mai 1920

Textgrundlage: Maschinenschriftliche Übertragung des Stenogramms von Helene Finckh, Vortragsregister-Nr. 4131.

553 *sinnlich-übersinnliches Schauen:* So bei Goethe nicht nachweisbar; siehe Hinweis zu S. 211.

die ganze Pflanze ist nur ein komplizierter gewordenes Blatt: Siehe Hinweis zu S. 56.

554 *[Man erreicht das, indem man]:* Einfügung durch die Hrsg.; in der Textgrundlage «oder».

wenn der Mensch sich sieht an den Gipfel der Natur gestellt: Siehe Hinweis zu S. 72.

555 *«Der Taucher»:* 1797 entstandene Ballade von Friedrich Schiller.

etwas wie eine Art von unbestimmter Melodie: Siehe Hinweis zu S. 135.

556 *nicht das [Was], sondern mehr das [Wie]:* Sinngemäße Änderung durch die Hrsg.; in der Textgrundlage: «Nicht den Gedankeninhalt müssen wir suchen, nicht das Wie, sondern mehr das Was muss gesucht werden.»

Dornach, 29. Mai 1920

Textgrundlage: Maschinenschriftliche Übertragung des Stenogramms von Helene Finckh, Vortragsregister-Nr. 4136 I.

559 *in unserer Waldorfschule in Stuttgart:* Siehe Hinweis zu S. 532.

Dornach, 11. Juli 1920

Vorlage: Louise van Blommestein: Plakat KSaG, M.4761.

Textgrundlage: Maschinenschriftliche Übertragung des Stenogramms von Helene Finckh, Vortragsregister-Nr. 4159a II. – Frühere Veröffentlichung (Auszug): *Eurythmie – Die Offenbarung der sprechenden Seele*, GA 277, 3. Aufl. Dornach 1999, S. 568. – Auf der Textgrundlage steht 4. Juli 1920; doch gab es da erstens keine öffentliche Aufführung – und entsprechend ist in den Aufführungsbüchern keine Ansprache vermerkt –, zweitens passen Rudolf Steiners Andeutungen zum Programm (Humoristisches) nicht zum Programm vom 4. Juli 1920.

563 *nur ein komplizierter gewordenes Blatt:* Siehe Hinweis zu S. 56.

565 *dass Schiller zum Beispiel eine unbestimmte Melodie:* Siehe Hinweis zu S. 135.

«Der Taucher» wurde oder «Der Kampf mit dem Drachen»: 1798 entstandene Balladen Friedrich Schillers.

[Lücke im Text]: In der Textgrundlage steht «wenn», danach ist eine Lücke gelassen.

Goethe hat mit dem Taktstock seine «Iphigenie»: Siehe Hinweis zu S. 100.

wenn er sich auf den Gipfel der Natur gestellt sieht: Siehe Hinweis zu S. 72.

566 *Eine bedeutende Autorität:* Es handelt sich um den prominenten Schweizer Physiologen, Mitbegründer der Proteinchemie und Mitglied der Leopoldina Emil Abderhalden (Oberuzwil, 7. März 1877–5. Aug. 1950, Zürich), der erst in Berlin, ab 1911 an der Universität Halle Physiologie und physiologische Chemie lehrte und sich während des Ersten Weltkriegs in der Volksernährung engagierte. – Rudolf Steiner erwähnt Abderhaldens Bemerkung in zahlreichen Vorträgen. Vgl. dazu die Konferenz vom 21. Sept. 1920, *Konferenzen mit den Lehrern der Freien Waldorfschule, Bd.1,* GA 300c, 5. Aufl. Dornach 2019, S. 237f., sowie den Vortrag vom 15. April 1921 im *Heileurythmiekurs,* in dem es heißt: «Es war ja in der Tat interessant, wie hier einmal ein Physiologe der Gegenwart war, der sich angehört hat eine von den Vorreden, die ich ja gewöhnlich spreche bei der Eurythmie, und dann ja sich auch die Eurythmie angesehen hat. Und nun sage ich ja gewöhnlich, dass man treten wird lassen müssen in der Erziehung dieses beseelte Turnen an die Stelle des ja bloß aus der Physiologie hervorgehenden Turnens. Da sagte der betreffende Physiologe, der ja auch heute als eine so große Autorität in Ernährungssachen gilt, da sagte der: Ja, für ihn wäre das noch gar nicht genug, wenn man sagt, man soll das Turnen nicht überschätzen, sondern für ihn wäre das Turnen überhaupt kein Unterrichtsmittel, sondern eine Barbarei.» (*Heileurythmie,* GA 315, 6. Aufl. Dornach 2021, S. 62) – Wann genau Emil Abderhalden in Dornach war, lässt sich nicht erschließen. Es muss – glaubt man den Erinnerungen Emil Molts – nach der Ernennung von Walter Simon (1861–1937) zum deutschen Außenminister am 25. Juni 1920 gewesen sein und vor dem 11. Juli 1920, da Rudolf Steiner hier den Besuch Abderhaldens erstmals erwähnt. Molt erzählt in seinen Erinnerungen, dass er, nachdem er Walter Simon in Bern kennengelernt hatte, kurz danach dessen Tochter Friedel traf: «Sie lernte ich wenige Tage später ‹ganz zufällig› in Dornach kennen, anlässlich einer Eurythmievorführung, die Dr. Steiner in Anwesenheit des bekannten Professors Abderhalden arrangiert hatte. Friedel Simons war mit Frau Ricardo auch dabei; durch letztere wurde ich ihr vorgestellt.» (zitiert nach *Die Anthroposophie und ihre Gegner,* GA 255b, 1. Aufl. Dornach 2003, S. 545) – Möglicherweise hatte Rudolf Steiner die (relativ kurze) Eurythmie-Vorstellung am 4. Juli 1920 für Abderhalden arrangiert und mit einer kurzen, nicht mitgeschriebenen Ansprache eingeleitet. Dies war die erste Aufführung seit dem 6. Juni 1920 gewesen. – Vom 2. Oktober 1920 an sollte Rudolf Steiner Abderhalden in den Eurythmie-Ansprachen öfters erwähnen.

in der von Emil Molt begründeten Waldorfschule in Stuttgart: Siehe Hinweis zu S. 532.

567 *olympische Spiele:* Siehe Hinweis zu S. 548.

Dornach, 17. und 18. Juli 1920

Vorlage: Rudolf Steiner: Notizzettel 7353. – Zeitungsannonce: *Basler Vorwärts,* 14. Juli 1920. – Louise van Blommestein: Plakat KSaG, M.4762.

Dornach, 17. Juli 1920

Textgrundlage: Maschinenschriftliche Übertragung des Stenogramms von Helene Finckh, Vortragsregister-Nr. 4166 I.

571 *der mit [ihr] beabsichtigt ist:* Sinngemäße Änderung der Hrsg.; in der Textgrundlage: «der mit mir beabsichtigt ist».

Goethe mit seiner Metamorphosenlehre: Siehe Hinweis zu S. 56.

572 *nur kommt Verschiedenes – Verästelung:* Sinngemäße Änderung der Hrsg.; in der Textgrundlage: «nur kommt verschiedene Verästelung».

durch sinnlich-übersinnliches Schauen: Siehe Hinweis zu S. 211.

573 *neunundneunzig Prozent alles desjenigen, was heute gedichtet wird:* Siehe Hinweis zu S. 282.

574 *Er hatte so etwas unbestimmt Melodiöses in der Seele:* Siehe Hinweis zu S. 135.

575 *eine große Rolle im Lehrplan unserer Stuttgarter Waldorfschule:* Siehe dazu S. 156 f. und Hinweis zu S. 532.

576 *Wenn der Mensch an den Gipfel der Natur gestellt ist:* Siehe Hinweis zu S. 72.

577 *Wem die Natur ihr offenbares Geheimnis:* Siehe Hinweis zu S. 74.

Dornach, 18. Juli 1920

Textgrundlage: Maschinenschriftliche Übertragung des Stenogramms von Helene Finckh, Vortragsregister-Nr. 4168 I.

578 *als eine so einzigartige Schrift 1790 veröffentlicht:* Siehe den Hinweis zu S. 140.

Das Blatt ist eine ganze Pflanze: Siehe Hinweis zu S. 56.

579 *durchdrungen [ist]:* In der Textgrundlage: «durchdrungen sind»; grammatikalische Änderung durch die Hrsg.

mit einem [komplizierten] Vorgang: In der Textgrundlage: «mit einem kompletten Vorgang»; sinngemäße Änderung durch die Hrsg.

580 *was wir insbesondere in der letzten Zeit reichlicher ausgebildet haben: Die Formen:* Im Herbst 1918 gab Rudolf Steiner die ersten Choreo-

grafien, die sog. Standardformen. 1920 entstanden zahlreiche dieser Standardformen.

581 *[mit] der menschlichen Sprache:* In der Textgrundlage: «in der menschlichen Sprache»; sinngemäße Änderung durch die Hrsg.

wenn es irgend[wie]: In der Textgrundlage: «wenn es irgendetwas»; sinngemäße Änderung durch die Hrsg.

583 *wie Schiller nicht den wortwörtlichen Inhalt:* Siehe Hinweis zu S. 135.

der durch Emil Molt gegründeten Freien Waldorfschule: Siehe Hinweis zu S. 532.

584 *unserer heutigen Zeit:* In der Textgrundlage: «dass unsere heutige Zeit»; grammatikalische Änderung durch die Hrsg.

Dornach, 8. August 1920

Vorlage: Louise van Blommestein: Plakat KSaG, M.4458.1. – Rudolf Steiner, undatierter Notizzettel 2043; die Datierung ergibt sich aus weiteren Zetteln mit Notizen zu Oswald Spengler aus demselben Block oder Heft.

Textgrundlage: Maschinenschriftliche Übertragung des Stenogramms von Helene Finckh, Vortragsregister-Nr. 4185 I.

589 *[Die Kunst versuchte ja gerade immer:* Schwer verständliche Passage; sinngemäße Umstellungen durch die Hrsg. In der Textgrundlage heißt es: «Daher musste auch die Kunst, die ja gerade immer – man braucht sich nur an Goethe'sche Kunstdefinitionen zu erinnern – versuchte, dasjenige wiederzugeben, was man aus innerlichem Miterleben mit dem Andern, mit anderen Wesen, mit der äußerlichen Natur erfahren konnte, beruht, man versuchte das zu ersetzen, sagen wir, durch den Schicksalseindruck, durch den Augenblickseindruck wie im Impressionismus, im impressionistisch bewussten Zustande die Kunst werden will, weil man nicht verwachsen konnte mit dem Objekt, wie man gewissermaßen herausfallen musste aus dem Objekte; deshalb gab man sich hin an den Augenblickseindruck.»

590 *[w]as:* In der Textgrundlage: «das».

591 *[nicht etwa]:* In der Textgrundlage: «etwa nicht».

wie zum Beispiel Spengler: Der dt. Philosoph und Lehrer Oswald Spengler (1880–1936) veröffentlichte 1918 und 1922 in zwei Bänden sein Hauptwerk *Der Untergang des Abendlandes,* das Rudolf Steiner im *Goetheanum* besprach (in: *Der Goetheanumgedanke,* GA 36, 2. Aufl. Basel 2014, S. 81–86). Er geht in zahlreichen Vorträgen darauf ein, siehe vor allem den Vortrag vom 29. Juni 1920 (in: *Die Krisis der Gegenwart und der Weg zu gesundem Denken,* GA 335) sowie die Vorträge vom 16. und 17. Juli 1920 (in: *Heilfaktoren für den gesunden Organismus,* GA 198).

Dornach, 15. August 1920

Textgrundlage: Maschinenschriftliche Übertragung des Stenogramms von Helene Finckh, Vortragsregister-Nr. 4188. – Frühere Veröffentlichungen: *Eurythmie als Impuls für künstlerisches Betätigen und Betrachten.* Dornach 1953, S. 23–30; *Beiträge zur Rudolf Steiner Gesamtausgabe,* Heft 75/76. Dornach 1982, S. 16–20.

594 *[Wie] alles:* In der Textgrundlage: «durch alles»; sinngemäße Änderung durch die Hrsg.

Versuch, die Metamorphose der Pflanzen zu erklären: Siehe den Hinweis zu S. 140.

die ganze Pflanze in ihrem inneren ideellen Wesen nur als ein komplizierteres Blatt: Siehe Hinweis zu S. 56.

595 *Wem die Natur ihr offenbares Geheimnis:* Siehe Hinweis zu S. 74.

unechten Akazie: Die Robinie; die Blätter sind hier unpaarig gefiedert, während die echte Akazie doppelt und paarig gefiederte Blätter hat. Beide Bäume gehören zur Familie der Hülsenfrüchtler.

596 *durch sinnlich-übersinnliches Schauen:* Siehe Hinweis zu S. 211.

598 *nicht den wortwörtlichen Inhalt zunächst in der Seele:* Siehe Hinweis zu S. 135.

599 *in unserer Waldorfschule in Stuttgart:* Siehe Hinweis zu S. 532.

haben schon ihre Bedenken dem Turnen gegenüber geäußert: Vermutlich deutet Rudolf Steiner hier auf Oswald Spenglers kritische Aussage: «Zur Kultur gehört die Gymnastik, das Turnier, der Agon, zur Zivilisation der Sport.» (in: *Der Untergang des Abendlandes.* Erster Band: Gestalt und Wirklichkeit, Wien u. Leipzig 1918, S. 50). Siehe auch Hinweis zu S. 591.

Dornach, 22. August 1920

Vorlage: Louise van Blommestein: Plakat KSaG, M.4464.1.

Textgrundlage: Maschinenschriftliche Übertragung des Stenogramms von Helene Finckh, Vortragsregister-Nr. 4193 II.

604 *hervortreten wird:* Satzumstellung durch die Hrsg.; in der Textgrundlage: «dadurch wird umso mehr das eurythmische, künstlerische Element, hervortreten».

Element [des Eurythmischen]: Sinngemäße Änderung der Hrsg.; in der Textgrundlage: «Element, das eurythmische».

605 *nicht den Prosainhalt zuerst im Seelenauge gehabt:* Siehe Hinweis zu S. 135.

meine Sprüche: Die Sprüche («Wochensprüche») des *Anthroposophischen Seelenkalenders,* die Rudolf Steiner 1912 erstmals veröffentlicht hatte und zu denen er ab dem November 1919 Raumformen gab; siehe dazu *Die Eurythmieformen zu den Wochensprüchen des Anthroposophischen Seelenkalenders,* GA K 23/2, 4. Aufl. Basel 2012.

man möchte sagen besser: In der Textgrundlage: «man möchte besser sagen besser».

Dornach, 29. August 1920

Textgrundlage: Maschinenschriftliche Übertragung des Stenogramms von Helene Finckh, Vortragsregister-Nr. 4198 I.

608 *durch sinnlich-übersinnliches Schauen:* Siehe Hinweis zu S. 211.

610 *dass eigentlich neunundneunzig Prozent aller Gedichte:* Siehe Hinweis zu S. 282.

eine unbestimmte melodiöse Gestaltung: Siehe Hinweis zu S. 135.

612 *[man] wird dasjenige:* In der Textgrundlage: «was wird dasjenige»; sinngemäße Änderung durch die Hrsg.

613 *verläuft wie zum Beispiel:* In der Textgrundlage: «verläuft, wie, wie zum Beispiel».

bei meinen «Wochensprüchen»: Siehe Hinweis zu S. 605.

zu[grunde liegt]: Sinngemäße Ergänzung der Hrsg.; in der Textgrundlage fehlt offenbar ein Wort.

Dornach, 5. September 1920

Textgrundlage: Maschinenschriftliche Übertragung des Stenogramms von Helene Finckh, Vortragsregister-Nr. 4203 III.

616 *was Goethe nennt sinnlich-übersinnliches Schauen:* Siehe Hinweis zu S. 211.

gemüt[haft]: Sinngemäße Änderung der Hrsg.; in der Textgrundlage: «gemütlich».

617 *die ganze Pflanze als ein kompliziertes ausgestaltetes Blatt:* Siehe Hinweis zu S. 56.

[im] Künstlerischen: In der Textgrundlage: «am Künstlerischen».

Dornach, 12. September 1920

Textgrundlage: Maschinenschriftliche Übertragung des Stenogramms von Helene Finckh, Vortragsregister-Nr. 4209 I.

622 *darstellende gewöhnliche Tanzkunst:* In der Textgrundlage: «darstellende, oder als eine gewöhnliche Tanzkunst».
durch sinnlich-übersinnliches Schauen: Siehe Hinweis zu S. 211.

623 *eine Art Melodie:* Unklare Passage; in der Textgrundlage: «eine Art allerdings im Leben vorschwebender Melodie»; «vorschwebender» könnte auch als «verschwebender» gelesen werden.
«Der Taucher» oder «Der Kampf mit dem Drachen»: 1798 entstandene Balladen Friedrich Schillers.

624 *Wenn der Mensch auf den Gipfel der Natur:* Siehe Hinweis zu S. 72.

625 *Freien Waldorfschule in Stuttgart, die von Emil Molt begründet:* Siehe Hinweis zu S. 532.
wie mir kürzlich ein Naturforscher gesagt hat: Emil Abderhalden; siehe Hinweis zu S. 566.

626 *heute diese großen Formen zeigen:* Es wurden die vier ersten Urtriebe von Fercher von Steinwand gezeigt, die die ersten «Standardformen» sind, welche Rudolf Steiner für die Eurythmie im Herbst 1918 gegeben hatte; siehe *Eurythmieformen zu Dichtungen* Fercher von Steinwand, Hamerling, Hebbel, Nietzsche u. a., GA K 23/3, Dornach 1992, S. 2–5.

Stuttgart, aus dem Vortrag vom 21. September 1920

Textgrundlage: Erziehung und Unterricht aus Menschenerkenntnis, GA 302a. 4. Aufl. Dornach 1993, S. 48–53.

Anhang

Undatierte Notizblätter aus den Jahren 1919 und 1920

Vorlagen: Rudolf Steiner: Notizzettel 865; 5084; 899R

Dornach, Sommer 1918

Vorlagen: Rudolf Steiner: Notizzettel, unnummeriert; Marie Steiner: Notizzettel

Entwurf für einen Bühnenvorhang zu Eurythmie-Aufführungen 1918/19

Vorlage: Pastell auf Papier, 31 x 42 cm, Kunstsammlung am Goetheanum 039 K 16, Depositum im Rudolf Steiner Archiv. Eine farbige Abbildung ist vorgesehen für GA 277d.

Vertrag zur ersten öffentlichen Aufführung, Zürich, 24. Februar 1919

Vorlage: Kopie, RSA

Fotografien zur Aufführung Dornach, 24. und 25. Januar 1920

Vorlagen: Fotografien, RSA 104; Dokument (RSA 140/2)

643 *bei welchen Stellen aus den Texten:* Beim «Quellenwunder» wurden außerdem Aufnahmen gemacht bei: «es ward so morgensonnengleich»; «die Eltern den geliebten Sprossen»; «die formte aus den Tropfenstäubchen»; «in Ätherfernen und in Sternenweiten»; bei Goethes «Der Fischer», von dem keine Fotos vorliegen, waren es die Stellen «kühl bis ans Herz hinan» sowie «da war's um ihn geschehn».

Dornach, 29. Januar 1920

Vorlage: Brief von Walter Johannes Stein an Rudolf Steiner vom 24. Jan. 1920 (RSA 089); Antwort von Rudolf Steiner vom 29. Jan. 1920 (RSA 068)

646 *Walter Johannes Stein* (Wien, 6. Febr. 1891–7. Juli 1957, London), Waldorflehrer, Schriftsteller und Heilpraktiker.

Nora Stein-von Baditz (Farád/Ungarn, 6. Sept. 1891–8. Juni 1965, Atherlow/Irland), Eurythmistin

Bibliografischer Nachweis früherer Veröffentlichungen

Die Veröffentlichungen der Einzelansprachen sind jeweils unter «Textgrundlage» nachgewiesen.

Teilausgaben der Eurythmie-Ansprachen

Eurythmie – Die Offenbarung der sprechenden Seele, GA 277. Die Herausgabe besorgten Eva und Edwin Froböse
1. Aufl. Dornach 1972
2. Aufl. Dornach 1980
3. Aufl. Dornach 1999

Eurythmie als Impuls für künstlerisches Betätigen und Betrachten. Dornach 1953

Was ist und will die neue Bewegungskunst Eurythmie?, Dornach 1972 und 1979

Eurythmie. Die neue Bewegungskunst der Gegenwart. Dornach 1986 und 1991

Beiträge zur Rudolf Steiner Gesamtausgabe, Heft 75/76. Dornach 1982

Personenregister

( ) nicht namentliche Erwähnung

Abendroth, Walter   129
Abderhalden, Leopold Emil   (566), (625)
Andreae, Johann Valentin   243
  «Chymische Hochzeit Christiani Rosencreutz»   139, 242 f.

Bach, Johann Sebastian
  Kleiner Canon   561, 585, 670
  Kleiner Tanz   551, 558, 570, 615
  Sarabande aus der 2. englischen Suite   124
Blommestein, Louise van   257, 272, 299, 307, 343, 379, 399, 422, 441, 457, 488, 496, 561, 570, 585, 601
  «Traumerlebnis»   130
Bogojawlensky, Nina   639, 643, 646
Brahms, Johannes   601
Brentano, Clemens
  «Der Feind»   103
  «Nachklänge Beethovenscher Musik»   139, 193 f.
Bruckner, Anton
  Vierte Symphonie   401, 441, 457, 506
  Achte Symphonie   551
Bruinier, Sanne   639
Bruno, Giordano   226 f.
Bugajeff, Assja → *siehe:* Turgenieff, Assja

Chopin, Frédéric
  Präludium in c-Moll   124
Croce, Benedetto   125, 634

Debussy, Claude
  «Poissons d'or»   326, 362

Devrient, Otto   102, 199, 208, 216, 240, 249, 262, 277, 286
Dollfus, Elisabeth   47 f., 52, 54
Donath, Annemarie → *siehe:* Dubach, Annemarie
Dowell, Max
  «An eine wilde Rose»   124
Druschky, Susanne   639
Dubach, Annemarie   643 f.
Dyroff, Adolf   (520), (529)
Dziubaniuk, Ela   639, 643 f.

Eugen von Österreich (Erzherzog)   250

Fels, Alice   639, 643 f.
Fercher von Steinwand, Johann
  «An mein Kalb»   551, *558*
  «Beim Anblick einer Gans»   534
  «Der Hirt»   130
  «Die Geburt der Perle»   130, 139
  «Chor der Urtriebe»   57, 67, 87, 95, 103, 593, 601, 607, 615, 621, 626

Gade, Niels Wilhelm
  «Reiselied»   422
Galilei, Galileo   226 f.
Geck, Henni   643 f., 646
Geering-Christ, Rudolf   79
Goethe, Johann Wolfgang von   37 f., 51, 53, 55 f., 58–60, 62 f., 68 f., 72, 74 f., 77, 81–84, 86, 88–92, 96–102, 104–108, 119, 129, 132–135, 137 f., 140–147, 151, 159 f., 162–165, 169 f., 172–177, 179, 181 f., 184–191, 195 f., 198 f., 201–203, 206–219, 221, 223, 235–241, 243–255, 258, 260,

262–270, 273 f., 277–279, 281 f., 285–287, 289–292, 295 f., 300 f., 308, 316–319, 321, 324 f., 328 f., 332 f., 335 f., 338 f., 347–349, 352, 354–356, 358 f., 363, 366–368, 370, 374, 376, 384–386, 391, 395, 397, 402, 411, 414, 418, 420, 427, 433 f., 438, 442, 444–448, 452, 455, 460, 462, 464 f., 467, 469, 473, 475–481, 483–486, 492–494, 497–499, 501, 503, 507, 509, 512, 514–516, 524, 526, 538 f., 544 f., 547, 553 f., 559, 562 f., 565, 571–574, 576–579, 587–589, 594–596, 608, 616 f., 622–624, 633, 643
Faust 38, 102, 183, 189, 190 f., 198 f., 206–209, 216–218, 238–243, 248 f., 261–263, 268–270, 272, 277–279, 285 f., 385, 471, 476 f., 484–487, 492 f., 503, 614 f., 538
Iphigenie 100, 107, 134, 138, 143, 162, 165, 172, 179, 187, 190, 198, 206, 207, 214, 217, 238 f., 248, 254, 261, 267, 295, 319, 324, 367, 374, 385, 418, 446, 467, 476, 483, 501, 509, 516. 524, 565
Die Natürliche Tochter 190, 207, 217, 238 f.
Torquato Tasso 207, 217, 238 f.
West-Östlicher Divan 488, 496
Winckelmann und sein Jahrhundert 72, 92, 101, 108, 247, (264), (325), 338, 358, 368, 376, 486
«Arielszene (Anmutige Gegend)» 472, (488), (496)
«Allerdings. Dem Physiker» 447, 457, 472
«Amor und Psyche» 401, 441
«An den Mond» 118, 519, 534, 551, 558
«An die Cicade» 401, 426
«An Schwager Kronos» 362, 379
«Aussöhnung» 168, 193 f.

«Chinesisch-deutsche Jahres- und Tageszeiten» 168
«Dämmerung» 194
«Das Göttliche» 426, 506, 519, 534
«Das Leben ist ein Gänsespiel» 472
«Das Leben ist ein schlechter Spaß» 534, 551
«Den Originalen» 472, 488, 506, 558
«Der Fischer» 326, 362, 643
«Der Musensohn» 57, 67, 80
«Der Rattenfänger» 561, 570, 593, 601
«Der Schatzgräber» 621
«Der Zauberlehrling» 379, 401
«Die Bekehrte» 593, 607
«Die Freude» 379, 401, 426, 496, 558
«Die Harzreise im Winter» 426, 506, 519
«Die Metamorphose der Pflanzen» 74 f., 282, 296, 315, 362, (367)
«Die Nektartropfen» 35, 257, 272
«Die Spröde» 593, 607
«Dom» 169
«Eins ums Andere» 472
«Elfenliedchen» 422
«Epirrhema und Antepirrhema» 457, 472, 506, 621
«Erzählung einer antiken Gemme» 472, 488, 496
«Fünf andere Dinge» 506
«Fünf Dinge» 488, 506, 534
«Ganymed» 109
«Gesang der Geister über den Wassern» 343, 362
«Gleich und Gleich» 422, 426, 506
«Glückliche Fahrt» 130, 137, 193 f.

«Grenzen der Menschheit» 519, 534
«Heidenröslein» 57, 67
«Howards Ehrengedächtnis» 257, 263, 272, 282, 296, 426
«Hymnus an die Natur» 242 f., 479, 257, 272
«Ihr schmähet meine Dichtung» 472
«Kläffer» 472
«Legende» 441, 457
«Mahomets Gesang» 326, 343
«Mailied» 118, 315, 422, 488, 506, 519
«Meeresstille» 130, 139, 193 f.
«Meine Göttin» 534, 551
«Mitternacht» 80, 87, 95, 102, 103, 193 f., 218, 238, 240
«Nacht (Osternacht)» 242
«Parabase» 379, 401, 621
«Parabolisch» 362
«Poesie» 441, 457
«Prolog im Himmel» 35, 38
«Prooemion» 124, 593, 621
«Rätsel» 422
«Schwebender Genius» 422
«Schweizerlied» 585
«Séance» 379, 401
«Symbolum» 109, 168
«Urworte. Orphisch» 441, 457, 506, 601, 607
«Veni Creator Spiritus» 551, 558
«Wanderers Nachtlied» 158, 379
«Weltseele» 326, 343, 643 f.
«Zum neuen Jahr» 35, 87, 95, 103, 109, 123, 128 315, 506
Graben-Hoffmann, Gustav
 «Fromme Wünsche» 607
Grimm, Herman 229
Groh, Annemarie 47 f., 52, 54, 643

Hamerling, Robert
 «Das Vermächtnis» 593

«Die Lerchen» 123, 183, 315, 593
Haller, Albrecht von 447
Hebbel, Friedrich
 «Abendgefühl» 124
 «An Elise» 35
 «Auf ein schlummerndes Kind» 80, 87, 95
 «Auf die Sixtinische Madonna» 35, 57, 67, 80, 87, 95, 103
 «Das Element des Lebens» 615
 «Erleuchtung» 87, 95, 103
 «Gebet» 80, 87, 95, 118, 123, 128
 «Herbstgefühl» 570, 593
 «Meisenglück» 124
 «Nachtlied» 67
 «Proteus» 95, 103
 «Rosen im Süden» 109
 «Sommerbild» 615
 «Vollendung» 139
 «Vorfrühling» 80, 87, 118, 123, 128, 158
Herder, Johann Gottfried 319
 «Erlkönigs Tochter» 257, 272, 534
Hiller, Ferdinand 424
 «Frohsinn» 424, 426, 585, 607
Hollenbach, Hendrika
 «Scherzo» 615
Howard, Luke 263, 296

Jaager, Isabella de 643 f., 646
Jakobowski, Ludwig
 «Melodie» 243, 272, 558

Kant, Immanuel 228 f., 234
Keller, Frl. 79
Kellermüller, Maria 643
Kisseleff, Tatiana 46 f., 52, 54, 130, 639, 643 f.
Kopernikus, Nikolaus 226 f.
Kyber, Manfred
 «Hellas» 315
 «Salome» 124, 314 f.

La Roche, Karl August   262, 269, 278, 285f.
Laplace, Pierre-Simon   229, 234
Lenau, Nikolaus
«Die drei Zigeuner»   139
«Himmelstrauer»   139, 272
«Waldlied»   123, 128, 158
Löwenstein, Rudolf   424
«Frohsinn»   422, 424

May, Walo von   49f.
Meyer, Conrad, Ferdinand
«Alle»   80, 87, 95, 103, 551, 558
«Das Seelchen»   422
«Der Musensaal»   123f.
«Der römische Brunnen»   139, 158, 167, 272
«Die blaue Blume»   123, 128, 158
«Die gefesselten Musen»   636–640
«Die gegeißelte Psyche»   123
«Huttens Kerker»   426
«Ein bisschen Freude»   601
«Frieden auf Erden»   299
«Geisterross»   118
«Göttermahl»   57, 66, 167
«Himmelsnähe»   379, 426
«In der Sistina»   183
«In einer Sturmnacht»   103, 118, 167
«Ja...»   167
«Liederseelen»   57, 109, 118, 167
«Morgenlied»   109, 118
«Nächtliche Fahrt»   123
«Napoleon im Kreml»   506, 519, 534
«Noch einmal»   57, 67
«Säerspruch»   109
«Thespesius»   128
«Thibaut von Champagne»   167
«Lenz Triumphator»   558
«Was treibst du, Wind»   57, 66, 118

«Zwei Reigen»   242f.
«Zwei Segel»   607
«Zwiegespräch»   123
Molt, Emil   566, 583, 625
Morgenstern, Christian   525, 569, 643
Palmström   488, 496, 585, 601, 607
Und aber ründet sich ein Kranz   585
Gedichte und Humoresken:
«Anfrage»   534, 551
«Antwort»   534, 551
«Aus dem Skizzenbuch»   607
«Bildhauerisches»   607
«Bim-Bam-Bum»   57, 67, 80, 109, 496
«Butterblumengelbe Wiesen»   570
«Das ästhetische Wiesel»   57, 67, 80, 123, 128, 131
«Das böhmische Dorf»   607
«Das Einhorn»   519, (525), 534
«Das Perlhuhn»   506, 519, (525)
«Das Problem»   506
«Der Ästhet»   401, 441, 601
«Der Gingganz»   131, 139
«Der Lattenzaun»   131, 139
«Der Papagei»   593
«Der Rock»   362, 519, (525), 601
«Der Salm»   621
«Der Seufzer»   109, 593
«Der Tanz»   169
«Der Trichter»   109
«Die Behörde»   362, 401
«Die beiden Esel»   169
«Die beiden Flaschen»   109
«Die Beichte des Wurms»   130, 139, 183, 282
«Die Elster»   534, 551, 558, 615
«Die Figur»   169, 441
«Die Kinder des Glücks»   167, 488, 496

«Die Lämmerwolke» 585, 621
«Die Mausefalle» 362, 401, 496
«Die Nähe» 607
«Die Oste und die Weste» 362, 534, 551
«Die Schuhe» 401
«Die Stationen» 621
«Die unmögliche Tatsache» 301
«Der vergessene Donner» 315, 326
«Die Waldgeiß» 169
«Entwurf zu einem Trauerspiel» 534, 551
«Ein modernes Märchen» 362, 506
«Glückselig» 570, 593, 607
«Häschen» 519
«Im Baum, du liebes Vögelein dort» 130
«Korfs Uhr» 561, 570, 585
«Korfs Verzauberung» 401, 519, (525)
«Km 21» 57, 67, 80
«Lore» 593, 601
«Lorus» 593, 601
«Kleine Geschichte» 601, 607
«Meeresbrandung» 124, 167
«Mondendinge» 131, 139
«Muhme Kunkel» 593
«Nach Norden» 496, 519, (525)
«Ritornell» 561
«Palmströms Uhr» 561, 570, 585
«Philanthropisch» 169
«Physiognomisches» 561, 570, 585, 607
«Professor Palmström» 362
«Schwalben» 315, 326, 472, 496, 558, 615, 643, 646
«Selige Leichtigkeit» 130, 139, 194
«St. Expeditus» 379, 421
«Unter Zeiten» 109
«Vormittags-Skizzenbuch» 615

«Waldkonzerte» 551, 558
«West-östlich» 519, (525)
«Wind, du mein Freund» 561, 570
«Wind und Geige» 593, 601
«Wortkunst» 593, 601
«Zwei Wurzeln» 615
Mörike, Eduard
 «Er ist's» 168
 «Zum neuen Jahr» 315
Mordowin, Nina → *siehe:* Bogojawlenskaja, Nina
Mozart, Wolfgang Amadeus
 «Andante grazioso» 593, 607
Müller, Wilhelm
 «Abendreihn» 123, 128

Nidecker-Roos, H. 496
Nietzsche, Friedrich
 «An den Mistral» 35, 139
 «Dichters Berufung» 257
 «Herbst» 109, 158, 167
 «Mein Glück» 158, 183, 194
 «Vereinsamt» 57, 67
Novalis
 «Zueignung» 168, 183

Opitz, Martin 145
 «Der Spaziergang» 130, 139, 193 f., 282

Pals, Leopold van der 35, 46–48, 57, 66 f., 109, 118, 129–131, 168, 315, 326, 401, 426, 506, 519, 534, 551, 558, 593, 607
Polzer-Hoditz, Bertha von
 «Schwellengang» 299, 315
Pozzo, Natalie 639, 643, 646

Reinhart, Hans
 «Das Ende aller Dinge» 67, 80
 «Das Ewige» 123, 128, 158

723

«Der Tag» 168
«Jahreszeiten» 57, 67, 87, 95, 123, 128
«Vor der Pforten des Paradieses» 57, 67
Rieger, Maximilian 493
Röhrle, Edith 52, 54, 643 f.
Rückert, Friedrich 483
«Gruß an die Elemente» 35

Salomo
«Aus dem Hohelied Salomonis» 168
Scheerbart, Paul
«Der gebratene Flunder» 57, 67, 80
Schiller, Friedrich 116, 12, 125, 135, 137, 143, 150, 162, 165, 172, 179, 187, 205, 214, 247, 254, 268, 277, 284, 295, 319, 324, 336, 349, 367, 385, 418, 446, 467, 473, 483, 490, 501, 522, 537, 555, 565, 574, 583, 598, 605, 610, 623
«Der Kampf mit dem Drachen» 565, 623
«Der Tanz» 57, 67, 87, 95, 103
«Der Taucher» 555, 565, 623
«Die Hoffnung» 130, 139, 193 f.
«Sprache» 537
Schröer, Karl Julius 269, 278, 286, 303 f., 311
Schubert, Franz
C-Dur Symphonie 551
Schumann, Robert
«Davidsbündlertänze» 139, 362, 534
«Soldatenlied» 561, 570, 601, 615
Schuurman, Ina 639, 643 ff.
Schuurman, Max 35, 46–48, 67, 129 f., 168, 243, 326, 426, 519, 558, 593, 607, 621, 643 ff.
«Kinderliedchen» 561, 570, 593, 607

Shakespeare, William 78
Siedlecka, Jadwiga von 639
Spengler, Oswald 591, 599
Spiller, Agnes 639, 643–646
Stein, Walter Johannes 646
Stein-von Baditz, Nora 646
Steiner, Marie 41, 44, 46–48, 52, 54, 79, 636–640
Steiner, Rudolf
Vier Mysteriendramen (GA 14) (353), (359), (367), 375, (388), (396), 410, 418 f., (446), 462
Die Pforte der Einweihung (GA 14), 3. u. 7. Bild (Worte an den Geist und die Liebe): 57, 80, 118, 123, 128, 158, 167
6. Bild (Märchen vom Lieben und Hassen): 35, 118, 128, 158, 315
7. Bild: 441, 457
Die Prüfung der Seele (GA 14), 5. Bild («Märchen vom Quellenwunder»): 326 f., 334, 340, 346, 352, 358, 362, 368, 375, 643 f.
Der Hüter der Schwelle (GA 14), 6. Bild (Märchen von der Phantasie): 118, 315, 401
6. Bild (Luz. u. ahr. Wesen): 401
Der Seelen Erwachen (GA 14), 2. Bild (Gnomen u. Sylphen): 343, 353, 359, 367, 375, 379
Seelenkalender (Wochensprüche, GA 40) 109, 118, 123 f., 128, 139, 158, 193, 242 f., 257, 272, 282, 299, 307, 315, 326, 343, 362, 379, 401, 422, 426, 441, 457, 472, 488, 496, 506, 519, 534, 551, 558, 561, 570, 585, 593, 601, 605, 607, 613, 615, 621, 644
«Der Wolkendurchleuchter» 457
«Ecce Homo» 315
«Ein Rätsel» 551, 558, 615
«Einer Toten» 123, 128, 158, 167

«Es keimen die Pflanzen» 315
«Ich und Du» 108
«Kindergebet: Seh ich die Sonne» 422
«Planetentanz» 35, 57, 66, 80, 87, 109, 118, 167, 326
«Schau in dich, schau um dich» 35, 103, 109, 118, 123, 128, 130, 158, 167, 519, 534, 558
«Wir wollen suchen» 168, 194, 519, 534
«Zwölf Stimmungen» (GA 40) 35, 95, 103

Strakosch-Giesler, Maria 242
Stuten, Jan 46–48, 67, 129f., 168, 472, 519, 534, 539, 607, 621
«Elfenmusik» 57, 67
«Tanzliedchen» 585, 593, 607
Musik zu *Faust* 35

Tieck, Ludwig 520, 523, 529
«Liebe» (523), (529)
Tobler, Johann Christoph 479

Uhland, Ludwig Johann 520, 529
«Der Rezensent» (520), (529)

Vischer, Friedrich Theodor 190, 199, 207f., 217f., 239
Turgenieff, Assja 639

Waller, Mieta 41, 643ff.
Wasmer, Dora von 639
Weinhold, Karl 303, 311
Wendtland, Dino 640f.
Wertsch, Theodora
«Irrlichter» 123, 128, 158
Wiemawsky (?)
«Legende» 124
Winckelmann, Johann Joachim 72, 92, 102, 108, 247, 264, 325, 338, 358, 368, 376, 486
Wilbrandt, Adolf 102, 199, 208, 216, 240, 249, 262, 277, 286
Woloschin, Margarita 639
Wolters, Friedrich 426
«Hymnus zum Eingang der Vesper am Palmsonntag» 426

Rudolf Steiner Gesamtausgabe

Gliederung nach: Rudolf Steiner – Das literarische
und künstlerische Werk. Eine bibliografische Übersicht
(Bibliografie-Nrn. *kursiv* in Klammern)

A. SCHRIFTEN

I. Werke

Goethes Naturwissenschaftliche Schriften, eingeleitet und kommentiert von R. Steiner, 5 Bände, 1884–97, Nachdruck 1975, *(1a–e)*; sep. Ausgabe der Einleitungen, 1925 *(1)*

Editorische Nachworte zu Goethes naturwissenschaftlichen Schriften in der Weimarer Ausgabe (1891–1896) *(1f)*

Grundlinien einer Erkenntnistheorie der Goetheschen Weltanschauung, 1886 *(2)*

Wahrheit und Wissenschaft. Vorspiel einer «Philosophie der Freiheit», 1892 *(3)*

Die Philosophie der Freiheit. Grundzüge einer modernen Weltanschauung, 1894 *(4)*

Friedrich Nietzsche, ein Kämpfer gegen seine Zeit, 1895 *(5)*

Goethes Weltanschauung, 1897 *(6)*

Die Mystik im Aufgange des neuzeitlichen Geisteslebens und ihr Verhältnis zur modernen Weltanschauung, 1901 *(7)*

Das Christentum als mystische Tatsache und die Mysterien des Altertums, 1902 *(8)*

Theosophie. Einführung in übersinnliche Welterkenntnis und Menschenbestimmung, 1904 *(9)*

Wie erlangt man Erkenntnisse der höheren Welten?, 1904/05 *(10)*

Aus der Akasha-Chronik, 1904–08 *(11)*

Die Stufen der höheren Erkenntnis, 1905–08 *(12)*

Die Geheimwissenschaft im Umriss, 1910 *(13)*

Vier Mysteriendramen: Die Pforte der Einweihung – Die Prüfung der Seele – Der Hüter der Schwelle – Der Seelen Erwachen, 1910–13 *(14)*

Die geistige Führung des Menschen und der Menschheit, 1911 *(15)*

Anthroposophischer Seelenkalender, 1912 *(in 40)*

Ein Weg zur Selbsterkenntnis des Menschen, 1912 *(16)*

Die Schwelle der geistigen Welt, 1913 *(17)*

Die Rätsel der Philosophie in ihrer Geschichte als Umriss dargestellt, 1914 *(18)*

Vom Menschenrätsel, 1916 *(20)*

Von Seelenrätseln, 1917 *(21)*

Goethes Geistesart in ihrer Offenbarung durch seinen Faust und durch das Märchen von der Schlange und der Lilie, 1918 *(22)*

Die Kernpunkte der sozialen Frage in den Lebensnotwendigkeiten der Gegenwart und Zukunft, 1919 *(23)*

Aufsätze über die Dreigliederung des sozialen Organismus und zur Zeitlage, 1915–21 *(24)*

Drei Schritte der Anthroposophie: Philosophie, Kosmologie, Religion 1922 *(25)*

Anthroposophische Leitsätze, 1924/25 *(26)*

Grundlegendes für eine Erweiterung der Heilkunst nach geisteswissenschaftlichen Erkenntnissen, 1925. Von Dr. R. Steiner und Dr. I. Wegman *(27)*

Mein Lebensgang, 1923–25 *(28)*

II. Gesammelte Aufsätze

Aufsätze zur Dramaturgie, 1889–1901 *(29)* – Methodische Grundlagen der Anthroposophie, 1884–1901 *(30)* – Aufsätze zur Kultur- und Zeitgeschichte, 1887–1901 *(31)* – Aufsätze zur Literatur, 1886–1902 *(32)* – Biografien und biografische Skizzen, 1894–1905 *(33)* – Aufsätze aus «Lucifer–Gnosis», 1903–1908 *(34)* – Philosophie und Anthroposophie, 1904–1918 *(35)* – Aufsätze aus «Das Goetheanum», 1921–1925 *(36)* – Schriften zur Geschichte der anthroposophischen Bewegung und der anthroposophischen Gesellschaft 1902–1925 *(37)*

III. Veröffentlichungen aus dem Nachlass

Briefe – Wahrspruchworte – Bühnenbearbeitungen – Entwürfe zu den vier Mysteriendramen, 1910–1913 – Anthroposophie. Ein Fragment – Gesammelte Skizzen und Fragmente – Aus Notizbüchern und -blättern *(38–47)*

B. DAS VORTRAGSWERK

I. Öffentliche Vorträge

Die Berliner öffentlichen Vortragsreihen, 1903/04 bis 1917/18 *(51–67)* – Öffentliche Vorträge, Vortragsreihen und Hochschulkurse an anderen Orten Europas, 1889–1924 *(68–84)*

II. Vorträge vor Mitgliedern der Anthroposophischen Gesellschaft

Vorträge und Vortragszyklen allgemein-anthroposophischen Inhalts – Christologie und Evangelien-Betrachtungen – Geisteswissenschaftliche Menschenkunde – Kosmische und menschliche Geschichte – Die geistigen Hintergründe der sozialen Frage – Der Mensch in seinem Zusammenhang mit dem Kosmos – Karma-Betrachtungen *(88–244)* – Vorträge und Schriften zur Geschichte der anthroposophischen Bewegung und der Anthroposophischen Gesellschaft – Veröffentlichungen zur Geschichte und aus den Inhalten der esoterischen Lehrtätigkeit *(250–270)*

III. Vorträge und Kurse zu einzelnen Lebensgebieten

Vorträge über Kunst: Allgemein-Künstlerisches – Eurythmie – Sprachgestaltung und Dramatische Kunst – Musik – Bildende Künste – Kunstgeschichte *(271–292)* – Vorträge über Erziehung *(293–311)* – Vorträge über Medizin *(312–319)* – Vorträge über Naturwissenschaft *(320–327)* – Vorträge über das soziale Leben und die Dreigliederung des sozialen Organismus *(328–341)* – Vorträge und Kurse über christlich-religiöses Wirken *(342–346)* – Vorträge für die Arbeiter am Goetheanumbau *(347–354)*

C. DAS KÜNSTLERISCHE WERK

Originalgetreue Wiedergaben von malerischen und grafischen Entwürfen und Skizzen Rudolf Steiners in Kunstmappen oder als Einzelblätter. Entwürfe für die Malerei des Ersten Goetheanum – Schulungsskizzen für Maler – Programmbilder für Eurythmie-Aufführungen – Eurythmieformen – Entwürfe zu den Eurythmiefiguren – Wandtafelzeichnungen zum Vortragswerk, u. a.

Die Bände der Rudolf Steiner Gesamtausgabe
sind innerhalb einzelner Gruppen einheitlich ausgestattet.
Jeder Band ist einzeln erhältlich.

Zum Werk Rudolf Steiners

Rudolf Steiner (1861–1925), der zunächst als Philosoph, Publizist und Pädagoge tätig war, entfaltete ab Beginn des 20. Jahrhunderts eine umfassende kulturelle und soziale Aktivität und begründete eine moderne Wissenschaft des Geistes, die Anthroposophie. Sein umfangreiches Werk umfasst Schriften und Abhandlungen, Aufzeichnungen und Briefe, künstlerische Entwürfe und Modelle sowie Textunterlagen von etlichen tausend Vorträgen in Form von Hörermitschriften.

Seit dem Tod von Marie Steiner-von Sivers (1867–1948), der Lebensgefährtin Rudolf Steiners, wird sein literarischer und künstlerischer Nachlass durch die von ihr begründete *Rudolf Steiner Nachlassverwaltung* betreut. In dem dafür aufgebauten *Rudolf Steiner Archiv* wird seither an der Erhaltung, Erschließung und Herausgabe der vorhandenen Unterlagen gearbeitet. Die Buchausgaben erscheinen im *Rudolf Steiner Verlag*.

Schwerpunkt der Herausgabetätigkeit ist die seit 1955/56 erscheinende Rudolf Steiner Gesamtausgabe (GA). Sie umfasst inzwischen über 350 Bände und zusätzlich Veröffentlichungen aus dem künstlerischen Werk. Dazu kommen zahlreiche Einzel-, Sonder- und Taschenbuchausgaben und andere begleitende Veröffentlichungen. Die Ausgaben werden durch fachlich kompetente Herausgeber anhand der im Archiv vorhandenen Unterlagen ediert und durch Hinweise, Register usw. ergänzt. Vielfach werden bei Neuauflagen die Texte nochmals anhand der Quellen überprüft.

Noch liegt die Gesamtausgabe nicht vollständig vor; viele Archivunterlagen bedürfen zudem der editionsgerechten Aufbereitung. Dies ist mit einem hohen zeitlichen und finanziellen Aufwand verbunden, der durch den Absatz der Bücher nicht finanziert werden kann, sondern durch Unterstützungsbeiträge gedeckt werden muss. Dies gilt ebenso für die vielen anderen Arbeitsbereiche des Archivs, das keinerlei öffentliche Zuschüsse erhält. Damit das Archiv seine Aufgaben als Zentrum für die Erhaltung, Erschließung, Edition und Präsentation des Werkes von Rudolf Steiner auch in Zukunft erfüllen kann, wurde 1996 die *Internationale Fördergemeinschaft Rudolf Steiner Archiv* begründet.

Für weitere Informationen oder kostenlose Verzeichnisse wenden Sie sich bitte an:

Rudolf Steiner Verlag
St. Johanns-Vorstadt 19–21
CH–4056 Basel
verlag@steinerverlag.com
www.steinerverlag.com

Rudolf Steiner Archiv
Postfach 348
CH–4143 Dornach 1

www.rudolf-steiner.com